Dierk Hoffmann und Hermann Wentker (Hrsg.)

Das letzte Jahr der SBZ

Schriftenreihe
der Vierteljahrshefte für Zeitgeschichte
Sondernummer

Im Auftrag des Instituts für Zeitgeschichte

Herausgegeben von

Karl Dietrich Bracher, Hans-Peter Schwarz, Horst Möller

Redaktion: Jürgen Zarusky

Redaktion dieses Bandes:

Dierk Hoffmann und Hermann Wentker

R. Oldenbourg Verlag München 2000

Das letzte Jahr der SBZ

Politische Weichenstellungen und Kontinuitäten im Prozeß der Gründung der DDR

Herausgegeben von

Dierk Hoffmann und Hermann Wentker

Veröffentlichungen zur SBZ-/DDR-Forschung im Institut für Zeitgeschichte

R. Oldenbourg Verlag München 2000

Die Deutsche Bibliothek – CIP Einheitsaufnahme

Das letzte Jahr der SBZ : politische Weichenstellungen und Kontinuitäten im Prozeß der Gründung der DDR ; Veröffentlichungen zur SBZ/DDR-Forschung im Institut für Zeitgeschichte / hrsg. von Dierk Hoffmann und Hermann Wentker. – München : Oldenbourg, 2000

(Schriftenreihe der Vierteljahrshefte für Zeitgeschichte ; Sondernr.)
(Eine Publikation des Instituts für Zeitgeschichte)
ISBN 3-486-64506-4

Rosenheimer Straße 145, D-81671 München
Internet: http://www.oldenbourg-verlag.de

Gedruckt auf säurefreiem, alterungsbeständigem Papier (chlorfrei gebleicht).
Gesamtherstellung: R. Oldenbourg Graphische Betriebe Druckerei GmbH, München

ISBN 3-486-64506-4

Inhaltsverzeichnis

Dierk Hoffmann/Hermann Wentker

Einleitung

Am 7. Oktober 1949 wurde die Deutsche Demokratische Republik gegründet. Damit endete formell die Geschichte der Sowjetischen Besatzungszone. Die viereinhalb Monate zuvor gegründete Bundesrepublik Deutschland verweigerte dem östlichen deutschen Teilstaat jedoch die Anerkennung. Noch gut zwei Jahrzehnte lang blieb das Kürzel „SBZ" daher im westlichen Sprachgebrauch präsent. Die Bundesrepublik betonte damit zweierlei: den Anspruch, in der Nachfolge des Deutschen Reiches für alle Deutschen zu sprechen, und die Distanzierung von einem Gemeinwesen, das demokratisch nicht legitimiert war. Gleichzeitig wurde auf diese Weise dem östlichen deutschen Teilstaat eine Kontinuität unterstellt, die so nicht existierte: Denn die diktatorische Staatsform der DDR war in der SBZ keineswegs von Anfang an angelegt, sondern stand am Ende einer mehrjährigen Entwicklung, die nicht zwangsläufig verlief und deren Ende zumindest für Zeitgenossen unvorhersehbar war.

Unter dem Aspekt der endgültigen Etablierung der DDR als zweiter Diktatur auf deutschem Boden stellt sich somit die Frage, wann der eigentliche Staatsbildungsprozeß einsetzte, wie lange er dauerte und in welchem Verhältnis dazu das Datum der offiziellen Staatsgründung steht. Der Beginn dieses Vorgangs muß allein schon deshalb vor das Datum des 7. Oktober 1949 verlegt werden, weil damals die wesentlichen staatlichen Institutionen bereits vorhanden waren und bruchlos in die DDR übernommen werden konnten[1]. Die Staatsgründung markiert zudem nur in einem sehr vordergründigen Sinne auch das Ende dieses Prozesses. Bereits Zeitgenossen betonten den provisorischen Charakter der DDR-Gründung[2] und verwiesen damit auf eine angesichts der als unnatürlich empfundenen deutschen Teilung existente Grundstimmung, in der sich die Deutschen über die Demarkationslinie hinweg weitgehend einig waren. ‚Unvollendet' war der ostdeutsche Staat, der nach wie vor unter sowjetischer Kuratel stand, jedoch nicht nur im Hinblick auf seine staats- und völkerrechtliche Stellung, sondern auch hinsichtlich seiner inneren Konsolidierung. Die „Entstehung des ostdeutschen Teilstaates" ist demzufolge als langfristiger Vorgang der Jahre 1945 bis 1952 dargestellt worden, wobei die formelle Entscheidung der SED vom Juli 1952, forciert den Sozialismus aufzubauen, als Endpunkt dieser Entwicklung gilt[3]. Freilich stand der DDR damals ihre schwerste Krise noch bevor: die gewaltsam niedergeschlagene Erhebung vom Sommer 1953. Daher gilt anderen Forschern die erst danach erfolgte Festigung der Macht der SED und insbesondere

[1] Vgl. Zank, Wirtschaftliche Zentralverwaltungen, S. 276.
[2] Vgl. Scherstjanoi, „Provisorium für längstens ein Jahr".
[3] Vgl. Staritz, Gründung der DDR, Zitat S. 7.

Walter Ulbrichts als die eigentliche, die „innere Staatsgründung der DDR“[4]. Wer sich hingegen auf die internationalen Zusammenhänge und die jeweilige Heteronomie nicht nur der DDR, sondern beider deutscher Nachkriegsstaaten konzentriert, kann mit einiger Berechtigung erst im Jahr 1955 – dem Jahr der doppelten Blockintegration der Bundesrepubik und der DDR – jene „einschneidende Zäsur“ erkennen, die den Prozeß der „doppelten Staatsgründung“ beendete[5]. Schließlich ist auch noch das Datum des Mauerbaus am 13. August 1961 als „heimlicher Gründungstag der DDR“ bezeichnet worden[6]: Dies ist insofern konsequent, als damit die deutsche Spaltung scheinbar zementiert und – eng damit zusammenhängend – die Konsolidierung der DDR innerhalb gesicherter Grenzen erst ermöglicht wurde.

Welchen Stellenwert hat, wenn man den Blick nun wieder auf den Anfang dieses Prozesses richtet, innerhalb dieser Vorgänge das Ereignis des Oktober 1949 und das damit zu vermittelnde „letzte Jahr der SBZ“ 1948/49? Hier gibt es gute Gründe, die Geschehnisse im unmittelbaren Umkreis der formalen Staatsgründung zugunsten bestimmter Entwicklungen zu relativieren, die bereits im Jahre 1948 eingeleitet wurden. Dabei spielt nicht nur der internationale Kontext des sich deutlich verschärfenden Kalten Krieges eine zentrale Rolle, sondern auch dessen deutschlandpolitische Auswirkungen: Die Beendigung der effektiven Arbeit des Alliierten Kontrollrats sowie die Berliner Blockade zeigten überdeutlich, daß die Eintracht unter den Siegermächten dauerhaft beschädigt war. Im Hinblick auf die innere Entwicklung der SBZ lassen sich weitere politische Entscheidungen von erheblicher Bedeutung feststellen – etwa die Zentralisierung der Wirtschaftslenkung durch den aufgewerteten und umgebauten Apparat der Deutschen Wirtschaftskommission (DWK), aber auch die Stalinisierung der SED als „Partei neuen Typus“[7]. Allgemein läßt sich im politischen Bereich eine deutliche Verlagerung politischer Machtzentren, insbesondere eine Kompetenzverlagerung von der SMAD und den Länderregierungen hin zur SED und zu den von ihr kontrollierten, zunehmend zentralistisch organisierten Apparaten der DWK sowie der Deutschen Verwaltung des Innern (DVdI) beobachten. Auch im sozioökonomischen Bereich kam es im Jahre 1948 zu einschneidenden Neuerungen, wie etwa dem Beginn zonaler Planwirtschaft mit der Konzipierung des „Zweijahrplans“ oder der Aufkündigung der bisherigen Währungsgemeinschaft durch zwei separate Währungsreformen[8].

Angesichts solcher Beobachtungen stellt sich die Frage, in welchem Maße die 1948 eingeleiteten Entwicklungen in der SBZ bereits als formativ für die Staatsgründung der DDR gelten können. Waren sie 1948/49 noch mehrdeutig oder schon irreversibel daraufhin angelegt? Um dies entscheiden zu können, muß zugleich nach Vorläufen der 1948 zutage tretenden Prozesse in den Vorjahren gefragt werden, wodurch insbesondere auch Entwicklungen des Jahres 1947 stärker in den Blick treten. Dabei läßt sich von der Arbeitshypothese ausgehen, daß das „letzte Jahr der SBZ“ 1948/49 in größeren Zusammenhängen nicht als Epochenzäsur, sondern allenfalls

4 Kowalczuk u.a., Tag X – 17. Juni.
5 Vgl. Kleßmann, Die doppelte Staatsgründung.
6 Staritz, Geschichte der DDR, S. 196.
7 Vgl. dazu jüngst Malycha, Partei von Stalins Gnaden; Hurwitz, Stalinisierung der SED; Bouvier, Ausgeschaltet.
8 Vgl. Zschaler, Vergessene Währungsreform; Laufer, UdSSR und deutsche Währungsfrage; Buchheim, Die Währungsreform 1948.

als Etappenzäsur, also als Zäsur zweiten Grades angesehen werden kann, die insbesondere durch den Beginn eines eindeutig SED-zentrierten Herrschaftssystems in der SBZ/DDR gekennzeichnet ist. Zugleich wird damit die Annahme verbunden, daß dieses Jahr eine Art „Scharnierfunktion" innerhalb eines längerfristigen Staatsbildungsprozesses besaß und insofern einen Zeitraum darstellte, in dem sich bestimmte, nicht selten schon zuvor angelegte oder eingeleitete Prozesse verdichteten, bündelten und beschleunigten. Mit der Festigung diktatorischer Herrschaft innerhalb der SED und mittels der SED über die deutsche Teilgesellschaft in der SBZ wurden folglich die Voraussetzungen für die Gründung der DDR am 7. Oktober 1949 erst geschaffen.

Um derartige Diskussionen etwas weniger hypothetisch zu gestalten, ist es erforderlich, die Vielzahl an quellengesättigten Feldstudien zu Einzelproblemen der Geschichte der SBZ und der frühen DDR auch einmal daraufhin zu befragen, in welchen Bezug sie sich zu diesen übergeordneten Interpretationen bringen lassen. Auf diese Weise läßt sich die bisherige Zäsurendiskussion stärker empirisch absichern und ‚unterfüttern', während auf der anderen Seite der stets gegebenen Gefahr entgegengewirkt wird, daß Detailergebnisse der historischen Forschung mit übergeordneten Fragestellungen und Perspektiven nicht mehr vermittelt werden. Ausgehend von diesen prinzipiellen Überlegungen stehen Fragen nach Kontinuität und Wandel in den Machtverhältnissen der SBZ/DDR, nach der Entwicklung der wesentlichen Herrschafts- und Lenkungsinstitutionen sowie nach den gesellschaftspolitischen Weichenstellungen dieser Zeit im Mittelpunkt der folgenden Abhandlungen. Damit verfolgt der Sammelband einen spezifisch politikgeschichtlichen Ansatz, mit dem nicht nur die Entwicklung in den Apparaten, sondern auch die Politikgestaltung anhand einiger zentraler Beispiele analysiert werden kann.

Zwei zur eigentlichen Thematik hinführende Beiträge stehen am Anfang. Aus der Perspektive eines politischen Zeitzeugen schildert zunächst der langjährige Vorsitzende der FDP-Bundestagsfraktion, Bundesminister a.D. *Wolfgang Mischnick, Kronberg,* die Vorgeschichte der DDR-Gründung. Mischnick, der sich von 1945 bis 1948 in der sächsischen LDP auf Landes- und kommunaler Ebene engagierte, betont zum einen die überragende Bedeutung der nationalen Einheit für seine Partei in dieser Zeit, was nicht nur ein Lippenbekenntnis war, sondern auch praktische Auswirkungen, etwa auf dem Gebiet des gesamtdeutschen Jugendaustauschs hatte. Zum anderen werden in seinem Bericht die zunehmenden Behinderungen seiner Partei durch die Besatzungsmacht und die erstarkende SED ebenso deutlich wie die unterschiedlichen Strategien der LDP, dem sowjetisch-kommunistischen Hegemonialanspruch entgegenzutreten und vorhandene Spielräume noch so lange wie möglich zu nutzen. Die zweite Hinführung erfolgt durch *Udo Wengst, München,* der sich dem Thema sozusagen aus der Vogelperspektive nähert und die Vorgeschichte der DDR in die gesamtdeutschen und internationalen Zusammenhänge im „Schicksalsjahr 1948" (Hans-Peter Schwarz) einbettet. Er konstatiert auf beiden Seiten einen nach dem Scheitern der Londoner Konferenz im Dezember 1947 intensivierten Ausbau der jeweiligen politischen Strukturen, der mit Bekenntnissen zur Aufrechterhaltung der deutschen Einheit einherging. Der Schritt zur „doppelten Staatsgründung" im Jahre 1949 ließ sich letztlich nur dadurch legitimieren, daß jede Seite die staatliche Konsolidierung in ihrem Machtbereich nicht als Behinderung, sondern als notwendige Voraussetzung zur Wiederherstellung der staatlichen Einheit darstellte.

Von entscheidender Bedeutung für die politische, wirtschaftliche und gesellschaftliche Entwicklung in der SBZ war bekanntlich die sowjetische Besatzungsmacht. Mit den deutschlandpolitischen Zielen der UdSSR beschäftigt sich *Elke Scherstjanoi, Berlin,* die auf die Vielschichtigkeit und den Wandel der Besatzungspolitik im Jahr 1948 aufmerksam macht. Ab dem Frühsommer erfolgte zunächst eine deutliche Ausrichtung am Volksdemokratie-Modell, das jedoch gleichzeitig seine partielle Eigenständigkeit verlor. Im Herbst 1948 ist wiederum eine „Verwässerung" dieses eingeschlagenen Kurses zu beobachten. So bremste die Moskauer Führung im Dezember die sozioökonomische Neuordnung in der SBZ sowie den Ausbau der Machtposition der SED vorerst ab, wobei vermutlich gesamtdeutsche Ambitionen der Auslöser waren. Auch wenn die Entscheidung zugunsten einer ostdeutschen Separatentwicklung letztlich nicht zu übersehen ist, so war diese Politik innerhalb der politischen Führung in Moskau doch nicht unumstritten. Das Zusammenspiel mit den westlichen Besatzungsmächten beeinflußte nach wie vor die sowjetische Politik in der SBZ und konnte insofern Handlungsspielräume sowohl für die SMAD als auch für die SED eröffnen. Die Sowjetunion hatte sich von einer gesamtdeutschen Regelung nicht verabschiedet und verfolgte 1948, beeinflußt von Fehleinschätzungen und unrealistischen Erwartungen, keineswegs eine eindeutige Marschrichtung.

Auf das differenziert zu betrachtende Verhältnis zwischen SED und sowjetischer Besatzungsmacht verweist *Jan Foitzik, Berlin.* 1948 wurde die SED nach stalinistischen Mustern diszipliniert und als ordnungspolitisches Instrument der Besatzungsmacht in den zunehmend zentralistisch ausgerichteten administrativen und politischen Strukturen der SBZ demonstrativ gefestigt. Diese Entwicklung erlaubt es jedoch nicht, von einer qualitativen Veränderung der Besatzungsherrschaft auszugehen, da das gesamte politische System der SBZ eine Dispositionsmasse der sowjetischen Siegermacht blieb. Gleichzeitig war das deutsch-russische Verhältnis nicht nur durch einseitige Abhängigkeit geprägt, da die SED-Führung über Verbindungen nach Moskau verfügte, mit deren Hilfe sie durchaus, wenn auch mittelbar, Einfluß auf die SMAD ausüben konnte. Grundlage der Kooperation bildete zwar die ideologisch motivierte „generelle Zielidentität" zwischen KPdSU und KPD/SED. Der Herrschaftsalltag zeigte jedoch das spannungsreiche und ambivalente Verhältnis. Während die sowjetische Seite nach wie vor gesamtdeutsche Interessen mit verfolgte, versuchte sich die SED mit Hilfe der SMAD als herausragender und unverzichtbarer Ordnungsfaktor zu positionieren und zu profilieren.

Wichtige Veränderungen für das politische System der SBZ brachte 1948 die Gründung von zwei Parteien. Auf die Krise und den Wandel der Blockpolitik sowie die damit eng zusammenhängenden Parteineugründungen geht *Theresia Bauer, München,* in ihrem Beitrag ein. Die Gründung von DBD und NDPD diente nicht nur der bloßen Zurückdrängung der bürgerlichen Parteien. Vielmehr muß dieser Prozeß in einen größeren Zusammenhang eingebettet werden, bei dem dann ein vielschichtigeres Ursachengeflecht deutlich wird: Die sowjetische Besatzungsmacht zielte 1948 nämlich „vorrangig auf die Wiedergewinnung der Blockpolitik als politisches Instrumentarium auch zur Einbindung der bürgerlichen Parteien in den weiteren Umwälzungsprozeß."[9] Darüber hinaus wurde von seiten der SMAD die tat-

[9] Beitrag von Bauer in diesem Sammelband, S. 82.

sächliche Position der SED innerhalb des politischen Systems der SBZ durchaus kritisch gesehen. Auch dies war ein Motiv dafür, daß die Sowjets auf andere politische Kräfte nicht verzichten wollten. Übergeordnete Interessen der Besatzungsmacht waren ebenfalls von ausschlaggebender Bedeutung: Die SMAD wollte am Block als Legitimationsorgan und deutschlandpolitischem Multiplikator festhalten.

Auf die Deutsche Wirtschaftskommission (DWK) als mögliches ordnungspolitisches Instrumentarium geht *André Steiner, Mannheim,* explizit ein. Die sich verschlechternde wirtschaftliche Entwicklung sowie die Notwendigkeit zur Effektivierung der Wirtschaftssteuerung hatten 1947 zur Gründung der DWK geführt. Nachdem sich die Kompetenzen der DWK als unzulänglich für die Bewältigung der ihr gestellten Aufgaben erwiesen hatten, wurden ihre Zuständigkeiten und Eingriffsmöglichkeiten Anfang 1948 ausgeweitet. Im ersten Halbjahr 1948 nahm die DWK auf drei Feldern ihre ordnungspolitische Funktion wahr: bei der Schaffung des „Volkseigentums“, bei der Bildung von einheitlichen, hierarchisch angeordneten Lenkungsinstitutionen sowie bei der Gestaltung der Regeln zur Bestimmung, Durchsetzung und Kontrolle der wirtschaftspolitischen Ziele. Auch wenn dieser Prozeß von der SMAD grundsätzlich unterstützt wurde, bedurfte jede wesentliche Veränderung doch ihrer nochmaligen Zustimmung. Eine weitergehende Zentralisierung wurde von sowjetischer Seite jedoch aus deutschlandpolitischen Rücksichtnahmen heraus abgelehnt. Damit blieben Planung und Lenkung der Wirtschaft durch eine zentrale Instanz zunächst noch unvollkommen; die realwirtschaftliche Durchschlagskraft war begrenzt. Dennoch schuf die von der DWK vorangetriebene Ordnungspolitik Fakten, die letztlich dazu führten, daß sich die SBZ als einheitliches Wirtschaftsgebiet formieren konnte.

Die Darstellung von grundlegenden Veränderungen in einem Teilbereich der Wirtschaftsverwaltung verknüpft *Dierk Hoffmann, Berlin,* mit arbeitsmarktpolitischen Fragestellungen. Der Aufbau der Arbeitsämter stand frühzeitig unter dem Einfluß des Richtungsstreits über Kommunalisierung oder Zentralisierung, in den sich die KPD- bzw. SED-Führung selbst verstrickt hatte. Hierbei hatte sich die SED entsprechend ihrer damaligen Programmatik und in enger Anlehnung an den SMAD-Befehl Nr. 65 vom 15. September 1945 für eine Kommunalisierung ausgesprochen, die Zentralverwaltung für Arbeit und Sozialfürsorge (ZVAS) als oberster Dienstherr der Arbeitsverwaltung dagegen. Letztere konnte überzeugende Argumente vorbringen und die SED-Führung davon überzeugen, daß eine langfristige Planung des Arbeitskräfteeinsatzes nur von einer zentralen und hierarchisch gegliederten Verwaltung durchzuführen war. Auch hier trat die sowjetische Besatzungsmacht zeitweise als bremsender Faktor in Erscheinung, da sie die Zentralisierung der Verwaltung wegen gesamtdeutscher Interessen zunächst noch hinauszögerte. Entwicklungen auf dem Arbeitsmarkt, der sich in den ersten Nachkriegsjahren stark in Bewegung befand, waren dagegen für die an der Auseinandersetzung beteiligten Akteure von untergeordneter Bedeutung. Oberste Priorität genoß aus Sicht der SED-Führung die Durchsetzung der Wirtschaftspläne.

Einschneidende Veränderungen erfolgten 1948 auch in den Bereichen Innenpolitik und Justiz. Die Entstehung des Ministeriums für Staatssicherheit (MfS) sowie seine Vorläufer beleuchtet *Jens Gieseke, Berlin.* Ausgangspunkt seiner Überlegungen bildet die Einschätzung der Rolle der Deutschen Verwaltung des Innern (DVdI), die im Laufe des Jahres 1948 damit begann, ihren zentralistischen Führungsanspruch gegenüber den Polizeieinheiten der Länder zu verstärken und das Konzept einer einheitlichen „Volkspolizei" umzusetzen. Damit gingen personelle Säuberungen und die institutionelle Politisierung einher. Zugleich wurde die Polizei zur Rahmeninstitution für die zukünftigen drei Hauptsäulen der Sicherheitsexekutive ausgebaut: Volkspolizei, Staatssicherheit, Militär. Während die Bekämpfung von vermeintlich politischen Gegnern anfangs in den Händen der sowjetischen Sicherheitsorgane, den Volkskommissariaten bzw. Ministerien für Innere Angelegenheiten und Staatsssicherheit lag, wurden fortan sukzessive deutsche Stellen mit eingeschaltet. Aus den ursprünglich politischen Kommissariaten bei der Kriminalpolizei entwickelte sich Ende 1946/Anfang 1947 die Abteilung K 5. Nach Vorstößen der SED-Führung stimmte die sowjetische Besatzungsmacht schließlich im Dezember 1948 der Bildung einer eigenständigen deutschen Geheimpolizei im Vorfeld der „doppelten Staatsgründung" zu. Im Frühjahr 1949 begann die Herauslösung der politischen Polizei aus der Kriminalpolizei und der Aufbau einer eigenständigen Organisation. Im Februar 1950 war dieser Prozeß abgeschlossen; der personelle Ausbau und die eigentlichen Bewährungsproben standen jedoch dem Ministerium für Staatssicherheit erst noch bevor.

Nicht erst mit DDR-Gründung, sondern bereits 1948 wurden im Justizwesen eindeutige Weichenstellungen getroffen, die *Hermann Wentker, Berlin,* mit den Begriffen Zentralisierung, Politisierung und ansatzweiser Sowjetisierung umschreibt. Während die Periode zuvor von ambivalenten sowjetischen Vorgaben und einem nur allmählich wachsenden SED-Einfluß gekennzeichnet ist, setzte im Januar 1948 die eigentliche justizpolitische Offensive der Hegemonialpartei ein: Der Führungsanspruch der SED wurde von zentralen Führungsgremien verkündet und zur offiziellen Parteilinie erklärt. Es folgte ein Personalaustausch auf der Leitungsebene der Deutschen Zentralverwaltung für Justiz (DJV) sowie eine Zentralisierung und Vereinheitlichung der Verwaltungsstrukturen. Dies hatte unmittelbare Folgen für die Landesjustizministerien, denen Anfang 1949 eine den Vorstellungen der DJV entsprechende Struktur aufoktroyiert wurde. Darüber hinaus ist eine Politisierung bei der Aus- und Weiterbildung der Volksrichter sowie generell bei der Personalrekrutierung unübersehbar. Zur Bekämpfung politischer Gegner und zur weiteren Umgestaltung der Eigentumsverhältnisse wurde die Justiz instrumentalisiert. Dies zeigte sich bei den Strafverfahren nach SMAD-Befehl Nr. 201 sowie den Wirtschaftsstrafverfahren. Eine partielle Sowjetisierung läßt sich schließlich bei der Übertragung des Strafvollzugs von der Justiz- auf die Innenverwaltung ausmachen.

Die Gründung der Zentralen Kommission für Staatliche Kontrolle (ZKK) stellt *Jutta Braun, München,* in Zusammenhang mit der Ausarbeitung des Wirtschaftsstrafrechts und der Enteignungspolitik in der SBZ/DDR und verweist dabei auf sowjetische Vorbilder. Das neu geschaffene Wirtschaftsstrafrecht diente nicht nur dem vermeintlichen Schutz der Wirtschaft vor angeblichen Saboteuren, sondern auch der weiteren Veränderung der Eigentumsverhältnisse und der fortgesetzten Neuordnung des Institutionengefüges im Sinne der SED-Führung. Am Beispiel des Verfahrens von Glauchau-Meerane wird exemplarisch deutlich, wie die SED versuchte, Schauprozesse entsprechend der sowjetischen Vorläufer aus den zwanziger bzw. dreißiger Jahren als Instrument ihrer Politik einzusetzen. Gleichzeitig werden allerdings die Grenzen dieses politischen Gestaltungsanspruches erkennbar, da die Hegemonialpartei letztlich Kompromisse eingehen mußte, die „aufgrund des deutschlandpolitischen Kalküls der Sowjetführung und der Rücksichtnahme auf die Reaktionen der bürgerlichen Parteien notwendig" geworden waren[10]. Das bedeutete zumindest offiziell den vorläufigen Verzicht auf weitere umfassende Sozialisierungen und beim Wirtschaftsstrafrecht die Belassung wichtiger Entscheidungsbefugnisse bei der Justiz. In der Praxis setzte die SED die ZKK jedoch zur Realisierung ihrer eigentlichen Ziele ein: Die neu geschaffene Kontrollkommission diente somit als „praktisches Korrektiv der taktisch motivierten offiziellen Linie der SED."

Inwieweit „das letzte Jahr der SBZ" auch für die Politikgestaltung von formativer Relevanz im Hinblick auf die DDR-Gründung war, untersucht *Michael Schwartz, Berlin,* anhand der Politik gegenüber den damals so genannten „Umsiedlern". Diese verfolgte im wesentlichen drei Ziele: Die Machthaber wollten erstens die Anerkennung der Oder-Neiße-Grenze durchsetzen, zweitens jegliche Ansätze von Selbstorganisation unter den Vertriebenen wirksam unterdrücken und drittens deren Integration mit Hilfe geeigneter sozialpolitischer Maßnahmen vorantreiben. Während sich das Regime bis 1950 in dem zunehmend totalitären politischen System hinsichtlich der ersten beiden Ziele im wesentlichen durchsetzen konnte, wurde 1948/49 eine flüchtlingsspezifische Sozialpolitik innerhalb der SMAD und der SED grundsätzlich in Frage gestellt. Erst nach zähen internen Konflikten kam eine Weiterführung unter veränderten Bedingungen zustande, die 1950 in ein koordiniertes Hilfsprogramm – das DDR-Umsiedlergesetz – mündete. Die Einstellung dieser Sonderförderung bereits 1952/53 zeigt deutlich, daß die 1948/49 zutage getretenen Tendenzen nicht dauerhaft verdrängt werden konnten.

Im Bildungswesen war die SED *Gert Geißler, Berlin,* zufolge im Vorfeld der DDR-Gründung unfähig, ihren Hegemonialanspruch durchzusetzen. 1948/49 wurde von seiten maßgeblicher SED-Politiker diese Schwäche der eigenen Partei jedoch erstmals diagnostiziert, und die SMAD bestärkte seit Herbst 1948 die SED in ihrer Einflußnahme auf das Bildungswesen. Aufgrund der mangelnden Zentralisierung der Bildungsverwaltung ließ sich dieser Politikbereich nur unvollkommen von der Zentralverwaltung für Volksbildung aus vereinheitlichen, lenken und kontrollieren. Erst nach der Staatsgründung wurden mehrfach vertagte Entscheidungen getroffen und Gesetzesvorhaben realisiert. Die Bildungsverwaltung erhielt zwar eine neue Struktur, ihre auf dem Papier bestehende Zentralisierung bedeutete jedoch auch damals nicht, daß die Arbeit in den Ländern und Bezirken von Ost-Berlin aus wirksam kontrolliert werden konnte. Bis weit in die fünfziger Jahre hinein blieben insbesondere im Schulwesen lokal und regional erhebliche Unterschiede erhalten, so daß auch nach der Staatsgründung noch von einem „Zurückbleiben der Bildungsreform" gesprochen werden kann.

Im Unterschied zum Bildungswesen, in dem der Zäsurcharakter der zwölf bis achtzehn Monate vor der Staatsgründung stark relativiert wird, war in der Politik gegenüber dem gewerblichen Mittelstand nach den Ausführungen von *Rüdiger Schmidt, Münster,* im Jahr 1949 ein Einschnitt durchaus feststellbar. Die damals getroffenen administrativen Anordnungen bildeten nach der ersten Phase der Sequestrierungen und Enteignungen zwischen 1946 und 1948 „den zweiten Knotenpunkt einer Entwicklung, in der die Privatwirtschaft zunächst vom Besitz getrennt und

[10] Beitrag von Braun in diesem Sammelband, S. 184.

sodann von ihren Marktbeziehungen entkoppelt worden war“[11]. Entscheidend waren dabei zum einen die Einführung des Vertragssystems, das die Privatwirtschaft zwar nicht beseitigte, aber systematisch auf den volkseigenen Sektor ausrichtete, und zum anderen die Inkraftsetzung einer neuen Steuergesetzgebung, die eine investitionsfördernde Kapitalbildung unmöglich machte. Diese Maßnahmen standen am Anfang einer sich nach der Staatsgründung intensivierenden Entwicklung, in der die privatwirtschaftlichen Handlungsmöglichkeiten sehr viel stärker als bisher eingeengt werden sollten.

Für die Agrarpolitik konstatiert *Arnd Bauerkämper, Potsdam,* 1948/49 eine zunehmende Radikalisierung, Zentralisierung und Verstaatlichung. Denn damals wurden die „Volkseigenen Güter“, die „Verwaltung der Maschinen-Ausleih-Stationen“ und die „Volkseigenen Erfassungs- und Aufkaufstellen“ gebildet und in das staatliche Plansystem integriert; die SED-Führung setzte in der VdgB und in den Raiffeisengenossenschaften ihren Herrschaftsanspruch gegen die sogenannten „Großbauern“ durch und schwächte deren Einfluß erheblich; schließlich verdrängte sie durch eine radikalisierte Kaderpolitik innerhalb der Landwirtschaftsverwaltung die dort tätigen bürgerlichen Agrarwissenschaftler. Die rigorose Agrarpolitik der SED stieß in den dörflichen Milieus jedoch auf erhebliche Vorbehalte: Die „Großbauern“ waren dort zu stark verankert, als daß die gegen sie gerichteten Maßnahmen unmittelbare Wirkung entfalten konnten. Die SED-Agrarpolitik richtete sich zwar gegen die ländlichen Sozialstrukturen, konnte diese jedoch damals noch nicht zerstören. Daher bezeichnet Bauerkämper das letzte Jahr vor der Staatsgründung im Bereich der Landwirtschaft lediglich als Etappenzäsur; sehr viel einschneidender war der Beginn der Kollektivierung im Jahre 1952, die zwar funktional, jedoch nicht intentional durch die Maßnahmen von 1948/49 vorbereitet worden war.

* * *

Die Literaturverweise in den Fußnoten sind einheitlich in Kurzform (Autor, Kurztitel, Seitenzahl) gehalten und können vollständig aus dem Gesamt-Literaturverzeichnis am Ende des Bandes erschlossen werden. Einschübe bzw. Auslassungen in Zitaten sind durch eckige Klammern kenntlich gemacht worden.

Die Beiträge dieses Bandes gehen auf ein Kolloquium zurück, das die Außenstelle Berlin des Instituts für Zeitgeschichte im November 1998 veranstaltet hat. Für die Mitwirkung an der Gestaltung des Bandes sind die Herausgeber Herrn Olaf Blumenstein für seine inzwischen bewährte Hilfe sehr dankbar.

[11] Beitrag von Schmidt in diesem Sammelband, S. 243.

Wolfgang Mischnick

Die Vorgeschichte der DDR-Gründung

„Die Perspektive eines politischen Zeitzeugen“

Ich war im Oktober 1947 in Bad Schandau zum stellvertretenden Landesvorsitzenden der LDP in Sachsen gewählt worden. Als ich zur ersten Landesvorstandssitzung erschien, wurde mir mitgeteilt, daß zwar der gesamte Landesvorstand von der SMA (Sowjetische Militäradministration) genehmigt worden sei, meine Wahl jedoch nicht, und der gegen mich durchgefallene Dr. Blume aus Leipzig stellvertretenden Landesvorsitzender würde. Somit konnte ich dieses Amt nie antreten. Danach bekam ich Rede- und Schreibverbot. Ich war gleichzeitig hauptamtlicher Jugendsekretär und Leiter des Blockausschusses der LDP, aus dem ich auch entlassen wurde, so daß ich im April 1948 die Flucht von Dresden nach Berlin antrat. Von dort flogen mich die Amerikaner im Mai nach Frankfurt am Main aus, pikanterweise genau am Himmelfahrtstag. Zum Glück entstand daraus kein „Himmelfahrts-Kommando“ für mich.

Wenn man sich in diese Zeit hineinversetzen will, muß man sich, wenn es manchen auch schwerfällt, vorstellen, wie es damals in Deutschland aussah. Die Überlebenden des Bombenterrors, der Konzentrationslager, die aus den ostdeutschen Gebieten Vertriebenen, die heimkehrende Frontgeneration, wie wir uns damals nannten (ich war selbst von 1939 bis 1945 Soldat gewesen), und die wieder erwachten Demokraten aus der Zeit von vor 1933: Alle standen vor einem Trümmerhaufen im materiellen wie im ideellen Sinne. Viele kamen ziemlich früh zu der Erkenntnis, daß ein Mittun, ein Mitgestalten unerläßlich sei. Der Vorwurf, den wir damals hören mußten, wir hätten uns während der Schul- und Soldatenzeit zu wenig mit Staat und Politik auseinandergesetzt, hat uns aufgerüttelt. Die Hoffnung, daß nun Demokratie und Freiheit in Deutschland selbstverständlich sein würden, war ein Grund, weshalb ich schon im Juli 1945 in Dresden dem Aufruf zur Gründung der Demokratischen Partei folgte.

Vorausgegangen war, daß ich mich – ich ging noch am Stock – mindestens einmal wöchentlich beim Arbeitsamt melden mußte. Der dortige Sachbearbeiter sagte zu mir: „Wir haben 1918/19/20 den Fehler gemacht und die Soldaten ausgegrenzt, das wollen wir nicht wieder tun. Engagieren Sie sich politisch.“ Ich habe das sehr ernst genommen, mir die Parteiprogramme angesehen und ihm später gesagt, daß ich mich entschieden habe. Zu seinem Bedauern nicht für die Kommunistische Partei, deren Mitglied er war, sondern für die LDP. Er meinte aber, das sei ja auch eine zugelassene Partei und hatte nichts dagegen einzuwenden. Das wäre nicht so erwähnenswert, wenn nicht derselbe Mann 1947, als ich in Dresden schon einigermaßen bekannt war als Stadtverordneter, zu mir gekommen wäre und mich gefragt hätte, ob ich ihm nicht die Adresse vom Ostbüro der SPD in Westberlin nennen könne, denn das, was jetzt liefe, sei nicht der Sozialismus, den er sich vorgestellt hätte.

Im LDP-Programm, das ich mir gründlich angesehen hatte, fand ich – wie sollte es bei einer liberalen Partei anders sein – Bekenntnisse zu Frieden, Freiheit, zur individuellen Entwicklung und zur Einheit. Das war für uns junge Menschen, gerade aus dem Krieg zurückgekehrt, ein ganz besonders wichtiger Punkt. Unser damaliger LDP-Vorsitzender Wilhelm Külz hat sich in seinen Reden von Anfang an immer wieder zu einer gesamtdeutschen Partei bekannt, hat immer wieder gemahnt, daß wir als LDP im östlichen Bereich die Einheit als das Entscheidende ansehen sollten. Er hat dabei Stalin zitiert und deutlich gemacht, daß man nach dem Potsdamer Abkommen mit der Einheit Deutschlands rechnen könne. Sein Bemühen war, daß die liberalen Parteien in den vier Besatzungszonen sich 1947 zu einem gemeinsamen Vorstand mit Theodor Heuss und Wilhelm Külz als Vorsitzende zusammenfinden sollten, was bei keiner anderen Partei der Fall war.

Ich bitte um Nachsicht, daß ich als Liberaler dies so deutlich zum Ausdruck bringe. Das hing auch damit zusammen, daß der erste Generalsekretär der LDP in Sachsen, Ernst Mayer, der mich überhaupt zur Politik gebracht hatte, aus dem damaligen Württemberg-Nordbaden stammte. Er war von den Nazis gezwungen worden, Württemberg zu verlassen und hatte sich bis zum Kriegsende in Dresden niedergelassen. Nach Rückkehr in seine Heimat trat er natürlich auch dort für die deutsche Einheit ein. Allerdings ist es gut, sich daran zu erinnern, daß auch Külz damals schon mahnende Worte ausgesprochen hat. Er sagte nämlich: „Jeder, den seine politische Betätigung in die einzelnen Zonen führt, wird feststellen müssen, wie weit wir uns in den einzelnen Zonen auch innerlich schon voneinander entfernt haben. Es ist geradezu haarsträubend, welchen konfusen Auffassungen man in den einzelnen Gebieten Deutschlands über die Lage und Zustände in anderen Gebietsteilen begegnet, wie stark die Neigung ist, unter Hintanstellung der gesamtdeutschen Interessen sich regional nach Ländern zu orientieren. Die äußeren Schlagbäume an den Zonengrenzen sind schon ein schmerzlicher Anblick, aber ungleich schmerzlicher sind die Zonengrenzen, die wir selbst gegeneinander in unserer Empfindungs- und Anschauungswelt aufrichten."

Wir hatten das Gefühl, gerade wir Jungen, daß man sich in den westlichen Besatzungszonen überhaupt nicht in das hineindenken konnte, was innerhalb der sowjetischen Besatzungszone möglich war oder auch nicht. In diesem Zusammenhang erinnere ich mich an die Rede des amerikanischen Außenministers James Byrnes, die er 1946 in Stuttgart gehalten hat. Ich hatte sie natürlich nicht hören können, aber anläßlich einer Sitzung des Zentralvorstandes, dem ich als Jugendvertreter angehörte, hatte ich sie mir in Berlin besorgt. Als ich darin las, daß man vom Morgenthau-Plan abgekommen sei und für Deutschland eine Zukunftschance sichtbar machen wolle, schöpfte ich mit allen anderen die Hoffnung, doch noch nicht ganz abgeschrieben zu sein. Denn abgeschrieben zu werden, das war unsere große Sorge, und deshalb auch haben wir Jüngeren damals alles versucht, in unserer gesamten politischen Arbeit den Gedanken der Einheit auf keinen Fall verlorengehen zu lassen. Das ist zum Beispiel geschehen mit einem Plakat, auf dem die Jugend aufgefordert wurde, sich zur Arbeit, zur Einheit, zur Wahrheit, zur Demokratie, zur Jugendbewegung zu bekennen und zur LDP zu kommen. Für viele junge Menschen war das ein wichtiger Hinweis, daß hier eine Partei versuchte, die Einheit Deutschlands zu erhalten, denn jeder konnte sehen, wie weit die vier Besatzungszonen sich schon auseinanderentwickelten.

Als ich allerdings wenige Monate später – es war bereits nach der Ministerpräsidenten-Konferenz in München im Jahre 1947 – bei der SMA den Antrag stellte, ein weiteres Plakat zu genehmigen, gab es Schwierigkeiten. Das Plakat zeigt die Umrisse der vier Besatzungszonen und in der Mitte das Wahrzeichen der Liberal-Demokraten, das „D", gehalten von je einer Hand aus den vier Besatzungszonen. Als ich dem zuständigen Offizier dies vorlegte, sagte er schlicht, daß er es nicht genehmige. Auf meine Frage, warum nicht, erwiderte er, es gäbe kein Deutschland mehr. Ich sagte: „Entschuldigung, das ‚D' heißt Demokratie, und die aufgehende Sonne, das ist Demokratie für Deutschland, was wir doch gemeinsam in allen vier Besatzungszonen wollen." Er lächelte süffisant und meinte: „Wir kennen Sie alle viel zu gut, als daß wir nicht wüßten, daß Sie damit auch Deutschland meinen." Daß ein Besatzungsoffizier 1947 klipp und klar sagte, Deutschland gäbe es nicht mehr, obwohl sein oberster Dienstherr noch davon gesprochen hatte, daß die Einheit Deutschlands zu erhalten sei, war für uns ein weiterer Hinweis darauf, welche Gefahren für ein Auseinanderleben vor uns standen.

1947 fand die Ministerpräsidenten-Konferenz in München statt, wo noch einmal der Versuch unternommen wurde, zu einem gemeinsamen Handeln zu kommen. Ich bitte um Verständnis, wenn ich auch hier das, was ich selbst erlebt und mitgemacht habe, in den Vordergrund stelle. Es hat schwerer Auseinandersetzungen bedurft, der liberaldemokratische Ministerpräsident von Sachsen-Anhalt, Erhard Hübener, mußte sogar mit seinem Rücktritt drohen, und Külz schloß sich der Forderung an, daß die Ministerpräsidenten der sowjetischen Besatzungszone teilnehmen dürfen. Wenn nicht, schloß auch er seinen Rücktritt nicht aus. Es hat mich etwas überrascht beim Nachlesen von Artikeln und Darlegungen über diese Ministerpräsidenten-Konferenz, daß von diesen Schwierigkeiten kaum etwas zu hören war. Wir in Sachsen haben dazu noch Thesen erarbeitet und dem damaligen Ministerpräsidenten, Rudolf Friedrichs, mit auf den Weg gegeben. Heute würde man das möglicherweise Koalitionsvereinbarungen nennen. Die Tragik wollte es, daß Friedrichs kurz vor der Konferenz verstarb und an seiner Stelle der Alt-Kommunist Kurt Fischer teilnahm.

Ich habe mit Interesse den jüngsten Forschungen über diese Zeit entnommen, daß man sich nach wie vor nicht darüber klar ist, ob der plötzliche Tod von Friedrichs, der nicht ungelegen kam, eine ganz natürliche Ursache hatte, oder ob mehr dahinter steckte. Ich weiß nur noch, daß recht schnell geredet wurde, Friedrichs – ein Mann aus der alten Sozialdemokratischen Partei, der immer wieder versuchte, gesamtdeutsche Gesichtspunkte sichtbar zu machen – sei daran gehindert worden, nach München zu fahren. Ob solche Aufregungen möglicherweise einen Herzinfarkt verursacht haben oder was auch immer – ich kann es nicht beurteilen. Interessant ist jedoch, daß dies in letzter Zeit durch das Hannah-Arendt-Institut in Dresden untersucht worden ist.

Nachdem also diese Konferenz gescheitert war, haben wir versucht, in Eisenach auf einem sogenannten „Zonenparteitag" die gesamtdeutsche Problematik in den Vordergrund zu stellen. Auf diesem Parteitag sprachen nicht nur Vertreter aus den Westzonen, sondern mir war es auch gelungen, im Rahmen dieses Parteitags in einem Saal der Wartburg eine Jugendkundgebung durchzuführen. Hierbei kamen Vertreter aus allen vier Besatzungszonen zu Wort. August Martin Euler aus der amerikanischen Zone legte mit vollem Einsatz los und verdonnerte alles, was mit

Sozialismus oder Kommunismus zusammenhing, in Grund und Boden. Das nahmen meine jungen Freunde aus der Sowjetzone natürlich mit Begeisterung auf und gaben in der Diskussion ihre entsprechend positive Stellungnahme ab, nicht daran denkend, daß in der Veranstaltung mehrere sowjetische Offiziere saßen, die jeden einzelnen Diskussionsredner notierten und die regionalen Militäradministrationen bzw. Kommandanturen unterrichteten. All meine Versuche, durch Flüsterpropaganda zur Vorsicht aufzurufen, blieben ohne Erfolg. Die Verhaftungswelle von Hunderten liberaler Jugendlicher im Jahre 1948 bestätigt die kritische Haltung der LDP-Jugend.

Zu dieser Zeit wurde auch versucht, Kontakte mit den Jungdemokraten der Westzonen aufzunehmen. Wir selbst durften uns ja nicht „Jungdemokraten" nennen, das wäre gegen die Interessen der FDJ gewesen; wir nannten uns nur „Jugendausschuß". Da wir eine Parteischule in Radebeul bei Dresden hatten, kamen eines Tages Jugendreferenten aus der englischen und amerikanischen Besatzungszone dorthin. Kaum waren sie in der Parteischule eingetroffen, war schon die Besatzungsmacht da und erklärte, dies sei illegal, obwohl uns die Zentrale in Berlin gesagt hatte, es sei alles geregelt. Sie waren mit „Interzonenpässen" gekommen, aber alle unsere weiteren Bemühungen, noch nachträglich eine Genehmigung zu erhalten, scheiterten, so daß die jungen Leute wieder abreisen mußten. Ich erwähne das deshalb, weil heute oft so getan wird, als seien gesamtdeutsche Kontakte zwar von Ost nach West versucht worden, in umgekehrter Richtung jedoch nicht. Das Gegenteil war der Fall.

Vor kurzem erst las ich wieder mal in einem Artikel „Die Entwicklung im Osten", daß diese ein Reflex auf die Staatsgründung im Westen gewesen sei. Lassen Sie mich dazu etwas sagen. Es lohnt sich, die Verfassungen der Länder der damaligen sowjetischen Besatzungszone anzusehen. In den Landesverfassungen, die Ende 1946/Anfang 1947 beraten und verabschiedet wurden, stand in Artikel 1 beispielsweise in Thüringen: „Das Land Thüringen ist ein Glied der Deutschen Demokratischen Republik" usw., usw. „Deutschen" in Großbuchstaben geschrieben. So steht es in den Verfassungen von Sachsen-Anhalt, Mecklenburg, Brandenburg und Thüringen. In der sächsischen Verfassung heißt es: „Das Land Sachsen ist ein Glied der deutschen demokratischen Republik", „deutschen" kleingeschrieben. Warum? Weil wir damals in einem Gespräch mit unseren Landtagskollegen (ich war im Gegensatz zu mancher landläufigen Meinung nie im Landtag, denn ich war zwar aufgestellt, aber von der sowjetischen Besatzungsmacht zusammen mit zwei anderen Kandidaten von der Liste gestrichen worden) darauf gedrungen hatten, daß diese Großschreibung auf keinen Fall durchgehen sollte. Sie war im Verfassungsentwurf der SED enthalten, und wir sahen das als die Vorwegnahme einer gesamtstaatlichen Bezeichnung an. Bei einem Vergleich kann man feststellen, daß es in keinem der westdeutschen Länder in den Landesverfassungen eine solche Festlegung gegeben hat. Deshalb kann man sagen, es war 1949 bestenfalls ein faktisches Nachziehen gegenüber der Bundesrepublik. Ein ideologisches Vorausgehen zu einem Separatstaat „Deutsche Demokratische Republik" hatte es längst mit diesen Überlegungen des Verfassungsentwurfs der SED gegeben.

Ganz nebenbei: Ich erwähne das nicht erst in diesen Tagen. 1966 wurde ein „Redneraustausch" propagiert, und da gab es im Bundestag heftige Debatten, was wohl geschähe, wenn der Redneraustausch zustandekäme und Walter Ulbricht einreisen wolle. Es wurde über ein Gesetz gesprochen, das wir „Handschellengesetz" nannten. Damit sollte sichergestellt werden, daß nicht vielleicht irgendein Amtsrichter oder Staatsanwalt oder wer auch immer Ulbricht verhaften und alle politischen Überlegungen hinfällig machen könnte. Daß der Redneraustausch letztendlich nicht zustandekam, ist ja bekannt. Aber Ende März 1966 haben FDP und Jungdemokraten in der Englischen Kirche in Bad Homburg einen öffentlichen Dialog mit drei LDPD-Vertretern aus Thüringen geführt. Damals schon habe ich auf diese Verfassungsunterschiede hingewiesen, aber von seiten der DDR-Vertreter wurde dazu nur gesagt, das könnten sie nicht beurteilen, und sie wüßten auch nichts davon. Was mich etwas bekümmert, ist, daß dieser Gesichtspunkt in den vielen öffentlichen Darlegungen über die Entwicklung 1948/49 kaum eine Rolle gespielt hat. Auch ohne dies überzubewerten, zeigt es doch die klare Marschrichtung, aus der sowjetischen Besatzungszone einen eigenständigen Staat zu machen.

Als Zeitzeuge will man nicht nur die gesamtdeutschen Überlegungen ansprechen, sondern auch ein paar Erfahrungen und Erlebnisse einbringen aus der praktischen Arbeit. Als am 1. September 1946 und danach – es war ja in den einzelnen Ländern unterschiedlich – Kommunalwahlen stattfanden, wurden diese natürlich unter den Bedingungen der Besatzungsmacht gehandhabt, im Osten wie im Westen. Bei dieser ersten Kommunalwahl aber konnte jeder noch sein Kreuzchen machen ohne jegliche Kontrolle; Mundhalten und Zettelfalten kam erst später. Die Möglichkeiten, eigene Listen aufzustellen, waren in manchen Gebieten, zumal in ländlichen Bezirken, sehr schwierig: Man mußte zehn Mitglieder nachweisen, unter denen niemand sein durfte, der irgendwie einmal etwas mit der NSDAP zu tun gehabt hatte. Wurde dann dennoch einer herausgefunden, so waren es eben nur noch neun, und die Liste wurde nicht zugelassen. Doch das waren relativ nebensächliche Dinge. Sieben Wochen später fanden die Landtagswahlen statt. Hier traten interessanterweise schon mehr Gruppierungen als bei der Kommunalwahl an, in Sachsen z.B. zusätzlich die „Vereinigung der gegenseitigen Bauernhilfe" und der „Kulturbund zu demokratischen Erneuerung Deutschlands". Der Grund hierfür war, daß man bei den Kommunalwahlen vielerorts nicht die gewünschten SED-Mehrheiten zustandegebracht hatte. In der Einrichtung der sogenannten „Beratenden repräsentativen Körperschaft der Stadt Dresden" war schon vorher deutlich geworden, wohin das gehen sollte. Das war sozusagen der Vorläufer des kommunalen Parlamentes. Für dieses Gremium waren nicht nur Vertreter der sozialistischen Partei, der CDU und der LDP, sondern auch vom Freien Deutschen Gewerkschaftsbund, Frauenausschuß, der FDJ, der Vereinigung der gegenseitigen Bauernhilfe, Industrie- und Handelskammer, Handwerkskammer sowie Persönlichkeiten des öffentlichen Lebens nominiert. Wir haben das als eine Art Übergangslösung angesehen, in Wahrheit aber war das schon ein Zeichen für die künftige Entwicklung. Daß bei der Landtagswahl dann mehrere Organisationen mit kandidierten, machte deutlich, in welche Richtung die Überlegungen der Besatzungsmacht gingen: Die „Blockausschüsse", die zunächst aus KPD, SPD, CDU und LDP bestanden, wurden bald ergänzt durch die Massenorganisationen und landeten zuletzt in der Nationalen Front. Ich hatte damals den Eindruck, daß sich die Besatzungsmacht am Anfang noch zurückhielt, weil ja zu diesem Zeitpunkt noch der Vier-Mächte-Status galt, der Alliierte Kontrollrat. Auf dem Papier funktionierte dieser auf jeden Fall in Bezug auf Reparationen, aber es zeigte sich hier schon, wohin die Entwicklung gehen würde, in Richtung Räterepublik.

Es gab keine Veranstaltung, in der nicht Vertreter der SMA oder der Kommandantur saßen, ganz gleich, ob es Stadtverordneten- oder Ausschußsitzungen waren. Wir fanden natürlich kleine Tricks, um einmal ohne ständige Aufsicht zusammenzukommen, z.B. indem wir den Beginn einer Jugendausschuß-Sitzung auf 10 Uhr festsetzten, durch Mundpropaganda aber den Mitgliedern klarmachten, daß sie bereits um 9 Uhr da sein sollten. Es fiel dann allerdings auf, daß der eine oder andere beim „offiziellen" Teil der Sitzung im Beisein eines Besatzungsoffiziers manches Kritische aus der inoffiziellen Stunde wiederholte und es den entsprechenden Kameraden zuordnete.

Man darf nicht ausschließlich die Protokolle der damaligen Zeit bewerten, das wäre ein großer Fehler. Warum? Weil in den Protokollen kaum jemals der tatsächliche Ablauf der Sitzungen festgehalten wurde, denn sie mußten ja der Besatzungsmacht eingereicht werden. Wenn da in Abwesenheit von Offizieren, die aus irgendwelchen Gründen früher weggegangen sind, bestimmte Dinge behandelt wurden, sind die natürlich nie im Protokoll erschienen. Wobei ich zugeben muß, daß ich für Historiker eine schlechte Quelle bin, weil ich mein ganzes politisches Leben lang nur sehr wenig schriftlich festgehalten habe, nur wenn es unbedingt notwendig war. Vielleicht ist das ein Erfahrungssatz aus der Zeit von 1945 bis 1948, denn ich verhehle nicht, daß mich diese Zeit mehr geprägt hat als manches Jahrzehnt danach.

Lassen Sie mich noch ein typisches Beispiel für die Rücksichtnahme auf die Besatzungsmacht nennen. Es war am 23. Mai 1947 die Vorbereitung auf die Dresdner Festspieltage zur Eröffnung des Schauspielhauses. Im Kulturausschuß, dem ich angehörte, hatte meine Kollegin Magarete Dyck beantragt, daß zu dieser Gelegenheit „Fidelio" aufgeführt werden solle. Die Entscheidung wurde vertagt, und bei der zweiten Sitzung am 6. Juni kam als Gegenvorschlag „Der Freischütz". Mit sechs zu vier Stimmen wurde „Fidelio" abgelehnt. Wir haben uns nicht lange fragen müssen, warum. Der „Gefangenenchor" aus dieser Oper war natürlich nicht gerade Musik in den Ohren der Besatzungsmacht. Daß dann später doch Fidelio aufgeführt wurde, ändert nichts an der Tatsache der damaligen Ablehnung. Vielleicht ist es ganz angebracht, den genauen Text dieses Chores hier zu zitieren:

> „Sprecht leise, haltet euch zurück!
> Wir sind belauscht mit Ohr und Blick.
> Oh, welche Lust in freier Luft
> den Atem leicht zu heben.
> Nur hier, nur hier ist Leben.
> Sprecht leise, haltet euch zurück!
> Wir sind belauscht mit Ohr und Blick."

Natürlich verhehle ich nicht, daß wir ganz bewußt auf Beethovens „Fidelio" bestanden haben, um auf diese Weise unsere tatsächliche Situation sichtbar zu machen. Man konnte ja keinen politischen Schritt ohne Genehmigung tun. Ich hatte vorhin schon von Plakaten gesprochen. Alles, was an Schriftlichem vervielfältigt wurde, bedurfte der Genehmigung. Manchmal fanden wir einen Ausweg. Viele Schreibmaschinen gab es zwar nicht, aber in meiner Ortsgemeinschaft waren insgesamt acht davon vorhanden. Also kamen acht weibliche Mitglieder mit diesen Schreibmaschinen in die Geschäftsstelle, und dann wurden nach Diktat pro Dame sechs bis acht Durchschläge – je nachdem, was das Kohle- und Durchlagpapier hergab – abgetippt, so daß wir 500 bis 600 Einladungen hatten, die nicht vervielfältigt und somit nicht genehmigungspflichtig waren. Alles, was in Zeitungen erschien, war der Zensur unterworfen. Dabei teilte man nicht etwa dem Verfasser mit, sein Artikel würde nicht gedruckt, sondern es wurden einfach Sätze gestrichen. Erst wenn man später das Original mit dem gedruckten Text verglich, konnte man feststellen, was daraus geworden war.

Das will ich an einem Beispiel deutlich machen. Wer heute den Artikel liest, den ich am 24. September 1946 im „Sächsischen Tageblatt" zu dem Verhältnis von LDP und FDJ geschrieben habe, der könnte auf die Idee kommen, ich sei zustimmend zur FDJ gewesen. Man müßte aber die Sätze kennen, die aus meinem Artikel herausgestrichen worden sind. Der eine lautet: „Die Ablehnung, die die FDJ zum Teil noch erfährt, ist meistens unbegründet. Die FDJ mit der Staatsjugend vergangener Tage gleichzusetzen, ist völlig abwegig, das käme ja einer Verhöhnung des Wortes ‚frei' gleich." Natürlich hat der Presseoffizier die Ironie gemerkt, die dahinter steckte, und den Satz kurzerhand gestrichen. Genauso: „Wir möchten aber ein weiteres Recht [das waren die ‚Grundrechte der jungen Generation', die damals von der FDJ propagiert worden sind] hinzufügen, das Recht auf persönliche Freiheit, denn das birgt ja der Name Freie Deutsche Jugend und auch das Wort liberal in sich. Dabei wollen wir als Jugend, ob politisch tätig oder nicht, ob FDJ-Angehöriger oder nicht, niemals vergessen, daß die Erfüllung von Pflichten Voraussetzung für Rechte ist." Weiter: „Die Arbeit in der FDJ darf aber niemals zum Spielball persönlicher oder parteipolitischer Interessen werden." All diese Streichungen machen deutlich, daß kritische Äußerungen gegenüber der FDJ nicht gedruckt werden durften. Meine jungen Freunde in den Ausschüssen fragten mich: „Sag mal, hast Du das wirklich geschrieben?" Wenn ich ihnen dann vorlas, was gestrichen worden war, herrschte allgemeine große Bestürzung.

Wie humorlos die Genossen waren – nicht nur die sowjetischen, sondern vor allem die der SED – mag folgendes Beispiel belegen. Während des Kommunalwahlkampfes versuchte die SED, sich alles Positive, was seit Kriegsende geschehen war, an ihre Fahnen zu heften. So wurde behauptet, sie habe Glas für Fensterscheiben beschafft, Kartoffeln besorgt und vieles mehr. Alles Dinge, die für das tägliche Leben unverzichtbar waren. Das hat uns dazu gebracht, im „Sächsischen Tageblatt" ein Gedicht zu veröffentlichen und es außerdem so weit als möglich auf Flugblättern zu verteilen:

> „Wenn morgens früh die Sonn' aufsteht
> und abends wieder untergeht,
> wenn tags sie scheint in heller Pracht,
> das hat die SED gemacht."

Der durchschlagende Lacherfolg führte zu der Weisung, die Verbreitung sofort einzustellen. Wir haben es dann durch Flüsterpropaganda weiter unter die Leute gebracht.

Der Marsch in die Räterepublik, den wir damals befürchteten, aber immer noch verhindern zu können glaubten, wobei wir große Hoffnungen auf die Außenministerkonferenz setzten, führte dazu, daß wir den Gedanken der Blockpolitik, dem wir anfangs sehr positiv gegenüberstanden, mit anderen Augen ansahen. Zuerst war der Ausgangspunkt gewesen, die demokratischen Kräfte zu bündeln, die Entwicklung gemeinsam voranzubringen. Allmählich jedoch kam die Sorge auf, ob diese Blockpolitik, diese Blockausschüsse nichts weiter waren als der Versuch, Initiativen abzubremsen bzw. in andere Richtungen zu lenken. Das galt für die LDP genauso wie für die CDU. Die Zulassung von National-Demokratischer Partei und Bauernpartei war zu diesem Zeitpunkt ja noch nicht erfolgt. Das führte dazu, daß auf Beschluß des LDP-Landesverbandes Sachsen der Vorsitzende, Hermann Kastner, einen „Ausschuß für Blockpolitik"[1] ins Leben rief. Der hatte nicht etwa die Aufgabe, die Blockpolitik besonders zu fördern, sondern sie kritisch zu beobachten, wenn versucht wurde, die gemeinsamen Vereinbarungen zu brechen, denn aus der ursprünglichen Idee der Zusammenarbeit in den Blockausschüssen versuchte die SED ein Instrument der Unterwerfung zu machen. Vor den Kommunalwahlen 1946 war es zu Absprachen über die Besetzung der Bürgermeister- und Oberbürgermeisterämter gekommen. Es wurde festgelegt, daß die jeweils stärkste Partei den Oberbürgermeister bzw. Bürgermeister stellt, die zweitstärkste Partei immer dessen Stellvertreter usw. Daran hielt man sich am Anfang, doch bald versuchte man, diese Vereinbarung auf den Kopf zu stellen und sofort, wenn ein Stadtoberhaupt – aus welchen Gründen auch immer – ausschied, diesen durch ein SED-Mitglied zu ersetzen. Der Blockausschuß der Sachsen-LDP hatte nun die Aufgabe, solche Übergriffe nicht nur festzustellen, sondern sie auch in den entsprechenden örtlichen Blockausschüssen zur Sprache zu bringen.

Kastner hatte mir die Leitung des Blockausschusses beim Landesverband übertragen, so daß sich massenhaft Beschwerden bei mir sammelten. Wie weit die Versuche gingen, Einfluß zu nehmen oder mögliche Aktivitäten einzuschränken, geht beispielsweise daraus hervor, daß die Bemühungen der liberal-demokratischen Seite, auch in Betrieben Fuß zu fassen (damals gab es die Einschränkung noch nicht, daß die LDP keine Arbeiter aufnehmen dürfe), schlicht und einfach konterkariert wurden. Die Sozialistische Einheitspartei Deutschlands, Kreisvorstand Zwickau, Abteilung Betriebsgruppe, hat am 19. Juli 1947 ein Rundschreiben herausgegeben, in dem es u. a. heißt: „Laut sicheren Informationen plant nun die LDP einen Einbruch in die Betriebe. Dies bedeutet, daß die bürgerliche Ideologie auch in die Betriebe getragen werden soll. Es ist die Schaffung von Betriebsgruppen geplant, Mitglieder des Betriebsrates, soweit sie der LDP angehören, sollen in Schulungen zusammengefaßt werden. Ebenso sollen Gewerkschaftsfunktionäre herangebildet werden. Werte Genossen! Ihr seht, mit welchen Methoden dieser Einbruch vorbereitet wird. Es darf nicht gelingen, die Arbeiterschaft in den Betrieben zu spalten."[2]

So begann bereits 1947 der Versuch, über eine vorgetäuschte Zusammenarbeit in den Blockausschüssen allmählich zu einer Dominanz der SED zu kommen. Als diese Unterwerfung der anderen immer weniger klappte, bildete man die „Nationale Front", zu der dann ja auch die anderen Organisationen hinzukamen. Wie sich die LDP dagegen gewehrt hat, geht aus einem Schreiben hervor, das am 26. April 1948 der damalige stellvertretende Vorsitzende der LDP, Arthur Lieutenant, an die

[1] Vgl. Aufbau des Ausschusses für Blockpolitik, 5. 5. 1947, Kopie im Besitz des Verfassers.
[2] Rundschreiben Nr. 55 des SED-Kreisvorstandes Zwickau, Abt. Betriebsgruppe, 19. 7. 1947, Kopie im Besitz des Verfassers.

SED richtete. In ihm heißt es: „Zu unserem aufrichtigen Bedauern müssen wir jedoch feststellen, daß in Aufrufen des Zentralsekretariats Ihrer Partei und auch den Aufrufen des FDGB zum 1. Mai darauf hingewiesen wird, daß die Demonstration unter anderem auch dem Sozialismus gelten soll. Hierdurch ist eine beträchtliche Unruhe in unsere Mitgliedschaft hineingetragen worden, da die LDP nicht für den Sozialismus eintritt und daher auch unmöglich an Veranstaltungen teilnehmen kann, die für den Sozialismus demonstrieren. Sie wissen, daß wir ehrlich bereit sind, Seite an Seite mit Ihnen für Deutschlands Einheit und einen gerechten Frieden einzutreten und daß wir uns vorbehaltlos zur Erreichung dieses Zieles mit Ihnen solidarisch erklären. Wir haben aber stets zum Ausdruck gebracht, daß in der Frage des Sozialismus unsere Wege sich trennen und gemeinsame Veranstaltungen und Kundgebungen unbedingt überparteilich gehalten werden müssen. Dieser Grundsatz unserer gemeinsamen Arbeit ist nunmehr von Ihnen zum ersten Mal durchbrochen worden. Wir bitten daher davon Kenntnis zu nehmen, daß wir uns außerstande sehen, uns an den Maifeiern zu beteiligen."

Ich habe das deshalb so ausführlich zitiert, weil man oft ungerechte Urteile fällt über Menschen, die damals – es war kurz nach meiner Flucht – alles versucht haben, einen eigenständigen Weg zu gehen. Daß dieser Weg niemals zum Ziel führen konnte, hat zu diesem Zeitpunkt noch nicht abgeschreckt. Übrigens konnte noch 1949 gesagt werden – ich zitiere: „Wir wollen nichts anderes, als daß die Verfassung respektiert wird. Wer das nicht tut, versündigt sich am Wiederaufbau, der getragen ist von der Einigkeit Deutschlands. Wir sind uns darüber im klaren, daß dieses einige Deutschland kein kommunistisches Deutschland sein kann und wird." So eine Rede von Kastner am 8. November 1949 in Berlin.

Was in diesem Zusammenhang interessant ist und oftmals gar nicht richtig beleuchtet wird, ist etwas, was uns schon ziemlich früh auffiel. Bei allen Auseinandersetzungen mit dem „Dritten Reich", mit der Nazi-Diktatur, wurde immer wieder darauf hingewiesen, daß es darum ging, „antifaschistisch" zu sein. Wenn jemand von „Nazis" oder „Nationalsozialismus" sprach, kam sofort die Rüge, es müsse „faschistisch" heißen. Wir erkannten aber bald, wieso: der Begriff „sozialistisch" durfte natürlich nicht negativ besetzt sein.

Wie weit die Bemühungen später noch gegangen sind, ist in einer Erklärung des Dresdner Stadtkommandanten von Ende November 1948 gegenüber der Stadtverordnetenversammlung zu lesen. Nach den damaligen Usancen mußte das der Stadtverordnetenvorsteher vorlesen: „Der Stadtkommandant hat in der letzten Stadtverordnetenversammlung mit Befremden das antidemokratische Auftreten einer Reihe Stadtverordneter festgestellt. Sie benutzten die Tribüne des demokratischen Stadtparlaments, um gegen alles Fortschrittliche aufzutreten. Sie bremsen die weitere Demokratisierung des Lebens der Stadt. Außerordentlich schlecht haben sich diese Volksvertreter im Zusammenhang mit der Erweiterung der Ausschüsse benommen. Einer von ihnen, Mischnick und so weiter, ist nach dem Westen gegangen, dient dort dem anglo-amerikanischen Imperialismus und beschäftigt sich mit militärischer Propaganda. Die anderen sabotieren die demokratischen Gesetze noch heute."[3] Worum ging es? In den mit Stadtverordneten besetzten Ausschüssen gab es

[3] Eine Erklärung des Dresdner Stadtkommandanten, in: Sächsisches Tageblatt vom 27. 11. 1948.

entsprechend der gewählten Stadtverordnetenversammlung keine SED-Mehrheiten, denn die Sitzverteilung war dort 39 SED, 28 LDP, 13 CDU. Durch Aufnahme von VVN (damals noch Vereinigung der Verfolgten des Naziregimes, später mußte das auch geändert werden), von Bauernverband, FDJ usw. sollte der Versuch gemacht werden, die ordentlich gewählten Gremien in ihrer Mehrheitsbildung zu verfälschen, forciert natürlich von der Besatzungsmacht. Das zeigt ein weiteres Mal, daß schon zu der Zeit, als gerade der Parlamentarische Rat im Westen seine Arbeit aufgenommen hatte, in der Sowjetzone ganz systematisch auf eine mehr dem Rätesystem entsprechende Entwicklung hingearbeitet wurde.

Es gäbe noch vieles aus der persönlichen Erfahrung dieser Zeit zu sagen. Der Widerstand gegen die beginnende Gleichschaltung hat vielen – ganz gleich, ob aus der ehemaligen SPD, CDU, LDP oder aus dem kirchlichen Lager – die Freiheit und manchen gar das Leben gekostet. Besonders viele Jugendliche sind damals verhaftet worden, zum Teil von der Besatzungsmacht, aber – das kann nicht verschwiegen werden – oft auf Betreiben deutscher Stellen. Ich habe mit großer Befriedigung zur Kenntnis genommen, daß viele der damaligen Urteile, die noch von der Besatzungsmacht ausgesprochen waren, heute von russischen Staatsanwälten korrigiert werden, weil sie selbst damals mit dem sowjetischen Recht nicht im Einklang waren. Denen, die dabei zu Tode gekommen sind, nutzt es nichts mehr, aber es ist wenigstens ein Stück Bereitschaft, diese Zeit aufzuarbeiten und manches erträglicher zu machen.

Wenn man das alles erlebt hat, könnte man meinen, es habe doch keinen Sinn, Verhältnisse ändern zu wollen. Ich war jedoch immer umgekehrt der Meinung, daß man versuchen muß, die Entwicklungen positiv zu gestalten. Und aus den selbst gemachten Erfahrungen wäre es ungerecht, heute diejenigen zu schelten, die später versucht haben, Nischen für selbständiges Handeln zu finden, eigene Wege zu gehen, waren sie auch noch so verschlungen. Das von mir genannte Beispiel der Zensur verdeutlicht darüber hinaus, wie falsch es ist, Veröffentlichungen allein zum Maßstab der Beurteilung zu machen. Der Bewegungsspielraum war gering für alle, die glaubten, etwas mitgestalten zu können. Ich plädiere deshalb dafür, daß man die verschiedenen Lebensentwicklungen gerecht und nicht pauschal beurteilt. Ich habe manchen aus dieser Zeit, von dem ich weiß, daß er mir geschadet hat, jetzt wiedergesehen. Aber ich sehe es immer unter dem Gesichtspunkt, wenn es nicht Verbrechen gegen die Menschlichkeit waren, wenn nicht menschliche Schicksale zerstört worden sind, muß man versuchen, die Einsicht zu fördern, was falsch war, und den Weg für die Zukunft ebnen. Jeder, der selbst in so schwierigen Situationen war, kann verstehen, was es bedeutet, nicht schuldig zu werden. Jeder aber, dem solche Situationen erspart geblieben sind, sollte vorsichtig mit Verdacht und Urteilen sein.

Udo Wengst

Zwischen Aufrechterhaltung der Einheit und Teilung der Nation: Das Jahr 1948 in der deutschen Geschichte

Vor knapp 25 Jahren hat Hans-Peter Schwarz in einem Beitrag über die außenpolitischen Grundlagen des westdeutschen Staates festgestellt: „Es gab aber in der jüngeren Nachkriegsgeschichte nach 1945 nur noch ein Schicksalsjahr, das diese Bezeichnung wahrhaft verdient: eben das Jahr 1948."[1] In der Tat fielen in diesem Jahr in Deutschland und Europa die Entscheidungen, die für die nächsten Jahrzehnte bis 1989/90, die zum Teil aber auch darüber hinaus bis in unsere Tage grundlegend waren. Hinzuweisen ist hier auf das Scheitern einer gemeinsamen Viermächtepolitik gegenüber Deutschland Ende 1947, die Umorganisation des Vereinigten Wirtschaftsgebietes im Januar 1948, die Londoner Sechsmächtekonferenz, das Ende der Arbeit des Alliierten Kontrollrates, die Einbeziehung der Westzonen in das ERP-Programm, getrennte Währungsreformen in den Westzonen und in der Ostzone, die Berlinblockade und die Einleitung von Verfassungsgebungsprozessen in den Westzonen und in der Ostzone. Alles dies waren Stationen in einem Prozeß, in dem die Einheit des Deutschlands der vier Besatzungszonen, die zumindest als Postulat noch bestand, zunehmend verfiel. Die Aufrechterhaltung der Einheit war zwar über längere Zeit hinweg ein, wenn nicht das zentrale Ziel deutscher Amtsträger und Parteiführer, sie konnte aber angesichts der internationalen Entwicklungen und der innen- und wirtschaftspolitischen Gegebenheiten und Notwendigkeiten nicht durchgesetzt werden. So griff allmählich die Einsicht Platz, daß eine Teilung in einen Ost- und einen Weststaat unabwendbar sei. Diese Entwicklung wird im folgenden in ihren wesentlichen Etappen nachgezeichnet.

Die Londoner Außenministerkonferenz

Bereits im Vorfeld der Londoner Außenministerkonferenz vom Dezember 1947 ließen Äußerungen von Politikern der beteiligten Mächte erkennen, daß mit einem Scheitern gerechnet werden mußte. Amerikaner und Briten auf der einen Seite und die Sowjets auf der anderen Seite verfolgten so unterschiedliche Ziele, daß eine Einigung von vornherein als unwahrscheinlich galt. Beiden Seiten ging es letztlich darum, jeweils der anderen Seite vor der Öffentlichkeit die politische Verantwortung für das Scheitern der Verhandlungen zuzuschieben.

[1] Schwarz, Grundlagen, S. 29.

Die Regierungen Großbritanniens und der USA hielten politische Entscheidungen für notwendig, mit denen Wirtschaft und Gesellschaft in den westlichen Besatzungszonen stabilisiert werden konnten. Der britische Außenminister Bevin faßte diese Auffassung am 6. Dezember 1947 gegenüber seinem amerikanischen Kollegen Marshall mit den Worten zusammen, daß die Regierung Ihrer Majestät kein wirtschaftliches Chaos in Deutschland akzeptieren könne. Da er eine Einigung mit der Sowjetunion über die hierfür notwendigen Maßnahmen nicht für möglich hielt, votierte er dafür, die Verhandlungen nunmehr abbrechen zu lassen. Marshall stimmte zu – und beide verfolgten gemeinsam das Ziel, das Scheitern nicht über Verfahrensfragen, sondern über Sachfragen herbeizuführen[2].

Hierzu diente schließlich der Dissens über die Reparationsfrage. Insbesondere Bevin wies die Forderungen des sowjetischen Außenministers Molotow nach Entnahmen aus der laufenden Produktion in den Westzonen zurück und verband hiermit die Feststellung, daß er sich aufgrund des Verlaufs der Londoner Zusammenkunft die Frage stellen müsse, ob die Außenministerkonferenz jemals ein Abkommen über das deutsche und europäische Problem erzielen könne. Marshall unterstützte die Attacke, indem er Molotow vorwarf, daß die Sowjets nur Lösungen verfolgen würden, die die deutsche Bevölkerung versklaven und die Erholung der europäischen Wirtschaft verhindern würden. Zudem mußte sich Molotow den Vorwurf der Propaganda zuziehen. Dies zielte vor allem auf seinen Vorschlag ab, eine Delegation des Deutschen Volkskongresses in London zu empfangen[3].

Der „Deutsche Volkskongreß für Einheit und gerechten Frieden“ war von der SED am 26. November 1947 einberufen worden. Er setzte sich aus 2225 Delegierten zusammen, die aufgrund nicht klar erkennbarer Kriterien in Ost und West gewählt worden waren. Die Mitglieder der SED, der KPD und der mit diesen verbundenen Massenorganisationen besaßen eine deutliche Mehrheit. Die Stoßrichtung dieser Organisation war eindeutig. Walter Ulbricht faßte sie in den Worten zusammen: „Es genügt also heute nicht mehr, sich für die Einheit Deutschlands zu erklären. Wer es ernst mit der Einheit meint, der muß gegen die Schaffung des Bizonenrates und gegen die Vorbereitung einer westdeutschen Separatistenregierung wie gegen den Versuch des amerikanisch-englischen Imperialismus, das Ruhrgebiet zu beherrschen und zu einer Rüstungsbasis zu machen, Stellung nehmen.“[4]

Die Westmächte unterliefen jedoch den von Molotow beabsichtigten propagandistischen Erfolg, indem sie es ablehnten, die Delegation des Volkskongresses überhaupt zu empfangen. Sie begründeten ihre Haltung damit, daß der Volkskongreß nicht als repräsentativ für die politische Meinung in Deutschland angesehen werden könne[5]. Dies entsprach zweifellos den Realitäten, wie insbesondere daraus zu entnehmen ist, daß die ostdeutsche CDU-Führung, die in Übereinstimmung mit ihren westdeutschen Parteifreunden die Beteiligung an der Volkskongreßbewegung abgelehnt hatte, von der SMAD kurzerhand abgesetzt worden war. Gleichwohl war die Einleitung der Volkskongreßbewegung ein nicht ganz und gar ungeschickter Schachzug. Denn auch in den Westzonen trieb die Sorge um die Aufrechterhaltung

[2] FRUS 1947/II, S. 750–753.
[3] Ebenda, S. 770ff.
[4] Bender, Deutschland, einig Vaterland?, S. 111.
[5] FRUS 1947/II, S. 770.

der politischen Einheit die Politiker um. Hinzuweisen ist hier z. B. auf eine Resolution der Arbeitsgemeinschaft der CDU/CSU Deutschlands vom 26. September 1947. Hierin hieß es: „Vor Beginn der Londoner Konferenz richtet die Arbeitsgemeinschaft der CDU/CSU der sämtlichen Zonen an die Alliierten und die gesamte Weltöffentlichkeit den dringenden Apell, nicht zuzulassen, daß Deutschland zerrissen oder verstümmelt wird.“[6] Einen Tag zuvor hatte der Zonenbeirat der britischen Besatzungszone getagt. In dieser Sitzung hatten sich mit Konrad Adenauer (CDU), Walter Menzel (SPD), Franz Blücher (FDP) und Heinrich Hellwege (DP) die führenden Politiker der britischen Besatzungszone ebenfalls übereinstimmend dafür ausgeprochen, auch weiterhin „die Herstellung der deutschen Einheit [zu] fordern[7]. Erfolgreich waren diese Appelle jedoch erwartungsgemäß nicht. Am 15. Dezember 1947 beendeten die Außenminister in London ihre Beratungen, ohne einen neuen Termin festzulegen[8].

Der Ausbau der Bizone und der Aufbau von Verwaltungsstrukturen in der SBZ

Die Konsequenzen, die die Amerikaner und Briten aus dem ergebnislosen Verlauf der Konferenz zogen, waren eindeutig. Außenminister Marshall ließ am 19. Dezember 1947 verlauten: „Wir können nun kein einheitliches Deutschland erwarten, sondern müssen in dem Gebiet, das unserem Einfluß untersteht, unser Bestes tun.“[9] Bereits einen Tag vorher zeigten sich Marshall und Bevin davon überzeugt, daß der Trend zur Teilung „langsam, aber sicher“ unaufhaltsam sei: Es werde sich „allmählich eine westdeutsche Regierung herausbilden, ohne dramatische Deklarationen und Handlungen, außer wenn drastische sowjetische Maßnahmen eine beschleunigte Errichtung einer westdeutschen Regierung erforderlich machen“[10].

Diese drastischen Maßnahmen blieben zunächst aus, so daß sich Amerikaner und Briten daran machten, die politische Struktur der Bizone auszubauen – allerdings ohne jegliche Eile. In die Vorbereitungen über diesen Ausbau sollten die Deutschen einbezogen werden. Dabei waren sich die Außenminister darüber im klaren, daß der Wirtschaftsrat der Bizone den „Nukleus einer neuen staatlichen Organisation“ bilden würde. Marshall und Bevin hielten es allerdings zu diesem Zeitpunkt noch nicht für angeraten, das im Entstehen begriffene Gebilde als eine Regierung für Westdeutschland zu bezeichnen. Diese Zurückhaltung war in erster Linie der noch nicht ganz klaren Position Frankreichs geschuldet. Obwohl Marshall und Bevin bei einer Einbeziehung Frankreichs Schwierigkeiten voraussahen, votierten sie dennoch für dessen Mitwirkung auf einer trizonalen Basis, wobei sie jedoch ihrerseits diese Beteiligung nicht forcieren wollten[11].

[6] Adenauer, Erinnerungen, S. 126; Unionsparteien 1946–1950, S. 137.
[7] AVBD, Bd. 3, S. 897.
[8] FRUS 1947/II, S. 772.
[9] AVBD, Bd. 4, S. 8.
[10] Mai, Kontrollrat, S. 460.
[11] FRUS 1947/II, S. 827f.

Rücksichtnahme mußten Amerikaner und Briten aber auch auf die Empfindlichkeiten der westdeutschen Politiker nehmen. Als der britische Militärgouverneur die westdeutschen Ministerpräsidenten und die Vertreter der bizonalen Verwaltung von der Absicht unterrichtete, die bizonale Struktur auszubauen, verband er dies sofort mit der Feststellung, daß dies keine Festschreibung der deutschen Teilung sei[12]. Hiermit traf er die Stimmung seiner deutschen Gesprächspartner. Der Präsident des Wirtschaftsrates, Erich Köhler, betonte, daß man nach wie vor ein „vereinigtes Deutschland aller Zonen mit einem aus allgemeinen Wahlen in voller politischer Freiheit hervorgehenden deutschen Parlament und einer verantwortlichen deutschen Regierung" wolle[13]. In einem Memorandum stimmten die deutschen Politiker dem Ausbau der Bizone zwar zu. Sie verbanden diese Zustimmung aber mit dem Vorbehalt, daß solche Maßnahmen „in keiner Weise irgend eine Möglichkeit der Wiedervereinigung Deutschlands durchkreuzen oder sie auch nur erschweren" dürften[14]. Diese Haltung bestätigten die westdeutschen Ministerpräsidenten auf einer Konferenz Ende des Monats Januar 1948. Der bayerische Ministerpräsident Hans Ehard faßte die Diskussion der Ministerpräsidenten mit den Worten zusammen: „Wir sind einig darüber, daß wir unter keinen Umständen einen Weststaat wollen."[15] Damit verbunden war aber die Feststellung, am weiteren Ausbau der Bizone „loyal" mitzuarbeiten, „weil wir loyal arbeiten müssen, weil das im Interesse unseres Volkes liegt"[16].

Das neue Statut für die Bizone, das erstmals in Zusammenarbeit von Besatzungsmächten und deutschen Stellen erarbeitet wurde, gab der Bizone in der Tat eine „politische Struktur". Ihre Organe bildeten im Jahr 1949 den „Nukleus" der Bundesrepublik Deutschland, obwohl die eigentlichen verfassungspolitischen Entscheidungen auf einer anderen Ebene fielen. Trotz aller einheitspolitischen Vorbehalte, die von westdeutscher Seite gegen den Ausbau der Bizone vorgebracht wurden, war er eine wichtige Station im deutsch-deutschen Teilungsprozeß.

Eine Entsprechung fand die Entwicklung auf westdeutscher Seite in der SBZ. Hier hatte allerdings die Forcierung der Sonderentwicklung durch die SMAD bereits vor dem Scheitern der Londoner Außenministerkonferenz eingesetzt. Mit dem Befehl Nr. 234 vom 9. Oktober 1947 wurde die SED „unmittelbar als zentralistischer Ordnungsfaktor installiert" und der deutschen Zentralverwaltung für Inneres zusätzliche Kompetenzen gewährt[17]. Damit war – wie es in der „Täglichen Rundschau" am 11. Februar 1948 hieß – die Entwicklung in der SBZ in eine neue Phase eingetreten. Die Vorgänge in der SBZ wurden als ein „Übergang von der Zerstörung des alten antikommunistischen Apparates zur Vervollkommnung und zum Aufbau eines neuen demokratischen Verwaltungsapparates" gewertet, der „praktisch vollzogen, aber längst noch nicht allen bewußt geworden sei"[18].

In diesem Zusammenhang und im Hinblick auf den Ausbau der Bizone im Westen sind auch die Veränderungen zu sehen, denen die Deutsche Wirtschafts-

[12] AVBD, Bd. 4, S. 130.
[13] Ebenda, S. 151.
[14] Ebenda, S. 175.
[15] Ebenda, S. 260.
[16] Ebenda, S. 261.
[17] Foitzik, Sowjetische Militäradministration, S. 365f.
[18] Ebenda, S. 369.

kommission mit Befehl vom 12. Februar 1948 unterworfen wurde. Ihre personelle Zusammensetzung wurde erweitert – und zwar um Verteter zentraler Behörden, der Länder, des FDGB und der Vereinigung der gegenseitigen Bauernhilfe – und ihre Kompetenzen ausgedehnt. War die DWK bisher nur mit allgemeinen Koordinierungsaufgaben betraut gewesen, so erhielt sie nun die Befugnis, verbindliche Instruktionen zu erlassen[19]. Zu diesem Zeitpunkt, in dem noch über die Einbeziehung der Westzonen in den Marshallplan gerungen wurde, war die SBZ schon fest in das Wirtschaftsgefüge der osteuropäischen Volksdemokratien eingebunden, mit denen sie den weitaus größten Teil ihres Im- und Exportes abwickelte[20]. Vor diesem Hintergrund erwiesen sich die Einheitsbeteuerungen von Sowjets und SED in der Tat in erster Linie als Propaganda – auch für die Sowjets und die SED erlangte die Teilungsperspektive sehr schnell das Übergewicht über gesamtdeutsche Zielsetzungen. Hierauf wird noch zurückzukommen sein.

Die Londoner Sechsmächtekonferenz und erste Reaktionen in den Westzonen

Auf westlicher Seite traten Ende Januar 1948 die Vorbereitungen für eine westdeutsche Staatsgründung in eine neue Phase. Ausgangspunkt war ein Memorandum, das der britische Botschafter in Washington der US-Regierung am 26. des Monats übergab. Hierin übermittelte er den Vorschlag Bevins, Gespräche zwischen den drei Mächten USA, Großbritannien und Frankreich über Deutschland aufzunehmen. Dabei sollten insbesondere die Frage eines trizonalen Zusammenschlusses, die Ruhrkontrolle und die Beteiligung der Beneluxstaaten an der künftigen Gestaltung Westeuropas zur Sprache kommen[21]. Die daraufhin aufgenommenen Konsultationen führten im Februar 1948 zur Einberufung der Londoner Sechsmächtekonferenz. Sie sollte dem Ziel dienen, Voraussetzungen für eine westdeutsche Staatsbildung zu schaffen.

Der Konferenzverlauf gestaltete sich schwierig, da insbesondere die Franzosen einer westdeutschen Staatsgründung mit großen Vorbehalten begegneten. Der westliche Nachbar Deutschlands wollte nämlich anfangs lediglich der Bildung eines lockeren Staatenbundes seine Zustimmung geben. Diese Einschränkung verbanden die Franzosen darüber hinaus mit der Forderung nach der Abtrennung des Saargebietes, der Errichtung einer Kontrollbehörde über die Ruhrwirtschaft und der Begrenzung der Industrialisierung Westdeutschlands auf einer möglichst niedrigen Stufe.

Die infolge der Haltung Frankreichs enstehenden Auseinandersetzungen mit den angelsächsischen Mächten, die den Aufbau eines Bundesstaates „mit angemessener Zentralinstanz" anstrebten, verzögerten den Abschluß der Londoner Konferenz bis zum Juni 1948. Eine Lösung des grundlegenden Konfliktes zwischen den Alliierten erbrachte schließlich eine Kompromißformel, die wie folgt lautete: Die Briten und

19 Ebenda, S. 386.
20 Ebenda, S. 380.
21 FRUS 1948/II, S. 827f.

Amerikaner machten den Franzosen Zugeständnisse in der Ruhr- und Sicherheitsfrage und erhielten dafür die Zustimmung zur Bildung eines westdeutschen Staates mit ausreichenden Kompetenzen für die Bundesgewalt.

Die Grundzüge der politischen Struktur für den künftigen deutschen Weststaat legte die Konferenz in einem Memorandum fest, das sie am 31. Mai 1948 verabschiedete. Hierin hieß es, daß die Ministerpräsidenten der westdeutschen Länder autorisiert werden sollten, zum 1. September 1948 eine Verfassunggebende Versammlung einzuberufen. Die Delegierten dieser Versammlung sollten durch die Landtage gewählt werden, wobei auf 750000 Einwohner ein Abgeordneter entfallen sollte. Inhaltlich legte das Memorandum die Verfassunggebende Versammlung darauf fest, eine demokratische Verfassung auszuarbeiten, „die für die beteiligten Länder eine Regierungsform des föderalistischen Typs" schafft. Denn diese – so hieß es in dem Dokument weiter – sei „am besten geeignet für eine Wiederherstellung der augenblicklich zerrissenen deutschen Einheit". Außerdem würden auf diese Art und Weise die Rechte der beteiligten Länder am besten geschützt, für eine angemessene Zentralinstanz gesorgt und die individuellen Rechte und Freiheiten garantiert. Die Ratifizierung sollte durch ein Referendum in jedem einzelnen Land erfolgen. Verbunden waren diese Empfehlungen für das Procedere bei der Bildung eines deutschen Weststaates mit der Forderung nach einer umgehenden Neugliederung der westdeutschen Länder und der Ankündigung eines Besatzungsstatuts[22].

Gegenüber bizonalen Vertretern ließen die Militärgouverneure Lucius D. Clay und Brian Robertson frühzeitig erkennen, daß ein unaufhebbarer Zusammenhang zwischen einer westdeutschen Staatsbildung und der Aufnahme der Westzonen in das ERP-Programm, die sogenannte Marshallplanhilfe, bestehe. Hans Schlange-Schöningen, dem Direktor für Landwirtschaft der bizonalen Verwaltung, bereitete es „‚Kummer', daß wir uns jetzt darauf beschränken müßten, die drei Westzonen aufzubauen, um den Mächten zu widerstehen, die eine andere Auffassung von Demokratie haben". Gleichwohl hielt er ein weiteres Abwarten nicht für richtig, obwohl es ihn mit „tiefer Trauer" erfülle, „wenn der Eiserne Vorhang ganz fällt"[23]. Die bizonalen Vertreter stimmten schließlich für die Einbeziehung der Westzonen in das ERP-Programm, gaben aber ihrem Wunsch Ausdruck, „daß diese Einbeziehung der drei westlichen Besatzungszonen Deutschlands nur ein vorübergehender Zustand ist mit dem Ziele der Einbeziehung letzten Endes Gesamtdeutschlands"[24].

Der gesamtdeutsche Vorbehalt prägte auch die ersten Stellungnahmen von westdeutscher Seite, die nach dem Abschluß der Londoner Sechsmächtekonferenz abgegeben wurden. So verabschiedete der Parlamentarische Rat des Süddeutschen Länderrats am 31. Mai 1948 eine Entschließung, die mit dem Satz begann: „Oberstes Ziel aller deutschen Politik ist die Wiederherstellung der deutschen Einheit, die auf garantierter politischer und geistiger Freiheit beruht und jede totalitäre Staatsgestaltung ablehnt."[25] Das Dilemma, in dem sich die Deutschen befanden, faßte der Ministerpräsident von Württemberg-Baden, Reinhold Maier, am selben Tag mit den

[22] Ebenda, S. 305 f.
[23] AVBD, Bd. 4, S. 387–392.
[24] Wörtliche Berichte des Wirtschaftsrates, S. 377.
[25] AVBD, Bd. 4, S. 536.

Worten zusammen: „Einerseits darf ein Teil des besetzten Deutschlands [womit er die SBZ meinte] sich nur in einer Richtung bewegen, die ihm genau vorgeschrieben ist, und für den anderen Teil [die Westzonen] ist es sehr oft inopportun, diese Entwicklung, die man selbst anstrebt, in die man hineingestellt ist, nun selbst in die Hand zu nehmen, weil man eben gleichzeitig die Trennung von Deutschland dadurch unterstützt."[26]

Unter diesem Blickwinkel erschien auch die Währungsreform, die aus finanz- und wirtschaftspolitischen Gründen unumgänglich war, als durchaus problematisch. Als die Ministerpräsidenten der drei Westzonen am 28. Mai 1948 eine Erklärung zur bevorstehenden Währungsreform in den Westzonen verabschiedeten, bezogen sie im letzten Absatz zu deren gesamtdeutschen Aspekten Stellung. Darin gaben sie ihrer Sorge Ausdruck, „daß es wahrscheinlich nicht möglich sein wird, eine gesamtdeutsche Lösung der Währungsreform herbeizuführen". Für diesen Fall betrachteten sie es jedoch als selbstverständlich, „daß die drei Westsektoren von Berlin in die Währungsreform für die drei westlichen Besatzungszonen einbezogen wurden"[27].

An dieser Resolution ist zu erkennen, wie stark sich die Teilungsperspektive inzwischen durchgesetzt hatte – trotz aller gesamtdeutschen Vorbehalte, die von den westdeutschen Politikern auch weiterhin vorgebracht wurden, als um die Umsetzung der Londoner Empfehlungen gerungen wurde. Hierauf ist später noch ausführlich zurückzukommen. An dieser Stelle soll lediglich auf eine Äußerung des CDU-Politikers Robert Lehr im Zonenbeirat der britischen Besatzungszone am 8. Juni 1948 verwiesen werden: „In der vorgesehenen Verfassunggebenden Versammlung könne das deutsche Volk höchstens ein Provisorium sehen, das nur ein vorläufiges Regulativ erarbeiten könne, nicht aber eine auf Generationen hinaus geltende deutsche Verfassung, die nur unter Mitwirkung der Ostdeutschen zustandekommen dürfe."[28]

Die Entwicklung in der SBZ bis zur Staatsgründung 1949

Es läßt sich mit gutem Grund die Frage stellen, wie realistisch die gesamtdeutsche Option noch war. Nicht nur angesichts der von den Westmächten mit Nachdruck verfolgten westdeutschen Staatsgründung, sondern auch im Hinblick auf die Entwicklung in der SBZ sind erhebliche Zweifel angebracht, ob gesamtdeutsche Vorbehalte überhaupt noch eine echte Grundlage besitzen konnten. Die Reaktion Stalins auf das Vorgehen der Westmächte nach dem Scheitern der Londoner Außenministerkonferenz ist bekannt. Milovan Djilas hat seinen Ausspruch überliefert: „Der Westen wird sich Westdeutschland zu eigen machen, und wir werden aus Ostdeutschland unseren eigenen Staat machen."[29]

Dieser Zielsetzung entsprechend, hat die sowjetische Seite mit Unterstützung der SED im folgenden ihre Propaganda gegen den Westen verstärkt und insbesondere

[26] Ebenda, S. 544.
[27] Ebenda, S. 535.
[28] Ebenda, S. 583.
[29] Djilas, Gespräche mit Stalin, S. 195.

Berlin als Hauptschauplatz der Systemauseinandersetzung gewählt. In diesem Zusammenhang ist die Sprengung des Alliierten Kontrollrates durch den Auszug Wassili D. Sokolowskis am 20. März 1948 ebenso zu nennen wie die ersten Vorbereitungen und Maßnahmen für eine Blockade Westberlins. Mit diesem Vorgehen zielte die Sowjetunion darauf ab, „die Verbindung zwischen Westberlin und den Westzonen zu erschweren, um entweder die Westmächte zur Aufgabe ihrer bereits in der Öffentlichkeit diskutierten Pläne zur Bildung eines Weststaates oder zum Verlassen West-Berlins zu zwingen". Sollte die Sowjetunion auch nur in einem Punkt erfolgreich gewesen sein, so hätte dies „das Prestige der Westmächte in Deutschland [...] untergraben"[30].

Seit April 1948 ging die Sowjetunion davon aus, daß „eine Teilung Deutschlands [...] eine vollendete Tatsache" war[31]. Hierauf hat Generalmajor Sergei I. Tjulpanow die SED-Führung am 8. Mai nochmals ausdrücklich hingewiesen, als er anführte: „Faktisch ist eine Aufteilung Deutschlands in zwei Teile, welche sich nach verschiedenen Gesetzen entwickelt, zustande gekommen."[32] Auf die Veröffentlichung der Londoner Empfehlungen Anfang Juni 1948 reagierte die Sowjetunion mit der Feststellung, daß sie in der SBZ und in Berlin, „das jetzt aufhört, Aufenthaltsort der vierseitigen obersten Machtorgane in Deutschland zu sein, Maßnahmen [...] zur Errichtung einer demokratischen Ordnung durchführen" werde[33]. Zu diesen Maßnahmen gehörte auch die Durchführung einer Währungsreform in der SBZ, für die die Vorbereitungen zu diesem Zeitpunkt bereits abgeschlossen waren[34]. Aus taktischen Gründen warteten die Sowjets mit der Durchführung ab, bis die Westmächte vorangegangen waren[35]. Mit der zugleich verhängten totalen Blockade über West-Berlin suchte die Sowjetunion die Machtprobe mit den Westmächten. Sie hoffte damit – wie jüngst Jochen Laufer herausgearbeitet hat –, ein „sichtbares Zurückweichen der Westmächte in Berlin" zu erreichen, um auf diese Weise „die Verhältnisse in Ostdeutschland zu stabilisieren und weltweit einen Beweis für die Stärke der UdSSR zu liefern"[36].

Die SED hat den Kurs der Sowjetunion, die SBZ in einen ostdeutschen Staat umzuwandeln, stets unterstützt, wenn nicht gar forciert. Bereits im Vorfeld des Zweiten Volkskongresses, den die SED für den 17. und 18. März nach Berlin einberief, hatte Walter Ulbricht vor einer Konferenz der Innenminister der ostdeutschen Länder das neue Konzept erläutert: „Der Kampf um die Einheit Deutschlands bedeutet, daß wir den Neuaufbau Deutschlands dort in Angriff nehmen, wo wir Einfluß haben. Wir müssen aber zweifellos auf der zweiten Tagung des Volkskongresses neben der Stellungnahme für die Einheit Deutschlands und gegen die Frankfurter Beschlüsse [gemeint war der Ausbau der Bizone] die Lehren aus dem Kampf um die Demokratie ziehen. Aus unserem Beschluß zum 18. März 1948 über die Lehren aus dem Kampf um die Demokratie und im Zusammenhang mit dem Kampf um die Einheit Deutschlands werden wir unsere Vorschläge entwickeln, wie der Neuauf-

30 Laufer, UdSSR und Berlin-Blockade, S. 575.
31 Mai, Kontrollrat, S. 468.
32 Badstübner/Loth, Pieck-Aufzeichnungen, S. 216.
33 Laufer, UdSSR und Berlin-Blockade, S. 577.
34 Dazu Zschaler, Währungsreform, S. 191–223.
35 So die These von Laufer, UdSSR und Berlin-Blockade, S. 578.
36 Ebenda, S. 579.

bau Deutschlands erfolgen kann. In der sowjetischen Besatzungszone beweisen wir, daß diese Aufgabe realisierbar ist."[37]

Dieser Vorgabe entsprechend ist die Zusammenkunft des Zweiten Volkskongresses abgelaufen. Er setzte einen Deutschen Volksrat ein, der aus 400 Mitgliedern bestand, von denen 300 aus der Ostzone und 100 aus den Westzonen kamen. Der Deutsche Volksrat verstand sich als „gesamtdeutsches Vorparlament, das jedoch im Falle seines Scheiterns konkrete Vorarbeit für die Bildung eines ostdeutschen Separatstaates" leisten wollte[38].

Nur wenig später machte der Vorsitzende der SED, Wilhelm Pieck, unmißverständlich deutlich, daß für die Einheitssozialisten nur noch die Bildung eines ostdeutschen Separatstaats in Frage kam. Auf der 10. Tagung des Parteivorstandes der SED am 12. Mai 1948 stellte er fest, daß sich die SBZ, „nachdem der Westen losgetrennt ist, als ein selbständiges staatliches Gebilde entwickeln" werde, und zwar „in östlicher Richtung". Dies werde „neben der Verschärfung unseres Kampfes" – so Pieck weiter – „auch eine Änderung unserer Strategie und der Rolle unserer Partei bedingen. Die SED [...] wird zur führenden Kraft [...] und nimmt eine herrschende Stellung im Staat ein". Wenn Pieck darüber hinaus die Forderung aufstellte, daß die SED „den Kampf um ganz Deutschland" führen müsse[39], so war das nicht mehr als eine Floskel, die für die konkrete Politik ohne Bedeutung blieb. Denn die Hoffnung, für die eigene Position im Westen Deutschlands eine Mehrheit zu finden, war utopisch. Diese Feststellung gilt auch im Hinblick auf die Überlegungen, die in den Gesprächen zwischen Stalin und der SED-Führung im Dezember 1948 in Moskau stattfanden[40]. Stalin verkündete hier keine neue politische Richtung, sondern hielt die SED-Oberen nur zu einer taktisch bedingten Zurückhaltung beim Ausbau der Zone an. Dieses Ziel stand weiterhin im Vordergrund. Nur im Falle einer realistischen Chance auf die Durchsetzung eines sozialistischen, diktatorischen Systems war Stalin bereit, der gesamtdeutschen Option Vorrang einzuräumen.

Zur Umsetzung der Strategie der SED diente die Einsetzung eines Verfassungsausschusses, die durch den Zweiten Volkskongreß erfolgte. Dieser Ausschuß begann sogleich mit seiner Arbeit, bei der er sich an einem Verfassungsentwurf der SED aus dem Jahr 1946 orientierte. Bereits im Juli 1948 legte der Ausschuß Richtlinien für eine Verfassung für eine deutsche demokratische Republik vor. Diese wurden am 4. August vom Deutschen Volksrat angenommen. Der Verfassungsausschuß erhielt nunmehr den Auftrag, bis zum Herbst einen ausformulierten Entwurf vorzulegen. Dieser Aufforderung ist er nachgekommen, und der Deutsche Volksrat hat den Entwurf Ende Oktober 1948 ohne Beratung angenommen. Im Anschluß daran erfolgte eine von sogenannten Volksausschüssen organisierte Volksdebatte in der Bevölkerung der Ostzone, die jedoch ohne grundsätzliche Auswirkungen auf den Verfassungsentwurf blieb.

Dieser Entwurf selbst, der am 30. Mai 1949 vom 3. Volkskongreß gebilligt und im Oktober des Jahres als DDR-Verfassung in Kraft gesetzt wurde, vermittelte auf den ersten Blick das Bild einer bürgerlich-parlamentarischen Verfassung, die sich weit-

[37] Bender, Deutschland, einig Vaterland?, S. 169f.
[38] Kleßmann, Doppelte Staatsgründung, S. 204.
[39] Friedrich u.a., Entscheidungen der SED, S. 73f.
[40] Badstübner/Loth, Pieck-Aufzeichnungen, S. 260f. und S. 269.

gehend an den Weimarer Vorgaben orientierte. Bei näherem Hinsehen ergibt sich jedoch, daß bereits diese Verfassung Strukturelemente der Volksdemokratie enthielt. Diesen Sachverhalt hat Siegfried Mampel in dem Satz zusammengefaßt: „Mit der Übertragung des Blocksystems auf die Regierung, der schwachen Stellung des Staatsoberhauptes, der starken Stellung der Republik gegenüber den Ländern, der ungenügenden Untermauerung der Unabhängigkeit der Richter, der weiten Ausdehnung der Staatsaufsicht über die kommunale Selbstverwaltung und der spezifischen Gestaltung der Wirtschafts- und Sozialordnung waren aber bereits die Keime für eine Entwicklung in Richtung auf die Volksdemokratie gelegt."[41]

Die Diskussionen in den Westzonen vor der Einsetzung des Parlamentarischen Rates

Im Unterschied zur Ostzone, wo die Ausarbeitung und Verabschiedung einer Verfassung ohne große erkennbare Auseinandersetzungen ablief, gestaltete sich die Entwicklung in den Westzonen sehr viel schwieriger. Obwohl die überwiegende Mehrheit der maßgeblichen westdeutschen Politiker von der Notwendigkeit einer Stabilisierung der Westzonen und damit letztlich auch von der Unausweichlichkeit einer westdeutschen Staatsbildung überzeugt war, sahen sie doch den Weg zu diesem Ziel mit vielfältigen Problemen verstellt. Eine erste Hürde errichteten die westlichen Alliierten selbst durch die Londoner Empfehlungen. Diese waren vor allem mit Blick auf die kritische Stimmung in Frankreich abgefaßt worden, so daß die Entscheidungen über die Ruhrkontrolle sehr stark in den Vordergrund gestellt wurden. Dies löste in den Westzonen negative Reaktionen aus. Hier ist vor allem auf den CDU-Politiker Konrad Adenauer hinzuweisen. Er hatte in einer ersten Stellungnahme von einem „beschlossenen System der Ausbeutung Deutschlands" gesprochen und ernstlich die Frage nach einer „Verweigerung der Mitarbeit" aufgeworfen[42]. Ähnliche Äußerungen gab es auch von Franz Blücher, dem FDP-Vorsitzenden in der britischen Zone. Bedenken waren schließlich auch vom Parteivorstand der SPD geltend gemacht worden – hier waren sie allerdings mit der Wertung verbunden, daß die Londoner Empfehlungen einen Fortschritt darstellten.

Die Ministerpräsidenten sahen sich deshalb in einer nicht ganz einfachen Situation, als sie am 1. Juli 1948 von den Militärgouverneuren drei Dokumente ausgehändigt bekamen, die in den wesentlichen Punkten mit dem Memorandum übereinstimmten, das die Londoner Sechsmächtekonferenz am 31. Mai 1948 verabschiedet hatte. Dokument I enthielt die Hinweise zur Ausarbeitung einer Verfassung, Dokument II die Aufforderung zur Länderneugliederung und Dokument III die Grundzüge eines Besatzungsstatuts. Die Ministerpräsidenten verzichteten am 1. Juli auf eine Stellungnahme zu diesen „Frankfurter Dokumenten" und beriefen für den 8. des Monats eine Ministerpräsidentenkonferenz auf den Rittersturz nach Koblenz ein, um über die Dokumente zu beraten[43].

[41] Mampel, Verfassungsordnung, S. 520.
[42] Morsey, Aufstieg, S. 30.
[43] Parlamentarischer Rat, Vorgeschichte, S. 22–36.

Mit ihrer Stellungnahme zu diesen Dokumenten tat sich die Ministerpräsidentenkonferenz schwer. Auf ihrer Sitzung auf dem Rittersturz vom 8. bis 10. Juli 1948 faßten die Ministerpräsidenten nämlich Beschlüsse, die von den Vorgaben der Alliierten abwichen. Auf eine echte Weststaatsgründung wollten sich die westdeutschen Landesfürsten nicht einlassen. Sie votierten statt dessen nur für die Errichtung eines wirtschaftlichen und verwaltungsmäßigen Provisoriums. Die Grundlage hierfür sollte nicht durch eine Nationalversammlung, sondern durch einen Parlamentarischen Rat geschaffen werden, dessen Abgeordnete durch die Landtage zu entsenden waren. Ebenso lehnten die Ministerpräsidenten die Bezeichnung „Verfassung" ab und schlugen statt dessen das Wort „Grundgesetz" vor. Dessen Ratifikation sollte nicht durch ein Referendum, sondern durch eine Abstimmung in den Landtagen erfolgen. Die Zurückhaltung der Ministerpräsidenten, die sie auch gegenüber einer Länderneugliederung hegten, ist zum einen auf die fehlende Souveränität (Besatzungsstatut) zurückzuführen. Zum anderen – und das war das Entscheidende – schreckten die Ministerpräsidenten im Hinblick auf die Folgen für die deutsche Einheit zu diesem Zeitpunkt noch vor einer echten Weststaatslösung zurück.

Der Staatspräsident von Württemberg-Hohenzollern, Lorenz Bock, hatte das Problem in der Diskussion mit folgenden Worten auf den Punkt gebracht. Würde man für die drei Westzonen – so sein Statement – eine Verfassung ausarbeiten, „dann würde das heißen, einen Weststaat zu schaffen, und ich habe keinen Zweifel, daß die Russen sofort mit einem Oststaat antworten würden, und damit wäre das rechtlich vollzogen, was z.Zt. schon geschehen ist, nämlich die Teilung Deutschlands in ein Ostdeutschland und ein Westdeutschland, und das müssen wir vom gesamtdeutschen Standpunkt aus unter allen Umständen vermeiden"[44]. Die Ministerpräsidenten sahen sich gleichwohl in der Zwangslage, „irgendeine Organisation, die über den Ländern so etwas wie eine Regierungsgewalt schafft", aufzubauen. Hiervon war auch der eine stark föderalistische Linie verfolgende bayerische Ministerpräsident Hans Ehard überzeugt. Er meinte, daß es „bei Gott nicht unsere Schuld" sei, wenn der Neuaufbau einer staatlichen Organisation zunächst auf die westlichen Zonen beschränkt bleibe. Das sei „halt eine Tatsache"[45]. Allerdings – und hierauf wies schließlich noch einmal Carlo Schmid hin – dürfe das zu schaffende „Gebilde kein Staat sein", sondern lediglich ein „Zweckverband administrativer Qualität"[46].

An diesem Standpunkt vermochten die Ministerpräsidenten jedoch nicht festzuhalten. Die Militärgouverneure, insbesondere der Amerikaner Lucius D. Clay, machten ihnen nachdrücklich deutlich, daß sie eine andere Antwort erwarteten. Diesem Druck konnten sich die Ministerpräsidenten schließlich nicht entziehen. Auf einer weiteren Konferenz am 21. und 22. Juli auf Jagdschloß Niederwald beschlossen sie eine Neuinterpretation der Koblenzer Beschlüsse, mit denen sie den Auflagen der Militärgouverneure zu entsprechen suchten. Zwar hielten die Ministerpräsidenten am Provisoriumsvorbehalt fest, erklärten aber nunmehr ihre Bereitschaft, dieses Provisorium so „kraftvoll und wirksam wie möglich zu gestalten". Ebenso wollten die Ministerpräsidenten nicht davon abgehen, daß die Mitglieder der Konstituante indirekt gewählt und diese als Parlamentarischer Rat bezeichnet

[44] Ebenda, S. 72.
[45] Ebenda, S. 77.
[46] Ebenda, S. 90.

werden sollte. Auch der Terminus Grundgestz sollte beibehalten werden und die Ratifizierung durch die Landtage erfolgen. Hiermit verbanden die Ministerpräsidenten jedoch die Feststellung, daß ihre Ziele mit denen der Militärgouverneure übereinstimmten – Auffassungsunterschiede bestünden nur über die „anzuwendenen Formen“[47].

Die Bereitschaft der Ministerpräsidenten, die Vorstellungen der Alliierten zu übernehmen, war schon zu Beginn der Sitzung auf dem Jagdschloß Niederwald deutlich geworden. Sowohl der Hamburger Bürgermeister Max Brauer als auch Hans Ehard zeigten sich überzeugt, daß man mit den Alliierten „gar nicht so weit auseinander“ sei, „wie es den Anschein haben könnte“. „Im Ziele“ – so Ehard – „sind wir uns alle einig.“[48] Um dieses zu erreichen, schlug der Bremer Senatspräsident Wilhelm Kaisen ein pragmatisches Vorgehen vor. Er hielt es für das Beste, die „Koblenzer Beschlüsse zur Hand zu nehmen und anhand der uns jetzt bekanntgewordenen Stellungnahme der Militärregierungen zu prüfen, inwieweit wir von dieser Stellungnahme abweichen, in welchen Punkten eine Übereinstimmung besteht und in welchen Punkten wir unter Umständen noch Vorbehalte machen müssen“[49].

Als die Diskussion so weit gediehen und die auf einem Kompromiß mit den Alliierten ausgerichtete Stimmung deutlich geworden war, ergriff der Berliner Stadtrat und gewählte Bürgermeister Ernst Reuter das Wort. Er ermutigte die Ministerpräsidenten zur Umsetzung der Londoner Empfehlungen, indem er feststellte: Berlin und die Ostzone könnten „das Verbleiben des Westens in seinem bisherigen politisch unentschiedenen Status“ nicht ertragen. „Wir sind der Meinung“, fuhr Reuter sodann fort, „daß die politische und ökonomische Konsolidierung des Westens eine elementare Voraussetzung für die Gesundung auch unserer Verhältnisse und für die Rückkehr des Ostens zum gemeinsamen Mutterland [!] ist.“[50] Damit hatte Reuter – wie fälschlicherweise oft betont wird – zwar nicht die entscheidende Wendung in der Beratung der westdeutschen Ministerpräsidenten herbeigeführt, wohl aber zur Beruhigung ihres gesamtdeutschen Gewissens beigetragen.

Als die Militärgouverneure mit der Stellungnahme der Ministerpräsidenten auf einer Sitzung am 26. Juli 1948 konfrontiert wurden, akzeptierten sie diese weitgehend. Offen blieb im Hinblick auf die künftige Verfassung nur die Entscheidung über das Referendum, die den alliierten Regierungen überlassen bleiben sollte. Hiervon unabhängig ermächtigten die Militärgouverneure die Ministerpräsidenten auf deren dringendes Ersuchen, die notwendigen vorbereitenden Schritte zur Einberufung des Parlamentarischen Rates einzuleiten[51]. Trotz aller Vorbehalte, die in der Stellungnahme der Ministerpräsidenten terminologisch gegen eine Weststaatslösung durchschimmerten, hatten die Militärgouverneure richtig erkannt, daß die Ministerpräsidenten inzwischen in der Sache den Kurs entschlossen auf Richtung Weststaatslösung gestellt hatten und nunmehr unter allen Umständen eine politische und damit ökonomische Konsolidierung des Westens herbeiführen wollten.

[47] Ebenda, S. 270ff.
[48] Ebenda, S. 179–190, Zitate S. 184.
[49] Ebenda, S. 190.
[50] Ebenda, S. 192.
[51] Ebenda, S. 273–282.

Für die Umsetzung der Londoner Empfehlungen und damit für die Bildung eines Weststaates machte sich seit den ersten Julitagen 1948 inbesondere der CDU-Politiker Konrad Adenauer stark. Während die SPD-Führung in der Verfassungsfrage erkennbar zögerte, drängte Adenauer auf Entscheidungen. Unterstützung erhielt er auf einer Konferenz der Landesvorsitzenden der Union am 7. Juli 1948: Sie verabschiedeten eine Resolution, die sich für die möglichst schnelle Einberufung des Parlamentarischen Rates und die Erarbeitung der „vorläufigen organisatorischen Grundlagen für die Zusammenfassung der drei [West]Zonen" aussprach. Darauf folgte der gesamtdeutsche Vorbehalt, daß alle diese Maßnahmen nur dem Zweck dienen sollten, „die politische Einheit Gesamtdeutschlands wieder zu begründen, auf die das deutsche Volk einen unverzichtbaren Anspruch" habe[52].

Mit dem zunächst vorsichtigen Taktieren der Ministerpräsidenten auf der Rittersturzkonferenz war Adenauer nicht einverstanden. Die dort ausgesprochenen Vorbehalte gegen eine Weststaatsgründung waren seiner Meinung nach zu „kategorisch" ausgefallen, und er nahm bereits nach dem Abschluß der Konferenz an, daß die Ministerpräsidenten „höchstwahrscheinlich gezwungen würden, schon in absehbarer Zeit ihren eigenen Erklärungen untreu zu werden"[53]. Seine Auffassung der Lage brachte er sodann vor dem Zonenausschuß der CDU am 10. Juli ganz unverblümt zum Ausdruck, als er sagte: „Über die staatsrechtliche Bedeutung der ganzen Angelegenheit muß man sich klar sein. Es handelt sich tatsächlich um den Anfang eines neuen Deutschen Reiches, das, leider Gottes, zunächst wenigstens auf einen Teil Deutschlands beschränkt bleibt."[54]

Dies stellte sich in der Tat als eine angemessene Umschreibung der künftigen Entwicklung heraus. Die „politische und wirtschaftliche Konsolidierung" der Westzonen durch deren organisatorische Zusammenfassung und ihre Einbindung in das ERP-Programm standen nunmehr ganz im Vordergrund. Zugleich sah man hierin aber auch die beste Voraussetzung, den „Weg zu einem demokratischen Gesamtdeutschland" zu finden[55].

Der Stellenwert der deutschen Einheit in den Beratungen des Parlamentarischen Rates

Die Stationen der Beratungen des Parlamentarischen Rates, die durch den Verfassungskonvent auf Herrenchiemsee im August 1948 vorbereitet wurden, müssen und können hier nicht im einzelnen nachgezeichnet werden. Wichtig erscheint unter unserer Themenstellung allein die Frage nach dem Stellenwert des Einheitsproblems. Dieses war in der Tat stets präsent – dafür sorgten schon die KPD-Abgeordneten mit ihren ständig wiederholten Vorwürfen an ihre Kollegen, die Spaltung der Nation zu betreiben. Hiergegen setzten die Vertreter aller anderen Parteien das Bekenntnis zur Einheit. Adenauer kleidete es in der Eröffnungssitzung am 1. September 1948 in die Worte: „Wir gehen an unsere Arbeit in der festen und

[52] Unionsparteien 1946–1950, S. 219.
[53] Morsey, Adenauer und die Gründung der Bundesrepublik, S. 47.
[54] Konrad Adenauer und die CDU, S. 526.
[55] Unionsparteien 1946–1950, S. 233.

unerschütterlichen Absicht, auf diesem Wege [der Erarbeitung eines Grundgesetzes für die Westzonen] wieder zur Einheit von ganz Deutschland, der Einheit, die unser Ziel ist und unser Ziel bleibt, zu gelangen." Die Beschränkung der eigentlichen Arbeit auf das Gebiet der Westzonen war für Adenauer dabei kein Problem. „Denn, meine Damen und Herren", so führte er an gleicher Stelle aus, „einmal muß ein Anfang gemacht werden, und einmal muß Schluß sein mit dem ewigen Weiterwursteln und Auseinanderfallen."[56]

Dieser Devise entsprechend hat der Parlamentarische Rat den Text eines Grundgesetzes erarbeitet, das zunächst nur für die Westzonen galt, allerdings durch die Präambel (und die Artikel 23 und 141) gesamtdeutschen Anspruch erhob. Dies war denn auch der Punkt, an dem die kommunistischen Abgeordneten am 6. Mai 1949 einhakten. Sie beantragten, einen Beschluß des Parlamentarischen Rates herbeizuführen, „sofort Verbindung [...] mit dem Päsidium des Deutschen Volksrates" aufzunehmen, um die Wiederherstellung der Einheit Deutschlands, die Bildung einer gesamtdeutschen Regierung und den Abschluß eines gesamtdeutschen Friedensvertrages zu behandeln[57].

In der Debatte über diesen Antrag, der abgelehnt wurde, machten insbesondere Carlo Schmid und Konrad Adenauer deutlich, warum sie Verhandlungen mit dem Deutschen Volksrat für sinnlos erachteten. Schmid faßte seine Ablehnung in dem Satz zusammen: „Wir wollen die Einheit in der Freiheit und wir wollen eine Einheit, die auch dem Osten Deutschlands die Prärogative der Freiheit gestattet, nicht eine Einheit, die sie [die Freiheit] dem Westen raubt."[58] Auch Adenauer bekannte sich zur Einheit Deutschlands – er fuhr dann aber fort: „Das, was bei uns, und das, was in der Ostzone geschieht, ist ebenso wenig zu vergleichen, wie Feuer und Wasser zu vergleichen sind. Feuer und Wasser kann man nicht miteinander mischen. [...] Wir wollen keine solche Vermischung, sondern wir möchten, daß die Ostzone zu den gleichen Zuständen gelangt, in denen wir leben, damit wir dann die Einheit und die Freiheit Deutschlands als gesichert ansehen können."[59]

Damit hatten Schmid und Adenauer nicht nur den grundsätzlichen Unterschied in den Entwicklungen in den Westzonen und in der SBZ in den Monaten vor der jeweiligen Staatsgründung auf den Punkt gebracht. Darüber hinaus hatten sie auch die Grundlinie der Deutschlandpolitik beschrieben, die von den Regierungen der Bundesrepublik (bei allen Abweichungen im einzelnen) in den folgenden 40 Jahren verfolgt worden ist. Und nicht zuletzt haben sie schließlich in ihren Ausführungen den Zustand vorweggenommen, den das deutsche Volk nach der Revolution in der DDR und deren Beitritt zur Bundesrepublik Deutschland erreicht hat.

56 Parlamentarischer Rat, Plenum, S. 13.
57 Ebenda, S. 502.
58 Ebenda, S. 512.
59 Ebenda, S. 627.

Elke Scherstjanoi

Die deutschlandpolitischen Absichten der UdSSR 1948

Erkenntnisstand und forschungsleitende Problematisierungen

Die Forschung zur sowjetischen Deutschlandplanung nach 1945 hat das Niveau der siebziger und achtziger Jahre[1] heute kaum überschritten. Sie hat, wie es scheint, einige bedeutsame Ansätze aus dieser Zeit sogar zu Grabe getragen, etwa die Problematisierung der wechselseitigen Fehlperzeption unter den Sieger- und Besatzungsmächten. In den meisten der neueren wissenschaftlichen Darstellungen zur Nachkriegszeit sind die sowjetischen Absichten in und um Deutschland ausgesprochen kontinuitätsbetont und eindimensional beschrieben. Nur selten noch wird von einem „gewundenen" Weg in die Zweistaatlichkeit gesprochen, wird sowjetische Deutschlandpolitik nicht einzig als Folge ideologisch motivierter, unbedingt und alternativlos freigesetzter Expansionsgelüste betrachtet. Dieses Maß an politologischer Subtilität erweist sich für historiographische Zwecke mehr und mehr als unzureichend. Trotz oder gerade wegen des anhaltenden Quellendefizits in der Forschung zur sowjetischen Deutschlandpolitik gilt es heute mehr denn je, auf die Grenzen bekannter Erklärungsmuster immer wieder hinzuweisen und nach neuen Begriffen und Modellen zu suchen. Zugleich sind anhand neuer Fakten die zeitlichen Abläufe genauer zu rekonstruieren, Nuancen und Wendungen im historischen Prozeß und in den dahinterstehenden Planungen und Kalkülen detaillierter zu erfassen. Denn, so wenig sich die Archive in Moskau auch geöffnet haben, eines machten sie bereits deutlich: Sowjetische Deutschlandpolitik war nicht grobschlächtig, und ihr intentionaler Hintergrund dürfte nicht weniger kompliziert gewirkt haben als der der Außenpolitik anderer Großmächte. Ganz besonders trifft das auf Zwecksetzungen bei der „Sowjetisierung" der Sowjetischen Besatzungszone Deutschlands (SBZ) zu. Der noch immer überschaubare Zugewinn an Dokumenten ostdeutscher und sowjetischer Provenienz[2] ermöglicht neue Fragestellungen und macht sie zugleich unabdingbar.

[1] Stellvertretend für die anregenden unter den Buchproduktionen: Becker, Die Kapitulation; Buchheim, Deutschlandpolitik 1949–1972; Buttlar, Ziele und Zielkonflikte; Die Deutschlandfrage und die Anfänge des Ost-West-Konflikts 1945–1949; Foschepoth, Kalter Krieg und Deutsche Frage; Hillgruber, Alliierte Pläne; Loth, Die Teilung der Welt; Mastny, Moskaus Weg ; Pfeiler, Deutschlandpolitische Optionen; Staritz, Die Gründung der DDR; Weber, Geschichte der DDR.

[2] Hohen Quellenwert haben – in Ermangelung russischer Dokumente – die 1994 edierten Pieck-Notizen: Badstübner/Loth, Pieck-Aufzeichnungen. Beachtung verdient des weiteren

Die folgenden Bemerkungen zur sowjetischen Deutschlandpolitik im Jahre 1948, also in einer Phase wichtiger Vorentscheidungen in Richtung Teilung und „Sowjetisierung", erheben nicht den Anspruch, alle Aspekte des Diskurses und alle strittigen Fragen zu erfassen. Eine ausgewogene Reflexion würde in der Kürze der Zeit nicht gelingen. Vielmehr soll versucht werden, eine von der weithin akzeptierten Deutung (auch von der des engagierten Zeitzeugen Wolfgang Mischnick)[3] abweichende Sicht auf die deutschlandpolitischen Intentionen der Stalinschen Führung knapp vorzustellen. Sie wird zu der Erkenntnis führen, daß Moskau in den deutschen Angelegenheiten auch 1948/49 keine „klare Marschrichtung" (Mischnick) eingeschlagen und keine eindeutige Spaltungsabsicht (Wengst) verfolgt hatte, was seine Mitverantwortung für die Teilung Deutschlands freilich in keiner Weise schmälert.

Vorab sei eine Prämisse gesetzt, die ausführlich zu behandeln hier ebenfalls nicht der Platz ist. Fraglos waren Stalin und seine Berater bei Kriegsende weitsichtig genug, um ein revolutionäres, gar kommunistisch beherrschtes Nachkriegsdeutschland für politisch nicht realisierbar zu halten[4]. Dauerhafte Besetzung kam nie in Betracht, ein deutschlandpolitisches Konzept lag nicht vor. Erst im Kontext der Besatzungs- und der interalliierten Kooperationspraxis begann man sich in Moskau darüber klar zu werden, wie ein künftiges Deutschland aussehen müßte, damit es dem Sicherheitsinteresse der UdSSR entspreche. Ein geeintes „bürgerliches" Deutschland bot im Vergleich zu einem sowjetisch beeinflußten Teildeutschland mehrere Vorteile (was hier nicht näher ausgeführt werden kann). Wichtig aber ist: Stalin sah zunehmend klarer, daß der UdSSR mit einem entwaffneten, entnazifizierten, politisch ähnlich wie die Weimarer Republik konturierten (ohne politische Institutionen des preußischen Junkertums und der Großindustrie), verfassungsrechtlich in partieller Kontinuität zur Weimarer Verfassung stehenden Deutschland in den von Jalta und Potsdam gezogenen Grenzen hinreichend gedient war, wenn es nur gelänge zu verhindern, daß dieses Deutschland ganz oder in Teilen in einen Militärblock gegen die Sowjetunion einbezogen werde. Diese Einheits- und Neutralisierungsoption hatte objektiv eine herausragende Bedeutung. Sie war als Orientierung subjektiv politikbestimmend, wenngleich umstritten. Der Zeitpunkt, als Stalin Anfang 1947 die Wiederzulassung der SPD in Ostdeutschland auf die Tagesordnung setzte[5], könnte einen wichtigen Meilenstein der Erkenntnis markieren. Wenig später überlegte man sogar, „ob Föderalismus [nicht] besser als Spaltung in zwei Teile" sei[6]. Mithin mag die Vorstellung relevant gewesen sein, daß einem geeinten, föderalen Deutschland kein Adenauer und kein Schumacher vorstehen dürfte, aber auch kein Ulbricht vorstehen müßte. Erstrebenswert war eine außenpolitisch

eine ursprünglich (1994) in russischer, jetzt erweitert in deutscher Sprache erschienene Edition: Bonwetsch/Bordjugov/Naimark, Sowjetische Politik. Siehe auch: Inventar der Befehle des Obersten Chefs der SMAD.

3 Siehe den einleitenden Beitrag von Wolfgang Mischnick in diesem Band.

4 Wettig, Kontrastprogramm, S. 122, polemisiert: „Die Auffassung [...], derzufolge Stalin nie an die Einführung seines Systems in dem besetzten Land gedacht hat, verliert angesichts der neuen Evidenz den letzten Rest an Plausibilität." Dies ist so nicht nachvollziehbar.

5 Zur Reise einer SED-Delegation nach Moskau vom 30.1.–7.2.1947 vgl. Badstübner/Loth, Pieck-Aufzeichnungen, S. 110–126; Bonwetsch/Bordjugov, Stalin und die SBZ.

6 Bericht Tjulpanows vom 11.7. 1947, notiert von Wilhelm Pieck, in: Badstübner/Loth, Pieck-Aufzeichnungen, S. 127–130, hier S. 128.

einigermaßen offene, nicht antisowjetische, liberale staatliche Führung, die eine stalinistische KPD – womöglich sogar in der Stärke der Weimarer Zeit – in der politischen Landschaft gewähren ließe. Das Verhältnis dieser Führung zur UdSSR stellte den entscheidenden Kernpunkt der Kalkulationen Moskaus dar. Doch es steht zu vermuten – und nachzuweisen –, daß sich das Moskauer Verständnis von der Chance, die die Schaffung eines solchen Deutschlands geboten hätte, erst sukzessive und niemals durchgängig unter allen Parteiführern einstellte.

Zahlreiche Quellen, auch Interna der Entscheidungsfindung, zeigen die lang anhaltende, aufrichtige, regelrecht panische Angst vor „der faschistischen und nichtfaschistischen Untergrundbewegung“[7]. Für diese Fehlwahrnehmung bedurfte es nicht des Kalten Krieges, sie war dem heißen Krieg geschuldet, längerfristig auch den Denkrastern der Komintern-Zeit. Doch daß zunehmend häufig und in verklärender Weise sämtliche antisowjetischen Positionen unter den Begriffen „Faschist“ oder „Reaktionär“ subsumiert wurden, womit die Suche nach Bündnispartnern wiederholt an den eigenen Klassenkampfvorstellungen zu scheitern drohte, dies ist stark auf eine Wechselwirkung mit dem Schwinden alliierter Kooperationsmöglichkeiten zurückzuführen.

Moskau mußte sich natürlich ständig fragen, auf welche Regelung sich die Westmächte einlassen würden. Es ging dabei nicht so sehr darum, die Positionen der anderen Seite vor den Augen der Deutschen und der Welt anzuschwärzen. Es fehlte in der sowjetischen Deutschlandpolitik zwar nie an propagandistischer Taktik; sie wurde im beginnenden Kalten Krieg auch zunehmend aggressiver – genau wie die der anderen Seite. Doch in erster Linie ging es Moskau um wirkliche Fortschritte in einer für regelbar gehaltenen Angelegenheit, deren äußere und innere Komponenten einzuschätzen man in Moskau allerdings zunehmend überfordert war. Drei historische Phänomene in Nachkriegsdeutschland erkannte man in Moskau nicht: 1. die Schwäche der nationalen Kohäsionskräfte in Deutschland (insbesondere schien der kulturelle Zwiespalt zwischen dem katholischen Südwesten und dem protestantisch/preußischen Nordosten unterbewertet worden zu sein), 2. die starke Verführungskraft moderner westlicher Konsumangebote – im Vergleich zur Attraktivität der Nationalstaatslosung und 3. die tiefsitzende Abneigung gegen politische „Ostimporte“ in der deutschen Arbeiterbewegung, die im übrigen – ebenfalls kaum wahrgenommen – einen tiefen sozialen Wandel erfahren hatte. Die Fehlwahrnehmungen waren Teil eines hürdenreichen Erfahrungsprozesses, der auch 1948 keine eindeutige deutschlandpolitische Strategie zuließ.

Betrachtungen zum Jahr 1948 müssen bei den wesentlichen Modifizierungen ansetzen, die sich Ende 1947/Anfang 1948 im deutschlandpolitischen Planungsprozeß in Moskau schrittweise einstellten. In Moskau rechnete man – anders als noch im Frühjahr 1947 – zur Jahreswende 1947/48 nicht mit einem konstruktiven Ergebnis der anstehenden alliierten Gespräche auf Außenministerebene. So wenig neu diese

[7] Undatiertes Redemanuskript unbekannter sowjetischer Herkunft, (offensichtlich von Ende August/Anfang September 1947), in: Badstübner/Loth, Pieck-Aufzeichnungen, S. 161–172, hier S. 163. Neue Überlegungen und Forschungsergebnisse zum Verhältnis der Besatzungsmacht zu früheren NS-Engagierten und Deutschen, die anderweitig mit ihr in Konflikt kamen, präsentieren Kersebom/Niethammer, „Kompromat“ 1949, in: Sowjetische Speziallager, Bd. 1, S. 510–532, siehe auch Possekel, Einleitung, in: Sowjetische Speziallager Bd. 2, S. 15–110.

Erkenntnis ist, so wenig läßt sich aus ihr schließen, daß die sowjetische Führung nun alle Pläne, zur Einheit Deutschlands zu gelangen, beiseite schob. Selbst die Tatsache, daß einige sowjetische Vertreter nun auffallend weniger Interesse an der Fortsetzung der alliierten Kooperation zeigten, ist nicht so ohne weiteres auf eine „Dominanz der Teilungsoption" zurückzuführen.

Nach jetzigem Stand der Forschung ist trotz solch gravierender konfrontativer Schritte wie der Gründung des Kominform-Büros (September 1947)[8] und der Berlin-Blockade (ab Sommer 1948) nicht auszuschließen, daß Moskau in den deutschen Angelegenheiten noch immer Chancen für eine Verständigung sah. Die Truman-Doktrin war selbst in Amerika nicht unumstritten. Die ersten größeren sowjetischen Störungsversuche in der Berliner Kommunikation (April 1948), über deren intentionale Hintergründe wir nun erste Aussagen treffen können, waren ein untaugliches Unternehmen, die Westalliierten erneut an den Verhandlungstisch zu zwingen. Die Aktion war deutschlandpolitisch ein perfektes Eigentor. Stein des Anstoßes war die Einberufung der Sechsmächtekonferenz (23. Februar bis 6. März und 20. April bis 2. Juni). Sie stellte einen ungeheuerlichen Affront dar: Die östliche Siegermacht war demonstrativ von der deutschen Nachkriegsplanung ausgeschlossen worden, womit das Maß der Beschädigung des ursprünglichen Konsenses eine neue Größenordnung erreicht hatte. Forschungen zum Alliierten Kontrollrat haben Gunther Mai zu der Ansicht gebracht, im März 1948 sei der Bruch noch nicht endgültig vollzogen gewesen[9]. In einem jüngst entdeckten Dokument des sowjetischen Außenministeriums vom 12. März findet das seine Bestätigung[10]. Im Moskauer Außenministerium ging man gemeinsam mit SMAD-Chef Wassili D. Sokolowski und Politberater Wladimir S. Semjonow, die am 9. März nach Moskau beordert worden waren, davon aus, daß mehr Druck auf den Westen angebracht sei[11]. Der Westen verhielt sich zunächst zurückhaltend, ließ sich aber in seinem Weststaatskurs auch nicht beirren.

Neue empirische Untersuchungen drängen dazu, die theoretisch möglichen Deutungen der sowjetischen Haltung in dieser Zeit weiter zu untergliedern. Der Angelpunkt für das Verständnis sowjetischer Deutschlandpolitik in dieser Phase liegt vermutlich in der Trennung zweier Sachverhalte. Gemeint ist nicht die notwendigerweise differenzierte Betrachtung der SBZ und anderer von der UdSSR eroberter und besetzter, sicherheitspolitisch relevanter Territorien. Hier ist auf einen

[8] Foitzik, Die Bildung; ders., Fragen der sowjetischen Außenpolitik.

[9] Mai, Der Alliierte Kontrollrat, S. 465.

[10] In einem Memorandum war von „Maßnahmen im Zusammenhang mit der Schließung der [sowjetischen] Zone" die Rede, allerdings erst für den Fall, daß die Westmächte auf den sowjetischen Vorschlag, eine Außenministerkonferenz einzuberufen, negativ reagieren würden. Das Memorandum sah vor: Zunächst sollte ein östliches Pendant zur Londoner Separatkonferenz, ein Treffen der Außenminister der osteuropäischen Staaten einschließlich der vormaligen Verbündeten Deutschlands (sogar Finnlands) die Separierungsbestrebungen des Westens geißeln. Danach sollte eine sowjetische Initiative zur Wiederaufnahme der alliierten Außenministergespräche über Deutschland gestartet werden. (Vgl. Filitov, Germanskij vopros, S. 104.) Dieser Plan wurde schließlich nur teilweise realisiert. Nach Abschluß der Sechsmächtekonferenz kamen am 23./24. 6. in Warschau die Außenminister der UdSSR und der Volksdemokratien zusammen und verurteilten die Londoner Empfehlungen. Sie forderten den Abschluß eines Friedensvertrages und den Abzug aller Truppen aus Deutschland.

[11] Vgl. Narinskij, Soviet Policy; siehe auch Scherstjanoi, Die Berlin-Blockade, S. 495–504.

weiteren, in der Forschung noch häufiger ignorierten, signifikanten Sinnunterschied hinzuweisen. Gemeint ist die – keinesfalls nur für stalinistische Politik geltende – Unterscheidung zwischen einer favorisierten Lösungsvariante und einer davon abgehobenen Politik, die aktuellen Gegebenheiten Rechnung tragen muß, wobei unter Umständen noch nicht einmal abzusehen ist, in welcher Richtung und in welcher Weise dies zu geschehen hat. Für unseren Untersuchungsgegenstand als Hypothese formuliert: Am Ziel eines demokratischen Gesamtdeutschland festhaltend, das sowjetischen Sicherheitsforderungen genügen müßte, kam Moskau Ende 1947 zu dem Schluß, daß es derzeit keine Möglichkeit gab, dies zu erreichen. Zugleich erschien die weitere Entwicklung höchst unklar.

Die davon abgeleitete politische Orientierung, wonach grundsätzlich die Einheitsoption zu bevorzugen war, momentan aber keine praktischen Schritte in diese Richtung erfolgen sollten, beinhaltete Komplizierteres als es sich mit dem Zwei-Linien-Modell beschreiben läßt. Letzteres meint die annähernde Gleichgewichtung zweier Optionen, das Sowohl-Als-Auch, das gleichmäßige Gewappnetsein für zwei Fälle, das aktive Wirken in zwei Richtungen. Die Formel „Die Einheit prinzipiell bevorzugen – momentan aber nicht betreiben" umreißt dagegen ein eklatantes Politikdefizit, mangelhafte Bereitschaft oder Fähigkeit, die veränderte Lage zu begreifen und eine der eigenen Interessenlage längerfristig adäquate politische Entscheidung zu treffen und durchzusetzen. Sie beschreibt keine politische Umorientierung, keine Umgewichtung in der Bestimmung deutschlandpolitischer Optionen, sondern eher das Fehlen einer solchen. Offensichtlich bewegte sich das Problem des widersprüchlichen deutschlandpolitischen Vorgehens „der Sowjets" nach 1945 größtenteils im Rahmen dieser generellen Diskrepanz zwischen Option und Politik, wobei institutionelle und führungsinterne Probleme die Entscheidungsfindung zusätzlich erschwert haben könnten, was im Detail jedoch nachzuweisen ist. 1948 brachte das vergleichsweise zielstrebige Engagement der Westmächte die Moskauer Deutschlandplaner in regelrechten Politiknotstand[12].

Neue Quellen zeigen, daß es die SED-Führung war, die – ebenfalls unter Aufrechterhaltung ihrer nationalen Blickrichtung – Moskau Ende 1947/Anfang 1948 nahelegte, unter den gegebenen Umständen nicht auf eine Aufhebung der Zonengrenzen hinzuwirken. Ein bislang unbekanntes Dokument gibt anschaulich Auskunft: Als die beiden Parteivorsitzenden Wilhelm Pieck und Otto Grotewohl am Vorabend der Londoner Konferenz am 27. Oktober 1947 bei Politberater Semjonow zu einem dreistündigen Gespräch zusammenkamen, stellten sie fest, daß die Klärung der nationalen Frage augenblicklich sehr schwierig sei. Sie verwiesen auf eine angespannte Wirtschaftslage im Westen (der Marshallplan habe die ersten Erwartungen nicht erfüllt), eine Verschärfung des Klassenkampfes dort und eine zunehmend zerstrittene SPD-Führung. Das Ansehen der SED wachse unter den fortschrittlichen Arbeitern. Doch zugleich gebe es eine intensive antisowjetische Stimmungsmache. Mehrmals, so gab es Semjonow dann in dem vorliegenden Bericht weiter, hätten die SED-Parteiführer hervorgehoben, daß die deutsche Arbei-

[12] Auch das von Laufer, UdSSR und Währungsfrage, anhand neuer Quellen weiter aufgehellte Vorgehen Moskaus in der Frage der deutschen Währungsreform 1948 erklärt sich vor dem beschriebenen Hintergrund. Es muß nicht Ausdruck einer dominanten Teilungsoption gewesen sein.

terklasse gegenwärtig kein Interesse an der Beseitigung der Zonengrenze habe, denn die Demokratisierung sei noch nicht in ganz Deutschland durchgeführt. Die Losung der Bodenreform komme im Westen schlecht an, antimonopolistische Losungen würden zu einer generellen Sozialisierungsforderung umgedeutet und diffamiert. Ein Abzug der Roten Armee aus Deutschland würde derzeit unweigerlich „zum sofortigen Bürgerkrieg" führen, „die sowjetische Zone wäre innerhalb der ersten zwei Monate in Blut getränkt." „Nach Meinung Grotewohls wird die Sitzung des Rates der Außenminister in London keine Lösung des Deutschlandproblems bringen. Und das ist gut so. Mit der Zeit werden die Widersprüche zwischen England und den USA unausweichlich wachsen, wird sich die wirtschaftliche und die politische Lage in der sowjetischen Zone festigen, und es wird wahrscheinlich zu einer Annäherung zwischen Großbritannien und der UdSSR kommen."[13]

An dieser Stelle soll der häufig vorgebrachte Einwand Berücksichtigung finden: Es ging den Russen doch nicht um irgendein geeintes Deutschland, sie wollten doch ein ganz bestimmtes. Tatsächlich ist danach zu fragen, wie das Gesamtdeutschland aussehen sollte, das Stalin propagandistisch mit den Vokabeln „demokratisch" und „friedliebend" umschrieb[14]. Nur sollte bei der Beantwortung nicht von einer unveränderlichen Zielvorgabe ausgegangen werden. Ende 1947, dies belegt auch das angeführte Dokument, beinhaltete die Orientierung auf eine gesamtdeutsche Entwicklung die Vorstellung, die SBZ-Entwicklung könne als Maßstab gelten und der Grad ihrer sozialen Umgestaltung als gesamtdeutsche Minimalforderung in eine friedensvertragliche Regelung eingebracht werden. Doch, blieb es dabei? Gerade dieser Aspekt der sowjetischen Deutschlandplanung, die Verknüpfung gesellschaftskonzeptioneller und sicherheitspolitischer Fragestellungen, erfuhr 1948 eine bedeutsame Entwicklung.

Immer wieder auch abwägend, inwieweit innerwestliche Differenzen genutzt werden könnten, in der Tagespolitik vieles mißdeutend und sich quasi selbst Knüp-

[13] Archiv der Außenpolitik der Russischen Föderation (AWP RF), fond 06, opis' 9, delo 660, papka 44, listy 24–27, Zitate list 27, Aufzeichnung Semjonows über eine Unterredung mit Wilhelm Pieck und Otto Grotewohl am 27. 10. 1947.

[14] Diesem Problem versuchen sich Historiker auch über die Frage nach Stalins Demokratie-Verständnis zu nähern. Wie wenig ergiebig der Diskurs bislang ist, führte unlängst Werner Müller vor. Er kam bei seiner Analyse der „Prinzipien Stalinschen Denkens", insbesondere verschiedener Stellungnahmen in Auseinandersetzung mit Churchill, dazu, „Stalins Verständnis von Demokratie recht präzise [zu] umreißen": Es habe „eine bedeutsame Rolle der Kommunisten, ihre Teilhabe an der Macht, Loyalität zur Sowjetunion und den Ausschluß der alten Eliten aus ihren Positionen in Politik, Wirtschaft und Gesellschaft" umfaßt. Dies wiederum habe „einige wesentliche Elemente westlichen Demokratie-Verständnisses [...] ausgeschlossen" (vgl. Müller, Noch einmal: Stalin und die Demokratie, S. 208). Genauer wäre zu fragen, was Stalins Demokratie-Verständnis – im Unterschied zum durchaus heterogenen, in Grundpositionen aber übereinstimmenden westlichen – tatsächlich nicht enthielt, und welche Elemente politischer Emanzipation und Interessenvertretung es für welche Phase im stalinistisch-dogmatischen Revolutionsverständnis zuließ, mit besonderer Bedeutung gewichtete oder gänzlich ausschloß. Die entscheidenden Fragen wären damit allerdings auch noch nicht beantwortet: Was an Parlamentarismus, was an Koalitions- und Oppositionsrechten, welche außerparlamentarische und parteienunabhängige Interessenvertretung für welche soziale Schichten, welche nichtinstitutionalisierte Formen der Mitbestimmung, wieviel Föderalismus, Rechtsstaatlichkeit und dergleichen sah Stalin für ein Gesamtdeutschland nach 1945 als notwendig oder akzeptabel an, was hätte er nie zugelassen, was hielt er für irrelevant?

pel ins Räderwerk stellend, mußte die UdSSR im Verlauf des Frühjahrs eine grundsätzlich veränderte Lage in Deutschland zur Kenntnis nehmen. Unter den Amerikanern und Briten hatten sich die Protagonisten einer deutschen Weststaatsgründung durchgesetzt, und es zeichnete sich ab, daß dieser Teilstaat in den Marshallplan einbezogen werden sollte. In der SPD, besonders in Westberlin, wuchsen antisowjetische und antikommunistische Stimmungen stark an. Die in Westdeutschland agierenden politischen Parteien schienen den Londoner Empfehlungen tatsächlich mehrheitlich zu folgen und der Versuch, über die Volkskongreßbewegung einen nationalen antiamerikanischen Konsens zu erreichen, schien zwar anfangs (etwa zum Zeitpunkt der Einberufung des 2. Deutschen Volkskongresses Mitte März 1948) verheißungsvoll, zeigte dann aber im Zusammenhang mit der Berlin-Blockade nicht die gewünschte Ausstrahlung in den Westen. Die im Osten präjudizierten Enteignungen hatten keine Aussicht, auf den anderen Teil Deutschlands übertragen zu werden.

Solchen Einsichten folgte Ende 1947 zunächst die Erkenntnis, der Status quo müsse im Osten gesichert werden. Dies wurde ohne signifikante Pläne zur Forcierung gesellschaftlicher Umgestaltung so entschieden. Die Entnazifizierungs- und die Sequesterkommissionen beendeten ihre Arbeit und wurden aufgelöst (26. Februar bzw. 31. März). Zu diesem Zeitpunkt befanden sich 40 Prozent der Industrieproduktion in Volkseigentum, d.h. in Landesbesitz; der überwiegende Teil des Bodenreformlandes war mit beschränkten Eigentumsrechten in neues Eigentum überführt worden. Die Entscheidungen waren begleitet von der Absicht, den Reformen im Osten optimale volkswirtschaftliche Wirkung zu garantieren. Außerdem hielt man die politische Aktivierung der Bevölkerung in begrenzt pluralistischen, besatzungsrechtlich strikt kontrollierten Strukturen für notwendig. Auch dies folgte zunächst nicht der Vorstellung, einen Modelltransfer aus dem Osten vorantreiben zu müssen. Die Idee der Gründung einer Nationaldemokratischen und einer Bauernpartei gehört hierher (daß sie bereits Ende 1947 SMAD-intern diskutiert wurde, ist bislang nur durch fragwürdige Quellen belegt); ebenso waren die Ausweitung der DWK-Kompetenzen (12. Februar 1948) und die Reorganisierung der DWK (9. März 1948) Effektivierungsmaßnahmen, die nicht primär Sowjetisierungsvorstellungen folgten.

Die separierende, föderalistische Strukturen untergrabende Wirkung dieser Beschlüsse soll nicht bestritten werden, wohl aber ein entsprechendes Primärmotiv. Die volkswirtschaftlichen Beschädigungen in der SBZ waren 1947 größer als 1945/46[15], Kampagnen zur freiwilligen Steigerung der Arbeitsleistung (Befehl 234 vom 9. Oktober 1947) griffen kaum. Ein Ausbau gewisser zwangswirtschaftlicher Strukturen und zentraler staatlicher Regularien zur Investitions- und Arbeitskräfteverteilung, zur Rohstoff- und Absatzlenkung, aber auch zur Bestimmung von Produktionspaletten und Entwicklungsvorhaben sowie zur Normierung von Arbeitsleistungen war 1948, im Moment einsetzender volkswirtschaftlicher „Negativakkumulation", für die Ostzone alternativlos.

[15] Zu wachsendem materiellen Verschleiß, sinkendem Wirkungsgrad produktiver Arbeit und gravierend geringer Produktionsauslastung vor allem in der Industrie siehe Barthel, Die wirtschaftlichen Ausgangsbedingungen; Mühlfriedel/Wießner, Die Geschichte der Industrie, S. 47–128; Zank, Wirtschaft und Arbeit.

Doch im Kontext der erwähnten neuen politischen Erfahrungen vom Frühjahr 1948 bekamen diese Sicherungs- und Effektivierungsschritte im Rahmen des politischen Status quo der SBZ allmählich eine inhaltliche Ausweitung. Die Formel „Einheit prinzipiell bevorzugen, momentan nicht betreiben" verlor im Frühjahr 1948, so schien es manchem in der SMAD, ihren Sinn; die in Moskau, Sofia, Belgrad und Warschau gerade einsetzende Grundsatzdebatte um die Volksdemokratie-Konzeption strahlte aus, eine zielgerichtete Integration der SBZ in den sowjetischen Sicherheitskordon gewann zumindest für einige sowjetische Deutschlandplaner an Bedeutung. Diese Veränderung läßt sich recht anschaulich anhand sowjetischer Interna belegen.

Im Sommer 1947, als klassenkämpferische Belehrungen bereits zur alltäglichen Hilfe der SMAD für die SED gehörten, schätzte ein sowjetischer Politoffizier intern den Stand der Entwicklung so ein: „In der sowjetischen Zone [sind] ernsthafte soziale Veränderungen vor sich gegangen [...] In der Weimarer demokratischen Republik gab es keine vergesellschaftlichten Betriebe, jetzt gibt es sie und sie nehmen eine Kommandostellung in den führenden Wirtschaftszweigen der Zone ein. Es gab keine sowjetischen Aktiengesellschaften, die das Eigentum eines sozialistischen Landes sind, andererseits gab es große Kapitalanlagen ausländischer Monopole. [...] Die Junker und Gutsbesitzer, die im politischen und wirtschaftlichen Leben des Dorfes – und nicht nur des Dorfes – herrschten, sind in der sowjetischen Zone als Klasse vernichtet. Auch die Kredit- und Bankanstalten der Faschisten und Kriegsverbrecher sind in die Hände des Volkes übergegangen. Es hat sich also in der sowjetischen Zone viel verändert und das ist die neue Form der demokratischen Ordnung, ähnlich dem, was in Ungarn, Rumänien, Polen, Bulgarien errichtet wurde. Wie Sie sehen, ist das eine vollkommen neue geschichtliche Form und *man muß klären, wie man sich zu ihr verhalten soll.*" [Hervorhebung E.S.] Der Referent prognostizierte einen wachsenden Widerstand der „Monopolisten in Deutschland und außerhalb", ein „schärfster Kampf" sei „unvermeidlich", doch sein Programm „der demokratischen Ausgestaltung" und der Abwehr „antidemokratischer Elemente" setzte auf die existierenden politischen Strukturen und betonte die große Bedeutung „der deutschen demokratischen Parteien, der demokratischen und öffentlichen Organisationen."[16]

Ein halbes Jahr später klangen die Erläuterungen zum SBZ-Entwicklungsstand und den Perspektiven in einer ähnlichen internen SMAD-Veranstaltung ganz anders. In seinem bekannten Redemanuskript hob Sergej Tjulpanow Anfang Mai 1948 als quasi wichtigste Kennzeichnung einer Entwicklung „nach dem Typ der neuen Demokratien" hervor: „An der Macht [...] steht die Partei der Arbeiter und Bauern", die „eine marxistische Partei" ist, die sich „offen zum Leninismus bekennt" und die „die Massen erkennen läßt, daß die unmittelbaren Ziele und die Endziele nur auf dem Weg des Klassenkampfes zu erreichen sind". Die Staatsmacht sei der Form nach „höher" als eine „rein bürgerlich-parlamentarische"[17]. Das war nicht

[16] Undatiertes Redemanuskript unbekannter sowjetischer Herkunft, offensichtlich von Ende August/Anfang September 1947, in: Badstüber/Loth, Pieck-Aufzeichnungen, S. 161–172, hier S. 166f.

[17] Schriftliche Fassung eines Vortrages von Tjulpanow vom 8. 5. 1948, in: ebenda, S. 216–227, hier S. 216f.

nur die vage Einordnung der SBZ-Entwicklung in einen osteuropäischen Typus der Nachkriegsentwicklung („ähnlich dem"), sondern die Qualifizierung von Erreichtem und Perspektivischem auf dem Niveau der volksdemokratischen Satellitenstaaten mit eindeutiger Perspektive: „Diktatur des Proletariats". Diese neue Grundorientierung konnte nur von der vollzogenen Teilung Deutschland ausgehen und den nationalen Anspruch der SED nur als „Kampf für die Eroberung ganz Deutschlands"[18] begreifen.

Beide Orientierungen, die vom Spätsommer 1947 und die vom Mai 1948, wurden der SED-Spitze jeweils aktuell vorgelegt. Ein konzeptioneller Allein-Vorstoß Tjulpanows muß die strategische Neuorientierung vom Mai 1948 nicht gewesen sein, Moskauer Vorgaben sind indes noch nicht gefunden. Bei SMAD und SED änderten sich die Stimmungen und Sichtweisen allerdings auch nicht von heute auf morgen. Einige der im Zeitraum von April bis Juni gefällten Entscheidungen dürften im Übergang zwischen beiden Vorgaben anzusiedeln sein: Dazu ist die Entscheidung zu zählen, die neuen Parteien um Wahlverschiebung ersuchen zu lassen (am 22. Juni erging eine Bitte der NDPD), aber auch die Entscheidung, einen zentralen Kontrollapparat mit weitgehenden Befugnissen zu schaffen und ein strenges Wirtschaftsstrafrecht einzuführen.

Von Juni 1948 ab verfolgte die SED energisch den Ausbau ihrer Positionen im Wirtschafts- und Verwaltungsapparat. Extrem separierenden, den Ostteil revolutionierenden Absichten folgte man mit der entschlossenen Fortsetzung der innerparteilichen Entwicklung der SED zu einer „Partei neuen Typs" nach sowjetischem Vorbild und dem Ausbau eines von Parteikadern geführten Polizei- und Sicherheitsapparates. Am Ackermannschen „besonderen deutschen Weg zum Sozialismus" wurde nun Kritik angemeldet. Der SMAD-Chef Thüringens Iwan S. Kolesnitschenko schlug in Moskau sogar vor, den programmatischen Kernpunkt aus den „Grundsätzen und Zielen" der SED streichen zu lassen, wonach der Aufbau des Sozialismus in Deutschland „auf demokratischem Wege" erfolgt[19]. Zentrale Ereignisse machtpolitischer Höhenflüge der SED waren die Staatspolitische Konferenz in Werder/Havel (23./24. Juli), auf der der Gedanke der politischen Führungsrolle der SED um die konstitutive Triade stalinistischer Machtpolitik „Zentralisieren-Kontrollieren-Mobilisieren" erweitert wurde, und die 11. und 12. SED-Parteivorstandstagung im Juni und Juli 1948[20]. SED-Führung und SMAD erörterten ab Ende Juni, ob nicht in der Ostzone eine Regierung geschaffen werden sollte[21].

Diese Entwicklung belastete natürlich den politischen Grundkonsens der vergangenen Jahre, die auf parlamentarische Opposition verzichtende Kooperation im Einheitsfrontausschuß (Block). CDU und LDP nahmen besorgt wahr, daß die SED ihren Führungsanspruch immer weiter auslegte. Einer Aufnahme der neuen Parteien widersetzten sie sich in berechtigter Sorge um ihre Einflußmöglichkeiten.

[18] Ebenda.

[19] Memorandum Kolesnitschenkos vom 29. 11. 1948 (im wesentlichen am 7. 9. bereits vorgetragen, gedanklich gewiß schon vorher in Betracht gezogen) in: Bonwetsch/Bordjugov/Naimark, Sowjetische Politik, S. 183–198, hier S. 186.

[20] Protokolle der Verhandlungen des 11. und 12. Plenums in: Friedrich u. a., Entscheidungen der SED 1948, S. 119–294.

[21] Besprechung bei Semjonow, 24. 6. 1948, in: Badstübner/Loth, Pieck-Aufzeichnungen, S. 234.

Während die SED unter sowjetischer Anleitung relativ kontinuierlich an einem wirtschaflichen Bündnis nach NÖP-Vorbild festhielt (dies drückte sich auch im Zweijahrplan aus), fiel es ihr Mitte 1948 offenbar schwer, die Perspektiven des politischen Bündnisses zu skizzieren. Diesbezüglich gab es bereits von Ende 1947 an auch keine klärende Hilfestellung „der Freunde" mehr. In der SMAD meinte man wohl, mit der nationalen Sammlungsbewegung des Volkskongresses ein geeigneteres Instrument gefunden zu haben. Doch war eine Blockauflösung auch im Volksdemokratie-Rahmen nicht so eindeutig sinnvoll. Auf sowjetischer Seite wog man noch ab. Für ihre „unrichtige Linie in bezug auf die CDU und die LDP", für die Unterschätzung der Rolle des Blocks „als eines mächtigen Hebels zur Lösung der politischen Hauptaufgabe der gegenwärtigen Periode der Entwicklung Deutschlands – der Eroberung der Volksmassen", empfing die SMAD-Informationsverwaltung unter Tjulpanow schon im Frühjahr 1948 heftige Kritik seitens einer Kommission des KPdSU-Zentralkomitees[22]. Sondierungen Gniffkes führten Anfang August zu einer vorübergehenden Reaktivierung des Zentralen Ausschusses.

Überhaupt markiert der August 1948 eine gewisse Entspannungsphase in der Ausrichtung der SBZ am Volksdemokratiemodell. Das kurze Intermezzo läßt sich quellenmäßig noch kaum ergründen. Die ersten Erfahrungen der UdSSR in der Blockade-Konfrontation machten der Stalinschen Führung wohl recht bald klar, daß es nicht gelang, das Ansehen der Westmächte zu schmälern[23]. Kurzzeitig konnte sich Stalin allerdings dem Trugschluß hingeben, die Blockade hätte zumindest alliierte Gespräche wieder auf den Weg gebracht, als sich die westlichen Außenminister am 2. August zu Gesprächen in Moskau bereitfanden. Er gab bei den Gesprächen zu erkennen, daß er die deutsche Frage offenhalten wollte. Die Forschung müßte klären, welche Hoffnungen Stalin mit der interalliierten Direktive vom 30. August 1948 verband, die die vier Zonenbefehlshaber unter anderem dazu aufforderte, die Einführung der SBZ-Währung als alleinige Währung in Berlin durchzusetzen[24].

Hier wäre es nun hilfreich, die staatsgestalterischen und machtpolitischen Entscheidungen der SED aus dieser Zeit nicht nur auf Separierungs- und Volksdemokratisierungsanzeichen abzutasten, sondern auch nach konservierenden oder gar retardierenden Elementen zu schauen. Sie sind keinesfalls augenfällig und verlangen dem Historiker die Bereitschaft ab, sich von deduktiven Schlüssen zumindest hin und wieder zu trennen und in winzigen Indizien, die von einem letzten Endes wirkungsvollen Haupttrend überschattet wurden, mehr als nur raffinierte Verschleierungstricks zielstrebiger Politik zu sehen.

So stellt sich beispielsweise die Frage, wie zielstrebig ein Funktionswandel oder aber die Auflösung des Blocks der Parteien betrieben wurde. Siegfried Suckut bescheinigte der SED „behutsames Vorgehen" bei der Aufnahme der neuen Parteien

[22] Memorandum der Kommission des ZK der KPdSU für A. Shdanow über das Ergebnis der Überprüfung der Arbeit der Informationsverwaltung der SMAD (Auszug), undatiert [nach dem 5. Mai], in: Bonwetsch/Bordjugov/Naimark, Sowjetische Politik, S. 275–280, hier S. 276.

[23] Solche Hoffnungen hatte Politberater Semjonow noch Mitte Juni gegenüber dem Außenministerium geäußert. Vgl. Narinskij, Soviet Policy, S. 9f.

[24] Laufer, UdSSR und Währungsfrage, beendet seine Studien mit den Währungsreformen im Juni 1948. Auch andere neuere Arbeiten gehen auf die Direktive vom 30. 8. 1948 nicht ein.

und der Massenorganisationen in den Block. Die SED konfrontierte die traditionellen Blockpartner nicht mit einer Maximalforderung nach politischer Gleichberechtigung der neuen Parteien im Bündnis[25]. Man kann dieses Vorgehen als einen Ausdruck politischer Cleverneß einer auf „Gleichschaltung" abzielenden SED begreifen. Man kann darin aber auch konzeptionelle Unschärfen sehen, nicht ganz eindeutige Vorgaben der Besatzungsmacht vermuten und von dort her nach den möglicherweise erwogenen Alternativen suchen. Die Kritik an „pseudoradikalen Fehlern" in der SMAD, an „der falschen Orientierung der SED auf die Vorstellung, daß sie die einzige ‚regierende' Partei in der Sowjetischen Besatzungszone Deutschlands und die ‚herrschende Staatspartei' ist", und daß es „schon jetzt um den Aufbau einer ‚sozialistischen Republik'" gehe, daran, daß „in der SED auch ohnedies sektiererische Tendenzen nicht überwunden sind" und ein Kampf im Block künstlich entfacht worden sei, war im Moskauer Parteiapparat relativ lange in der Bearbeitung. Erst Ende November 1948 fand sie in einen Beschlußentwurf für das ZK Eingang[26].

Fraglos sind hier die aus Moskauer Sicht wechselnden (oder scheinbar wechselnden), in jedem Fall irritierenden Umstände zu berücksichtigen. Ab September kam es wieder zu einer Verschärfung der Konfrontation in der deutschen Frage. In Bonn trat am 1. September planmäßig der Parlamentarische Rat zusammen. In Berlin spitzte sich die Lage zu. Neuerschlossene SMAD-Quellen lassen vermuten, daß der September eine gewisse Reaktivierung konzeptioneller Vorstöße vom Frühjahr 1948 brachte. Führende SMAD-Funktionäre trugen nun in Moskau Überlegungen vor, den Block der antifaschistisch-demokratischen Parteien abzuschaffen. Kolesnitschenko meinte noch immer (oder nun wieder), die frühere Politik gegenüber CDU und LDP, die darauf gerichtet war, „fortschrittliche Elemente" zu fördern und „Reaktionäre" zu entlarven, sei nun zu ersetzen durch eine umfassende Zersetzungsarbeit und eine politische Offensive gegen diese Parteien insgesamt. Die Zeit sei gekommen, die „Entlarvung zu beschleunigen". Die SED sollte man „nicht an den Block binden. Den Block als solchen muß man als ‚ungültig' betrachten. Was die Lage in Thüringen betrifft, so existiert der Block hier auch so nicht mehr. Er ist gestorben, und wir beharren auch nicht auf seiner künstlichen Wiederbelebung."[27] Hier (wie an anderen Stellen[28]) zeigen die Quellen übrigens auch, daß Politberater Semjonow keineswegs als „Sowjetisierungsbremser" agierte[29]. Auf der 13. Tagung des SED-Parteivorstandes (15./16. September 1948) hob Walter Ulbricht die Bedeu-

[25] Suckut, Block-Ausschüsse, S. 600.

[26] Memorandum Oberstleutnant G. Konstantinowskijs für I. Schikin über das Ergebnis der Überprüfung der Informationsverwaltung der SMAD, 17.8.1948, weiter 11.9.1948 an Suslow, in: Bonwetsch/Bordjugov/Naimark, Sowjetische Politik, S. 283–289, Zitate S. 284–286.

[27] Memorandum Kolesnitschenkos vom 29. 11. 1948 (s. Anm. 19), S. 191 f.

[28] Siehe beispielsweise Mitteilung von Semjonow über Berlin, 13. 9. 1948, in: Badstübner/Loth, Pieck-Aufzeichnungen, S. 238–240.

[29] Die These vom „Sowjetisierungsbremser" wurde zuerst in der amerikanischen Fachliteratur vertreten. Naimark, Die Russen in Deutschland, teilt diese Auffassung dagegen so explizit nicht. In der neueren deutschen Fachliteratur taucht die Legende immer wieder auf. So rechnete Haritonow, Sowjetische Hochschulpolitik, S. 39, dem Russen die Verhinderung einer „frühzeitige[n] direkten Sowjetisierung" unverdientermaßen hoch an. Vgl. dazu auch die grundlegenden Überlegungen bei Scherstjanoi, „In 14 Tagen werden Sie vielleicht schon keinen Staat mehr haben".

tung der sowjetischen Erfahrungen beim Sozialismusaufbau als allgemeingültige hervor, pries „die Lehre vom Klassenkampf in der Periode des Übergangs zum Sozialismus“ an und warnte vor kleinbürgerlich-nationalistischen „Abirrungen“ wie in Jugoslawien[30]. Das Plenum übte prinzipielle Kritik am „besonderen deutschen Weg“ zum Sozialismus und an der These vom „friedlichen Hineinwachsen“ in den Sozialismus[31]. Damit galt der sowjetische Weg nun auch offiziell als Grundmodell für den weiteren Weg der SBZ[32].

Wenig später, Mitte Oktober, erhielt die SED-Führung die Vorladung zu einer Besprechung mit Stalin[33]. Es mag sich für die SED-Spitze bereits angedeutet haben, daß Auffassungen wie die von Kolesnitschenko in Moskau keine Resonanz gefunden hatten. Die SMAD ordnete relativ kurzfristig im Interesse einer Klimaverbesserung in der Zusammenarbeit der Parteien an, das DWK-Plenum um Länder- und Parteienvertreter zu erweitern, von 36 auf 98 Sitze[34]. Doch das Entscheidende blieb in der Schwebe. Die Order zur DWK-Erweiterung (Befehl Nr. 138/48 erging am 27. November) war eine geschickte Entscheidung: Einerseits konnten loyale Kräfte innerhalb der sich stark differenzierenden bürgerlichen Parteien abermals eingebunden werden. Andererseits hatte es den Anschein, als ob man über eine Aufnahme der neuen Parteien und eine Erweiterung der Vertretungen der Massenorganisationen im DWK-Plenum eine neue bündnispolitische Institution testen wollte. Offenbar hatten die sowjetischen „Berater“ eine qualitativ neue Form des politischen Bündnisses im Blick, die gegebenenfalls (das heißt bei Vorantreiben der „Volksdemokratisierung“) den Block mit seinem Vetorecht der Parteien würde ersetzen können. Das erweiterte DWK-Plenum stellte eine staatliche Form der Koalition analog zu den neuesten Entwicklungen in den Volksdemokratien dar. Die Perspektive des Blocks indes blieb weiterhin unklar, ein Zeichen dafür, daß sich Moskau noch nicht gänzlich entschieden hatte.

Kaum untersuchte Diskontinuitäten kennzeichneten im Oktober 1948 auch die Verfassungsdebatte. Die von Karl Polak vorgegebene kompromißlose Linie setzte sich nicht in der Weise durch, wie es noch im Frühjahr den Anschein hatte. Ähnlich die Debatte um den Zweijahrplan. Der vom SED-Parteivorstand erarbeite Plan, Ende Juli von der DWK als Arbeitsgrundlage angenommen, wurde Ende September nach Veränderungen, die auch auf CDU- und LDP-Initiativen zurückgingen, vom Wirtschaftsausschuß des Deutschen Volksrates ebenfalls lediglich zur Arbeitsgrundlage erklärt. Sozialisierungsforderungen vermied er. Daß zu seiner Endbilanz 1950 eine beachtliche latente Sozialisierung gehörte, besagt noch nichts über dominante politische Kalküle zum Zeitpunkt der Annahme. Gewisse Brüche lassen sich

30 Ergänzungsbericht zum Bericht des Zentralsekretariats: Die theoretische und praktische Bedeutung der Entschließung der Informationsbüros der Kommunistischen Parteien über die Lage in der KP Jugoslawien, in: Friedrich u. a., Entscheidungen der SED, S. 311–333.

31 Ebenda, S. 295–407.

32 Vgl. Malycha, Die Geschichte der SED, in: Die SED, S. 27–29.

33 Besprechung [in der SMAD] am 16. 10. 1948, in: Badstüber/Loth, Pieck-Aufzeichnungen, S. 240f.; Besprechung beim Marschall [Sokolowskij] am 30. 10. 1948, in: ebenda, S. 241f. Die Notizen Piecks geben die ursprüngliche Terminplanung nicht klar wider. Vermutlich sollte die Reise der Parteispitze im Rahmen einer größeren Delegation Anfang November 1948 stattfinden.

34 Ebenda, S. 242. Tatsächlich wurde die DWK am 27. 11. 1948 auf 101 Mitglieder erweitert, Siehe ZVOBl. 1948, S. 543.

auch in der wirtschaftsstrafrechtlichen Frage finden. Der Geist der ersten zentralen Juristenkonferenz vom Juni war in dieser Frage augenscheinlich radikaler als der der zweiten vom November. Von einem nachhaltig angestrebten, unterschiedlich laut eingeforderten SED-Führungsanspruch einfach auf „die Durchsetzung der SED-Linie“ zu schließen, ist also – gelinde gesagt – unangebracht. Der Volksdemokratisierungsvorgabe Tjulpanows waren nicht ausschließlich „linien“konforme Konkretisierungen gefolgt.

Diese Unsicherheiten konnten – zumindest zum Teil – von einer durchaus realistischen Wahrnehmung westlicher Positionen herrühren. Karlheinz Niclauß erinnerte erst unlängst an die während der Grundgesetzberatungen in Westdeutschland im Sommer/Herbst 1948 „durchaus offene Situation“, an Demonstrationen und Generalstreikgefahr, an in der Schwebe befindliche Entscheidungen der Briten und Amerikaner zur Überführung bestimmter Industrien in Gemeineigentum[35]. Im amerikanischen Außenministerium gab es erneut Bestrebungen, „die schon im Gange befindliche Schaffung eines deutschen Weststaates aufzugeben“[36]. Als sich ein Ende der Berlin-Blockade abzeichnete, fürchteten westdeutsche Politiker schon, „deutsche Belange [würden] den Interessen eines russisch-amerikanischen Ausgleichs geopfert“[37], und die erneute Annäherung der Amerikaner und Russen würde „auf dem Buckel“ der Deutschen ausgetragen. Warum sollten „die Sowjets“ dies nicht wahrgenommen haben? Konnte da nicht erneut der Wunsch Vater eines alten, bei manchem (ob bei Stalin selbst, ist unklar) zeitweise beiseite geschobenen, Gedankens werden?

Der konzeptionelle Schwebezustand wurde am Jahresende 1948 im Interesse einer deutlicheren Positionierung aufgehoben. Es war wiederum keine prinzipielle Entscheidung für und keine gegen die Volksdemokratisierung, sondern die Anweisung, den Status quo in der SBZ vorerst beizubehalten. Für die SED-Spitzendelegation in Moskau[38] kam diese Vorgabe, so wenig sie über die weiteren Perspektiven Deutschlands aussagte, reichlich überraschend: keine weitere Sozialisierung[39] und keine Auflösung des Blocks[40]. Es hieß bemerkenswerterweise: „Nicht auf Plan pochen, sondern differenzieren“[41]. Der unmittelbare „Übergang zur Volksdemo-

[35] Niclauß, Politische Kontroversen.
[36] Hillgruber, Alliierte Pläne, S. 14.
[37] Bericht Willy Brandts an den SPD-Parteivorstand in Hannover laut Aktennotiz vom 29. 5. 1949, zitiert bei Keiderling, Die Vehikel-Funktion, S. 56.
[38] Manuskripte und Notizen zur Reise nach Moskau vom 12. 12.–24. 12. 1948, in: Badstübner/Loth, Pieck-Aufzeichnungen, S. 246–274.
[39] Die SED hatte „die Verstaatlichung der Betriebe mit über 50 Beschäftigten“ erwogen und Pläne zur weitgehenden staatlichen Verfügung über Produktionsstätten mit mehr als 100 Beschäftigten geschmiedet (vgl. Antwort auf die Fragen zur Besprechung am 18. 12. 1948, aus: Manuskripte und Notizen zur Reise nach Moskau vom 12. 12.–24. 12. 1948, in: ebenda, S. 247–253, hier S. 250f.). In Moskau wurde sie aber angehalten, nicht das Mißverständnis aufkommen zu lassen, „als ob wir alles enteignen“. Sie bekam zu hören: „Für Enteignungen noch zu früh, noch keine Volksdemokratie“, „nicht gegen Gruppen von Kapitalisten vorgehen, nur gegen Einzelne, die sabotierten“ (vgl. Bericht über die Besprechung am 18. 12. 1948, ebenda, S. 265–275, hier S. 265).
[40] Die Vorgabe lautete wie vor 1948: „Rechten Flügel in bürgerl. Parteien schlagen, fortschrittliche Kräfte stärken“ (vgl. Bericht über die Besprechung am 18. 12. 1948, ebenda, S. 265–275, hier S. 269).
[41] Ebenda, S. 268.

kratie" kam vom Tisch[42]. Zugleich mußte die SED-Führung, die für den Fall und in Erwartung einer Staatsbildung im Westen für Februar/März 1949 recht konkrete Pläne für neue staatliche Strukturen in der SBZ entworfen hatte, bei der Moskauer Beratung im Dezember 1948 in dieser Frage nur wenige Berichtigungen entgegennehmen[43]. Unklar bleibt jedoch für diesen Moment, inwieweit man in Moskau mit einer Verschiebung der Weststaatsgründung rechnete oder aber mit mehr, und wie man die gewonnene Frist meinte nutzen zu können.

Stalin und sein Umfeld könnten Anfang 1949 durchaus noch immer (oder – im Zusammenhang mit interalliierter Entspannung – aufs neue) eine Chance zur Verhinderung der Weststaatsbildung gesehen haben. Anfang März wehrte Otto Grotewohl in der Parteispitze staatliche Separierungstendenzen mit der – gewiß übernommenen – Begründung ab, ein Oststaat würde nicht nur nicht überlebensfähig, sondern auch „eine Belastung des südöstlichen Staatenblocks" sein[44]. Als sich Pieck von seinem Erholungsurlaub bei Moskau Mitte Mai 1949 an Molotow wandte, enthielt seine Stellungnahme bemerkenswerterweise wieder mehr Hoffnungen auf eine Regelung in der deutschen Frage[45]. Derweil herrschte in Westdeutschland keineswegs einhellige Zustimmung zur Gründung eines westdeutschen Teilstaates. Jakob Kaiser war skeptisch und warnte Anfang April: „Es wäre verhängnisvoll, wenn der Staatsbeginn nicht von der breiten Masse des gesamten Volkes getragen würde."[46] Noch im Juni ging aus Berlin ein Bericht der Sowjetischen Militäradministration an die KPdSU-Führung, in dem unter Bezugnahme auf ein Gespräch mit CDU-Hauptvorstandsmitglied Gerald Götting, der Ende Mai Westdeutschland besucht hatte, führende westliche CDU- und CSU-Politiker namentlich genannt waren, die darum gebeten hatten, in der SBZ auf einer Großveranstaltung für die Einheit Deutschlands auftreten zu dürfen[47]. Es muß also weder Scheinheiligkeit noch pure Naivität gewesen sein, was die Moskauer Führung bewog, auf der Pariser Außenministerkonferenz (23. Mai bis 20. Juni 1949) die Rückkehr zur Viermächteverwaltung vorzuschlagen. Moskau hoffte auf eine Wiederbelebung von Kontrollrat und

42 Dazu auch Badstübner, Zum Problem historischer Alternativen; Staritz, Die SED, Stalin und die Gründung der DDR.

43 Nach Moskau gereist war die Delegation mit der Vorstellung, „wenn die Regierungsbildung im Westen erfolgt ist", eine „Deutsche Regierung für die sowjetische Besatzungszone" aus führenden Köpfen der DWK, der DVdI und anderer außerhalb der DWK stehenden Zentralverwaltungen zu bilden und das DWK-Plenum zu einer „Volkskammer für die sowjetische Besatzungszone" umzubilden (vgl. Antwort auf Fragen zur Besprechung am 18. 12. 1948, in: Badstübner/Loth, Pieck-Aufzeichnungen, S. 247–253, hier S. 249). Aus Moskau kam Pieck mit der Vorgabe, im Falle der Weststaatsgründung eine „prov. deutsche Regierung aus führenden Politikern des Blocks u. Volksrats" zu bilden (vgl. Bericht über die Besprechung am 18. 12. 1948, ebenda, S. 265–275, hier S. 269).

44 Zitiert bei Badstübner, Sowjetische Deutschlandpolitik, S. 126.

45 Reise nach Moskau vom 14. 4.–21. 5. 1949, in: Badstübner/Loth, Pieck-Aufzeichnungen, S. 276–281, hier S. 278.

46 Vier Jahre zwischen Krieg und Frieden, Rede Jakob Kaisers auf dem Parteitag des Landesverbandes Berlin der CDU, 3. 4. 1949, in: Hacke, Jakob Kaiser, S. 406–413, hier S. 411.

47 Bericht des Stellvertretenden SMAD-Chefs für Politische Fragen Ruskich an das ZK der KPdSU(B) und an die Politische Hauptverwaltung der Streitkräfte der UdSSR über die Reise Göttings nach Westdeutschland, 21. 6. 1949, Russisches Zentrum für die Aufbewahrung und Erforschung der Dokumente der neuesten Zeit, Moskau (RZCHiIDNI), fond 7317, opis' 3, delo 4 (unpag.).

Alliierter Kommandantur in Berlin bei gleichzeitiger „Schaffung [eines] Einheitl. dtsch. Zentralorgan[s]“[48]. Erst Mitte August 1949, im zeitlichen Umfeld der Bundestagswahl (14. August), verfügte Stalin alternativlos die baldige Gründung eines separaten ostdeutschen Staates.

Der bisherige Erkenntnisstand läßt sich zusammenfassen. Gesellschaftskonzeptionell brachte das Jahr 1948 der SED-Führung *den bis dato markantesten Bruch, aber auch den raschesten Mehrfachwandel in den sowjetischen Vorgaben:* ab Frühsommer eine deutliche Ausrichtung am Volksdemokratie-Modell, das im übrigen gerade im Begriff war, seine partielle Eigenständigkeit zu verlieren; ab Herbst punktuelle „Verwässerungen“ und vage Korrekturen an der Vorgabe. Entsprechend den Wetterwendungen im interalliierten Klima stellte die sowjetische Deutschlandpolitik damit einmal mehr, einmal weniger deutlich die Gleise in Richtung einer östlichen Separatentwicklung. Tendenziell dominierte Mitte des Jahres die Orientierung auf Forcierung des Klassenkampfes, weitere Sozialisierung und Zentralisierung sowie zielstrebige Verdrängung vormaliger bürgerlicher Partner im politischen System.

Diese politische Linie war in Moskau umstritten. Sie wurde allerdings bis Jahresende gegenüber der SED-Führung auch nicht energisch genug abgelehnt. Erst im Dezember 1948 setzte Moskau die Orientierung auf Fortsetzung der sozialen Umwälzung und Erweiterung der SED-Machtpositionen deutlich von der Tagesordnung ab. Es lenkte das Bemühen der SED wieder auf gesamtdeutsche Ausstrahlung des erreichten ostdeutschen Entwicklungsstandes. Die Stalinsche Führung tat dies in gewisser Weise inkonsequent und vermutlich mit Illusionen behaftet. Überdies blieb der Sozialisierungsstop in seinen Perspektiven für die SED unklar. Eingeschränkt auf die energische Sicherung der politischen Hegemonie der stalinistischen SED für die Zeit der Existenz der SBZ behielt die Vorgabe der vorangegangenen Monate auch längerfristig Gültigkeit.

Diese Kontinuitäten und Brüche in den deutschlandpolitischen Intentionen der UdSSR sind keineswegs restlos ausgeleuchtet. Wie die praktische Politik der SMAD von diesem Auf und Ab betroffen war und ob sich eventuell gerade aus dieser konzeptionellen Führungsschwäche Freiräume für radikale Entwicklungstendenzen sowohl in der SED als auch in der SMAD ergaben, ist in höchstem Maße klärungsbedürftig. So muß der Forschung also weiterhin in Auftrag gestellt werden, das weiter voranschreitende staatspolitische und gesellschaftskonzeptionelle Auseinanderdriften der beiden Teile Deutschlands und den sowjetischen Anteil an dieser Entwicklung gründlich zu untersuchen. Mag aus der Sicht späterer Entwicklung betrachtet der „Verlierer im großen Spiel um Deutschland [...] Mitte 1949 eindeutig“ auch bereits festgestanden haben[49], Stalin und seine Umgebung haben dies vielleicht anders gesehen, erst recht noch Monate zuvor.

Es lohnt sich, diesen Gedanken vom fortgesetzten Hoffen Moskaus auf eine gesamtdeutsche Regelung abschließend noch einmal mit der Frage zu verbinden, was für ein Deutschland es nach Stalins Ansicht hätte werden müssen. Meines Erachtens

[48] Besprechung Piecks mit Semjonow am 19. 7. 1949, in: Badstübner/Loth, Pieck-Aufzeichnungen, S. 287–291, hier S. 289.

[49] Laut Hans-Peter Schwarz hieß er Sowjetrußland. Vgl. ders. Vom Reich zur Bundesrepublik, S. 269.

gab gerade das Jahr 1948 der sowjetischen Führung Grund und Anlaß, dies unter aktuellen Gesichtspunkten neu zu überdenken. Die Berlin-Blockade und der rasche Fortschritt bei der Schaffung eines separaten Weststaates könnten in Moskau wichtige Modifizierungen an der Einheitsoption bewirkt haben, deren prinzipielle Favorisierung nur kurzzeitig – von Mitte bis Ende 1948 – und vermutlich nicht einmal auf höchster politischer Ebene zurückgenommen worden war. Ein stärkeres Bemühen um nationale Einheit ist etwa in der Reintegrationspolitik gegenüber ehemaligen aktiven Nazis ab 1949 nachweisbar. Doch es galt für Stalin angesichts der neuen Lage auch zu prüfen, auf welche Sozialisierungsvorstellungen der Jahre 1945/46 (Bodenreform in ganz Deutschland) eventuell verzichtet werden konnte und – im übergeordneten sicherheitspolitischen Interesse – mußte. Die SED-Delegation erhielt auf ihren detailliert formulierten Aufgabenkatalog für Westdeutschland (er enthielt u.a. die Forderung nach Enteignung der Konzerne, entschädigungslose Enteignung von Landbesitz über 100 ha) von Stalin im Dezember 1948 nicht nur keine Antwort, sie bekam sogar die Anweisung, sich als Partei demonstrativ von der KPD zu lösen, was signalisieren konnte, daß man nicht mehr auf ein restloses „Nachziehen" Westdeutschlands bestehen wollte. 1952 war das Minimalprogramm Moskaus dann so viel bescheidener geworden, daß es im Falle friedensvertraglicher Regelungen lediglich noch darum gegangen wäre, die Ergebnisse sozialer Umgestaltung im Osten möglichst zu erhalten, nicht mehr darum, sie auf den Westen auszudehnen.

Während auf westlicher Seite also – bei allem Klärungsbedarf in wichtigen, aber abgeleiteten Fragen – 1948/49 der dominante Wille zur staatlichen Konsolidierung und Separierung der Westzonen einen klaren Fahrplan in Richtung Bundesrepublik entstehen und verfolgen ließ, war der deutschlandpolitische Meinungsbildungsprozeß der östlichen Siegermacht, beeinflußt von Fehldeutungen und falschen Hoffnungen, 1948 wie auch in den Folgejahren weit weniger unbeirrt und konsequent. Die Politik der UdSSR folgte bei aller Favorisierung einer Option, der Einheitsoption nämlich, bis 1953 keiner „klaren Marschrichtung".

Jan Foitzik

Zum Verhältnis zwischen SED und Besatzungsmacht: Konkordanz und Dissens

Im Juli 1948 erhob die SED in Werder an der Havel auf ihrer sogenannten Ersten staatspolitischen Konferenz den Anspruch auf die „führende Rolle in Staat und Gesellschaft“. Auf der Grundlage des von Ulbricht vor den anwesenden Repräsentanten der DWK und der Landesregierungen verkündeten Prinzips „Volksrecht bricht Verwaltung“ sollte nunmehr mit rückwirkender Kraft DWK-Verordnungen Vorrang vor Landesgesetzen eingeräumt werden[1], außerdem waren alle Sonderbehörden in eine zentralistisch ausgerichtete „einheitliche Verwaltung“ einzugliedern[2]. Diesem erklärten Abschied von der föderal-parlamentarischen Ordnung war im Juni 1948 eine Proklamation über die Umwandlung der SED in eine stalinistische Ordnungs-„Partei neues Typus“ vorausgegangen, im September 1948 wurde der „besondere deutsche Weg“ für ideologisch obsolet erklärt. Ihre Unterwerfung unter den Führungsanspruch der KPdSU schrieb die SED im Januar 1949 auf ihrer Ersten Parteikonferenz auch statutarisch fest. Gleichzeitig beschloß sie flächendekkende „Säuberungen“, um in der späteren Staatspartei das lineare Führungsprinzip des „demokratischen Zentralismus“ zu befestigen.

In der Geschichte der SED bildete der Vorsatz, neben der seit Kriegsende in allgemeiner Form angemeldeten politischen auch die administrative Hegemonie zu erringen, zweifellos eine Zäsur. Das Bild wirkt aber verwaschen, sobald man sich auf die Realien dieses Prozesses und seine Resultate konzentriert. Realistisch kommentierten diese Zielvorgaben auch ihre Protagonisten: Erich Mielke beispielsweise, auf dessen Verantwortungsbereich Inneres bald die Hauptlast der zonalen Verwaltungskoordination übertragen werden sollte, zitierte auf der Konferenz von Werder Stalins Feststellung, daß „Deklarationen [...] nur der Anfang der Sache [sind, weil sie ...] lediglich den Wunsch“ ausdrückten[3], und Ulbricht versuchte die Konferenzteilnehmer mit seiner Zuversicht zu motivieren, daß bei diesem großen Vorhaben die Besatzungsmacht „nachhelfen [muß], weil wir nicht die Kraft haben, es durchzuführen“[4].

Gewöhnlich wird die Entwicklung der SBZ als ein planmäßig induzierter, stufenförmig-ordentlich voranschreitender und kontrollierbarer Prozeß vorgestellt. Es ist

[1] SAPMO, DY 30/IV 2/13/7, Entwurf eines Berichts über die Arbeitsergebnisse der staatlichen Verwaltung und Organe seit dem 2. Parteitag der Abteilung Staatliche Verwaltung, 30. 4. 1950.

[2] Vgl. Entschließung der Konferenz von Werder, in: Die neuen Aufgaben, S. 88–90. Die Konferenz in Werder an der Havel fand am 23. und 24. 7. 1948 statt.

[3] So Stalin am XVII. Parteitag der WKP (B), in Stalin, Fragen des Leninismus, Moskau 1946, S. 577, zit. nach, Mielke, Personalpolitk in der Verwaltung, in: Die neuen Aufgaben, S. 60ff.

[4] Ebenda.

unstrittig, daß die SMAD das einzige staatsrechtliche Subjekt in der SBZ war. Die Geschichtsschreibung erliegt aber in höherem Maße dem Imponiergehabe der Besatzungsmacht und der strukturell überhöhten Selbstmotivation des Marxismus-Leninismus-Stalinismus als die historischen Akteure selbst, wenn sie an dessen linearen Mustern der historischen Fortschreibung festhält. Hinsichtlich des „Sowjetisierungs"-Paradigmas schafft allein der technische Aspekt vielfachen Erklärungsbedarf: Ob die SMAD beispielsweise mit 13000 besetzten Stellen zum 1. Januar 1946[5] zu einer Systemtransformation überhaupt imstande war, denn weniger als 2000 ihrer Mitarbeiter waren damals vom Moskauer ZK ordnungsgemäß auf SMAD-Planstellen delegiert worden[6] und damit im gewissen Sinne zu „aktiven" – also „positiven" – Sowjetisierungsmaßnahmen befähigt gewesen. Der früh einsetzende Prozeß der Penetration der SMAD-Strukturen durch sowjetische „Sicherheitsorgane" wirft angesichts deren Personalstärke – 1948/49 waren es etwa 600 Mann – ebenfalls mehr Fragen auf, als er Antworten bietet[7]. Die SED selbst, die von 1948 bis 1951 durch ca. 6000 Absolventen sowjetischer Antifa-Zentralschulen für deutsche Kriegsgefangene in „Kader"-Positionen verstärkt werden mußte[8], entsprach als realer Machtfaktor ebenfalls nicht dem Bild, das Historiker häufig von ihr zeichnen. Insgesamt stellt sich die Delegation von Vollmachten und Aufgaben von der SMAD zu deutschen Dienststellen und zur SED als ein ungleichmäßiger, auf mehreren Handlungsebenen gleichzeitig verlaufender, konfliktreicher und „unförmiger" Prozeß dar, der nicht nur in formaler, sondern auch in materieller Hinsicht Willkür erzeugte und durch Willkür gekennzeichnet war.

Konzentriert man die Aufmerksamkeit auf einige Aspekte der Reichweite der Instrumentalisierung der SED im Jahr 1948, so ist sinnvollerweise zunächst davon auszugehen, daß sich in der SBZ schon ab Sommer 1945 Konturen einer integralen deutsch-sowjetischen Verwaltungsstruktur abzeichneten, in der die SMAD als einziges unumstrittenes Rechtssubjekt und Machtorgan fungierte. Innerhalb des institutionell und prozedural extrem fragmentierten Verwaltungshandelns nahm die

[5] Zum 1. 1. 1946 waren von den 16174 Planstellen der SMAD nur 12992 besetzt. Rossijski Zentr Chranenija i Isutschenija Dokumentow Noweischei Istorii, d.h. Russisches Zentrum für die Aufbewahrung und Erforschung von Dokumenten der neuesten Geschichte, Moskau (RZChiIDNI), 17/117/674, Bl. 91–95, hier Bl. 91. N. Schukow, stellvertretender Leiter der Kaderverwaltung des ZK der WKP (B), an Kusnezow, 12. 11. 1946.

[6] 123 durch ZK-Beschluß und weitere 1644 durch die ZK-Kommission für Auslandsreisen. In: ebenda.

[7] Der sowjetische Sicherheitsapparat innerhalb der SMAD wurde früher im Bild einer „kleinen SMAD" vorgestellt, die die formale SMAD verdeckt kontrolliert und gelenkt habe. Tatsächlich war der Amtsbereich mit ursprünglich 2230 Mitarbeitern des sowjetischen Innen- und 399 des Sicherheitsministeriums (Stand: Januar 1946) integraler Bestandteil der SMAD-Fachstruktur. 1945/46 wurde das Personal des Sicherheitsministeriums aus der SMAD organisatorisch herausgelöst und 1949 als selbständige Amtsgruppe um 115 Mitarbeiter verstärkt. Ab 1946 (bis etwa 1948) begleitete den Abbau der Planstellen des sowjetischen Innenministeriums (Mitte 1948 befanden sich in der SBZ etwa 140–160 Mitarbeiter in der Fachstruktur der SMAD-Innenverwaltung) eine Delegation von Ressortaufgaben von der Innenverwaltung der SMAD zum sowjetischen Sicherheitsapparat in der SBZ. Vgl. Foitzik, Sowjetische Militäradministration, S. 161 f., S. 166.

[8] 1951 waren 5776 als „Kader" tätig, 28,5% von ihnen im politischen Apparat der DDR (7,5% als hauptamtliche SED-Funktionäre). Vgl. Robel, Die deutschen Kriegsgefangenen, S. 307.

KPD/SED seit Kriegsende politische Vermittlungs- und bürokratische Rationalisierungsfunktionen wahr, wobei gleichzeitig ihre eigenen organisatorischen und politischen Strukturen im Sinne der Besatzungsverwaltung bürokratisch „rationalisiert" wurden. Die von der Geschichtsschreibung ab 1947/48 konstatierte Politik der „Beschleunigung" verfolgte in der Hauptsache zwei Ziele: Zum einen – innerhalb einer bereits bestehenden Ordnungsstruktur – die SED als instrumentelles Substitut der Besatzungsmacht zu installieren und sie – zum anderen – für diese Zwecke politisch-disziplinarisch zu profilieren. „Wir müssen der SED Macht im Zonenmaßstab geben, nicht nur in der Provinz", hatte bereits am Jahresende 1946 der Politische Berater des Obersten Chefs der SMAD Semjonow an das Moskauer Außenministerium appelliert, denn es sei notwendig, daß SED-Führungskader lernten, einen Staat zu regieren[9].

Ohne umfängliche Thematisierung der hinlänglich bekannten Umwandlung der SED in eine „leninistisch-stalinistische Kaderpartei neuen Typus" kann in diesem Zusammenhang behauptet werden, daß die KPD/SED dem Grundsatz nach ein abhängiger Bestandteil der Besatzungsstruktur war, deren Kontrolle und Intervention sie unterstand. Sie war jedoch aufgrund ihrer Komintern-Tradition gleichzeitig mit von der SMAD unabhängigen Verbindungen nach Moskau ausgestattet. Über diese Verbindungen war es der SED-Führung möglich, auf die SMAD indirekt Einfluß auszuüben. Auch deshalb ist die KPD/SED – so eine weitere These – zwar als ein durchgängig abhängiger, aber dennoch als ein relativ eigenständiger politischer Einflußfaktor zu betrachten, dessen Bedeutung als Verbindungsglied zwischen Besatzungsmacht und Bevölkerung parallel zum Legitimationsbedarf der Besatzungsherrschaft wuchs. In diesem Zusammenhang ist die Frage interessant, ob der 1948 in der SBZ erreichte Grad der „bürokratischen Rationalisierung" vornehmlich als Begleiterscheinung der bloßen Instrumentalisierung der SED durch die Besatzungsmacht oder bereits als Funktion der politischen Qualität und Autorität der SED anzusehen ist. Zu fragen wäre, inwieweit die SED ihrer Funktion als relativ selbständiger Faktor der „nationaldemokratischen" und sozialpolitischen (d.i. klassenkampforientierten) Integration und Legitimationsbeschaffung genügte. Um auf die Diskrepanz zwischen der subjektiv wahrgenommenen (und propagandistisch evozierten) Rolle und der objektiven Funktion der SED im System der Besatzungsherrschaft hinzuweisen, werden zunächst einige Methoden und Resultate ihrer politischen und bürokratischen Kooperation mit der SMAD vorgestellt. In einem Exkurs über die Zurückweisung des deutschen Anspruchs auf „Befreiung von der nationalsozialistischen Herrschaft" durch die Besatzungsmacht wird punktuell verdeutlicht, daß der deutsch-sowjetische Dissens in dieser zentralen politischen Frage und die ideologisch motivierte generelle Zielidentität die Grundlage einer asymmetrischen Konkordanz zwischen SED und Besatzungsmacht bildeten.

1. Retrospektiv kann man summarisch feststellen, daß im ersten Quartal 1948 die meistens auf Landesebene exekutierten ordnungspolitischen Eingriffe in der

9 Archiw wneschnei politiki Rossijskoi Federazii, d.i. Archiv für Außenpolitik der Russischen Föderation, Moskau (AWP RF), 082/4/20/52, Bl. 297–299, Semjonow, O sosdanii sonalnowo soweta sowetskoi sony okkupazii Germanii, 27. 2. 1947 (Ausgang), [ursprünglich geschrieben im Okt./Nov. 1946].

Hauptsache beendet wurden[10]. Zwischen Sommer 1947 und November 1948 wurden mit der DWK entscheidende Fortschritte in Richtung auf eine Zentralisierung der SBZ-Verwaltung erzielt[11]. Die Erweiterung des DWK-Plenums um weitere Vertreter der Länder und des FDGB sowie um Vertreter der „neuen" Parteien NDPD und DBD im November 1948 kompensierte die seit einem Jahr andauernden politischen Integrationsdefizite, die knapp mit dem Stichwort Blockkrise charakterisiert werden können[12]. Im Grundsatz erzielte die SED damit 1948 auf administrativem Gebiet jenen Erfolg, der ihr 1947 auf dem politischen versagt geblieben war. Damit wurde aus sowjetischer Sicht aber auch deutlich, daß „die SED nicht die führende politische Kraft in der Zone und nicht zum echten Führer des deutschen Volkes geworden" sei, wie der Bericht einer Kommission des sowjetischen Außenministeriums und des Moskauer ZK-Apparates im Frühjahr 1948 kritisch festhielt[13]. Belegt ist damit aber auch, daß die SED erst 1948 durch massiven Einsatz unmittelbarer Zwangsmittel der Besatzungsmacht auf dem administrativen Gebiet ein ursprünglich als politisch definiertes Ziel erreichte, wofür sie schon 1945 den Auftrag erhalten hatte. Denn im Sommer und Herbst 1945 hatte die KPD-Führung – und namentlich Ulbricht – gegen eine Anordnung der SMAD verstoßen, wie nach Moskau gemeldet wurde, als sie sich auf die „unverbindliche, breit angelegte" Block-Gründungserklärung vom 12. August 1945 eingelassen habe, die durch „reaktionäre Elemente wie Koch, Hermes und Schreiber" ausgenutzt worden sei und „nur durch direkte Einmischung der Organe der Propagandaverwaltung [der SMAD] in innere Angelegenheiten der CDU und LDP (durch Absetzung von der Parteileitung)" hatte korrigiert werden können. Schon 1945 – also nicht erst 1948 – war nämlich „nur ein solcher Block zu festigen, der [...] die SED in den Grundfragen der demokratischen Entwicklung Deutschlands unterstützt."[14] Die verschiedenen administrativen wie politischen Widerstände, mit denen sich die SED auseinanderzusetzen hatte und die ihr Verhältnis zur Besatzungsmacht tangierten, können hier nicht thematisiert werden.

Ab Frühjahr 1947 konzentrierte die SED ihre Anstrengungen darauf, die Verbindungen zur SMAD auf der zentralen[15] wie auf Landesebene zu monopolisieren[16] und gleichzeitig die Landesregierungen durch die SED-Landesvorstände zu mediatisieren. Nach der Beschlußlage sei dies in Brandenburg etwa im Januar 1948

[10] Vgl. in diesem Zusammenhang insbesondere die SMAD-Befehle zur Beendigung der Entnazifizierung (Nr. 35/1948), des Sequesterverfahrens (Nr. 64/1948) und der Bodenreform (Nr. 82/1948).

[11] Die DWK, zunächst nur mit Koordinierungsaufgaben betraut (SMAD-Befehl Nr. 138 vom 14. 6. 1947), wurde mit generellem Weisungsrecht ausgestattet und u.a. um Vertreter der Länder sowie des FDGB und des VdgB erweitert (Befehl Nr. 32 vom 12. 2. 1948).

[12] Vgl. Suckut, Blockpolitik in der SBZ/DDR S. 30–35.

[13] RZChiIDNI, 17/128/1166, Bl. 164–173, O resultatach prowerki raboty Uprawlenija informazii SWAG, o. D. [1948].

[14] RZChiIDNI, 17/128/147, Bl. 170–179, hier insbes. Bl. 173, Bokow,O poloscheniji w Sozialistitscheskoi Jedinoi Partii Germanii, 3. 12. 1946.

[15] Über Wilhelm Pieck und Otto Grotewohl sowie ihre Stellvertreter Walter Ulbricht und Max Fechner. Vgl. SAPMO, NY 4182/950, Bl. 292, ZS-Abteilung Wirtschaft, Protokoll der Arbeitssitzung vom 9. 5. 1947.

[16] Brandenburgisches Landeshauptarchiv Potsdam (BLHA Potsdam), 332/L IV/2/3/23, Bl. 57ff., Protokoll der Sekretariatssitzung vom 10. 3. 1947, sowie in: ebenda, Bl. 105, Beschlußprotokoll der Sekretariatssitzung vom 27./28. 5. 1947.

erreicht worden[17]. Innerhalb der DWK sind vergleichbare Verfügungen, die auf eine Konzentration des gesamten Geschäftsverkehrs mit der Besatzungsmacht im Präsidium zielten, für Juli 1947 belegt[18]. Im August 1947 forderte Ulbricht im Zentralsekretariat der SED eine „einheitliche Politik“ in allen Ländern der Zone und betonte unter Hinweis auf die Vorbildrolle der deutschen Verwaltung des Innern: „Der Föderalismus in der Partei in den einzelnen Ländern muß aufhören und eine rege Korrespondenz mit dem Zentralsekretariat durchgeführt werden.“[19] Vorausgegangen war eine gemeinsame Konferenz mit der SMAD in Schierke, wo unter anderem die SED-Fraktionschefs in den Landtagen die Koordinierung der Gesetzgebung vereinbart hatten[20]. Damit übernahm die SED Funktionen und Verfahren, die zuvor die SMAD praktiziert hatte. Nach und nach gingen weitreichende Vollmachten in deutsche Hände über.

Solche organisatorischen Umstellungen zogen jedoch keine qualitativen Veränderungen nach sich, denn zu ähnlichen sachlichen Ergebnissen führte auch die schon seit 1945 in Detailfragen stattfindende Kooperation. Durchgängig bestand ein hoher Konsultationsbedarf in Einzelfragen, wie es im Februar 1949 in der Vorlage für eine Stellungnahme des DWK-Hauptverwaltungsleiters Edwin Hoernle für den DWK-Vorsitzenden Heinrich Rau zur Zusammenarbeit mit der SMAD hieß[21], und Besprechungen mit der SMAD sollten zweckmäßigerweise erst dann aufgenommen werden, wenn eine grundsätzliche Übereinstimmung erreicht worden sei, da es sonst erfahrungsgemäß zu einem Diktat seitens der SMAD komme. Doch lägen ebenfalls Erfahrungen vor, so schrieb Hoernle weiter, daß monatelang verhandelt und dann dennoch ein „diktatorischer Beschluß der SMAD“ erlassen worden sei. Eine Hauptabteilung der DWK berichtete lapidar über reibungslose Zusammenarbeit, „nachdem wir uns damit bescheiden mußten, daß die SMAD der DWK doch nicht die freie Arbeit zugebilligt hat, die ja mehrfach in Aussicht gestellt wurde“, und vielfach DWK-Weisungen durch eigene ersetze[22]. Ähnliche Bräuche herrschten im politischen Bereich, und Pieck informierte unfreiwillig darüber, daß die SED sie erfolgreich kopierte: So machte er bei der Vorbereitung des Befehls Nr. 183 Georg Dertinger sogleich darauf aufmerksam, daß es „ja meistens nicht ohne das Einvernehmen mit der Besatzungsmacht vor sich“ gehe[23] und änderte eigenmächtig den Inhalt der mit dem Generalsekretär der Ost-CDU getroffenen Vereinbarung. Aber auch Piecks sowjetische „Freunde“ standen nicht zum gegebenen Wort und schrieben im Befehl nicht die mit der SED vereinbarte Lösung fest[24].

[17] BLHA Potsdam, 332/L IV/2/1/13, Bl. 10, Bericht über die Arbeit des Sekretariats zur erweiterten Landesvorstandssitzung am 23./24. 1. 1948.

[18] BAB, DC 15/258, DWK-Rundschreiben an alle Sektorenleiter, 14. 7. 1947, gez. Leuschner, siehe auch in: ebenda, Leuschner, Dienstanweisung vom 16. 1. 1947.

[19] BLHA Postdam, 332/L IV/2/5/424, Bl. 132–133, Bericht über die erweiterte Wirtschaftskonferenz beim Zentralsekretariat der SED am 14./15. 8. 1947.

[20] AWP RF, 82/20/52, Bl. 293–296, Ljulka an Gribanow, 21. 6. 1947.

[21] BAB, DK 1/7310, DWK-Hauptverwaltung Landwirtschaft und Forsten, Hauptabteilung I, an Hoernle, 18. 2. 1949.

[22] Ebenda, Vermerk der Hauptabteilung Viehwirtschaft, 18. 2. 1949.

[23] SAPMO, NY 4036/687, Auszug aus dem Protokoll der Sitzung des Gemeinsamen Ausschusses der Einheitsfront der antfaschistisch-demokratischen Parteien am Freitag, dem 18. 10. 1948.

[24] Ebenda, Pieck an Rau, 5. 11. 1948.

Die „Geschichten“ der Besatzungsdiktatur lassen sich nicht entlang einer konsistenten linearen Struktur anordnen. Es lag nicht nur an unklaren Wegweisern, wenn die Akteure nicht sofort die richtige Schrittlänge fanden und deshalb Korrekturschritte machen mußten. Ulbricht hatte bereits auf der 8. Sitzung des Parteivorstands der SED am 22./23. Januar 1947 festgestellt, daß nach den Landtagswahlen von 1946 und mit dem vom SMAD-Kommando versprochenen Beginn der (deutschen) Wirtschaftsplanung in der SBZ, die die KPD übrigens seit Frühjahr 1946 auch bei Stalin eingefordert hatte, „bei uns die Grundsätze einer volksdemokratischen Ordnung in den Ländern beschlossen [sind und] ein neuer Typ der demokratischen Ordnung [...] [entstanden ist]“. Grotewohl hatte die SBZ gar als „demokratisches Volksregime“ auf die gleiche Stufe mit Jugoslawien, Bulgarien, der CSR und Polen gestellt[25]. Dennoch korrigierte der SED-Parteivorstand im Juli 1948, daß „der Staatsapparat, den wir aufgebaut haben in den Regierungen und besonders in den Zentralverwaltungen, nur ein Übergangstypus des Staates [ist], der sich [...] in der Richtung eines wirklich volksdemokratischen Staates entwickelt“[26]. Im Sommer 1948 machte auch Ulbricht auf der eingangs genannten Konferenz von Werder einen Rückzieher, als er nur noch von der „neuen deutschen Demokratie“ sprach und darüber klagte, daß die SBZ lediglich „eine höhere demokratische Ordnung, aber noch nicht einmal eine Volksdemokratie“ sein dürfe[27]. Im Dezember 1948 intervenierte auch Stalin, als er den SED-Vorschlag, die herrschenden Machtverhältnisse als „höhere demokratische Ordnung“ zu bezeichnen[28], zurückwies und autoritativ festlegte, daß die SBZ „noch keine Volksdemokratie“ sei[29]. Zu diesem Zeitpunkt stand aber auch bereits fest, daß die Volksdemokratie nur eine Form der „Diktatur des Proletariats“ und kein Übergangsmodell mehr war, was sich in der zweiten Hälfte 1948 zuerst in Polen und Bulgarien herausgestellt hatte. Diesem Beispiel sollte die SBZ auf Stalins ausdrücklichen Rat zunächst nicht folgen, „sondern vielmehr [...] die bestehende neue demokratische Ordnung festigen“, wie Pieck am 30. Dezember 1948 im Parteiorgan „Neues Deutschland“ öffentlich verkündete[30].

Zahlreiche Fehl- und Stolpertritte von SED und SMAD hatten ihre Ursachen aber auch in den konkreten Schwierigkeiten des Verwaltungshandelns. Im Detail läßt sich noch nicht widerspruchsfrei rekonstruieren, wie politische Intentionen und diplomatische Rücksichtnahmen Moskaus oder interne Faktoren – insbesondere die Resistenz der Bürokratie der Länder bzw. von Vertretern der an der Macht beteiligten nichtkommunistischen Parteien – aufeinander einwirkten und die Realisierung von forscheren SED-Plänen hemmten. Der „rote Faden“ in diesem durch permanentes Krisenmanagement in Politik und Verwaltung inflationär wachsenden

[25] SAPMO, DY 30/IV 2/1/7, Stenographische Niederschrift über die 8. Tagung des PV der SED, 22. und 23. 1. 1947, Referat Grotewohl, Die politische Lage und Bericht über die Erklärung des Marschalls Sokolowski.

[26] SAPMO, DY 30/IV 2/1/25, Protokoll 12. (26.) Tagung des PV der SED, 28./29. 7. 1948.

[27] Vgl. Referat Ulbrichts, in: Die neuen Aufgaben, S. 9, 19.

[28] Vgl. Antwort auf die Fragen zur Besprechung am 18. 12. 1948, in: Badstübner/Loth, Pieck-Aufzeichnungen, S. 247–253, hier S. 249.

[29] Vgl. Ergebnis der vierstündigen Besprechung am 18. 12. 1948, ebenda., S. 259–263, hier S. 260f. Vgl. hierzu auch: Staritz, SED, Stalin und die Gründung der DDR.

[30] Vgl. Kampf um die Einheit Deutschlands und einen gerechten Frieden, in: Neues Deutschland vom 30. 12. 1948.

Quellenagglomerat läßt sich nur retrospektiv anhand der dokumentierten Intentionen der SED und der bekannten Teilresultate rekonstruieren. Geht man aber davon aus, daß die deutsche Verwaltung mit der Besatzungsverwaltung stark verflochten war, dann erscheint in genetischer Hinsicht nur die Feststellung sinnvoll, daß 1948/49 aus der weitgehend gemeinsamen deutsch-sowjetischen Verwaltungsstruktur die deutschen Segmente verselbständigt und institutionell neu profiliert wurden; die unter der Kontrolle der SMAD stehende SED übernahm Funktionen, deren Wahrnehmung sich bis dahin die Besatzungsverwaltung vorbehalten hatte. Von staatsrechtlicher Relevanz war die faktische Außerkraftsetzung der föderalen Strukturen, damit mittelbar die Beseitigung der (infolge der besatzungsrechtlichen Generalkompetenz weitgehend nur formalen) Gewaltenteilung zwischen Legislative und Exekutive. Auf der Ebene der Gemeinden und Kreise war es allerdings bereits 1945 zu ersten Rechtskodifizierungen des Prinzips der Auftragsverwaltung (im Unterschied zur Selbstverwaltung) im Wege der sogenannten einstweiligen verwaltungsrechtlichen Sonderintervention und 1946 auch schon im Rahmen eines ordentlichen Geschäftsvollzugs gekommen[31].

Aus dem Blickwinkel der Kooperation zwischen SMAD und SED stellt sich die Vorgeschichte der DDR als ein ständiges Hin-und-Her dar. Einmal zwischen einer vorpreschenden SED und einer bremsenden SMAD, dann wieder zwischen der initiativen SMAD und der hinter den Vorgaben zurückbleibenden SED. Mit verwaltungsmäßigen Detailanordnungen intervenierte die SMAD noch 1949 mit 130 Befehlen, und fast 40 Prozent aller „offenen" Befehle waren nach der Bildung der DWK (1947) erlassen worden[32].

Sucht man nach konkreten Beispielen für deutsche Einflußnahme auf Entscheidungen der Besatzungsmacht speziell im Jahr 1948, so findet man sowohl zahlreiche Belege für ein brüskes Abstoppen von SED-Initiativen als auch solche, die darüber informieren, daß sich die SED sogar gegen heftigen Widerstand der SMAD und sowjetischer Fachminister durchzusetzen verstand. So erreichte sie Ende 1948 bei Stalin die Bildung einer deutschen politischen Polizei[33]. Bei der historischen Verortung solche Vorgänge ist aber auch dem administrativen Detailvollzug Aufmerksamkeit zu schenken, denn die Organisationsformen der Kooperation geben keine Auskunft über ihre Qualität: Der 1948 mit exekutiven und legislativen Vollmachten ausgestatteten DWK blieb nach wie vor das SMAD-Kommando als fachliche und politische Superlegalisierungsinstanz, um sich eines juristischen Fachausdruckes zu bedienen, vorgeschaltet. Nach dem gleichen Muster fungierten die Landesverwaltungen der SMAD, die noch vor den Landesregierungen DWK-Verfügungen zu erhalten hatten, um auf besatzungsrechtlicher Grundlage in die Regierungsgeschäfte intervenieren zu können[34]. Disponibilität der administrativen und politischen Institutionen der Besatzungsdiktatur war das besondere qualitative Merkmal des Herrschaftsgefüges. Eine Zielrichtung suggerieren lediglich die die Entwicklung begleitenden legitimatorischen und kompensatorischen Verbalakte. Die anonyme

31 Vgl. dazu: Inventar der Befehle des Obersten Chefs der SMAD, S. 45.

32 Ebenda, S. 54 ff.

33 Vgl. Petrow, Die Apparate des NKVD/MVD, S. 153, sowie Pieck: Antwort auf die Fragen zur Besprechung am 18. 12. 48, in: Badstübner/Loth, Pieck-Aufzeichnungen, S. 247–259 u. S. 261 ff.

34 Foitzik, Sowjetische Militäradministration, S. 390 f.

Sammelbezeichnung „Freunde“ für Amtsträger der SMAD, die sich etwa 1948 in der SED durchsetzte[35], stellte das einzige handfeste Resultat der Zusammenarbeit dar. Sie brachte aber nicht nur gemeinsame ideologische Bindungen und eine beiderseitige Annäherung zum Ausdruck, sondern trug zugleich systemimmanenten Zwängen zur wechselseitigen politischen Stabilisierung, zur administrativen „Rückversicherung“ und anderen Formen der arbeitsteiligen Alibibeschaffung Rechnung.

2. Bei aller Kooperation und wechselseitiger Abhängigkeit ist zu unterstreichen, daß sich das Verhältnis zwischen Siegern und Besiegten nicht veränderte. Abhängigkeit hieß das von der Besatzungsmacht verfolgte politische Ziel und nicht Gehorsam, dieses war nur Mittel zum eigentlichen Zweck. Daß Moskau der KPD/SED in politischen Grundsatzfragen keine Freiräume gewährte und die KPD/SED sie zunächst nicht einmal beanspruchte, läßt sich am Beispiel der sowjetischen Zurückweisung der 1945 verschiedentlich spontan geäußerten deutschen Ambition auf Befreiung von der nationalsozialistischen Diktatur oder an der Haltung der KPD/SED zu der damals außerhalb Deutschlands allgemein verbreiteten These von einer deutschen Kollektivschuld am Krieg belegen. Dabei handelte es sich nicht nur in sozialpsychologischer, sondern auch in politischer Hinsicht um ein unmittelbar wirksames identitätsstiftendes Moment.

In den Programmdokumenten der zugelassenen Parteien und des Parteienblocks läßt sich die „Befreiung“ als positives politisches oder propagandistisches Konzept nicht konkret belegen. Im Aufruf des ZK der KPD vom 11. Juni 1945 stellte die Losung „Frieden und Befreiung“ nur eine stilistische Marginalie dar, lediglich die LDPD artikulierte in ihrem Gründungsaufruf vom 5. Juli 1945 die „äußere und innere Befreiung des deutschen Volkes“ als politisches Ziel. Die zeitgenössischen rhetorischen Stereotypen waren negativ angelegt und lauteten „endgültige Liquidierung von Faschismus und Reaktion“ oder „Vernichtung der Reste des Nazismus und Militarismus“. Das Kriegsende wurde am 9. Mai 1949 in der SBZ als Gedenktag an den „Zusammenbruch des volksfeindlichen Regimes des aggressiven Hitlerdeutschland“ begangen, wie die in der Tagespresse veröffentlichte Schlagzeile lautete.

Schon im Sommer 1945 wiesen Hermes für die CDU, Grotewohl für die SPD und Koch für die LDPD die Kollektivschuldthese auf öffentlichen Veranstaltungen dezidiert zurück, wie den Unterlagen der sowjetischen Zensur zu entnehmen ist. Eine Verbreitung der entsprechenden Äußerungen durch Massenmedien verhinderte die Besatzungsmacht konsequent. Strikt zurückgewiesen wurde auch Grotewohls öffentliche Rede vom 15. September 1945, in der er das Deutsche Reich und das deutsche Volk zur Rechenschaft und Verantwortung ziehen wollte, aber gleichzeitig „einen großen Teil der Arbeiterklasse“ schuldlos sprach. Die „richtige Position zur Verantwortung des deutschen Volkes hat nur die KPD eingenommen“, faßte der politische Zensor der SMAD in seinem Bericht ans Moskauer Außenministerium knapp zusammen[36] . Es scheint, daß die dahinter verborgene Konstante in

[35] „Unsere Freunde in K. Horst“ nannte Gustav Sobottka SMAD-Vertreter schon 1945. Vgl. Notiz Sobottkas für Ubricht vom 28. 9. 1945, in: ebenda.

[36] AWP RF, 457a/1/10/2, Bl. 112–142, Polititscheski otdel SWAG, Sprawka o bloke demokratitscheskich parti Germanii, 21. 12. 1945.

der sowjetischen Deutschlandpolitik nicht gebührend beachtet wird: Die KPD/SED wurde nicht politisch instrumentalisiert, sie war habituell ein politisches Instrument.

Zusammenfassung

Aus der Retrospektive stellt sich die SBZ-Entwicklung im Jahr 1948 als eine markante Schnittstelle dar: Die SED wurde innerorganisatorisch nach stalinistischen Mustern diszipliniert und als ordnungspolitisches Medium der Besatzungsmacht in zentralistisch ausgerichteten administrativen und politischen Strukturen demonstrativ gefestigt. Damit wurden Voraussetzungen für den späteren Übergang von besatzungsrechtlichem Dirigismus zu besatzungsoberhoheitlichem Interventionismus geschaffen. Diese Resultate allein rechtfertigen jedoch nicht, von einer strukturell-qualitativen Veränderung der Besatzungsdiktatur ab 1948 zu sprechen, denn die gesamte Ordnungsstruktur, einschließlich der SED, stellte in toto eine Dispositionsmasse der Besatzungsmacht dar, die auch nach 1948 die Verfahrenshoheit unmittelbar wahrnahm. Zum anderen war die erreichte Machtposition der SED das Ergebnis einer relativ kontinuierlich verlaufenden Entwicklung, so daß auch in genetischer Hinsicht nicht ohne weiteres von einem Fixpunkt gesprochen werden kann.

Die Tatsache, daß die SED von der Besatzungsmacht noch 1948 als bloßes Instrument behandelt worden war und die DDR schließlich aus einer Besatzungsdiktatur heraus entstand und faktisch in ihr existierte, bedeutet nicht, daß DDR-„Vorgeschichte" als Teil der sowjetischen Geschichte behandelt werden muß. Der Prozeß der „inneren" Staatsgründung ist vielmehr zeitlich zu strecken; zugleich muß die Forschung noch weitere authentische Details der deutsch-sowjetischen Kooperation freilegen, waren doch auf der Kommunal- und Kreisebene bzw. in einzelnen Verwaltungsressorts (z.B. bei der Polizei) auf der Grundlage besatzungsrechtlichen Dirigismus schon viel früher ähnlich gewichtige ordnungspolitische Einschnitte erzielt worden wie 1948 auf der zonalen Ebene.

Das Zusammenwirken von SED und Besatzungsmacht war nicht durch ein einseitiges Abhängigkeitsverhältnis geprägt, die SED-Führung verfügte über von der SMAD unabhängige Verbindungen nach Moskau, über die sie auf die SMAD mittelbar Einfluß ausüben konnte. Die Grundlage der Kooperation bildete jedoch die ideologisch motivierte generelle Zielidentität zwischen KPdSU und KPD/SED, auf der erst die SED ihre national-demokratische Integrationsfunktion entfalten sollte. Realiter war somit die politische Konkordanz zwischen SED und Besatzungsmacht durch Asymmetrie geprägt, die politische Mobilität der SED folglich strukturell gehemmt. Diese Immobilität der SED wird anschaulich durch die Geschichte des Krisenmanagements 1948 dokumentiert, denn auf sowjetischer Seite ging es im wesentlichen um den Versuch, die Folgen der mitverursachten Störungen in der interalliierten Kooperation und die politische Integrationsschwäche der SED mit Hilfe administrativer Methoden und Verfahren zu kompensieren. Auch die KPD/SED machte 1948 eigentlich das Gleiche wie schon 1945: Sie war kontinuierlich bestrebt, sich mit Hilfe der Besatzungsmacht als privilegierter Ordnungsfaktor zu positionieren und zu profilieren, Handlungskompetenzen an sich zu ziehen. Veränderungen fanden in der Hauptsache in der politischen Rhetorik statt, und – wie schon zuvor – intervenierte die Besatzungsmacht mit unterschiedlicher Intensität.

Theresia Bauer

Krise und Wandel der Blockpolitik und Parteineugründungen 1948

Die „Einheitsfront der antifaschistisch-demokratischen Parteien" – so lautete die von der CDU bevorzugte Variante des kurz als „Block" benannten Gremiums – war Mitte Juli 1945 auf sowjetische Veranlassung hin gegründet worden[1]. Alle zugelassenen Parteien der SBZ entsandten nominell gleichberechtigte Vertreter in dieses Gremium, das die Einbeziehung unterschiedlicher demokratischer Kräfte Deutschlands am politischen Neuanfang in der SBZ demonstrieren sollte. Zwischen dem 13. Februar und dem 5. August 1948 trat der zentrale Einheitsfrontausschuß nicht mehr zusammen. Dies ist als Ausdruck einer Krise in der Blockpolitik zu sehen. Die letzte Sitzung der Parteienvertreter, die von weitreichender Bedeutung war, lag gar über zwei weitere Monate zurück: In der Sitzung vom 24. November 1947 hatte der damalige Vorsitzende der Ost-CDU, Jakob Kaiser, angedeutet, daß sich seine Parteiführung nicht in der Lage sehe, einen gemeinsamen Aufruf zur Einberufung des sogenannten Deutschen Volkskongresses zu unterzeichnen[2]. Diese Verweigerungshaltung in einer deutschlandpolitisch brisanten Situation nahm die SMAD dann bekanntlich zum Anlaß, die Führungsspitze der CDU mit Jakob Kaiser und Ernst Lemmer abzusetzen.

Über das letzte Treffen des Blocks im Februar 1948 informiert das öffentliche Kommuniqué in lapidarer Kürze: Demnach sprach man über Wirtschaftsfragen und die Erklärung von Marschall Sokolowski zum baldigen Abschluß der Entnazifizierungsverfahren[3]; man verabschiedete zudem – wieder einmal – eine Resolution zur Frühjahrsbestellung und verständigte sich auf eine Eingabe an die SMAD für die Einsetzung einer Zonenkommission zur Nachprüfung zweifelhafter Sequestrierungsfälle. Scheinbar reibungslos fanden sich Vertreter aller Parteien, die dem Gremium seit 1945 angehörten, am 5. August 1948 wieder zusammen. Allerdings war dieser Sitzung eine minutiöse Vorklärung strittiger Fragen im kleinen Kreis

[1] Suckut, Blockpolitik, S. 16–20. Das von sowjetischen Stellen redigierte „Aktionsprogramm" der KPD zur Gründung eines „Blocks der antifaschistischen, demokratischen Parteien" vom 11. Juni 1945 abgedruckt bei Erler/Laude/Wilke, Nach Hitler kommen wir, S. 120–123. Vom „Hineingründen" der Parteien in den Block spricht erstmals Krippendorf, Gründung der Liberal-Demokratischen Partei, S. 83 f. Gemeint ist die Verknüpfung der Lizenzierung bürgerlicher Parteien mit ihrer Mitarbeit an einem Parteienblock. Eine davon abweichende Argumentation vertritt Reinert, Brandenburgs Parteien, S. 50.

[2] Vgl. die aufschlußreichen Dokumente zu anschließenden Kontakten der CDU-Führung mit Wilhelm Pieck, Suckut, Blockpolitik, Dok. Nr. 147 und 148, S. 246 f.

[3] Ebenda, Dok. 150, S. 248. Vgl. dort Hinweis auf unbelegten Beitrag Stöckigts, wonach es zu heftigen Auseinandersetzungen zwischen Ulbricht und CDU und LDP gekommen sei (Dok. 149).

vorausgegangen. Noch vor dem Eintritt in die Tagesordnung nahmen die bisherigen Mitglieder die im April 1948 neugegründete Demokratische Bauernpartei Deutschlands (DBD) anstandslos in den zentralen Block auf; taktisch klug gab sich die DBD damit zufrieden, nur zwei statt fünf Vertreter – wie allen anderen Parteien zustanden – zu entsenden. Außerdem räumte man jetzt erstmals einer Massenorganisation, dem Freien Deutschen Gewerkschaftsbund (FDGB), die „Hinzuziehung" bei allen wichtigen ihn berührenden Fragen mit beratender Stimme ein; dieser Modus mündete in eine reguläre Mitgliedschaft des FDGB[4]. Denn die Aufnahme der zweiten Parteineugründung, der Nationaldemokratischen Partei Deutschlands (NDPD), im September 1948 war mit einer Angleichung der Mitgliederregularien des Blocks verbunden, die den FDGB gegenüber den anderen Mitgliedern gleichstellte. Siegfried Suckut kommentiert in seiner nach wie vor maßgeblichen Edition zur Blockpolitik von 1945 bis 1949 die sitzungslose Zeit wie folgt:

„Diese lange Unterbrechung war nicht nur Folge der Auseinandersetzungen um die Volkskongreßbewegung, sie stand auch im Zusammenhang mit einer sich abzeichnenden Neubestimmung der innenpolitischen Funktion der Blockkooperation durch die SED: Sie war damit Ausdruck der Krise und eines angestrebten Funktionswandels zugleich und leitete die dritte blockpolitische Entwicklungsperiode ein, an deren Ende die Zustimmung aller Parteien stand, auf Konkurrenz untereinander zukünftig zu verzichten und die Wahlen im Oktober 1950 nach Einheitslisten durchzuführen."[5]

Suckuts Feststellung dient als Ausgangspunkt für die weiteren Überlegungen, die sich in drei Abschnitte gliedern: Erstens soll das Ursachengeflecht der Blockkrise näher in den Blick genommen werden. Ein zweiter Abschnitt steht unter der Fragestellung, ob im Zuge der „Krisenbehebung" ein Wandel der Blockpolitik zu verzeichnen ist und wenn ja, wie dieser zu charakterisieren ist. Anhand der Neugründung der Bauernpartei – die NDPD wird nur am Rande mit einbezogen – wird dabei exemplarisch beleuchtet, in welche politische Gesamtkonstellation diese Parteigründung und die parallele Blockkrise eingebettet waren. Der Prozeß der Neugründung ist insbesondere daraufhin zu befragen, ob er die bisherige Sicht der Blockkrise modifiziert. Schließlich sollen drittens die Folgen und weiteren Auswirkungen der Parteineubildung und die Wiederaufnahme der Blockarbeit bis zur Staatsgründung verfolgt werden.

1. Die Bedeutung des Parteienblocks und der Weg in die Krise der zentralen Blockpolitik 1947/48

Die Leitlinien der Blockarbeit aus dem Jahr 1945, wie sie in einer Geschäftsordnung aus der Feder der SPD von den anderen Vertretern akzeptiert wurden, banden die Mitglieder bekanntlich an das Prinzip der einstimmigen Vereinbarungen. Dieses sollte sicherstellen, daß keiner dominiert würde, eröffnete aber prinzipiell jedem

[4] Suckut, Blockpolitik, S. 36. Fortan stellten alle jeweils vier Mitglieder.
[5] Ebenda, S. 33.

über ein Veto die Möglichkeit zu einer Obstruktionspolitik[6]. Die programmatische Arbeit des Blocks blieb unbestimmt. Unklar war, für welche Themen er zuständig sein sollte. Weder der organisatorische Ablauf noch die wichtige Frage des Verhältnisses zu den unteren Organisationsebenen, den Länder- und Kreisblocks, etwa ob zentrale Beschlüsse für sie bindend sein sollten, war festgelegt worden[7]. Eine politische Konfliktaustragung um divergierende Konzeptionen und ein Streben nach Koalitionen lagen völlig außerhalb der Verfahrensweise des Blocks[8]. Nie gab es Ansätze, ihn mit gesetzgebender Gewalt oder Kontrollbefugnissen auszustatten. Das lag sowohl im Interesse der KPD/SED als auch der bürgerlichen Parteien, die den Block gerade nicht als Ersatz oder Konkurrenz für ein Parlament funktionalisiert sehen wollten; freilich arbeitete die SED später darauf hin, um den parlamentarischen Einfluß von CDU und LDP in den Ländern zurückzudrängen[9]. Da die maßgeblichen politischen Richtlinien von Beginn an stets außerhalb des Blocks getroffen wurden, verpflichtete dieser die Parteiführungen häufig zu einer Konsensgemeinschaft wider Willen, die politischen Zweckmäßigkeitserwägungen folgte und aus der es kein Entrinnen gab. Angesichts des sich ausprägenden Machtgefälles zuungunsten der bürgerlichen Parteien, angesichts von zunehmend offensichtlicheren politischen Differenzen zur SED und einer unverhohlenen Unterstützung der Besatzungsmacht für die KPD/SED, war es vor allem diese, die die inhaltlichen und verfahrensrechtlichen Spielräume sowie das Veto nutzte.

Die politische Entwicklung des Blocks ist, wenngleich nicht gleichermaßen kontinuierlich, so doch in stärkerem als bislang vermutetem Ausmaß von der sowjetischen Besatzungsmacht geformt worden[10]. In der Rückschau beklagte Generalleutnant Fjodor J. Bokow im Dezember 1946 gegenüber Moskauer Dienststellen, daß die Gründungsanlage des Einheitsfrontausschusses vom 12. August 1945 den Bürgerlichen einen zu großen Handlungsspielraum eröffnet habe[11]. Nur durch nachträgliche direkte Interventionen – dazu zählte etwa die Absetzung der CDU-Führung unter Andreas Hermes und Walter Schreiber – habe die SMAD dies korrigieren können. Nur ein „fortschrittlicher" Block sei zu „festigen" – so die Sicht Bokows, die zweifellos auch durch das unerwartet schlechte Abschneiden der SED bei den Wahlen 1946 geprägt sein dürfte.

6 Allgemein zur Funktion des Demokratischen Blocks: Koch, Der Demokratische Block, S. 281–292; Suckut, Blockpolitik, Einleitung, S. 24–45; Grasemann, Blocksystem.

7 Koch, Blockpolitik und Parteiensystem in der SBZ/DDR, S. 4, 7f.

8 Auch Reinert, Brandenburgs Parteien, S. 23, unterstreicht die Absage an bürgerliche Koalitionspolitik. Insofern erscheint Staritz' Begriffsprägung einer „unkündbaren Koalition" nicht glücklich gewählt, Staritz, Gründung, S. 99.

9 Eine Ausnahme stellt die mit Druck der SMA herbeigeführte Entscheidung in Brandenburg vom Februar 1947 dar, die Blockvereinbarungen als „Autorität" für die Parlamentsarbeit einstufte und verbindliche Absprachen für die Parlamentsarbeit vorsah, Suckut, Blockpolitik, S. 30f.; Protokolle des Landesblockausschusses, Sitzung vom 24. 2. 1947, S. 85–88.

10 Zahlreiche bislang unbekannte Zusammenhänge sind der Edition von Bonwetsch u.a., Sowjetische Politik in der SBZ, zu entnehmen; Naimark, Russians in Germany, S. 410, der besonders die Rolle der Propagandaverwaltung hervorhebt. Die DDR-Historiographie blendete den sowjetischen Einfluß dagegen völlig aus: vgl. Benser, Anfänge demokratischer Blockpolitik.

11 So die neuen Ergebnisse von Foitzik, Sowjetische Militäradministration in Deutschland, S. 373.

Im Rahmen der sowjetischen Deutschlandpolitik fiel den bürgerlichen Parteien als politischen Akteuren aus zweierlei Gründen eine wichtige Rolle zu. Zum ersten erhöhten sie die Möglichkeit der Sowjets, in die westlichen Besatzungszonen hineinwirken zu können, zumal beide Parteien bis ins Jahr 1948 hinein an zonenübergreifenden „Arbeitsgemeinschaften" mit westlichen Pendants beteiligt waren, die als institutionelle Fusionskerne bei einer Vereinigung hätten fungieren sollen[12]. Zum zweiten maßen die Sowjets den bürgerlichen Parteien ein hohes Gewicht zur Stabilisierung ihrer eigenen Herrschaft in der SBZ bei. Diese Funktion hatte zumindest bis zur Verfestigung der Teilung 1948[13] immer auch eine wichtige, auf Gesamtdeutschland bezogene Komponente, weil die SBZ als „Standbein" und operative Ausgangsbasis für weitere deutschlandpolitische Vorstöße Moskaus zunächst gesichert werden mußte[14]. Dazu sollten die Blockparteien als schichtenspezifische „Transmissionsparteien"[15] den seit 1945 betriebenen wirtschaftlichen und gesellschaftlichen Umwälzungsprozeß im Innern flankieren, indem sie jene Bevölkerungskreise binden, mobilisieren und gegebenenfalls neutralisieren sollten, die die KPD/SED gewöhnlich nicht erreichte und mit denen sich die formierende Kaderpartei nicht belasten wollte. Der Block war dabei die zentrale Bühne, auf der die Parteiführungen für die gesellschaftspolitischen Ziele der SMAD eingeschworen werden sollten, um diesen ein höheres Maß an Glaubwürdigkeit, Akzeptanz und politischer Legitimation zu verleihen.

Die Hauptursache für den massiven Konflikt im zentralen Block wie in den Länderblöcken 1947 lag im offenen Anspruch der SED auf die politische Führungsrolle begründet; dies widersprach in den Augen der Bürgerlichen den Gründungsvereinbarungen des Blocks. Vor allem im Vorfeld des II. Parteitages im September 1947 meldete die SED diesen Anspruch vehement an; auch unterschied sie nun öffentlich in penetranter Weise zwischen „fortschrittlichen" und „reaktionären" bürgerlichen Vertretern[16]. Hingegen sahen sich die bürgerlichen Parteien 1947 in ihren Entwicklungschancen als eigenständige Parteien und hinsichtlich ihrer Beteiligung am politischen Leben immer mehr zurückgedrängt. Ihre personalpolitischen Forderungen nach entsprechenden Positionen in den Verwaltungen waren häufig nur unter großen Anstrengungen durchzusetzen; Schlüsselpositionen wie die Innenverwaltung blieben ohnehin der SED vorbehalten. Um ihre Wahlerfolge 1946 sahen sie sich weitgehend betrogen. In den Ländern entzündeten sich heftige Debatten um die

12 Sommer, Liberal-Demokratische Partei Deutschlands, S. 49 f.; Suckut, In Erwartung besserer Zeiten, S. 415; Koch u. a., Versuch und Scheitern, S. 104 ff.; Richter, Ost-CDU, S. 37–41.

13 In aller Kürze: Graml, Die Alliierten und die Teilung Deutschlands, S. 195–215; Staritz, Gründung, S. 159–162; Weber, Geschichte, S. 144–160, 170 f.; problematisch die Sicht Loths, Stalins ungeliebtes Kind, S. 89–99, 115–124.

14 Zur Terminologie „Standbein" und „Spielbein" siehe Laufer, Konfrontation oder Kooperation, S. 58; Koch u. a., Versuch und Scheitern, S. 105; Staritz, Sozialismus in einem halben Land, S. 146 ff.

15 Begriffsbildung durch Staritz, National-Demokratische Partei Deutschlands; ders., Zur Entstehung des Parteiensystems, S. 90 ff.; Wortmann, Minor Parties, S. IV ff.

16 Staritz, Gründung, S. 153; Reinert, Brandenburgs Parteien, S. 120–123; Malycha, Partei von Stalins Gnaden, S. 78 ff., 86 ff.; Creuzberger, Sowjetische Besatzungsmacht, S. 106–110; entsprechend die Ausrichtung der Parteischulung schon 1947 an der KPdSU, Kluttig, Parteischulung und Kaderauslese, S. 60.

Gestaltung der Landesverfassungen[17]. Die unverhohlenen Eingriffe sowjetischer Behörden in die inneren Parteiangelegenheiten, aktive „Kaderpolitik" in Form von „Säuberungen" und die Förderung „fortschrittlicher" Kräfte bewiesen tagtäglich den begrenzten Handlungsradius und unterwarfen die bürgerlichen Parteien einem permanenten Umformungsdruck[18].

Wichtig ist, daß in dieser Situation mit hoher Wahrscheinlichkeit eine Parallelführung in der Linie der Moskauer Deutschlandpolitik und der Politik des Besatzungsapparates in der SBZ vorlag[19]. Erstere basierte auf einer zunehmenden Ostorientierung und Verselbständigung in der SBZ[20], in der die mit dem Einheitsfrontausschuß verknüpfte gesamtdeutsche Blickrichtung in den Hintergrund rückte. Insofern nahmen die sowjetischen Besatzer ein Erlahmen des Blocks als Folge ihrer Transformationspolitik bewußt in Kauf.

Für die besatzungspolitische Linie der Informationsverwaltung der SMAD und ihrer Länderverwaltungen ist es bezeichnend, daß ihre Wahlanalyse Anfang 1947 zu der Schlußfolgerung geführt hatte, von der bisherigen Praxis der strikten Kontrolle und der direkten Regelungen bis ins einzelne abzukommen, und statt dessen der SED einen umfassenderen Handlungsspielraum einzuräumen, um sie so als eigenständige politische Kraft zu stärken. Nur sie allein wurde demnach Anfang 1947 – im Unterschied zu den bürgerlichen Parteien – als Garant für eine dauerhafte Transformationspolitik im sowjetischen Sinne eingeschätzt[21]. Andererseits führten die gesellschaftliche Transformationspolitik und der gesteigerte politische Führungsanspruch der SED in der zweiten Jahreshälfte 1947 zu einer Verweigerung der bürgerlichen Parteien in den Landtagen und ließen die Blockpolitik in den Ländern noch vor der Zentrale erlahmen. Auch deshalb vermeldete die SED ernsthafte Rückschläge in der Durchsetzung der Umwälzungspolitik. Bürgerliche Einflüsse in den Ministerien würden eine endgültige rechtliche Absicherung der Bodenreform verzögern. Abgeordnete von CDU und LDP stimmten im thüringischen Landtag gegen die Überführung der Bergwerke und Bodenschätze in Landeseigentum und verschleppten eine solche Entscheidung in Sachsen-Anhalt. Die bürgerlichen Parteien Brandenburgs erhoben im November 1947 Bedenken gegen den Antrag der SED, die Überführung enteigneter Betriebe in Landeseigentum verfassungsmäßig zu verankern[22].

[17] Am Beispiel Brandenburgs führt Reinert diese Konflikte und ihren Niederschlag in der Blockpolitik vor, Reinert, Brandenburgs Parteien, S. 126–138; Creuzberger, Sowjetische Besatzungsmacht, S. 124–133.

[18] Weber, Einleitung, S. 37–48; ders., Sowjetische Militäradministration in Deutschland; Sommer, Liberal-Demokratische Partei Deutschlands, S. 43 ff.; Richter, Ost-CDU, S. 385 ff.

[19] Vgl. Creuzberger, Sowjetische Besatzungsmacht, S. 186 ff.

[20] Ein institutioneller Kern war bereits 1946 mit der Gründung der Deutschen Verwaltung des Innern geschaffen worden; Laufer, Ursprünge des Überwachungsstaates in Ostdeutschland.

[21] Einem entsprechenden Grundsatzreferat des thüringischen SMA-Chefs, Kolesnitschenko, vom Januar 1947, verlieh Sokolowski kurzerhand Weisungscharakter. Freilich verlief ein Großteil der von Kolesnitschenko aufgestellten Vorschläge im Sande. Er plädierte für eine radikale Änderung des Arbeitsstils der SMA, weg von einer Politik des kleinlichen Kommandierens und der kontrollierenden Einmischung. An der Grundausrichtung auf die massive Unterstützung der SED änderte dies nichts; Creuzberger, Sowjetische Besatzungsmacht, S. 106–110.

[22] Staritz, Gründung, S. 154; Reinert, Brandenburgs Parteien, S. 99 f.

Letzter Anlaß für den offenen Ausbruch der Krise im zentralen Einheitsfrontausschuß war die Weigerung des CDU-Vorsitzenden Jakob Kaiser, einen von der SED eingebrachten Aufruf zur Unterstützung der sogenannten Volkskongreßbewegung zu unterzeichnen und überhaupt seine Ablehnung einer offenen Beteiligung von CDU-Mitgliedern an dieser Bewegung[23]. Für die SMAD gab diese Weigerung schließlich den Ausschlag, um Kaiser und Lemmer am 19. Dezember 1947 abzusetzen. Insbesondere Kaiser hatte sich durch seine kritischen Äußerungen gegen eine Ostintegration der SBZ schon lange zuvor unbeliebt gemacht[24]. Ein erhebliches Motiv für die Ablösung lag sicherlich darin, daß die CDU-Führung in einer auf Gesamtdeutschland bezogenen Frage ausgeschert war und damit die Legitimation dieser Politik in einer kritischen Situation massiv schmälerte.

Während der Zeitspanne, in der der Einheitsfrontausschuß nicht zusammentrat, wurden wichtige innenpolitische Weichenstellungen getroffen. Sie bedeuteten eine weitere Separierung und Ostorientierung und umfaßten den Ausbau vorstaatlicher Institutionen wie die Erweiterung der gesetzgebenden Rechte der Deutschen Wirtschaftskommission (DWK), den Übergang zu einer langfristigen Wirtschaftsplanung, den Beginn der Ausarbeitung einer Verfassung im Volksrat und die völlige Ausrichtung des staatlichen Verwaltungsapparates auf die SED, wie sie auf der Konferenz von Werder eingeleitet wurde[25]. Während der LDP-Vorstand der Volkskongreßbewegung noch mehrheitlich zugestimmt hatte, lavierte die Partei nach dem Tod von Wilhelm Külz am 10. April 1948 führungslos und profilierte sich seit dem Frühsommer 1948 offen als gegnerische Kraft zur SED. Alarmierend auf die SMAD wirkte vor allem, daß diese gegnerische Politik der LDP und der CDU einen enormen Mitgliederzustrom brachte[26].

[23] Im Hauptvorstand der Partei war diese Entscheidung allerdings umstritten. Daher einigte man sich auf einen Kompromiß, wonach CDU-Mitglieder als Privatpersonen auf dem Kongreß auftreten durften und dann auch annähernd ebenso viele Delegierte stellten wie die LDP, deren Vorstand sich fast einhellig für die Teilnahme ausgesprochen hatte. Ein gemeinsamer Aufruf des Einheitsfrontausschusses am 24. 11. 1947 scheiterte jedoch am CDU-Votum. Kleßmann, Die doppelte Staatsgründung, S. 202–208; Loth, Stalins ungeliebtes Kind, S. 97–99; Conze, Jakob Kaiser, S. 185 ff.; Weber, Geschichte, S. 161. Sitzungsprotokoll vom 24. 11. 1947 bei Suckut, Blockpolitik, S. 242–245; Suckut, Die Christlich Demokratische Union Deutschlands, S. 525; Richter, Ost-CDU, S. 32 f.; zur Volkskongreßbewegung siehe allgemein auch Bender, Deutschland, einig Vaterland?

[24] Richter, Ost-CDU, S. 32–34; Suckut, Blockpolitik, S. 32, Dok. Nr. 147, 148, wonach Kaiser Pieck über seine abschlägigen Antworten von Josef Müller u. a. berichtete. Ernst Lemmer folgte ihm im April 1949 in den Westteil Berlins. Zu Lemmer, der auch nach seiner Absetzung in den Augen der Informationsverwaltung noch für Führungspositionen in Frage kam und dabei die Äußerung lancierte, er könne sich auch vorstellen, in der SED zu arbeiten, quellenkritisch Creuzberger, Opportunismus oder Taktik?, S. 40–45.

[25] Suckut, Blockpolitik, S. 39; Staritz, Gründung, S. 133–141; Deutsche Geschichte, Bd. 9, S. 367 ff.; Foitzik, Sowjetische Militäradministration in Deutschland, S. 381. Zur DWK vgl. auch den Beitrag von Steiner in diesem Band.

[26] Suckut, Zu Krise und Funktionswandel, S. 682 f.; zu den Auseinandersetzungen zwischen SED und Ost-CDU um die Blockpolitik 1948: Richter, Ost-CDU, S. 41, 55, 68–71; Dowidat, Veränderung der Mitgliederstrukturen, S. 513; zur Zurückdrängung der LDPD im Sommer 1948: Sommer, Liberal-Demokratische Partei Deutschlands, S. 50–56; Bode, Liberal-Demokraten und „deutsche Frage", S. 113–122; Louis, Liberal-Demokratische Partei in Thüringen, S. 127, 149–151.

Angestoßen durch Analysen und Überprüfungen, die der Apparat der KPdSU sowohl über die politischen Verhältnisse in der SBZ als auch über die Politik der Informationsverwaltung der SMAD seit geraumer Zeit unternahm, vertieften sich seit der krisenhaften blockpolitischen wie wirtschaftlichen Zuspitzung im Herbst 1947 die Moskauer Diskussionen um eine Modifizierung der besatzungspolitischen und der darin inbegriffenen bündnispolitischen Konzeption. Mit dem völligen Stillstand im Einheitsfrontausschuß und der zunehmend ablehnenden Haltung der LDP standen Tjulpanow und die Informationsverwaltung in der Kritik des Moskauer Zentralkomitees. Hingegen zeigte man in Moskau Verständnis für die höherrangigen politisch Verantwortlichen in der SBZ. Dem Obersten Chef der SMAD Sokolowski und seinem Stellvertreter Makarow hielt man zugute, daß sie mit dringenderen Aufgaben beschäftigt waren – bei Makarow kam eine längere Krankheit hinzu – und es daher versäumt hatten, Tjulpanows harten Kurs gegenüber den bürgerlichen Parteien zu kontrollieren[27]. Im Mai 1948 kritisierte eine neu eingesetzte Überprüfungskommission in einem Bericht an Schdanow eine „Politik der wirtschaftlichen Strangulierung des kleinen und mittleren Bürgertums“, so daß sich dieses „mißtrauisch gegenüber der sowjetischen Besatzungsmacht und der SED“ verhalte und schließlich „in die Arme der Reaktion“ getrieben werde[28].

Besonders tiefgreifend waren die Vorwürfe hinsichtlich der Block- und Parteienpolitik: „Die Informationsverwaltung hat die Bedeutung des Blocks der antifaschistischen Parteien als eines mächtigen Hebels zur Lösung der politischen Hauptaufgaben der gegenwärtigen Periode der Entwicklung Deutschlands – der Eroberung der Volksmassen – nicht verstanden. Sie betrachtet diesen Block als eine nur vorübergehende, oberflächliche Verbindung der politischen Parteien, nur geschaffen zur Lösung dieser oder jener praktischen Frage und hat keinerlei wirksame Maßnahmen zur Festigung des Blocks ergriffen.“ Außerdem verfolge die Informationsverwaltung eine „unrichtige Linie in bezug auf die CDU und die LDP“ und betrachte sie „bereits zum gegenwärtigen Zeitpunkt als völlig feindlich“. Sie kämpfe nicht dafür, „innerhalb dieser Parteien progressive Kerne zu bilden und die rechten Elemente zu isolieren“ und versuche nicht, „eine wirkliche Veränderung der Kräfteverhältnisse in ihnen zu erreichen“. Statt dessen gestatte sie der SED, in einigen Dokumenten „in aufdringlicher Weise“ hervorzuheben, daß sie die einzige Partei sei, die am Aufbau eines „neuen, demokratischen Deutschland“ teilnehmen könne. „Eine solche politische Kurzsichtigkeit widerspricht den Prinzipien des Blocks“ und „vertreibt die bürgerlichen Parteien“. LDP und CDU „fürchten ihre Liquidierung“ und die Errichtung einer „SED-Herrschaft“, führten daher einen „antisowjetischen Kampf“ und opponierten gegen die SED. Ihr „Mißtrauen“ sei „so sehr angewachsen, daß sie die Einberufung des Volkskongresses als Maßnahme zu ihrer Vernichtung ansehen. All dies hat dazu geführt, daß die Durchführung der Block-Politik auf äußerste Schwierigkeiten stößt.“ Diese Politik sei aber auch nicht im

[27] Dennoch wurde auch Makarow im Mai 1948 abgelöst. Naimark, Russians in Germany, S. 341; Bonwetsch u. a., Sowjetische Politik in der SBZ, Dok. Nr. 63, S. 278.

[28] Memorandum der Kommission des ZK der KPdSU(B) für A. Shdanow über das Ergebnis der Überprüfung der Arbeit der Informationsverwaltung der SMAD (Auszug), undatiert, nach 5. 5. 1948, in: Bonwetsch u. a., Sowjetische Politik in der SBZ 1945–1949, Dok. Nr. 63, S. 275–280, auch folgende Zitate S. 276 f.

Sinne der wahrhaften Stärkung der SED, fuhr der Bericht fort, denn für sie würden „Treibhausbedingungen geschaffen, und die Partei wird nicht im ununterbrochenen Kampf mit den Feinden gestählt." Die Analyse schloß mit der Forderung, Tjulpanow abzulösen, da er die „historischen Perspektiven der Entwicklung Deutschlands" nicht verstehe[29].

Unabhängig davon, ob die herben Vorwürfe gegen Tjulpanow lediglich ein Steinchen im nach wie vor undurchschaubaren Dickicht politischer Attacken gegen ihn waren, belegen sie doch die Einschätzung im ZK der KPdSU(B), daß man eine Abkehr von dieser Art von Besatzungspolitik gegenüber den bürgerlichen Parteien anstrebte.

2. Parteineugründungen als Krisenlösung

Auch die Entscheidung zur Neugründung von DBD und NDPD ist in diese sowjetische Diskussion in Moskau und im Stab des Politischen Beraters der SMAD einzubetten, die um eine Modifizierung und Neubestimmung der Besatzungspolitik kreiste. Für die künstlich herbeigeführte Gründung der DBD war allein die SMAD verantwortlich. Sie benutzte dazu die SED und die häufig mit der Gründung in Zusammenhang gebrachte Vereinigung der gegenseitigen Bauernhilfe (VdgB) lediglich als Handlungsarme[30]. Die an anderer Stelle dargelegten und hier nicht aufzuführenden Details zur Implantierung der Bauernpartei in den Ländern und in Berlin untermauern diese Sicht nachhaltig[31].

Die Entscheidungsfindung zur Gründung zweier neuer Parteien kann bislang zweifelsfrei nur innerhalb des Zeitraumes Frühjahr 1948 angesiedelt werden, der genaue Zeitpunkt ist nicht nachweisbar[32]. Die Indizien für die Ingangsetzung der

[29] Ebenda, S. 278.

[30] Die folgenden Ausführungen zu den Parteineugründungen beziehen zwar die Gründung der NDPD in ihrer prinzipiellen Bedeutung mit ein. Die neuen empirischen Befunde beschränken sich jedoch auf den Gründungsprozeß der DBD. Die Gründungsgeschichte der NDPD ist bislang nicht auf Grundlage der neu zugänglichen Akten erarbeitet. Über die älteren Darstellungen von Staritz hinausführend (Staritz, National-Demokratische Partei Deutschlands 1948–1953; ders., National-Demokratische Partei Deutschlands, in: Weber, Parteiensystem; ders., National-Demokratische Partei Deutschlands, in: SBZ-Handbuch) sind folgende Beiträge zu nennen: Gottberg, Gründung; Reinert, Brandenburgs Parteien, insbes. S. 124f., sowie der kurze Bericht eines Zeitzeugen, Artur Pommerenke, in: Frölich, „Bürgerliche" Parteien. Pommerenkes inhaltliche Schieflagen, wonach keinerlei sowjetische Steuerung spürbar gewesen sei, deutet auf geschicktes Hantieren der SMAD hin, nicht auf die behauptete Zurückhaltung; vgl. dazu auch Semjonows Anwesenheit bei der Gründungsversammlung der NDPD: Semjonow, Stalin, S. 256.

[31] Dazu demnächst die Dissertation der Verfasserin. Die ältere Literatur zu VdgB und Bauernpartei unterstrich dagegen zu stark eine funktionale Verbindung zwischen der Massenorganisation VdgB und der Transmissionspartei DBD. Angesichts fehlenden Aktenzugangs mit verständlichen Fehlern behaftet, aber dennoch mit Gewinn zu benutzen: Wernet-Tietz, Bauernverband; ders., Demokratische Bauernpartei Deutschlands, in: SBZ-Handbuch; Wernet, Zur Rolle und Funktion, in: Weber, Parteiensystem.

[32] Staritz, Nationaldemokratische Partei Deutschlands, S. 42, nennt für beide Parteien schon den Herbst 1947. Für die DBD trifft dies nachweislich nicht zu. Vereinzelte Stimmen für eine bäuerlich ausgerichtete Partei sind punktuell für 1945 erwähnt. BAB, DK 11/8046, Bl. 45f., Aufruf zur Gründung einer Deutschen Demokratischen Bauernpartei, von Robert F.

DBD-Gründung, der eine verbindliche Entscheidung vorausgegangen sein dürfte, häuften sich in der zweiten Monatshälfte des Februars 1948, lagen damit also kurz nach der schwierigen Blocksitzung vom 13. des Monats[33].

So ist es sehr wahrscheinlich, daß eine vorherige grundsätzliche Entscheidung erst in kurzem Abstand davor und nicht – wie Staritz nahelegt – schon Monate vorher, Ende 1947 getroffen wurde[34]. Folgt man den sogenannten Pieck-Notizen, fiel eine Entscheidung zur Gründung einer Bauernpartei zeitlich *nach* der Entscheidung zur Gründung einer national ausgerichteten Partei, der späteren NDPD, und wurde zumindest in der SED auch strikt getrennt davon behandelt; allerdings ist das Gewicht der SED im eigentlichen Entscheidungsprozeß hinter der sowjetischen Prärogative anzusiedeln[35].

Ein Nacheinander der Entscheidung zur Gründung zweier neuer Parteien korrespondiert auch mit denjenigen Motiven zur Gründung von NDPD und DBD, die mit der gesellschaftlichen und wirtschaftlichen Verfaßtheit der SBZ zusammenhängen. So steht die Gründung der NDPD in engem Konnex mit dem Ende der Entnazifizierung durch die SMAD-Befehle Nr. 201 vom 16. August 1947 und Nr. 35 vom 26. Februar 1948[36]. Dadurch sollte verhindert werden, daß die jetzt als unbescholten geltenden ehemaligen Mitglieder der NSDAP, deren Zahl in der SBZ auf zwei Millionen veranschlagt wurde, in Scharen das Gewicht der bürgerlichen Parteien CDU und LDPD stärkten. Das erstmalige Erscheinen der „Nationalzeitung" – der späteren Parteizeitung der NDPD – am 22. März 1948, die sich bald für

Eskan aus Hamburg, undatiert [1945]. Eskan wandte sich an die zu dieser Zeit noch bestehenden Landesbauernschaften des nationalsozialistischen Reichsnährstandes. Hingegen notierte Pieck am 4. 6. 1945, daß die Schaffung eines besonderen „Bauernbundes nicht zweckmäßig" sei. Keiderling, Gruppe Ulbricht, S. 468–473.

33 Reichelt zufolge, der dieses Faktum aber nicht belegt, fragte Pieck den späteren Parteivorsitzenden Ernst Goldenbaum „im Februar" 1948, ob er für einen Vorsitz zur Verfügung stünde, Reichelt, Blockflöte, S. 22. Weitere Indizien, die über eine hier nicht vorzulegende Rekonstruktion eine Datierung des Entscheidungsprozesses ergeben, stehen in Zusammenhang mit der katastrophalen Lage der Landwirtschaft zum Jahreswechsel 1947/48 in Mecklenburg-Vorpommern, der dadurch verursachten politischen Verluste der SED innerhalb der Neubauernschaft und dem chaotischen Zustand des dortigen VdgB-Landesverbandes, siehe hierzu MLHA, LV VdgB 5, Protokoll Sitzung des Landesvorstandes VdgB, 8. 1. 1948; SAPMO, DY 30 IV 2/2.1/175, Protokoll Zentralsekretariat SED, 19. 2. 1948, Bl. 1, TOP 1 Stellungnahme zu Mecklenburger Angelegenheiten.

34 Indizien dafür sind Vorgänge und Vorbereitungen in Mecklenburg-Vorpommern. Im einzelnen zu nennen sind Instruierungen aus dem SED-Landesvorstand an Ernst Goldenbaum, wie er sich in der Nachfolgefrage des Landeswirtschaftsministers in Mecklenburg zu verhalten habe. (MLHA BPA Schwerin IV 2/3/79, Protokoll Sekretariat SED, 15. 2. 1948, Bl. 79f., SAPMO, DY 30 IV 2/2.1/175, Protokoll Zentralsekretariat SED, 19. 2. 1948, Bl.1.) Siehe auch sowjetische Instruierungen auf regionaler VdgB-Ebene, so gegenüber Hans-Joachim Friedländer: Reichelt, Blockflöte, S. 17f.

35 Badstübner/Loth, Pieck-Aufzeichnungen, Dok. 53, Aufenthalt in Moskau vom 25. 3.–1. 4. 1948, hier Gespräch bei Stalin in Moskau vom 26. 3. 1948, S. 190–202, hier S. 201: „Bildung einer 4. Partei evtl. 5. Partei Zeitung ‚Nat.-Ztg.' schon erschienen". Die Editoren kennzeichneten kursiv die Hinzufügung Piecks außerhalb der Kolonnenform der handschriftlichen Orginaldokumente „evtl. 5. Partei". Vgl. Notate, die die Gründungsdurchführung der Bauernpartei betrafen, ebenda, Besprechung mit Tjulpanow, Nasarow, Grotewohl, Pieck und Dahlem, 14. 5. 1948, S. 227–229, mit bezeichnenden Unklarheiten zur personellen Besetzung der DBD.

36 Frölich, Transmissionsriemen, S. 1546.

eine neue, nationale Partei stark machte, ging der Parteigründung voraus[37]. Wenige Tage davor hatte Otto Grotewohl in seiner Rede vor dem ersten Deutschen Volksrat am 19. März darüber räsoniert, daß das bestehende Parteienspektrum nicht mehr ausreiche[38].

Zur propagandistischen Werbung für die Initiierung einer Bauernpartei bedurfte es keiner vorzeitigen und kostspieligen Zeitungsgründung. Im Presseorgan der VdgB, der Wochenzeitung „Der freie Bauer“, stand dem sowjetischen Besatzungsapparat ein Sprachrohr zur Verfügung, in dem eine vermeintlich spontan und freiwillig zusammengetretene Gruppe von Wismarer „werktätigen“ Bauern am 17. April 1948 zur Gründung einer gesonderten Bauernpartei aufrief[39]. Die entscheidende Landesgründungsversammlung der DBD in Schwerin, die einer zonalen Konstituierung vorausging[40], fand am 29. April 1948 statt. Am selben Tag verkündete die SMAD per Befehl das offizielle Ende der Bodenreform für den 1. Juli des Jahres. Damit versuchte die SMAD nicht nur Gerüchten über eine neuerliche Bodenreform entgegenzutreten, die sich vor allem seit dem II. Parteitag der SED 1947 beharrlich hielten und verdichteten[41]. Sie stärkte dadurch erheblich die politi-

[37] Der Gründungshergang der NDPD ist noch nicht umfassend geklärt. Wichtige Daten sind eine später als Gründungsversammlung stilisierte Zusammenkunft in Potsdam am 25. 5. 1948, die Zulassung durch die SMAD am 16. 6. 1948, am gleichen Tag, an dem auch die DBD zugelassen wurde, sowie der zeitlich in auffälliger Weise verzögerte Beginn von Sitzungen auf zonaler Ebene und die Konstituierung eines Leitungsgremiums der Partei am 2. und 3. 9. 1948. Frölich, Transmissionsriemen, S. 1547; zu den Vorgängen in Brandenburg siehe Reinert, Brandenburgs Parteien, S. 124f. Ein Hauptvorstand der NDPD trat offenbar erstmals Anfang Oktober 1948 zusammen: vgl. die Angaben bei Gottberg, Gründung, S. 87.

[38] Reichelt, Blockflöte, S. 17.

[39] Daß der hierzu von sowjetischen Stellen beauftragte Initiator dieser Aktion, Hans-Joachim Friedländer, tatsächlich nur mit großer Mühe eine Gruppe von Bauern zusammenbekam, von denen einige später wegen zu üppigen Grundbesitzes aus der Bauernpartei wieder entfernt wurden, sei nur am Rande erwähnt. Aufruf abgedruckt in „Der freie Bauer“, 17. April 1948. Vgl. SAPMO, DY 30 IV/2/7/170, Bl. 244–246, Bericht Rudolf Reutters vom 20. 4. 1948 über eine Reise vom 19. 4. 1948 nach Schwerin. Ungenaue Lektüre des Dokumentes bei Nehrig, Rolle, Bedeutung und Wirkungsmöglichkeiten der Blockparteien, S. 2378; vermutlich auf Zeitzeugen stützt sich Reichelt, Blockflöte, S. 17f.; ein Datengerüst des offiziellen Gründungshergangs schon bei Wernet-Tietz, Bauernverband, S. 103–106.

[40] Falsch hingegen ist, daß die DBD an diesem Tag in Berlin gegründet worden sei, so zuletzt in: SED. Ein Handbuch, S. 1135. Vgl. auch einen höchstwahrscheinlich irreführenden Bericht in der Zeitung des SED-Landesverbandes Thüringen, „Thüringer Volk“ vom 24. 4. 1948, wonach der Organisationsausschuß einer neuen Partei in Berlin gebildet worden sei, es sei denn, dahinter verbirgt sich eine SED-Arbeitsgruppe, die diejenigen Personen festlegte und zusammennahm, die dann auf der ersten Zonenkonferenz der Partei in den Parteiaufbau eingeschleust wurden, wie z.B. Paul Scholz und Leonhard Helmschrott. Diese Einzelmeldung steht isoliert im sonstigen Gründungsgeschehen der DBD und läßt sich durch keine andere Überlieferung bestätigen. Auch wurde der spätere 1. Parteivorsitzende Ernst Goldenbaum erst in einem diffizilen Vorgang, der die sowjetische und SED-Steuerung möglichst verschleiern sollte, als Parteigründungs- und -führungsfigur ab diesem Datum aufgebaut, siehe dazu Bauer, Gründung.

[41] Zu diesem Befehl und seiner Einordnung: Foitzik, Inventar, S. 59, 154. Die Gerüchte knüpften an Erfahrungswerte an: So hatte im Frühjahr 1946 eine neue zweite „radikale“ Bodenreform in Sachsen eingesetzt, die die Zahl der enteigneten Betriebe von 1525 auf 2602 erhöhte; Kluge, Bodenreform, S. 115. Im Zuge der I. Parteikonferenz der SED waren diese Gerüchte erneut virulent, MLHA, BPA Schwerin IV/2/1/33, Protokoll Landesvorstand SED, 6. 2. 1949, Bl. 13ff., hier Bl. 71, Beitrag Verner.

sche Legitimation und damit die Ausgangschancen der Bauernpartei, zu deren – wenngleich 1948 nur vage formulierten – programmatischen Aussagen das Bekenntnis zum Bodeneigentum und damit eine Absage an Gerüchte zu einer weiteren Bodenreform zählte.

So wie das publizistische Vorspiel den Stempel von Tjulpanows Informationsverwaltung trug, so lag auch der organisatorische Aufbau der Partei in den Händen der zuvor gescholtenen Informationsverwaltung[42]. Die Gründung zweier neuer Parteien sollte – so lautet die hier über Suckuts Interpretation hinausführende These – den bürgerlichen Parteien deutlich signalisieren, daß die SMAD am Mehrparteiensystem und an der Blockpolitik festhalten wolle. Damit reagierte die SMAD auf die vorher diagnostizierten Befürchtungen der bürgerlichen Parteien, wonach sich ihre Organisationsform in einem SED-dominierten Herrschaftssystem überlebt habe. Vielmehr wollte man gegenüber CDU und LDP bekunden, daß man weiterhin auf sie setze und die SED nicht als alleinige politische Kraft vorgesehen sei; letzteres vor allem auch, weil man im Besatzungsapparat die SED noch nicht für dazu fähig hielt.

Gerade im Sommer 1948 dürfte außerdem die deutschlandpolitische Legitimationsfunktion der bürgerlichen Blockparteien von erheblicher Bedeutung für die Besatzungsmacht gewesen sein. Angesichts der krisenhaften Zuspitzung, wie sie in der Berlinblockade zum Ausdruck kam, mußte der SMAD daran gelegen sein, CDU und LDP in ihrer deutschlandpolitischen Funktion wieder einzubinden. Sie sollten das gesamtdeutsche Argumentationsgeflecht stärken. Diesen deutschlandpolitischen Zug unterstreichen darüber hinaus sowohl die inhaltlichen Vorgaben des Zentralsekretariats der SED zur DBD-Gründung – sie sollte auf jeden Fall im Block und in der Volkskongreßbewegung mitarbeiten – wie die Anfangsprogrammatik der DBD in geradezu auffälliger Weise[43]. Diese inhaltliche Ausrichtung, die für die NDPD ohnehin erwartet werden darf und von vornherein plausibel erscheint, war für die Bauernpartei nicht ohne weiteres zwingend. Auch die weitere Kritik an Tjulpanow nach der organisatorisch erfolgten Parteigründung der DBD im Juli 1948 und der NDPD im September 1948 begründet die These, daß ursprünglich andere, vielfältiger angelegte Ziele als dann tatsächlich eingetretene Wirkungen mit den Neugründungen verknüpft waren. Moskauer Vorhaltungen zufolge unterliefen Tjulpanow und Teile des sowjetischen Besatzungsapparates in der SBZ die Politik der Stärkung der Parteien und des Blocks in den Ländern. Sie würden nach wie vor auf eine völlige Liquidierung der Blockarbeit hinarbeiten und gerade die Gründung der DBD in Thüringen zum Anlaß nehmen, für eine „Volksfrontpolitik" zu plädieren[44].

[42] Vgl. hierzu die Schriftwechsel: ACDP, VI-052–0001c, Schreiben DBD, gez. Goldenbaum, an Informationsverwaltung der SMAD, 6. 7. 1948. ACDP, VI-052–0001c, PV der DBD an Malysch wegen Besetzung VdgB-Positionen in den Ländern mit DBD-Funktionären, 7. 3. 1949. Hauptmann Alexander Malysch hielt für die Informationsverwaltung der SMAD Kontakt mit der DBD.

[43] SAPMO, DY 30 IV/2/2.1/196, Protokoll Zentralsekretariat SED, 8. 5. 1948, Bl. 1. Siehe erste Programmentwürfe zur DBD 1948, MLHA, BPA Schwerin IV/L/2/13/624, Bl. 62–65, abgeänderte Fassung von 1949, abgedruckt in Wernet, Zur Rolle und Funktion, S. 265–271. Goldenbaums Grundsatzreferat auf der internen Sitzung der Landesgründungsausschüsse in Brandenburg/Havel, 28. 5. 1948, ACDP, VI-052–0001, Sitzungsprotokoll 28. 5. 1948.

[44] Memorandum Oberstleutnant G. Konstantinowkis für I. Schikin über das Ergebnis der Überprüfung der Informationsverwaltung der SMAD, 17. 8. 1948, in: Bonwetsch u.a,

Diese Absichtsbekundungen blieben nicht ohne Wirkung. So wurde der CDU exakt parallel zur Neugründung der Bauernpartei von sowjetischer Seite gestattet, nun verstärkt Ortsgruppen zu gründen. Dies unterschied sich eindeutig vom restriktiven Kurs in diesem Punkt, wie er gerade im Vorfeld der Wahlen 1946 zur Erlangung eines SED-Sieges praktiziert worden war. Über die Existenz eines entsprechenden SMAD-Befehls debattierte man im SED-Landesverband Mecklenburg 1948, also genau im Kernland der DBD-Gründung[45]. Dies deckt sich auch mit dem Inhalt einer Notiz Wilhelm Piecks vom 14. Mai 1948 über ein Gespräch mit Tjulpanow und Nasarow bezüglich des weiteren organisatorischen Ablaufs der Parteineugründungen, die im unmittelbaren Zusammenhang damit vermerkt: „CDU – Zulassung in allen Orten“[46]. Tjulpanow berichtet in seinen Memoiren über eine Zusammenkunft Sokolowskis mit der CDU-Spitze, der auch Semjonow beiwohnte, in der der Partei ihre Existenzängste genommen werden sollten. Außerdem sicherte man ihr die Abhaltung von Wahlen zu[47]. In der Kombination dürften die beiden Zusagen deutlichen Anreiz- und Beschwichtigungscharakter gehabt haben. Im übrigen ist zu beobachten, wie vor allem die CDU, aber auch die LDP, zumindest den Verlautbarungen ihrer Parteispitze zufolge, der Neugründung zunächst ohnehin keine großen Chancen einräumten[48]. Die CDU-Führung ging im Sommer 1948 erstaunlicherweise auch davon aus, daß ein vorläufiger Abschluß der „reformierenden Demokratisierungsperiode“ erreicht sei[49]. Tjulpanow selbst ermutigte die Thüringer CDU auf ihrem Parteitag im Dezember 1948 zu einer offensiveren politischen Fortentwicklung ihrer Partei[50]; freilich innerhalb der politischen Vorgaben, die nach wie vor auf einen ostintegrierten Teilstaat hinausliefen, gegen den Kaiser 1947

Sowjetische Politik in der SBZ, S. 283–289, S. 284: „Im Hinblick auf die Frage der Blockpolitik […] hat die Informationsverwaltung ihre Arbeit überhaupt noch nicht entsprechend den Anweisungen der Kommission des ZK der KPdSU(B) umgestellt.“ Sie habe die Fehler nicht nur „nicht korrigiert“, sondern sie sogar noch vertieft, indem sie die Anweisungen Semjonows obstruierte. Daher würden ‚pseudoradikale' Fehler in der Beurteilung der Perspektive der politischen Entwicklung auftreten; diese lauteten etwa, daß es schon jetzt um den „Aufbau einer ‚sozialistischen Republik'“ gehe oder sich die Blockpolitik überlebt habe und man zu einer „Volksfront“ übergehen müsse, und daß daher anstelle einer Belebung der Blockpolitik die ständigen Ausschüsse des Volkskongresses in Organe der Volksfront umzuwandeln seien.

45 MLHA, BPA Schwerin IV/2/1/27, Protokoll Landesvorstand SED, 24. 5. 1948, Beitrag Bürger, Bl. 31. Richter gibt expressis verbis keine nähere Auskunft über einen solchen SMAD-Befehl. Er beobachtet jedoch, daß die Registrierung von Ortsgruppen *bis* 1948 sehr restriktiv gehandhabt wurde. Beide Aussagen widersprechen sich demnach nicht. Richter, Ost-CDU, S. 88.

46 Badstübner/Loth, Pieck-Aufzeichnungen, S. 228.

47 Tjulpanow, Deutschland nach dem Kriege, S. 249f.

48 Zur LDP vgl. die Pressestimmen in „Der Morgen“, 4. 5. 1948; Hamann in „Thüringische Landeszeitung“, 14. 5. 1948; LDP-Informationen, 1948, Nr. 8, S. 155, Nr. 14, S. 259. Zur CDU siehe „Union teilt mit“, 1948, Nr. 9, S. 3, Nr. 5, S. 4f., in: StA Dresden, BPA SED LL/864, SED LV Information 13. 9. 1948, Bl. 41–45. Wernet-Tietz, Bauernverband, S. 115f., betont den von Beginn an gegnerischen Charakter der Gründung; Nuschke verbarg nicht, daß er es für besser gehalten hätte, statt der Neugründungen den Handlungsspielraum der bestehenden bürgerlichen Parteien zu vergrößern, Richter, Ost-CDU, S. 105.

49 Dies stellt schon Suckut, Blockpolitik, S. 36, fest; Zitat aus „Union teilt mit“, 1948, H. 9, S. 6f.

50 Naimark, Russians in Germany, S. 347.

hartnäckig opponiert hatte. Auch die ersten, sowjetisch überwachten Gehversuche der Bauernpartei waren geeignet, die bürgerlichen Parteien milde zu stimmen. Ernst Goldenbaum, der Parteivorsitzende, warnte seine Kollegen auf der 1. Parteikonferenz der DBD am 16./17. Juli 1948, die über Behinderungen von seiten der CDU und LDP berichteten, ausdrücklich vor kleinlichem Übermut der politisch Unerfahrenen gegenüber den bereits etablierten bürgerlichen Parteien. Erst ein Jahr später griff er in scharfem Kontrast dazu die thüringische CDU massiv an, die dem ersten Parteitag der DBD in Mühlhausen demonstrativ ferngeblieben war[51].

Die sowjetische Strategie umfaßte auch die zwar schon vorher eingeleitete, aber dezidiert erst im Mai 1948 proklamierte Umwandlung der SED in eine „Partei Neuen Typs"[52]. Für ihren Beitrag dazu wurde die Informationsverwaltung unter der Ägide Tjulpanows in den Moskauer Überprüfungsberichten entweder ausdrücklich gelobt oder, wenn sie zu wenig dafür unternahm, auch kritisiert[53]. Den ideologischen Umbau der SED zu einer fest im Lager der Sowjetunion verankerten Partei könnte man auch in engem Zusammenhang mit der gewünschten Wiederbelebung der Blockarbeit und dem moderateren Kurs gegenüber den Blockparteien und den Parteineugründungen sehen: Statt „Treibhausbedingungen" für eine Massenpartei SED zu schaffen, müsse eine „Partei Neuen Typs" im Kampf gestählt werden. Die von Anfang an nicht auf eine Konkurrenz zur SED ausgerichteten Neugründungen sollten diesen Prozeß flankieren.

Aufschlußreich ist in diesem Zusammenhang die Rezeption und Reaktion der SED-Landesverbände auf die DBD-Gründung, die noch vor der Installierung einer Zentrale in Berlin über die Länder erfolgte. Überdeutlich schält sich dabei heraus, daß die Entscheidung zur Gründung allein auf sowjetische Initiative hin erfolgte, SED und VdgB aber zur tatkräftigen Unterstützung herangezogen wurden. Zuge-

[51] Vgl. ACDP, VI-052-0002, Protokoll der 1. Parteikonferenz 1948, Beitrag Goldenbaum. Die Informationsverwaltung war im großen und ganzen mit dem Verlauf dieser Veranstaltung zufrieden, deren politische Ausrichtung sie vorher festgelegt hatte; vgl. Memorandum der Informationsverwaltung für L. Baranow über die Zonenkonferenz, Juni 1948, abgedruckt in: Bonwetsch u.a., Sowjetische Politik in der SBZ, Dok. Nr. 41, S. 167f. Protokoll des 1. Parteitages der DBD 1949, Ausführungen Goldenbaums, S. 59–62. Von Angriffen gegen die bürgerlichen Parteien auf dem ersten Parteitag der NDPD im Juni 1949 berichtet auch der Zeitzeuge Artur Pommerenke (NDPD), abgedruckt bei Frölich, „Bürgerliche" Parteien, S. 140.

[52] Allgemein dazu Naimark, Russians in Germany, S. 308–317; Malycha, Partei von Stalins Gnaden, bes. S. 89–118; vgl. die Orientierung der SED nach einer schriftlichen Fassung eines Vortrages von Tjulpanow vom 8. 5. 1948, abgedruckt bei Badstübner/Loth, Pieck-Aufzeichnungen, S. 216–227. Diese wurde von Pieck auf einer Parteivorstandssitzung am 12. 5. 1948 übernommen: vgl. SAPMO, DY 30 IV 2/1/23, Bl. 60–74; Staritz, SED, Stalin und der „Aufbau des Sozialismus" in der DDR, S. 690–692.

[53] Siehe Dok. Nr. 65, Memorandum Oberstleutnant G. Konstantinowskis für I. Schikin über das Ergebnis der Überprüfung der Informationsverwaltung der SMAD, 17. 8. 1948, in: Bonwetsch u.a., Sowjetische Politik in der SBZ, S. 283–289, hier S. 283, 287; ebenda, Dok. Nr. 63, Memorandum der Kommission des ZK der KPdSU(B) für A. Schdanow über das Ergebnis der Überprüfung der Arbeit der Informationsverwaltung der SMAD (Auszug), undatiert, nach 5. 5.1948, S. 275–280, hier S. 277. Wenngleich in Details zutreffend, aber verkürzt, unzureichend belegt und im Geltungsanspruch daher irreführend die Ausführungen Loths hinsichtlich einer von Moskau abgekoppelten Allianz Ulbrichts mit Tjulpanow, Loth, Stalins ungeliebtes Kind, S. 129–142; Naimark zufolge hatte Tjulpanow mehr mit Grotewohl als mit Ulbricht zu tun, Naimark, Russians in Germany, S. 331.

spitzt ist zu konstatieren: Nach dem Willen der SED und der VdgB hätte es nie eine Bauernpartei gegeben. Ihre Gründung legte einen Finger auf die Wunde der SED, denn die SMAD warf ihr seit Mitte 1947 ein massives Versagen in der „Bauernpolitik" vor. Politisch problematisch war dabei vor allem, daß sich die SED seit Mitte 1947 zentral wie vor Ort immer weniger darum bemühte, die schwierigen bündnispolitischen Konzeptionen gegenüber den Bauern weiter zu verfolgen. Angesichts virulenter Versorgungsengpässe im Mißerntejahr 1947 verbreiteten sich „sektiererische" Tendenzen und antibäuerliche Stimmen, die das Aufbrechen des mühsam überdeckten Gegensatzes von Konsumenten- und Produzenteninteressen dokumentierten[54]. Um dem bisherigen organisatorischen Chaos im Agrarsektor abzuhelfen, rief die SED im Frühjahr 1948 eine „Agrarpolitische Kommission" der SED ins Leben. Denn es konnte nicht weiter angehen, daß die agrarpolitischen Akteure der SED „Agrar- und Bauernpolitik faktisch auf eigene Faust" machten – wie Rudolf Reutter auf der ersten Tagung der Kommission einleitend anführte[55]. In Moskau war man zu diesem Zeitpunkt ohnehin nicht mehr davon überzeugt, daß die SED den wirtschaftlichen und sozialen Sprengstoff, der auf dem Land herangewachsen war, allein entschärfen konnte[56].

Die SED hielt die Existenz ihr nahestehender Parteien als Instrument zur Zurückdrängung der bürgerlichen Parteien offensichtlich für unnötig. So rückte man im SED-Landesvorstand Mecklenburg die DBD-Gründung in eine Reihe mit den Stalinschen Überlegungen von 1947, in der SBZ die SPD wieder zuzulassen[57]. Man faßte sie dort offenbar zunächst eher als Rivalin zur SED auf; diese Fehleinschätzung dürfte freilich auch in der mangelnden Informiertheit der Landesverbände begründet liegen. Im sächsischen Landessekretariat der SED erinnerte man

[54] Tjulpanow an Suslow über die Tagung des PV der SED, 1.–3. 7. 1947, am 5. 7. 1947, abgedruckt bei: Bonwetsch u. a., Sowjetische Politik in der SBZ, Dok. Nr. 25, S. 109–115; über antibäuerliche Stimmen auch ebenda, Dok. Nr. 28, S. 126; siehe auch Tjulpanows Bericht vom 11. 7. 1947, Badstübner/Loth, Pieck-Aufzeichnungen, S. 127–129, besonders 129. In Vorbereitung des II. Parteitages der SED registrierte man auch zusehends Kritik an der Bodenreform und der Agrarpolitik aus den Reihen der SED, SAPMO, DY 30 IV 2/2022/18, Bl. 32 f., Aktennotiz, 6. 8. 1947.

[55] Der Leiter der DVLF, Edwin Hoernle, von dem die Initiative für eine derartige Organisation ursprünglich ausgegangen war, hatte hingegen im November 1947 die Gründung eines agrarpolitischen Ausschusses unter Beteiligung aller Parteien, der VdgB und der ländlichen Genossenschaften vorgeschlagen. Das Zentralsekretariat präferierte jedoch eine reine Parteikommission der SED. SAPMO, DY 30 IV 2/7/20, Bl. 6, Hoernle an Zentralsekretariat der SED, Abt. Landwirtschaft, 5. 11. 1947, Bl. 7 f., Bl. 9, Entwurf einer Vorlage zur Bildung eines agrarpol. Ausschusses beim Zentralsekretariat, 27. 10. 1947; ebenda, Bl. 29 ff., Stenografische Niederschrift der 1. Tagung, 31.3./1. 4. 1948, Zitat Bl. 31 f.

[56] Der Bauernanteil unter den 1,8 Millionen Mitgliedern der SED lag Mitte 1947 nur bei 5,8%, der Landarbeiteranteil bei 3,6 %, Müller, Sozialistische Einheitspartei Deutschlands, S. 498 f.

[57] Siehe die Ausführungen des Vorsitzenden des Landesvorstands der SED Mecklenburg-Vorpommerns, Kurt Bürger: „Wir können und wollen nicht dagegen [Gründung der DBD] auftreten, weil wir die Verfassung hochhalten und uns nicht dem Vorwurf aussetzen wollen: Also doch SED-Diktatur, doch ein [Ein-]Parteiensystem. Wenn wir nicht gegen die Bauernpartei sind, so bedeutet das aber nicht, daß wir sie auf Kosten unserer Partei fördern." MLHA, BPA Schwerin, IV 2/1/27, Protokoll Landesvorstand SED, 24. 5. 1948, Bl. 29–32, Zitat Bl. 30; zur SPD Bl. 29. Siehe auch Bürgers Äußerungen auf der 10. Tagung des Parteivorstandes der SED, 12./13. 5. 1948, wo ihm auch Walter Biering aus Sachsen-Anhalt beipflichtete, z.T. abgedruckt in: Friedrich u. a., Entscheidungen der SED, S. 105 f.

sich im Zusammenhang mit der DBD-Gründung gar an die abschreckenden Beispiele von Bauernparteien in den osteuropäischen Nachbarstaaten[58]. Diese sammelten dort vielfach gegnerische Kräfte und versuchten, kommunistische Positionen zu unterlaufen. Erst auf sowjetisches Drängen und auf Hilferufe der DBD hin verpflichtete sich die sächsische SED im Herbst 1948 zu Hilfestellungen für den Aufbau des DBD-Landesverbandes[59].

3. Folgen der Lösung der Blockkrise und der Parteineugründungen

Tatsächlich waren die Kräfteverhältnisse im Block von Anfang an zuungunsten der bürgerlichen Parteien verschoben worden. Auch war das Prinzip der ausschließlichen Parteienbeteiligung durchbrochen. Doch erst mit zunehmender organisatorischer Stabilisierung von DBD und NDPD – die erst im Jahresverlauf 1949 erfolgte – standen der SED im politischen Alltagsgeschäft mit den bürgerlichen Parteien instrumentalisierbare Akteure zur Verfügung. Vergleichbar zu den Verhältnissen in den bürgerlichen Parteien war auch die Gründungszeit der DBD davon geprägt, erst eine in den Augen von SMAD und SED verläßliche Parteibasis und ein Reservoir an geschulten Funktionären heranzubilden. Allein die Besetzung der Parteiführung mit verläßlichen Kommunisten und/oder Antifa-Kadern, ein Prinzip, daß man bis in die Kreissekretariate hinein umzusetzen versuchte[60], gewährleistete noch keine tatsächliche Effektivität der DBD im politischen Kampf an der Seite der SED. Denn auch für die DBD bestand eine wesentliche Aufgabe zunächst darin, die Masse der gut 80 Prozent vorher parteilosen Mitglieder 1948 ideologisch zu schulen und auf SED-Kurs einzuschwören[61]. Außerdem errangen die Funktionäre der DBD im Jahr 1948 nur mit Mühe zusätzliche politische Positionen, die sie zuvor nicht schon als Vertreter der SED oder der VdgB eingenommen hatten[62]. Eine Ver-

[58] StA Dresden, BPA SED LL A/782, Protokoll Sekretariat SED, 22. 4. 1948, Bl. 80–86. Siehe auch einen Sonderinformationsbericht des LV der SED Sachsen, 13. 9. 1948, wonach Betriebsarbeiter eine DBD-feindliche Haltung einnahmen, StA Dresden, BPA SED LL A/864, Bl. 41–45.

[59] Die SMA Sachsen forderte die Landes-SED bei einer Aussprache am 9. 6. 1948 auf, der Bauernpartei mehr Aufmerksamkeit zu schenken; siehe StA Dreseden, BPA SED LL A/783, Bl.24, Bericht Buchwitz im Landessekretariat, 11. 6. 1948; eine enge Zusammenarbeit zwischen DBD und SED mußte dennoch im November 1948 erst hergestellt werden; StA Dresden, BPA SED LL A/864, Bl. 33 f., Vorschläge des LV der DBD Sachsen zur Verbesserung der Lage der DBD im Lande Sachsen, 2. 11. 1948, Abschrift.

[60] Vgl. hierzu Bauer, Gründung.

[61] Einigermaßen verläßliche Angaben über die ehemalige Parteizugehörigkeit lagen der internen Parteistatistik erstmals für Mai 1949 vor, sind aber offenbar nicht überliefert. Insgesamt nahm der prozentuale Anteil ehemaliger SED-Mitglieder, der für 1948 auf rund 20% zu schätzen ist, mit zunehmendem Mitgliederwachstum ab. Er lag im September 1949 nachweislich bei 11,5 %. Siehe die Aufstellung der Organisationsabteilung der DBD vom 28. 7. 1951, ACDP VI-052–154/1. Die erste, vorläufige Organisationsstatistik der DBD vom 15. 10. 1948 in: SAPMO, NY 4036/724, Bl. 20.

[62] Zur 4. Tagung des Volksrates im August 1948 erschienen Ernst Goldenbaum und Rudolf Albrecht, die dem Gremium zuvor als Vertreter der VdgB angehört hatten. Erst im Oktober

drängung von bürgerlichen Politikern fand 1948 durch die DBD im Grunde nicht statt. Wohl aber waren Ansprüche auf eine prinzipielle Aufnahme, etwa in das DWK-Plenum bei dessen Erweiterung zum Januar 1949, kaum mehr von der Hand zu weisen[63]. Das heißt, die politisch durchschlagend zugunsten der SED einsetzende Wirkung der DBD-Gründung ist frühestens mit dem organisatorischen Erstarken der Partei 1949 spürbar.

Erst nachdem der Block seit August 1948 wieder arbeitete und sich beide bürgerlichen Parteien wieder handlungsfähig zeigten, schätzte die SMAD-Führung zu Jahresanfang 1949 an den Neugründungen auch, daß dadurch „zugleich die Position der beiden anderen bürgerlichen Parteien geschwächt" werde, weil die Mitglieder von DBD und NDPD „unter den Einfluß fortschrittlicher Parteien" gerieten, in „demokratischem Geist" erzogen und „im Block mit der Sozialistischen Einheitspartei" geführt würden[64]. Die weiteren Äußerungen Sokolowskis auf einer Versammlung des Parteiaktivs der SMAD im März 1949 belegen außerdem die flankierende Funktion der neuen Parteien hinsichtlich der SED: So sollten beide „diejenigen Elemente stärken und unter ihren Einfluß bringen, die aufgrund einer ganzen Reihe von Bedingungen für die Sozialistische Einheitspartei noch nicht reif sind. Zusammen mit der Sozialistischen Einheitspartei werden sie erfolgreich um den Einfluß auf die Massen kämpfen, die [noch] unter dem Einfluß der CDU und der Liberal-Demokratischen Partei stehen."[65]

Zur Gewichtung der behandelten Blockproblematik ist festzustellen, daß der Block aufgrund seiner Funktionszuschreibung gerade nicht der Ort war, der sich für eine Machtmonopolisierung der SED eignete. Bis Ende 1949 durften die bürgerlichen Parteien dem Führungsanspruch der SED offen entgegentreten, ja waren gehalten, ihre Mitarbeit durch eigene Vorschläge, etwa zum Zweijahrplan 1948 zu beweisen[66]. Dabei kommt den aktiven Beiträgen der neuen Mitglieder im Block gegenüber den bürgerlichen Parteien eine nur begrenzt zurückdrängende Wirkung zu: Die Vertreter der DBD und des FDGB blieben in den Blocksitzungen völlig blaß[67]; die DBD-Mitglieder in den Länderblöcken sind parteiintern als weitgehend

1948 trat eine fünfköpfige Delegation der DBD im Volksrat selbständig auf. Die Aufnahme in die Volkskongreßausschüsse der Länder mußte gegen den Widerstand der bürgerlichen Blockparteien erst durchgesetzt werden. Vgl. Wernet-Tietz, Bauernverband, S. 142f.; Koch, Volkskongreßbewegung und Volksrat, S. 353.

63 In das Plenum der DWK durfte die DBD nur drei Vertreter entsenden, die über ihre Mitgliedschaft im Deutschen Volksrat dazu legitimiert waren. Sie durfte im Unterschied zu anderen Parteien weder Vertreter des zentralen Blocks noch Ländervertreter entsenden, vgl. BAB DC 15/833, Protokoll der Sitzung der DWK, 1. 12. 1948.

64 Stenogramm der Bemerkungen W. Sokolowskis und S. Tjulpanows zu den politischen Aufgaben im Jahre 1949 auf der Versammlung des Parteiaktivs der SMAD vom 9. 3. 1949 (Auszug), in: Bonwetsch, Sowjetische Politik in der SBZ, Dok. Nr. 47, S. 201–207, Zitate S. 205. Ende November 1948 hatte Kolesnitschenko, der Chef der SMA Thüringens, in einem Memorandum an Ponomarjow gefordert, daß auch NDP und DBD zum „gesamten Kampf" gegen die CDU heranzuziehen seien, ebenda, Dok. Nr. 45, S. 183–198, Zitat S. 189, Memorandum von I. Kolesnitschenko für B. Ponomarjow zu Fragen der politischen Praxis in Deutschland (Auszug), 29. 11. 1948.

65 Ebenda, Dok. Nr. 47, S. 201–207, Zitat S. 205, Klammer übernommen.

66 Vgl. Suckut, Blockpolitik, S. 40.

67 Ebenda, S. 49.

unbedeutend einzuschätzen[68]. Lediglich Lothar Bolz, der Vorsitzende der NDPD, brillierte im Einheitsfrontausschuß zum Nutzen der SED, etwa indem er auf die Zustimmung der CDU-Führung zur Oder-Neiße-Grenze im Juli 1949 als Beiwerk zu den neuen Blockrichtlinien drängte[69]. Insgesamt formulierten die seit Februar 1949 ausgearbeiteten Blockrichtlinien einige Punkte als unabdingbar. Erst die Zustimmung zur Oder-Neiße-Grenze, zur Wirtschaftsplanung und zur Freundschaft mit der Sowjetunion brachte eine Existenzgarantie für die Parteien. Zugleich wurde ihr politischer Handlungsspielraum empfindlich eingeschränkt. Auf der anderen Seite schrieben die neuen Richtlinien das Mehrparteiensystem als Element der politischen Ordnung fest[70].

Bedeutsame Wirkungen der Reaktivierung des Blockes lagen 1949 vornehmlich in zwei Punkten: zum einen in der Verquickung politischer Modalitäten von Einheitsfrontausschuß und Volksrat in der Vorbereitung der Staatsgründung und zum anderen nach der Staatsgründung im Verhältnis von Block und parlamentarischen Gremien. Zum ersten Punkt ist anzumerken, daß die prinzipiell vorhandene Möglichkeit des Blocks, sich einer Staatsgründung zu widersetzen, durch die Verquickung der Entscheidung zur Gründung mit dem Präsidium des Volksrates ausgehebelt wurde. Denn im Präsidium des Volksrates konnten im Unterschied zum Block auch mehrheitliche Entscheidungen herbeigeführt werden[71]. Zum zweiten Punkt ist auf die für die bürgerlichen Parteien verhängnisvolle Wirkung der ständigen Verschiebung der Wahlen hinzuweisen, die ihre Erfolgschancen laufend schwinden ließ. Waren die für 1948 anstehenden Gemeindewahlen auf Antrag von DBD und NDPD ins Jahr 1949 verschoben worden, so lieferte die überstürzte Staatsgründung 1949 erneut einen Anlaß zur Vertagung der Gemeinde-, Kreis- und Landtagswahlen. Außerdem nagten DBD und NDPD mit ihren Anträgen, mit beratender Stimme an allen Wahlkörperschaften teilnehmen zu dürfen[72], an verfassungsmäßigen Prinzipien. Denn durch Wahlen waren sie dazu nicht legitimiert worden. Insgesamt bleibt festzuhalten, daß die Bedeutung des Blockes, vor allem seine nationale Komponente rückläufig war und er darin zunehmend vom Volksrat bedrängt wurde. Im Volksrat wurde eine Verfassung ausgearbeitet, auch wurde bei den Wahlen zum Volksrat erstmals nach Einheitsliste abgestimmt. Der Block war für die SED immer ein vergleichsweise umständlich handhabbares Gremium ohne durchschlagende Kompetenzen.

Nach der Staatsgründung wurde der Block in Krisenzeiten häufig auf sowjetischen Einfluß hin aktiviert – so etwa nach der 2. Parteikonferenz der SED, um die Vorstöße zum verstärkten Aufbau des Sozialismus deutschlandpolitisch zu flankieren. Während die SED sich anschickte, Landwirtschaftliche Produktionsgenossen-

[68] An veröffentlichtem Material exemplarisch nachzuprüfen in: Protokolle des Landesblockausschusses.

[69] Suckut, Blockpolitik, S. 41, 49, Dok. S. 371, 376 ff., Frölich, Transmissionsriemen, S. 1551 f.

[70] Suckut, Blockpolitik, S. 42.

[71] Vgl. Koch, Volkskongreßbewegung und Volksrat, S. 352–354.

[72] Vgl. Antrag von DBD und NDPD sowie die Auseinandersetzungen mit CDU und LDP, die ihrerseits auch nicht in allen Wahlkörperschaften vertreten waren, in den Blocksitzungen am 2. 11. 1949 und 30. 11. 1949, SAPMO, NY 4090/501, Bl. 386–388, Gemeinsamer Antrag der DBD und der NDPD an den Demokratischen Block [undatiert, Okt./Nov. 1949], Bl. 394–401, Wortprotokoll Blocksitzung 30. 11. 1949. Vorstöße der DBD nennt Wernet-Tietz, Bauernverband, S. 143–147.

schaften (LPG) forciert zu gründen, verpflichteten SED und SKK die DBD zu deutschlandpolitischer Agitation[73]. Nach dem Volksaufstand von 1953 fungierte der Block als Auffangbecken für die Mißstimmung in der Bevölkerung und in den bürgerlichen Parteien. Da die bürgerlichen Parteien in dieser Zeit eher zu einer blockpolitischen Verweigerungshaltung neigten, fiel der DBD in dieser Situation die Aufgabe zu, diese zur Mitarbeit anzuhalten, um letztlich die Herrschaft der SED zu stabilisieren[74].

Die Behebung der Blockkrise und die parallele Neugründung zweier SED-naher Parteien dürfte weniger als Einzeldatum relevant sein, als durch die damit verbundene dauerhafte Gewinnung eines flexibel einsetzbaren Instruments zur Herrschaftssicherung. DBD und NDPD erlaubten es, das Verhältnis zu den bürgerlichen Kräften immer wieder neu auszutarieren: Wünschte man sich ihrer in Politikfeldern zu entledigen, wie im Frühjahr 1953 beispielsweise in der Deutschlandpolitik, dann verpflichtete man eben die zahnlosen Kräfte in DBD und NDPD zu entsprechender Agitation[75]. Diese waren freilich damit heillos überfordert.

Insgesamt waren die politischen Verhältnisse und die sowjetischen Intentionen Ende 1947 und in der ersten Jahreshälfte 1948 komplexer angelegt, als daß sie den Schluß zuließen, die Parteineugründungen und die Bewältigung der Blockkrise waren in ihrer Intention auf eine bloße Zurückdrängung der bürgerlichen Parteien beschränkt. Die Einbettung des Gründungsprozesses der DBD verweist auf ein vielschichtigeres Ursachengeflecht. Die sowjetische Besatzungsmacht zielte 1948 vorrangig auf die Wiedergewinnung der Blockpolitik als politisches Instrumentarium auch zur Einbindung der bürgerlichen Parteien in den weiteren Umwälzungsprozeß. Diese sollten sich nicht weiterhin ohne Blockkontrolle gegnerisch profilieren und damit umfängliche Bevölkerungsteile an sich binden können. Auch schätzte die sowjetische Besatzungsmacht den Zustand der SED nicht so ein, daß man auf andere politische Kräfte vollends verzichten könne. Nicht zuletzt aus deutschlandpolitischen Erwägungen wollte die SMAD am Block als Legitimationsorgan und deutschlandpolitischem Multiplikator festhalten[76]. Kurzum, den Prozeß, den

[73] Vgl. ACDP, VI-052–0146, Protokoll Parteivorstandssitzung, 5./6. 9. 1952, Planung für Diskussionsverlauf mit Korrekturen ebd., in überarbeiteter Form sind Teile in der Funktionärszeitschrift der DBD veröffentlicht, „Der Pflüger“, 1952, Heft 8/9, S. 4-8, 9–19, hier bes. S. 4; zur Kritik an Kreisverbänden, die zu wenig in Ausschüssen der „Nationalen Front“ mitarbeiteten, siehe ACDP, VI-052–0524, Protokoll Sekretariat DBD, 21. 11. 1952.

[74] Der Sektor „Befreundete Organisationen“ drängte in dieser Situation auf eine häufigere Zusammenkunft des zentralen Blocks, zumal sich die letzte Sitzung vom 20. 1. 1953 in Konfrontation zur CDU mit der Verurteilung Dertingers befaßt hatte. SAPMO, DY 30 IV 2/15/4, Aktenvermerk Sektor „Befreundete Organisationen“, 16. 6. 1953; ebenda, Bericht des Sektors zur Blockarbeit, 16. 6. 1953, ebenda, Direktive an Sekretariate der BL und KL, 1. 7. 1953, betreffs Intensivierung der Blockarbeit.

[75] Siehe Vorarbeiten des Sektors „Befreundete Organisationen“ vom April 1953 und den folgenden Politbürobeschluß: SAPMO, DY 30 IV 2/15/3, Abt. Leitende Organe, Vorlage an Sekretariat, 30. 4. 1953, SAPMO,DY 30 J IV 2/2/282, Protokoll Politbüro SED, 26. 5. 1953, Bl. 3 und Anlage Bl. 13ff. Die Aktivierung der DBD steht auch im Zusammenhang damit, daß Kurt Viewegs deutschlandpolitische Aktivitäten zu dieser Zeit in Mißkredit geraten waren und zu befürchten stand, daß CDU und LDP eventuell in diese Lücke vorstoßen könnten; vgl. dazu Scholz, Bauernopfer, S. 165–170.

[76] Begriffe schon bei Suckut, Blockpolitik, S. 45.

Suckut schon Mitte 1948 als entschieden ansieht, muß man wohl strikter scheiden in eine zunächst verfolgte, vielfältiger ausgerichtete Intention und eine erst später tatsächlich einsetzende Wirkung.

André Steiner

Die Deutsche Wirtschaftskommission – ein ordnungspolitisches Machtinstrument?

In dem Prozeß, in dem die SBZ und spätere DDR in den sowjetischen Machtbereich eingebunden und ihre Gesellschaft transformiert wurde, war die Herausbildung und Formierung der Planwirtschaft eines der essentiellen Elemente. Sie gehört zu den in der Literatur mit am besten dokumentierten Entwicklungen der SBZ-Zeit[1]. Im folgenden soll entsprechend der Zielsetzung des vorliegenden Bandes vor allem der Frage nachgegangen werden, inwiefern das für den Staatssozialismus typische Wirtschaftssystem in jener Zeit auf dem Gebiet der späteren DDR durch die 1947 gebildete Deutsche Wirtschaftskommission (DWK) prädisponiert wurde. Die diesbezüglichen Entscheidungen sind Bestandteil der Ordnungspolitik. Diese umfaßt die Summe aller normativen und organisatorischen Maßnahmen, durch die die Träger der Wirtschaftspolitik die für den Wirtschaftsprozeß entscheidenden Regeln und Institutionen – sprich die Wirtschaftsordnung – gestalten und damit dessen längerfristige Rahmenbedingungen setzen. Dabei waren für die Herausbildung der staatssozialistischen Planwirtschaft bis Mitte 1948 zweifellos wesentliche Entscheidungen gefallen und insofern ebenso Grundlagen für die von den Westzonen unterschiedliche wirtschaftliche Systemgestaltung gelegt.

In der unmittelbaren Nachkriegszeit war die wirtschaftliche Situation in erster Linie von den Folgen des Krieges geprägt. Die durch die SBZ zu erbringenden Wiedergutmachungsleistungen an die Sowjetunion, die Erfordernisse des Wiederaufbaus materieller Zerstörungen sowie die sozialen Konsequenzen des Krieges und der folgenden unmittelbaren Not stellten starke Belastungen für die Wirtschaft dar. Demontagen durch die sowjetische Besatzungsmacht legten ganze Branchen lahm; wichtige Betriebe waren in Sowjetische Aktiengesellschaften umgewandelt worden und standen damit der SBZ-Wirtschaft mit ihren Produkten nur begrenzt zur Verfügung, was wiederum die historisch gewachsenen Verflechtungsbeziehungen der Unternehmen untereinander störte. Die sowjetischen Stellen veränderten ständig ihre Forderungen nach Reparationen aus der laufenden Produktion. Dadurch wurden mittel- oder gar längerfristigen Planungen auf der Betriebsebene erschwert, wenn nicht gar unmöglich gemacht. Darüber hinaus kam es vielfach zu willkürlichen Beschlagnahmeaktionen untergeordneter sowjetischer Stellen[2]. Nicht zuletzt war eine große Zahl der Betriebe von ihren traditionellen Lieferanten abgetrennt

[1] Matschke, Industrielle Entwicklung, S. 142–181; Mühlfriedel/Wießner, Geschichte der Industrie, S. 47–76; Zank, Wirtschaftliche Zentralverwaltungen; Steiner, Länderpartikularismus und Zentralismus; Staritz, Gründung der DDR, S. 133–141; Holzwarth, Anfänge.

[2] Zu den verschiedenen Formen sowjetischer Eingriffe in die Wirtschaft siehe: Naimark, Russen, S. 181–258.

worden, weil sich die wechselseitige Abschottung zwischen den westlichen Zonen und der SBZ sowie auch innerhalb der SBZ zwischen den einzelnen Ländern immer stärker auswirkte. Daher konnten anstelle der üblichen Rohstoffe, Materialien und Vorleistungen in der Produktion oft nur Substitute verwendet werden. Deshalb hatten aber ebenso wegen der im Fertigungsprozeß auftretenden Probleme infolge fehlender Maschinen viele Produkte nur einen eingeschränkten Gebrauchswert, was – soweit es sich um Vorleistungen für folgende Fertigungsstufen handelte – dort zu neuen Schwierigkeiten führen mußte. Darüber hinaus bestand als Konsequenz der Kriegsfinanzierung ein beträchtlicher Überhang an umlaufendem Geld. Er wurde noch dadurch erhöht, daß die sowjetische Besatzungsmacht beschlagnahmte Reichsmarkbestände in Umlauf brachte und die Alliierten eigenes Geld emittierten[3]. Damit konnte das Geld seine Funktion als allgemeines Tauschmittel nicht mehr uneingeschränkt erfüllen. Das – verstärkt durch die gestörten Verflechtungsbeziehungen – führte dazu, daß zwischen den Betrieben einfache Tauschverhältnisse und Kompensationsgeschäfte stark ausgeprägt waren. Die Betriebe gaben ihre Produkte gegen Lebensmittel für die Beschäftigten oder Rohstoffe ab, um die Produktion aufrechtzuerhalten. Dabei bildeten letztlich die Interessen der Belegschaften die Orientierungsgröße für betriebliches Handeln. Auch Teile des Lohns zahlten die Betriebe in Naturalform aus. Unter diesen Bedingungen war der schwarze oder graue Markt sowohl für das Überleben der Menschen als auch für die Aufrechterhaltung der Produktion unabdingbar, wobei er aber ebenfalls zu diesen Umständen beitrug. Noch 1948 wurden nach einer Schätzung in Sachsen 25 Prozent der industriellen Gebrauchsgüter über den Schwarzen Markt oder Kompensationsgeschäfte umgesetzt[4].

Dies begrenzte die Möglichkeiten wirtschaftlicher Steuerung durch die Länder oder andere staatliche Stellen, obwohl es schon die hier nur verkürzt dargestellte Situation nach 1945 erforderlich machte, die Wirtschaft insgesamt in irgendeiner Weise zu lenken, um das gesamtwirtschaftliche Funktionieren und das Erreichen von makroökonomischen Zielen bis zur Überwindung der allgemeinen Notsituation zu gewährleisten. Dazu kam noch, daß sich 1947 die realwirtschaftliche Situation verschlechterte. Trotzdem mußte im Interesse der Erfüllung der sowjetischen Forderungen nach Wiedergutmachungsleistungen und der Befriedigung der Bevölkerungsnachfrage eine kontinuierliche Produktion und gerechte Verteilung gesichert werden. Der daraus resultierende Zwang zur gesamtwirtschaftlichen Lenkung traf bei den Verantwortlichen auf die entsprechenden wirtschaftspolitischen Prädispositionen und Präferenzen, da an den entscheidenden Schaltstellen vorwiegend zuverlässige Kommunisten zum Einsatz kamen. Jedoch neigten in der unmittelbaren Nachkriegszeit infolge der wirtschaftlichen Notsituation sowie wegen der Erfahrungen mit der Weltwirtschaftskrise Anfang der dreißiger Jahre auch andere politische Gruppierungen dazu, lenkende Eingriffe des Staates in die Wirtschaft bis hin zu verschieden ausgeprägten Planungsinstrumenten zu akzeptieren und zu befürworten[5]. Darüber hinaus war gesamtwirtschaftliche Lenkung seitens des Staates

[3] Zschaler, Währungsreform, S. 194ff.
[4] Für die Zahlenangabe sowie das Vorhergehende siehe auch Staritz, Gründung der DDR, S. 135.
[5] Vgl. Roesler, Haltung der ostdeutschen Parteien.

notwendig aber auch möglich, weil inzwischen ein gewichtiger Teil der Industriebetriebe faktisch in Regie der Länder betrieben wurde, worauf noch einzugehen ist.

Der Staat bestand in der besonderen Situation einer Besatzungszone 1947 aus den Besatzungsbehörden – d.h. der Sowjetischen Militäradministration in Deutschland (SMAD) und den Sowjetischen Militäradministrationen der Länder (im folgenden: SMA) –, aus den Länderregierungen und ihren Wirtschaftsministerien sowie zunächst den (hier interessierenden wirtschaftlichen) Zentralverwaltungen und später aus der DWK. Ihre Gründung beruhte in erster Linie darauf, daß die Reibungsverluste beseitigt bzw. minimiert werden sollten, die aus den Differenzen sowohl zwischen den wirtschaftlichen Interessen der verschiedenen Länder der SBZ untereinander als auch zwischen den Länderinteressen und denen der Zentralverwaltungen bestanden. Den Ausgangspunkt zur Lösung dieser Probleme und zur Gründung der DWK bildete die Vereinbarung vom 10. Februar 1947 zwischen den Wirtschaftsministern der Länder und den drei Zentralverwaltungen für Industrie, Brennstoffe und Energie sowie Handel und Versorgung, die den Zentralverwaltungen größere Koordinierungskompetenzen auf ihren Handlungsfeldern gegenüber den Ländern einräumte. Trotz des bereits länger andauernden Drängens deutscher Verantwortlicher an zentralen Stellen, dabei vor allem des Leiters der Abteilung Wirtschaft im Apparat des SED-Parteivorstands, Bruno Leuschner[6], gestattete die sowjetische Besatzungsmacht weitergehende Rechte und die Schaffung einer deutschen zonenweiten Stelle mit entsprechenden Kompetenzen und Planungsinstrumenten, mithin die Zentralisierung, aus deutschlandpolitischen Kalkülen erst, als im Westen der Wirtschaftsrat der Bizone Ende Mai 1947 geschaffen worden war. Jetzt sah die Sowjetunion keinen Grund mehr, sich bei der Bildung einer Wirtschaftsinstanz mit zonenweiten Kompetenzen zurückzuhalten. Die folgenden Wochen bestätigten sie in ihren Befürchtungen. Das Zusammenfallen von Marshall-Plan, Bildung der Ruhrbehörde, Reform der Bizone und Sozialisierungsverzicht in der britischen Zone mußte in den Augen der Sowjetunion wie der Beginn eines „Westblocks“ wirken und eine gesamtdeutsche Lösung kaum noch wahrscheinlich erscheinen lassen[7]. Den Befehl Nr. 138 zur Bildung der DWK erließ die SMAD am 4. Juni 1947[8], nachdem der SMAD-Chef aus Moskau zurückgekehrt war. Allerdings wurde die DWK mit SMAD-Befehl vom September 1947 der Aufsicht des Direktors der Abteilung für Wirtschaftsplanung der SMAD unterstellt. Die in die DWK einbezogenen Zentralverwaltungen hatten außerdem ihre Direktiven nach wie vor mit den zuständigen SMAD-Stellen abzustimmen[9].

Kurz, die sich verschlechternde realwirtschaftliche Entwicklung sowie die Notwendigkeit handlungstechnischer Effektivierung der Wirtschaftssteuerung waren zunächst die entscheidenden Gründe, die eine gewisse Zentralisierung der

[6] Vgl. u.a. SAPMO, NY 4182/950, Bl. 125, Abteilung Wirtschaft, Leuschner an das Zentralsekretariat, 6. 8. 1946: Bildung eines Wirtschaftsbüros für die sowjetische Besatzungszone einschließlich planökonomischer Abteilung; SAPMO, DY 30, IV 2/602/108, Bl. 107–110, Leuschner: Der Übergang von der ersten zur zweiten Periode der Wirtschaftsplanung vom 22. 9. 1946.

[7] Mai, Alliierter Kontrollrat, S. 250.

[8] Vgl. ausführlicher zur Vorgeschichte: Steiner, Länderpartikularismus und Zentralismus, S. 36–39.

[9] Naimark, Russen, S. 69f.

Lenkungskompetenzen erforderlich machten. Dieser Prozeß entsprach den ideologischen Präferenzen und Denkmustern sowohl bei den führenden Vertretern der Besatzungsmacht als auch bei der SED. Insbesondere die SED-Spitze wurde zur Vorreiterin und Organisatorin dieser Entwicklung, wobei sie sich intern der Zustimmung der SMAD sicher war. Allerdings erhoben sich auch innerhalb der SED und der sowjetischen Besatzungsbehörden – vor allem auf der Ebene der Länder – Stimmen, die diesen Prozeß ablehnten oder kritisierten. Aber auch die Zentralverwaltungen selbst versuchten, ihre Kompetenzen zu erweitern. Dieser Prozeß konnte jedoch immer nur so weit fortschreiten, wie es der Sowjetunion angesichts ihrer deutschland- und westpolitischen Kalküle intern geraten erschien. Darüber hinaus mußten die Länder zumindest formal einer weitergehenden Zentralisierung und damit ihrer eigenen Kompetenzeinschränkung zustimmen, was wiederum erst erreicht werden konnte, als sich die wirtschaftliche Situation 1947 verschlechterte. Mit Blick auf die ökonomische Lage hatte der Mitte 1947 erreichte Stand der Zentralisierung sicher seine Berechtigung. Politisch barg er angesichts des inzwischen allgemein wahrgenommenen Kalten Krieges bereits Ansätze für eine Zonenregierung, die sich aber zu diesem Zeitpunkt noch nicht zwangsläufig durchsetzen mußten[10].

Die DWK stellte zunächst in erster Linie eine Institution zur Koordinierung der Tätigkeit der Zentralverwaltungen für Industrie, Transportwesen, Brennstoffe und Energie, Landwirtschaft sowie Handel und Versorgung dar. An den Beratungen dieses Gremiums hatten neben den Präsidenten dieser Zentralverwaltungen die Vorsitzenden des Freien Deutschen Gewerkschaftsbundes und der Vereinigung der gegenseitigen Bauernhilfe teilzunehmen. Darüber hinaus sollte in der Wirtschaftskommission laut dem Befehl eine „Wirtschaftsabteilung mit einem Personalbestand bis 100 Personen unter der Leitung eines Präsidenten – eines Mitglieds der Wirtschaftskommission -" gebildet werden[11]. In einer Besprechung der Präsidenten der Zentralverwaltungen beim Stellvertreter des Obersten Chefs der SMAD für ökonomische Fragen, Konstantin I. Kowal, am 5. Juni 1947 wurde Leuschner mit dem Aufbau dieser Abteilung (dann Abteilung für Wirtschaftsfragen) beauftragt. Außerdem sollte er das Statut für die DWK ausarbeiten. Danach hatte die Abteilung für Wirtschaftsfragen als Organ der DWK die Aufgabe, deren Sitzungen vorzubereiten, die verschiedenen Pläne der Landesregierungen und der Zentralverwaltungen zusammenzufassen und abzustimmen sowie auf dieser Basis den Gesamtwirtschaftsplan für die SBZ zu erstellen und seine Durchführung zu lenken, zu überwachen und zu kontrollieren. Darüber hinaus sollte ihr die Verteilung aller Produktionsfaktoren und Güter im Rahmen der von der SMAD bestätigten Wirtschaftspläne obliegen. Und nicht zuletzt wurde ihr die Ausarbeitung von Anweisungen zu grundsätzlichen Wirtschaftsfragen und von Maßnahmen zur Lösung wichtiger wirtschaftlicher Probleme übertragen, die die DWK zu bestätigen hatte[12]. Damit waren der Abteilung für Wirtschaftsfragen wichtige Funktionen übertragen wor-

[10] Vgl. Steiner, Länderpartikularismus und Zentralismus.

[11] Befehl Nr. 138 der SMAD zur weiteren Entwicklung der Wirtschaft, 4. 6. 1947, in: Um ein antifaschistisch-demokratisches Deutschland, S. 467f.

[12] SAPMO, NY 4182/951, Bl. 204–222, Bericht über die Tätigkeit der Deutschen Wirtschaftskommission für die Sowjetische Besatzungszone von Leuschner am 26. 11. 47.

den, in deren Rahmen sie durchaus den Wirtschaftsprozeß hätte lenken können, wenn ihr nicht zum einen die Verpflichtung auferlegt worden wäre, daß sie ihre Kompetenzen nur im Rahmen der bis dahin getroffenen Vereinbarungen zwischen den Ländern und den Zentralverwaltungen ausüben könne. Zum anderen wurde dieses Statut von der SMAD bis zum Ende des Jahres nicht bestätigt, so daß die Abteilung für Wirtschaftsfragen nicht über die Instrumente verfügte, mit denen sie sich gegenüber den Ländern oder den nicht in die DWK einbezogenen Zentralverwaltungen hätte durchsetzen können. Faktisch war damit die zentrale planökonomische Abteilung der SBZ entstanden, die die Arbeit der DWK insgesamt zwar wesentlich bestimmte, aber nur begrenzte Verfügungsrechte besaß. Leuschner übernahm zwar formal nicht den Vorsitz der DWK, der abwechselnd von deren Mitgliedern wahrgenommen werden sollte. Aber realiter hatte er eine herausgehobene Position. Daß er dabei entsprechend der SED-Politik handelte, ja selbst wiederholt eine verstärkte zonenweite Planung und Zentralisierung forderte, kann angesichts seiner Biographie und vor allem seiner bis dahin wahrgenommenen Funktion nicht überraschen. Sicher hat er auch einzelne Mitarbeiter der Abteilung Wirtschaft der SED-Zentrale in seinen neuen Verantwortungsbereich übernommen. Allerdings wurde wohl nicht – wie in der Literatur früher angenommen[13] – die Wirtschaftsabteilung des Zentralsekretariats der SED in die von Leuschner geleitete Abteilung der DWK überführt. Mit der DWK in dieser ersten Form war also eine Institution entstanden, die den Erfordernissen an Koordinierung und Zentralisierung, wie sie sich aus der wirtschaftlichen Situation ergeben hatten, zunächst genügen konnte. Denjenigen aber, die weitergehende ordnungspolitische Umgestaltungen hin zur Planwirtschaft befürworteten, reichten ihr Status und ihre Kompetenzen nicht aus.

Da die Zuständigkeiten der DWK und ihrer Abteilung für Wirtschaftsfragen erst einmal relativ begrenzt blieben, hatten sie Schwierigkeiten, sich gegenüber den Zentralverwaltungen, aber auch gegenüber den Ländern durchzusetzen. Teilweise bestanden schon erhebliche Probleme, von dort überhaupt die erforderlichen Informationen für die zentrale Planung zu erhalten. Die Länder erkannten die Zentralverwaltungen und die DWK nach wie vor nicht als übergeordnete Instanz an[14]. Im Thüringer Wirtschaftsministerium war man beispielsweise der Meinung: „Von den Beschlüssen der Wirtschaftskommission Berlin führen wir das durch, was wir für ratsam und richtig halten."[15] Daher kam Leuschner Ende 1947 zu dem Ergebnis, daß zwar zu diesem Zeitpunkt „keine außerordentlichen Schwierigkeiten mit den Länderregierungen auf[treten]", jedoch die Beschlüsse der DWK in den Ländern „nicht mit der notwendigen Energie [...] durchgeführt" würden. Außerdem vermerkte Leuschner, „daß die Zentralverwaltungen immer wieder versuchen, sich von der Deutschen Wirtschaftskommission zu isolieren, um eigene Wege zu gehen. Oftmals werden die von der Wirtschaftskommission gefaßten Beschlüsse nur mit Hilfe energischen Eingreifens der Abteilung für Wirtschaftsfragen von den Zentralverwaltungen durchgeführt. Die Herausgabe von Unterlagen an die Abteilung für Wirtschaftsfragen ist fast immer mit Komplikationen verbunden." Zum Ärger

[13] Niedbalski, Zentralverwaltungen, S. 459.
[14] Ausführlicher: Holzwarth, Anfänge, S. 247 ff.
[15] SAPMO, DY 30, IV 2/602/33, Bl. 56, DWK, Abteilung für Wirtschaftsfragen: Bericht über die Ergebnisse der bisherigen Arbeit des Abschnitts IV – Kontrolle vom 7. 10. 1947.

Leuschners konnten sich die Zentralverwaltungen dabei oft auf Anordnungen sowjetischer Stellen berufen. Überhaupt beklagte er, daß die Kommunikation zwischen den Zentralverwaltungen und der SMAD ohne Einschaltung oder Information der DWK und ihrer Abteilung für Wirtschaftsfragen erfolgten. Aber auch die SMA der Länder gaben an die Länderregierungen von den Beschlüssen der DWK abweichende Befehle heraus[16]. Praktisch bestand also nach wie vor eine Vielstimmigkeit sowohl an Interessen als auch an Weisungen und Beschlüssen, die sich zum Teil widersprachen, wobei weder die DWK noch die sowjetischen Stellen – allerdings aus verschiedenen Gründen – ordnend tätig werden konnten. Da sich die Besatzungsmacht aber weiter in den entscheidenden Fragen das letzte Wort vorbehielt und sie vor allem über die entsprechende Durchsetzungskraft verfügte, konnten sich die Zentralverwaltungen und die DWK infolge ihres privilegierten Zugangs zur SMAD, jedoch ebenso wegen ihrer oft höheren fachlichen Kompetenz und des besseren Überblicks teilweise bei den Ländern durchaus Gehör verschaffen. Trotz dieser freiwilligen Selbstbeschränkung der Länder gelang es den zentralen deutschen Instanzen aber nicht, bestimmte Maßnahmen durchzusetzen, wenn sie den Interessen der Länder widersprachen[17].

Für die Lenkung der Wirtschaft benötigte man die entsprechenden Informationen über die Situation bis zu den Unternehmen hinab, worüber bereits die Länder nur bruchstückhaft verfügten. Die unklaren Informationskanäle und -linien zwischen den Ländern, den Zentralverwaltungen und der DWK beschränkten bzw. verzerrten die Kenntnis über die wirtschaftliche Lage bei den zonenweiten Instanzen noch weiter. Darüber hinaus wußten die deutschen Stellen oft nur unzureichend, welche Reparationsleistungen zu erbringen waren. Sie hatten auch kaum Einblick in die Anforderungen und Leistungen der Sowjetischen Aktiengesellschaften (SAG), die einen bedeutenden Anteil an der Industrieproduktion hatten.[18] Schon wegen der fehlenden Informationen war die Abteilung für Wirtschaftsfragen der DWK nicht in der Lage, die Wirtschaft detailliert zu planen. Um diesen Zustand zu beenden, wurden dort Vorstellungen entwickelt, für das Jahr 1948 eine einheitliche Wirtschaftsplanung zu schaffen, wobei man bereits den später typischen Planungsablauf vorgab. Die Abteilung für Wirtschaftsfragen der DWK sollte gemeinsam mit den zuständigen Zentralverwaltungen Vorgaben (Planungsrichtlinien) für Schlüsselprodukte ausarbeiten und über die Landesregierungen bis zu den Betrieben nach „unten“ geben. Dort war im Rahmen dieser Vorgaben ein konkreter Produktions- und Bedarfsplan zu erarbeiten, der dann wiederum auf dem Weg nach „oben“ abzustimmen und zusammenzufassen war[19]. Auf diese Weise wollte man auch an die erforderlichen Informationen gelangen. Ob man sich allerdings der dabei notwendigerweise auftretenden Informationsverzerrungen bewußt war, muß hier offen bleiben. Diese Vorarbeiten waren wohl nicht ohne Abstimmung mit der SED-Zentrale erfolgt, sondern dienten vermutlich auch dazu, die entsprechenden

[16] SAPMO, NY 4182/951, Bl. 222, Bericht über die Tätigkeit der Deutschen Wirtschaftskommission für die Sowjetische Besatzungszone von Leuschner am 26. 11. 1947.
[17] So bereits: Holzwarth, Anfänge, S. 248 f.
[18] SAPMO, NY 4182/951, Bl. 169–203, [DWK, Abteilung für Wirtschaftsfragen], Die Wirtschaftsplanung in der Sowjetischen Besatzungszone, 30. 11. 1947.
[19] BAB, DC 15/588, Bl. 11 f., DWK, Abteilung für Wirtschaftsfragen an die Deutsche Zentralverwaltung für Industrie vom 28. 8. 1947, Betr.: Vorbereitung zur Planung 1948.

Möglichkeiten zu prüfen, bevor Walter Ulbricht auf dem II. SED-Parteitag im September 1947 eine einheitliche Wirtschaftsplanung verlangte. Zu diesem Zweck sollten Vorschläge sowie nun auch Wirtschaftspläne für das gesamte Jahr 1948 – an dem freilich bereits seit dem Sommer gearbeitet wurde – bzw. für die Jahre bis 1950 erstellt werden[20]. Daher vertrat Leuschner vor der DWK am 8. Oktober 1947 die Meinung, „daß wir nun durch eine straffere und exaktere Planung und eine zentralisierte Zusammenfassung die Lösung der großen wirtschaftlichen Aufgaben erreichen können, damit nicht alle Dokumente nur theoretische Arbeit und nur theoretisches Gerede bleiben“[21]. In der Konsequenz entstanden nun ausführlichere methodische Ausarbeitungen, wie die Wirtschaftsplanung vereinheitlicht werden könnte[22]. Ebenso wurden weiterführende Überlegungen darüber angestellt, wie denn das faktisch bereits bestehende Landeseigentum organisatorisch in eine einheitliche Lenkungshierarchie eingebunden werden sollte[23]. Voraussetzung für eine geordnete Planung mußte aber auch sein, daß die sowjetischen Anforderungen an die SBZ-Wirtschaft berechenbar waren. Dergleichen Forderungen wurden von deutscher Seite ab der zweiten Jahreshälfte 1947 angesichts der verschlechterten wirtschaftlichen Situation und der erforderlichen Konsolidierung der Lebensverhältnisse immer wieder zusammengestellt, um sie bei entsprechenden Gelegenheiten den Besatzungsbehörden vorzutragen. Danach wollte man erreichen, daß der Bedarf der Sowjetunion und der Militärverwaltung bei der Planung bekannt war. Desgleichen sollten Reduzierungen der vorgesehenen Produktion, die sich aus Mangel an Rohstoffen und anderen Produktionsfaktoren ergaben, auf alle Bedarfsgruppen gleichmäßig verteilt werden, d.h. neben der Wirtschaft und der Bevölkerung der SBZ sollte auch der sowjetische Bedarf davon betroffen sein und entsprechend reduziert werden. Die bestätigten Pläne wollten die deutschen Stellen von der SMAD vor Beginn des geplanten Zeitraums übermittelt haben. Außerdem waren nach den Vorstellungen der DWK die SAG in die gemeinsamen Produktions- und Verteilungspläne einzubeziehen, um deren Sonderstellung und Zuteilungsprivilegien zu beseitigen[24]. Alles in allem standen der DWK aber zunächst nicht die Kompetenzen und Instrumente zur Verfügung, um die Wirtschaft tatsächlich zentral zu lenken.

Nach dem Scheitern der Londoner Außenministerkonferenz im November/Dezember 1947 weiteten die westlichen Alliierten die Kompetenzen des Frankfurter Wirtschaftsrates aus. Erst daraufhin gab auch die Sowjetunion dem bereits seit längerem von Ulbricht und Leuschner vorgetragenen Drängen nach und erklärte sich damit einverstanden, die Kompetenzen der Zentralinstanzen für die SBZ aus-

20 Protokoll des 2. Parteitages, S. 324.

21 SAPMO, DY 30, IV 2/602/33, Bl. 47, Bericht des Beauftragten der Deutschen Wirtschaftskommission, Herrn Leuschner auf der Sitzung der Deutschen Wirtschaftskommission am 8. 10. 1947.

22 SAPMO, NY 4182/951, Bl. 169–203, [DWK, Abteilung für Wirtschaftsfragen], Die Wirtschaftsplanung in der Sowjetischen Besatzungszone, 30. 11. 1947.

23 SAPMO, NY 4182/957, Bl. 234–239, Gemeinsame Grundlagen des Aufbaues der volkseigenen Betriebe, Entwurf [vermutlich einer Vorlage für das SED-Zentralsekretariat] vom 25. 10. 1947.

24 BAB, DC 15/678, Bl. 3f., Präsident der Deutschen Zentralverwaltung für Industrie an den Beauftragten der Abteilung für Wirtschaftsfragen vom 14. 10. 1947; ebenda, Bl. 13f., DWK, Straßenberger, Vorschläge für die Verhandlungen bei der SMAD vom 8. 11. 1947.

zudehnen. Allerdings wurde das auch darauf zurückgeführt, daß sich die Sowjetunion ab der zweiten Jahreshälfte 1947 zur Befriedigung ihrer Reparationsforderungen endgültig allein auf ihre Zone verwiesen sah. In diesem Zusammenhang machte sich auch eine Effektivierung der Wirtschaftslenkung erforderlich[25]. Im Februar 1948 erließ die SMAD den Befehl Nr. 32, mit dem die DWK faktisch neu konstituiert wurde. Sie erhielt nun das Recht, den verschiedenen ostdeutschen Instanzen verbindliche Verfügungen und Instruktionen zu erteilen. Entgegen der ursprünglichen Anordnung, wonach u.a. die Präsidenten aller wirtschaftlichen Zentralverwaltungen lediglich in die Arbeit der Kommission einbezogen werden sollten[26], wurden nach einer Absprache zwischen der SED-Spitze und der SMAD im März 1948 die Zentralverwaltungen als Hauptverwaltungen in die DWK eingegliedert[27]. Unter dem Gesichtspunkt der Zentralisierung war von besonderer Bedeutung, daß nun auch die Zentralfinanzverwaltung einbezogen wurde. In den Augen der Abteilung für Wirtschaftsfragen hatte sie sich in der Vergangenheit übermäßige – weil wirtschaftslenkende – Kompetenzen angemaßt. Dabei sollte sich die Zentralfinanzverwaltung nach Meinung der DWK auf die traditionellen Aufgaben eines Finanzministeriums – Abgabenerhebung und Haushaltsaufstellung – beschränken. Die darüber hinaus gehenden Kompetenzen ergaben sich aber bei dem faktisch bereits gegebenen Landeseigentum an vielen Unternehmen in der Praxis aus der finanziellen Dimension wirtschaftlicher Prozesse. Daher war die institutionelle Konsequenz geradezu notwendig, die Lenkung der güter- und finanzwirtschaftlichen Prozesse zusammenzufassen[28]. Das stärkte die Kompetenzen der DWK bereits entscheidend. Ab April 1948 wurde ihr von der SMAD auf eigenen Antrag hin auch ein allgemeines verbindliches Weisungsrecht gegenüber dem administrativen Apparat und der Bevölkerung übertragen[29]. Die DWK bildete nun eine einheitliche Behörde, in der die verschiedenen Hauptverwaltungen ihrem Plenum und Sekretariat nachgeordnet waren. Es existierten Hauptverwaltungen für die einzelnen Wirtschaftssektoren und -branchen sowie für verschiedene wirtschaftliche Querschnittsaufgaben, wovon im folgenden die Hauptverwaltungen für Wirtschaftsplanung sowie für Finanzen von besonderem Interesse sind[30].

Gleichzeitig strebte die SED-Führung an, daß die SED-Mitglieder unter den Spitzenvertretern der Verwaltungen, der Länderregierungen und der DWK zu gemeinsamen Beratungen zusammenkommen sollten, um die Tätigkeit ihrer jeweiligen Behörden zu koordinieren[31]. Damit wollte die SED ihren bereits früher kaum verdeckten Einfluß auf die DWK und ihre Entscheidungen nicht nur weiter aus-

[25] So: Mai, Alliierter Kontrollrat, S. 448f.

[26] Befehl Nr. 32 der SMAD über die Zusammensetzung und Vollmachten der Deutschen Wirtschaftskommission vom 12. 2. 1948, in: Geschichte des Staates, S. 149.

[27] Zank, Wirtschaftliche Zentralverwaltungen, S. 265.

[28] BAB, DC 15/259, Bl. 48–52, DWK, Abt. für Wirtschaftsfragen an Leuschner vom 28. 1. 1948: Verhältnis Deutsche Wirtschaftskommission – Deutsche Zentralfinanzverwaltung.

[29] Bestätigung der SMAD über das Erlassen verbindlicher Anordnungen durch die Deutsche Wirtschaftskommission vom 20. 4. 1948, in: Geschichte des Staates, S. 153.

[30] Die Kompetenzen und Struktur wurden zusammengefaßt in: Richtlinien des Sekretariats der DWK über die Tätigkeit der DWK für die sowjetische Besatzungszone vom 4. 5. 1948, in: ebenda, S. 154f. Vgl. auch die Darstellung bei: Zank, Wirtschaftliche Zentralverwaltungen, S. 266f.

[31] Naimark, Russen, S. 72.

dehnen, sondern vor allem auch institutionell absichern. Ihre inhaltlichen Vorrechte demonstrierte sie offen, als die 11.Tagung des SED-Parteivorstandes Ende Juni 1948 die Richtlinien für den Halbjahresplan 1948 und den Zweijahresplan 1949/50 beschloß. Deren Eingang nahm das DWK-Sekretariat – laut Protokoll – zur Kenntnis und beschloß, diese Planrichtlinien der Ausarbeitung des Planes zu Grunde zu legen[32]. Dies offenbarte aber ebenfalls die politische Dimension der Zentralisierung der Lenkungs- und Planungskompetenzen. In diesem Prozeß war, auch um die Prärogative der Partei im wirtschaftlichen Bereich durchzusetzen, im Einklang mit der Forderung nach der Entwicklung der Partei neuen Typs eine hierarchische, zentralistische Institution unter Führung der SED geschaffen worden. Was zunächst noch als ein verwaltungstechnisch und instrumentell notwendiger Schritt im Interesse des Wiederaufbaus erscheinen konnte, erhielt damit explizit eine politische Dimension[33]. Mit der Durchsetzung dieser Hegemonialposition der SED rückte für diese auch der Sozialismus als gesellschaftspolitische Zielvorstellung für die SBZ immer mehr in den Vordergrund, was sich in der Ordnungspolitik entsprechend niederschlagen mußte.

Dabei nahm die DWK im wesentlichen in drei Bereichen ordnungspolitische Funktionen wahr: in Eigentumsfragen, bei der Frage der Bildung von Lenkungsinstitutionen und der entsprechenden Hierarchie sowie bei der Gestaltung der Regeln, um die Lenkungsziele inhaltlich zu bestimmen, durchzusetzen und zu kontrollieren. Von dem letzten Bereich interessieren hier vor allem die Planung und die Festlegung der Kriterien, an Hand derer wirtschaftliche Entscheidungen gefällt werden sollten.

In Bezug auf die Eigentumsveränderungen in der SBZ dauerten in der ersten Jahreshälfte 1948 die Auseinandersetzungen darüber noch an, welche Betriebe in der Industrie zu enteignen waren[34]. Nachdem Ulbricht bereits im Februar 1947 auf einer Wirtschaftskonferenz der SED gefordert hatte, die Enteignungen juristisch zu beenden[35], signalisierte die SMAD schließlich ein Jahr später – im Februar 1948 –, daß die Sequestrationen nun abgeschlossen werden sollten. Offiziell auf „Bitte" der DWK erging durch die SMAD daraufhin im April 1948 der Befehl Nr. 64, mit dem das Sequester und damit die Enteignungen formal beendet wurden. Man schuf das „Volkseigentum", welches faktisch Staatseigentum darstellte, und die volkseigenen Betriebe (VEB) entstanden. Trotzdem dauerten aber die Konflikte um Enteignungen in Einzelfällen noch bis in den Sommer 1948 an[36]. Ende 1948 waren schließlich durch diese Maßnahmen alle Großbetriebe und ein bedeutender Teil der Mittelbetriebe der SBZ enteignet und in Staatseigentum überführt. Sie erwirtschafteten insgesamt etwa 39 Prozent der industriellen Bruttoproduktion. Weitere 22 Prozent wurden in den SAG – in der Hand der Besatzungsmacht – produziert[37]. Damit entfielen bereits etwa drei Fünftel der Bruttoproduktion der Industrie auf den staat-

[32] SAPMO, DY 30, IV 2/602/113, Bl. 33: Protokoll über die 23.Sitzung des Sekretariats der DWK am 7. 7. 48.
[33] Staritz, Gründung der DDR, S. 141.
[34] Matschke, Industrielle Entwicklung, S. 151 ff.
[35] SAPMO, NY 4182/950, Bl. 203, Stenographische Niederschrift über die Wirtschaftskonferenz am Freitag, dem 28. 2. 1947 im Zentralhaus der Einheit zu Berlin.
[36] Matschke, Industrielle Entwicklung, S. 153 f.
[37] Krause, Entstehung, S. 108 f., Tabelle 14.

lichen Sektor. Der Rest der Produktion entfiel auf Privatbetriebe und zu einem geringen Teil auf Betriebe in treuhänderischer Verwaltung, wovon in erster Linie ausländisches Vermögen betroffen war. Da sich der überwiegende und vor allem der entscheidende Teil der industriellen Produktion in staatlicher Verfügung befand, war somit die Eigentumsordnung grundlegend gewandelt worden, wobei die DWK in diesem Bereich allerdings nur frühere Entwicklungen fortsetzte und vollendete. Andererseits stellt sie als Institution ein Kind oder Produkt dieser Eigentumsveränderungen dar.

Im April 1948 wurden ebenfalls die Instanzen und die Hierarchie geschaffen, mit der der in deutscher Hand befindliche staatliche Wirtschaftssektor gelenkt werden sollte. Bereits früher stand man in den Ländern vor der Notwendigkeit, die Tätigkeit der faktisch bereits in Landeseigentum befindlichen Betriebe zu steuern. Die entsprechenden Regeln wurden unter früher und aktiver Einflußnahme der SED-Zentrale ausgearbeitet[38]. Vorreiter und Vorbild für die einheitlichen Festlegungen in allen Ländern bildeten das Land Sachsen und sein Wirtschaftsminister, Fritz Selbmann. Er griff über Ulbricht persönlich in deren Ausarbeitungsprozeß ein, der Mitte 1947 in der DWK-Abteilung für Wirtschaftsfragen vorangetrieben wurde[39]. In die den einheitlichen Länderverwaltungen der staatlichen Betriebe zugrunde liegenden Organisationsprinzipien waren auch bereits gemachte praktische Erfahrungen eingeflossen[40]. Nachdem das „Volkseigentum" und die DWK als zentrale, zonenweite Wirtschaftsinstanz mit tatsächlichen Verfügungskompetenzen geschaffen worden war, lag es in der Logik dieses Entwicklungsprozesses, den Lenkungsapparat bis zu den Betrieben dem erreichten Zentralisierungsgrad auf neuer Eigentumsgrundlage anzupassen. Auf der Basis von im März 1948 in der DWK entstandenen Vorarbeiten erließ die SMAD im April 1948 den Befehl Nr. 76, der die größeren VEB der Verfügung der Länder entzog[41]. Sie wurden in 75 zonal gegliederten Vereinigungen Volkseigener Betriebe (VVB – Z –) zusammengefaßt. Ihnen waren von den Ende 1948 in der SBZ existierenden 6763 VEB 1631 (24,1 Prozent) nachgeordnet. Deren gesamtwirtschaftliche Bedeutung spiegelte jedoch ihr Anteil von 72,2 Prozent an den insgesamt in den der Zone und den Ländern unterstellten staatlichen Betrieben tätigen Beschäftigten besser wider. Die den Ländern nachgeordneten 3064 Betriebe (45,3 Prozent) wurden in den Landesregierungen unterstellten Vereinigungen (VVB - L -) organisiert. Darüber hinaus leiteten die Kommunen

[38] Vgl. u.a. SAPMO, DY 30, IV 2/602/57, Bl. 3–5, Rundschreiben Nr. 20/46 des Zentralsekretariats der SED, Ulbricht und Fechner an die Landes- und Provinzialvorstände der SED, betr.: Bildung eines selbständigen Wirtschaftsorgans für die landes- bzw. provinzialeigenen Betriebe vom 26. 9. 1946.

[39] SAPMO, NY 4113/16, Bl. 138–145, DWK, Leuschner an Landesregierung Sachsen, Ministerium für Wirtschaft und Wirtschaftsplanung, Selbmann, am 26. 6. 1947: Vorschlag über die gemeinsamen Grundlagen für den Aufbau und die Arbeit der landeseigenen Betriebe; ebenda, Bl. 148, Selbmann an Leuschner am 30.6.47.

[40] SAPMO, NY 4182/957, Bl. 234–239, Gemeinsame Grundlagen des Aufbaues der volkseigenen Betriebe, Entwurf [vermutlich einer Vorlage für das SED-Zentralsekretariat] vom 25.10.47.

[41] SAPMO, DY 30, IV 2/602/57, Bl. 122ff., Befehl des Obersten Chefs der Sowjetischen Militärverwaltung und des Obersten Befehlshabers der Sowjetischen Besatzungstruppen in Deutschland Nr. 76: Betr.: Bestätigung der Grundlagen über die Vereinigungen und Betriebe, die das Eigentum des Volkes darstellen .

noch weitere 2068 VEB[42]. Die VVB stellten selbständige juristische Personen dar, was für die nachgeordneten Betriebe nicht mehr galt. Der DWK oblag – nach dem SMAD-Befehl – zwar prinzipiell die Leitung, Kontrolle und Koordinierung der Tätigkeit aller VEB in der SBZ. Besondere Verantwortung hatte sie nun aber für die zonal unterstellten Betriebe, die unmittelbar durch die DWK-Hauptverwaltungen Kohle, Energie, Metallurgie, Chemie, Steine und Erden sowie Maschinenbau und Elektrotechnik geleitet wurden. Diese Hauptverwaltungen unterstanden wiederum dem DWK-Fachsekretariat Industrie[43]. Dessen Führung übernahm der vormalige sächsische Wirtschaftsminister Selbmann, der sich nun vom entschiedenen Interessenvertreter seines Landes zum Protagonisten einer weiteren zonenweiten Zentralisierung wandelte. Schon aus diesem Grund war es nicht erstaunlich, daß man sich bei dem Leitungsaufbau strukturell eng an das sächsische Modell angelehnt hatte. Jedoch sollten nun damit die zentralen Verfügungsrechte über den größten Teil der Industrie gesichert werden. Um ihnen besonderen Nachdruck zu verleihen, wurde ebenfalls im Mai 1948 ein zentraler Kontrollapparat innerhalb der DWK mit einem Unterbau bis auf die örtliche Ebene geschaffen, mit dem man die Lenkungs- und Planungsfunktionen der DWK faktisch durch Polizeiaufgaben erweiterte[44].

Ein weiterer Schritt zur Zentralisierung bestand darin, die Institutionen zur Wirtschaftslenkung bis zur Landesebene zu vereinheitlichen. Nachdem entsprechende Überlegungen der SMAD bekannt geworden waren, ergriff Selbmann in der DWK dazu die Initiative[45]. Seine Vorschläge lagen im wesentlichen dem Beschluß des DWK-Sekretariats am 9. Juni 1948 zugrunde, mit dem es den Landesregierungen „empfahl“, die Struktur der Wirtschaftsverwaltungsorgane der Länder an die der DWK anzupassen, indem jeder DWK-Hauptverwaltung eine Hauptabteilung in der Landesregierung entsprechen sollte. Gemäß dem unterschiedlichen Gewicht der Industriebranchen in den Ländern sollte die Möglichkeit bestehen, verschiedene Hauptabteilungen zusammenzufassen. Entsprechend den von den zentralen Instanzen bestimmten Schwerpunkten wirtschaftlicher Entwicklung waren aber mindestens Hauptabteilungen für Kohle und Energie, Schwerindustrie sowie Leichtindustrie in jedem Land zu bilden. Daneben sollten auf jeden Fall vier direkt dem Ministerpräsidenten zugeordnete Instanzen – die Hauptabteilungen für Wirtschaftsplanung und Materialversorgung sowie ein Ausschuß zum Schutz des Volkseigentums und ein Kontrollausschuß – ins Leben gerufen werden. Ihre Tätigkeit wurde unmittelbar an DWK-Weisungen gebunden[46]. Formal war damit die wirtschaftspolitische Selbständigkeit der Länder aufgehoben; sie bildeten faktisch nur noch eine Ebene in der auf diese Weise entstandenen zentralisierten Lenkungshierarchie für die Wirtschaft. Entsprechend der der Planung als zentraler Lenkungs-

[42] Zahlenangaben nach: SAPMO, DY 30, IV 2/602/57, Bl. 165 f., Verzeichnis der volkseigenen Betriebe (Stand 29. 10. 1948).

[43] Vgl. zu dem Prozeß auch: Mühlfriedel/Wießner, Geschichte der Industrie, S. 53–57.

[44] Zank, Wirtschaftliche Zentralverwaltungen, S. 269 f.; Naimark, Russen, S. 73; Beitrag Braun in diesem Band.

[45] BAB, DC 15/179, Bl. 3a–3c, DWK, Industrie, Selbmann an den Vorsitzenden der DWK, Rau, vom 13. 4. 1948.

[46] SAPMO, DY 30, IV 2/602/114, Bl. 154 f., DWK, Sekretariat, Beschluß S 86/48: Vereinheitlichung zur Verbesserung der Zusammenarbeit zwischen der DWK und den Wirtschaftsverwaltungsorganen der Länder, 10. 6. 1948.

methode immer stärker zugemessenen Bedeutung trug die DWK aber auch dafür Sorge, daß die Ämter für Wirtschaftsplanung der Länder dort tatsächlich über eine Schlüsselposition verfügten. Nachdem sie aus den Wirtschaftsministerien herausgelöst worden waren, neigten nämlich die Fachministerien in einigen Ländern dazu, die Planungsinstanzen aus dem Lenkungsprozeß auszuschalten. Das rief wiederum die DWK auf den Plan, die entsprechend intervenierte[47]. In dem beschriebenen Prozeß wurden also nicht nur die hierarchisch angeordneten Lenkungsinstitutionen für den staatlichen Sektor geschaffen, sondern auch darauf geachtet, daß sie mit den erforderlichen Kompetenzen und der entsprechenden Durchsetzungskraft ausgestattet waren.

Das dritte Gebiet, auf dem die DWK ordnungspolitisch wirksam wurde, umfaßte die Gestaltung der Regeln, um die Lenkungsziele inhaltlich zu bestimmen, durchzusetzen und zu kontrollieren. Hier versuchte sie zunehmend Richtung und Inhalt der Wirtschaftsaktivitäten über zonenweite Pläne zu lenken und zu steuern. Bereits seit Mitte 1947 hatte man in der DWK an einem Plan für das gesamte Jahr 1948 und die SBZ gearbeitet, was einen neuen Schritt bei der Entwicklung der Planung darstellte. Das Ergebnis – ein durch die DWK in Form eines SMAD-Befehls vorbereiteter Wirtschaftsplan 1948 – wurde zwar nicht wirksam, wahrscheinlich weil die Sowjetunion im Dezember 1947 noch vor einem weiteren demonstrativen Schritt der Systemgestaltung aus deutschlandpolitischen Kalkülen zurückschreckte. Aber mit ihm wurden Grundsätze einer durchgehenden Wirtschaftsplanung erprobt[48]. Darüber hinaus stellte eine DWK-Ausarbeitung vom November 1947 zur einheitlichen Gestaltung der Wirtschaftsplanung für die SBZ neben einer Ausdehnung der Planung auf andere volkswirtschaftliche Lenkungsgebiete als der bis dahin dominierenden Produktion, wie den Arbeitskräften, nunmehr auch die Bilanzplanung als Methode in den Mittelpunkt. Dabei sollten das Aufkommen (Produktion und Import) der Güter und Leistungen dem Bedarf gegenübergestellt werden. Dies entsprach zwar noch nicht dem sowjetischen Prinzip der Bilanzierung, bei dem Aufkommen und Verwendung bzw. Verteilung ins Gleichgewicht gebracht und so die Allokation der Ressourcen bestimmt wurde. Aber durch die ebenfalls geforderten Verteilungspläne und Kontingentzuteilungen lag dies im Ansatz bereits vor[49]. Auf dieser Basis reichten Walter Ulbricht und Wilhelm Pieck, kurz nachdem der DWK im Februar 1948 umfassende neue Kompetenzen übertragen worden waren, im März 1948 eine Ausarbeitung zu einem Wirtschaftsplan für 1948 nach Moskau weiter, die offenbar auf Vorarbeiten aus der Abteilung für Wirtschaftsfragen sowie der Zentralverwaltung für Industrie aufbaute[50]. Danach sollte die DWK den Plan ausarbeiten, seine Erfüllung einschließlich der Reparationen aus laufender Produktion überwachen und die Verteilung der Rohstoffe übernehmen. Weiter sah dieser

[47] BAB, DC 15/179, Bl. 5f., DWK, Hauptverwaltung für Wirtschaftsplanung, Niederschrift über die Arbeitsbesprechung mit den Ämtern für Wirtschaftsplanung am 30. 7. 1948.

[48] Siehe die verschiedenen Ausarbeitungen in: BAB, DC 15/588. Vgl. zu diesem Dokument: Mühlfriedel, Wirtschaftsplan 1948.

[49] SAPMO, NY 4182/951, Bl. 169–203, [DWK, Abteilung für Wirtschaftsfragen], Die Wirtschaftsplanung in der Sowjetischen Besatzungszone, 30. 11. 1947.

[50] Vgl. u.a. SAPMO, DY 30, IV 2/602/109, Bl. 120–135, [Deutsche Zentralverwaltung für Industrie], Voraussetzungen für die Durchführung einer geregelten Wirtschaftsplanung vom 5. 1. 1948.

Vorschlag der deutschen Seite vor, daß der Plan – einmal von der DWK und der Wirtschaftsplanungsabteilung der SMAD genehmigt – nur noch im beiderseitigen Einverständnis geändert werden konnte, was von der SED bereits seit längerem gefordert worden war, um die Planbarkeit des Wirtschaftsprozesses über einen bestimmten Zeitraum überhaupt zu gewährleisten. Damit hoffte man, willkürliche Planänderungen oder ungeplante Entnahmen von Produktion seitens der sowjetischen Stellen verhindern zu können. Auch die SAG sollten nunmehr ihren Bedarf an Ressourcen und Vorleistungen bei der DWK anmelden und im Plan verankern[51]. Inwiefern dies im folgenden von den sowjetischen Stellen tatsächlich konzediert wurde, muß hier allerdings offen bleiben. Mit dem SMAD-Befehl Nr. 76 wurden jedoch auch die in der DWK entstandenen Vorstellungen bestätigt, wonach die VVB ihre Tätigkeit nach Plänen zu gestalten hatten, deren Aufgaben wesentlich durch die Länder und die DWK zu bestimmen waren. Danach sollten in den Plänen die Entwicklung der Produktion, der Kosten, der Beschäftigten und der erforderlichen Löhne, der Investitionen, der erforderlichen Vorleistungen, des Absatzes der Produktion sowie die Gewinn-Verlust-Rechnung enthalten sein[52]. Nach den verschiedenen vorangegegangenen Entscheidungen – wie den Eigentumsveränderungen und der Errichtung einer zonenweiten integrierten Wirtschaftsinstanz – erschien es der sowjetischen Besatzungsmacht nach einer Initiative der SED und der DWK vom April 1948 auch opportun, die Verkündung eines „Produktionsplans für das zweite Halbjahr 1948“ für die SBZ zuzulassen[53]. Bei seiner Erstellung konnte die DWK auf die Planungsarbeit in der zweiten Jahreshälfte 1947 zurückgreifen. Darüber hinaus untersuchte man, welches Produktionspotential in der SBZ vorhanden war und wie sich die Industrie in den Vorjahren entwickelt hatte. Auf dieser Basis wurde der Halbjahresplan erarbeitet, der in erster Linie nach wie vor nur die Warenproduktion der Industrie erfaßte. Der darauf aufbauende Verteilungsplan hatte zunächst lediglich provisorischen Charakter[54]. Im April/Mai 1948 ging man einen Schritt weiter. Nun sollte ein mehrjähriger und verschiedene Lenkungsgebiete erfassender Plan erarbeitet werden. „Im Interesse des Wiederaufbaus und der Entwicklung der Friedenswirtschaft“ beschloß die DWK-Vollversammlung am 12. Mai 1948 für die SBZ einen Zweijahrplan für die Jahre 1949 und 1950 aufzustellen und durchzuführen. Sie beauftragte die Hauptverwaltung Wirtschaftsplanung und das Statistische Zentralamt mit den erforderlichen Vorarbeiten[55]. Damit war ordnungspolitisch nunmehr auch präjudiziert, daß die wirtschaftliche Lenkung inhaltlich mittels Wirtschaftsplänen erfolgen sollte, die zur Richtschnur für die ökonomischen Aktivitäten wurden.

[51] Naimark, Russen, S. 239.

[52] SAPMO, DY 30, IV 2/602/57, Bl. 122 ff., Befehl des Obersten Chefs der Sowjetischen Militärverwaltung und des Obersten Befehlshabers der Sowjetischen Besatzungstruppen in Deutschland Nr. 76, betr.: Bestätigung der Grundlagen über die Vereinigungen und Betriebe, die das Eigentum des Volkes darstellen .

[53] BAB, DC 15/734, Bl. 33, Stellvertreter des Obersten Chefs der SMAD, Kowal, an den Vorsitzenden der DWK, Rau, am 12. 5. 1948.

[54] Zu den Details und auch zur Erfüllung des Halbjahresplanes siehe: Mühlfriedel, Produktionsplan.

[55] SAPMO, DY 30, IV 2/602/114, Bl. 69, DWK, Beschluß S 41/48 vom 12. 5. 1948: Aufstellung eines Zwei-Jahresplanes für die Sowjetische Besatzungszone.

Im Prozeß der Planerarbeitung machten sich dann allerdings Diskrepanzen zwischen den Ausarbeitungen der Hauptverwaltung Wirtschaftsplanung und den industriebereichsbezogenen Hauptverwaltungen bemerkbar, die teilweise auf inhaltliche Divergenzen, aber auch auf organisatorische Abstimmungsschwierigkeiten zurückzuführen waren. Da die differierenden Planzahlen bis zur SMAD gelangt waren, fühlte sich Leuschner veranlaßt, scharf bei Heinrich Rau als DWK-Vorsitzendem und sogar bei Ulbricht zu intervenieren[56]. Aus solchen Schwierigkeiten wurde schließlich die Konsequenz gezogen, daß es nicht ausreichend war, die wirtschaftslenkenden Institutionen in den Ländern und auf den verschiedenen Leitungsebenen der DWK formal nachzuordnen, sondern die Lenkungs- und Planungskompetenzen auch inhaltlich noch einmal explizit bei der DWK und planungstechnisch bei ihrer Hauptverwaltung Wirtschaftsplanung zu zentralisieren. Daher wies das Sekretariat der DWK im Juli 1948 an, daß die Hauptverwaltung für Wirtschaftsplanung „für alle Planungsarbeiten unabhängig ob in den Hauptverwaltungen der DWK oder in den planökonomischen Abteilungen der einzelnen Länder [...] federführend" sei. Damit erhielt sie die Befugnis, die Organisation der Planungsorgane zu bestimmen, die Durchführung der Planung formal und inhaltlich zu regeln sowie alle erstellten Pläne zu koordinieren und zu bestätigen[57]. Auf diese Weise wurde der vollkommenen Vereinheitlichung der Planungsinstitutionen sowie der entsprechenden Instrumente und Mechanismen der Weg geebnet. Gleichzeitig erfolgten weitere Schritte, um die Planung als gesamtwirtschaftliche Lenkung wirksam zu machen. Die auf dem Stand von 1944 eingefrorenen Preise konnten den Betrieben angesichts inzwischen vollkommen veränderter Marktverhältnisse keine Signale über die Nachfrage nach ihren Produkten vermitteln. Daher beschloß das DWK-Sekretariat am 23. Juni 1948 im Interesse einer bedarfsgerechten Produktion: „Nur durch die genaue Spezifikation der Auflagen wird verhindert, daß die Betriebe die Herstellung *der* Warensorten bevorzugen, die durch Sonderausführung höheren Gewinn oder die dem Werk, weil sie sich gut für Kompensationen eignen, besondere Vorteile bringen." Jedoch vertraute man diesem Instrument der Spezifikation auch nicht durchgängig, denn es ließ sich ohnehin nicht vollständig realisieren. Daher räumte die gleiche Anordnung in „preispolitisch gerechtfertigt[en]" Fällen die Möglichkeit ein, Preiserhöhungen zuzulassen[58]. Jedoch sollten letztere die Ausnahme bleiben, und damit war der Weg dahin vorgezeichnet, daß mit solchen Spezifikationen die Planung immer detaillierter werden mußte.

Ebenso nutzte man immer stärker den finanzwirtschaftlichen Rahmen, der den Betrieben gesteckt wurde, als weiteres Element der zentralen Lenkung der Wirtschaft. Bereits 1947 achteten sowohl die DWK als auch die SED-Zentrale darauf, daß die bereits faktisch in Landeseigentum befindlichen Betriebe auch finanziell den Wirtschaftsministern der Länder und nicht den meist aus der CDU oder der LDP kommenden Finanzministern unterstellt wurden. Damit sollten „die starken Bestrebungen der zum Teil reaktionären Finanzminister zur Einmischung in die Ge-

[56] SAPMO, NY 4182/963, Bl. 196ff., Leuschner an Rau und Ulbricht, 4. 6. 1948.

[57] SAPMO, DY 30, IV 2/602/114, Bl. 281, DWK, Sekretariat, Beschluß S 153/48 vom 19. 7. 1948, Koordinierung der Planungsarbeiten in den Hauptverwaltungen der Deutschen Wirtschaftskommission und in den Ländern.

[58] Ebenda, Bl. 173f., DWK, Sekretariat, Beschluß S 104/48 vom 23. 6. 1948: Richtlinien für die Produktion im Jahre 1948 [Hervorhebung im Original].

schäftsgebarung der landeseigenen Betriebe verhindert werden"[59]. In diesem Zusammenhang läßt sich die den Betrieben zugestandene Autonomie daran ablesen, in welchem Umfang sie über ihren wirtschaftlichen Ertrag bzw. ihren Gewinn selbst verfügen konnten. Darüber hinaus entschied u.a. das Ausmaß der Gewinnabführung über den Anreiz für die Betriebe, ihre Rentabilität oder Produktivität zu steigern. Die Zentralverwaltung für Finanzen hatte im Einvernehmen mit den Finanzministern der Länder im August 1947 einen Entwurf für eine Anordnung vorgelegt, wie mit den Erträgen der Betriebe zu verfahren war. Danach sollten sie die Hälfte ihrer Gewinne an den Landeshaushalt abführen, aus dem mit diesen Gewinnen wiederum Investitionen zu finanzieren waren[60]. In der DWK meinte man in dieser Frage jedoch, daß die Ablieferung der Hälfte der erzielten Erträge zu schematisch und nicht elastisch genug sei, um bestimmte Industriebranchen zu fördern oder zu bremsen[61]. Offenbar hatte man zumindest in der DWK bereits zu dieser Zeit klar im Auge, daß mit solchen finanzwirtschaftlichen Festlegungen strukturpolitische Entscheidungen ermöglicht wurden. Vor allem welche Branchen expandieren sollten und welche nicht, wollte man selbst entscheiden. Nach langwierigen Auseinandersetzungen über Zuständigkeiten und Inhalte für eine solche Regelung zwischen den verschiedenen Instanzen übermittelte schließlich die Finanzverwaltung der SMAD im April 1948 einen Entwurf für die Grundbestimmungen zur Finanzorganisation der „volkseigenen" Betriebe an die Hauptverwaltung Finanzen der DWK, in dem vorgesehen war, daß den Betrieben lediglich 15 Prozent ihres Gewinnes verbleiben sollten. Davon waren zwei Drittel (10 Prozent des Gewinnes) für die Verbesserung der Lebenslage der Beschäftigten und für Prämien sowie 5 Prozent des Gewinnes als Bonusmittel für Rationalisierungsvorschläge und Erfindungen einzusetzen. Die verbleibenden 85 Prozent hatten die Betriebe an die VVB zu überweisen, die wiederum die Mittel nur im Rahmen der *geplanten* Verwendungen – für Investitionen und Erhöhung der Umlaufmittel – einsetzen durften. Darüber hinaus bestehende Überschüsse waren von den VVB an den Haushalt der Länder abzuführen[62]. Diese Festlegungen wurden dann auch in die endgültige Verordnung zur Finanzwirtschaft der Betriebe aufgenommen, die von der DWK im Mai 1948 erlassen wurde[63]. Letztlich entschied man sich im Interesse der strukturpolitischen Entscheidungskompetenzen der Zentrale für die weitgehende Zentralisierung der Gewinne der „volkseigenen" Betriebe. Um die Entwicklung bzw. Zurückdrängung

[59] SAPMO, DY 30, IV 2/602/57, Bl. 66f., Abt. Wirtschaft an Abt. Justiz am 21. 5. 1947, betr.: Aufsatz „Die Rechtsform der landeseigenen Betriebe" von Dr. Karl Kaiser.

[60] BAB, DC 15/89, Bl. 7–10, Präsident der Deutschen Zentralfinanzverwaltung an die DWK, Abt. für Wirtschaftsfragen, Herrn Lengwinat am 15. 8. 1947: Entwurf Anordnung über die Erträge der landeseigenen Betriebe.

[61] BAB, DC 15/89, Bl. 14, [DWK, Abteilung für Wirtschaftsfragen] Mühlberg an Herrn Bekker, im Hause am 28. 8. 1947, betr.: Entwurf der Zentralfinanzverwaltung über die Verwendung der Erträge der landeseigenen Betriebe.

[62] BAB, DC 15/89, Bl. 108–114, Finanzverwaltung der SMAD an den Präsidenten der Hauptfinanzverwaltung, Meyer am 22. 4. 1948: Grundbestimmungen über die Finanzorganisation der volkseigenen Betriebe.

[63] SAPMO, DY 30, IV 2/602/114, Bl. 33–29, DWK, Sekretariat, Beschluß S 33/48 vom 12. 5. 1948: Verordnung über die Finanzwirtschaft der volkseigenen Betriebe.

des privaten Sektors gezielt zu lenken, sollte dagegen die Steuerpolitik eingesetzt werden[64].

Strukturpolitische Entscheidungen setzten aber auch entsprechende Kriterien für die Lenkung des Wirtschaftsprozesses voraus. Dabei bildete es in den Augen der marxistisch geschulten und von den sowjetischen Erfahrungen beeinflußten Wirtschaftspolitiker von Anfang an gerade einen der entscheidenden Vorteile gesamtwirtschaftlicher Lenkung, daß man diese an volkswirtschaftlichen Interessen ausrichten konnte. Auf diese Weise meinte man, die sozialen Kosten von Wirtschaftskrisen und Arbeitslosigkeit zu vermeiden. Diese resultieren in marxistischer Sicht aus der unkoordinierten Verfolgung einzelwirtschaftlicher Interessen auf dem Markt, wo sich gesamtwirtschaftlich optimale Lösungen „hinter dem Rücken der Produzenten" (Marx) herstellen. Bei einer ex ante Lenkung des Wirtschaftsprozesses unter Beachtung der volkswirtschaftlichen Interessen würden dagegen diese Kosten nicht anfallen[65]. Daher hatte betriebswirtschaftliche Rentabilität als Entscheidungskriterium für wirtschaftliche Entscheidungen auch hinter den gesamtwirtschaftlichen Erfordernissen zurückzustehen. In einem Entwurf aus dem Apparat der SED-Zentrale für eine Vorlage an das SED-Zentralsekretariat hieß es im Oktober 1947 noch vorsichtig, aber mit eindeutiger Zielrichtung: „Vom Grundsatz der Rentabilität darf nur abgewichen werden, wenn volkswirtschaftliche Interessen es erfordern."[66] In einer Ausarbeitung zur Finanzpolitik, die vermutlich 1948/49 entweder in der DWK oder in der SED-Zentrale entstand, wurde dann metaphorisch, aber eindeutig bestimmt: „Man wird sich über die Begriffe von Rentabilität und Wirtschaftlichkeit neue Vorstellungen machen müssen. Diese Begriffe müssen aus dem engen Rahmen der betriebswirtschaftlichen Betrachtung herausgetragen werden in die Weite der volkswirtschaftlichen Ebene. In der volkseigenen Gesamtrechnung ist die Rentabilität des einzelnen Industriebetriebes wohl wichtig, und es muß alles darangesetzt werden, um die Einzelbetriebe rentabel zu gestalten, ausschlaggebend [...] ist aber die Wirtschaftlichkeit der volkseigenen Unternehmen in der Perspektive der Gesamtrechnung. Nicht die bisher bekannten Maßstäbe der betriebsindividuellen Rentabilitätsberechnungen sind maßgebend, sondern die durch den Finanzplan dargestellte Gesamtschau der volkswirtschaftlichen Erfordernisse."[67] Solche für das Denken in der DWK und der SED-Zentrale wohl repräsentative Überlegungen führten dazu, daß volkswirtschaftliche Interessen den Prinzipien betriebswirtschaftlicher Rentabilität übergeordnet werden sollten. Im Falle daraus folgender Verluste sollten die Betriebe Subventionen erhalten[68]. Die entscheidende Frage in diesem Zusammenhang mußte aber sein, wer die volkswirtschaftlichen Interessen bestimmte. Da die zentralen Instanzen bei eingefrorenen

64 SAPMO, NY 4182/963, Bl. 308, Entwurf „Unsere Finanzpolitik im Zweijahrplan. Die Finanzpolitik in der gegenwärtigen Periode".

65 Vgl. zu dieser Problematik und ihren Konsequenzen: Steiner, DDR-Wirtschaftsreform, S. 185f.

66 SAPMO, NY 4182/957, Bl.237, Entwurf „Gemeinsame Grundlagen des Aufbaues der volkseigenen Betriebe", 25. 10. 1947.

67 SAPMO, NY 4182/963, Bl. 300, Entwurf „Unsere Finanzpolitik im Zweijahrplan. Die Finanzpolitik in der gegenwärtigen Periode".

68 Vgl. SAPMO, DY 30, IV 2/602/17, Bl. 202, Landesvorstand der SED [Sachsen-Anhalt], Abt. Wirtschaftspolitik an alle Kreisvorstände der SED, Abt. Wirtschaftspolitik: Rundschreiben Nr. 15/49 vom 19. 3. 1948.

Preisen und einem unsicheren Informationsfluß von den Betrieben nicht über entsprechende wirtschaftliche Kriterien für dergleichen Entscheidungen mit makroökonomischer Reichweite verfügen konnten, mußten diese volkswirtschaftlichen Interessen politisch definiert werden, was der SED als der entscheidenden politischen Kraft die Möglichkeit eröffnete, politische Ziele der Wirtschaft zu oktroyieren. Insgesamt ist also der DWK zweifelsfrei eine ordnungspolitisch prädisponierende Funktion zuzuschreiben.

Angesichts der in einem kurzen Zeitraum im April/Mai 1948 konzentrierten ordnungspolitischen Weichenstellungen ergibt sich die Frage, woher die DWK im Vergleich zu den früheren Zentralverwaltungen ihre Durchsetzungskraft nahm. Letztere hatten bereits früher immer wieder Ambitionen erkennen lassen, mit mehr zentralen und zonenweiten Kompetenzen ausgestattet zu werden. Dabei stand die SED-Zentrale, vor allem deren Wirtschaftsabteilung unter ihrem vormaligen Leiter Bruno Leuschner, oft hinter ihnen und ihren zentralistischen Interessen. Diese Bestrebungen der deutschen Seite wurden allerdings durch die deutschlandpolitischen Intentionen der Sowjetunion aber auch durch die Vielstimmigkeit des sowjetischen Apparates in der SBZ – der SMAD, ihrer verschiedenen Fachabteilungen und ihrer Länderverwaltungen – gebremst[69]. Im Gegensatz zu den früheren Zentralverwaltungen verfügte die DWK nun über die Rückendeckung der SMAD. Kennzeichnend für das Verhältnis von DWK und SMAD war der Prozeß hin zu der Entscheidung, einen Zweijahrplan aufzustellen. Rau wandte sich als Vorsitzender der DWK am 27. April 1948 in einem Schreiben an Kowal, in dem er sich darauf berief, daß die SMAD der DWK mit dem Befehl Nr. 32 die Aufgaben gestellt habe, „die deutsche Friedenswirtschaft wiederherzustellen, die Reparationsverpflichtungen und den Bedarf der sowjetischen Besatzungsstreitkräfte zu sichern, die Versorgung der deutschen Bevölkerung zu sichern und zu verbessern". Zur Erfüllung dieser Aufgaben sehe es die DWK „nach reiflicher Überlegung" als erforderlich an, einen „längeren Plan für den Zeitraum von zwei Jahren" aufzustellen und durchzuführen. Dazu erbat Rau von Kowal die „Zustimmung und Bestätigung"[70]. Daraufhin teilte Kowal am 12. Mai 1948 mit, daß er dagegen ebenso wie gegen den Halbjahresplan für die zweite Jahreshälfte 1948 „keine Einwendungen habe"[71]. Noch am gleichen Tag nahm die DWK-Vollversammlung – wie erwähnt – einen entsprechenden Beschluß an. Die in der Hauptverwaltung Wirtschaftsplanung der DWK erarbeitete Grundlinie des Planes wurde Anfang Juli von der SED-Spitze verabschiedet, und anschließend erfolgte die detaillierte Erstellung des Plans. Zur gleichen Zeit, am 7. Juli 1948, teilte der Leiter der Planökonomischen Abteilung der SMAD, Chmelewski, Rau mit, daß der Halbjahresplan 1948 „nach Prüfung" durch die SMAD und „unter Berücksichtigung einiger eingetragener Korrekturen von dem Obersten Chef der SMAD" genehmigt worden sei[72]. Auch für die entsprechenden Verteilungspläne war die Bestätigung der SMAD erforderlich, die hier prüfen wollte, inwiefern der

[69] Vgl. Steiner, Länderpartikularismus und Zentralismus.

[70] BAB, DC 15/734, Bl. 25, Rau an den Stellvertreter des Obersten Chefs der SMAD für Wirtschaftsfragen, Kowal, am 27. 4. 1948.

[71] Ebenda, Bl. 33, Stellvertreter des Obersten Chefs der SMAD, Kowal an den Vorsitzenden der DWK, Rau am 12. 5. 1948.

[72] Ebenda, Bl. 50, Leiter der Planökonomischen Abteilung der SMAD, Chmelewski, an den Vorsitzenden der DWK, Rau, am 7. 7. 1948.

sowjetische Bedarf berücksichtigt wurde[73]. Waren die Pläne durch die SMAD erst einmal bestätigt, verlangte diese von der DWK ihre „unbedingte Durchführung und umgehende Weitergabe" an die Betriebe[74]. Letztlich benötigte auch die DWK in ihrer neuen institutionellen Form bei entscheidenden Schritten nach wie vor das Plazet der SMAD. Jedoch war ebenso zu beobachten, daß die sowjetische Seite der deutschen Zoneninstanz schon mal demonstrativ – wie bei der Finanzierungsrichtlinie für die „volkseigenen" Betriebe – den Erlaß von bestimmten Regelungen überließ, wenn sich letztere dadurch einen Prestigegewinn gegenüber den nachgeordneten Instanzen und Betrieben versprach[75]. Als kennzeichnend für das Verhältnis der DWK und der SMAD ab Mitte 1948 kann wohl das von der Hauptverwaltung Wirtschaftsplanung der DWK Mitte 1949 selbst abgegebene Urteil gelten, wonach sie „in der Berichtszeit keine Befehle der SMAD" erhalten, „aber die Anregungen und Empfehlungen seitens der SMAD zur Aufstellung und Durchführung des Planes [...] begrüßt, beachtet und angewandt" habe[76].

Über die rein ordnungspolitischen Weichenstellungen hinaus trug die DWK mit ihren zonenweiten Kompetenzen aber auch zur Formierung einer eigenen Gesamtwirtschaft bei. Mit der Zoneneinteilung Deutschlands und der Abtretung seiner östlichen Gebiete waren die historisch gewachsenen regionalen Wirtschaftsverflechtungen vielfach zerrissen worden[77]. Daß diese schließlich nur begrenzt wieder neu geknüpft werden konnten, hing von einer Vielzahl vor allem politischer Faktoren ab, die hier nicht näher erörtert werden können. Zu nennen sind aber die reparationsbezogene Teilung zwischen den Westzonen und der SBZ, die Gründung der Bizone, die hier dargestellten ordnungspolitischen Weichenstellungen des Jahres 1948, die getrennten Währungsreformen in West und Ost 1948 sowie die Berlin-Blockade[78]. Daraus resultierte der Zwang, die Wirtschaft der eigenen Zone durch den Aufbau von Produktionskapazitäten zu ergänzen, die in den bestehenden Fertigungsketten fehlten, oder die außenwirtschaftlichen Beziehungen neu zu ordnen und so die benötigten Rohstoffe und Güter bereitzustellen. Indem Kapazitäten neu geschaffen sowie die binnen- und außenwirtschaftlichen Verflechtungen neu geknüpft wurden, unternahm man wichtige Schritte, um faktisch eine eigene Volkswirtschaft zu konstituieren. Dieser Prozeß wurde mit dem Zweijahrplan 1949/50 zweifellos in Angriff genommen, der nicht mehr – wie bis dahin – die Wiederherstellung und volle Ausnutzung der vorhandenen Kapazitäten in den Mittelpunkt der wirtschaftlichen Tätigkeit stellte. Nunmehr stand die Veränderung der industriellen Strukturen im Vordergrund[79]. Gleichwohl ist aber auch nicht zu über-

[73] Ebenda, Bl. 54, Rau an den Stellvertreter des Obersten Chef der SMAD, Kowal, am 2. 8. 1948, betr.: Verteilungspläne für das 2.Halbjahr 1948.

[74] Ebenda, Bl. 50, Leiter der Planökonomischen Abteilung der SMAD, Chmelewski, an den Vorsitzenden der DWK, Rau, am 7. 7. 1948.

[75] Vgl. BAB, DC 15/89, Bl. 123, Niederschrift über die Besprechung bei der SMAD in Karlshorst am 5. 5. 1948; SAPMO, DY 30, IV 2/602/114, DWK, Sekretariat, Beschluß S 33/48 vom 12. 5. 1948: Verordnung über die Finanzwirtschaft der volkseigenen Betriebe.

[76] BAB, DC 15/240, Bl. 36, Bericht über die Tätigkeit der Hauptverwaltung Wirtschaftsplanung im 1.Halbjahr 1949 vom 22. 6. 1949.

[77] Vgl. Matschke, Industrielle Entwicklung, S. 99–106.

[78] Vgl. zu den Bedingungen, Hemmnissen und Ergebnissen des Interzonenhandels: Mai, Alliierter Kontrollrat, S. 187–203.

[79] Mühlfriedel/Wießner, Geschichte der Industrie, S. 65f.

sehen, daß hier lediglich der Beginn dieses Prozesses markiert wurde: Mit dem ersten Fünfjahrplan 1951 bis 1955 begann man wesentlich tiefgreifendere Strukturänderungen durchzusetzen. Im hier betrachteten Zusammenhang bleibt aber festzuhalten, daß zur gleichen Zeit wie die wesentlichen ordnungspolitischen Weichenstellungen auch erste Schritte zur Umgestaltung der Wirtschaftsstruktur und damit zur Formierung einer eigenen SBZ-Volkswirtschaft vollzogen wurden.

Nach dem DWK-Beschluß vom Juli 1948, wonach ihre Hauptverwaltung Wirtschaftsplanung inhaltlich und organisatorisch „federführend" für alle Planungsarbeiten in der SBZ sei[80], lag es in der Logik der fortschreitenden Zentralisierung, diese Hauptverwaltung ebenfalls institutionell gegenüber den anderen DWK-Hauptverwaltungen herauszuheben. Da die Länder, aber auch die einzelnen Branchen oder Betriebe nach Ansicht der Hauptverwaltung Wirtschaftsplanung offenbar nach wie vor zu viele Eigenwilligkeiten entwickelten, unterbreitete Leuschner im Oktober 1948 Rau tatsächlich einen solchen Vorschlag, den dieser an Ulbricht weiterleitete. Leuschner hob hervor: „[D]ie Durchführung des Zweijahresplanes und die bisherige praktische Erfahrung machen es notwendig, die bestehende HV [Hauptverwaltung] für Wirtschaftsplanung aus dem Rahmen der operativen Hauptverwaltungen herauszunehmen. Das ist umso erforderlicher, da sich der Kampf um den Plan verstärken und der Planungsgedanke zum tragenden Faktor unserer Wirtschaftspolitik werden muß. Wir brauchen eine *scharfe Waffe* gegen offene und versteckte Widerstände, die sich [...] gegen den Plan richten." Es seien „eine Reihe von Aufgaben in Fragen der Planung und Kontrolle unseres Wirtschaftslebens *stärker als bisher zu zentralisieren*". Nach Ansicht von Leuschner sollte die Hauptverwaltung Wirtschaftsplanung deshalb zum „zentralen Leitungs- und Koordinierungsorgan für alle Planungsfragen" in der SBZ werden, was sie nach dem Juli-Beschluß de facto bereits war. Nun sollten aber die Planungsabteilungen der einzelnen branchenbezogenen Hauptverwaltungen und die Ämter für Wirtschaftsplanung bei den Ländern direkt der Hauptverwaltung Wirtschaftsplanung unterstellt werden, die dann zwar nach wie vor als Bestandteil der DWK, aber unter einem neuen Namen als „Zentrales Planungsamt" firmieren sollte[81]. Die SED-Spitze billigte diesen Vorschlag offenbar, und er wurde auch mit dem Leiter der Planökonomischen Verwaltung der SMAD, Chmelewski, abgestimmt. Ende November 1948 sollte nach Beschlußfassung durch das SED-Zentralsekretariat offiziell bei der SMAD um Zustimmung nachgesucht werden[82]. In diesem Zusammenhang wurde der Vorschlag Leuschners noch dahingehend erweitert, daß nicht nur die Kompetenzen der obersten Planungsbehörde erweitert und institutionell abgesichert werden sollten, sondern die Planung selbst war auch inhaltlich von der bisher im Mittelpunkt stehenden Industrieproduktion auf weitere Bereiche auszudehnen[83]. Die vorgeschlagene institutionelle Umgestaltung und Heraushebung der Hauptverwaltung Wirtschaftsplanung wurde jedoch letztlich nicht realisiert. Über

[80] SAPMO, DY 30, IV 2/602/114, Bl. 281, DWK, Sekretariat, Beschluß S 153/48 vom 19. 7. 1948, Koordinierung der Planungsarbeiten in den Hauptverwaltungen der Deutschen Wirtschaftskommission und in den Ländern.

[81] SAPMO, NY 4182/963, Bl. 219–221, Leuschner an Rau am 12. 10. 1948 [Handschriftlicher Vermerk: „für Gen. Ulbricht, über Gen. Stoph"; Hervorhebungen vom Autor].

[82] BAB, DC 15/239, Bl. 17, Leuschner an Greta Kuckhoff am 26. 11. 1948.

[83] Ebenda, Bl. 4 ff., Begründung, betr.: Zentrales Planungsamt [November 1948].

die Gründe dafür kann (bisher) nur spekuliert werden. Wahrscheinlich weigerte sich hier die sowjetische Seite ein weiteres Mal zuzustimmen, weil sie es Ende 1948 deutschlandpolitisch nicht für opportun hielt, den Zentralisierungsprozeß sowie die weitere Durchsetzung der Planwirtschaft noch stärker institutionell und gewissermaßen auch staatsrechtlich voranzutreiben und nach außen zu dokumentieren.

Die Praxis der Planerstellung blieb mit außerordentlich vielen Problemen belastet und in vielfältiger Weise hinter den Vorstellungen und Erwartungen der Verantwortlichen in der DWK zurück[84]. Auch deshalb hatte man weiter mit der Schwierigkeit zu kämpfen, daß die fach- bzw. branchenorientierten Hauptverwaltungen der DWK ebenso wie die Länderregierungen im Prozeß der Planerarbeitung und -umsetzung versuchten, ihre eigenen Interessen durchzusetzen, was sich im Tätigkeitsbericht der Hauptverwaltung Wirtschaftsplanung für das erste Halbjahr 1949 so las, daß es ihr gelungen war, „gegen erhebliche Widerstände [...] die notwendige führende Rolle der Planung weiter durchzusetzen und zu festigen“[85]. Diese „Widerstände“ dürften sich aber in Grenzen gehalten haben, noch dazu da damit kein grundsätzlicher Widerstand gegen die Planung verbunden, sondern die Artikulation von Partikularinteressen gemeint war, die im Hinblick auf gesamtwirtschaftliche Planungen abgewehrt werden sollten. Dabei kann hier nicht beurteilt werden, ob diese Teilinteressen oder die in der SED-Spitze und der Hauptverwaltung Wirtschaftsplanung der DWK formulierten gesamtwirtschaftlichen Interessen ökonomisch sinnvoll waren. Solche Partikularinteressen konnten infolge der in den Ländern unterschiedlichen Verfahrensweise bei der Güterverteilung noch 1948 wirksam durchgesetzt werden[86]. Gleichzeitig wurde nun aber ab dem Zweijahrplan die Planung tatsächlich inhaltlich stark ausgedehnt, d.h. es wurde nicht mehr wie bisher nur die Produktion der Industrie, sondern darüber hinaus auch die der Land- und Forstwirtschaft sowie die Investitionen, die Finanzen, der Warenumsatz und die Arbeitskräfte u.a.m. geplant. Allerdings blieben diese zusätzlichen Planteile für die nachgeordneten Hierarchieebenen bis hinunter zu den Betrieben oft „lästige Zahlenaufstellungen“, die inhaltlich wenig fundiert waren[87]. Die Planung blieb insgesamt noch unzulänglich und wenig realwirtschaftlich wirksam. Jedoch bildeten sich bereits die Erscheinungen heraus, wie sie für realisierte Planwirtschaften charakteristisch waren. So versuchten die Betriebe beispielsweise bereits entsprechend den Anreiz- und Informationsstrukturen, bei der Erstellung der Produktionsvorgaben in hierarchischen Systemen möglichst niedrige Auflagen für den Output bei Bereitstellung möglichst hoher Inputs und damit einen möglichst einfach zu erfüllenden Plan zu erhalten[88]. Dieses für staatssozialistische Wirtschaften typische Phänomen ist in der Literatur als „weicher“ Plan diskutiert worden.

[84] Vgl. zu den realwirtschaftlichen Erscheinungen: Holzwarth, Anfänge, passim.

[85] BAB, DC 15/240, Bl. 21, Bericht über die Tätigkeit der Hauptverwaltung Wirtschaftsplanung im 1.Halbjahr 1949 vom 22. 6. 1949.

[86] Siehe: Holzwarth, Anfänge, S. 249ff.

[87] BAB, DC 15/240, Bl. 32, Bericht über die Tätigkeit der Hauptverwaltung Wirtschaftsplanung im 1.Halbjahr 1949 vom 22. 6. 1949.

[88] BAB, DC 15/240, Bl. 30, Bericht über die Tätigkeit der Hauptverwaltung Wirtschaftsplanung im 1. Halbjahr 1949 vom 22. 6. 1949. Siehe zu den Investitionen beispielsweise: SAPMO, NY 4182/963, Bl. 378ff., Ministerium für Planung, Kurze Analyse zum Ablauf des Volkswirtschaftsplanes 1949 vom 2. 1. 1950.

Zusammenfassend kann daraus der Schluß gezogen werden, daß sich in den Jahren 1948/49 der Prozeß der ordnungspolitischen Durchsetzung der neuen, planwirtschaftlichen Wirtschaftsweise selbst mit den ersten Konsequenzen ihres Wirtschaftens vermischte. Zwar wurden alles in allem ordnungspolitisch die Grundlagen für die Realisation einer Planwirtschaft gelegt. Aber planungstechnisch und vor allem realwirtschaftlich wurde 1948 und auch zu Beginn des Jahres 1949 keine entscheidende neue Stufe bei der wirtschaftlichen Lenkung in der SBZ erreicht. Anstelle der bisherigen Abstimmungsprobleme der deutschen zentralen Stellen untereinander sowie mit den Ländern trat jetzt das Unvermögen der Zentrale, ihre enorm gewachsene Entscheidungskompetenz in der vollen Komplexität adäquat zu nutzen. Innerhalb der Zentrale strebten die verschiedenen Teilplaner danach, ihre Partikularinteressen durchzusetzen. Allerdings gelang es, gravierende operative Planungsfehler schrittweise zu reduzieren. Auch die sowjetischen Aktivitäten und Einflußnahmen in die SBZ-Wirtschaft wurden berechenbarer, aber blieben nach wie vor nicht vollkommen frei von Willkür. Die Planung selbst konnte inhaltlich nur graduell, aber nicht prinzipiell verbessert werden[89]. Insgesamt erwies sich die DWK tatsächlich als ordnungspolitisches Machtinstrument zur Durchsetzung und Formierung der Planwirtschaft, das von der SED-Spitze genutzt und gesteuert wurde und dabei auf die Unterstützung der SMAD zählen konnte. Diese Ordnungspolitik – auch wenn sie realwirtschaftlich nur begrenzt und vor allen Dingen nicht immer so wie intendiert wirksam wurde – schuf Fakten, die dazu beitrugen, die SBZ zu einem eigenen Wirtschaftsgebiet zu machen. Allerdings schreckte die Sowjetunion wohl davor zurück, die Institutionalisierung und Zentralisierung noch weiter vorantreiben und staatsrechtlich verankern zu lassen, was darauf hindeutet, daß sie sich an der Jahreswende 1948/49 noch deutschlandpolitische Spielräume offen halten wollte.

[89] Vgl. die abschließenden Thesen bei: Holzwarth, Anfänge, S. 269.

Dierk Hoffmann

Arbeitsmarkt, Zweijahresplan und Wirtschaftsverwaltung

Die Auseinandersetzung über Kommunalisierung oder Zentralisierung der Arbeitsämter

Die Entscheidung zugunsten einer zentralen Steuerung der Wirtschaft in der SBZ/DDR bedeutete die Absage an einen freien Arbeitsmarkt, bei dem – idealtypisch gesehen – Angebot und Nachfrage aufeinandertreffen und über den Preis (Lohn) in Übereinstimmung gebracht werden. Eine auf Planvorgaben basierende Volkswirtschaft machte daher auch die Lenkung des Arbeitskräftepotentials erforderlich. Dies verlief in der SBZ/DDR von Anfang an keineswegs konfliktfrei. So mußten sich die SED-Führung sowie die beteiligten Zentral- und Landesverwaltungen etwa über den Aufbau und die Struktur der Arbeitsverwaltung im klaren sein. Den Arbeitsämtern als den Lenkungszentralen[1] des Arbeitseinsatzes und der Arbeitskräftelenkung kam somit eine zentrale Funktion zu. Die Zentralisierung der Arbeitsverwaltung verlief parallel zur Neuordnung und Hierarchisierung der Strukturen in der Wirtschaftsverwaltung[2]. Auf die Deutsche Wirtschaftskommission als ordnungspolitisches Instrument wird an anderer Stelle ausführlich eingegangen[3]; der folgende Beitrag widmet sich dagegen einem Teilbereich und versucht unter anderem der Frage nachzugehen, inwieweit das Jahr 1948 Zäsurcharakter für Aufbau und Funktionsweise der Arbeitsämter in der SBZ hatte. Einleitend wird kurz auf die Situation des ostdeutschen Arbeitsmarktes[4] eingegangen. Daran schließt sich ein längeres Kapitel über die Auseinandersetzung über Kommunalisierung oder Zentralisierung der Arbeitsverwaltung an, wobei zum besseren Verständnis die Entstehungs- und erste Entwicklungsphase dieses Konfliktes zwischen 1945 und 1947 in die Betrachtung mit einbezogen werden muß.

1 Zank, Wirtschaft und Arbeit, S. 90.
2 Vgl. Niedbalski, Deutsche Zentralverwaltungen; Steiner, Zwischen Länderpartikularismus und Zentralismus; Zank, Wirtschaftliche Zentralverwaltungen.
3 Vgl. dazu den Beitrag von André Steiner im vorliegenden Sammelband.
4 Eine Diskussion des Begriffes „Arbeitsmarkt" und seine Verwendung für die SBZ kann aus Platzgründen hier nicht erfolgen. Vgl. dazu: Hoffmann, Die Lenkung des Arbeitsmarktes, S. 43–48.

I.

Der Zweite Weltkrieg hatte in der späteren sowjetischen Besatzungszone zu einer erheblichen Veränderung der Bevölkerungsstruktur geführt. Die Verluste unter der Zivilbevölkerung waren zwar durch den millionenfachen Zustrom von Flüchtlingen und Vertriebenen mehr als ausgeglichen worden, so daß sich im Oktober 1946 bei der Volkszählung etwa 1,1 Millionen Menschen mehr in dem Gebiet der SBZ aufhielten als noch 1939. Dagegen war jedoch die Gesamtzahl der arbeitsfähigen Menschen im gleichen Zeitraum um etwa 400000 gesunken. Erst Anfang der fünfziger Jahre schlug die Arbeitskräfteknappheit in einen Arbeitskräfteüberschuß um: Vor allem die ‚Umsiedler', aber auch die aus der Kriegsgefangenschaft heimkehrenden Männer trugen zu diesem Prozeß bei. Nach Angaben von Wofgang Zank war das Arbeitskräftepotential um 1950 sowohl quantitativ als auch qualitativ, was das Angebot an Facharbeitern betraf, ein Überschußbereich[5]. Ab 1950 setzte dann bis zum Mauerbau am 13. August 1961 ein Rückgang der Bevölkerungszahl ein, der in erster Linie auf die massive Fluchtbewegung von mindestens 2,7 Millionen Menschen in den Westen Deutschlands zurückzuführen ist. Der DDR gingen dadurch im hohen Maße junge Menschen und qualifizierte Fachkräfte verloren.

Die SBZ/DDR sah sich bis Anfang der fünfziger Jahre genauso wie die Westzonen bzw. die frühe Bundesrepublik mit einem Massenphänomen konfrontiert: der Arbeitslosigkeit, deren Entwicklung in absoluten und relativen Zahlen an dieser Stelle nur in groben Zügen beschrieben werden kann. In der SBZ registrierte die Arbeitsverwaltung im IV. Quartal 1945 zwischen 500000 und 590000 Arbeitslose[6]; 1946 sank diese Zahl im langfristigen Trend bis auf 180000 im September. Diese Entwicklung setzte sich 1947 fort und erreichte einen Tiefstand von 107000 (September 1947); 1948 setzte eine leichte Trendwende ein, bei der die Arbeitslosenzahlen wieder etwas anstiegen. Insgesamt gesehen konnten in den beiden Jahren 1947/48 die Erwerbslosenzahlen auf einem Monatsniveau zwischen 107000 und 231000 gehalten werden. Ende 1948 stiegen die Erwerbslosenzahlen wieder kontinuierlich an[7] und erreichten im März 1949 eine Rekordmarke von 390000, die nur im Februar 1946 höher gelegen hatte (435000). Als wichtige Ursachen für diese Entwicklung lassen sich die statistische Verschiebung von Unterstützungsempfängern

[5] Zank, Wirtschaft und Arbeit, S. 57.

[6] Die Zahlen stammen aus: Boldorf, Sozialfürsorge, S. 45; Zank, Wirtschaft und Arbeit, S. 173.

[7] Durch die Währungsumstellung und die damit einhergehende Verknappung der Geldmenge waren vor allem kleinere und mittlere Betriebe in Mitleidenschaft gezogen worden, da deren vergleichsweise dünne Kapitaldecke nunmehr vollends zusammenzubrechen drohte. Von dieser Entwicklung waren auch zahlreiche Flüchtlingsbetriebe betroffen. Vgl. zur Währungsreform in der SBZ: Zschaler, Die vergessene Währungsreform. Eine weitere Folge war außerdem der Rückgang der bei den Arbeitsämtern registrierten offenen Stellen. Vgl. BAB, DQ 2/1888, Niederschrift der HVAS vom 29. 3. 1949 über das Ergebnis der Untersuchungskommission im Bereich des Arbeitsamtes Magdeburg. Ein Ansteigen der Arbeitslosenzahlen zeichnete sich im übrigen auch in den drei Westzonen ab. Vgl. dazu: Erker, Ernährungskrise und Nachkriegsgesellschaft, S. 263–267; Woller, Gesellschaft und Politik, S. 301 f. Buchheim hat darauf hingewiesen, daß mit dem Ansteigen der Arbeitslosigkeit auch ein leichter Anstieg der Erwerbstätigkeit und Beschäftigung zwischen Juni und Dezember 1948 verbunden war. Vgl. Buchheim, Die Währungsreform 1948 in Westdeutschland, S. 224.

zu den meldepflichtigen Arbeitslosen[8], die sich zu diesem Zeitpunkt bereits herausgebildete strukturelle Arbeitslosigkeit sowie die anhaltende Entlassung von Kriegsgefangenen aus den sowjetischen Lagern ausmachen, die auf den deutschen Arbeitsmarkt zurückströmten. Erst 1951 erreichte die DDR Arbeitslosenzahlen, die unter 200000 lagen, und es sollte noch ein weiteres Jahr dauern, bis erstmals Werte unter 100000 registriert wurden (Mai 1952). Die prozentualen Angaben, d.h. der Anteil der Erwerbslosen an der Erwerbsbevölkerung, unterstreichen diese Entwicklung[9]: Im Januar 1946 lag der Anteil bei 7,2 Prozent, im Dezember desselben Jahres bei 2,7; auch hier lag der tiefste Stand im September 1947 (1,4 Prozent). Bis zum März 1949 kletterte diese Prozentzahl auf 4,9, im März 1950 lag sie bei 5,0 Prozent. Insgesamt galt, daß die Arbeitsmarktlage bei DDR-Gründung für die Männer günstiger war als für die Frauen[10]. Das Ansteigen der absoluten und der relativen Arbeitslosenzahlen ab Frühjahr 1949 nahm die Arbeitsverwaltung durchaus als Krisenerscheinung wahr, und kurzfristig machte sich etwas Ratlosigkeit bei den politisch Verantwortlichen breit. Es stellt sich die Frage, ob die konjunkturelle Entwicklung der Erwerbslosenzahlen Einfluß hatte auf die bereits lange andauernde Diskussion über den Aufbau der Arbeitsverwaltung in der SBZ. War letztlich die Zentralisierung der Arbeitsverwaltung aus Sicht der SED-Führung und der Leitung der Deutschen Verwaltung für Arbeit und Sozialfürsorge (DVAS) ein Mittel zur Eindämmung der wieder leicht ansteigenden Arbeitslosigkeit? Dabei ist zu bedenken, daß die Arbeitslosigkeit mittlerweile auch zu einem Bestandteil der Systemauseinandersetzung mit den westlichen Besatzungszonen und der frühen Bundesrepublik geworden war.

II.

Der Aufbau der Arbeitsverwaltung entwickelte sich in der SBZ relativ uneinheitlich und war oftmals zunächst eine Angelegenheit der Länder. Am 27. Juli 1945 hatte zwar die SMAD mit dem Befehl Nr. 17 unter anderem die Zentralverwaltung für Arbeit und Sozialfürsorge (ZVAS) ins Leben gerufen. Nach den Vorstellungen der sowjetischen Besatzungsmacht sollte diese Behörde „die zentrale Zusammenfassung des gesamten Arbeitsgebietes" sein[11]. Die Abteilung sei, so das Ergebnis einer Unterredung mit dem SMAD-Offizier J. T. Remissow am 28. Juli 1945, berechtigt, Anordnungen an die Landes- und Provinzialregierungen sowie den Magistrat der Stadt Berlin zu erlassen. In ihrer ersten Mitteilung überreichte die ZVAS den Landes- und Provinzialverwaltungen am 26. September 1945 eine Darstellung der Aufgabengebiete der einzelnen ZVAS-Abteilungen und empfahl, für „eine ähnliche Abgrenzung der Aufgaben durch Errichtung gleicher Abteilungen, Unterabteilungen oder Referate Sorge zu tragen."[12] Die politische Umsetzung ließ jedoch länger auf sich warten: Zunächst verfügte die ZVAS de facto über einen eingeschränkten

[8] Boldorf, Sozialfürsorge, S. 54.
[9] Zank, Wirtschaft und Arbeit, S. 173.
[10] Ebenda.
[11] BAB, DQ 2/3923, Bl. 136–138, hier Bl. 137, Aktenvermerk vom 29. 7. 1945.
[12] SAPMO, NY 4182/1158, Bl. 1–4, hier Bl. 1.

Kompetenzkatalog, während die Handlungsspielräume der Länder vergleichsweise großzügiger waren. Dies hing mit der rechtlichen Stellung der Zentral- bzw. Landesverwaltungen, aber auch mit der personellen Besetzung der jeweiligen Führungspositionen zusammen. So verfügte beispielsweise das thüringische Landesamt für Arbeit und Sozialfürsorge mit Gustav Brack über einen einflußreichen Sozialpolitiker, der im April 1946 die Leitung der DVAS übernahm.

In den Ländern sollte die Errichtung der Arbeitsämter in Anlehnung an die früheren Arbeitsamtsbezirke erfolgen. Aufgrund der neuen Grenzziehung (Oder-Neiße-Grenze) mußte aber zwangsläufig eine Neueinteilung vorgenommen werden. Die Leitung des brandenburgischen Landesarbeitsamtes sprach sich dafür aus, die Aufteilung allein nach wirtschaftlichen und verkehrspolitischen Bedürfnissen vorzunehmen[13]. Gleichzeitig wurde die Forderung, die Arbeitsämter den Landräten und Oberbürgermeistern zu unterstellen, zurückgewiesen. Dies sei „ein Rückschritt gegenüber der Entwicklung vor dem Jahre 1933." Die Kommunikation zwischen dem Landesarbeitsamt und den Arbeitsämtern war anfangs stark eingeschränkt durch ein brachliegendes Fernsprechnetz sowie durch mangelnde Mobilität der Mitarbeiter. Anfang November 1945 mußte das Landesarbeitsamt feststellen, daß der Neuaufbau der Arbeitsämter „nur langsam vorwärts[schreitet]."[14] Die kommunalen Vertreter hätten zum Vorschlag der Neuabgrenzung noch keine Stellung genommen. Dieser Schwebezustand führte insgesamt dazu, daß die Arbeitseinsatzstellen, die nach dem Einmarsch der Roten Armee errichtet worden waren, sukzessive zu sogenannten Kreisarbeitsämtern zusammengefaßt wurden. Verantwortlich dafür zeichneten auch die Landräte, die offensichtlich davon ausgingen, daß „zur Erleichterung ihrer Verwaltungsarbeit die bezirkliche Abgrenzung der Arbeitsämter mit der Abgrenzung ihres Kommunalbezirks übereinstimmen müßte."[15] Unter dem Eindruck der akuten Finanznot der Gemeinden bot sich für diese vermutlich eine Zentralisierung an – so jedenfalls der Eindruck des brandenburgischen Landesarbeitsamtes, der allerdings über die tatsächlichen Interessenkonflikte hinwegtäuschte. Diese Kontroverse hatte im übrigen auch konkrete Folgen für die Tätigkeit der Arbeitsverwaltung, die somit nicht reibungslos verlief und in der Anfangszeit erhebliche Schwierigkeiten bei einer einheitlichen statistischen Erfassung der Bevölkerung hatte. Dies sollte wiederum eine wesentliche Voraussetzung für die Arbeitskräftelenkung sein.

Die ZVAS konnte diese Entwicklung zunächst nur kritisch beobachten, konkrete Eingriffsmöglichkeiten gab es für sie noch nicht[16]. Andererseits blieb die Berliner Zentrale jedoch nicht untätig, sondern war bestrebt, den Landesarbeitsämtern Vorschläge zu unterbreiten, die auf eine stärkere Koordinierung und vor allem Vereinheitlichung abzielten. So schlug die ZVAS etwa am 24. November 1945 den Landes- und Provinzialarbeitsämtern die Schaffung von Spruchausschüssen bei den

[13] BAB, DQ 2/2085, Bericht über eine Besprechung beim Landesarbeitsamt in Potsdam am 18. 9. 1945.

[14] BAB, DQ 2/1511, Monatsbericht des Landesarbeitsamtes der Mark Brandenburg vom 6. 11. 1945.

[15] Ebenda.

[16] BAB, DQ 2/1511, Vermerk der Abt. I a (ZVAS) vom 9. 11. 1945.

Arbeitsämtern vor[17]. Den Ländern blieb es zwar vorbehalten, entsprechende Verordnungen auszuarbeiten. Gleichzeitig wies die Abteilung II der ZVAS aber explizit darauf hin, daß „eine einheitliche Ausrichtung, die im Interesse einer einheitlichen Arbeitsgesetzgebung erforderlich ist“[18], erwünscht sei. Dazu war dem Schreiben eine Richtlinie beigefügt. Inwieweit sich die Landesverwaltungen an diesen Vorschlägen orientierten, ist nicht mehr nachweisbar. Festzuhalten bleibt aber, daß die ZVAS trotz der eindeutigen rechtlichen Lage zugunsten der Länder frühzeitig versuchte, den dortigen Aufbau der Arbeitsverwaltung zu beeinflussen. Eng verbunden mit der Frage einer Einbindung der Arbeitsämter in die Kommunalverwaltung war zudem die Finanzierungsfrage. So mußte die ZVAS leicht resigniert feststellen, daß die Finanzierung „außerordentlich unterschiedlich“ erfolge[19]. Hier seien die Landräte und die Bürgermeister in den Gemeinden gegensätzlicher Auffassung. Eine Entscheidung müsse rasch herbeigeführt werden, so das Resümee des ZVAS-Abschnittsleiters Fritz Bohlmann.

Aus Sicht der ZVAS waren die Zustände in Brandenburg Ende 1945 unerträglich geworden. Die in Arbeitsrechtsfragen zuständige Abteilung I a traf sich des öfteren mit den Leitern des Landesarbeitsamtes sowie der Arbeitsämter. Dabei mußte sich die Provinzialregierung heftige Kritik gefallen lassen, der von seiten der ZVAS vorgeworfen wurde, eine zu „geringe Initiative“ entfaltet zu haben[20]. Besonders problematisch erschien den Berliner Vertretern die mangelhafte Zusammenarbeit zwischen der Provinzialregierung in Potsdam und einzelnen Bezirken. Als Beispiel wurde das Lausitzer Gebiet genannt: Hier seien, so der 2. Vizepräsident der Berliner Zentralverwaltung Max Herm, Kontrollen und Besichtigungen „dringend notwendig“. Die Abteilung II (Erfassung und Arbeitseinsatz der Bevölkerung) der ZVAS wollte bereits am 18. Dezember 1945 ein Rundschreiben an alle Landesarbeitsämter herausgeben, in dem der rechtzeitige organisatorische Aufbau der Arbeitsämter nochmals angemahnt werden sollte[21]. Erklärungen von seiten der Landesverwaltungen wurden deutlich kritisiert: „Die Entschuldigung, daß dieser Mißstand auf das Fehlen und die Schwierigkeiten der Verständigungstechnik zurückzuführen sei, kann wohl für das Tempo, jedoch nicht für die Durchführung an sich gelten.“ Eine „gute Funktion und verläßliche Arbeit“ der Arbeitsämter sei eine wichtige Voraussetzung, um ein Vertrauensverhältnis zwischen Verwaltung und Bevölkerung herzustellen und der konkreten Arbeitsmarktlage gerecht werden zu können. Das Rundschreiben wurde allerdings nicht verschickt; offensichtlich wollte die ZVAS einen offenen Konflikt mit den Landesarbeitsämtern nicht provozieren. Zum 1. Januar 1946 wurden die Arbeitsämter in Brandenburg provisorisch den Kreis- und Gemeindeverwaltungen unterstellt[22]. Das Provinzialamt für Arbeit und Sozialfürsorge setzte allerdings bei den vier Oberlandräten eigene Beauftragte für den Ar-

[17] BAB, DQ 2/2042, ZVAS am 24. 11. 1945 an das Provinzialamt für Arbeit und Sozialfürsorge der Provinz Sachsen.

[18] Ebenda.

[19] BAB, DQ 2/2085, Bericht Bohlmanns an Präsident Gundelach über die Konferenz der Arbeitsämter Brandenburg in Potsdam am 30. 11. 1945.

[20] BAB, DQ 2/1511, Aktennotiz der ZVAS über Besprechung in Potsdam am 17. 12. 1945.

[21] BAB, DQ 2/2084, Entwurf eines Rundschreibens der ZVAS vom 18. 12. 1945.

[22] BAB, DQ 2/2085, Bericht über die Besprechung zwischen Vertretern des Provinzialamtes für Arbeit und Sozialfürsorge in Potsdam und der ZVAS am 9. 1. 1946.

beitseinsatz ein, „die für das Funktionieren der einzelnen Arbeitsämter verantwortlich gemacht werden."[23]

In der SBZ hatte die Arbeitsverwaltung bald wieder einen dreigliedrigen Aufbau: An der Spitze stand die ZVAS, auf der mittleren Ebene befanden sich die Landesarbeitsämter und auf der untersten Ebene die Arbeitsämter. Damit wurde stellenweise an Traditionen aus der Weimarer Republik wieder angeknüpft, auch wenn es kein Äquivalent zur Reichsanstalt für Arbeitsvermittlung und Arbeitslosenversicherung[24] mehr geben sollte. Die ZVAS beklagte lange Zeit die fehlende Machtfülle auf der zentralen Ebene. Zur Begründung wies sie immer wieder darauf hin, daß der wirtschaftliche Zusammenbruch die Arbeitsämter vor Aufgaben stelle, „die in ihrem Umfange und in ihrer Schwere in der Vergangenheit ohne Beispiel sind."[25] Dies erfordere wiederum „als Fundament eine einheitlich geführte, im Großen und im Einzelnen gut arbeitende Organisation."[26]

Die sowjetische Besatzungsmacht hatte die Frage nach dem Aufbau der Arbeitsverwaltung anfangs in Richtung Kommunalisierung beantwortet. Laut SMAD-Befehl Nr. 65 vom 15. September 1945 trugen die „örtlichen Organe der Selbstverwaltung und die Bürgermeister in den Städten und Bezirken" die Verantwortung für die Arbeit der Arbeitsämter[27]. In den deutschen Akten finden sich dann lange Zeit keinerlei Hinweise auf die Position der SMAD in dieser Auseinandersetzung. Karlshorst hat die Ansicht der ZVAS nachweislich erst im I. Quartal 1946 unterstützt. So erklärte Oberleutnant Rutkowski von der Finanzabteilung in Karlshorst bei einer Beratung am 13. März, daß die von der Zentralverwaltung vertretene Auffassung „die einzig richtige sei"[28]. Zwei Tage später unterstrich ein weiterer SMAD-Vertreter (Kulischow) diese Haltung. Er erklärte, daß eine andere Struktur in den Ländern und Provinzen „keinesfalls [...] geduldet werden" dürfe[29]. Gegen eine Kommunalisierung der Arbeitsämter sprach sich kurz darauf auch die FDGB-Landesleitung Thüringen aus[30]. Für eine Zentralisierung der Arbeitsverwaltung plädierte außerdem noch der SPD-Landesverband Thüringen[31]. Unterstützung erhielt die ZVAS auch vom Sekretariat des ZK der KPD, das sich erst vergleichsweise spät in die Diskussion eingeschaltet hatte[32]. Die KPD-Bezirksleitungen wurden vom Sekretariat des ZK gebeten, „sofort unsere führenden Genossen in der Landes- (Provinzial-)Verwaltung und der Landes- (Provinzial-)Abteilung für Arbeit und soziale Fürsorge zusammenzurufen und sie zu überzeugen, daß nur in dieser Linie die Arbeit geleistet und die von der SMA gestellten Aufgaben durchgeführt werden können."[33]

[23] Ebenda, S. 4.
[24] Vgl. Lewek, Arbeitslosigkeit und Arbeitslosenversicherung, S. 389–392.
[25] BAB, DQ 2/2064, Denkschrift der ZVAS (Abt. II) vom 16. 1. 1946, S. 3 f.
[26] Ebenda, S. 4.
[27] Arbeit und Sozialfürsorge 1 (1946), S. 3.
[28] BAB, DQ 2/1, Bl. 47–49, hier Bl. 48.
[29] BAB, DQ 2/1, Bl. 50, Aktenvermerk über Besprechung mit Kulischow am 15. 3. 1946.
[30] BAB, DQ 2/9, Bl. 63, FDGB-Landesleitung Thüringen an ZVAS am 23. 3. 1946.
[31] BAB, DQ 2/9, Bl. 67, SPD-Landesvorstand Thüringen an die ZVAS am 25. 3. 1946.
[32] SAPMO, DY 30/IV 2/2.027/5, Bl. 8–10, Schreiben des Sekretariats des ZK der KPD an die Bezirksleitungen (30. 3. 1946). Erstmals abgedruckt in: Benser/Krusch, Dokumente zur Geschichte der kommunistischen Bewegung in Deutschland, Bd. 3, S. 481 f.
[33] Ebenda, S. 482.

Der führende SED-Sozialpolitiker Helmut Lehmann versuchte daraufhin zu vermitteln und schlug vor, die Arbeitsämter organisatorisch der jeweiligen Stadt- bzw. Kreisverwaltung zu unterstellen, die „sachliche" Aufsicht jedoch beim zuständigen Landesarbeitsamt zu belassen[34]. Somit hätte die Kommunalverwaltung nur sehr eingeschränkt Personalpolitik betreiben können. Die „entscheidende Einflußnahme" des Landesarbeitsamtes blieb aber dadurch gewahrt, daß ohne seine Zustimmung das Personal nicht ausgewechselt werden konnte. In ihrer praktischen Arbeit wären die Arbeitsämter nur an die Weisungen des Landesarbeitsamtes gebunden gewesen. Der Direktor des Landesamtes für Arbeit und Sozialfürsorge in Mecklenburg-Vorpommern, Carl Moltmann, lehnte eine Unterordnung der Arbeitsämter unter die Kreis- und Stadtverwaltungen ab und stimmte dem Vorschlag Lehmanns zu[35]. Dagegen konnte sich der Leiter des thüringischen Landesamtes, Gustav Brack, mit der vorgeschlagenen Regelung nicht einverstanden erklären[36]. Er lehnte jegliche Mitsprache der Kommunalverwaltung ab: Es könne „nur zu Reibungen führen, wenn in Personalfragen diese Ämter [Arbeitsämter] den Kreis- oder Stadtverwaltungen und deren Aufsicht unterliegen." Es sei ganz selbstverständlich – so Brack weiter –, daß die kommunalen Behörden bei einem Aufsichtsrecht auch Anweisungen erteilen würden. Damit werde aber einer zentral gesteuerten Arbeitslenkung „die wesentlichste Stütze" genommen. Der Hinweis, daß die Städte und Gemeinden nicht berechtigt sein sollen, eingreifen zu können, sei „nur platonischer Art."

Die ZVAS versuchte in der Folgezeit die Abteilung Arbeitskraft der SMAD für ihre Ziele zu gewinnen. Der stellvertretende Abteilungsleiter Morenow gab Anfang April 1946 die Zusage, einen entsprechenden Befehl auszuarbeiten und „baldigst" herauszugeben, „denn nur bei einem einheitlichen Aufbau in der ganzen sowjetischen Zone sei auch die Durchführung der gestellten Aufgaben möglich."[37] Als weiteren Verbündeten konnte die ZVAS offenbar auch den FDGB-Bundesvorstand gewinnen. Nach einer gemeinsamen Besprechung am 12. April 1946, in deren Verlauf die Berliner Zentralverwaltung ihre Haltung erläutert hatte, stimmte die FDGB-Delegation den Zentralisierungsbestrebungen zu und versprach, „ihrerseits dazu beizutragen, daß unter den Gewerkschaftlern entsprechende Aufklärung geschaffen wird."[38] Die Rückversicherung bei den Gewerkschaften hatte für die ZVAS darüber hinaus eine allgemeine legitimatorische Funktion: Gerade bei der Arbeitskräftelenkung sei eine enge Zusammenarbeit unerläßlich, „um in der Arbeitnehmerschaft nicht die Meinung aufkommen zu lassen, daß über ihre wesentlichen Belange entschieden wird, ohne daß ihr ein Mitwirkungsrecht eingeräumt wird."[39]

Im Frühjahr 1946 konnte die ZVAS immer noch nicht zufrieden sein mit dem Aufbau der Arbeitsverwaltung auf der Länderebene, da die Verwaltungsstruktur zu

[34] SAPMO, DY 30/IV 2/2.027/5, Bl. 11, Schreiben Lehmanns an Carl Moltmann und Gustav Brack am 30. 3. 1946.

[35] SAPMO, DY 30/IV 2/2.027/5, Bl. 12, Schreiben Moltmanns an Lehmann vom 4. 4. 1946.

[36] SAPMO, DY 30/IV 2/2.027/5, Bl. 13, Schreiben Bracks an Lehmann vom 8. 4. 1946.

[37] BAB, DQ 2/1, Bl. 57, Aktenvermerk über eine Besprechung mit Morenow am 3. 4. 1946.

[38] BAB, DQ 2/9, Bl. 81–83, hier Bl. 82, Aktenvermerk über Besprechung mit Vertretern des FDGB am 12. 4. 1946 bei der ZVAS. Auf Gewerkschaftsseite nahmen der 1. und 2. Vorsitzende des FDGB-Bundesvorstandes Hans Jendretzky und Bernhard Göring sowie Erich Bührig an den Gesprächen teil. Vgl. auch die Notizen für diese Besprechung, in: ebenda, Bl. 72–76.

[39] BAB, DQ 2/2042, Vermerk der Abt. II der ZVAS vom 4. 5. 1946.

unterschiedlich war. Damit war das Ziel einer Vereinheitlichung nach wie vor nicht erreicht worden: Die Zahl der Ämter für Arbeit und Sozialfürsorge entsprach mit Ausnahme der Provinz Mark Brandenburg nicht der Zahl der Land- und Stadtkreise. Es seien weniger Arbeitsämter als Kreisverwaltungen vorhanden, so das Urteil des ZVAS-Präsidenten Gustav Gundelach[40]. Die verantwortlichen Leiter der Landesämter hätten ihren Verwaltungsbereich entsprechend der Verwaltungsstruktur, wie sie bis zum 8. Mai 1945 bestand, aufgebaut. Nur in der Provinz Sachsen existierten offensichtlich Bezirksverwaltungen, während es in der Provinz Brandenburg anstelle von Bezirksverwaltungen Verwaltungen bei den Oberlandräten gab. Inwieweit solche Strukturen wie in Brandenburg auch in den übrigen Ländern bestanden, konnte selbst die ZVAS nicht ermitteln.

Die Städte und Gemeinden erkannten angesichts der nach wie vor ungeklärten Stellung der Arbeitsämter Handlungsspielräume und drängten ihrerseits auf eine vollständige Eingliederung in die kommunale Verwaltung. Nur so ließe sich „eine ungehemmte und reibungslose Zusammenarbeit zwischen sämtlichen Dienststellen der kommunalen Selbstverwaltung [...] erzielen", führte etwa der Magistrat der Stadt Halle am 21. Juni 1946 gegenüber dem Präsidenten der Provinz Sachsen, Erhard Hübener, aus[41]. Die Kommunalisierung der Arbeitsämter schließe die zentrale Steuerung der Arbeitsmarktpolitik nicht aus. Diese sei dadurch gewährleistet, daß sowohl das Provinzialamt für Arbeit und Sozialfürsorge als auch die Bezirksämter für Arbeit bestehen blieben; somit ließen sich auch weiterhin die Aufgaben des überbezirklichen Ausgleiches von Arbeitskräften verwirklichen. Der Magistrat der Stadt Halle vertrat außerdem den Standpunkt, daß „bei einer solchen räumlichen Begrenzung die überbezirklichen Vermittlungsaufgaben stark zurücktreten gegenüber den Funktionen, die die Arbeitsämter innerhalb ihrer eigenen Zuständigkeitsbereiche zu erfüllen haben." Mit dieser Argumentation wurden aber mögliche Verteilungskonflikte, die zwischen den Arbeitsämtern und den Landesarbeitsämtern etwa bei der Ein- und Zuweisung von Arbeitskräften entstehen konnten, geschickt verdeckt. Um eine rasche Entscheidung herbeizuführen, wurde auch Walter Ulbricht eingeschaltet[42].

Dem neuen Präsidenten der DVAS[43] Brack gelang es, die Diskussion über die Vereinheitlichung der Verwaltungsstrukturen voranzutreiben. So schlug er der Abteilung Arbeitskraft in Karlshorst am 2. Juli 1946 einen Strukturplan vor, der für alle Ebenen der Arbeitsverwaltung Geltung besitzen sollte und insgesamt sieben Abteilungen (Erfassung und Lenkung der Arbeitskraft, Arbeits- und Tarifrecht, Arbeitsschutz und Unfallverhütung, Sozialfürsorge, kulturelle Betreuung, Rechtsabteilung und Präsidialbüro) vorsah[44]. Um der Forderung nach Demokratisierung entgegenzukommen, schlug Brack die Bildung von Verwaltungsbeiräten vor. Bei der DVAS sollte der Beirat aus dem Präsidenten oder seinem Stellvertreter und 15 weiteren Personen bestehen, davon zwei Drittel Gewerkschaftsvertreter und ein Drittel Ver-

[40] BAB, DQ 2/961, Erläuterungen Gundelachs vom 15. 4. 1946.
[41] SAPMO, NY 4182/1158, Bl. 54.
[42] SAPMO, NY 4182/1158, Bl. 53, Oberbürgermeister der Stadt Halle am 2. 7. 1946 an Ulbricht.
[43] Die ZVAS war auf Anweisung der SMAD am 19. 6. 1946 in DVAS umbenannt worden. Vgl. Hoffmann, Sozialpolitische Neuordnung, S. 27.
[44] SAPMO, DY 30/IV 2/2.027/5, Bl. 40–42.

treter der Wirtschaft und öffentlichen Verwaltung. Den Beiräten bei den Landesämtern für Arbeit und Sozialfürsorge bzw. den Ausschüssen bei den Arbeitsämtern sollten neben der jeweiligen Leitung noch zwölf bzw. neun Personen angehören. Offen blieb aber, ob Brack sich mit dieser Position würde durchsetzen können. Zunächst verschärfte er den Konflikt mit seiner Vorgehensweise. Eine Besprechung am 6. Juli mit Helmut Lehmann, der 1. Vizepräsidentin der DVAS Jenny Matern, dem 2. Vizepräsidenten Max Herm und dem Leiter der Abteilung Arbeit beim Zentralsekretariat der SED Rudolf Belke war in dieser strittigen Frage ergebnislos verlaufen[45]. Brack bestand darauf, daß die Arbeitsämter selbständig bleiben und nicht der kommunalen Selbstverwaltung eingegliedert werden sollten. Außerdem verlangte er die Übernahme der in Thüringen durchgesetzten Bezeichnung „Landesamt" bzw. „Ämter für Arbeit und soziale Fürsorge". Da am 11./12. Juli auf Einladung der SMAD eine Konferenz sämtlicher Leiter der Landesämter für Arbeit und Sozialfürsorge in Karlshorst stattfinden sollte, schlugen Lehmann und Belke eine weitere Besprechung zusammen mit Ulbricht und Max Fechner für den 9. oder 10. Juli vor. Ob dieses informelle Treffen stattfand, läßt sich nicht mehr ermitteln. Auf der Arbeitstagung am 11./12. Juli in Karlshorst konnte der Konflikt aber nicht vollständig ausgeräumt werden. Brack hielt in seinem Ergebnisprotokoll allgemein fest, daß die Verbindung zwischen den Landesämtern und der DVAS in Zukunft „erheblich enger und besser gestaltet" werden müßte[46].

Die SED-Führung wollte eine Entscheidung in dieser strittigen Frage nicht herbeiführen, obwohl Brack mehrmals darauf gedrängt hatte. Der DVAS-Präsident wandte sich auch an Otto Grotewohl, einen der beiden SED-Vorsitzenden, der sich jedoch mit einer eindeutigen Stellungnahme zurückhielt[47]. Bracks Position wurde zu diesem Zeitpunkt uneingeschränkt vom FDGB-Bundesvorstand unterstützt. Bei einer gemeinsamen Besprechung von der DVAS-Führung (Brack und Matern), der FDGB-Leitung (Göring und Jendretzky) und Vertretern der SED-Führung (Paul Merker, Belke, Walter Hamacher und Horst Paffrath) schien sich Ende Juli 1946 zunächst eine Niederlage Bracks anzubahnen. Es wurde nämlich Einverständnis darüber erzielt, daß „eine zu straffe Zentralisation verhindert" werden müsse[48]. Das „Schwergewicht der Verantwortung" sei auf die „unteren Selbstverwaltungsorgane" zu legen. Gleichzeitig erhielt Brack aber den Auftrag, Richtlinien auszuarbeiten, die mit der SED-Führung nochmals beraten werden sollten. Damit behielt er die weiteren Gestaltungsmöglichkeiten in der Hand; bei der Bezeichung der Arbeitsämter konnte er sich durchsetzen. Die SMAD legte ihrerseits nur fest, daß die DVAS „ein Organ der [d]eutschen Selbstverwaltung" ist[49] und überließ damit die Entscheidung weiterhin den verantwortlichen deutschen Politikern. Aufgrund der Tatsache, daß sowohl die Potsdamer Beschlüsse[50] als auch der SMAD-Befehl Nr. 65

[45] SAPMO, DY 30/IV 2/2.027/5, Bl. 43f., Aktennotiz Belkes vom 8. 7. 1946.
[46] BAB, DQ 2/1, Bl. 89f. hier Bl. 89, Notiz Bracks vom 15. 7. 1946.
[47] SAPMO, DY 30/IV 2/2.027/5, Bl. 45, Aktennotiz Belkes vom 19. 7. 1946 für Walter Ulbricht.
[48] SAPMO, DY 30/IV 2/2.027/5, Bl. 46, Notiz Belkes vom 27. 7. 1946. Erstmals zitiert bei Boldorf, Sozialfürsorge, S. 134.
[49] SAPMO, DY 30/IV 2/2.027/5, Bl. 47–49, Bestimmung des Obersten Chefs der SMAD über die DVAS vom 29. 7. 1946.
[50] Vgl. Kap. III, A 9 des Potsdamer Abkommens vom 2. 8. 1945, in: Potsdam 1945, S. 356.

allgemein eine Stärkung der kommunalen Selbstverwaltung gefordert hatten, konnte die DVAS-Leitung nicht ohne weiteres einen gegenläufigen Weg in Richtung Zentralisierung beschreiten. Ein Machtwort von seiten der sowjetischen Militärverwaltung war somit notwendig, blieb aber lange Zeit aus. Dadurch verlängerte sich wiederum der Schwebezustand, den alle beteiligten deutschen Stellen beklagten. Nach Ansicht von Helmut Lehmann war zunächst einmal eine Entscheidung des SED-Zentralsekretariats erforderlich[51], um wenigstens auf deutscher Seite eine einheitliche Meinung vertreten zu können.

Sozialpolitiker der SED, Mitarbeiter der DVAS sowie ein Vertreter des FDGB berieten am 13. August 1946 über den Organisationsaufbau der Arbeitsämter. Die Vertreter der SED nahmen einen anderen Standpunkt ein als die von DVAS und FDGB. Gustav Brack betonte erneut, daß die Arbeitsämter von seiner Verwaltung zentral gesteuert werden müßten und sprach sich wieder einmal gegen einen Einfluß der Landräte und Bürgermeister aus. Dagegen verwies Paul Merker auf die Notwendigkeit, den Arbeitseinsatz von den Gemeinden organisieren zu lassen. Er begründete dies mit dem Argument, daß der Großeinsatz von Arbeitskräften bei der „fortschreitenden Wirtschaftsentwicklung" entfallen werde und von daher der örtlichen Vermittlung eine größere Bedeutung beigemessen werden müsse[52].

Am 23. Oktober 1946 veröffentlichte der DVAS-Präsident im hauseigenen Organ eine Verordnung, in welcher der Verwaltungsaufbau und die Kompetenzen klar und deutlich festgehalten wurden. Dabei wurden alle Landes- und Kreisverwaltungen erstmals verpflichtet, die von der DVAS erlassenen „richtunggebenden Dokumente und Anweisungen in Fragen der Arbeit und Löhne, der Sozialfürsorge und Sozialversicherung zu befolgen."[53] Bei Aufgaben, die die bisherigen Tätigkeitsfelder der kommunalen Selbstverwaltung tangierten, war eine Absprache mit dem zuständigen Ministerpräsidenten vorgesehen. Da die Verordnung vorher mit der SMAD abgestimmt worden war, hatte sich nunmehr wohl auch die sowjetische Besatzungsmacht für einen einheitlichen und vor allem zentralisierten Aufbau der Arbeitsverwaltung ausgesprochen. Die eindeutige Zuordnung von Aufgabenbereichen, die mit dieser Verordnung verbunden war, machte auch eine Abgrenzung zwischen den einzelnen Abteilungen der DVAS erforderlich. So wollte etwa die Juristische Abteilung die Federführung in arbeitsrechtlichen Fragen der Abteilung I a (Lohn- und Arbeitsbedingungen) überlassen[54]. Lediglich bei der Vorbereitung von Gesetzen, Verordnungen und anderen rechtlichen Bestimmungen behielt sie sich ein Mitwirkungsrecht vor. Eine Ausnahme sollten dagegen die Entscheidungen der Berufungsarbeitsgerichte sein: Diese könnten nur von der Juristischen Abteilung bearbeitet werden.

Die Länder nahmen den Kompetenzzuwachs der DVAS nicht widerspruchslos hin. So protestierte beispielsweise das thüringische Landesamt für Arbeit und Sozialfürsorge direkt bei der Abteilung Arbeitskraft in Karlshorst. Diese wies jedoch die Einwände strikt zurück: „Ihre Aufregung darüber, daß die Rechte des Präsidenten

[51] SAPMO, NY 4182/1158, Bl. 55f., Notiz Lehmanns vom 14. 8. 1946.

[52] SAPMO, DY 34, Buvo, 42/979/4540, Bericht über die Sitzung am 13. 8. 1946, S. 2.

[53] Arbeit und Sozialfürsorge 1 (1946), S. 346–348. Eine erste, nahezu identische Übersetzung aus dem Russischen stammte vom 31. 8. 1946, wurde aber erst rund zwei Monate später veröffentlicht. Vgl. BAB, DQ 2/1503, Bl. 55f.

[54] BAB, DQ 2/81, Bl. 87, Juristische Abt. am 23. 9. 1946 an Abt. I a.

des föderalen Landes Thüringen durch die Arbeiter [sic] der Deutschen Verwaltung für Arbeit und Sozialfürsorge irgendwie gekürzt und daß sie die Verantwortung über die Ausführungen der Befehle des Oberbefehlshabers verlieren werden, gleichfalls auch für alle Maßnahmen, die im Lande durchgeführt werden, [ist] ganz unbegründet."[55] Langfristig gesehen hatte sich Gustav Brack im Gegensatz zu Gustav Gundelach gegen die Landesverwaltungen durchsetzen können. Auf einer Tagung der DVAS mit Vertretern der Landes- und Provinzialämter für Arbeit und Sozialfürsorge sowie der Landesfinanzverwaltungen am 12./13. November 1946 in Brandenburg feierte er die Verordnung vom 23. Oktober als Durchbruch. Dadurch habe die DVAS die Rechtsstellung erhalten, „die sie notwendig braucht, um ihre Arbeit in der gesamten Zone ausüben zu können."[56] Im übrigen werde – so Brack mit Blick auf die ehemaligen Kontrahenten – die „Verantwortungsfreudigkeit" der Länder und Provinzen nicht eingeengt. Einzelne Ländervertreter bemängelten allerdings, daß die Verabschiedung der Verordnung ohne vorherige Rücksprache mit den Ländern erfolgt sei[57]. Präsident Brack deutete in seinem Schlußwort eine deutschlandpolitische Überlegung an: „Es muß das große Ziel im Auge behalten werden, nach Einheitlichkeit zu streben und die Grundlage zu schaffen, die auch für die anderen Zonen vorbildlich sein soll."[58]

Die Umsetzung der Verordnung vom 23. Oktober 1946 geschah nicht reibungslos. Einzelne Städte und Gemeinden setzten sich nach wie vor über die neuen Regelungen hinweg bzw. waren von dem Kompetenzgewinn der DVAS noch nicht unterrichtet worden. So griff etwa der Oberbürgermeister der Stadt Potsdam direkt in die Angelegenheiten des dortigen Arbeitsamtes ein, indem er das Amt zeitweise schließen ließ, „um das Personal bei der Volkszählung zu verwenden."[59] Darüber hinaus übernahm der Personalchef der Stadtverwaltung die Prüfung des Personals auf Eignung, Auslastung und Gehaltseinstufung. Beides kam einer Ausschaltung des Landesarbeitsamtes gleich, das sich daraufhin hilfesuchend an die DVAS wandte[60]. Präsident Brack stimmte dem Antrag des brandenburgischen Landesarbeitsamtes zu und stellte fest, daß die Eingriffe des Oberbürgermeisters „ungerechtfertigt [sind], weil die Finanzierung des Amtes für Arbeit und Sozialfürsorge durch das Provinzialamt bzw. aus Landesmitteln erfolgt."[61] Daher stehe das Weisungsrecht dem Provinzialamt und nicht dem Oberbürgermeister zu. Eine andere Auffassung vertrat dagegen der Leiter der Juristischen Abteilung, Rolf Helm, der sich in seiner Argumentation primär auf die entsprechenden Aussagen des SMAD-Befehls Nr. 65 bezog[62].

Ende 1946 erarbeitete Brack einen Vorschlag für eine Strukturreform der Arbeitsverwaltung in den Ländern und Provinzen der SBZ, der an der Zentralisierung

[55] SAPMO, DY 30/IV 2/2.027/5, Bl. 86, Schreiben des 1. stellv. Obersten Chefs der SMAD, Generaloberst Pawel A. Kurotschkin, am 15. 10. 1946 an den Präsidenten des Landes Thüringen Paul.
[56] SAPMO, DY 30/IV 2/2.027/5, Bl. 92–104, hier Bl. 92, Bericht von der Tagung.
[57] Ebenda, Bl. 99.
[58] Ebenda, Bl. 103.
[59] BAB, DQ 2/2085, Landesarbeitsamt der Mark Brandenburg am 21. 11. 1946 an die DVAS.
[60] Ebenda.
[61] BAB, DQ 2/2085, Präsident Brack am 6. 12. 1946 an das Provinzialamt für Arbeit und Sozialfürsorge in Potsdam.
[62] BAB, DQ 2/81, Bl. 317, Aktenvermerk Helms für Präsident Brack vom 4. 12. 1946.

keinen Zweifel ließ[63]. Demzufolge sollten alle Ämter für Arbeit und Sozialfürsorge „nach politischen Kreisen" abgegrenzt werden. Die Finanzierung hatte aus den Etatmitteln des Landes bzw. der Provinz zu erfolgen. Das Weisungsrecht „bis zur untersten Stelle" sollte nach wie vor bei der DVAS sowie dem zuständigen Landesministerium bestehen bleiben. Das alles war nicht neu. Der DVAS-Präsident versuchte nun aber auch den Interessen der Städte und Gemeinden etwas entgegenzukommen. So schlug er zur Sicherstellung der „Demokratisierung der Verwaltungen" vor, daß die „kommunalen Stellen für die Ämter für Arbeit und Sozialfürsorge die Mehrverantwortung" übernehmen könnten[64]. Worin diese Mehrverantwortung bestand und welche Kompetenzen damit verbunden waren, ließ Brack allerdings offen. Somit kann an der Ernsthaftigkeit seines Kompromißvorschlages durchaus gezweifelt werden. Helmut Lehmann leitete Bracks Vorschlag an einzelne Mitglieder des Zentralsekretariats weiter[65], die den Vorstoß jedoch nicht aufgriffen.

Zum Jahreswechsel 1946/47 bestand in der SBZ immer noch keine einheitliche Struktur der Arbeitsverwaltung. Nach den Vorstellungen Bracks sollten bei der Errichtung der Arbeitsämter die kreisfreien Städte mit den Landkreisen zusammengelegt werden. Der Zuständigkeitsbereich der Arbeitsämter wäre damit größer geworden. Vor allem konnte man auf diese Weise Verwaltungs- und Personalkosten einsparen. Bei 69 Stadt- und 147 Landkreisen wären insgesamt 216 Ämter für Arbeit und Sozialfürsorge notwendig gewesen, um alle Stadt- und Landkreise gleichmäßig zu erfassen; Ende 1946 existierten aber nur 117 Arbeitsämter[66]. Eine Zusammenlegung von Stadt- und Landkreisen reichte allein nicht aus, vielmehr mußten auch einzelne Landkreise zusammengelegt werden. Nur so hätten sich Bracks Vorstellungen realisieren lassen. Der Präsident der DVAS sprach sich explizit gegen Neugründungen von Arbeitsämtern aus und verlangte von den bestehenden Ämtern, daß diese mit dem vorhandenen Personalbestand auszukommen hätten. Aufschlußreich war außerdem die Anregung Bracks, einen Wettbewerb zwischen den Ländern der SBZ zur weiteren Einsparung im Verwaltungsapparat durchzuführen. Für die Arbeitsverwaltung gab er die Losung aus, mit „kleinstem Aufwand und den geringsten Mitteln die größten Erfolge [...] zu erzielen."[67] Ein Vertreter der SMAD, Lamin, kritisierte auf der gemeinsamen Tagung am 12./13. November 1946 in Brandenburg die Position der Länder und kündigte für 1947 eine einheitliche Struktur für die ganze SBZ an[68]. Nach Ansicht Lamins sei es notwendig, ein System zu entwickeln, das der DVAS „die Möglichkeit gibt, die Arbeit für die ganze Zone im gesamten [sic] zu kontrollieren und auf keinen Fall die Verantwortung von den örtlichen Selbstverwaltungsorganen zu nehmen." Offenbar wollte die SMAD die im Befehl Nr. 65 angekündigte Stärkung der kommunalen Selbstverwaltung nicht vollständig aufgeben. Eine Verschiebung der Gewichte zugunsten der Zentralinstanzen war aber unübersehbar.

[63] SAPMO, DY 30/IV 2/2.027/5, Bl. 177, Brack am 17. 12. 1946 an Lehmann.
[64] Ebenda.
[65] SAPMO, DY 30/IV 2/2.027/5, Bl. 178, Aktenvermerk Lehmanns für Max Fechner, Walter Ulbricht, Franz Dahlem und Erich W. Gniffke vom 27. 12. 1946.
[66] Zu den Zahlen: SAPMO, DY 30/IV 2/2.027/5, Bl. 92–104, hier Bl. 93, Bericht von der Tagung am 12./13. 11. 1946 in Brandenburg, S. 3.
[67] Ebenda, S. 4.
[68] Ebenda, S. 21.

DVAS-Präsident Brack hatte im Sommer 1947 noch weitergehende, deutschlandpolitische Pläne: So schlug er gegenüber der SMAD-Abteilung Arbeitskraft die Errichtung eines Arbeitsministeriums für alle vier Besatzungszonen vor, womit er Überlegungen der vier Siegermächte aus der unmittelbaren Nachkriegszeit aufgriff. In den Potsdamer Beschlüssen hatten sich die drei Alliierten darauf geeinigt, Deutschland als wirtschaftliche Einheit zu behandeln, und die Errichtung von gesamtdeutschen Zentralverwaltungen in Aussicht gestellt[69]. Dieses Arbeitsministerium sollte – so die Überlegung Bracks – die Sachgebiete Arbeit und Sozialfürsorge, Gesundheitswesen und „Umsiedlung" umfassen; die Leitung des Ministeriums sei von der SED im Einvernehmen mit dem FDGB zu besetzen[70]. Sollten die Alliierten einer Vermehrung der ursprünglich fünf vorgesehenen Zentralverwaltungen nicht zustimmen, so war das Gebiet Arbeit und Sozialfürsorge als selbständiges Ressort unter der Leitung eines Unterstaatssekretärs dem Ressort für Industrie unterzuordnen. Sollte sich dieses Ziel wiederum nicht verwirklichen lassen, „so verbleibt kein anderer Weg, als es bei dem gegenwärtigen Zustand zu belassen."[71] In dem Falle müsse aber die DVAS in die durch den SMAD-Befehl Nr. 138 am 4. Juni 1947 neu gebildete Deutsche Wirtschaftskommission (DWK) eingegliedert werden. Im Zuge der Neuorganisation der DWK sollte dann schließlich die DVAS am 12. Februar 1948 in Hauptverwaltung für Arbeit und Sozialfürsorge (HVAS) umbenannt und mit weiteren Vollmachten ausgestattet werden[72].

Aus der Diskussion über ein gesamtdeutsches Arbeitsministerium entwickelte sich kurzfristig eine von Sozialpolitikern der SBZ kontrovers geführte Debatte über die mögliche Wiedererrichtung der Reichsanstalt für Arbeitsvermittlung und Arbeitslosenversicherung. Die Arbeitsminister der amerikanischen und britischen Zone hatten sich auf Anregung der amerikanischen Manpower Division mit der Errichtung eines bizonalen Verbindungsausschusses für Arbeitsfragen sowie mit dem Aufbau von Landesanstalten für Arbeitsvermittlung und Arbeitslosenversicherung beschäftigt[73]. Nachdem die Gewerkschaften in den westlichen Zonen ihre Zustimmung zum Aufbau einer eigenständigen Verwaltung für die Arbeitslosenversicherung mit Finanzhoheit signalisiert hatten, erkannte die DVAS Handlungsbedarf. Nach Ansicht Bracks würde diese Frage in der SBZ „in absehbarer Zeit auch [...] von Bedeutung sein"[74]. Der DVAS-Präsident schlug zur Klärung der Angelegenheit eine gemeinsame Besprechung mit dem FDGB vor und informierte außerdem noch die Abteilung Arbeitskraft der SMAD von seinen Plänen. Dadurch erhoffte sich Brack eine wirksamere Verbesserung der Arbeitskräftelenkung[75]. Der FDGB war „nicht grundsätzlich gegen die Schaffung einer Reichsanstalt", verlangte allerdings

[69] Vgl. dazu Kraus, Ministerien für das ganze Deutschland?

[70] SAPMO, DY 30/IV 2/2.027/5, Bl. 148f., Brack am 4. 7. 1947 an Morenow. Helmut Lehmann war im Gegensatz zu Gustav Brack sehr viel skeptischer, was die Frage der Errichtung von gesamtdeutschen Zentralverwaltungen anging. Vgl. ebenda, Bl. 155, Lehmann am 11. 7. 1947 an Brack.

[71] Ebenda, Bl. 149.

[72] Vgl. Hoffmann, Sozialpolitische Neuordnung, S. 27.

[73] Vgl. zum folgenden: ebenda, S. 80.

[74] SAPMO, DY 34, Buvo, 42/979/4540, Schreiben Bracks vom 22. 5. 1947 an den 2. FDGB-Vorsitzenden Göring.

[75] SAPMO, DY 34, Buvo, 42/979/4540, Aktennotiz Buchows (FDGB) vom 30. 6. 1947.

die Vorlage eines Finanzierungskonzeptes[76]. Nach Ansicht des Bundesvorstandes sollten die Haushaltsmittel der Sozialversicherung ausschließlich für die Unterstützung und Umschulung der Arbeitslosen verwendet werden, während die Verwaltungskosten von den Ländern zu übernehmen waren.

Aus Sicht des Abschnittsleiters der DVAS-Abteilung I a Donau war eine Umbildung der bestehenden Landesämter für Arbeit und Sozialfürsorge entsprechend der Vorschläge aus den westdeutschen Besatzungszonen nicht erforderlich[77]. Durch die Errichtung von selbständigen Landesanstalten für Arbeitsvermittlung und Arbeitslosenversicherung – wie in der amerikanischen Zone[78] – solle „die politisch gewollte föderative Aufspaltung Deutschlands auf diesem Gebiete vorangetrieben werden." Es bestünde für die SBZ daher kein Anlaß, diese Bestrebungen zu unterstützen, so Donau in seiner ablehnenden Begründung weiter. Weniger die Entwicklung in den drei Westzonen als vielmehr der Handlungsbedarf aufgrund der sowjetischen Reparations- und Demontageforderungen sowie das Bestreben zu einer langfristigen Planung und Lenkung der Produktionsfaktoren entschieden langfristig die festgefahrene Auseinandersetzung. Doch selbst innerhalb der DVAS gab es Unstimmigkeiten; der Präsident und die 1. Vizepräsidentin vertraten gegensätzliche Positionen. Während Gustav Brack eine einheitliche und streng hierarchisch gegliederte Arbeitsverwaltung favorisierte, sprach sich Jenny Matern in Anlehnung an den SMAD-Befehl Nr. 65 für eine Eingliederung von Teilaufgaben der Arbeitsmarktpolitik in die kommunale Selbstverwaltung aus. Diese Position unterstützten – darauf ist bereits hingewiesen worden – auch einzelne Mitglieder des Zentralsekretariats der SED. Gegenüber der Abteilung Arbeitskraft der SMAD betonte Matern, daß ihr „persönlich [...] eine starke Einschaltung der örtlichen Selbstverwaltungen in der Frage der Arbeitsvermittlung bei der Berufsschulung und Arbeitslosenversicherung zweckmäßig" erscheine[79]. Die Schaffung einer „besonderen Arbeitsverwaltung im Sinne der früheren Reichsanstalt" würde dagegen ein „Rückschritt" sein[80].

Die Diskussion über die Errichtung einer Reichsanstalt für Arbeitsvermittlung und Arbeitslosenversicherung brach ergebnislos ab, nachdem im Alliierten Kontrollrat eine Einigung über die Neuordnung der Sozialversicherung in allen vier Besatzungszonen nicht mehr erzielt werden konnte. Eine Folge davon war, daß in der SBZ die Zuständigkeit für die Verwaltung der Arbeitslosenversicherung bei den Landesarbeitsämtern verblieb. Der Ausbau der Ämter für Arbeit und Sozialfürsorge schritt dagegen in der SBZ zügig voran. Mitte September 1947 gab es insgesamt 134 Kreisämter, 347 Nebenstellen und 106 sogenannte Hilfsstellen[81]. Schwerpunkte waren dabei die Länder Sachsen und Sachsen-Anhalt; Thüringen verfügte zu diesem Zeitpunkt über die geringste Anzahl von Arbeitsämtern.

[76] Ebenda.
[77] SAPMO, DY 30/IV 2/2.027/5, Bl. 166f., Aktenvermerk Donaus vom 8. 8. 1947.
[78] In der britischen Zone hatte eine andere Entwicklung eingesetzt: Hier existierte bereits ein Zentralarbeitsamt in Lemgo, das die fachliche Aufsicht über die vier Landesarbeitsämter in Nordrhein-Westfalen, Niedersachsen, Schleswig Holstein und Hamburg besaß.
[79] SAPMO, DY 30/IV 2/2.027/5, Bl. 161f., Schreiben Materns vom 21. 8. 1947 an Morenow.
[80] Ebenda, Bl. 162.
[81] BAB, DQ 2/30, Bl. 1, Abt. I b am 16. 9. 1947: Anzahl der Ämter für Arbeit und Sozialfürsorge.

Die Diskussion über den Aufbau der Arbeitsverwaltung wurde wesentlich beeinflußt von der Kampagne zur Senkung der Personal- und Verwaltungskosten, die auch andere Bereiche wie etwa die Sozialversicherung erfaßt hatte. So erfolgte etwa die Auszahlung von Leistungen der Arbeitslosenversicherung durch die Sozialversicherungskassen, während der Etat dieses Versicherungszweiges bei den Sozialversicherungsanstalten aufgeführt wurde. Die Bildung einer zentralen Behörde für Arbeitsvermittlung und Arbeitslosenversicherung, wie sie sich in der dargestellten Diskussion zumindest angebahnt hatte, hätte somit auch zu haushaltsrechtlichen Konsequenzen geführt. Nach einem klärenden Gespräch mit der Abteilung Arbeitskraft in Karlshorst gab die DVAS den entsprechenden Landesministerien bekannt, daß die Finanzmittel der Sozialversicherungsanstalten „nach Bedarf für Zwecke der Arbeitslosenpflichtversicherung" abgerufen werden sollen[82]. Entscheidend war jedoch, daß keine zusätzlichen Planstellen und sogar keine weiteren Finanzmittel für Personal- und Sachkosten bewilligt wurden.

Die Befürworter einer Zentralisierung der Arbeitsverwaltung sahen sich in zunehmenden Maße bestätigt durch die konkreten Anforderungen des Arbeitsmarktes in der SBZ. So verwies etwa das Landesarbeitsamt Potsdam darauf, daß große Arbeitsvorhaben in Brandenburg, wie etwa die Oderregulierung oder der Bau des Flughafens Schönefeld, „bei einer dezentralisierten Verwaltung schon in ihren Anfängen gescheitert" wären[83]. Eine Kommunalisierung der Arbeitsämter hätte zu Methoden der Arbeitskräftelenkung geführt, „die mit dem eigentlichen Zweck des planmäßigen Einsatzes der Arbeitskräfte nicht das Mindeste mehr gemein haben", da die Gemeindeverwaltungen „naturgemäß nur an ihrem Grenzbereich interessiert sind, was darüber hinaus in anderen Kreisen oder Städten vorgeht, ist ja Angelegenheit jener Behörden."[84] Das brandenburgische Landesarbeitsamt bezog jedoch seine Stellungnahme nicht ausschließlich auf die Lenkung der Arbeitskräfte, sondern auch auf angrenzende arbeitsmarktpolitische Felder: die Berufsberatung, die Umschulung sowie die Arbeitslosenunterstützung. Das Ministerium für Arbeit und Sozialwesen der Landesregierung Brandenburg sandte diese Meinungsäußerung an die SED-Landesleitung mit der Bitte, die Frage der Verwaltungsstruktur nochmals zu überprüfen und zu einer einheitlichen Lösung zu gelangen[85]. Da auch von einzelnen Arbeitsämtern Anfragen an die Landesregierung Brandenburg gerichtet worden waren, die unter anderem die einheitliche Bezeichnung der Arbeitsämter betrafen[86], sah sich Vizepräsidentin Matern veranlaßt, beim Zentralsekretariat der SED eine erneute Besprechung zu beantragen[87]. Gegenüber dem SED-Landesvorstand der Mark Brandenburg betonte daraufhin Paul Merker, daß eine endgültige Regelung in Verbindung mit den Verhandlungen über einen neuen Wirtschaftsplan

82 BAB, DQ 2/1388, Vizepräsidentin Matern am 22. 11. 1947 an die Landesregierungen.

83 SAPMO, DY 30/IV 2/2.027/21, Bl. 13–18, hier Bl. 15, Bericht des Landesarbeitsamtes Potsdam vom 22. 10. 1947.

84 Ebenda, Bl. 16.

85 SAPMO, DY 30/IV 2/2.027/21, Bl. 11 f.

86 Vgl. SAPMO, DY 30/IV 2/2.027/5, Bl. 176, Arbeitsamt Niederbarnim am 20. 11. 1947 an Landesarbeitsamt in Potsdam.

87 SAPMO, DY 30/IV 2/2.027/5, Bl. 174, Matern am 6. 11. 1947 an Zentralsekretariat der SED; ebenda, Bl. 175, Matern am 8. 12. 1947 an Zentralsekretariat der SED.

erfolgen werde[88]. Merker erteilte gleichzeitig den Mitarbeitern der Zentralsekretariats-Abteilung den Auftrag, den Aufbau der Arbeitsämter in den einzelnen Ländern zu überprüfen[89]. Der kommunalpolitische Beirat der SED sprach sich Ende 1947 gegen eine Eingliederung der Arbeitsämter in die kommunale Selbstverwaltung aus; die enge Zusammenarbeit sollte allerdings beibehalten werden[90]. Dem Zentralsekretariat wurde empfohlen, eine Neueinteilung aller Kreisarbeitsämter nach wirtschaftspolitischen Grundsätzen durchzuführen.

Die Trennlinie zwischen Befürwortern und Gegnern einer Zentralisierung konnte über die Parteigrenzen hinweg verlaufen. Dies hatte sich bereits bei der SED angedeutet: Während Mitglieder des Zentralsekretariats eine Kommunalisierung der Arbeitsämter favorisierten, stemmte sich der DVAS-Präsident Brack vehement dagegen. Ähnliches gab es auch bei den Blockparteien, besonders der CDU zu beobachten. So sprach sich der Minister für Arbeit und Sozialwesen Brandenburgs Fritz H. Schwob für die Zentralisierung aus[91], einige Bürgermeister und Oberbürgermeister dagegen[92]. Die Front verlief somit zwischen der Zentralverwaltung, die von einigen Landesverwaltungen unterstützt wurde, und den Kommunalverwaltungen. Dies war letztlich auch nicht weiter überraschend, ging es doch um Zuteilung von Kompetenzen innerhalb der staatlichen Verwaltung.

Auch Anfang 1948 war die Frage des Aufbaus der Arbeitsverwaltung noch nicht zur Zufriedenheit der DVAS gelöst. So berichtete die Abteilung I b, daß die organisatorische „Untergliederung [...] nicht den Bedürfnissen der heutigen Arbeitslenkung" genügen würde[93]. Vor allem in Randgemeinden der Arbeitsamtsbezirke hänge die Erfassung und Arbeitslenkung der Bevölkerung „mehr oder minder in der Luft." Eine Kontrolle der Registrierung und „der rationellen Auswertung der Arbeitskräfte im Rahmen der weitläufigen geographischen Ausdehnung des Bezirkes" sei wegen der bestehenden Verkehrsprobleme „außerordentlich erschwert und zum Teil nicht durchführbar."

Vor allem die oftmals unzureichende Abstimmung zwischen der Berliner Zentralverwaltung und den Arbeitsämtern vor Ort veranlaßte die DVAS-Abt. I b einen Verordnungsentwurf auszuarbeiten, der die jeweiligen Kompetenzen festlegte. Der am 7. Februar 1948 fertiggestellte Referentenentwurf sah eine klar hierarchisch gegliederte Verwaltungsstruktur vor, bei der die Arbeitsämter Befehlsempfänger der DVAS bzw. der Landesarbeitsämter sein sollten[94]. Demzufolge trug die DVAS die Gesamtverantwortung bei der Organisierung und Durchführung der öffentlichen Arbeitsvermittlung; die Landesämter für Arbeit und Sozialfürsorge waren somit

[88] SAPMO, DY 30/IV 2/2.027/21, Bl. 29, Merker am 12. 12. 1947 an SED-Landesvorstand.
[89] SAPMO, DY 30/IV 2/2.027/21, Bl. 30, Vermerk Merkers vom 12. 12. 1947.
[90] SAPMO, DY 30/IV 2/2.027/21, Bl. 31, Vorlage an das ZS der SED: Entschließung der Tagung des kommunalpolitischen Beirats (18.–20. 12. 1947).
[91] SAPMO, DY 30/IV 2/2.027/21, Bl. 11 f., Ministerium für Arbeit und Sozialwesen Brandenburgs am 10. 11. 1947 an SED-Landesleitung. Schwob blieb auch 1948 bei seiner ablehnenden Haltung zur Kommunalisierung der Arbeitsverwaltung. Vgl. ACDP, VII, 011, 1286, Rundschreiben der CDU-Hauptgeschäftsstelle Nr. 9/48 vom 21. 4. 1948. Zur selben Gesamtbeurteilung gelangte übrigens auch der Minister für Arbeit und Sozialpolitik in Sachsen-Anhalt, Leo Herwegen (CDU). Vgl. ebenda.
[92] SAPMO, DY 30/IV 2/2.027/21, Bl. 28, Vermerk Wecks vom 2. 12. 1947.
[93] BAB, DQ 2/2084, Aktennotiz der Abt. I b vom 8. 1. 1948.
[94] BAB, DQ 2/2775.

ausführende Organe. Die Juristische Abteilung, der der Referentenentwurf vorgelegt worden war, legte kurz darauf einen ersten Verordnungsentwurf vor[95]. Eine gemeinsame Besprechung von Vertretern beider Abteilungen mit dem Präsidenten Brack am 12. Februar ergab, daß zunächst zwei getrennte Gutachten erstellt werden sollten, „und zwar Abt. I b vom Standpunkt der Praxis und Abt. V vom juristischen Standpunkt aus.“[96] Das Kernproblem der weiteren Debatte bestand nach wie vor in der Auslegung des SMAD-Befehls Nr. 65, der die Verantwortung für die Arbeit der Arbeitsämter der Kommunalverwaltung übertragen hatte. Nach Ansicht der Juristischen Abteilung konnte diese Bestimmung nicht als Grundlage einer Kommunalisierung der Arbeitsämter angesehen werden[97]. Offensichtlich favorisierten aber immer noch einzelne Vertreter der SMAD diese Lösung: „Einer Übertragung der Ämter für Arbeit und Sozialfürsorge in der Art, wie sie in einer der letzten Präsidialsitzungen als Wunsch der SMAD vorgetragen worden sind, stehen auch erhebliche verwaltungs- und staatsrechtliche Bedenken entgegen.“[98] In ihrem Gutachten unterschied die Juristische Abteilung zwischen einer „dezentralisierten“ und einer „dekonzentrierten“ Verwaltung: Während sich die Verwaltung bei der ersten Variante auf zahlreiche Selbstverwaltungskörperschaften stütze, bestehe bei der zweiten Variante eine zentrale Verwaltungsbehörde, „die als Unterbau eine Vielzahl von eigenen Dienststellen besitzt, die den Weisungen der zentralen Instanz folgen müssen und von ihr finanziert werden.“[99] Die dekonzentrierte Verwaltung sei dort angebracht, „wo überbezirkliche Belange“ im Vordergrund stehen würden, so auch bei der Arbeitsverwaltung. Die Abteilung I b sprach sich ebenfalls gegen eine Stärkung der kommunalen Kompetenzen bei der Arbeitskräftelenkung aus. Der wirtschaftliche Wiederaufbau lasse sich nur durch eine „straffe Arbeitslenkung“ erzielen[100]. Statt dessen wurde vorgeschlagen, die Kommunalverwaltung stärker in die Pflicht zu nehmen. Der SMAD-Abteilung Arbeitskraft schien die Argumentation der Juristischen Abteilung einsichtig gewesen zu sein. Bei einer Besprechung signalisierte Morenow in Karlshorst am 24. Februar, daß er auf eine Kommunalisierung der Arbeitsämter nicht bestehen werde[101].

Der DVAS-Präsident schloß sich den Stellungnahmen der beiden Abteilungen seines Hauses an und übermittelte sie am 25. Februar der zuständigen Abteilung des SED-Zentralsekretariats, die mehrheitlich stets für eine Eingliederung der Arbeitsämter in die Verwaltung der Städte und Gemeinden eingetreten war[102]. Das Antwortschreiben war deutlich im Weisungsstil gehalten und sparte nicht mit harscher Kritik. Der DVAS-Leitung wurde im einzelnen vorgehalten, daß sie „innerlich“ nicht davon überzeugt sei, daß die Neuordnung von Staat, Wirtschaft und Gesellschaft auch für den Bereich Arbeit und Sozialfürsorge gelte. Und weiter: „Beinahe zwei Jahre ist der Auftrag, die Strukturänderung praktisch durchzuführen, nicht

95 BAB, DQ 2/2775, Jurist. Abt. am 10. 2. 1948 an Abt. I b.
96 BAB, DQ 2/2775, Aktennotiz der Abt. I b vom 12. 2. 1948.
97 BAB, DQ 2/2775, Jurist. Abt. am 13. 2. 1948 an Präsident Brack.
98 Ebenda, S. 1.
99 Ebenda, S. 2.
100 BAB, DQ 2/1754, Notiz der Abt. I b vom 16. 2. 1948, S. 1.
101 BAB, DQ 2/2197, Jurist. Abt. am 25. 2. 1948 an Präsident Brack.
102 SAPMO, DY 30/IV 2/2.027/21, Bl. 43.

ausgeführt worden."[103] Der Brief endete unmißverständlich: „Es ist genug geredet worden. Die Grundsätze sind bekannt. Wir halten darum eine nochmalige Aussprache für Zeitvergeudung"[104]. Brack erhielt den Auftrag, einen Verordnungsentwurf über die Neugestaltung der Struktur der Arbeitsämter „in dem von der Partei gewünschten Sinne unverzüglich"[105] auszuarbeiten und vorzulegen.

Die Abt. I b der DVAS legte am 13. März 1948 einen überarbeiteten Referentenentwurf vor, der auf den ersten Blick nach einem Kompromiß aussah[106]. Auf der einen Seite behielt die DVAS die Gesamtverantwortung für die Arbeitsvermittlung in der SBZ; sie hatte ein Weisungs- und Kontrollrecht. Die von ihr erlassenen gesetzlichen Bestimmungen waren für die nachgeordneten Dienststellen bindend. Die genaue Abgrenzung der einzelnen Arbeitsämter – eine alte strittige Frage – sollte auf Anweisung des zuständigen Landesamtes für Arbeit und Sozialfürsorge erfolgen; dabei waren sowohl politische als auch wirtschaftliche Erfordernisse zu berücksichtigen. Zur Verwaltungsvereinfachung trug außerdem die Bestimmung bei, daß kreisfreie Städte mit mindestens einem Landkreis zu einem Arbeitsamtsbezirk vereinigt werden sollten. Dagegen konnten Neben- bzw. Hilfsstellen nach Bedarf aufgebaut werden. Auf der anderen Seite – und das sollte vermutlich den Forderungen des SED-Zentralsekretariats Rechnung tragen – erhielten die Kommunalverwaltungen ein Vorschlagsrecht bei der personellen Zusammensetzung der Landesämter für Arbeit und Sozialfürsorge sowie der Arbeitsämter. Darüber hinaus sollten die Stadt- und Gemeindeverwaltungen Diensträume und Sachmittel bereitstellen. Auch die Besoldung der Angestellten der Arbeitsämter war aus den Haushaltsmitteln der Kommunalverwaltung aufzubringen. Der Leiter der Abteilung Arbeit und Sozialfürsorge beim Zentralsekretariat der SED, Rudolf Belke, war mit dem Entwurf überhaupt nicht einverstanden: „Der Entwurf hat keine klare Linie."[107] Im einzelnen stellte Belke fest, daß die Arbeitsämter nicht „mehrere politische Kreise oder Teile derselben" umfassen dürften[108]. Eine Neuordnung der Länder und Kreise wollte er im Interesse einer zweckmäßigen Wirtschaftsplanung keineswegs ausschließen; dies sei aber eine Aufgabe, der sich die DWK anzunehmen habe. Neben Änderungsvorschlägen zu einigen Bestimmungen des Referentenentwurfes machte Belke grundsätzliche Bedenken an der Vorarbeit der DVAS geltend: „Wir haben kein Interesse an einer Inflation von Durchführungsverordnungen, [...]. In der Verordnung soll schon alles enthalten sein."[109]

Somit blieb die DVAS aufgefordert, die Mitarbeit der Kommunalverwaltung beim Aufbau der Arbeitsverwaltung gesetzlich zu regeln. Bereits am 16. März 1948 lag ein neuer Entwurf der zuständigen Abteilung I b vor, der die Bildung von „Parlamenten der Arbeitskräfte" vorsah[110]. Konkret ging es um die Errichtung von sogenannten Verwaltungs-Kontrollausschüssen bei den Ämtern für Arbeit und So-

[103] SAPMO, DY 30/IV 2/2.027/21, Bl. 45–47, hier Bl. 45, ZS-Abteilung Arbeit und Sozialfürsorge am 1. 3. 1948 an Brack.
[104] Ebenda, Bl. 46.
[105] Ebenda, Bl. 47.
[106] SAPMO, DY 30/IV 2/2.027/21, Bl. 49–51.
[107] SAPMO, DY 30/IV 2/2.027/21, Bl. 52f., Bemerkungen Belkes vom 7. 4. 1948.
[108] Ebenda, Bl. 52.
[109] Ebenda, Bl. 53.
[110] BAB, DQ 2/2197.

zialfürsorge. Diese Ausschüsse sollten aus jeweils drei Vertretern des FDGB, der „öffentlich anerkannten" Unternehmerorganisationen (Industrie- und Handelskammern sowie Handwerkskammern), sowie der Kreis- oder Landesparlamente, und jeweils einem Vertreter des Demokratischen Frauenbundes Deutschland (DFD), der FDJ, des Arbeitsamtes und einem des Kreisrates oder des Landesministeriums bestehen. Die Verwaltungs-Kontrollausschüsse nahmen die Funktion eines Aufsichtsorgans wahr und hatten beispielsweise alle Geschäftsvorgänge zu überprüfen, „ganz gleich, ob es sich um die zweckmäßige Abgrenzung der Amtsbezirke, um Anordnungen des Amtes oder um Einsprüche des Amtes gegen behördliche Anordnungen der Selbstverwaltungs-Körperschaften" handelte[111]. Inhaltlich gesehen konnten sich die Ausschüsse – so sah es der Entwurf vor – in nahezu jedes Aufgabengebiet des Arbeitsamtes einschalten. Eine nicht absehbare Auseinandersetzung zwischen Arbeitsämtern und Kontrollausschüssen wäre bei einer Realisierung die Folge gewesen, da in Streitfällen zunächst der übergeordnete Landeskontrollausschuß, letztendlich aber die oberste Landesbehörde entscheidungsbefugt gewesen wäre. Diese Regelung hätte zu einer nicht unbeträchtlichen Lähmung der Arbeitsverwaltung beitragen können. Sowohl die SED-Führung als auch die DVAS-Leitung erkannten offensichtlich diese drohende Gefahr und einigten sich schließlich auf die Schaffung von sogenannten Beratungsausschüssen bei den Landesministerien für Arbeit und Sozialfürsorge[112].

Der FDGB-Bundesvorstand sprach sich insgesamt für den Aufbau von Verwaltungsausschüssen aus, verlangte allerdings eine stärkere Berücksichtigung der Gewerkschaftsinteressen: Diese Ausschüsse sollten sich – so die Hauptabteilung 3 (Sozialpolitik) – zu zwei Dritteln, mindestens aber zu 50 Prozent aus Vertretern der Gewerkschaften zusammensetzen[113]. Ansonsten hielt sich der FDGB in dieser Auseinandersetzung auffallend zurück.

Auf Landesebene war nach wie vor Thüringen ein entschiedener Befürworter einer Zentralisierung der Arbeitsverwaltung. Daran hatte auch der Wechsel Gustav Bracks vom Landesamt für Arbeit und Sozialfürsorge zur DVAS im Juni 1946 nichts geändert; sein Nachfolger, Minister Georg Appell, behielt diese Position bei. Zur Begründung verwies Appell auf die nach wie vor drängenden Probleme der Arbeitskräftelenkung, insbesondere des überbezirklichen Ausgleichs[114]. Ein anderer Faktor war ebenfalls von entscheidender Bedeutung, der in der Diskussion noch keine tragende Rolle gespielt hatte, den Handlungsspielraum aber indirekt immer mehr beeinflussen sollte: Die Aufstellung des Zweijahresplanes, der mittel- und langfristig eine straff organisierte Arbeitsverwaltung erforderlich machte.

Einen neuen Verordnungsentwurf präsentierte die HVAS am 9. April 1948[115]. Dieser enthielt zwei wesentliche Veränderungen: Zunächst einmal wurden die Ar-

[111] Ebenda, § 10.

[112] BAB, DQ 2/2063, Protokoll vom 30. 3. 1949 über die Sitzung des Beratungsausschusses am 28. 3. 1948 [sic]. Aus dem Protokoll geht hervor, daß diese Sitzung nur am 28. 3. 1949 stattgefunden haben kann.

[113] SAPMO, DY 34/20149, Aktennotiz der HA 3 vom 3. 4. 1948.

[114] SAPMO, DY 30/IV 2/2.027/21, Bl. 67, Ministerium für Arbeit und Sozialwesen des Landes Thüringen am 7. 4. 1948 an das Ministerium für Arbeit und Sozialwesen des Landes Brandenburg.

[115] SAPMO, DY 30/IV 2/2.027/21, Bl. 54–57.

beitsämter ausdrücklich der Dienstaufsicht des Bürgermeisters der betreffenden Gemeinde unterstellt[116]. Damit wurde die Forderung nach Kommunalisierung der Arbeitsverwaltung erstmals von der HVAS berücksichtigt. Die zweite Veränderung betraf die Einrichtung von Verwaltungsausschüssen, wobei der Verordnungsentwurf jedoch keine näheren Angaben über die Zusammensetzung und die Befugnisse dieser Gremien machte[117]. Über allem stand allerdings nach wie vor die HVAS, die etwa in Streitfällen die Entscheidungskompetenz besaß. Die Abteilung Kommunalpolitik beim SED-Zentralsekretariat meldete nur kleinere Korrekturwünsche am Entwurf an[118]. Interessanterweise hatte sie keinerlei Vorbehalte gegen die zentrale Aufsicht und Lenkung der HVAS und die gleichzeitige Übertragung der Dienstaufsicht an die Kommunalvertreter. Eine geringfügig überarbeitete Fassung sandte Gustav Brack am 14. April an das SED-Zentralsekretariat[119]. Helmut Lehmann lehnte auch diesen Entwurf weiterhin ab und warf Brack vor, er wolle „sich absolut nicht davon überzeugen lassen, daß die Ämter für Arbeit und Sozialfürsorge Abteilungen der Stadt- und Landkreisverwaltungen sein müssen."[120] Der Kommunalverwaltung stünde die Aufgabe der Arbeitsvermittlung und -lenkung zu, so Lehmann weiter. Es sei notwendig, die Weisungsbefugnisse des Landesarbeitsamtes gegenüber den Arbeitsämtern festzulegen. Hier bahnte sich ein möglicher Kompromiß an: Die Arbeitsämter sollten demzufolge der Stadt- und Gemeindeverwaltung eingegliedert werden, die jeweiligen Landesarbeitsämter aber als übergeordnete Verwaltung weisungsbefugt sein bzw. bleiben. Damit wäre nur noch eine Feinabstimmung zwischen den Zuständigkeiten der kommunalen Verwaltungen und der Landesarbeitsämter erforderlich gewesen. Lehmann nutzte die Gelegenheit, um grundsätzliche Kritik an der Vorgehensweise Bracks zu üben: „Ich habe seit langem die Überzeugung, daß Brack nicht in der Lage ist, einen Entwurf aufzustellen, wie er unseren Vorstellungen entspricht, da er unseren Auffassungen absolut ablehnend gegenübersteht."[121] Lehmann erklärte sich bereit, einen Gegenentwurf aufzustellen, „sobald ich von meinem jetzigen Krankenurlaub zurückkomme." Der Gründungsvater der ostdeutschen Einheitsversicherung hatte zu diesem Zeitpunkt bereits an Einfluß verloren, was vermutlich mit seinem Gesundheitszustand zusammenhing. Der Höhepunkt seiner sozialpolitischen Tätigkeit war eng mit den Vorarbeiten zum SMAD-Befehl Nr. 28 vom 28. Januar 1947 verwoben[122].

Auch die Hauptabteilung Sozialpolitik beim FDGB-Bundesvorstand erkannte die Mängel und Widersprüche des HVAS-Verordnungsentwurfes vom 10. April 1948. Im einzelnen kritisierten die Sozialpolitikexperten des FDGB die Übertragung der Dienstaufsicht an die Bürgermeister. Im Rahmen des einheitlichen und übersichtlichen Organisationsaufbaus wirke diese Regelung „wie ein Fremdkör-

116 Ebenda, § 4.
117 Ebenda, § 5.
118 SAPMO, DY 30/IV 2/2.027/21, Bl. 64, SED-Hausmitteilung vom 26. 4. 1948.
119 SAPMO, DY 30/IV 2/2.027/21, Bl. 59–63, Entwurf der HVAS vom 10. 4. 1948 mit Anschreiben Bracks.
120 SAPMO, DY 30/IV 2/2.027/21, Bl. 58, Vermerk Lehmanns vom 19. 4. 1948 für Paul Merker.
121 Ebenda.
122 Vgl. dazu: Hoffmann, Sozialpolitische Neuordnung, passim.

per."[123] Es sei „völlig unlogisch", die Dienstaufsicht einer Verwaltung zu übertragen, die nicht Bestandteil der Arbeitsverwaltung sei. Die Hauptabteilung Sozialpolitik befürchtete daher für die Zukunft „einen hemmenden Dualismus" zwischen der HVAS und den kommunalen Behörden. Als zentrales Problem bezeichnete der FDGB jedoch die anstehenden Aufgaben einer Arbeitsmarktpolitik für die SBZ insgesamt, denen der Entwurf nicht gerecht werden könne. Man befürchtete auch in inhaltlichen Fragen „einen dauernden Widerstreit" zwischen der HVAS und der Kommunalverwaltung, „unter dem eine den wirtschaftlichen Gegebenheiten angepaßte Arbeitsmarktpolitik im weitesten Sinne des Wortes leiden muß."[124] Dagegen hielt der 1. Vorsitzende des FDGB-Bundesvorstandes, Hans Jendretzky, den Entwurf „für tragbar."[125] Allerdings sprach er sich für die Ausarbeitung einer detaillierten Geschäftsordnung aus, die den möglichen Dualismus, den er offenbar doch sah, verhindern müsse.

Die nach wie vor umstrittene Frage nach Kommunalisierung oder Zentralisierung der Arbeitsverwaltung war ein zentrales Thema der in unregelmäßigen Abständen von der DVAS bzw. HVAS zusammengerufenen Arbeitstagungen, an der Vertreter der zuständigen Landesministerien, des Berliner Magistrats und des FDGB-Bundesvorstandes teilnahmen. Zu diesen Treffen waren auch SMAD-Offiziere eingeladen, die in der Regel die Gelegenheit wahrnahmen, zu den Versammelten zu sprechen. Diese Arbeitstagungen hatten sowohl Informations- als auch Abstimmungscharakter. Die Struktur der Arbeitsämter war etwa auf der Tagung am 27./28. April 1948 in Erfurt von wesentlicher Bedeutung, versuchte doch die HVAS-Leitung eine einvernehmliche Lösung herbeizuführen. Es blieb allerdings bei einer grundsätzlichen Aussprache, in der sich wiederum einige Ländervertreter gegen den Einbau der Arbeitsämter in die Kommunalverwaltung aussprachen[126]. Eine Einigung konnte nicht erzielt werden, und es blieb dem HVAS-Präsidenten Brack überlassen, die Suprematie der sowjetischen Besatzungsmacht auch in dieser Angelegenheit deutlich zu machen[127]. Es hat den Anschein, als ob die SMAD eine endgültige Entscheidung nicht unbedingt selber treffen wollte. Bei gemeinsamen Besprechungen mit Vertretern der HVAS in Karlshorst machte die Abteilung Arbeitskraft wiederholt darauf aufmerksam, daß die entsprechende Bestimmung des SMAD-Befehls Nr. 65 nach wie vor nicht umgesetzt worden sei. Bei dieser Feststellung beließen es jedoch dann die sowjetischen Vertreter und nahmen nur noch die bekannte ablehnende Haltung der HVAS sowie der Landesarbeitsämter zur Kenntnis[128].

Eine wichtige Vorentscheidung brachte eine gemeinsame Besprechung am 9. Juni 1948, an der Vertreter der HVAS, des FDGB, der kommunalpolitischen Abteilung sowie der Abteilung für Arbeit und Sozialfürsorge beim SED-Zentralsekretariat

[123] BAB, DQ 2/2197, Kommentierung der HA III des FDGB-Bundesvorstandes vom 24. 4. 1948, S. 1.
[124] Ebenda, S. 2.
[125] SAPMO, DY 30/IV 2/2.027/21, Bl. 71, Jendretzky am 22. 5. 1948 an Brack.
[126] BAB, DQ 2/1537, Niederschrift über den Verlauf der am 27./28. 4. 1948 stattgefundenen Arbeitstagung der HVAS in Erfurt, S. 7.
[127] Ebenda, S. 8.
[128] Vgl. BAB, DQ 2/2040, Bl. 129, Niederschrift über Besprechung bei der SMAD am 22. 5. 1948.

teilnahmen. Die Aussprache ergab „das Fallenlassen aller bisherigen Vorschläge, die darauf gerichtet waren, Arbeitsämter bei den Gemeinden, Landesarbeitsämter bei den Landesregierungen zu schaffen, die jeweils der Kommunalverwaltung oder Landesregierung unterstellt werden sollten.“[129] Damit war das Projekt von der Kommunalisierung der Arbeitsverwaltung endgültig begraben worden. Statt dessen einigte man sich darauf, „eine besondere Institution [zu schaffen], die der Selbstverwaltung unterstellt werden soll.“ Konkret handelte es sich dabei um die bereits seit längerer Zeit diskutierten Verwaltungsausschüsse, in der die Gewerkschaften nunmehr eine deutliche Majorität besitzen sollten: Zwei Drittel der jeweils 18 Personen umfassenden Ausschüsse standen demnach der Gewerkschaftsseite zu und ein Drittel den Vertretern der Industrie- und Handelskammern, der Kommunalverwaltung, der Volkseigenen Betriebe und der Vereinigung der gegenseitigen Bauernhilfe (VdgB). Der FDGB hatte sich mit seinen Vorstellungen durchsetzen können. Der Selbstverwaltungsgedanke hatte damit auch einen völlig anderen inhaltlichen Schwerpunkt bekommen: Während anfangs eine Mitwirkung der kommunalen Körperschaften geplant war, trat dieser Gedanke ganz in den Hintergrund und wurde durch einen dominierenden gewerkschaftlichen Einfluß ersetzt. Eine ähnliche Entwicklung zeichnete sich in etwa zeitgleich bei den Organen der Sozialversicherung ab[130], ohne daß auf diesem sozialpolitischen Gebiet aber zuvor die Forderung nach einer Kommunalisierung ernsthaft erwogen worden wäre. Die Stärkung des gewerkschaftlichen Einflusses auf die Arbeitsämter war ein Vorschlag, der von Helmut Lehmann kam, und letztlich den Kompromiß erst möglich machte[131]. Sowohl die HVAS-Leitung als auch die beiden Abteilungen des Zentralsekretariats stimmten dieser Lösung zu. Lehmann legte noch am selben Tag einen neuen Verordnungsentwurf vor, der inhaltlich dieser getroffenen Einigung entsprach[132]. Zwar sah der Entwurf vor, daß die Arbeitsämter als Abteilungen der Kreis- und Stadtverwaltungen zu bilden waren. Gleichzeitig wurde aber unmißverständlich festgelegt, daß die Lenkung und Leitung der Arbeitskräfteverteilung allein der HVAS oblag, an deren Weisungen die Arbeitsämter und Landesarbeitsämter gebunden waren.

An dieser Stelle seien noch einige wenige Bemerkungen zur wechselnden Bezeichnung der Arbeitsämter in der SBZ gestattet[133]: Vor allem in den ersten beiden Nachkriegsjahren herrschte eine große Uneinheitlichkeit, die genaue Amtsbezeichnung wurde letztlich von der jeweiligen Landes- bzw. Provinzialregierung festgelegt. So verfügte beispielsweise das thüringische Landesamt für Arbeit und Sozialfürsorge am 15. Februar 1946 die Umbenennung der Arbeitsämter in Ämter für Arbeit und Sozialfürsorge und begründete diesen Schritt mit der Erweiterung der Tätigkeitsfelder[134]. Nachdem der SED-Landesvorstand im März 1948 eine erneute Umbenennung in „Ämter für Arbeit“ angeregt hatte, schloß sich auch das thüringische Ministerium für Arbeit und Sozialwesen dieser Meinung an[135]. Dadurch soll-

[129] SAPMO, DY 30/IV 2/2.027/21, Bl. 72f., hier Bl. 72, Aktennotiz Hamachers vom 9. 6. 1948.
[130] Vgl. Hoffmann, Sozialpolitische Neuordnung, S. 113–118.
[131] BAB, DQ 2/2197, Vermerk der FDGB-Hauptabteilung 3 vom 10. 6. 1948.
[132] SAPMO, DY 30/IV 2/2.027/21, Bl. 74–76, Entwurf Lehmanns vom 9. 6. 1948.
[133] Vgl. dazu auch Boldorf, Sozialfürsorge, S. 141f.
[134] BAB, DQ 2/1553.
[135] BAB, DQ 2/2084, Ministerium für Arbeit und Sozialwesen des Landes Thüringen am 16. 3. 1948 an die DVAS. Erstmals zitiert bei Boldorf, Sozialfürsorge, S. 142.

ten Verwechslungen in der Öffentlichkeit mit den Sozialämtern vermieden werden. Die HVAS bat daraufhin die übrigen Landesämter für Arbeit und Sozialfürsorge um eine Stellungnahme[136]. Gegen eine Umbenennung wandte sich das Landesarbeitsamt Brandenburg[137]. Der Minister für Arbeit und Sozialpolitik von Sachsen-Anhalt wollte zunächst die Eingliederung der Arbeitsämter in die Kommunalverwaltung abwarten[138]. Die HVAS nahm daher Abstand von dem Versuch, eine Vereinheitlichung der Amtsbezeichnung in allen Ländern zu erreichen: Es bestünde keine Möglichkeit, „zwingend eine einheitliche Benennung der Ämter zu verfügen."[139] Dagegen bestand innerhalb der Arbeitsämter eine einheitliche Bezeichnung der Abteilungen.

Auch nach der grundsätzlichen Entscheidung über die Struktur der Arbeitsverwaltung ebbte damit die Diskussion doch nicht automatisch ab. Sowohl die SED-Führung als auch die HVAS bzw. die Landesarbeitsämter versuchten in der Folgezeit, wenn auch nur noch vereinzelt, neue Strukturverbesserungen durchzusetzen. Daneben schaltete sich die sowjetische Besatzungsmacht in die Debatte wieder ein. So erteilte etwa die SMA des Landes Brandenburg dem dortigen Ministerium im Sommer 1948 den Auftrag, einen Vorschlag für die Reorganisation der Abteilung Arbeit und Sozialfürsorge bei der Landesregierung und in den Kreisen auszuarbeiten[140]. Eine Absprache war in diesem Fall weder mit der SMAD in Karlshorst noch mit der SED-Führung noch mit der HVAS-Leitung getroffen worden. Das zeigte, daß auch in Zukunft eine einheitliche Regelung für die SBZ schwierig bleiben würde. Bei den wöchentlich stattgefundenen Besprechungen zwischen Mitarbeitern der HVAS und der Abteilung Arbeitskraft in Karlshorst wurden die sowjetischen Ziele durchaus deutlich. So sollten wesentliche Aufgaben der Arbeitsämter nach den Vorstellungen der SMAD langfristig an die Industrieverwaltungen übergehen[141]. Die wirtschaftlichen Zentralverwaltungen bzw. Ministerien hatten demnach die Planung des Arbeitskräfteeinsatzes zu übernehmen, während den Arbeitsämtern eine kontrollierende Funktion zukam. Dies entsprach offensichtlich der Entwicklung in der Sowjetunion, wo „[b]esondere Ämter für Arbeit" nicht existierten[142].

Um die Zuordnung der Kompetenzen und Zuständigkeiten auf die einzelnen Ebenen der Arbeitsverwaltung zu verdeutlichen, legte Lehmann am 5. Oktober 1948 einen weiteren Verordnungsentwurf vor[143]. Dem Arbeitsamt sollte danach die Aufgabe der Lenkung, Vermittlung, Einweisung, Umschulung von Arbeitskräften sowie die Auszahlung der Arbeitslosenunterstützung zufallen. Dem Landesarbeits-

136 BAB, DQ 2/2084, HVAS am 21. 5. 1948 an die Landesämter für Arbeit und Sozialfürsorge in Schwerin, Dresden, Halle und Potsdam.

137 BAB, DQ 2/2084, Ministerium für Arbeit und Sozialwesen der Landesregierung Brandenburg am 3. 6. 1948 an die HVAS. Erstmals zitiert bei Boldorf, Sozialfürsorge, S. 142.

138 BAB, DQ 2/2084, Minister für Arbeit und Sozialpolitik Sachsen-Anhalt am 24. 6. 1948 an die HVAS.

139 BAB, DQ 2/2084, Notiz der HVAS (Abt. I b) vom 26. 6. 1948.

140 SAPMO, DY 30/IV 2/2.027/5, Bl. 220, Merker am 22. 7. 1948 an J. Matern (HVAS).

141 BAB, DQ 2/2040, Bl. 163, Aktennotiz über Besprechung mit der SMAD in Karlshorst am 1. 10. 1948.

142 Ebenda. Vgl. allgemein zur Wirtschaftsplanung in der UdSSR nach dem Ende des Zweiten Weltkrieges: Hildermeier, Geschichte der Sowjetunion, S. 689–701.

143 SAPMO, DY 30/IV 2/2.027/21, Bl. 79–83.

amt oblag die Überwachung und Anleitung der Arbeitsämter. An der Spitze stand bekanntlich die HVAS, der die „oberste Lenkung und Leitung der Verteilung der Arbeitskräfte [...] sowie Erlasse über den Arbeitsschutz und der Unfallverhütung" zustand[144]. Der Vorschlag Lehmanns fand jedoch keinerlei Resonanz, wie sich bereits auf der Arbeitsministerkonferenz am 12. Oktober abzeichnete; zu dieser hatte die HVAS wieder die Vertreter der Landesministerien eingeladen[145]. Auf einer weiteren Konferenz, knapp zwei Monate später, beabsichtigte die HVAS-Leitung, einen einheitlichen Stellenplan für die Landesverwaltungen beschließen zu lassen[146]. Dahinter stand letztlich das Ziel, Personal- und Verwaltungskosten einzusparen. Die HVAS mußte es aber bei Appellen belassen, da die Landesregierungen nach wie vor über die Personalpolitik in ihrem Verwaltungsbereich entscheiden konnten.

Die DWK konnte sich in der Folgezeit zu einer klaren Regelung nicht durchringen. Im Einvernehmen mit der Deutschen Verwaltung des Innern faßte sie am 15. Dezember 1948 folgenden Beschluß: „Die Steuerämter, Arbeitsämter und Eichämter bleiben selbständig, werden aber der administrativen Dienstaufsicht der Landräte, bzw. der Oberbürgermeister unterstellt."[147] Gleichzeitig hielt das Sekretariat der DWK „eine völlige Eingliederung der genannten Ämter in die kommunale Verwaltung nicht für zweckmäßig". Gerade vor dem Hintergrund des Zweijahrplanes sollte an einer zentralen Planung und Lenkung des Arbeitskräftepotentials festgehalten werden. Die allgemeine Wirtschaftsplanung und vor allem die Ausarbeitung des Zweijahrplanes prägten in der Folgezeit den weiteren Diskussionsverlauf. So wurde etwa von seiten der HVAS ein Vorschlag zur Zusammenlegung von Arbeitsämtern ausgearbeitet, der explizit diesen kausalen Zusammenhang herstellte[148]. Dabei sollte jedoch nach den Plänen der HVAS keine neue Einteilung der Kreise vorgenommen werden, sondern nur eine Zusammenlegung von zwei oder mehreren Kreisen in einem Arbeitsamtsbezirk: Die Anzahl der Arbeitsämter hätte auf diese Weise von 132 auf 81 sinken können[149]. Die HVAS legte Anfang 1949 zwei Verordnungsentwürfe vor, die dem Beschluß des Sekretariats der DWK vom Dezember 1948 Rechnung tragen sollten[150].

Abstimmungsprobleme ergaben sich nicht nur zwischen der HVAS und den Landesverwaltungen, sondern auch zwischen der Berliner Hauptverwaltung und der SED-Führung. So beklagte sich etwa HVAS-Präsident Brack gegenüber Lehmann,

144 Ebenda, § 4.

145 BAB, DQ 2/1303, Bl. 67–73, Bericht der HVAS vom 20. 10. 1948.

146 BAB, DQ 2/1303, Bl. 26–34, Sitzungsbericht über die Arbeitsministerkonferenz am 9./10. 12. 1948.

147 BAB, DQ 2/1754, Brack am 5. 1. 1949 an die Abt. Arbeit und Sozialfürsorge beim SED-Zentralsekretariat.

148 BAB, DQ 2/2084, Notiz der HVAS (Abt. I) vom 12. 1. 1949.

149 Laut einer anderen Statistik existierten in der SBZ 135 Arbeitsämter. Vgl. BAB, DQ 2/2063. Im Jahr 1944 hatte diese Zahl bei 76 gelegen. Insofern versuchte die HVAS unter dem Eindruck der geforderten Senkung der Personal- und Verwaltungskosten an dieses Ergebnis heranzukommen.

150 SAPMO, NY 4182/1158, Bl. 66–68. Dabei bezog sich der eine Entwurf vom 12. 1. 1949 auf die Ämter für Arbeit und Sozialfürsorge, der zweite vom 13. 1. 1949 auf die Ämter für Arbeit. Inhaltlich waren beide Entwürfe ansonsten nahezu identisch.

daß „die Genossen vom ZS [Zentralsekretariat] oft nicht zu bekommen wären."[151] Dies sei ein wesentlicher Grund für die Verzögerungen. Als Leiter der HVAS habe er – so Brack weiter – „nicht das Gefühl, daß sie beim ZS genügend Unterstützung hätten."[152] Daraufhin schlug Lehmann vor, daß die HVAS den Kontakt nur zur Abteilung Arbeit und Sozialfürsorge beim Zentralsekretariat, und nicht mehr direkt zu den Parteivorsitzenden aufnehmen solle. Außerdem seien Differenzen „nicht schriftlich, sondern persönlich aus der Welt" zu schaffen[153].

Im Sommer 1949 war die Strukturänderung der Arbeitsverwaltung in den Ländern weitgehend abgeschlossen. Die SMAD drängte häufig auf eine Reduzierung der Arbeitsämter und des Personalbestandes[154] und bezog sich inhaltlich auf die Pläne der HVAS, die offensichtlich nicht realisiert worden waren. Dabei wurden Einsparungen von bis zu 20 Prozent genannt[155]. Vertreter der sowjetischen Besatzungsmacht, in erster Linie der Abteilung Arbeitskraft, wiederholten diese Forderung nicht nur auf den Arbeitsministerkonferenzen, sondern auch im Rahmen kleinerer Besprechungen in Karlshorst[156].

III.

Den Anstoß für die Kommunalisierung der Arbeitsverwaltung gaben Befehle des Alliierten Kontrollrates und der SMAD, die im Zusammenhang mit der Forderung nach Demokratisierung von Staat und Gesellschaft eine Stärkung der kommunalen Körperschaften verlangten. Dem schloß sich die SED-Führung vorbehaltlos an, während die DVAS eine Zentralisierung eindeutig bevorzugte. Bis 1948 hatte sich der Stellenwert der Auseinandersetzung jedoch so stark gewandelt, daß die Ausarbeitung einer eigenen Verordnung über den Verwaltungsaufbau nicht mehr notwendig erschien. Die Berliner Hauptverwaltung hatte sich in der Zwischenzeit gut etabliert und besaß genügend Instrumentarien, um eine ihrer wichtigsten Aufgaben – die bedarfsgerechte Arbeitskräftelenkung – erfüllen zu können. Von größerer Bedeutung waren dazu arbeitsrechtliche Veränderungen und lohnpolitische Maßnahmen im Zuge des SMAD-Befehls Nr. 234, auf die hier im einzelnen nicht weiter eingegangen werden kann. Ein wesentlicher Faktor für diese Entwicklung war außerdem die verstärkt einsetzende Wirtschaftsplanung. Während für die ersten Nachkriegsjahre von einer volkswirtschaftlichen Gesamtplanung und -lenkung in keiner Weise gesprochen werden kann, vielmehr von einem Bewirtschaftungssystem unter sowjetischer Anleitung, setzte 1948 allmählich ein qualitativer Wandel ein. Vor dem Hintergrund der zunehmenden Bedeutung der Zentralverwaltung sowie der SED als bestimmendem Faktor der wirtschaftlichen Neuordnung erfolgte langsam der Übergang zur Planwirtschaft. Einschneidende Stationen waren der

[151] SAPMO, DY 30/IV 2/2.027/5, Bl. 285–288, hier Bl. 285, Bericht über die Besprechung Helmut Lehmanns mit Gustav Brack, Jenny Matern und Karl Litke am 1. 4. 1949.
[152] Ebenda, Bl. 286.
[153] Ebenda.
[154] BAB, DQ 2/1175, Bericht über die Arbeitsministerkonferenz am 17. 8. 1949, S. 2.
[155] BAB, DQ 2/1175, Bericht über die Arbeitsministerkonferenz am 5. 9. 1949, S. 2.
[156] Vgl. BAB, DQ 2/1918, Aktenvermerk Herms vom 26. 8. 1949 über eine Besprechung bei Morenow.

Halbjahresplan 1948 sowie der Zweijahresplan 1949/50, nachdem bereits 1947 mit der Gründung der DWK eine mächtige Lenkungszentrale entstanden war, die immer mehr an Bedeutung gewann. Aus diesem Grunde war auch eine Lenkung und Steuerung des Faktors ‚Arbeit' erforderlich. Dies setzte wiederum eine hierarchisch gegliederte Arbeitsverwaltung voraus, für kommunale Entscheidungsspielräume war in diesem Konzept kein Platz mehr. Entwicklungen auf dem Arbeitsmarkt waren für die an der Auseinandersetzung beteiligten Ressorts dagegen von untergeordneter Bedeutung. Oberste Priorität besaß für die SED-Führung die Durchsetzung der Wirtschaftspläne. Vor allem der erste Fünfjahresplan sah eine ganze Reihe von beschäftigungspolitischen Maßnahmen und Projekten vor, in erster Linie den raschen Aufbau der Schwerindustrie, die mittelfristig eine große Anzahl von neuen Arbeitsplätzen anbieten sollten.

Jens Gieseke

Von der Deutschen Verwaltung des Innern zum Ministerium für Staatssicherheit 1948 bis 1950

Die politische Polizei in den Weichenstellungen der DDR-Gründung

1. Einleitung

Zu den tragenden Säulen des Herrschaftsmonopols der SED und damit ihres Staates DDR gehörte der 1950 gegründete geheimpolizeiliche Sicherheitsapparat, das Ministerium für Staatssicherheit (MfS). Im folgenden soll die Vorgeschichte dieser Gründung in Hinblick auf die „formative Relevanz"[1] der Jahre 1948 und 1949 diskutiert werden. Sie steht im Kontext der innen- und polizeipolitischen Entwicklung in der Sowjetischen Besatzungszone, insbesondere des Aufbaus der Deutschen Verwaltung des Innern (DVdI) als zentraler Leitinstitution für die Transformation der zivilen Staatsverwaltung sowie die Herausbildung des Systems der bewaffneten Organe insgesamt. Die Entwicklung der politischen Geheimpolizei stellt für die kontroversen Interpretationen der SBZ-Geschichte sowie der sowjetischen Deutschlandpolitik einen wichtigen Indikator dar. Ihre Aktionsfelder, ihre organisatorischen Ausbauschübe sowie die – spärlichen – Informationen über Kalküle der Entscheidungsträger beleuchten exemplarisch den Teilungsprozeß in Nachkriegsdeutschland. Sie liefern Hinweise für die Frage, ob und wie bei Besatzungsmacht und SED ein kontinuierliches und einheitliches „Sowjetisierungs"-Interesse das politische Handeln prägte oder aber Interessendifferenzen und unterschiedliche Politikentwürfe Spielräume für alternative Entwicklungen offen ließen.

Auf eine ausführliche Schilderung der Vorgeschichte des Ministeriums für Staatssicherheit in all ihren Verästelungen und Facetten wird hier verzichtet. Im Vergleich zu anderen Staatsorganen hinkt die Forschung hierzu aufgrund der besonderen Geheimhaltung in allen Sicherheitsfragen noch immer hinterher. Wichtige Rekonstruktionsarbeiten haben unter anderem Norman Naimark und Monika Tantzscher geleistet; über die sowjetischen Sicherheitsapparate in der SBZ wissen wir Dank Jan Foitzik, Nikita Petrov und einigen anderen recht gut Bescheid[2]. Über das (mehr

[1] Vergleiche die Einleitung in diesem Band, S. 8.

[2] Als Hauptwerk stellvertretend für seine diversen Aufsätze: Naimark, The Russians in Germany, S. 353–397; Tantzscher, Vorläufer; Tantzscher, „Ostzone". Zu den sowjetischen Organen vgl. Petrov, Apparate; Foitzik, Organisationseinheiten; Foitzik, Der sowjetische Terrorapparat; Sacharov/Filippovič/Kubina, Tschekisten in Deutschland. Vgl. auch den Insiderbericht von Semiryaga, Berijas Leute.

oder minder stabile) Faktengerüst hinaus wird es freilich noch einige Anstrengungen kosten, die Entwicklung des Sicherheitsapparates in den größeren historischen Kontext schlüssig einzuordnen. Die folgende Skizze trägt insofern den Charakter einer Zwischenbilanz, die sich zudem auf den Hauptstrang konzentriert.

Die DVdI-Tätigkeit der Jahre 1948 und 1949 ist, so der hier verfolgte Ausgangspunkt, im Kontext des Transformationsprozesses zu sehen, der als „Revolution von oben" 1945 begann und – auf der Ebene der staatlichen Institutionen – 1952 im wesentlichen zum Abschluß kam[3]. Dieser Prozeß vollzog sich in mehreren Etappen, in denen sich die jeweiligen Alternativen und Spielräume sukzessiv verengten; er lief aber keineswegs linear auf das historische Ergebnis eines in hohem Maße sowjetisierten und stalinisierten deutschen Teilstaates hinaus. Neben der Institutionalisierung der nach kommunistischen Vorstellungen geformten Apparate und der damit einhergehenden „Staatswerdung" sind dabei zugleich die Bemühungen der SED um eine soziopolitische Fundamentierung ihrer Herrschaft von Belang. Daraus ergibt sich ein Spannungsfeld, das die Grenzen, Lücken und Umsetzungsschwierigkeiten des kommunistischen Politikprogramms und die Wege der SED, ihrer Herr zu werden, hervortreten läßt.

2. Die Rolle der DVdI

Im Vergleich zu den anderen Zentralverwaltungen war die Deutsche Verwaltung des Innern im Sommer 1946 auf Befehl der SMAD mit einiger Verspätung und ohne öffentliche Bekanntmachung gegründet worden[4]. Dies lag nahe, denn das Hauptaufgabenfeld der zentralen Innenverwaltung, nämlich eine einheitliche zonale Polizeipolitik, widersprach den Maßgaben des Potsdamer Abkommens zur Dezentralisierung und Selbstverwaltung. Außerdem stand die völlig einseitige personelle Besetzung mit Kommunisten der pluralistischen Optik in den Länder- und Provinzialregierungen sowie Kommunalverwaltungen der SBZ entgegen. Die DVdI sollte sich mit zwei Aufgabenfeldern befassen, die schon seit 1945 aus kommunistischer Sicht als Schlüsselressorts gegolten hatten: der Personalpolitik in den Verwaltungen, also der Oberhoheit über alle Stellenbesetzungen, sowie der Polizei als Träger der physischen Gewaltexekutive. Diese Prioritäten entsprangen offenkundig dem Kalkül, aus einer gesellschaftlichen Minderheitenposition heraus, jedenfalls relativ unabhängig von Wahlen, unter der schützenden Hand der sowjetischen Besatzungsmacht möglichst weitgehende Verfügungsgewalt über die „staatliche" Exekutive schon im Zuge ihres Wiederaufbaus zu gewinnen und zugleich die Einflußmöglichkeiten der traditionell dort verankerten Kräfte zu minimieren. Gerade im Falle der – in der ersten Nachkriegsphase recht schwachen – Polizei hatte dieses Ziel vornehmlich präventiven Charakter, um sich für zukünftige politische, eventuell auch gewaltsame Auseinandersetzungen um die gesellschaftliche Ordnung Nachkriegsdeutschlands zu wappnen. Diese Taktik war weithin erfolgreich: Die „Kommandohöhen" der Personal- und Polizeiressorts in der SBZ befanden sich bereits seit langem fest in kommunistischer Hand, als die Deutsche Verwaltung des Innern

[3] Vgl. zu diesem Konzept Staritz, Gründung.
[4] Vgl. Schneider, Deutsche Verwaltung des Innern, S. 207; Laufer, Ursprünge.

auf die Bühne trat. Vor diesem Hintergrund hatte die DVdI von Anfang an eine Sonderstellung unter den zentralen Zonenverwaltungen. Sie war in ungleich stärkerer Weise ein direktes Exekutivorgan der SED und agierte in den folgenden Jahren gleichsam als ihr „bewaffneter Arm", der zudem vermutlich stärker als jedes andere Organ die Interessen des kommunistischen Teils der SED-Führung vertrat, nicht zuletzt gegenüber den anderen Verwaltungen.

3. Zivile Staatsverwaltung

Im Jahr 1948 kündigten sich für die von der DVdI verantworteten Politikfelder nach dem offenkundigen Bruch zwischen den Alliierten grundlegende Veränderungen an. Gegenüber der zivilen föderalen und kommunalen Verwaltung intensivierte sie ihre Funktion als Transformationsleitstelle, die sie in enger Kooperation mit den „Fach"-Zentralverwaltungen bzw. der Deutschen Wirtschaftskommission ausübte. Auf der später als „erste staatspolitische Konferenz" bezeichneten Zusammenkunft von SED-Führung und Innenpolitikern in Werder an der Havel am 23. und 24. Juli 1948 wurden die neuen Pläne markiert[5]:

- endgültige Abkehr vom Berufsbeamtentum zugunsten eines Konzeptes des Staatsangestellten neuen Typs, der eng mit der Arbeiterklasse verbündet, mit der ‚modernen' wissenschaftlichen Staatslehre von Marx, Engels, Lenin und Stalin vertraut und der Sowjetunion freundschaftlich verbunden sein sollte;
- konzeptionelle Weichenstellung für die offene Abkehr von den Prinzipien der Subsidiarität, des Föderalismus und der kommunalen Selbstverwaltung, hin zur zentralistischen Staatsverwaltung. Damit einher ging die Umstrukturierung der Verwaltungen, vor allem nach den Vorgaben der Deutschen Wirtschaftskommission[6].

So nachdrücklich die DVdI-Funktionäre das neue Leitbild verfochten, die Umsetzung blieb schwierig. Denn zum einen gab es eine Reihe von Fachverwaltungen, in denen die SED auf bürgerliche Fachleute schlechterdings nicht verzichten konnte, ohne die Funktionalität insgesamt in Frage zu stellen. Zweischneidig war zum anderen der schnell in die Höhe getriebene Anteil von SED-Mitgliedern in der Verwaltung. Denn wie Ulbricht in Werder klagte, handelte es sich dabei in vielen Fällen nur um „nominelle" Parteimitglieder, es fehle an „bewußten Genossen"[7]. Trotz der nun intensivierten Säuberung, Schulung und Disziplinierung änderte sich hieran zunächst strukturell wenig. So war im Ergebnis dieser Personalpolitik im zentralen Ministerialapparat der DDR Ende 1950 unter den gut 7000 Mitarbeitern ein Anteil von 56,5 Prozent SED-Mitgliedern erreicht, doch darunter hatten nur 12 Prozent, also etwa 850 Funktionäre, bereits vor 1945 der Kommunistischen Partei angehört[8]. Dem standen noch 5 Prozent ehemalige NSDAP-Mitglieder gegenüber.

[5] Vgl. zur Gesamtentwicklung in der SBZ Garner, Schlußfolgerungen, S. 634–640, zu Werder 652–656.

[6] Türke, Demokratischer Zentralismus, S. 27–100; Zank, Wirtschaftliche Zentralverwaltungen, S. 264–276.

[7] Zitiert nach Garner, Schlußfolgerungen, S. 654.

[8] Boyer, „Kader", S. 39–42; zu ähnlichen Ergebnissen, vor allem auf der Grundlage sowjetischer Statistiken kommt Foitzik, Sowjetische Militäradministration in Deutschland,

(Wie in dieser Statistik die ehemaligen NSDAP-Mitglieder gerechnet wurden, die nach 1945 zu SED-Genossen geworden waren – in der gesamten SED zu diesem Zeitpunkt rund 100000 Mitglieder[9] – ist unklar.) Fragen hinsichtlich der Radikalität des neuen Leitbildes vom Staatsangestellten ergeben sich auch, wenn man sich vor Augen führt, daß mehr als die Hälfte der neuen Ministerialbürokraten vor 1945 als Angestellte beschäftigt gewesen waren (allerdings offenbar zum geringeren Teil im öffentlichen Dienst). Hinter der parteipolitischen „Revolution von oben" kamen mithin erstaunliche Elemente der Kontinuität zum Vorschein: „Insgesamt handelte es sich um eine im Übergang befindliche Verwaltung, die noch alle Merkmale einer deutschen Verwaltung trug. [...] Die egalitäre gesellschaftliche Ambition repräsentierte nur vordergründig die starke Bindung der Verwaltung an die politisch herrschende Partei."[10] Zudem war die Staatsverwaltung von einer eminenten Fluktuation geprägt, die eine geordnete, „planmäßige" Kaderpolitik konterkarierte[11]. Bei aller gebotenen interpretatorischen Vorsicht gegenüber solchen Globaldaten läßt sich erkennen, daß das ehrgeizige kaderpolitische Programm der DVdI von der Umsetzung noch weit entfernt war und pragmatische Lösungen nicht ausschloß.

Aufgrund der nicht sehr vertieften Forschung zur konkreten Rolle der Deutschen Verwaltung des Innern bei der Zentralisierung und Transformation der öffentlichen Behörden zu einer Staatsverwaltung „neuen Typs" ist es für endgültige Urteile noch zu früh. Doch scheint es sich anzudeuten, daß aufgrund der allseitigen kommunistischen Präsenz in den Personalressorts das spezifische Gewicht der DVdI *über* den Landes- und Kommunalverwaltungen, *neben* den Fachverwaltungen, besonders der wachsenden Wirtschaftsbürokratie, und *unter* der Anleitung durch den zentralen Apparat der SED und seine personalpolitische Abteilung nicht übermäßig ausgeprägt war. Innerhalb dieses politisch relativ homogenen Geflechts fiel sie vor allem durch radikale normative Vorgaben auf, wie sie namentlich der für Personalfragen verantwortliche Vizepräsident Erich Mielke (zum Beispiel auf den Innenministerkonferenzen) formulierte. Doch dessen Forderungen sollten nicht zu einer Art Beschlußlagenhistorie verleiten, die von der realen, denkbar schwach ausgeprägten personellen Basis der Parteiherrschaft in dieser Phase abstrahiert[12]. Der unablässige Ruf nach mehr Schärfe scheint vielmehr zu erheblichen Teilen gerade Ausdruck der Schwierigkeiten und Widerstände zu sein, auf die die Personalpolitik stieß. So konnte sich die DVdI zum Beispiel selbst in der unmittelbar politisch bedeutsamen Frage der Richter- und Schöffenauswahl für die Strafverfolgung von NS-Tätern nach Befehl 201 nicht zu ihrer Zufriedenheit durchsetzen und mußte zulassen, daß sogar SED-dominierte Gerichte nach ihrer Ansicht zu milde Urteile fällten[13].

S. 410–422; vgl. zur personellen Basis der KPD in der Nachkriegszeit Weber, Die deutschen Kommunisten; Benser, Zur sozialen und politischen Struktur.

9 Vgl. zur Berechnung Gieseke, Erst braun, dann rot, S. 131.

10 Foitzik, Sowjetische Militäradministration in Deutschland, S. 422.

11 Den 7166 Mitarbeitern (ohne technisches Personal) standen im Jahr 1950 2855 ausgeschiedene Kräfte gegenüber. Boyer, „Kader", S. 42.

12 Vgl. die treffenden Bemerkungen von Ruck, Beharrung im Wandel, S. 95f. zu Müller, Ersetzung; siehe auch Müller, „Parteiministerien".

13 Vgl. Meyer-Seitz, Verfolgung, S. 180, 183, 185f., 239; allgemein zur Kooperation und Konkurrenz von DVdI und Justiz im Zuge der Entnazifizierung Melis, Entnazifizierung, S. 249–276.

4. Polizei

Ganz anderes gilt für das Feld, auf dem die Deutsche Verwaltung des Innern nicht als antreibende Querschnittsinstitution und Interessenvertreterin der „reinen Lehre“, sondern als Fachressort agierte – die Polizeipolitik. Hier galten von den ersten Anfängen an gesonderte Maßstäbe. Auf kommunaler und föderaler Ebene hatten sowjetische Sicherheitsorgane und deutsche Kommunisten seit 1945 neue Polizeiorgane aufgebaut. Sie knüpften organisatorisch an Weimarer Vorbilder an, sorgten aber personell trotz aller Engpässe für einen sehr weitgehenden Austausch, der nicht nur die Polizisten aus der Zeit des Nationalsozialismus traf, sondern später auch sozialdemokratische und bürgerliche Polizeibeamte, die 1933 entlassen und zunächst wieder eingestellt worden waren. 1948 waren in der Polizei noch 225 Polizisten des NS-Staates tätig (0,4 Prozent). Die durch das Gesetz zur Wiederherstellung des Berufsbeamtentums 1933 aus dem Dienst entfernten Polizisten fielen 1947/48 erneut einer Säuberung zum Opfer: Ihre Zahl wurde von knapp 2400 auf gut 600 (ca. 1 Prozent) reduziert[14]. Für die Polizei galten andere Prioritäten als in der übrigen Staatsverwaltung: Man leistete sich das „historisch einmalige Experiment [...], eine flächendeckende Polizeiexekutive aufzubauen, die fast ausschließlich aus berufsfremden Personen bestand“[15].

Die Deutsche Verwaltung des Innern hatte 1946/47 begonnen, die Polizeitruppen der Länder nach Strukturen, Uniformen, Dienstgraden und (dürftiger) Bewaffnung auf einheitliche Standards zu bringen und unter ihre Aufsicht zu stellen. Bei aller Unterstützung von sowjetischer Seite setzten freilich die personell noch relativ kleine Besetzung der DVdI sowie die gravierenden Schwierigkeiten des polizeilichen Alltags in der Zusammenbruchgesellschaft den Bemühungen um eine straffe Zentralisierung Grenzen[16]. Unter anderem beanspruchte der DVdI-Präsident, zonenweit alle Ernennungen, Beförderungen und Versetzungen vom Inspektionsleiter aufwärts zu bestätigen. Dies war, wie Erich Mielke bei der ersten Zusammenkunft der Polizeichefs unter DVdI-Führung im Oktober 1946 einschätzte, ein „sehr weit gehendes Programm“, das „wahrscheinlich in den Ländern und Provinzen noch zu Diskussionen führen“ würde. Die DVdI müsse aber, so Mielke, jederzeit in der Lage sein, „über dieses Menschenmaterial zu verfügen.“[17]

Im Jahr 1948 gab die DVdI über die Vereinheitlichung hinaus neue Impulse, um die Polizei (so nannte sie sich bis dato) in eine „Volkspolizei“ zu verwandeln. Damit gingen nicht zuletzt innerkommunistische Säuberungen einher: Unter anderem wurde der DVdI-Präsident (und ehemalige Buchenwald-Häftling) Erich Reschke

[14] BAB, DO 1/7/161, Bl. 130–137. Personalstrukturveränderungen und Stärke der Polizei in der SBZ, o.D.

[15] Lindenberger, Deutsche Volkspolizei, S. 101.

[16] Von Ende 1946 bis September 1948 hatte es die DVdI von 263 auf 605 Mitarbeiter gebracht; BAB, DO 1/7/138, Bl. 27, Anlage 3 zum Jahresabschlußbericht des Leiters P[ersonal]: Aufgliederung des Personals am 31. Dezember 1946; BAB DO 1/7/145, Bl. 137, Struktur der DVdI für den Monat September 1948. Zur praktischen Polizeiarbeit vgl. Bessel, Polizei; ders., Grenzen.

[17] BStU, ZA, AS 229/66, Bl. 43–136, hier 98, Protokoll über die Konferenz der [sic] Präsidenten der Deutschen Verwaltung des Innern mit den Chefs der Polizei der Länder und Provinzen in der sowjetischen Besatzungszone und den Vertretern der SMAD am 30. 10. 1946.

durch den sächsischen Innenminister (und einstmaligen Agenten der sowjetischen Militärspionage) Kurt Fischer ersetzt, der in seinem Land die Transformation am schnellsten vorangetrieben und damit zum Vorbild für die ganze Zone gemacht hatte[18]. Außerdem politisierte die DVdI die Polizei nun verstärkt durch Disziplinierung, Schulung sowie personelle Formung. Mit dem sogenannten Politkultur-Apparat schuf sie eine kaum kaschierte Parteistruktur innerhalb der Volkspolizei. Zugleich unterband die Einheitspartei die Betätigung von Gewerkschaften und Betriebsräten im Polizeiapparat. Mit dem Befehl 2/49 leitete sie eine intensive Säuberung der Polizeikräfte ein, die unter anderem auf die Kappung noch vorhandener persönlicher Verbindungen in den Westen zielte. Die Umsetzung dieses Befehls zog sich bis in das Jahr 1950 hinein und hinterließ deutliche Spuren.

Mit diesen Schritten reagierte die SED auf die ausgesprochen desolate Personallage in der Polizei. So konsequent sie die alten Kräfte herausdrängte, so schwierig war es trotz der hohen personalpolitischen Priorität, die die Polizei genoß, einen stabilen Stamm an einigermaßen geeignetem Personal zu schaffen. Die Dominanz der SED war hier zwar noch weit ausgeprägter als in anderen Sektoren (bereits 1947 gehörten 91 Prozent aller Polizisten der SED an), doch auch hier lag der Anteil alter KPD-Mitglieder nur um die zehn Prozent und sank im Zuge des personellen Ausbaus (September 1947: 13,3, Dezember 1948: 9,1). Die Fluktuationsraten lagen bei zwanzig bis fünfzig Prozent pro Jahr[19].

Neben der Transformation der „normalen" Polizei setzten im Jahr 1948 Bestrebungen ein, die in einem weitaus umfassenderen Sinne formative Bedeutung für den Prozeß der Staatswerdung hatten. Deutsche Verwaltung des Innern und Polizei entwickelten sich zu Rahmeninstitutionen, unter deren tarnendem Dach zwei weitere künftige Grundpfeiler des inneren und äußeren Sicherheitsapparates der DDR errichtet und ausgebaut wurden.

Hierzu zählt die ab April 1948 begonnene Aufstellung von kasernierten Polizeieinheiten, den sogenannten Bereitschaften (24 Infanterie-, 8 Artillerie-, 3 Panzerbereitschaften), die gemeinsam mit der bereits bestehenden Grenzpolizei einer DVdI-Hauptabteilung als zentralem Führungsorgan unterstellt wurden. Ab Juli 1949 standen die Bereitschaften unter Führung der Verwaltung für Schulung, geleitet vom vormaligen sächsischen Innenminister Wilhelm Zaisser, der zugleich zu einem Vizepräsidenten der DVdI ernannt wurde. Zum Jahresende 1949 erreichten diese Verbände bereits eine Stärke von 35 000 Mann. Als die Republik gegründet wurde, standen mithin knapp 100 000 Sicherheitskräfte zu ihrem Schutz bereit. Der protomilitärische Bereich wurde dann – nach der Umbildung der DVdI zum Ministerium des Innern – zur eigenen „Hauptverwaltung für Ausbildung" neben der Hauptverwaltung Deutsche Volkspolizei ausgebaut[20].

[18] Zum weiteren Schicksal Reschkes vgl. Niethammer u.a., Der ‚gesäuberte' Antifaschismus, S. 108–112. Zu Fischer vgl. Richter/Schmeitzner, „Einer von beiden", S. 66–99.

[19] BAB, DO 1/7/144, Bl. 42, Sowjetische Besatzungszone, Personalstruktur Monat: Juni 1947; BAB, DO 1/7/161, Bl. 130–137, Personalstrukturveränderungen und Stärke der Polizei in der SBZ, o.D.; BAB, DO 1/7/165, Bl. 110–120, Personalstruktur der Volkspolizei, Stand Ende September 1949; Lindenberger, Deutsche Volkspolizei, S. 100.

[20] Vgl. Thoß, Volksarmee schaffen; Ehlert, Hauptverwaltung für Ausbildung.

5. Staatssicherheit

Hinzu kam, neben „öffentlicher“ Volkspolizei und kaserniertem Protomilitär, ein dritter Eckpfeiler des Sicherheitsapparates der SED: die politische Geheimpolizei. Sie war insofern ein Novum, als dabei keine 1945 nach formal bürgerlich-demokratischem Muster aufgebaute Institution transformiert wurde. Die Verfolgung von politischen Gegnern hatte vielmehr zunächst fast ausschließlich in den Händen der sowjetischen Sicherheitsorgane gelegen, den Vertretungen der Volkskommissariate bzw. Ministerien für Innere Angelegenheiten und Staatssicherheit in der SBZ. Sie definierten auch, wer als politischer Gegner behandelt wurde. Bis 1946 hatten diese Organe eine Personalstärke von etwa 2600 Mann (2200 NKWD, 400 NKGB) sowie etwa 15 000 Mann Inneren Truppen erreicht und allein bis zum Herbst 1945 unter anderem etwa 82 000 Deutsche verhaftet. Es folgten später weitere Verhaftungswellen, insgesamt wird die Zahl der in Speziallagern Internierten auf etwa 157 000 geschätzt[21].

Bis 1948 war die dominante Rolle der sowjetischen Sicherheitsorgane bei der Verfolgung von wirklichen und vermeintlichen Gegnern der Systemtransformation schrittweise ergänzt worden durch den Aufbau von Einheiten deutscher Kommunisten, die zum Beispiel als „Sonderkommissariate“ bei der Kriminalpolizei angesiedelt waren[22]. Häufig waren es ehemalige deutsche Partisanenkämpfer, die dort unter sowjetischer Führung agierten. Der Grad der deutschen Selbständigkeit war in dieser ersten Phase anscheinend denkbar gering und beschränkte sich auf Hilfsdienste für die sowjetische Geheimpolizei. Bei Verhaftungen zogen die sowjetischen Dienste sie häufig hinzu, eigene Verhaftungen blieben hingegen zunächst selten.

Die DVdI führte dann im Januar 1947 die einheitliche Bezeichnung K 5 für diese Einheiten ein. Das „K“ stand dabei für „Kriminalpolizei“, die „5“ entsprach der sogenannten „Klasse 5“ der ebenfalls neu gestalteten Straftatengrundeinteilung[23]. Hierunter fielen, wie es der Leiter der DVdI-Abteilung Kriminalpolizei ausdrückte, alle Delikte, „die den Neuaufbau unserer jungen Demokratie gefährden“, wie Attentate und Sabotageakte, NS-Verbrechen und Weiterführung von NS-Organisationen, aber auch die „Entfernung und Beschmutzung demokratischer Propaganda“, die „Verbreitung von Gerüchten und Parolen“ sowie sonstige Verstöße gegen den Neuaufbau[24]. In der Praxis agierte diese Sparte der Kriminalpolizei allerdings weiterhin in erster Linie nach sowjetischen Vorgaben und führte – wie es in

21 Vgl. zum Forschungsstand Plato, Sowjetische Speziallager, Bd. 1.

22 Diese Kommissariate trugen, entgegen der vielzitierten Darstellung Naimarks, noch nicht die Bezeichnung K 5. Naimark beruft sich auf den Jahresbericht 1947 des Dezernats K 5 im Lande Sachsen vom 15. 1. 1948, BStU, ZA, AS 229/66, Bl. 364. Dort heißt es im Rückblick auf 1945 jedoch: „In diesem Jahr arbeiteten die Kollegen ohne jede zentrale Leitung und Lenkung in den Städten und Gemeinden des Landes Sachsen. Erst nach Bildung der Landesregierung Sachsen und damit des Landeskriminalamtes Sachsen wurde von dort aus versucht, die verschiedensten Abteilungen des *heutigen* Dezernats K 5 kennen zu lernen und miteinander in Verbindung zu bringen.“ [Hervorhebung des Verf.]. Vgl. Naimark, The Russians in Germany, S. 360.

23 BAB, DO 1/7/355, Bl. 210–219, hier 219, Grundeinteilung der Straftaten [o.D.].

24 Ebenda, Bl. 17–251, hier 76, Abteilung K, Der Leiter [o.D.], „Organisation der Kriminalpolizei in der sowjetischen Besatzungszone mit Gliederung der Aufgabengebiete und der personellen Besetzung“.

der Aufgabenbeschreibung ebenfalls heißt – „Aufträge der Besatzungsbehörde" aus.

Einen erheblichen Ausbau erfuhr die K 5 im Zuge der Entnazifizierung nach Befehl 201, allerdings war dies keineswegs eine Art Gründungsbefehl, wie zuweilen zu lesen ist. Die Ermittlungen in den Entnazifizierungsverfahren waren auch nicht die einzige Aufgabe. Der Befehl 201 führte jedoch zu einer massiven Aufstockung des K 5-Personals. Im Vorreiterland Sachsen steigerte sich der Bestand von 1946 bis 1947 von 163 auf etwa 600 Mitarbeiter. In den anderen Ländern soll es ebenfalls zumindest zeitweilig zu Aufstockungen gekommen sein, dort lagen die Personalbestände allerdings 1949 nur in einer Größenordnung von etwa 150 bis 300 Mitarbeitern[25].

Der Zentralisierungsgrad dieser politischen Polizei war bis 1948 gering. Die 7 Arbeitsgebiete des Referats 5 der DVdI-Abteilung Kriminalpolizei hatten jeweils nur ein bis drei Kräfte, an eine durchgreifende Führung der K 5-Dezernate und Kommissariate in der Zone war also nicht zu denken. Daran änderte sich bis zur Staatsgründung wenig. Mit etwa 1600 Leuten stellte die K 5 im Juni 1949 etwa ein Viertel der gesamten Kriminalpolizei, davon arbeiteten aber nur etwa 30 in der DVdI-Zentrale. Viel wichtiger als die DVdI blieb bis dahin zweifellos die direkte Anbindung vor Ort an die jeweiligen Operativgruppen des MGB, deren Anweisungen ohnehin keinen Widerspruch vertrugen. Von einer schlagkräftigen eigenständigen Institution konnte keine Rede sein, obwohl sich die K 5 im Zuge der Entnazifizierung nach SMAD-Befehl 201 nach Kräften profilierte und ihre Kompetenzen auszudehnen suchte.

Ab dem Frühjahr 1948 begannen sich die damals aufgetretenen „taktischen Differenzen"[26] zwischen sowjetischer Führung und SED über die Intensität der Vorbereitungen einer Separatstaatsgründung auch in der Frage der Geheimpolizeipolitik niederzuschlagen. Der SED-Führung war nun wichtig, auf diesem Feld autonomer zu agieren und zu beweisen, daß sie ihre Gegner mit eigenen Kräften niederhalten konnte. Eine sowjetische Zustimmung wäre ein Vertrauensbeweis gegenüber den deutschen Kommunisten gewesen und hätte zudem ein Bekenntnis zum sowjetischen Modell als Zielperspektive symbolisiert. Wilhelm Pieck beklagte sich im Mai 1948 gegenüber der SMAD, daß Fälle von Sabotage und „Edelweißgruppen" (damit meinte er offenbar antikommunistische Widerstandsgruppen) der Kripo noch immer aus den Händen genommen würden[27]. Und Walter Ulbricht soll im Laufe des Jahres mehrmals gegenüber sowjetischen Stellen mit dem Wunsch vorstellig geworden sein, die K 5 zu einem eigenständigen Geheimdienst in deutscher Hand auszubauen[28]. Im Dezember 1948, auf der denkwürdigen Moskaureise[29], variierten Pieck,

[25] Für Sachsen zusammengestellt aus BStU, ZA, AS 229/66, Bl. 362–422, hier 369f., Jahresbericht 1947 Dezernat K 5 im Lande Sachsen – streng vertraulich –; BStU, ZA, AS 442/66, Bl. 26–29. LKA Sachsen, Dezernat K 5 vom 11. 5. 1948, „Schulung der Angestellten im Kommissariat K 5 im Lande Sachsen"; BStU, ZA, AS 229/66, Bl. 589–638, hier 594, Jahresbericht K 5 Sachsen 1948; für übrige Länder errechnet nach BAB, DO 1/7/150, Bl. 56, Soll- und Iststärke der Volkspolizei, Stand 25. 6. 1949.

[26] Staritz, Einheits- und Machtkalküle, S. 31.

[27] Wilhem Pieck, Besprechung mit Tulpanow, Nasarow, Grotewohl, Pieck und Dahlem, 14. 5. 1948, in: Badstübner/Loth, Pieck-Aufzeichnungen, S. 227–229.

[28] So berichtete Abakumow an Stalin; Petrov, Apparate, S. 153.

[29] Vgl. Staritz, Die SED, Stalin und die Gründung der DDR, S. 6–8

Grotewohl und Ulbricht ihre Vorstöße. Sie schlugen Stalin vor, die K 5 aufzulösen und eine erheblich aufgewertete „Hauptabteilung zum Schutze der Wirtschaft und der demokratischen Ordnung" zu schaffen. Sie sollte direkt dem Präsidenten der DVdI unterstellt und – dies war unvermeidlich – vom MGB kontrolliert werden[30].

Der Chef der sowjetischen Staatssicherheit, Abakumow, widersetzte sich den deutschen Plänen. Unter anderem argumentierte er, Engländer und Amerikaner würden die K 5 ohnehin als „Gestapo" verleumden und fraglos mit der Bildung eines eigenen deutschen Spionagedienstes reagieren. Außerdem behauptete er, die Zahl zuverlässiger überprüfter Kader würde für solche Ambitionen nicht ausreichen. Das MGB käme mit dem Kampf gegen antisowjetische Elemente und Spione in der SBZ ganz gut allein zurecht, versicherte er, um seine Hausmacht besorgt[31]. Doch obwohl diese Argumentation auf Stalins bremsender Zick-Zack-Linie lag, konnte sich Abakumow nicht durchsetzen. Das Politbüro der KPdSU genehmigte am 28. Dezember 1948 die Bildung einer eigenständigen Geheimpolizei im Zuge der anvisierten Vorbereitungen zur ostdeutschen Staatsgründung. Die Sowjetführung trug den Einwänden der sowjetischen Staatssicherheit allerdings insofern Rechnung, als sie ihr umfangreiche Anleitungs- und Überwachungsaufgaben gegenüber dem neuen deutschen Apparat zuwies. Zu diesem Zweck schickte das MGB weitere 115 Mitarbeiter in die SBZ.

Bis die Umstrukturierung dann ins Werk gesetzt wurde, vergingen noch vier Monate. Mit Datum vom 6. Mai 1949 koppelte die DVdI die K 5 vom Weisungsrecht der Kriminalpolizei ab[32]. Ob dieser relativ späte Termin logistischen und personellen Schwierigkeiten geschuldet war oder aus der allgemeinen Linie resultierte, die Schritte zur Gründung der DDR jeweils als Reaktionen auf die westliche Staatsbildung zu inszenieren, muß offen bleiben. Die strenge Geheimhaltung erwies sich jedenfalls umgehend als Farce, denn bereits wenige Wochen nach der Auskopplung meldete der RIAS, im Osten würde ein neuer Apparat „ähnlich dem früheren Sicherheitshauptamt" errichtet[33]. Ohnehin waren die westlichen Geheimdienste zu diesem Zeitpunkt auf das Detaillierteste über das Innenleben der Deutschen Verwaltung des Innern und ihrer Abteilung K 5 im Bilde. Das mußten einige in West-Berlin festgenommene und vor Gericht gestellte K 5-Mitarbeiter erkennen, als ihnen die amerikanischen Vernehmer unter anderem detaillierte Raumpläne der DVdI-Zentrale mit namentlichen Belegungslisten vorlegten und darüber weitere Auskünfte verlangten[34].

Erich Mielke bekam als DVdI-Vizepräsident „für allgemeines" die Federführung für den neuen Apparat. Schon zuvor hatte er entsprechende Vorbereitungen getrof-

30 Wilhelm Pieck, Antwort auf die Fragen zur Besprechung am 18. 12. 1948, in: Badstübner/Loth, Pieck-Aufzeichnungen, S. 247–253, hier 248.

31 Petrov, Apparate, S. 153. Petrov zitiert einen Sachstandsbericht von Abakumow an Stalin vom 11. 12. 1948.

32 BStU, ZA, AS 364/66, Bl. 151 f., Schreiben des Leiters der Abteilung K 5, Jamin, an die Leiter der Dezernate K 5 in Brandenburg, Mecklenburg, Sachsen, Sachsen-Anhalt und Thüringen, 6. 5. 1949.

33 Zitiert nach Tantzscher, „Ostzone", deren Titelzitat dieser RIAS-Meldung vom 6. August 1949 entnommen ist.

34 Die K 5-Mitarbeiter berichteten darüber ihren Verteidigern, die wiederum der DVdI rapportierten. Deren Vermerke sind niedergelegt in BStU, ZA, AS 222/66, hier Bd. 2a, Bl. 33–36, 49–52.

fen. Der damalige sächsische Kripochef Joseph Gutsche berichtete: „Im April 1949 kam eines Tages der Genosse Erich Mielke nach Dresden und fragte mich, ob ich mitmache? Ich sagte ihm, daß ich doch wissen müsse wobei. Darauf sagte er, daß ich das bald erfahren würde, wenn ich meine Zusage gegeben hätte, jeden Parteiauftrag zu erfüllen. [...] Darauf erzählte er mir, daß das, was jetzt in der Kriminalpolizei die K 5 ist, ein selbständiges Organ werden würde, welches ausschließlich mit den Fragen der Sicherheit des Staates sich befassen würde. [...] So wurde ich [am 1. Mai 1949] der Gründer, Leiter und Organisator der Staatssicherheit im Lande Sachsen, wo ich jeden Mitarbeiter, jedes Haus, jeden Wagen selbst heranschaffen mußte."[35]

Ganz auf sich allein gestellt war er dabei wohl nicht, doch in der Tat beschränkte sich die Umstrukturierung keineswegs auf die bloße Auskopplung der K 5 aus der Kriminalpolizei. Schon die SED-Führung hatte in ihren Erwägungen vom Dezember 1948 auch andere Polizeioffiziere sowie Parteifunktionäre als Personalbasis in Betracht gezogen. Die MGB-Instrukteure gingen daran, alle Übernahmekandidaten intensiv zu durchleuchten. Insgesamt sollen sie bis Anfang Mai 1949 über 6600 Einstellungskandidaten überprüft haben, von denen allerdings – ganz der Prognose ihres Dienstherrn Abakumow entsprechend – fast 90 Prozent nicht ihren Ansprüchen genügten, vor allem wegen Westkontakten, westlicher oder jugoslawischer Kriegsgefangenschaft oder anderer biographischer Merkmale, die die unbedingte Linientreue in Frage stellten[36]. Nicht übernommen wurden zum Beispiel hochrangige Kader wie der Leiter der mecklenburgischen K 5, Rudolf Wunderlich, weil er als Jugendlicher einmal zur KPD-Opposition gehört hatte. Er mußte den Polizeidienst gleich ganz quittieren[37]. Die Übernahmequote aus der K 5 lag tatsächlich nur bei etwa zehn Prozent, von den gut dreißig K 5-Mitarbeitern bei der DVdI gelang nur fünf der Sprung in die neue Hauptabteilung[38]. Einer von ihnen, Heinrich Fomferra, erinnerte sich: „Wir, d.h. einige der Mitarbeiter der K 5, wurden nach gründlicher Kontrolle zur neugebildeten Abteilung (zum Schutz des Volksvermögens [sic!]) übernommen; soweit ich mich entsinne, waren wir weniger als 10 Genossen und siedelten vom Verwaltungsgebäude des Betriebes Bergmann-Borsig [dem Sitz der DVdI] zur Normannenstraße über."[39]

Die Masse der Mitarbeiter, etwa 60 Prozent, kam aus anderen Teilen der Kriminalpolizei, auch die Politkultur-Einheiten sowie leitende Polizeioffiziere lokaler Dienststellen waren relativ stark vertreten. Für die Volkspolizei bedeutete die Auslagerung einen spürbaren Aderlaß. Nach Berechnungen der Kaderspezialisten des

[35] BStU, ZA, HA IX/11, SV 295/87, Bl. 16–21, hier 19, Auszüge aus Tonbandabschriften der Erinnerungen Joseph Gutsches vom 23. 7. 1962 [Erinnerungsarchiv des Zentralen Parteiarchivs der SED].

[36] Bailey/Kondraschow/Murphy, Front, S. 175; die dortige Quelle: SWRA, Akte 68881, S. 37–41, Schreiben von Generalmajor Melnikow an Abakumow, MK/23959, 10. 10. 1949.

[37] Vgl. Wunderlich, Konzentrationslager, S. 90f.

[38] BStU, ZA, AS 399/66, Bd. 1, Bl. 300; Dienstanweisung 5/48 vom 13. 3. 1948, Anhang; Kurzzeichenverzeichnis vom 7. 4. 1948; BAB, DO 1/7/149, Bl. 34–39, Eingruppierung der Hauptabteilung K mit Wirkung vom 1. 2. 1949; Recherchen in der Kartei der hauptamtlichen Mitarbeiter des MfS. Es handelt sich um den Leiter der K 5, Erich Jamin, sowie Kurt Kuchenbecker, Hildegard Löffler, Walter Wisotzki und Heinrich Fomferra (der zwischenzeitlich noch in der DVdI-Hauptabteilung Politkultur gedient hatte). Möglicherweise wurden die förmlichen Versetzungen teilweise erst später vollzogen.

[39] SAPMO, SgY 30/1275/1, Bl. 154, Erinnerungen Heinrich Fomferra.

Innenministeriums sind allein im Jahr 1949 schon 346 Volkspolizisten, und zwar „in der Hauptsache [...] verantwortliche, qualifizierte Funktionäre für den Aufbau der neuen Dienststelle" abgegeben worden[40]. Darunter befanden sich unter anderem die fünf zukünftigen Chefs des Geheimapparats in den Ländern:

- in Sachsen der schon erwähnte Kripochef Joseph Gutsche (1895–1964), Rotgardist in der russischen Oktoberrevolution, einer der erfahrensten KPD-Untergrundkader, KPdSU-Mitglied und langjähriger Sowjetagent, der noch bis 1957 leitende Funktionen im MfS hatte;
- in Sachsen-Anhalt der Personalchef der Polizei, Martin Weikert (geboren 1914); sudetendeutscher früherer Partisan und KPC-Funktionär, später ebenfalls stellvertretender Minister für Staatssicherheit, dann langjähriger Leiter der MfS-Bezirksverwaltung Erfurt;
- in Thüringen der Kommandeur der Schutzpolizei, Rudolf Menzel (1910–1974), früherer Interbrigadist und Angehöriger des illegalen Parteiaktivs im Konzentrationslager Buchenwald, später stellvertretender Minister für Staatssicherheit, für Inneres und für nationale Verteidigung;
- in Brandenburg der Politkultur-Chef der Volkspolizei, Hermann Gartmann (1906–1972), einstmals Mitarbeiter des KPD-Militärapparates, Interbrigadist und KZ-Häftling, der später als stellvertretender Minister für Staatssicherheit Grenzpolizei und innere Truppen kommandierte;
- und in Mecklenburg der vormalige Magdeburger K 5-Chef Kurt Grünler (1906–1985), ebenfalls Interbrigadist und „Buchenwalder", späterer Leiter der MfS-Bezirksverwaltungen Frankfurt (Oder) und Suhl.

Diese Kader wurden 1950 auch die ersten Leiter der Länderverwaltungen für Staatssicherheit – bis auf Grünler, der dann durch den vormaligen Parteifunktionär Otto Last ersetzt wurde. In der Berliner Zentrale assistierten Mielke der ehemalige KPD-Reichstagsabgeordnete Otto Walter (1902–1983) als zweiter Mann und Parteisekretär sowie als Kaderchef Erich Wichert, ein alter Weggefährte Mielkes, der wegen Beihilfe zum Bülowplatz-Mord zwölf Jahre im Zuchthaus gesessen hatte[41].

Der Aufbau ging dann fließend in die Regierungsbildung im Oktober 1949 über. Mit der Umwandlung der DVdI in das Ministerium des Innern der DDR bekam der neue, noch namenlose Apparat die Bezeichnung „Hauptverwaltung zum Schutz der Volkswirtschaft". Damit hatte die politische Geheimpolizei den Rang einer Unterabteilung der Kriminalpolizei auch formal hinter sich gelassen und einen ebenbürtigen Status neben der Hauptverwaltung Deutsche Volkspolizei sowie der protomilitärischen Hauptverwaltung Ausbildung erlangt. Die drei Hauptsäulen des Systems der bewaffneten Organe waren damit errichtet, zunächst unter dem gemeinsamen Dach des Innenministeriums. Zugleich schritt der Aufbau des (neben Volkspolizei und Bereitschaften noch recht kleinen) Apparates fort. Zum Jahreswechsel 1949/50 stand die Hauptverwaltung etwa 1100 Mitarbeitern in Ländern und Kreisen vor, ein Jahr später waren bereits 2700 hauptamtliche Mitarbeiter verpflichtet[42].

[40] SAPMO, DO 1/11/1638, Bl. 18, Vermerk der Hauptabteilung Personal des MdI vom 15. 2. 1954. Nach meinen Berechnungen muß die Zahl noch höher gelegen haben.

[41] Zu den Personen vgl. Gieseke, Wer war wer. Tantzscher nennt fälschlicherweise Landespolizeichefs (Richard Staimer, Karl Kleinjung, Leander Kröber) als Verantwortliche; vgl. Tantzscher, „Ostzone", S. 51.

[42] Diese Zahl basiert auf einer Rückrechnung auf der Basis der Dienstaltersstatistik; vgl. Gie-

Vier Monate später wertete die DDR-Führung den Verfolgungsapparat noch einmal auf. Eingeleitet durch eine Propagandakampagne ließ das SED-Politbüro schließlich die Volkskammer am 8. Februar 1950 beschließen, die Regierung um ein weiteres Ressort zu ergänzen. Die Hauptverwaltung zum Schutz der Volkswirtschaft sollte zu einem Ministerium für Staatssicherheit ausgebaut werden[43]. Dies war ein ungewöhnlicher und zugleich demonstrativer Schritt: Die DDR glich damit die Struktur ihres inneren Sicherheitsapparates dem damaligen sowjetischen Modell mit zwei gleichrangigen Ministerien an. In allen anderen Staaten des sowjetischen Machtbereichs hingegen verzichteten die kommunistischen Führungen auf eine solche formale Eigenständigkeit und beließen die (nicht weniger machtvollen) Verfolgungsapparate unter dem Dach der Innenministerien. Auch auf deutsche Polizeitraditionen konnte man sich dabei nicht berufen[44]. Zwar ist belegt, daß Wilhelm Pieck Ende November 1949 mit der Sowjetischen Kontrollkommission über die „Komplettierung der Regierung – bes.[onders] einige Minister" sprach, doch wer dieses Modell initiierte, muß offen bleiben[45].

Unklar ist zudem, warum das Ministerium – wenn es denn eines werden sollte – erst im Januar und Februar 1950 aus der Taufe gehoben wurde. Möglicherweise befürchtete die SED-Führung, es könnte sich im Zuge der Kabinettsbildung Widerstand von Seiten der anderen Blockparteien dagegen erheben und wollte deshalb erst nachträglich und begleitet von einer lautstarken Klage über Saboteure, organisierte Brandstifter und „Feinde unserer demokratischen Ordnung, die [...] zum Teil sogar in Staatsstellungen tätig sind"[46] in Ministerrat und Volkskammer die Bildung des Ministeriums als notwendig erscheinen lassen. Die Taktik war erfolgreich: Tatsächlich wagte sich niemand aus den anderen Parteien aus der Deckung, auch dieser Beschluß der Volkskammer erfolgte einstimmig.

Gegen eine längerfristige zielklare Perspektive zur Bildung eines eigenständigen Ministeriums und eine rein taktische Verzögerung sprechen allerdings die Umstände der Auswahl eines geeigneten Ministers. Der amtierende „Gründungsdirektor" Erich Mielke war zweifellos ein natürlicher Kandidat für das Amt. Er hatte sich

seke, Die hauptamtlichen Mitarbeiter, S. 39; bestätigt wird die Rechnung durch spätere Angaben Zaissers: SAPMO-BArch, DY 30 IV 2/1/119, Bl. 187–201, hier 190, Rede von Wilhelm Zaisser auf dem 15. Plenum des ZK der SED, 24.–26. 7. 1953.

[43] Der Politbürobeschluß vom 24. 1. 1950 ist abgedruckt in: Hoffmann/Schmidt/Skyba, DDR, S. 55. Provisorische Volkskammer, Protokoll der 10. Sitzung am 8. 2. 1950, S. 213; Gesetz über die Bildung eines Ministeriums für Staatssicherheit, In: GBl. DDR 1950, S. 95.

[44] Diese Auffassung diente später, nämlich in der Krise nach dem Juniaufstand 1953, dem Generaloberst Goglidse, Kollegiumsmitglied des sowjetischen Innenministeriums, als Begründung für die Eingliederung der Staatssicherheit in das MdI. Unter Berufung auf Berija argumentierte er, daß „es außer unter Hitler in Deutschland nie ein besonderes Staatssicherheitsministerium gegeben habe". Offenbar meinte er das Reichssicherheitshauptamt, das allerdings kein Ministerium war. SAPMO, NY 4090/699, Bl. 168, Schreiben Wilhelm Zaissers an Otto Grotewohl vom 13. 7. 1953.

[45] Vorschläge des Politbüros an den PV zur Bildung einer Provisorischen Regierung der Deutschen Demokratischen Republik, o.D.1949; in: Badstübner/Loth, Pieck-Aufzeichnungen, S. 302–306, hier 303–304; Wilhelm Pieck, Besprechung am 10. 11. 1949 um 8 Uhr abends im Hause, in: ebenda, S. 315–316. Vgl. zum Kontext Niedbalski, Die kaderpolitischen und staatsorganisatorischen Voraussetzungen.

[46] Beschluß der Regierung der DDR vom 28. 1. 1950: Abwehr gegen Sabotage, Faksimile in: Geschichte der Deutschen Volkspolizei, S. 162.

als Vizepräsident der DVdI, besonders bei der Umsetzung des Befehls 201, als Verfechter einer militanten Innenpolitik profiliert und genoß offenbar das Vertrauen der deutschen Parteiführung, namentlich Walter Ulbrichts. Doch gerade diese starke Nähe schürte offenbar das sowjetische Mißtrauen. Es regte sich Widerstand, begründet mit „Unklarheiten“ in Mielkes Biographie. Denn entgegen der bis heute zu lesenden Legende, Mielke habe während des Zweiten Weltkrieges an der Seite der Roten Armee gekämpft und besonders enge Verbindungen zur Sowjetmacht gehegt, hatte er sich während des Krieges in Belgien und Frankreich aufgehalten und konnte diese Phase seines Lebensweges nicht hieb- und stichfest nachweisen[47]. Ihm drohte damit das Schicksal manches anderen alten Genossen, der von den sowjetischen Instrukteuren ganz abgelehnt oder stark beargwöhnt worden war[48]. SKK-Chef Generaloberst Tschuikow und der politische Berater Semjonow brachten diese Einwände gegenüber Stalin vor, und die Ostberliner MGB-Residentur assistierte: „Zaisser ist der geeignetere Kandidat für den Posten des Ministers für Staatssicherheit. Mielke kann als stellvertretender Minister bleiben.“[49] Im Unterschied zu Mielke war Wilhelm Zaisser, KPdSU-Mitglied seit 1927 und langjähriger Komintern-Mitarbeiter, hingegen zweifellos ein Vertrauensmann des MGB, dessen Bestellung Ulbricht wiederum nur widerwillig hinnahm[50]. Zaisser war erst wenige Monate zuvor an die Spitze der Verwaltung Schulung bzw. Hauptverwaltung für Ausbildung gesetzt worden und offenbar für eine Militärkarriere ausersehen. Nach seinem plötzlichen Wechsel in die Normannenstraße dauerte es noch zwei Monate, bis dort mit Heinz Hoffmann ein Nachfolger gefunden war[51]. Auf dem 15. ZK-

[47] Jochen von Lang hatte diese Version erstmals (ohne Beleg) dargelegt (Lang, Erich Mielke, S. 59–63). Den um Legitimation bemühten Lebenslauf Mielkes aus dem Jahr 1945 dokumentierte erstmals Wilfriede Otto, Zur Biographie Erich Mielkes, S. 33. Zu seiner Zeit in Frankreich vgl. Laude, KPD in Frankreich, S. 9–11, sowie die tiefgehende Untersuchung von Kießling, Leistner ist Mielke.

[48] SAPMO-BArch, SgY 30 1275/1, Bl. 155, Erinnerungen von Heinrich Fomferra: „[W]ir erhielten Namen und Adressen von Personen und Genossen, die wir nach den uns mitgeteilten Richtlinien überprüfen sollten und mußten. [...] Die Genossen, die vor 1933 Mitglied der Partei waren und die Zeit von 1933–1945 nicht lückenlos nachweisen konnten, und besonders wenn sie von 1933–1945 nicht eingesperrt gewesen waren, kamen nicht als Mitarbeiter in Frage, weil eben diese große Lücke vorhanden war. Diese Vorsichtsmaßnahme wäre damals verständlich gewesen, wenn irgendwie Anhaltspunkte vorhanden gewesen wären, die diese Vorsicht erforderlich gemacht hätten, aber solche Anhaltspunkte waren nicht da.“

[49] Zitiert nach Bailey/Kondraschow/Murphy, Front, S. 176. Als Quelle geben sie die Mitschrift eines Telefongesprächs zwischen dem stellvertretenden MGB-Chef in Deutschland, Generalmajor Melnikow, und dem stellvertretenden Minister für Staatssicherheit Pitowranow an (SWRA, Akte 68881, Bl. 171). Insofern läßt sich davon ausgehen, daß Spekulationen über die besondere Vertrauensposition Mielkes in Moskau ebenso einer sachlichen Grundlage entbehren wie die phantasievolle Vermutung, den sowjetischen Entscheidungsträgern habe Mielkes „proletarische Art“ nicht behagt; vgl. Naimark, Russians, S. 359; Schwan, Mielke, S. 89.

[50] An entsprechende Äußerungen Zaissers meinte sich später die Leiterin der SED-Parteihochschule Hanna Wolf zu erinnern. Er habe zu ihr gesagt: „Ich gehöre eben nicht zu diesem Pieckwick-Club [sic], diese Genossen betrachten mich nicht als Deutschen, weil ich immer für die Sowjetunion gearbeitet habe.“ Er sei deshalb nur auf Wunsch Moskaus Minister für Staatssicherheit geworden; SAPMO, DY 30 IV 2/4/391, Bl. 416, Schreiben von Hanna Wolf an Walter Ulbricht und Hermann Matern, 10. 8. 1955.

[51] Vgl. Badstübner/Loth, Pieck-Aufzeichnungen, S. 337–339, hier 338, Wilhelm Pieck, Besprechung am 23. 3. 1950 [mit] Tsch[uikow], Ilj[itschow], Rau, Grotewohl, ich [Pieck], 8 Uhr

Plenum im Jahre 1953, als Ulbricht mit Zaisser abrechnete, betonte dieser ausdrücklich, erst im Februar 1950 und gegen seinen Willen für das Amt verpflichtet worden zu sein[52].

Das eigene Ministerium war damit errichtet, die Doppelstruktur des inneren Sicherheitsapparates mit „öffentlicher" Volkspolizei und geheimer Staatssicherheit, wie sie die SED in der zweiten Jahreshälfte 1948 auf die Tagesordnung gesetzt hatte, vollzogen. Das MGB hatte freilich noch auf Jahre einen absolut dominanten Stellenwert im Dienstbetrieb des MfS, bis 1952 führte es das Berichtssystem zwischen den verschiedenen territorialen Ebenen und überprüfte sämtliche Einstellungskandidaten. In wichtigen operativen Fällen nahm es immer wieder direkt die Federführung wahr[53].

Auf der Basis der organisations- und personalgeschichtlichen Rekonstruktionsarbeiten läßt sich dieser Hauptstrang der mehrstufigen Transformation, von den sowjetisch geführten Sonderkommissariaten über die K 5 und die Hauptverwaltung zum Schutz der Volkswirtschaft hin zum Ministerium für Staatssicherheit als Repressions- und Überwachungsinstrument in der Hand der deutschen Kommunisten deutlich nachzeichnen. Daneben bestand jedoch in der SBZ und in der frühen DDR ein geradezu polykratisch anmutendes Geflecht weiterer Organisationen und Institutionen, die ganz oder teilweise ähnliche Funktionen wahrnahmen bzw. wahrnehmen sollten. Trotz einiger Forschungen sind bislang lediglich die Umrisse dieses Komplexes zu erkennen: Manche Strukturen sind aus Geheimhaltungsgründen gut getarnt und unter wechselnden Bezeichnungen versteckt, andere sind offenbar trotz ambitionierter Pläne nie voll zur Entfaltung gekommen, konnten in der Konkurrenz nicht bestehen oder nahmen ihre Geheimaufgaben neben offiziellen Funktionen kaum wahr. Es sollte noch bis Anfang der sechziger Jahre dauern, bis das MfS zum Monopolisten auf dem Gebiet von Überwachung, Verfolgung und Spionage aufgestiegen war und die letzten Konkurrenten ausgeschaltet oder einverleibt hatte[54].

Häufig genannt wird in diesem Zusammenhang der Ausschuß zum Schutz des Volkseigentums sowie die ihm nachgeordneten Ämter, die 1948 aus den Sequesterkommissionen hervorgegangen sind. Vorsitzender dieses Ausschusses war nicht, wie bis in jüngste Zeit zu lesen, Erich Mielke, sondern Dr. Friedrich Lange, ein Unternehmersohn, der sich während der NS-Zeit der kommunistischen Widerstandsbewegung in der Tschecheslowakei angeschlossen hatte, 1945 in die KPD eingetreten war und später in leitender Funktion bei der Staatlichen Plankommission arbeitete[55]. Obwohl die Namensähnlichkeit einen Zusammenhang von Ausschuß und Ämtern zur Hauptverwaltung zum Schutz der Volkswirtschaft nahelegt

abends bei mir im Hause; ebenda, S. 339–340, hier 340, Wilhelm Pieck, Besprechung mit Tschuikow am 29. 3. 1950, 8 Uhr abends.

[52] SAPMO, DY 30 IV 2/1/119, Bl. 187–201, hier 191, Rede von Wilhelm Zaisser auf dem 15. Plenum des ZK der SED, 24.–26. 7. 1953.

[53] Vgl. Engelmann, Diener zweier Herren, S. 53; Kondraschew, Stärken und Schwächen, S. 152; zur sowjetischen Rolle allgemein vgl. Kaiser, Wechsel.

[54] Bestehen blieb die Militärspionage der NVA, allerdings unter den Bedingungen einer hegemonialen Kooperation mit dem MfS. Vgl. Gieseke, Ministerium für Staatssicherheit, S. 386 f.

[55] So schon Schneider, Deutsche Verwaltung des Innern, S. 215, zur Biographie S. 962. Er ist ebenfalls nicht identisch mit Fritz Lange, dem Leiter der „Zentralen Kommission für Staatliche Kontrolle", vgl. den Beitrag von Jutta Braun in diesem Band.

(und bis heute zu Verwechslungen führt), waren diese Enteignungsbehörden keine direkten organisatorischen Vorläufer. Sie arbeiteten jedoch im Zuge der Revolutionierung der Eigentumsverhältnisse mit der K 5 eng zusammen. Personelle Kontinuitäten lassen sich jedoch nur in wenigen Fällen feststellen.

Dies gilt auch für die Abteilungen für Information bei den Länderregierungen sowie bei der DVdI, die 1947 in Sammelstellen für Stimmungsberichte aus der Bevölkerung umgeformt worden sein sollen, und deren Stellenpläne immerhin eine Gesamtstärke von über 1000 hauptamtlichen Mitarbeitern vorsahen, die wiederum ein umfangreiches Informantennetz aufbauen sollten. Auch hier steht die Forschung am Anfang, doch das zentrale Amt unter Leitung von Gerhart Eisler wurde erst Ende 1952 aufgelöst und hat offenbar nur eingeschränkt geheimdienstähnliche Funktionen wahrgenommen[56]. Eigene Geheimstrukturen baute zudem die SED in ihrem Parteiapparat auf. Sie waren vor allem für die spätere Auslandsspionage des MfS bedeutsam[57]. Und auch die Zentrale Kontrollkommission (ZKK) übte wichtige Funktionen, besonders im Zusammenhang mit Enteignungen und anderen Konflikten über die Eigentums- und Wirtschaftsordnung aus. Zumindest in den fünfziger Jahren stand die ZKK offenkundig in Konkurrenz zum MfS[58]. Spekulationen nährt zudem schließlich die Amtstätigkeit des späteren Ministers für Staatssicherheit, Ernst Wollweber, der seit 1946 in der Generaldirektion für Schiffahrt bzw. dem Verkehrsministerium auf einem Feld tätig war, das seiner Vergangenheit als Spezialist für Schiffssabotage nahe war[59].

Ungeachtet dieses vielgestaltigen Umfeldes beruhte die künftige Grundstruktur des inneren und äußeren Sicherheitsapparates der DDR mit Polizei, Staatssicherheit und – in noch camouflierter Form – der Armee auf den Weichenstellungen der Jahre 1948 bis 1950. Das Ministerium für Staatssicherheit stand erst am Anfang einer beispiellosen Expansion. Die eigentliche Gründungsphase fand ihren Abschluß mit dem Jahr 1952. In jenem Jahr der 2. SED-Parteikonferenz verdoppelte die Staatssicherheit noch einmal ihre Mitarbeiterzahl auf dann fast 9000, stellte ihre Struktur im Zuge der Gebietsreform auf Bezirksverwaltungen um und verdoppelte zugleich annähernd die Zahl ihrer Kreisdienststellen. Zumindest im geographischen Sinn war damit eine „flächendeckende" Präsenz erreicht. In dieses Jahr fallen auch die vorerst letzten Gedankenspiele zum Schicksal des MfS für den Fall einer Wiedervereinigung. Wilhelm Zaisser habe in der ersten Jahreshälfte, so hielten ihm nach seinem Sturz seine Widersacher vor, im Zusammenhang mit der Stalin-Note die Perspektive diskutiert, daß die Sowjetunion möglicherweise „zur Erhaltung des Friedens auf die DDR verzichtet" und die SED bei Wahlen eventuell nicht die Mehrheit gewinnen würde. Für ihn stand fest, daß er dann „kein Minister mehr für Staatssicherheit sei und Genosse Mielke kein Staatssekretär mehr für Staatssicherheit" sei. Während Zaisser diese Aussichten mit der Bemerkung kommentiert haben soll, was der Sowjetunion diene, sei immer gut, wird Mielke zur Frage, ob sie künftig noch im Amt sein würden, mit der für das Verhältnis zwischen beiden und seine

[56] Vgl. die Berichte in BStU, ZA, AS 231/66, AS 521/66, AS 104/67.
[57] Kubina, „In einer solchen Form ..."; ders., „Was in dem einen Teil ...".
[58] Vgl. den Beitrag von Jutta Braun in diesem Band.
[59] Flocken/Scholz, Ernst Wollweber, S. 123–132.

Selbstwahrnehmung bezeichnenden Bemerkung zitiert: „Du vielleicht, ich nicht."[60] Zur Probe aufs Exempel kam es bekanntlich vorerst nicht: Die Sowjetunion gewährte der DDR die Existenz, die SED setzte sich nicht dem Risiko freier Wahlen aus, die Staatssicherheit blieb bestehen, und Minister sowie Staatssekretär blieben im Amt – der eine kürzer, der andere sehr viel länger[61].

[60] So faßte im September 1953 der Vorsitzende der Zentralen Parteikontrollkommission, Hermann Matern, seine Untersuchung zusammen. Die während der fraglichen Sitzung anwesenden stellvertretenden Minister und Chefs der Länderverwaltungen und auch Zaisser selbst bestätigten diese Darstellung im Kern, wenngleich sie in unterschiedlichem Maße darin ein parteifeindliches Verhalten erkennen wollten. SAPMO, DY 30 IV 2/4/391, Bl. 114–117, Besprechung mit dem Genossen Zaisser am 11. 9. 1953. Anwesend: Matern, Geffke, Zaisser, Mielke, Walter, Gutsche, Weikert, Last, Menzel; Zitate Bl. 115. Vgl. auch SAPMO-BArch, DY 30 IV 2/11/v519, Bl. 11f.; J.[oseph] Gutsche senior, Mitteilung über von mir im Gedächtnis behaltene Äußerungen des Gen. Zaisser, welche seine zur Panik bezw. Kapitulantentum neigende Stimmung kennzeichnen, 3. 8. 1953.

[61] Zur weiteren Geschichte des Ministeriums vgl. Gieseke, Das Ministerium für Staatssicherheit.

Hermann Wentker

Das Jahr 1948 als Auftakt zu Zentralisierung, Politisierung und Sowjetisierung des Justizwesens

Einleitung

„Die Frage nach Zäsuren in der Geschichte geht [...] davon aus, daß nicht jedes Jahr der Geschichte gleich zu Gott ist, sondern daß es dicht beschriebene, aber auch ziemlich leere Blätter der Geschichte gibt."[1] Im Anschluß an diese Aussage von Martin Broszat bildete das Jahr 1948 durchaus eine Zäsur in der Entwicklung des Justizwesens der SBZ/DDR: Denn damals wurden die Blätter der Justizgeschichte äußerst dicht beschrieben und im Rahmen des Transformationsprozesses der Justiz die Weichen eindeutig auf Zentralisierung, Politisierung und – zumindest in Ansätzen – Sowjetisierung gestellt. Nicht erst mit der Gründung der DDR, sondern bereits im Jahr zuvor wurde erkennbar, daß Recht und Justiz von nun an nicht mehr der Begrenzung, sondern nur noch der Stabilisierung der Macht und der gesellschaftlichen Umwälzung dienen würden.

Um die neue Qualität der Justizpolitik seit 1948 ermessen zu können, wird zunächst die Entwicklung bis 1947 zu skizzieren sein, die noch schwankte zwischen Kontinuität und Neubeginn. Ausgangspunkt des 1948 unübersehbar forcierten Wandels bildete der in diesem Jahr erstmals in zentralen SED-Instanzen verkündete Führungsanspruch der Partei auch im Justizwesen. Wie, so ist im Anschluß daran zu fragen, konkretisierte sich dieser Anspruch in der nun von SED und SMAD betriebenen Justizpolitik? Daß damals nicht nur eine neue politische Linie verkündet, sondern auch erste Schritte zu ihrer Umsetzung getan wurden, wird anhand der personellen Umbesetzungen in der Zentralverwaltung für Justiz, der Neuorganisation der Justizverwaltung, der Politisierung des Personal- und Ausbildungswesen, den ersten Ansätzen zur Instrumentalisierung von Gerichtsverfahren für politische Zwecke und einem ersten Versuch zur Neuorganisation des Strafvollzugs sichtbar. Auf diesen zentralen Gebieten der Justizpolitik, so die These, wurden bereits 1948/49 die Fundamente gelegt, auf denen die DDR-Justiz aufbauen konnte. Die formelle Gründung des ostdeutschen Staates besaß, wie abschließend dargelegt wird, einen weitaus geringeren Einfluß auf den bis 1952/53 andauernden Transformationsprozeß im Justizwesen der SBZ/DDR.

[1] Broszat, Einleitung, in: ders. (Hrsg.), Zäsuren nach 1945, S. 10.

1. Der Entwicklungsstand des Justizwesens im Jahre 1947

Die Justizpolitik der Jahre 1945 bis 1947 war zum einen von ambivalenten sowjetischen Vorgaben und zum anderen von einem sehr begrenzten, nur allmählich wachsenden Einfluß der SED gekennzeichnet. Die Sowjetunion setzte ihre eigenen Sicherheits- und Justizorgane zwar ohne rechtsstaatliche Skrupel im Rahmen ihrer Besatzungspolitik ein, knüpfte aber im deutschen Justizwesen an die Verhältnisse vor 1933 an. So dekretierte die SMAD mit Befehl Nr. 49 vom 4. September 1945 – noch vor Erlaß des entsprechenden Kontrollratsgesetzes Nr. 4 am 30. Oktober[2] – die Reorganisation des Gerichtswesens in Übereinstimmung mit dem am 1. Januar 1933 gültigen Gerichtsverfassungsgesetz[3]. Zur Behebung des durch die Entnazifizierung hervorgerufenen Personalmangels griff man zunächst auf „unbelastete", oftmals im Dritten Reich entlassene Juristen zurück. Mit der Errichtung von Ländern und Provinzen sowie der Anordnung, hierauf den Schwerpunkt der Verwaltung zu legen[4], wurde auch die föderale Justizverwaltung erneuert. Dieses auf die Wahrung von Kontinuität setzende Vorgehen ist vor allem auf drei eng miteinander verknüpfte Ursachen zurückzuführen: erstens auf das dominierende sowjetische Interesse an einer funktionstüchtigen Justiz; zweitens sollten die Bündnischancen der KPD nicht durch die vorzeitige Übertragung sowjetischer Strukturen gefährdet werden; drittens war die Sowjetunion aufgrund ihrer gesamtdeutschen Aspirationen darauf bedacht, die Eintracht der Siegermächte zu erhalten. Dies schien die Chancen für Reformen auf der Grundlage deutscher rechtsstaatlicher Traditionen zu begünstigen, wie sie vor allem von Eugen Schiffer, dem Präsidenten der Deutschen Zentralverwaltung für Justiz (DJV), angestrebt wurden[5].

Auf der anderen Seite unterschied sich die sowjetische Justizpolitik in mehrfacher Hinsicht von der Linie der Westalliierten, vor allem in der ebenfalls mit Befehl Nr. 49 angeordneten radikalen und umfassenden Entnazifizierung des Justizpersonals[6]. Dieser weithin sichtbare Bruch mit der NS-Vergangenheit war der sowjetischen Seite – im Unterschied zu den Westalliierten – folglich wichtiger als die Funktionsfähigkeit der Justiz. Denn bald stellte sich heraus, daß nicht genügend unbelastete Juristen zur Verfügung standen, um die entlassenen Richter und Staatsanwälte zu ersetzen. Vor diesem Hintergrund erging am 17. Dezember 1945 die Anweisung des obersten Chefs der SMAD, Richter in Kurzkursen auszubilden[7]. Diese Maßnahme stellte zwar einen Bruch mit dem deutschen juristischen Ausbildungssystem dar und ließ überdies eine Anlehnung an das sowjetische Vorbild erkennen; freilich stand damals noch die Behebung des eklatanten Personalmangels im Vordergrund. Obwohl der an der Ausarbeitung der Ausbildungskonzeption beteiligten Hilde Benjamin bereits 1946 vorschwebte, auf diese Weise einen SED-konformen Rechts-

[2] Siehe Amtsblatt des Kontrollrats 1945, S. 26f.
[3] Gedruckt in: Um ein antifaschistisch-demokratisches Deutschland, S. 142f.
[4] Dies geschah durch SMAD-Befehl Nr. 110 vom 22. 10. 1945, in: ebenda, S. 183f.
[5] Schiffer hatte bereits als Justizminister in der Weimarer Republik eine Justizreform angestrebt, aber nicht durchsetzen können. Zu den Inhalten dieser Reform siehe seine programmatische Schrift, Die deutsche Justiz. Vgl. Ramm, Schiffer und die Reform der deutschen Justiz.
[6] Für die Zahlen siehe Lorenz, Zentralverwaltung, S. 157.
[7] Wentker, Volksrichter, S. 118f.

stab heranzuziehen, waren die Volksrichterkurse dazu aufgrund ihrer mangelnden Politisierung noch ungeeignet[8]. Auf einen Bruch mit deutschen rechtsstaatlichen Traditionen deuteten auch vereinzelte sowjetische Eingriffe in das Normensystem hin. Unter anderem wurden mit SMAD-Befehl Nr. 160 vom 3. Dezember 1945[9] deutsche Gerichte mit den für sie unbekannten, unklaren Straftatbeständen der Sabotage und Diversion konfrontiert, was wohl nicht nur der mecklenburgischen Justizverwaltung erhebliche Schwierigkeiten bereitete[10]. Gerade in diesem Zusammenhang war zudem auffällig, wie sehr die SMAD-Rechtsabteilung auf die strikte und rigorose Anwendung des Befehls durch die deutschen Gerichte drängte und entsprechende Mängel scharf kritisierte[11], ohne damit jedoch allzu großen Erfolg zu erzielen[12]. Neben der Einführung von Schauprozessen und dem Erlaß einer Verordnung, derzufolge Urteile wegen Verstoßes gegen besondere wirtschaftstrafrechtliche Normen sofort und nicht erst nach Eintreten der Rechtskraft zu vollstrecken seien[13], war die Einführung eines dem sowjetischen Recht nachgebildeten Kassationsgesetzes im Herbst 1947 der wohl bedeutendste sowjetische Eingriff in das deutsche Normensystem. Bereits seit einer Unterredung zwischen DJV-Präsident Schiffer und einem Offizier der SMAD-Rechtsabteilung am 19. September 1946 vorgesehen[14], wurde das Gesetz zentral in der DJV ausgearbeitet und anschließend den Landtagen zur Abstimmung vorgelegt[15]. Während die DJV im ersten Anlauf jedoch weitgehend scheiterte[16], war die SED-Parteiorganisation, die im Juni 1947 die Angelegenheit in die Hand nahm, erfolgreich[17]. Daß die Kassationsgesetze von den Landesparlamenten im September und Oktober 1947 in fast gleichlauten-

[8] Ebenda, S. 26f., 32f., 45–47.

[9] Der Originaltext des Befehls wurde nie veröffentlicht, so daß die Fassungen in den Gesetzes- und Verordnungsblättern der einzelnen Länder und Provinzen voneinander abwichen: siehe Schuller, Geschichte und Struktur des politischen Strafrechts, S. 8–10.

[10] BAB, DP1 SE Nr. 2221, Bl.75, Abteilung Justiz Mecklenburg-Vorpommern an DJV, 18. 12. 1945.

[11] Ebenda, Bl.110, Aktenvermerk über eine Rücksprache mit Jakupow am 15. 6. 1946; ebenda, Bl.114, Chef der SMAD-Rechtsabteilung an Chef der DJV, 15. 6. 1946; ebenda, Bl.128f., SMAD-Rechtsabteilung an Chef der DJV, 2. 10. 1946.

[12] BAB, DP1 VA Nr. 6196, Bl.7, DJV an SMAD-Rechtsabteilung, 28. 8. 1948, Betr.: Geschäftsentwicklung bei den Gerichten und Staatsanwaltschaften. Daraus geht hervor, daß in der Zeit vom 1. April 1946 bis Ende des Jahres insgesamt 488 Personen gemäß Befehl Nr. 160 verurteilt wurden, davon 119 zu Geldstrafen und 118 zu Gefängnisstrafen unter drei Monaten. Im Jahre 1947 waren es insgesamt 647 Personen, aber allen Anweisungen zum Trotz hatten die Gerichte 202 von ihnen zu Geldstrafen und 110 zu Gefängnisstrafen unter drei Monaten verurteilt.

[13] Verordnung über das Verfahren in Wirtschaftsstrafsachen, 21. 10. 1947, in: Zentralverordnungsblatt 1947, S. 268.

[14] BAB, DP1 VA Nr. 11, Bl.69f., Aktenvermerk über die Besprechung Schiffers mit Nikolajew am 19. 9. 1946.

[15] BAB, DP1 VA Nr. 6596, Bl.156, Chef der DJV an Landes- und Provinzialregierungen/Justizministerium, 8. 3. 1947.

[16] Nur der Landtag von Sachsen-Anhalt verabschiedete am 13. 5. 1947 ein Kassationsgesetz, das jedoch von der Vorlage erheblich abwich: siehe Gesetz über die Kassation rechtskräftiger Urteile in Strafsachen, in: Gesetzblatt der Provinz Sachsen-Anhalt I, 1947, S. 87.

[17] SAPMO, DY 30 IV 2/1.01/51, Bl.34–56, Stenographische Niederschrift über die Sitzung des Ausschusses für Rechtsfragen am 21. und 22. 6. 1947; SAPMO, DY 30 IV 2/2.1/117, Bl.3, 5, Protokoll der Zentralsekretariatsitzung am 15. 8. 1947.

der Form angenommen wurden[18], verschleierte somit ihren in einer sowjetischen Anweisung liegenden Ursprung[19].

KPD und SED waren in den Jahren 1945 bis 1947 kaum in der Lage, justizpolitisch zu wirken. Denn sie verfügten in den eigenen Reihen über zu wenige Juristen, um die Justizbehörden und auch die Justizabteilungen im Parteiapparat adäquat zu besetzen. Andere, insbesondere mit der Zwangsvereinigung von SPD und KPD zusammenhängende Probleme besaßen zudem Vorrang für die Parteiführung. Deren Planungen für das Justizwesen waren somit sehr viel weniger konkret als für andere Politikfelder. Eine Fachabteilung für Justiz unter dem fähigen Juristen Karl Polak, der zuvor die Justizabteilung beim ZK der KPD geleitet hatte, trat zwar unmittelbar nach der Vereinigung im zentralen Parteiapparat ins Leben[20]; in den Ländern aber, wo nach dem Willen der Besatzungsmacht die Gesetzgebungskompetenz lag, waren die SED-Justizreferenten fast durchweg unqualifiziert und kaum engagiert[21]. Somit blieb der Einfluß der Partei auf die Landesjustizpolitik äußerst begrenzt. Nur unter den Teilnehmern der Volksrichterlehrgänge konnte die SED die Mehrheit für ihre Mitglieder sichern. Dies hing mit der weitgehenden Zurückhaltung der bürgerlichen Parteien bei der Nominierung eigener Kandidaten, mit der zentralen SED-Anweisung, doppelt so viele Vorschläge einzureichen, wie Lehrgangsplätze vorhanden waren, und der eindeutigen Bevorzugung der SED-Bewerber durch die Auswahlkommissionen zusammen[22]. Die zentrale Justizabteilung in Berlin verstärkte zwar seit Jahresbeginn 1947 ihre Anstrengungen, um die eigene Partei in Justizangelegenheiten zu mobilisieren, indem sie Rundschreiben versandte, Inspektionsreisen in die Länder unternahm und einen aus prominenten SED-Juristen bestehenden rechtspolitischen Ausschuß des Zentralsekretariats begründete. Dies als „eine Art parteipolitische Offensive [...] im Rechtsleben der Sowjetischen Besatzungszone“ zu bezeichnen, geht freilich zu weit[23]; damit sollten vielmehr innerparteilich die Voraussetzungen geschaffen werden, um zu einem späteren Zeitpunkt die Initiative ergreifen zu können.

Erste Anzeichen für einen wachsenden Einfluß der SED im Rechtswesen und die erste Ankündigung eines stärkeren Engagements in der Justiz sind auf den Juni 1947 zu datieren. Damals gestand Max Fechner, den die SED zu ihrem justizpolitischen

[18] Die Kassationsgesetze (in Brandenburg hieß es nach wie vor „Gesetz über die Nichtigkeitsbeschwerde gegen Strafurteile“) in: Gesetz- und Verordnungsblatt der Landesregierung Brandenburg 1947, S. 23 (11. 9. 1947); Gesetze, Befehle, Verordnungen, Bekanntmachungen veröffentlicht durch die Landesregierung Sachsen, 1947, S. 445 (3. 10. 1947); Regierungsblatt für Mecklenburg 1947, S. 255f. (18. 9. 1947); Regierungsblatt für das Land Thüringen I, 1947, S. 81 (10. 10. 1947). Das brandenburgische Gesetz wich insofern leicht von der Vorlage ab, als es das Antragsrecht nur dem Generalstaatsanwalt zugestand.

[19] Vgl. zur Einführung der Kassation insgesamt – wenngleich teilweise fehlerhaft – Amos, Justizverwaltung in der SBZ/DDR, S. 194–198. Die DDR-offiziöse Darstellung von Benjamin u.a., Zur Geschichte der Rechtspflege 1945–1949, S. 283, verschleiert, daß am Anfang der Kassationsgesetze eine sowjetische Anweisung stand, und verschweigt den Anteil der SED beim Zustandekommen der Gesetze.

[20] Vgl. die Äußerung Franz Dahlems auf der Sitzung des SED-Parteivorstands am 14. 5. 1946, zitiert nach Amos, Justizverwaltung in der SBZ/DDR, S. 78, Anm. 351.

[21] Ebenda, S. 81f.

[22] Vgl. Wentker, Volksrichter, S. 41–43, 134.

[23] So Amos, Justizverwaltung in der SBZ/DDR, S. 58.

Sprecher auserkoren hatte[24], erstmals ein, daß die Partei die Justiz bisher vernachlässigt habe, und versprach, daß das Zentralsekretariat nun, „nach der ersten Phase unseres Aufbaues, die Justiz stärker als bisher in den Mittelpunkt unserer Arbeit" stellen werde. Als die beiden drängendsten Zukunftsaufgaben nannte er den „Ausbau und die erfolgreiche Ausgestaltung der Volksrichterschulen" sowie die Koordinierung der laufenden Gesetzgebung der Länderparlamente[25]. Vor allem letztere Aufgabe wurde damals auch tatsächlich in die Hand genommen, so daß auf der Konferenz des SED-Ausschusses für Rechtsfragen am 21./22. Juni 1947 unter anderem das Kassationsgesetz und das Verwaltungsgerichtsgesetz vorangebracht wurden. Bei dieser Gelegenheit bekräftigte Fechner zudem gegenüber dem Vizepräsidenten der DJV, Ernst Melsheimer, den Anspruch des Zentralsekretariats, „als höchste politische Instanz" durch Koordinierung der Gesetzesprojekte für eine einheitliche politische Linie in der SBZ zu sorgen[26]. Im Herbst 1947 beschränkte sich die SED-Führung freilich noch weitgehend auf eine weitere Effektivierung ihres Justizapparats. Charakteristisch für diese Etappe der SED-Justizpolitik ist darüber hinaus, daß die parteiinterne Kritik an der personellen Zusammensetzung der DJV zwar wuchs und Polak und sein Stellvertreter Reinhold Schäfermeyer hier Veränderungen anstrebten, ihre Vorschläge über das SED-Zentralsekretariat hinaus aber keine Wirksamkeit entfalteten[27].

2. Die Verkündung des Führungsanspruches der SED in der Justiz und die Haltung der SMAD

Die eigentliche justizpolitische Offensive der SED setzte nicht, wie jüngst behauptet wurde, bereits mit dem zweiten SED-Parteitag im September 1947[28], sondern im Januar 1948 ein. Sie ist dadurch gekennzeichnet, daß der Führungsanspruch der SED in der Justiz nicht nur vor deren rechtspolitischem Ausschuß, sondern auch

[24] Der ehemalige SPD-Funktionär Fechner war als kommunalpolitischer Fachmann im SED-Zentralsekretariat 1946 gemeinsam mit Ulbricht für die Dezernate Wirtschaft, Landespolitik, Kommunalpolitik, Justiz und Allgemeines verantwortlich; Ulbricht behielt sich jedoch die Verantwortung für Landespolitik und Wirtschaft schon bald vor und verdrängte Fechner 1947/48 auch aus dem kommunalpolitischen Aufgabenbereich: vgl. u.a. BStU, MfS AU Nr. 307/55, Bd. 5b, Bl.191, Abschrift des Lebenslaufes von Fechner, 15. 1. 1951; Gniffke, Jahre mit Ulbricht, S. 194–296, 305 f., 327.

[25] BAB, DP1 VA Nr. 6992, Referat Fechners auf der Justizkonferenz am 7. 6. 1948 in Schwerin.

[26] SAPMO, DY 30 IV 2/1.01/51, Bl.4 f., 13, Stenographische Niederschrift über die Sitzung des Ausschusses für Rechtsfragen am 21. und 22. 6. 1947.

[27] BAB, DP1 VA Nr. 6596, Bl.113–115, Abteilung Justiz an Ulbricht/Fechner, 8. 11. 1947, und der beigefügte Entwurf einer Vorlage betr.: Zentralverwaltung für Justiz, BAB, DP1 VA Nr. 6596, Bl.13–15. In der Zentralsekretariatssitzung vom 1. 12. 1947 (SAPMO, DY 30 IV 2/2.1/151) war der Vorschlag, neben Melsheimer Heinrich Acker und Erich Zeigner von der SED als DJV-Vizepräsidenten einzustellen, bereits dahingehend abgeändert worden, daß nun nur noch ein weiterer Vizepräsident, Fritz Geyer, vorgesehen wurde.

[28] Die dortigen Bemerkungen Ulbrichts zur Justizreform beschränkten sich auf einige mehrfach zuvor geäußerte Allgemeinplätze und gingen nicht über das hinaus, was bereits seit längerem von SED-Juristen gefordert wurde, so daß der Parteitag keineswegs als „das entscheidende Signal" für einen unmittelbar bevorstehenden „schonungslosen Ausbau des Parteieinflusses auf die Justiz" gelten kann (so Heil, Verwaltungsgerichtsbarkeit, S. 178).

vor den beiden wichtigsten Führungsgremien der Partei, dem Zentralsekretariat und dem Parteivorstand, verkündet und durch die Billigung entsprechender Beschlüsse auch zur offiziellen Parteilinie wurde[29]. Fechner bekräftigte vor dem SED-Rechtsausschuß erneut, daß die SED die Justiz bisher „links, oder, noch besser ausgedrückt, rechts liegengelassen" habe, und er forderte, daß nunmehr die Partei auch in der Justiz „der Motor der demokratischen Umgestaltung" werden solle. Ulbricht wurde sehr viel konkreter und benannte vier unmittelbar bevorstehende Aufgaben: erstens die „reaktionären Kräfte" mit Hilfe von SMAD-Befehl Nr. 204 „aus der Justiz hinauswerfen", zweitens den im Gesetzgebungsverfahren „bei uns eingerissenen" Föderalismus beseitigen, drittens die Justizverwaltung zentralisieren, was jedoch, viertens, voraussetze, daß in der DJV „Ordnung" geschaffen werde durch die Verstärkung der kommunistischen und die gleichzeitige Schwächung der bürgerlichen Kräfte[30].

Diese Vorhaben waren nur in Kooperation mit der SMAD-Rechtsabteilung zu realisieren. Diese war SMAD-intern 1947 unter Beschuß geraten[31] und hielt sich seit der zweiten Jahreshälfte als maßgeblicher justizpolitischer Akteur auffällig zurück: Sie schien mithin nicht in der Lage zu sein, die entscheidenden Anstöße für die Weichenstellungen im Justizwesen zu geben und beschränkte sich auch bei der Tagung des rechtspolitischen Ausschusses der SED im Januar 1948 weitgehend auf eine Zuschauerrolle[32]. Danach signalisierte sie jedoch ihre Bereitschaft, den neuen justizpolitischen Kurs zu unterstützen, indem sie die DJV-Spitze zum 5. März nach Karlshorst einbestellte, um ihr die Notwendigkeit weiterer grundlegender „Reformen" in der Justiz zu verdeutlichen[33]. Die enge Kooperation zwischen SMAD-Rechtsabteilung und SED-Führung in der Justizpolitik wurde am 19. Mai 1948 unübersehbar, als Oberstleutnant Jakupow die Abhaltung einer Konferenz in der DJV zum 11./12. Juni anordnete, Teilnehmer, Tagesordnung und Referenten bis ins kleinste Detail festlegte und Fechner mit dem Hauptreferat über „Aufgaben der weiteren Demokratisierung der Justiz" betraute[34]. Dieser erhielt damit die Gelegen-

[29] Der SED-Ausschuß für Rechtsfragen tagte am 3./4. 1. 1948 und verabschiedete eine justizpolitische Resolution, der am 8. 1. 1948 vom SED-Zentralsekretariat zusammen mit anderen weitreichenden Dokumenten zur „Justizreform" zugestimmt wurde. Auch der SED-Vorstand billigte auf seiner Sitzung vom 14./15. 1. 1948 diese Resolution.

[30] SAPMO, DY 30 IV 2/1.01/70, Bl. 11, 197–205, Stenographische Niederschrift über die 3. Tagung des Ausschusses für Rechtsfragen beim Zentralsekretariat der SED, 3./4. 1. 1948.

[31] Zur Kritik der Kaderabteilung des ZK der KPdSU an dem Leiter der SMAD-Rechtsabteilung, Jakow Affanassewitsch Karassjow, vgl. Naimark, Russians in Germany, S. 35. Pjotr Semjonowitsch Ljulko von der SMAD-Informationsverwaltung kritisierte gegenüber Schäfermeyer, daß die SMAD-Rechtsabteilung „noch zu schwach besetzt sei und sich zu sehr in Einzelfragen verliere": siehe BAB, DP1 VA Nr. 6596, Bl.108, Abteilung Justiz an Fechner/Ulbricht, 1. 12. 1947.

[32] SAPMO, DY 30 IV 2/1.01/70, Bl.3, 35–37, Stenographische Niederschrift über die 3. Tagung des Ausschusses für Rechtsfragen beim Zentralsekretariat der SED: Die Äußerungen von Oberstleutnant Jakupow bezogen sich nur auf das gerichtliche Vorgehen bei Verstößen gegen die Ablieferungspflicht.

[33] BAB, DP1 VA Nr. 11, Bl.130–135, Bericht über die Besprechung bei der Rechtsabteilung in Karlshorst am 5. 3. 1948.

[34] Aktenvermerk über den Besuch Jakupows in der DJV am 19. 5. 1948, in: Amos, Justizverwaltung in der SBZ/DDR, S. 234f.

heit, seine Thesen vor einem knapp hundertköpfigen Publikum zu verbreiten, während Eugen Schiffer dabei lediglich eine Statistenrolle zukam.

Die Justizkonferenz vom Juni 1948 hatte nichts gemein mit den Gesetzgebungskonferenzen der vergangenen Jahre, die vor allem der Abstimmung und Koordinierung von Gesetzentwürfen zwischen Zentrale und Ländern gedient hatten. Sie bildete darüber hinaus nach dem Willen der SMAD-Rechtsabteilung lediglich den Auftakt zu einer Serie weiterer Konferenzen, die, mit derselben Tagesordnung und denselben Referenten, im Juli und August in den Ländern abgehalten wurden. Am Ende der Konferenzen standen einstimmig angenommene Resolutionen, die in ihren identischen Hauptteilen die justizpolitischen Ziele der SED bekräftigten. Schließlich wurde nach dem Willen der SED-Führung und der DJV am 25./26. November 1948 eine letzte Konferenz dieser Art in Berlin abgehalten, auf der die Landesjustizminister über die Erfüllung der gesetzten Aufgaben zu berichten hatten und Fechner in aller Offenheit verkündete, daß man „nicht mehr vom subjektiven Recht des einzelnen ausgehen" könne, sondern daß „die vordringliche und erstrangige Aufgabe der Justiz" im Schutz des Wirtschaftsplans und des Volkseigentums bestehe. Damit propagierte er – nicht mehr als Parteipolitiker, sondern als DJV-Präsident – vor den Landesjustizministern das instrumentelle Rechtsverständnis der SED. Wieder wurden Resolutionen verabschiedet, mit deren Hilfe der Mobilisierungsprozeß in der Justiz in Gang gehalten werden sollte[35].

Das verstärkte justizpolitische Engagement der SED stand zweifellos in engem Zusammenhang mit ihrer ersten Parteikonferenz im Januar 1949. Denn bereits in deren Vorfeld betonten führende SED-Politiker immer stärker den gesamtgesellschaftlichen Führungsanspruch der Partei, der sich auch auf die Justiz erstreckte. Der gewachsenen Bedeutung der Justiz für die SED entsprach jedoch keineswegs deren Stärkung im Staatsaufbau. Mit dem Diktum Fechners vom 3. Januar 1948, daß die Justiz, „richtig verstanden, auch nur ein Verwaltungszweig" sei[36], wurde im Gegenteil bereits bei Beginn dieses Transformationsschubs verdeutlicht, daß Zentralisierung, Gleichschaltung und Politisierung der Justiz untrennbar mit deren Bedeutungsverlust verbunden sein würden.

3. Die Durchsetzung des SED-Führungsanspruchs in der DJV und die Zentralisierung der Justizverwaltung

Wie Ulbricht im Januar 1948 betont hatte, mußte zur Durchsetzung des Führungsanspruchs der SED zunächst die Leitungsebene der DJV mit entsprechend zuverlässigem Personal besetzt werden. Denn zu diesem Zeitpunkt waren lediglich Vizepräsident Melsheimer und zwei der sieben Abteilungsleiter (Hilde Benjamin und Werner Gentz) SED-Mitglieder. Im Verlauf des Jahres 1948 wurden die Nichtkommunisten erfolgreich durch zuverlässige SED-Kader ersetzt: ein Prozeß, bei dem

35 BAB, DP1 VA Nr. 839, Bl.3, Protokoll über die 2. Juristenkonferenz in Berlin am 25./26. 11. 1948. Druck der Resolutionen in: Die zweite Juristenkonferenz der Deutschen Justizverwaltung, S. 267f.

36 SAPMO, DY 30 IV 2/1.01/70, Bl. 12, Stenographische Niederschrift über die 3. Tagung des Ausschusses für Rechtsfragen beim Zentralsekretariat der SED, 3./4. 1. 1948.

die SMAD-Rechtsabteilung insofern kooperierte, als sie die Entlassung der noch tätigen Abteilungsleiter – unter oft fadenscheinigen Gründen – anordnete. Zu Beginn des Jahres 1949 jedenfalls war unter den nunmehr sechs Abteilungsleitern nur noch einer – der gegenüber der SED äußerst loyale Otto Hartwig von der CDU – nicht Mitglied der Einheitspartei[37]. Der Austausch der anderen Mitglieder des sogenannten „höheren Dienstes" verzögerte sich etwas, war jedoch bis Ende 1949 ebenfalls vollständig vollzogen. Schließlich wechselte auch der Präsident der DJV: Schiffer trat im August 1948 vor allem deshalb zurück, weil bei dem ohne seine Mitwirkung vollzogenen personellen Revirement deutlich geworden war, daß die Besatzungsmacht ihm ihr Vertrauen entzogen hatte. Fechner wiederum, der seinen Wechsel an die Spitze der DJV zu Recht „als ein Abschieben aus der Politik" empfand, mußte sowohl vom SED-Vorsitzenden Pieck als auch von sowjetischer Seite massiv gedrängt werden, bevor er sich mit SMAD-Befehl Nr. 158 am 2. Oktober zu Schiffers Nachfolger ernennen ließ[38].

Das zweite Vorhaben Ulbrichts, die Zentralisierung und Vereinheitlichung der Justizverwaltung, wurde ebenfalls 1948 in Angriff genommen. War es 1947 noch in wesentlichen Fragen unmöglich gewesen, den Führungsanspruch der Zentrale gegenüber den Ländern durchzusetzen, so änderte sich dies vor allem mit der Vereinheitlichung der Verwaltungsstrukturen in der SBZ. Dabei handelte es sich jedoch um eine Aufgabe, die der Deutschen Verwaltung des Innern (DVdI) übertragen worden war. Diese neigte dazu, einsame Entscheidungen zu treffen, ohne die DJV vorher zu konsultieren. Der erste, auf der staatspolitischen Konferenz von Werder am 23./24. Juli 1948 vorgelegte vorläufige Strukturplan für die Landesjustizverwaltungen entsprach jedenfalls nicht den Vorstellungen Hilde Benjamins, die bei dieser Gelegenheit darauf hinwies, daß die Hauptaufgabe der Justizministerien „in der Ausführung der personellen Aufgaben [...], in der sorgfältigen Ausführung der Ausbildungsfragen [...], insbesondere aber auch in einer eigenen Kontolle der Revisionstätigkeit der Gerichte" liegen müsse[39]. Nur weil die DJV von sich aus immer wieder die Initiative ergriff, konnte sie letztlich ihre Vorstellungen über Organisation und Besetzung der Justizministerien gegenüber der DVdI durchsetzen. Dies war aus ihrer Perspektive auch unabdingbar, denn auf lange Sicht sollten die Justizministerien zu Vollstreckern ihres Willens werden. Im Ergebnis der Verwaltungsreform erhielten die Landesjustizministerien Anfang 1949 eine einheitliche Struktur aufoktroyiert; gleichzeitig wurden ihre Kompetenzen durch den Entzug der Gesetzgebungsabteilung erheblich beschnitten[40]. Die Justizministerien sollten damit, wie es die Abteilungsleiterin Hildegard Heinze im Hinblick auf die Kontrollabteilungen einmal ausdrückte, mit der DJV „gleichgeschaltet werden"[41]. Ziel dieser

[37] Zum Personalaustausch bei den DJV-Abteilungsleitern vgl. Amos, Justizverwaltung in der SBZ/DDR, S. 97–99.

[38] BStU, MfS AU 307/55, Bd. 6, Bl.171 f., Bericht Günter Scheeles (über Fechner); Inventar der Befehle des Obersten Chefs der SMAD, S. 160.

[39] SAPMO, DY 30 IV 2/13/110, Bl.139, Protokoll der Tagung für aktuelle Staatsverwaltung und Koordinierung der Landespolitik in Werder/Havel am 23./24. 7. 1948.

[40] BAB, DP1 VA Nr. 1054, Bl.159–161, Stellenplan des Ministeriums der Justiz; Äußerung Hildegard Heinzes auf der Arbeitstagung der Justizministerien, 25./26. 3. 1949, nach: Weiß, Arbeitstagung bei der Deutschen Justizverwaltung, S. 90.

[41] BAB, DP1 VA Nr. 7354, Vermerk über die Dienstbesprechung vom 26. 10. 1948, Äußerung Heinzes.

„Parallelschaltung"[42] war, Anweisungen der Zentrale effizienter als bisher ‚durchstellen' zu können. Nur der liberaldemokratische Justizminister Johannes Dieckmann aus Sachsen widersetzte sich den Zentralisierungs- und Vereinheitlichungsbestrebungen und plädierte am 25. März 1949 auf einer Länderkonferenz in der DJV für die Eigenständigkeit der Landesjustizministerien. Dies läßt sich letztlich auf sein Bedürfnis zurückführen, ein hohes Maß an Rechtsstaatlichkeit im Rahmen eines föderalen Staatsaufbaus zu erhalten. Er konnte damit die Einführung des einheitlichen Strukturplans in Sachsen zwar verzögern, nicht aber verhindern. Bereits vor Gründung der DDR hatten DVdI und DJV eine von Dieckmann befürchtete Entwicklung eingeleitet: Die Landesjustizministerien waren auf dem Weg, zu „Filialen rein verwaltungsmäßiger Art der Deutschen Justizverwaltung in Berlin" degradiert zu werden[43]. Diese parallel zur Aushöhlung des Föderalismus in der SBZ/DDR verlaufende Entwicklung fand im Juli/August 1952 ihren Schlußpunkt in der Abschaffung der Landesjustizverwaltungen[44] und der Begründung der Justizverwaltungsstellen in den einzelnen Bezirken, die nichts anderes als verlängerte Arme des DDR-Justizministeriums darstellten[45].

4. Die Politisierung des Personal- und Ausbildungswesens

Aufgrund der Forderungen der zentralen Justizkonferenzen wurde 1948 auch eine zweite Phase in der Personalpolitik in der SBZ eingeleitet. Nicht nur in der DJV sollten nunmehr Nichtkommunisten weichen und SED-Juristen an ihre Stelle treten, sondern insgesamt war die Personalpolitik auf eine neue Grundlage zu stellen: „Die Personalpolitik in der Justiz der Zone", so forderte die DJV in einer Rundverfügung vom 20. September 1948, „muß von dem Grundsatz geleitet sein, daß nur solche Richter und Staatsanwälte für die weitere Arbeit in der Zone tragbar sind, die die demokratischen Errungenschaften, die in der sowjetischen Besatzungszone erreicht worden sind, bejahen und sich zu ihnen bekennen."[46] Der Nachweis mangelnder NS-Belastung sollte – wenngleich weiterhin unabdingbar – fortan nicht mehr für eine Einstellung im Justizdienst genügen; hinzu kommen mußte ein positives Bekenntnis zur „antifaschistisch-demokratischen Ordnung". Dies war für die SED-Justizpolitiker vor allem bei den Absolventen der Volksrichterlehrgänge gegeben, deren Anzahl sich vom Beginn des Jahres 1948 bis zum Februar 1949 von 226 auf 425 erhöhte. Deren Anteil an der Gesamtzahl der Justizjuristen stieg sehr viel schneller an (von 17 auf über 30 Prozent im Jahre 1948), was damit zusammenhing,

[42] BAB, DP1 VA Nr. 145, Bericht über die Entwicklung der Justiz in der SBZ im 1. Halbjahr 1949.

[43] BAB, DP1 VA Nr. 6331, Stenographische Niederschrift über die Arbeitstagung der Justizministerien am 25. und 26. 3. 1949.

[44] Vgl. zur Auflösung der Länder und zur Einführung der 14 Bezirke Mielke, Auflösung, S. 68–88, 129–143.

[45] Die Errichtung der Justizverwaltungsstellen erfolgte nach sowjetischem Vorbild: siehe Benjamin, Deutsche Juristen in der Sowjetunion, S. 347, sowie BAB, DP1 VA Nr. 175, Vorläufiger Bericht der Studiendelegation der Juristen und Auswertung der Ergebnisse, o.D. [Juni 1952].

[46] Zit. nach Wentker, Volksrichter, S. 226.

daß zahlreiche Richter und Staatsanwälte in den Westen abwanderten oder aufgrund von Alter, Krankheit oder strafbarer Handlungen ausschieden[47]. Die Beförderung der Volksrichter auf Führungspositionen wurde zwar erst nach 1948 vorgenommen, geht jedoch ebenfalls auf eine Forderung der Juristenkonferenz vom November 1948 zurück, deren Einhaltung Hilde Benjamin einen Monat später dringend angemahnt hatte[48]. Der Personalaustausch im Justizwesen der SBZ/DDR trat somit 1948/49 in seine entscheidende Phase.

Auch die Aus- und Weiterbildung der Volksrichter, die bis dahin fast ausschließlich der fachlichen Qualifizierung gedient hatte, wurde ab 1948 in zunehmendem Maße politisiert. Aufgrund einer Entschließung der Justizkonferenz vom November 1948 arbeitete die DJV – erstmals unter Beteiligung der Justizabteilung des SED-Zentralsekretariats – einen neuen Lehrplan aus, der am 31. Januar 1949 an die Landesjustizministerien versandt wurde und eine tiefgreifende Umgestaltung der bisherigen Ausbildung bedeutete. Neben Erweiterungen um die Fächer Bodenreform, Bodenrecht, Wirtschaftsplanung, volkseigene Betriebe und einer zeitlichen Ausweitung des Unterrichts im Wirtschaftsstrafrecht kam als bedeutendste Änderung die Steigerung der Stundenzahl für das Fach Gesellschaftskunde von 24 auf 153 Stunden hinzu: Damit war erstmals ein effektiver Einstieg in eine ideologisierte Richterausbildung erreicht[49]. Auch die Weiterbildung der Volksrichter, die bisher allenfalls punktuell, im Sommer und Herbst 1947 vor allem auf Anordnung der Besatzungsmacht und in von Land zu Land äußerst unterschiedlicher Intensität betrieben worden war, sollte aufgrund einer Rundverfügung vom 29. Juli 1948 systematisiert und politisiert werden. Zum einen wurde dem Lehrgangsleiter die „allgemeine Leitung der Weiterbildung" übertragen, der engen Kontakt zu den Lehrgangsabsolventen halten, ihnen von der DJV ausgearbeitete Unterrichtsbriefe zukommen lassen und deren alle zwei Monate abzuliefernde Arbeitsberichte zur Kenntnis nehmen mußte. Zum anderen waren alle in einem Landgerichtsbezirk tätigen Absolventen unter einem fortschrittlichen Richter oder Staatsanwalt zusammenzufassen, um nicht nur neue Gesetze und Verordnungen sowie Fragen der Praxis regelmäßig zu besprechen, sondern auch um „ihre Berufsauffassung zu festigen, den fortschrittlichen Geist wachzuhalten, und sie immer wieder darauf hinzuweisen, daß die Arbeit nicht mit der Erledigung der vorliegenden Akten beendet ist, sondern daß die Absolventen sich am öffentlichen Leben weitgehend beteiligen [...] müssen". Schließlich sah die Rundverfügung pro Jahr mehrere Fortbildungstagungen für alle Absolventen eines Landes vor, bei denen insbesondere „wichtige und gegenwartsnahe Fragen" auf dem Programm stehen sollten[50]. Weiterqualifizierungsmaßnahmen erhielten somit die Funktionen, den Entwicklungsstand der Absolventen zu überprüfen, diese in fachlicher und ideologischer Hinsicht zu schulen und sie umgehend mit neuen Gesetzen und Verordnungen sowie deren ‚richtiger Anwendung' vertraut zu machen.

[47] Ebenda, S. 91.
[48] Die zweite Juristenkonferenz der Deutschen Justizverwaltung, S. 266; Wentker, Volksrichter, S. 227.
[49] Ebenda, S. 56 f.; Druck des Lehrplans, S. 195.
[50] Ebenda, S. 207–209.

5. Die Instrumentalisierung der Strafjustiz durch die Verfahren nach Befehl Nr. 201 und die Wirtschaftsstrafprozesse

Die Zäsur von 1948 wird auch daran sichtbar, daß die Justiz nun ein erstes Instrumentarium zur Bekämpfung vermeintlicher politischer Gegner und zur Umgestaltung der Eigentumsverhältnisse erhielt. Dies bedeutete gleichzeitig eine Instrumentalisierung der Justiz, was zu ihrem Bedeutungsverlust erheblich beitrug. Im Zentrum der Diskussion standen 1948 die Verfahren nach SMAD-Befehl Nr. 201 sowie die Wirtschaftsstrafverfahren, die eine Reihe auffälliger Parallelen aufweisen.

SMAD-Befehl Nr. 201 vom 16. August 1947 übertrug in seinen für die Strafjustiz relevanten Teilen erstmals systematisch die Aburteilung von NS-Straftätern auf deutsche Gerichte[51]. Die sowjetische Seite wollte einerseits zeigen, daß sie die Kontrollratsdirektive Nr. 38 umsetzte, verband damit andererseits jedoch auch die Absicht, die deutschen Gerichte auf ihre Zuverlässigkeit zu überprüfen und gegebenenfalls als ‚reaktionär' zu entlarven[52]. Die SED-Führung, die sich gerade anschickte, „die Justiz in die Hand [zu] bekommen"[53], nahm diese Herausforderung an und stellte sie in einen engen Zusammenhang mit ihrem justizpolitischen Konzept. „Der Befehl 201", so Fechner im Januar 1948 vor dem Parteivorstand, „ist ein Prüfstein für den bisher erreichten Grad der Demokratisierung der Justiz."[54] Aus Befehl Nr. 201 ergab sich somit für die Parteiführung nicht nur die Möglichkeit, die Konformität der Justiz mit ihrer Politik zu überprüfen, er bildete auch ein Mittel zur Durchsetzung ihrer politischen Zielsetzungen im Hinblick auf den Rechtsstab und die Rechtsprechung. Dementsprechend wurden auch die Juristenkonferenzen des Jahres 1948 für eine Steuerung der Rechtsprechung in den 201-Verfahren genutzt: So hielt Melsheimer etwa bei der Junikonferenz ein grundlegendes Referat über den „Kampf der deutschen Justiz gegen die Naziverbrecher", in dem er unter anderem die Strafzumessung bei diesen Prozessen als zu gering kritisierte[55].

Bei der Durchführung von Befehl Nr. 201 büßten jedoch sowohl die DJV als auch die Justiz insgesamt wichtige Kompetenzen ein. Eine Anweisung der SMAD-Rechtsabteilung an die DJV, an der von der DVdI auszuarbeitenden Durchführungsvorschrift mitzuarbeiten[56], blieb ohne Folgen, da diese offensichtlich nicht an

[51] Druck in: Zentralverordnungsblatt 1947, S. 185.

[52] Zu der zweiten Absicht siehe vor allem den Vortrag eines unbekannten SMAD-Offiziers Ende August/Anfang September 1947, in: Badstübner/Loth, Pieck-Aufzeichnungen, S. 170.

[53] SAPMO, DY 30 IV 2/1.01/70, Bl.233, Stenographische Niederschrift über die 3. Tagung des Ausschusses für Rechtsfragen beim Zentralsekretariat der SED, 3./4. 1. 1948. Das Zitat auch in: Im Namen des Volkes? Katalog, S. 15.

[54] SAPMO, DY 30 IV 2/1/38, Bl.121, Protokoll der Tagung des SED-Parteivorstands am 14./15. 1. 1948.

[55] Referat Melsheimers in: Die Juristenkonferenzen in der SBZ, S. 126–131. Die Wirkungen seiner Äußerungen sind dabei um so höher zu veranschlagen, als er seinen Vortrag auf den Konferenzen in den Ländern im Juli und August wiederholte und damit fast alle in der SBZ tätigen Justizjuristen erreichte. Vor diesem Hintergrund erscheint es verfehlt, diese als „unverbindliche Form der Anleitung" abzutun (so Meyer-Seitz, Verfolgung von NS-Straftaten, S. 205).

[56] Diese Aufforderung erging mündlich im Rahmen der Konferenz über Befehl Nr. 201 in der DJV am 29. 8. 1947, BAB, DP1 VA Nr. 19, Bl.7, Protokoll der Konferenz vom 29. 8. 1947.

eine Zusammenarbeit mit der Justizverwaltung dachte[57]. Auf der anderen Seite war die Innenverwaltung genau über die Ausarbeitung des DJV-Erlasses informiert und erreichte – über die SMAD – eine Berücksichtigung ihrer Kritikpunkte[58]. Dieser Machtverteilung entsprachen auch die – auf sowjetische Anordnung zurückgehenden – Kompetenzeinbußen für die Justiz in den 201-Verfahren. Denn die Untersuchungsorgane – die Abteilungen K 5 der Polizei – beherrschten das Ermittlungsverfahren: Sie leiteten von sich aus die Untersuchung ein, faßten gegebenenfalls einen Beschluß über die Untersuchungshaft und erstellten die Anklageschrift[59]. Demgegenüber blieben dem Staatsanwalt, der formell die Aufsicht über das Ermittlungsverfahren führte, kaum Möglichkeiten der Einflußnahme; auch der Beschuldigte besaß weder die Möglichkeit einer Haftbeschwerde, noch konnte er in diesem Teil des Verfahrens einen Anwalt hinzuziehen[60]. Die K 5 operierte somit in einem fast rechtsfreien Raum, den sie für entsprechend rüde, den Vergleich mit der Gestapo herausfordernden Vernehmungsmethoden nutzte[61].

Für die Gerichtsverfahren galt zwar die deutsche Strafprozeßordnung, die Verhandlungen mußten aber vor Sonderstrafkammern der Landgerichte geführt werden, deren Richter und Staatsanwälte „im Einvernehmen mit den SMA's der einzelnen Länder" zu bestellen waren[62]. Die SED sah vor allem in der möglichst vollständigen Besetzung dieser Stellen die Chance, sich als Erfüllungsgehilfin der Besatzungsmacht zu profilieren. Das Ziel dieser Einflußnahme auf die Besetzung der Gerichte wurde am offensten von Erich Mielke formuliert, der bei der DVdI mit der Durchführung von Befehl Nr. 201 beauftragt worden war: „Es muß erreicht werden im Zusammenhang mit den anderen zuständigen Stellen, daß die Zusammensetzung so erfolgt, daß zum mindesten nach vorherigen [sic] Ermessen eine richtige Schuldfeststellung sichergestellt wird."[63] Auch wenn sie von Anfang an eine überdurchschnittlich hohe Anzahl der Richter und Staatsanwälte stellte, erfüllte sich diese Hoffnung im Herbst 1947 noch nicht; ja, vor dem rechtspolitischen Ausschuß im Januar 1948 sprach manch einer schon vom Versagen der SED in dieser Frage[64]. Erst im Verlauf des Jahres 1948, vor allem nach Beendigung des dritten

57 Die DVdI ließ jedoch ihren Entwurf, ohne die DJV zu konsultieren, bereits am 29. 8. 1947 der Innenverwaltung und Rechtsabteilung in Karlshorst zukommen, was Schiffer erst im Nachhinein erfuhr: Bericht Mielkes vom 30. 10. 1947, in: Rößler, Entnazifizierungspolitik der SED, S. 197; BAB, DO1/7 Nr. 424, Bl.30, Chef der DJV an DVdI, 8. 9. 1947.

58 BAB, DO1/7 Nr. 424, Bl.32, Abteilung P, Referat P7, an Mielke, 13. 9. 1947. Die in diesem Schreiben enthaltenen Kritikpunkte an dem ursprünglichen Entwurf eines DJV-Erlasses zu Befehl Nr. 201 fanden fast alle Eingang in dessen Endfassung vom 18. 9. 1947 (in: Zentralverordnungsblatt 1947, S. 191–194).

59 Siehe Ausführungsbestimmung Nr. 3 des Befehls Nr. 201 vom 21. 8. 1947, ebenda, S. 188–191.

60 BAB, DP1 VA Nr. 6332, Protokoll über die Konferenz mit den Vertretern der Justizministerien der Landesregierungen am 14./15. 11. 1947, Äußerung Jakupows.

61 Siehe den Bericht des Untersuchungsorgans aus Mecklenburg vom 22. 12. 1947 im Rahmen der Tagung über Befehl Nr. 201 am 22. 12. 1947; das Tagungsprotokoll in: Rößler, Entnazifizierungspolitik, hier S. 226.

62 BAB, DP1 VA Nr. 19, Bl.7 f., Protokoll der Konferenz vom 29. 8. 1947, Äußerung Jakupows.

63 SAPMO, DY 30 IV 2/1.01/70, Bl.109, Stenographische Niederschrift über die Tagung des Ausschusses für Rechtsfragen beim Zentralsekretariat, 3./4. 1. 1948.

64 Ebenda, Bl.123, 135, 96, Äußerungen Melsheimers, Polaks, Bergers. Vgl. dagegen jedoch die aus Sicht der SED besonnenere Stellungnahme Hans Nathans, Bl.142, der zu Recht darauf

Volksrichterlehrgangs im September, konnte der Anteil der Volksrichter jedoch gesteigert werden, so daß fast ausschließlich Lehrgangsabsolventen in die Strafkammern nachrückten und diese aufgrund der Weisungen der DJV in zunehmendem Maße ab 1949 auch als Kammervorsitzende eingesetzt wurden[65].

All dies war unter rechtsstaatlichen Gesichtspunkten äußerst bedenklich, wäre jedoch bei einer auf NS-Strafsachen begrenzten Rechtsprechung verkraftbar gewesen, zumal die Gerichte sich in den Jahren 1948/49 trotz aller Einwirkungsversuche nicht zu einer rigorosen Strafpolitik hinreißen ließen[66]. Befehl Nr. 201 führte jedoch auch den weit auslegbaren Artikel III A III des Abschnitts 2 der Kontrollratsdirektive Nr. 38 in das politische Strafrecht ein, in dem es hieß: „Aktivist ist auch, wer nach dem 8. Mai 1945 durch Propaganda für den Nationalsozialismus oder Militarismus oder durch Erfindung und Verbreitung tendenziöser Gerüchte den Frieden des deutschen Volkes oder den Frieden der Welt gefährdet oder möglicherweise noch gefährdet."[67] Ursprünglich zur Bekämpfung von NS-Propaganda gedacht, wurde dieser Artikel mit seinen weitgefaßten Straftatbeständen zu einer der wichtigsten Grundlagen der politischen Strafjustiz in der frühen DDR. Seit Anfang 1948 drängte die SED darauf, diesen Straftatbestand zur Bekämpfung vermeintlicher Neofaschisten und Militaristen zu nutzen. So hielt bereits die Resolution des Rechtspolitischen Ausschusses der SED vom Januar 1948 fest: „Die Möglichkeit, die der Befehl 201 zur Bestrafung von faschistischer und militaristischer Propaganda nach Mai 1945 gibt, ist bisher in keiner Weise ausgeschöpft. Es liegen hierzu nur ganz vereinzelte Urteile mit sehr milder Strafe vor."[68] Im September 1948 strebte die DJV bereits einen Funktionswandel der 201-Prozesse an: Während die NS-Verfahren möglichst bald beendet werden sollten, war nunmehr „entscheidendes Gewicht" auf die Verfolgung von Straftaten nach Artikel III A III zu legen[69]. Zwar wurden trotz weiterer konkreter Anweisungen im folgenden Jahr bis zum Oktober 1949 nur insgesamt „einige Hundert Verfahren" nach diesem Artikel durchgeführt[70]; entscheidend ist jedoch, daß das mit Befehl Nr. 201 geschaffene Instrumentarium für die politische Strafjustiz der DDR erhalten blieb. Dazu zähl-

verwies, daß die Prozesse „erst im Anlaufen waren". Daher muß auch die Wertung von Meyer-Seitz, Verfolgung von NS-Straftaten, S. 183, daß „die Eroberung der Justiz mit Hilfe des Befehls 201 praktisch gescheitert war", relativiert werden.

65 Siehe die von der DJV der SMAD-Rechtsabteilung seit September 1948 übermittelten Veränderungsmeldungen in: BAB, DP1 VA Nr. 840/2. In Sachsen-Anhalt, Brandenburg, Thüringen und Mecklenburg waren insgesamt bis zum 26. 1. 1949 10 Volksrichter Vorsitzende von kleinen oder großen Strafkammern nach Befehl Nr. 201: siehe die Vergleichszahlen für diese Länder in: BAB, DP1 SE Nr. 3475. Ein signifikantes Übergewicht in den Strafkammern nach Befehl Nr. 201 hatten sie erst 1951/52: In einer Akte mit den Personalakten eines Teils der Richter in diesen Strafkammern waren 35 von 49 Volksrichter (BAB, DP1 SE Nr. 445).

66 Vgl. dazu vor allem Meyer-Seitz, Verfolgung von NS-Straftaten, passim und zusammenfassend S. 347.

67 Amtsblatt des Kontrollrats 1946, S. 188.

68 SAPMO, DY 30 IV 2/2.1/162, TOP 4, Anlage Nr. 3, Stellungnahme des rechtspolitischen Beirates des Zentralsekretariats der SED am 3./4. 1. 1948 zur Durchführung der Verfahren nach Befehl 201.

69 BAB, DP1 VA Nr. 6403, Chef der DJV an Landesregierungen/Justizministerium, 20. 9. 1948.

70 BAB, DP1 VA Nr. 6229, Vermerk Reislers, 19. 10. 1949.

ten vor allem die nur de jure, nicht aber de facto eingeengte Dominanz des MfS im Untersuchungsverfahren sowie die mit handverlesenen Richtern und Staatsanwälten besetzten politischen Strafkammern nach Befehl Nr. 201, die auch für Verfahren nach Artikel 6 der DDR-Verfassung für zuständig erklärt wurden[71].

Neben der Ahndung von NS-Straftaten avancierten im Verlauf des Jahres 1948 die Wirtschaftsstrafverfahren zu einer Aufgabe, an der sich die SED ebenfalls beweisen wollte. Während Ulbricht im Juni 1948 aus der Durchführung des Zweijahresplanes allgemein die Notwendigkeit eines „entschieden[en] Kampf[es] gegen die Saboteure“ ableitete[72], erklärte Fechner auf der Juristenkonferenz vom November, „daß man die vordringliche und erstrangige Aufgabe der Justiz darin erblicken muß, den Wirtschaftsplan und das Volkseigentum als höchstes Rechtsgut zu schützen“[73]. Die Instrumentalisierung der Justiz durch die Wirtschaftspolitik verfolgte vor allem zwei Ziele: harte Bestrafung jeglicher Aktivitäten, die in irgendeiner Weise als Plangefährdung angesehen werden konnten, und die Einziehung von Privateigentum als beabsichtigte Folge entsprechender Strafprozesse.

Letzteres wurde jedenfalls durch die am 23. September 1948 verabschiedete Wirtschaftsstrafverordnung ermöglicht[74]. Dieses seit Frühjahr 1947 diskutierte Wirtschaftsstrafgesetz sollte eine Vielzahl der noch in Kraft befindlichen NS-Strafnormen nicht nur ablösen, sondern um eine Reihe neuer Tatbestände erweitern und verschärfen. Das ermöglichte vor allem § 1 der Verordnung, eine Blankettbestimmung, die jegliche Gefährdung des Wirtschaftsplans unter Strafe stellte – eine deutliche Parallele zu der Strafnorm des Artikels III A III. Bei der Ausarbeitung der Wirtschaftsstrafverordnung spielte die DJV überdies eine ähnlich untergeordnete Rolle wie bei der 201-Durchführungsbestimmung: Denn sie konnte sich beispielsweise gegenüber der DWK mit dem Vorschlag einer Relativierung des § 1 nicht durchsetzen[75]. Hinzu kam, daß die Entscheidung darüber, ob ein Verfahren als Gerichtsprozeß oder als Verwaltungsverfahren durchzuführen war, nicht von einem Gericht, sondern von dem zuständigen Minister oder seinem Beauftragten – meist dem Landrat oder dem Bürgermeister – getroffen wurde[76]. Schließlich schaltete sich in als besonders wichtig erachteten Fällen ein Untersuchungsorgan ein, das ähnlich weitreichende Vollmachten besaß wie die K 5 bzw. das MfS: die Zentrale Kontroll-

[71] BAB, DP3, Nr. 25, Bl.57, 93, Auszug aus dem Protokoll der Arbeitstagung der Generalstaatsanwälte und Oberstaatsanwälte beim Generalstaatsanwalt der DDR am 25.[gemeint war 29.] 9.1950, Arbeitstagung am 16. 11. 1950; BAB, DP1 VA Nr. 7815, Vermerk Ganskes, 28. 11. 1950.

[72] Referat Ulbrichts vor dem Parteivorstand der SED, 29. 6. 1948, in: Friedrich u. a., Entscheidungen der SED 1948, S. 125.

[73] BAB, DP1 VA Nr. 839, Bl.5, Protokoll über die 2. Juristenkonferenz in Berlin, 25./26. 11. 1948.

[74] Verordnung über die Bestrafung von Verstößen gegen die Wirtschaftsordnung (Wirtschaftsstrafverordnung) in: Zentralverordnungsblatt 1948, S. 439–443.

[75] Die DJV wollte, wie ihr Vertreter Weiß darlegte, in der Verordnung zunächst konkrete strafbare Tatbestände, die den „Normalfall“ bilden sollten, aufzählen und eine Blankettbestimmung lediglich als „Ergänzung“ anschließen: SAPMO, DY 30 IV 2/1.01/70, Bl. 57–59, Stenographische Niederschrift des Ausschusses für Rechtsfragen beim Zentralsekretariat der SED, 3./4. 1. 1948; BAB, DP1 VA Nr. 7243, Chef der DJV an DWK, 10. 2. 1948.

[76] Vgl. § 21 der Wirtschaftsstrafverordnung.

kommission oder die Landeskontrollkommission[77]. So führte auch die Instrumentalisierung der Justiz für Zwecke der Wirtschaftspolitik zu einer Reduzierung ihres Gewichts in den entsprechenden Strafverfahren.

Auch für Wirtschaftsstrafverfahren wurden – und das ist die letzte Parallele – Sonderstrafkammern eingerichtet. Freilich versuchten die Verantwortlichen, dies nach außen zu verschleiern. Denn die SED-Genossen in der DJV und die SED-Justizabteilung wollten im Dezember 1948 die formelle Einrichtung von Wirtschaftsstrafkammern vermeiden, da dies „den Eindruck erwecken könnte, als sollte wieder eine Art von ‚Sondergerichten' geschaffen werden"[78]. Also beschränkte sich die DJV darauf, in einer Verordnung lediglich die großen Strafkammern der Landgerichte für zuständig zu erklären[79], gleichzeitig aber „durch interne Dienstanweisung" sicherzustellen, „daß die für die Verhandlung und Entscheidung von Wirtschaftsstrafsachen zuständigen Kammern mit solchen Richtern besetzt werden, die hierfür besonders qualifiziert sind"[80]. Damit wurden im Herbst 1949 de facto Wirtschaftsstrafkammern ins Leben gerufen, deren Richter und Staatsanwälte vom DDR-Justizministerium besonders zu bestätigen waren. De jure existierten diese jedoch nicht, so daß man justizintern nur von „sogenannten Wirtschaftsstrafkammern" sprach, bis Anfang 1951 das DDR-Justizministerium anordnete, diese nur noch als „2. Strafkammer" zu bezeichnen[81].

6. Befehl Nr. 201 und der Versuch der Sowjetisierung des Strafvollzugs

Ein erster Anlauf zur Sowjetisierung[82] der Zuständigkeiten bildete ein Versuch zur Übertragung der Geschäfte des Strafvollzugs von der Justiz- auf die Innenverwaltung, womit eine eindeutige Angleichung an die Kompetenzaufteilung in der Sowjetunion erreicht worden wäre. Ausgangspunkt war auch hier Befehl Nr. 201. Nach Ausführungsbestimmung Nr. 3 des Befehls vom 21. August 1947 mußten die in Untersuchungshaft zu nehmenden Hauptverbrecher in Einzelhaft gehalten und in Polizeigefängnisse eingewiesen werden[83]. Diesen Einbruch in die generelle Zuständigkeit der Justizverwaltung für das Anstaltswesen suchte die Innenverwaltung

[77] Vgl. dazu den Beitrag von Jutta Braun in diesem Band, die sich dort ebenfalls ausführlich zur Entstehung der Wirtschaftsstrafverordnung äußert.

[78] BAB, DP1 VA Nr. 7181, Begründung von Wolfgang Weiß zum Entwurf der Verordnung über die Zuständigkeit in Wirtschaftsstrafsachen, am 16. 2. 1949 an Nathan übermittelt.

[79] Es handelte sich um die Verordnung über die Zuständigkeit in Wirtschaftsstrafsachen, 11. 8. 1949, in: Zentralverordnungsblatt 1949, S. 618. Damit in engem Zusammenhang stand die Verordnung über die Besetzung von Strafkammern vom 8. 8. 1949, ebenda, S. 614.

[80] BAB, DP1 SE Nr. 377, Vermerk Weiß über die Besprechung am 21. 12. 1948; für die „interne Dienstanweisung" siehe BAB, DP1 VA Nr. 7181, DJV an Landesregierungen/Justizministerium, 5. 9. 1949.

[81] BAB, DP1 VA Nr. 6284, Rundverfügung Nr. 8/51, 26. 1. 1951.

[82] Darunter wird, in Anlehnung an Reiman, Sowjetisierung und nationale Eigenart, S. 3, der Versuch verstanden, „die gesellschaftspolitische und sozioökonomische Ordnung sowjetischer Prägung in den Ländern Ostmittel- und Südosteuropas aufzubauen".

[83] Ziffer 7 und 8 der Ausführungsbestimmungen Nr. 3, gedruckt in: Zentralverordnungsblatt 1947, S. 188f.

für eine Kompetenzerweiterung zu nutzen und strebte seit der Innenministerkonferenz vom 29./30. November 1947 an, die Strafvollstreckung gemäß Befehl Nr. 201 „den Polizeiorganen der Länder“ zu übertragen[84]. Mielke setzte sich bei einer Unterredung in der DVdI im Februar 1948 für den Polizeivollzug mit dem fadenscheinigen Hinweis darauf ein, daß auf diese Weise die Verurteilten „besser zu besonderen Wiedergutmachungsleistungen“ herangezogen werden könnten. Melsheimer widersetzte sich unter Verweis auf die Außenwirkung: „Dadurch könne in der Westzone und im Ausland böswilligen Unterstellungen Raum gegeben werden, als werde diesen Verurteilten gegenüber nicht Gerechtigkeit geübt und als seien sie einer durch die Justiz nicht kontrollierbaren Verfolgung ausgesetzt.“[85] Entschieden wurde damals noch nichts. Erst als im März die Strafanstalt Brandenburg-Görden, die für die sogenannten „201er“ vorgesehen war, von der Militärverwaltung der brandenburgischen Landespolizeibehörde übergeben wurde, zeichnete sich ab, daß die DVdI sich durchsetzen würde[86]. Am 7. Juni 1948 schließlich schien der Konflikt entschieden, als Oberstleutnant Jakupow von der SMAD-Rechtsabteilung der DJV die Anordnung der SMAD mitteilte, „den Strafvollzug an den aus Befehl 201 Verurteilten den Organen der Inneren Verwaltung zu übertragen“ und diese in Brandenburg-Görden zusammenzuziehen[87]. Für den frisch ernannten DVdI-Präsidenten Kurt Fischer handelte es sich dabei jedoch lediglich um einen Etappensieg. Denn er strebte, wie er auf der Innenministerkonferenz am 9./10. Juli verdeutlichte, die vollständige Übertragung der Geschäfte des Strafvollzugs auf die Innenverwaltung an[88]. Dies kam für die Besatzungsmacht aber noch nicht in Frage. Auch die Entscheidung, den Strafvollzug an den „201ern“ der Innenverwaltung zu übertragen, wurde im Herbst 1948 – aus bisher unbekannten Gründen – wieder rückgängig gemacht, so daß die Polizei am 27. September 1948 auf Weisung der brandenburgischen SMA die Strafanstalt Brandenburg-Görden dem Strafvollzugsamt des Potsdamer Justizministeriums übergab[89].

Die Unterstellung des Strafvollzugs unter die Innenverwaltung und die damit einhergehende Angleichung der ostdeutschen an die sowjetischen Verhältnisse wurde erst 1950/52 unter ähnlichen Umständen wie 1948 vollzogen: Denn auch damals handelte es sich nicht einfach um eine sowjetische Anordnung, die von den DDR-Instanzen auszuführen war. In dem Konflikt zwischen Innen- und Justizverwaltung konnte das Innenministerium mit Gründung der DDR zwar einen Geländegewinn verbuchen, als ihm der Vollzug an 14000 ehemaligen Internierten aus den sowjetischen Speziallagern übertragen wurde[90]. Der entscheidende Vorstoß zur

84 Protokoll der Innenminister-Konferenz am 29./30. 11. 1947 in Schierke, in: Rößler, Entnazifizierungspolitik, S. 215. Zu den Innenministerkonferenzen vgl. Müller, Parteiministerien.

85 BAB, DP1 VA Nr. 6204, Bl.108, Vermerk von Gentz, 17. 2. 1948.

86 SAPMO, NY 4182/1197, Bl.227, Mitteilung Plenikowski an Ulbricht, 9. 3. 1948.

87 BAB, DP1 VA Nr. 11, Bl.141, Vermerk über Unterredung mit Jakupow, 7. 6. 1948.

88 SAPMO, DY 30 IV 2/13/109, Bl.330, Referat Fischers auf der Tagung der Innenminister am 9./10. 7. 1948.

89 BAB, DO1/11 Nr. 1589, Bl.1, MdJ Brandenburg an Chef der DJV, 18. 10. 1948; ebenda, Bl.3, Vermerk Gentz, o.D., in dem er über eine Mitteilung der DVdI vom 16. 10. 1948 berichtet, „daß die Strafanstalt Brandenburg-Görden an die DJV zurückgegeben sei“.

90 Dies war im Vorfeld der DDR-Gründung von der SED-Spitze und der sowjetischen Füh-

Übernahme des gesamten Strafvollzugs ging im April 1950 – wie 1948 – anscheinend nicht von der SKK, sondern von Kurt Fischer, damals Generalinspekteur der Volkspolizei aus[91], der damit jedoch „im Einvernehmen mit [den] Freunden" handelte[92] und sich unter den veränderten Bedingungen – anders als 1948 – durchsetzen konnte. Schrittweise wurde aufgrund von Fischers Antrag zunächst der Strafvollzug an den „201ern" und mit einem Politbürobeschluß vom 22. August 1950 die restlichen Vollzugsanstalten dem Innenministerium übertragen[93]. Das MdJ behielt lediglich noch die Untersuchungshaftanstalten in seinem Kompetenzbereich, bis es mit Wirkung vom 1. Juli 1952 auch diese abgeben mußte[94].

7. Die Bedeutung der DDR-Gründung für die Transformation des Justizwesens

Gegenüber den zentralen Weichenstellungen des Jahres 1948 besaß die Gründung der DDR nur eine untergeordnete Bedeutung für die weitere Transformation des Justizwesens. Zwar wurden in den Jahren 1949/50 bis 1952/53 zahlreiche der 1948 angestoßenen Prozesse zu Ende geführt, aber auch in diesem Zusammenhang war die Staatsgründung oft nicht der Scheitelpunkt der Entwicklung. Dies gilt für die weitere Zentralisierung der Justizverwaltung, für die Fortführung des Personalaustauschs und die Juristenausbildung. Nach Einführung des einheitlichen Strukturplans für die Länderjustizministerien Anfang 1949 erfolgte deren Umwandlung in Hauptabteilungen Justiz bei den Ministerpräsidenten erst nach den Wahlen vom Oktober 1950. Auch die seit 1948 gültige Linie beim Personalaustausch wurde beibehalten, wenngleich man versuchte, diesen Prozeß zu intensivieren. Während das Ausscheiden der akademischen Justizjuristen in den Jahren 1948/49 eher das Ergebnis der allgemeinen politischen Entwicklung in der SBZ gewesen war, wurde nun „die Säuberung der Justiz von reaktionären Kräften" unter Einsatz der zentralisierten Strukturen planmäßiger vorangetrieben[95]. Die Entscheidungen zur Zentralisierung und Verlängerung der Volksrichterausbildung auf zwei Jahre fielen im ersten Halbjahr 1949 und wurden erst Mitte 1950 mit dem Anlaufen der Zweijahreslehrgänge umgesetzt[96]. Auch den Änderungen des juristischen Studiums mit den Studienplänen vom 22. August 1949 und vom Januar 1950 waren nach ersten Anstößen

rung festgelegt worden; der entsprechende Beschluß des Politbüros der KPdSU vom 28. 9. 1948 in: Sowjetische Speziallager in Deutschland, Bd. 2, S. 354 f.

91 BAB, DO1/7 Nr. 49, Bl.144 f., Fischer an Ulbricht, 11. 4. 1950, Entwurf eines Politbürovorschlags.

92 Ebenda, Bl.147., Fischer an Steinhoff, 12. 4. 1950.

93 SAPMO, DY 30 J IV 2/3/107, Protokoll der Sekretariatssitzung, 15. 5. 1950, TOP 2; SAPMO, DY 30 J IV 2/2/105, Protokoll der Politbürositzung, 22. 8. 1950, TOP 7. Die von der Regierung am 16. 11. 1950 beschlossene Verordnung brachte keine Änderungen mehr: Gesetzblatt der DDR 1950, S. 1165 f.

94 Grundlage dafür war die 2. Durchführungsbestimmung zur Verordnung vom 16. 11. 1950, 5. 5. 1952, in: Ministerialblatt der DDR, 1952, S. 47.

95 BAB, DP1 SE Nr. 755, Protokoll der Personalleitertagung am 19. 10. 1950.

96 Vgl. Wentker, Volksrichter, S. 58 f.

von sowjetischer Seite im April 1948 längere Diskussionen vorangegangen, bei denen die Gründung der DDR kaum eine Rolle spielte[97].

Während diese Entwicklungen sich weitgehend unabhängig von der DDR-Gründung vollzogen, stand die Übertragung des Strafvollzugs auf die Innenverwaltung damit in einem engeren Zusammenhang. Denn die sowjetische Zusage von Ende September 1949, die Speziallager aufzulösen und ihre Insassen an die Volkspolizei zu übergeben, sollten den neuen Staat von einer schweren Hypothek befreien. Damit war jedoch, wie bereits dargelegt, noch keine endgültige Entscheidung gefallen. Verschiebungen ergaben sich im Zuge der DDR-Gründung auch in der Parteiarbeit der SED im Justizwesen. Zum einen wurde die SED-Justizabteilung aufgrund einer Entscheidung des Kleinen Sekretariats am 17. Oktober 1949 zu einer Unterabteilung bzw. einem Sektor innerhalb der Abteilung Staatliche Verwaltung degradiert[98] – eine logische Konsequenz der Indienstnahme der Justiz für Zwecke des Machterhalts und der staatlicherseits betriebenen Umgestaltung der gesellschaftlichen Verhältnisse. Zum anderen verlagerte sich der Schwerpunkt der Parteiarbeit von den Landesvorständen und der Mobilisierung der SED-Juristen hin zur Sicherung der Parteiherrschaft über den zentralen Staatsapparat; auch formell wurde einem weiteren Beschluß des Kleinen Sekretariats vom 17. Oktober zufolge die Abteilung Staatliche Verwaltung für die Arbeit der drei obersten Justizorgane der DDR verantwortlich gemacht[99].

Die wesentlichen Neuerungen im Justizwesen, die mit der DDR Gründung eintraten, betrafen zum einen das politische Strafrecht, das mit Artikel 6, Absatz 2 der DDR-Verfassung eine flexibel handhabbare Strafnorm zum Einsatz gegen vermeintliche oder tatsächliche politische Gegner erhielt[100]. Die seit der zweiten Jahreshälfte 1950 registrierten, sich rasch steigernden zahlreichen Verurteilungen auf dieser Rechtsgrundlage wären indes ohne die Existenz der Sonderstrafkammern nach Befehl Nr. 201 kaum möglich gewesen. Auch hier konnte somit auf den 1947/48 gelegten Fundamenten aufgebaut werden. Von konstitutiver Bedeutung war die DDR-Gründung zum anderen für die Herausbildung der drei obersten Justizorgane – das Justizministerium, das Oberste Gericht und die Oberste Staatsanwaltschaft. Dabei stand das Justizministerium in personeller und struktureller Kontinuität zur DJV, während das Oberste Gericht und die Oberste Staatsanwaltschaft aufgrund eines Gesetzes vom 8. Dezember 1949 neu gebildet wurden[101]. Neu

97 BAB, DP1 SE Nr. 3553, Aufzeichnung über die Unterredung mit Jakupow am 9. 4. 1948 betr. den Unterricht in den juristischen Fakultäten; für die Wandlung des juristischen Studiums in der SBZ/DDR in den Jahren 1948 bis 1950 siehe die noch ungedruckte Untersuchung des Vf. über die Tranformation des Justizwesens in der SBZ/DDR.

98 SAPMO, DY 30 J IV 2/3/57, Protokoll der Sitzung des Kleinen Sekretariats, 17. 10. 1949, TOP 24. Vorangegangen war am 2. 9. 1949 ein Sekretariatsbeschluß zur Bildung einer Kommission, die die Abteilung Justiz überprüfen und einen Vorschlag „für die Verbesserung dieser Abteilung“ auszuarbeiten hatte (SAPMO, DY 30 J IV 2/3/49, TOP 9).

99 Richtlinien über die Fertigstellung von Regierungsvorlagen zur Entscheidung durch die zuständigen Organe des Parteivorstandes, in: Dokumente zur Deutschlandpolitik II. Reihe, Bd. 2, S. 687–689. Vgl. dazu auch Kaiser, Zentrale der Diktatur, S. 78–80.

100 Zum Artikel 6 der DDR-Verfassung als Grundlage des politischen Strafrechts vgl. Schuller, Geschichte und Struktur des politischen Strafrechts, S. 35–66.

101 Gesetz über die Errichtung des Obersten Gerichtshofes und der Obersten Staatsanwalt-

für die Justiz nach 1949 waren daher sowohl die erstinstanzlichen Verfahren vor dem Obersten Gericht als auch die Steuerungsprobleme, die sich dadurch ergaben, daß nun nicht mehr nur eine zentrale staatliche Instanz – die DJV bzw. das MdJ – für die Anleitung der Gerichte und Staatsanwaltschaften zuständig war, sondern auch das Oberste Gericht und die Oberste Staatsanwaltschaft hier mitreden wollten.

Zusammenfassung

Die wesentlichen Entscheidungen, die die Gestalt des Justizwesens in der frühen DDR prägten, wurden 1948 getroffen. Dabei war zweifellos die Politisierung der Personalauswahl und der Ausbildung grundlegend; denn erst vor diesem Hintergrund ließ sich die Strafjustiz auch im Sinne des entstehenden Regimes instrumentalisieren, wie dies erstmals im Zusammenhang mit den Prozessen nach Befehl Nr. 201 und den Wirtschaftsstrafprozessen in dieser Zeit geschah. Die Zentralisierung der Justizverwaltung besaß die doppelte Funktion, die Eigenständigkeit der Länderjustiz zu beseitigen und eine einheitliche, zentrale Steuerung der Justiz zu ermöglichen. Die Sowjetisierung von Teilen des Justizwesens war demgegenüber 1948 erst in Ansätzen erkennbar, und der entscheidende Schub in diese Richtung erfolgte in den Jahren 1950 bis 1952. Dabei ist freilich zu bedenken, daß die 1948 ausgesprochene Willensbekundungen der SED-Führung im Hinblick auf die Justiz noch nicht deren Umsetzung bedeuteten. Dabei handelte es sich um einen längeren Prozeß, der erst Mitte der fünfziger Jahre zum Abschluß kam. Unübersehbar war jedoch bereits bei den Weichenstellungen von 1948, daß mit der zunehmenden Vereinnahmung der Justiz durch die Politik diese in der sich anbahnenden Diktatur erheblich an Bedeutung verlieren würde.

schaft der Deutschen Demokratischen Republik, in: Gesetzblatt der DDR 1949, S. 111f.; zur Vorgeschichte des Gesetzes siehe Janke, Zur Gründung des Obersten Gerichts.

Jutta Braun

Die Zentrale Kommission für Staatliche Kontrolle

Wirtschaftsstrafrecht und Enteignungspolitik in der Gründungs- und Frühphase der DDR

1. „Es gibt Instanzen, die für Ordnung sorgen" – der Schauprozeß von Glauchau-Meerane

Im Juni des Jahres 1948 machten sich in den sächsischen Textilindustrie-Städten Glauchau und Meerane hektische Aktivitäten bemerkbar: Zahlreiche Angehörige einer neuen „Untersuchungsbehörde" verhörten Unternehmer und Angestellte der lokalen Textilbetriebe und gerierten sich hierbei in auffällig selbstherrlicher Weise[1]. Die Ermittler, die auch vor Mißhandlungen nicht zurückschreckten, waren Vertreter der „Zentralen Kontrollkommission" (ZKK) – ein neues Untersuchungsorgan in Wirtschaftsstrafsachen, das erst im Mai desselben Jahres gebildet worden war.

In ihrem amtlichen Bericht über die „Vorgänge" in Glauchau-Meerane stellte die ZKK die angebliche Existenz einer illegalen Unternehmerorganisation, Warenhortungen, Schwarzmarkthandel und Verschiebungen in die Westzonen fest. Darüber hinaus hätten sich die betreffenden Unternehmer durch Korrumpierung von Mitgliedern der Landesregierung zusätzliche Rohstoff- und Verarbeitungskontingente verschafft, sogar ein britischer Agent befinde sich in ihrer Mitte[2]. Die Durchführung illegaler Wirtschaftstransaktionen wurde von den Beschuldigten niemals bestritten. Allerdings war die Beteiligung volkseigener Betriebe und lokaler Verwaltungsfunktionäre der SED an diesen Delikten allgemein bekannt[3].

[1] Vgl. den Erinnerungsbericht des geflüchteten Glauchauer Amtsanwalts Grossmann. Grossmann, Strafverfolgung, S. 436.

[2] Amtlicher Bericht der ZKK an den Vorsitzenden der DWK und an den Präsidenten der DVdI über die Verhältnisse in der Textilindustrie in Glauchau-Meerane vom 13. 9. 1948, in: Neues Deutschland vom 15. 9. 1948. Vgl. zum Prozeß Glauchau-Meerane Klawitter, Die Rolle der ZKK.

[3] Schollwer, Tagebuch, S. 95. So verweist der Angeklagte Frey darauf, daß die betreffenden Aufträge und Zuteilungen den Unternehmern von staatlicher Seite erteilt worden waren; und zwar nicht aufgrund von Bestechung, sondern auf Anweisung des sächsischen Wirtschaftsministers Selbmann. Stellungnahme H. Frey zur Anklageschrift vom 27. 9. 1948, 29. 12. 1948, Privatbesitz H. Frey. Auch der Angeklagte Pfotenhauer, Leiter der Abteilung Leichte Industrie im Wirtschaftsministerium und der Leiter des Textilreferates im sächsischen Wirtschaftsministerium, Kretzschmar, beriefen sich auf Anweisungen Selbmanns. Grossmann, Strafverfolgung, S. 436.

Die in Form eines Schauprozesses durchgeführte Verhandlung, ihre Auswertung in der Presse und die Verhängung von Zuchthaus- und Todesstrafen[4] trugen jedoch dem Umstand, daß die Beschuldigten unter Beteiligung staatlicher Stellen in einer rechtlichen Grauzone agiert hatten, in keiner Weise Rechnung. Vielmehr wurde der Fall als Beispiel für die gesellschaftsgefährdenden Absichten der Privatwirtschaft stilisiert. So betonte der Staatsanwalt, daß die Straftat nur im Rahmen des „allgemeinen Kampfes der imperialistischen gegen die demokratischen Kräfte" richtig beurteilt werden könne[5].

Ein wichtiger Aspekt des Meeraner Prozesses war die schließliche Enteignung der Hauptangeklagten. Diese Maßnahme war bereits längere Zeit vor der Urteilsverkündung propagandistisch vorbereitet worden, indem der zweite Vorsitzende des FDGB den Untersuchungsbericht der ZKK in einer „Protestversammlung" am 13. September 1948 auf dem Meeraner Marktplatz verlas und anschließend von der Versammlung eine Entschließung annehmen ließ, die forderte: „Zur Bestrafung dieser Verbrecher gehört nach unserer Rechtsauffassung die entschädigungslose Enteignung des gesamten Vermögens und die Übernahme des Betriebes in Volkseigentum."[6]

Auf der 13. Tagung des Parteivorstandes der SED am 15./16. September 1948, die nur zwei Tage nach Bekanntwerden des Amtlichen Berichtes der ZKK zum Fall Glauchau stattfand, bildeten die Ermittlungen der Kontrollkommission die Grundlage für die parteiinterne Diskussion der politischen Lage. Aus den Äußerungen Ulbrichts wurde hierbei deutlich, daß die ZKK bei ihrem ersten Einsatz in engstem Einvernehmen mit ihm gehandelt hatte – und auch künftig mit der Kommisson als schlagkräftiger Sonderbehörde zu rechnen war. Ulbricht begrüßte, daß „die Maßnahmen der Kontrollkommission auch vor der ganzen Bevölkerung eines klarmachen: daß es eine Ordnung in der Ostzone gibt und daß die Kontrollkommission das untersucht, was sie für notwendig hält. Ich möchte hier den Parteivorstandsmitgliedern sagen, daß von Angestellten in der Justiz und in Staatsorganen in Sachsen versucht wurde, während der Untersuchung einzugreifen, und daß wir den Genossen in der Kontrollkommission gesagt haben, daß kein Minister, kein Generalstaatsanwalt und niemand sich einmischen darf. Die Kontrollkommission ist eine selbständige Instanz, sie hat keinem anderen zu berichten als dem Sekretariat der Deutschen Wirtschaftskommission, und zwar nach Abschluß der Untersuchungen. Bis dahin hat kein Minister, kein Staatsfunktionär und kein Staatsanwalt hineinzureden und zu versuchen, eventuell die Verhaftung von Leuten zu verhindern oder ihre Freilassung zu erreichen. Ob die Maßnahmen der Kontrollkommission alle richtig sind, wird sich ja erweisen, wenn von dem Gericht über die Einzelfälle entschieden wird. Aber es muß jetzt ein für alle Mal vor der Bevölkerung klar sein: es gibt In-

[4] Gegen die 11 Angeklagten ergingen z.T. in Abwesenheit 5 Todesurteile, 3 Zuchthausstrafen von 15 Jahren, 2 Gefängnisstrafen und 1 Freispruch. Die Todesurteile wurden nicht vollstreckt.

[5] Heinze, Glauchau-Meerane, S. 5.

[6] Nachschrift zum Amtlichen Bericht der ZKK über die Verhältnisse in Glauchau-Meerane, Bl. 4, Privatbesitz H. Frey. Die Einziehung des Vermögens erfolgte auf der Grundlage von § 5 des Gesetzes gegen Schieber und Schwarzhändler in Verbindung mit § 1 des Gesetzes zur Durchführung und Sicherung des Wirtschaftsplanes vom 29. 1. 1947.

stanzen, die für Ordnung sorgen."[7] Das „Neue und Wesentliche an den Veröffentlichungen der Kontrollkommission" wollte Ulbricht dahingehend verstanden wissen, daß die entdeckte „illegale, feindliche Organisation" von Privatunternehmern „im Interesse des Kampfes gegen die demokratische Staatsordnung" gearbeitet habe, woraus sich eine „Verschärfung des Klassenkampfes" ergebe[8].

Mit dem Verfahren von Glauchau-Meerane war ein Exempel für die Strafrechtspolitik der kommenden Jahre gegenüber der Privatwirtschaft statuiert worden. Mit der ZKK hatte darüber hinaus eine SED-gesteuerte Sonderbehörde ihre erste Bewährungsprobe erlebt, die in der Folgezeit maßgeblichen informellen Einfluß auf die Entscheidungen des Justizapparates nehmen sollte. Zum Verständnis dieses spezifischen Aufgabenzuschnitts der ZKK ist es notwendig, die Funktion des Wirtschaftsstrafrechts in der Gründungs- und Frühphase der DDR in den Blick zu nehmen. Seine entscheidende Ausgestaltung erfuhr dieser Strafrechtsbereich ebenfalls im Jahre 1948 mit dem Erlaß des ersten zoneneinheitlichen deutschen Wirtschaftsstrafgesetzes der SBZ: der Wirtschaftsstrafverordnung.

2. Die Neufassung des Wirtschaftsstrafrechts

Im Rahmen der staatlichen und wirtschaftlichen Zentralisierungsmaßnahmen bemühte sich die SED um eine Reform und Vereinheitlichung des Wirtschaftsstrafrechts. Auf diesem Gebiete standen zunächst die aus der Kriegszeit überkommenen, noch in Kraft befindlichen Strafbestimmungen wie die Kriegswirtschaftsverordnung (KWV), die Verbrauchsregelungsstrafverordnung sowie die Preisstrafrechtsverordnung zur Verfügung. Einige Länder und Provinzen hatten ergänzende Bestimmungen und Gesetze erlassen, ferner waren Festlegungen des Kontrollrats und der SMAD verbindlich – insbesondere der Befehl Nr. 160 der SMAD, der die „Sabotage" der Wirtschaft unter Strafe stellte[9].

Der Wiederaufbau der Wirtschaft in der SBZ vollzog sich von Beginn an unter Verwendung ökonomischer Planungs- und Lenkungsmechanismen. Angesichts der von Engpässen sowie Organisationsmängeln gezeichneten Wirtschaftslage[10] konnte das Bewirtschaftungssystem jedoch den Betrieben nur einen kleinen Teil der benötigten Rohstoffe und Materialien zuführen. Dieser Umstand veranlaßte volkseigene

[7] Friedrich u. a., Entscheidungen der SED 1948, S. 326.

[8] Ebenda.

[9] So etwa die Verordnung zum Schutze der Ernte vom 21. 7. 1945, die Verordnung über das Verbot von Kompensationsgeschäften vom 2. 8. 1945 und das Gesetz gegen Schieber und Schwarzhändler vom 8. 5. 1947 im Land Sachsen, das Thüringische Gesetz zum Schutz der Volksernährung vom 25. 10. 1945 und das Gesetz zur Durchführung und Sicherung der Wirtschaftsplanung vom 12. 10. 1947 im Lande Brandenburg. Der Alliierte Kontrollrat verfügte mit Gesetz Nr. 50 vom 20. 3. 1947 die Bestrafung von Entwendung und rechtswidrigem Gebrauch zwangsbewirtschafteter Güter. Die SMAD hatte bereits am 3. 12. 1945 Befehl Nr. 160 erlassen, der vor allem zur Ahndung von Verstößen gegen das System der Pflichtablieferungen in der Landwirtschaft angewandt wurde.

[10] Die größten Belastungen, die aufgrund der Standortverteilung der deutschen Industrie sowie der Kriegszerstörungen und Demontagen entstanden waren, stellten hierbei die Mängel in der Transportleistung und Kohleversorgung sowie der Metallurgie und der Belieferung mit ausländischen Rohstoffen dar: vgl. Zank, Wirtschaft, S. 23 ff.

wie private Unternehmen, selbst die Initiative zu ergreifen und sich die gewünschten Ressourcen auf dem Wege illegalen Handels zu beschaffen. Umfangreiche Warenströme flossen so an den offiziellen Bewirtschaftungskanälen vorbei[11].

Ein Zweck der geplanten neuen Wirtschaftsstrafgesetzgebung sollte es nun sein, den Erscheinungen des Schwarzen und Grauen Marktes und der Kompensationsgeschäfte ein Ende zu bereiten, insbesondere im Interesse der seit Mitte 1948 forcierten Planwirtschaft. Die beabsichtigte verschärfte Kriminalisierung des ungesetzlichen Warenverkehrs stellte die SED jedoch vor verschiedene Probleme. Zum einen beklagten ihre Vertreter, das „Eigentümliche" an Wirtschaftsverbrechen sei deren mangelnde Anerkennung in der Öffentlichkeit als strafwürdige Delikte, da ein großer Teil der Bevölkerung selbst gegen diese Strafgesetze verstieß. Darüber hinaus beteiligten sich auch deutsche Verwaltungsbehörden, Vertreter der Besatzungsmacht sowie Mitglieder aller Parteien an derartigen Geschäften. Der Generalstaatsanwalt von Sachsen-Anhalt, Werner Fischl (SED), erläuterte das Dilemma der Partei in der Frage des ungesetzlichen Handels:

„Wir müssen uns also darüber klar werden, wie wir uns zu der Tatsache stellen wollen, daß unsere Genossen mit Unterstützung der Gewerkschaften und unserer Deckung in stärkstem Umfange solche Geschäfte gemacht haben, die alle gegen die Gesetze verstoßen, daß weiter unsere Genossen und andere Blockangehörige in Verwaltungen solche Geschäfte gemacht haben, die verboten sind, ja sie machen mußten, um den Betrieb aufrecht erhalten zu können. Auf der anderen Seite steht die Notwendigkeit, den Plan durchzuführen, daß wir in Schwierigkeiten kommen, wenn wir die Lebensmittel nicht plangemäß und sorgfältig verteilen."[12]

In der Strafverfolgungspraxis herrschte aufgrund dieser halboffiziellen Wirtschaftspolitik eine „große Unsicherheit" bei Gerichten und Staatsanwaltschaften hinsichtlich der geeigneten strafrechtlichen Kategorisierung der illegalen Geschäfte[13]. Mit der neuen Wirtschaftsstrafverordnung sollten diese Unklarheiten nun endlich beseitigt und die Strafen verschärft werden.

Das Wirtschaftsstrafrecht hatte jedoch im Verständnis der SED nicht allein die klassische Funktion des Schutzes der Wirtschaftsordnung vor Mißbräuchen und Fehlentwicklungen zu erfüllen. Die Einheitssozialisten begriffen das Strafrecht vielmehr als ein Instrument der Wirtschaftssteuerung und sogar der Transformation der Gesellschaft. Der Weg einer strafrechtlich legitimierten, staatlichen Zugriffsmöglichkeit auf Privateigentum war für die SED umso bedeutungsvoller geworden, als die auf der Grundlage des Potsdamer Abkommens betriebenen Enteignungen im Bereich der Industrie im Frühjahr 1948 ihren Abschluß gefunden hatten. Mit Befehl Nr. 64 beendete die SMAD die Sequesterverfahren, mit deren Hilfe rund 10000 Un-

11 Zank, Zentralverwaltungen, S. 259f. und 264. Beispielsweise deckten die Steinkohlegruben über 80% des Lack- Farben- und Ziegelstein- sowie 30% des Schmiedeeisenverbrauchs durch unplanmäßige Bezüge.

12 SAPMO, DY 30 IV2/1.01/51, Bl. 86, Tagung des Ausschusses für Rechtsfragen des Parteivorstandes der SED, 21. 6. 1947.

13 SAPMO, DY 30 IV 2/1.01/70, Bl.14, Dritte Tagung des Ausschusses für Rechtsfragen, 3./4. 1. 1948.

ternehmen in Staatsbesitz überführt worden waren (deren Anteil an der Industrieproduktion sich auf etwa 40 Prozent belief)[14].

Der Abschluß der Sequesterverfahren bedeutete jedoch nicht, daß Besatzungsmacht und SED den erreichten Grad der gesellschaftlichen Umgestaltung als hinreichend betrachteten. Ganz im Gegenteil hatten die Sequestrationen nach Ansicht der SED vielerorts zu wenige Betriebe erfaßt. Der Umfang der Eigentumsentziehungen gehörte zu den sensibelsten Streitfragen im politischen Leben der SBZ und blieb ein Zankapfel zwischen SED-Vertretern und Angehörigen der bürgerlichen Parteien in den Sequesterkommissionen ebenso wie in den Landtagen. Aus diesem Grunde drängte das SED-Zentralsekretariat bereits seit Sommer 1947 darauf, die Sequesterverfahren baldmöglichst zum Abschluß zu bringen. Zum einen fürchteten die Genossen, daß die bürgerlichen Parteien die fortdauernde Debatte um Enteignungsentscheidungen nutzen könnten, um bereits erfolgte Enteignungsbeschlüsse rückgängig zu machen. Zum anderen behinderte die Unklarheit der Eigentumsverhältnisse zahlreicher Betriebe – solange ihre Sequesterverfahren andauerten – die Wiederaufnahme des Wirtschaftslebens. Daher wünschte die SED den „Schwebezustand" zu beenden, um vorerst wieder „Ruhe und Sicherheit" in die Wirtschaft zu bringen[15].

Der Abschluß der Sequestrationen im Frühjahr 1948 war also zunächst einmal darauf angelegt, die bereits erzielten Verstaatlichungen rechtlich und politisch abzusichern. Der Privatwirtschaft wurde von der Parteispitze ausdrücklich für die Zukunft eine weitere Existenzberechtigung zuerkannt. So versprach Ulbricht auf der staatspolitischen Konferenz in Werder im Juli 1948, daß das Kräfteverhältnis zwischen volkseigenem und „privatkapitalistischem" Sektor künftig nicht mit weiteren Enteignungsmaßnahmen verändert werde, sondern diese beiden Wirtschaftsformen vielmehr in einen „Wettbewerb" eintreten müßten[16]. Gleichzeitig stellten SED-Politiker jedoch bei den Vorarbeiten zur Wirtschaftsstrafverordnung bereits Überlegungen an, die strafrechtliche Einziehung privater Vermögenswerte zu erleichtern und somit der Enteignung von Betrieben über die Kriminalisierung ihrer Besitzer den Weg zu ebnen.

Die Wirtschaftsstrafverordnung (WStVO) vom 23. September 1948 faßte die wesentlichen Tatbestände verschiedener Kriegswirtschaftsstrafgesetze, vor allem der Kriegswirtschaftsstrafverordnung und der Verbrauchsregelungsstrafverordnung, zusammen und ergänzte sie durch eine Reihe neuer Tatbestände. Bei der Ausarbeitung der WStVO hatte es um einige ihrer wesentlichen Merkmale Auseinandersetzungen gegeben, die den unterschiedlichen Prioritätensetzungen der SED-Politiker und der Angehörigen der bürgerlichen Parteien geschuldet waren. Diese inhaltlichen Differenzen prallten in Form zweier Entwürfe zur WStVO aufeinander: Der Ausarbeitung der SED-dominierten DWK stand ein Gegenvorschlag der von Eugen Schiffer (LDP) geleiteten Deutschen Justizverwaltung (DJV) gegenüber.

[14] Lochen, Grundlagen, S. 1031.
[15] BAB, DC 15/507, Aktenvermerk betr. Stellungnahme des Zentralsekretariats der SED zur Befürwortung der von der ZDK eingereichten Listen an die SMAD zwecks beschleunigter Bestätigung, 15. 7. 1947.
[16] SAPMO, DY 30 IV 2/1.01/95, Bl. 39f.

Eine entscheidende Bestimmung der WStVO im Entwurf der DWK stellte die Blankettvorschrift des § 9 dar, die den Strafschutz auf alle zukünftigen wirtschaftsregelnden Gesetze und Anordnungen ausdehnte, soweit diese nur auf die WStVO Bezug nahmen. Die Kommission der DJV lehnte es demgegenüber grundsätzlich ab, ein derart umfangreiches Blankettgesetz zur Grundlage des Wirtschaftsstrafrechts zu machen. Sie forderte klare, konkrete Tatbestände für den Normalfall und eine Blankettregelung nur als Ergänzung[17]. Ziel der SED war es jedoch, nicht durch „eine Fülle von scharfen Begriffsbestimmungen" der Justiz „Fesseln" anzulegen, die sie hinderten „in dem gewünschten Tempo mit dem Fortschreiten des Wirtschaftsaufbaus Schritt zu halten". Zwar solle dabei nicht „die Rechtssicherheit zum Teufel gehen", das neue Wirtschaftsstrafrecht aber doch „elastisch" bleiben[18]. Offensichtlich war für die Zukunft ein enger Konnex zwischen wirtschaftspolitischen Entscheidungen und der Strafrechtsanwendung anvisiert.

Unterschiedliche Auffassungen wurden weiterhin in der Frage der Zuständigkeitsabgrenzung zwischen Wirtschaftsbehörden und ordentlichen Gerichten vertreten. So forderte die DJV, die Entscheidung über Vermögenseinziehung, Geschäftsschließung und Treuhänderschaft den ordentlichen Gerichten vorzubehalten[19]. Der stellvertretende Vorsitzende der DWK, Fritz Selbmann, bekundete demgegenüber den grundsätzlichen Willen zur „Abkehr bei dieser neu zu gestaltenden Strafgesetzgebung von dem gerichtlichen Verfahren"[20]. Das Ziel, so der SED-Jurist Wolfgang Weiß, müsse sein, den Gerichten, die von der SED für die Durchführung von Wirtschaftsstrafverfahren als „vielfach zweifellos ungeeignet" betrachtet wurden, soviel wie möglich von den Wirtschaftsstrafsachen zu nehmen und diese den Verwaltungsbehörden zu übertragen, um damit eine „weitestmögliche Ausdehnung des Ordnungsstrafverfahrens mit möglichst vielen und möglichst umfangreichen Vollmachten" zu erreichen[21].

Der Grund für dieses Mißtrauen der Genossen gegenüber der Justiz lag in deren personeller Struktur[22], die im Jahre 1948 noch keinesfalls den politischen Wünschen der SED entsprach, so daß, wie Ulbricht es formulierte: „in der Justiz eine ganz andere Lage" sei, da dort „der Einfluß der alten Kräfte" eine ungleich stärkere Beharrungskraft zeige als etwa auf dem „Gebiet der Volksbildung und der Wirtschaft"[23]. Daher suchte die SED, die ausschließliche Zuständigkeit der Wirtschaftsverwaltung für Vermögenseinziehungen zu erreichen[24]. Selbmann betonte, daß es in diesem Punkt darauf ankomme, „selbstverständlich die Möglichkeit der Einziehung des gesamten Betriebsvermögens" durchzusetzen[25].

17 SAPMO, DY 30 IV 2./1.01/70, Bl. 57f., Dritte Tagung des Ausschusses für Rechtsfragen, 3./4. 1. 1948.
18 SAPMO, DY30, IV 2/1.01/70, Bl. 69f.
19 Ebenda, Bl. 51.
20 SAPMO, DY 30 IV 2/1.01./70, Bl. 31.
21 Ebenda, Bl. 61.
22 Vgl. den Beitrag von Hermann Wentker in diesem Band.
23 SAPMO, DY 30 IV 2/1.01/70, Bl. 196f., Dritte Tagung des Ausschusses für Rechtsfragen des Parteivorstandes der SED, 3./4. 1. 1948.
24 SAPMO, DY 30 IV 2/6.02/113, DWK-Begründung zum gleichzeitigen Entwurf für ein Gesetz über die Bestrafung von Wirtschaftsvergehen, 31. 3. 1948.
25 SAPMO, DY 30 IV 2/1.01/86, Bl. 35.

In vielen wesentlichen Punkten konnte die SED in der Endfassung der WStVO ihre Vorstellungen durchsetzen: Die Blankettregelung wurde verankert, ebenso sah die Verordnung im Gegensatz zum Willen der bürgerlichen Politiker für alle, auch die geringfügigen Delikte die Möglichkeit der Vermögenseinziehung, der Sequestration des Betriebes und der Betriebsschließung vor. In der Frage der Zuständigkeitsabgrenzung konnte die Einheitspartei ihre Vorstellungen jedoch nur teilweise verwirklichen: Die Entscheidung über die Art der Strafverfolgung – Gerichtsverfahren oder aber Ordnungsstrafverfahren durch die Verwaltung – wurde zwar der Wirtschaftsverwaltung übertragen. Diese hatte weiterhin die Möglichkeit, im Verwaltungsverfahren auf eine Geldstrafe bis zu 100000 Mark zu erkennen sowie Betriebsschließungen, Sequestration von Betrieben und die Einbehaltung von Gegenständen zu verfügen[26]. Hingegen verblieb die Verhängung von höheren Geldstrafen, Vermögenseinziehung und Freiheitsstrafen innerhalb der Kompetenz der Gerichte[27]. Und noch weitere Konzessionen mußte die SED eingehen: Das ursprüngliche Ansinnen, den Erlaß von Haftbefehlen, die Festnahme von Angeschuldigten und Haftentlassungen von der Zustimmung des zuständigen Fachministers abhängig zu machen, also Eingriffe seitens der Exekutive in Entscheidungen der Justiz zuzulassen, wurde schließlich fallengelassen. Obwohl es sich hierbei nach Ansicht von SED-Juristen um eine „schöne Bestimmung" handelte, warnten diese vor ihrer Durchsetzung als nicht „politisch opportun"[28]. So formulierte der Jurist Fritz Geyer die Gründe für einen verhalteneren Kurs: „Wir können jetzt ein Wirtschaftsstrafrecht nicht bloß nach unserem Wunsch machen, sondern müssen es nach den politischen Möglichkeiten entwerfen. Wir dürfen jetzt Dinge, von denen wir wissen, daß wir sie nicht durchsetzen können und die unter Umständen nach gewissen Seiten hin außerordentlich alarmierend wirken würden, überhaupt nicht zur öffentlichen Diskussion stellen. Wir müssen uns also davor hüten, mit dem Entwurf des Wirtschaftsstrafrechts Fragen anzuschneiden, die von der Gegenseite als verfassungsändernd bezeichnet werden können und von denen wir wissen, daß wir in den Länderparlamenten darum erbitterte Kämpfe führen müssen, die dann in den meisten Fällen doch nicht zum Ziele führen.[...] Deshalb müssen solche Dinge wie das Eingreifen des zuständigen Ressortministers als augenblicklich nicht zeitgemäß aus dem Entwurf heraus."[29]

Mit der Formulierung der Wirtschaftsstrafverordnung hatte die SED also wichtige Weichen in ihrem Sinne stellen können – ein weitgehendes Ordnungsstrafrecht sowie eine breite Anwendungsmöglichkeit von Vermögensstrafen waren installiert.

[26] Rosenthal u.a., Justiz, S. 101.

[27] SAPMO, DY 30 IV 2/6.02/113, Begründung zu den Abänderungen des Entwurfs einer Wirtschaftsstrafverordnung.

[28] SAPMO, DY 30 IV 2/1.01/70, Bl. 59f. Eine weitere nicht verwirklichte Absicht der SED war eine Befugnis für die Wirtschaftsbehörde, falls ihr das Urteil eines ordentlichen Gerichtes nicht genügte, vor Eintritt der Rechtskraft den Strafantrag zurückziehen zu können, um zu verhindern, daß „skandalöse freisprechende Urteile durch die ordentlichen Gerichte ausgesprochen werden". SAPMO, DY 30 IV 2/1.01/86, Bl. 34. In der Endfassung der Verordnung wurde dieses Interventionsrecht der Verwaltung auf den Zeitpunkt bis zur Eröffnung der Hauptverhandlung beschränkt.

[29] SAPMO, DY 30 IV 2/1.01/70, Bl. 72.

Sie mußte jedoch aus Rücksichtnahme auf den Protest der bürgerlichen Parteien[30] die Entscheidung über die Verhängung der zentralen Sanktion der Vermögenseinziehung, die letztlich die Verstaatlichung eines Unternehmens gewährleistete, weiterhin den als politisch unzuverlässig eingestuften Gerichten überlassen. An diesem Punkte setzte künftig die Arbeit der ZKK an: Ihr informeller politischer Auftrag sollte es künftig sein, eine Rechtsfindung im Sinne der SED auch im Bereich des gerichtlichen Wirtschaftsstrafverfahrens zu gewährleisten.

3. Die ZKK

Die Bildung eines deutschen „Staatskontrollorgans" in der SBZ im Frühjahr 1948 ist zunächst deshalb bemerkenswert, da es verfassungsgeschichtlich in Deutschland an keinen direkten institutionellen Vorläufer anknüpfen konnte. Organisatorisches Vorbild war vielmehr die sowjetische Staatskontrolle, auch Arbeiter- und Bauerninspektion (ABI) genannt.

In der Sowjetunion der zwanziger Jahre war – im Zuge der Schaffung einer neuen „revolutionären" Staatsordnung – eine ideologiekonforme Lösung für die Kontrolle des Regierungshandelns gesucht worden. Entsprechende Institutionen und Mechanismen des zaristischen Regimes ebenso wie diejenigen westlich-liberalen Zuschnitts wurden von Lenin für die angestrebte „Diktatur des Proletariats" als ungeeignet verworfen. Dementsprechend stellte das im Februar 1920 gegründete Volkskommissariat der „Arbeiter-und Bauerninspektion" ein neuartiges bolschewistisches Experiment bei der Gestaltung der Staatsstrukturen dar. Die ABI hatte die Aufgabe, alle Organe der Staatsverwaltung und der Wirtschaft zu revidieren und die korrekte Durchführung der Regierungsdirektiven zu überprüfen. Struktur und Effizienz der Behörde blieben jedoch in den zwanziger Jahren innerhalb der Parteiführung umstritten. Nachhaltig geprägt wurde die Behörde durch ihren ersten Lei-

[30] Neben dieser Berücksichtigung der Haltung bürgerlicher Parteien zeigte sich die SED-Führung auch nicht unempfindlich gegenüber den in den westlichen Zonen geäußerten Rechtsauffassungen. In der „Süddeutschen Juristenzeitung" hatte der Strafrechtler Eberhard Schmidt das „Grundübel" des Wirtschaftsstrafrechts in der Zeit des Nationalsozialismus in der „grundsatzlosen Überlagerung des Justiz-(Kriminal-)Strafrechts durch das Verwaltungs-(Ordnungs-)Strafrecht" gesehen. Dieses sei zu beseitigen, um wieder „rechtsstaatlichen Geist" in das Wirtschaftsstrafrecht hineinzubringen, es solle „das Verhältnis zwischen Verwaltung und Justiz aus den chaotischen Zuständen befreit werden, in die eine gerechtigkeitsfeindliche Machtstaatspolitik geführt hat." Schmidt, Rechtsnot, Sp. 571. Der SED-Jurist Wolfgang Weiß verteidigte nun das in der SBZ durch die Wirtschaftsstrafverordnung eingeführte weitgehende Ordnungsstrafrecht mit direktem Bezug auf die Ausführungen von Schmidt: „Wenn man sich deshalb bei Erlaß der Wirtschaftsstrafverordnung dazu entschlossen hat, ein Wirtschaftsstrafverfahren dieser Art einzuführen und damit den Wirtschaftsbehörden weitgehende Befugnisse zu übertragen, so nicht unter dem Gesichtspunkt, den Schmidt als bezeichnend für die Gesetzgebung der Nazizeit herausstellt, daß nämlich die Übertragung umfassender Strafbefugnisse auf die Verwaltung Ausfluß einer rechtsstaatsfeindlichen Machtstaatspolitik sei. Die Einführung dieses Wirtschaftsstrafverfahrens beruhte vielmehr auf der [...] Erkenntnis, daß die Justiz noch nicht alle vor ihr stehenden Aufgaben zu lösen vermag, und zum anderen auf dem Bewußtsein, daß die neue demokratische Verwaltung [...] die genügende Gewähr für eine gerechte Handhabung des Wirtschaftsstrafrechts auch im Wirtschaftsstrafverfahren bietet." Weiß, Wesen, S. 57.

ter, Jossif W. Stalin, der sie bis zu seinem Aufstieg zum Generalsekretär der Partei am 2. April 1922 systematisch zur Konsolidierung seiner Machtposition nutzte. Auch nach seinem Ausscheiden aus dem Amt des Kontrollchefs behielt er maßgeblichen Einfluß auf die Arbeit dieser Institution, er blieb ihr „patron and mentor"[31]. Die Staatskontrollbehörde war bei der Ausschaltung einzelner innerparteilicher Gegner ebenso behilflich wie bei der Durchsetzung des forcierten Kurses der Industrialisierung und Kollektivierung seit Ende der zwanziger Jahre. Zusätzliche Einflußmöglichkeiten erwuchsen der Staatskontrollbehörde aus ihrer Fusion mit der Parteikontrolle (ZKK)[32] seit dem XII. Parteitag (17.–25. April 1923)[33]. Anläßlich des 30. Jubiläums der Staatskontrolle im April 1949 wurde in der Prawda deshalb anerkennend betont: „Das reorganisierte und vereinigte Amt ZKK-ABI genoß eine gewaltige Autorität. Es spielte eine kolossale Rolle im Leben des Landes und wurde zur mächtigen Waffe der Partei Lenins und Stalins bei der Aufgabe, die Einheit zu schützen und die Generallinie der Partei gegen die Anhänger Trotzkis, Sinowjews, Bucharins und anderer Renegaten und Volksfeinde zu verteidigen."[34]

Doch die ABI wurde nicht nur gegen Parteigegner mobilisiert. Stalins wirtschaftliche „Revolution von oben" war gleichzeitig von Kampagnen gegen angebliche Schädlingstätigkeit bürgerlicher Fachleute und Industriespezialisten begleitet. In enger Zusammenarbeit mit der Geheimpolizei OGPU verfaßte die ABI zahlreiche Untersuchungsberichte, in denen die bürgerlichen Experten der Industrie-„Sabotage" bezichtigt wurden. Die Staatskontrolle in der Sowjetunion besaß also, neben ihrer Primärfunktion als Inspekteur des Verwaltungshandelns, von Beginn an auch Züge eines Repressionsorgans, die sie insbesondere bei der Untersuchung vermeintlich „ungesetzlicher Handlungen" und der Festigung der Machtposition Stalins an den Tag legte[35].

Die enge Anbindung der Staatskontrolle an die Spitze der Parteiführung wurde in der SBZ/DDR insofern reproduziert, als die Abstimmung der wichtigsten Einsätze der ZKK in enger Absprache zwischen Fritz Lange und Walter Ulbricht erfolgte – und somit an den offiziellen Unterstellungsverhältnissen vorbeilief. Gebildet wurde die deutsche Staatskontrolle aufgrund eines Sekretariatsbeschlusses der DWK vom 29. Mai 1948[36]. Die Führung der Kommission setzte sich, einschließlich des Vorsit-

[31] So die Einschätzung von Rees, State Control, S. 49–63.

[32] Während die Institution der Parteikontrolle in der Sowjetunion den Namen „Zentrale Kontrollkommission" erhielt, figurierte das entsprechende ostdeutsche Parteikontrollorgan unter dem Titel „Zentrale Partei-Kontrollkommision". Die Staatskontrolle, die in der Sowjetunion als „Arbeiter-und Bauerninspektion" bekannt war, war in der DDR wiederum als „Zentrale Kontrollkommission" bzw. „Zentrale Kommission für Staatliche Kontrolle" bezeichnet, erst ab 1963 dann gemäß sowjetischem Vorbild als „Arbeiter- und Bauerninspektion."

[33] Eine derartige Fusion der Staats- und der Parteikontrolle ist in der DDR niemals unternommen worden. 1934 wurde in der Sowjetunion die Parteikontrolle institutionell von der Staatskontrolle abgelöst, 1940 die ABI in den Rang eines Volkskommissariats, 1946 eines Ministeriums erhoben. 1962 erfolgte erneut eine Zusammenlegung der Staatskontrolle mit der Parteikontrolle, die 1965 wieder rückgängig gemacht wurde.

[34] Lew Mechlis, Dreißig Jahre sozialistische Staatskontrolle, in: Prawda vom 9. 4. 1949, zitiert nach BAB, DP1 VA 2740.

[35] Rees, State Control, S. 33 f. und S. 194 f.

[36] Die bisher einzige Studie, die die ZKK als Institution in den Blick nimmt, begrenzt die Erörterung auf das Land Brandenburg und den Zeitraum bis 1949: Scherstjanoi, Volkskontrolle.

zenden und seines Stellvertreters, aus neun Personen zusammen. Der Chef der ZKK, Fritz Lange[37], war zugleich Mitglied der DWK und nahm an den Sitzungen ihres Sekretariats beratend teil. Mit Bildung der ZKK wurden in den Ländern fünfköpfige Landeskontrollkommissionen (LKK) als regionaler Unterbau geschaffen[38]. Die Aufgabenstellung der Kommission, die auf der staatspolitischen Konferenz der SED in Werder/Havel (23./24. Juli 1948) formuliert wurde, bezog sich auf folgende Bereiche: die Sicherung der Durchführung der Wirtschaftspläne, insbesondere die Einhaltung der Plandisziplin in Produktion und Verteilung; die Beseitigung des „Bürokratismus“ in Wirtschaft und Verwaltung sowie die Aufdeckung wirtschaftsschädigender, ungesetzlicher Handlungen, insbesondere wirtschaftlicher „Sabotage“, „Spekulation“ und „Schiebertum“.

Seit ihrer Gründung war die ZKK überwiegend mit SED-loyalem Personal besetzt, das sich vornehmlich aus dem Kreis ehemaliger KPD-Mitglieder rekrutierte. Für die Kaderauswahl der Kommissionsmitarbeiter war neben der Parteizugehörigkeit jedoch noch ein weiteres Kriterium von Bedeutung: „Je länger jemand im Zuchthaus gesessen hat, je eher paßt er in den Apparat der Staatlichen Kontrolle“[39], so kennzeichnete Fritz Lange die gewünschte biographische Qualifikation seiner Mitarbeiter, die er selbst und zahlreiche andere leitende Mitglieder der Kontrollkommission erfüllte[40]. Künftig galten alle Verfahren, die von der Zentralen Kon-

[37] Lange, Fritz (1898–1981): 1919–1924 Volksschullehrer in Berlin; 1919 USPD, 1920 KPD; 1925–1933 Bezirksverordneter in Neukölln und Stadtverordneter in Berlin; Vorsitzender der KPD-Fraktion der Bezirksverordnetenversammlung; 1927–1933 Redakteur in der Abteilung Agitation und Propaganda des ZK der KPD; 1930–1932 Reichsleitung des Kampfbundes gegen den Faschismus; 1933 Häftling im KZ Sonnenburg; danach illegale Arbeit u.a. in der Gruppe Bästlein-Guddorf; 1943 u.a. in Brandenburg-Görden inhaftiert; 1945–1948 Oberbürgermeister von Brandenburg/Havel; 1948–1954 Vorsitzender der ZKK; 1950–1958 Abgeordneter der Volkskammer und Kandidat des ZK der SED; 1954–1958 Minister für Volksbildung; Ablösung nach Kritik auf V. Parteitag; 1960–1961 Mitarbeiter im Deutschen Institut für Militärgeschichte in Potdam.

[38] Im September 1948 wurden zur Unterstützung der ZKK und LKK in den Kreisen und kreisfreien Städte Kreiskontrollbeauftragte (KKB) eingerichtet. Die KKB arbeiteten nach den Anweisungen der zuständigen LKK und waren dieser gegenüber verantwortlich, sie konnten ebenfalls Untersuchungen im strafrechtlichen Bereich durchführen. Mit der Gründung der DDR beschloß die Provisorische Regierung am 1. 11. 1949 die Umwandlung der Zentralen Kontrollkommission in die „Zentrale Kommission für Staatliche Kontrolle beim Ministerpräsidenten der DDR“ (ZKSK). Sie war nun das zentrale Kontrollorgan der Regierung der DDR, ihr Vorsitzender wurde als Mitglied des Ministerrates bestätigt. Nachdem mit Gesetz vom 22. 7. 1952 „über die weitere Demokratisierung des Aufbaus und der Arbeitsweise der staatlichen Organe in den Ländern der DDR“ die bisherigen Länder aufgelöst und durch 14 Bezirke ersetzt worden waren, erfolgte eine entsprechende Strukturanpassung der Staatskontrolle, so daß an die Stelle der LKK nun Bezirksinspektionen traten. Die ZKK war in der Folgezeit noch zahlreichen Reorganisationen unterworfen, bis sie schließlich am 15. 5. 1963 aufgelöst wurde und in der Arbeiter- und Bauerninspektion aufging.

[39] BAB, DC 1/1516.

[40] Neben Fritz Lange traf dies unter anderen zu auf seinen Stellvertreter Ernst Lange (1934 verhaftet u.a. Zuchthaus Luckau, KZ Sonnenburg, Straflager Emsland); den Vorsitzenden der LKK Sachsen Fritz Große (1936 in Brandenburg-Görden, ab 1944 im KZ Mauthausen und Nebenlager Ebensee inhaftiert) und seinen Nachfolger Karl Winter (1944–1945 Zuchthaus

trollkommission oder den Landeskontrollkommissionen veranlaßt oder kontrolliert wurden, grundsätzlich als „wichtige Wirtschaftsstrafsachen“[41].

Von Beginn an stiftete die Frage der Kompetenzen der Kontrollkommission Irritationen unter den Justizangehörigen. Besonders das Recht, bei Vorliegen eines begründeten Verdachts strafbarer Handlungen die Polizei bzw. Justiz verpflichtend beauftragen zu können, Personen festnehmen zu lassen, gab Anlaß zu Nachfragen. In zahlreichen Schriftwechseln zwischen verunsicherten Gerichten und oberen Justizbehörden suchte man zu klären, ob die ZKK nun selbständig Haftbefehle erlassen könne oder nicht[42]. Noch 1949 klagte ein Landrichter, daß anläßlich eines Lehrgangs im Bereich Wirtschaftsstrafrecht täglich „bis zum Erbrechen“ diskutiert worden sei, ob die LKK eine Untersuchungshaft verpflichtend anordnen könne oder nicht[43].

Das Gerangel um die Befugnisse der Kommission war jedoch durchaus symptomatisch für die Arbeitsweise der ZKK: Formal nahm sie die im Strafverfahren vorgesehene Rolle des Ermittlungsorgans ein, faktisch jedoch setzte sie alles daran, die Funktionsdifferenzen zwischen Richter, Staatsanwalt und Untersuchungsorgan zu ihren Gunsten zu verwischen und die Entscheidungsgewalt in allen prozeßrelevanten Fragen an sich zu ziehen. Bereits bei der Vorstellung der neuen Kommission auf der Staatspolitischen Konferenz von Werder im Juli 1948 hatte sich die Leiterin der Personalabteilung der Deutschen Justizverwaltung, Hilde Benjamin, beunruhigt hinsichtlich der Kompetenzen der ZKK gezeigt und Ulbricht diesbezüglich zur Rede gestellt:

„Benjamin: [...]Deshalb halte ich es nicht für richtig, die Funktion der Justiz der Kontrollkommission zu unterstellen. Ich bitte Euch, mir den Satz zu erläutern: Die Kontrollkommission sowie die Landeskontrollkommmissionen haben das Recht, falls ein begründeter Verdacht strafbarer Handlungen vorliegt, festzunehmen und sicherstellen zu lassen. Sind die Gerichte einfach Jasager? Haben sie das Formular mit dem Antrag, der ihnen vorliegt, zu unterschreiben, oder haben sie das Recht zu selbständiger Prüfung, ob ein begründeter Verdacht vorliegt?

Waldheim); die Vorsitzenden der LKK Thüringen Lydia Poser (1934–1936 und 1944–1945 Zuchthaus und KZ Buchenwald); den stellvertretenden Vorsitzenden der LKK Sachsen und späteren Vorsitzenden der ZKK Ernst Wabra (1935 bis 1945 im Zuchthaus Waldheim inhaftiert); den Vorsitzenden der LKK Brandenburg Kurt Wach (u. a. im KZ Sachsenburg inhaftiert); den Vorsitzenden der LKK Mecklenburg Hans Warscycek (1933 Verurteilung zu Zuchthausstrafe).

41 BAB, DP 1, VA 325, Erklärung des Justizministers von Thüringen, Loch, 2. 9. 1949.

42 BAB, DP 1, VA 315: Die DJV stellte klar, daß es sich nur um eine vorläufige Festnahme handele, die grundsätzlich der richterlichen Bestätigung bedürfe. Chef der DJV an Justizministerium Sachsen-Anhalt, 20. 12. 1948. Um aber „Mißverständnisse zu vermeiden“, wurden etwa die Gerichte in Sachsen ausdrücklich darauf hingewiesen, daß „bei Vorliegen eines Auftrages zur Festnahme durch die KK in aller Regel außerordentlich schwere Verdachtsmomente vorliegen dürften, die den Erlaß des Haftbefehls rechtfertigen. Wenn also ein Richter in einem solchen Falle ganz ausnahmsweise zu einer Ansicht kommen sollte, die derjenigen der KK widerspricht, wird es stets einer ganz besonders sorgfältigen Prüfung, sowohl der Rechtslage, als auch des Tatbestandes und einer außergewöhnlich genauen und durchdachten Begründung des Beschlusses bedürfen.“ Rundverfügung Nr. 38/49 des Oberlandesgerichtspräsidenten Dresden, Dr. Schmidt, an alle Gerichte des Bezirks, 4. 2. 1949, ebenda.

43 BAB, DP 1,VA 377, Bl. 93, Bericht des Landrichters Gen. Kurt Hohenberger vom Lehrgang für Wirtschaftsstrafrecht in Finsterbergen vom 24.–31. 1. 1949.

Ulbricht: Du sprichst so, als ob Deine Richter und Justizangestellten demokratisch wären. Das ist eine Vorspiegelung falscher Tatsachen.

Benjamin: Wenn ein Haftbefehl verlangt wird, soll die Kontrollkommission das Gericht fragen? Man soll den Mut haben, zu sagen: Die Kontrollkommission kann Haftbefehle erlassen.

Ulbricht: So leicht wird es Euch nicht gemacht Genossin Benjamin, es besteht auch in Zukunft nicht die Absicht, die Rolle der Justiz irgendwie zu verkleinern, nicht im geringsten!"[44]

Dieser Disput offenbart, daß sich die Konflikte zwischen Kontrollkommission und Justizpersonal nicht allein aus dem Aufeinandertreffen einer SED-gesteuerten Instanz mit einer weithin noch „bürgerlich" geprägten Justiz erklären. Vielmehr mußten sich Reibungen schon aus der Tatsache ergeben, daß eine Sonderbehörde in das Aufgabenfeld eines vorhandenen Ressorts eindrang. Benjamin befürchtete durchaus mit Recht, daß mit der ZKK gezielt ein Instrument geschaffen worden war, das die Handlungsmöglichkeiten des eigenen Kompetenzbereichs einzuengen vermochte – und auch einengen sollte.

Das Verfahren Glauchau-Meerane blieb kein Einzelfall. Dies ließen bereits Andeutungen Fritz Langes auf der Konferenz von Werder erahnen, empfahl er doch seinen Parteigenossen, zum besseren Verständnis der politischen Lage in der SBZ „über den Ramsin Prozeß in der Sowjetunion nicht nur einmal, sondern mehrere Male aufmerksam nachzulesen"[45]. In diesem von Lange erwähnten sowjetischen Schauprozeß aus dem Jahre 1930, auch bekannt als Prozeß gegen die „Industrie-Partei", waren führende Techniker und Wissenschaftler beschuldigt worden, mit Unterstützung westlicher Mächte den Umsturz in der Sowjetunion geplant zu haben. Eine wichtige Funktion des Ramsin-Prozesses war es, daß er den Anknüpfungspunkt bot für die folgende „Aufdeckung" weiterer vermeintlicher Gruppen von Agenten und Saboteuren in anderen Behörden und Institutionen, die als Verästelungen der angeblichen Verschwörung um die Industrie-Partei interpretiert wurden[46].

Tatsächlich entwickelte sich in den Monaten nach dem Textilschieberfall die Meldung „Neues Glauchau-Meerane entdeckt" zum Synonym für die angebliche Entlarvung weiterer Saboteure der Gesellschaft. Anders als in der Sowjetunion standen jedoch nicht Angehörige der „technischen Intelligenz" im Mittelpunkt der strafrechtlichen Verfolgung, sondern vielmehr die Privatindustrie und der gewerbliche Mittelstand. Ziel dieser Prozesse war die politische Diffamierung der Privatwirtschaft ebenso wie die Überführung der Betriebe in „Volkseigentum". Betroffen waren hiervon einzelne Betriebe, häufig aber auch zugleich mehrere Unternehmer derselben Branche innerhalb einer Region, die gemeinsam vor Gericht gestellt wurden: Neben dem Fall der sächsischen Textilfabrikanten in Glauchau-Meerane ereilte ein ähnliches Schicksal Vertreter der Textilindustrie im Raum Gera-Weida, Fieberthermometerhersteller in Ilmenau, Glasproduzenten in Leipzig und Papierfabrikanten

[44] SAPMO, DY 30 IV 2/1.01/95, Bl. 195ff.

[45] Ebenda, Bl. 183. Ramsin, Leonid K. (1887–1948), Wärmeingenieuer; Professor; Direktor des Wärmetechnischen Institutes der UdSSR. Hauptangeklagter im Prozeß gegen die Industriepartei.

[46] Vgl. die Darstellungen bei Bailes, Technology, S. 95–121; Lih, Stalin, S. 205–215.

in Dresden. Nachdem im Sommer 1952 der Aufbau der Grundlagen des Sozialismus verkündet worden war, wurde das Strafrecht auch verstärkt gegen sogenannte Großbauern angewandt. Die ZKK erteilte hierbei die Anweisung an die regionalen Kontrolleure, die Strafverfolgung in erster Linie an Orten anzusetzen, an denen bereits Landwirtschaftliche Produktionsgenossenschaften (LPG) gebildet waren, damit Inventar und Land der verurteilten Landwirte direkt den Produktionsgenossenschaften zugeteilt werden konnten[47].

Die Prozesse dienten jedoch nicht allein der Verstaatlichung privater Betriebe, sondern bildeten auch ein Instrument der Zerstörung bzw. Umwandlung privatwirtschaftlicher Interessenvertretung und genossenschaftlicher Selbstverwaltung. Industrie- und Handelskammern, Raiffeisengenossenschaften und Konsumverbände wurden mit Fahndungen nach angeblicher Schädlingstätigkeit überzogen und ihre leitenden Persönlichkeiten zum Teil nach dem Befehl Nr. 160 der SMAD angeklagt, der wirtschaftliche Sabotage unter Strafe stellte. Die Ermittlungen und Prozesse dienten hierbei stets als Vorwand, die betreffenden Institutionen kurze Zeit später entweder aufzulösen oder aber politisch gleichzuschalten[48]. Schließlich folgten zahlreiche Verfahren gegen einzelne Politiker und Angestellte des Staats- und Wirtschaftsapparates, denen die Verantwortung für organisatorische Mißstände und Engpässe angelastet wurde. Besonders Defekte im Versorgungs- und Transportwesen wurden auf das Versagen oder die destruktive Absicht von Einzelpersonen zurückgeführt[49].

In kurzer Folge wurden unter der Regie der ZKK im Jahre 1950 vier Schauprozesse vor dem Obersten Gericht abgehalten:

- der „Dessauer Prozeß" gegen Angehörige der Deutschen Continental-Gas-Gesellschaft und den Ministerialdirektor im Ministerium für Wirtschaft und Verkehr von Sachsen-Anhalt, Willi Brundert, im Frühjahr 1950, an den sich eine Kampagne gegen Saboteure in der Privatwirtschaft anschloß[50];
- der „Raiffeisenprozeß" vom Juli 1950, der die bevorstehende Zerschlagung der bisherigen Raiffeisenorganisation und die Gleichschaltung des ländlichen Genossenschaftswesens signalisierte;
- der „Moog-Prozeß", der im Dezember 1950 in Abwesenheit gegen den liberaldemokratischen Thüringer Finanzminister Leonhard Moog abgehalten wurde und sich gegen „Schädlinge der LDP und CDU im Steuer- und Finanzapparat" richtete;
- schließlich im Dezember 1950 der „Solvay-Prozeß" gegen Vertreter der in belgischem Eigentum stehenden Deutschen Solvay-Werke wegen „Wirtschaftsspionage" und „Förderung der systematischen Mißwirtschaft".

[47] BAB, DC 1/6268, Lange an den Leiter der Bezirksinspektion der ZKK Frankfurt/Oder, 26. 9. 1952.

[48] Vgl. etwa die parteioffizielle Auswertung des Raiffeisenprozesses: Streit, Genossenschaften, S. 252–253.

[49] Zu den einzelnen Verfahren vgl. Braun, Zentrale Kommission für Staatliche Kontrolle.

[50] Die ZKK versuchte hier, die Methode erzwungener Geständnisse und Denunziationen, die für die sowjetischen Prozesse charakteristisch gewesen waren, auf die deutschen Verfahren zu übertragen. So legte Fritz Lange im ersten Schauprozeß vor dem Obersten Gericht dem Angeklagten Brundert nahe, die gleiche Rolle zu spielen wie der Hauptangeklagte Ramsin in der Sowjetunion und im bevorstehenden Prozeß ein Geständnis abzulegen, was dieser jedoch ablehnte. Brundert, Theater, S. 28–33.

Zuweilen war die SED-Führung selbst direkt an der „Betreuung" des Prozeßverlaufs beteiligt: So wurden etwa die Anklageschriften gegen die Solvay-Mitarbeiter und den thüringischen Finanzminister Moog von Ulbricht persönlich begutachtet und abgesegnet[51]. Diese direkten Eingriffe der obersten Parteispitze blieben jedoch auf die spektakulärsten Fälle beschränkt, in der Vielzahl kleinerer Verfahren oblag es der ZKK, den Parteiwillen durchzusetzen. Prozeßvorbereitungen und Verlauf der Gerichtsverhandlungen wurden von ZKK/LKK-Vertretern minutiös überwacht und gesteuert, in wichtigen Fällen durch den Vorsitzenden Fritz Lange persönlich[52]. Die Sanktionen, mit denen politischer Ungehorsam der Justizvertreter gegenüber der ZKK abgestraft wurde, waren von unterschiedlicher Härte: Der sachsen-anhaltinische Generalstaatsanwalt Werner Fischl wurde lediglich vom Dessauer Fall abgezogen, durfte aber in seinem Amte verbleiben. Andere Justizvertreter wurden infolge von Kollisionen mit der ZKK versetzt oder schieden aus dem Justizdienst aus[53]. Für den Staatsanwalt Erhard Formann von der Generalstaatsanwaltschaft Dresden hatten die Meinungsverschiedenheiten mit der ZKK sogar ein strafrechtliches Nachspiel: Im März 1951 wurde er in Haft genommen, da er die Durchführung einer Reihe von Wirtschaftsstrafsachen verweigert habe. Die ZKK legte in ihrer Begutachtung des Anklageentwurfs Wert darauf, den Werdegang Formanns „als Saboteur" herauszuarbeiten. Die Verhandlung gegen ihn erhielt auch eine erzieherische Komponente, da 90 Richter und 90 Staatsanwälte aus allen Ländern geladen waren, der Verhandlung gegen ihren Kollegen beizuwohnen, der zu einer Zuchthausstrafe von 15 Jahren verurteilt wurde[54].

Die von der SED bereits in der Diskussion um die WStVO erhobene Forderung nach Flexibilität des Strafrechts und seiner Anpassung an wirtschaftliche Zielsetzungen wurde in den Jahren 1948 bis 1953 auch in der Rechtssetzung konsequent umgesetzt. Neben die Wirtschaftsstrafverordnung traten neue Strafgesetze, welche die Durchsetzung der Planwirtschaft sichern sollten und den Handlungsspielraum der Privatwirtschaft einschränkten, so etwa die Verordnung über die Bestrafung von Spekulationsverbrechen vom 22. Juni 1949 sowie das Gesetz zum Schutz des innerdeutschen Handels vom 21. April 1950. Selbständige Bauern und private Warenproduzenten in der Industrie wurden ferner durch die „Erste Einkommenssteuer-Ergänzungsverordnung" vom 5. März 1953 belastet. Diese legte in § 7 fest, daß Abgabenforderungen „Volkseigentum" und damit Gegenstände im Sinne des § 1 Abs. 1 der WStVO darstellten. Wer also vorsätzlich Abgaben nicht oder nicht rechtzeitig entrichtete, hatte mit einer entsprechenden Bestrafung gemäß der WStVO zu rechnen. Justizminister Max Fechner wies mit Blick auf diese Verordnung ausdrücklich darauf hin, daß hierbei die Strafe der „Vermögenseinziehung

51 BStU, Sekretariat des Ministers, 1481, Bl. 44ff., ZK-Abt. Staatl. Verwaltung, Hentschel an Oberstleutnant Titow, 26.10. 1950.

52 BAB, DC 20/918, Bl. 58ff., Zwischenbericht Langes an Ulbricht über den bisherigen Verlauf des Prozesses gegen Herwegen, Brundert u. a., 26. 4. 1950.

53 Diese und weitere Beispiele in: BAB, DC1/5248, ZKK-Bericht über die Verhältnisse in der Justiz der DDR, 27. 6. 1951.

54 SAPMO, DY 30 IV 2/13/433, Aktennotiz zur Anklage Formann für Genossen Plenikowski vom 23. 7. 1951.

zwingend vorgeschrieben" sei. Steuerrückstände seien vor allem bei privaten Unternehmern, Großbauern und Hauseigentümern zu suchen[55].

Erst der Beschluß der Sowjetführung „Über die Maßnahmen zur Gesundung der politischen Lage in der Deutschen Demokratischen Republik" vom 27. Mai 1953 leitete einen wirtschaftlichen und damit auch strafrechtlichen Kurswechsel ein. Die sowjetische Direktive bezeichnete unter anderem die Einschränkung des mittleren und kleinen Privatkapitals als übereilt. Als eine der Konsequenzen fanden zahlreiche Wirtschaftsstrafgesetze künftig nur noch eingeschränkt Anwendung[56], Strafmaßnahmen wurden ausgesetzt und Privatbetriebe den Eigentümern zurückgegeben[57]. Fechner formulierte die Selbstkritik der Partei hinsichtlich der Rechtsprechung der vergangenen Jahre:

„Der bisherige Kurs der Regierung zwang zum Erlaß von Gesetzen und Verordnungen, deren Anwendung zu beträchtlichen Härten gegenüber gewissen Schichten der Bevölkerung führen mußte. So erklären sich [...] Entscheidungen, die im Zuge der Einschränkung der kapitalistischen Kräfte gegen Großbauern, Angehörige der Privatindustrie und des Großhandels gefällt wurden. Daneben war es eine Folge des vom Gesetzgeber nicht genügend differenzierten Strafrahmens [...] ebenso wie die fehlerhafte Anwendung dieser Gesetze auf Bagatellfälle, daß auch unsere demokratische Justiz zum Anlaß einer Mißstimmung der betreffenden Bevölkerungskreise wurde und daß das in den zurückliegenden Jahren gewonnene feste Vertrauensverhältnis zu den Organen unserer demokratischen Justiz beeinträchtigt wurde. In der Verwirklichung der Beschlüsse des Ministerrates vom 11. Juni 1953 steht jetzt die Aufgabe vor der Justiz, alle unsere Kräfte für die Stärkung der Rechtssicherheit in der DDR einzusetzen."[58]

[55] Fechner, Schwerpunkte, S. 228.

[56] So hob der Ministerrat am 29. 10. 1953 die Verordnung über die Bestrafung von Spekulationsverbrechen gänzlich auf. Das Oberste Gericht erließ weiterhin eine Richtlinie über eine modifizierte Anwendung des Gesetzes zum Schutze des innerdeutschen Handels, es sollte künftig nur noch schwere Fälle betreffen. Ebenso wurde die Einleitung von Strafverfahren gemäß § 7 der Steueränderungsverordnung vom 5. 3. 1953 ausgesetzt. Auch die WStVO blieb nicht in ihrer bisherigen Fassung bestehen. Eine Verordnung zur Änderung der Wirtschaftsstrafverordnung vom 29. 10. 1953 verlangte eine sorgfältigere Differenzierung hinsichtlich der Strafzumessung; die Neufassung von § 1 WStVO sah nun nur noch die Möglichkeit, nicht aber die Pflicht zur Verhängung der Vermögenseinziehung vor. Eine weitere wichtige Neuerung stellte die Neufassung des § 9 dar, der abweichend von der vorherigen Blankettregelung eine Anwendung der Strafbestimmungen der WStVO nurmehr mit bezug auf Gesetze der Volkskammer oder Verordnungen des Ministerrates gestattete, und nicht mehr wie bisher auf alle wirtschaftsregelnden Anordnungen von Seiten der Verwaltung. Ein bedeutender Schritt war schließlich die Beschränkung des Einflusses der Wirtschaftsverwaltung auf die Strafverfolgung. Die Höchstgrenze der von den Organen der Wirtschaftsverwaltung künftig zu verhängenden Geldstrafen wurde von 100000 Mark auf 500 Mark gesenkt.

[57] In der ersten Woche vom 15. bis 20. 6. wurden nach Angaben Fechners insgesamt 4756 Strafverfahren überprüft. Ferner wurden 2427 Haftbefehle gegen Personen aufgehoben und in 52 Fällen die Aufhebung von Treuhandschaften nach § 15 WStVO angeordnet. In 6 Tagen stellte man rund 2800 Personen von der Strafverfolgung frei. Fechner, Der neue Kurs der Regierung und die Aufgaben der Justiz. BAB, DC 1/5073. Bis Mitte Juli wurden laut ZKK-Bericht 17 970 Strafverfahren und Urteile einer Prüfung unterzogen. Insgesamt wurden dabei 8871 Personen aus der Haft entlassen. Eingestellt wurden bis dahin 3144 Verfahren. 95 Treuhandschaften wurden aufgehoben. ZKK-Bericht, 17. 7. 1953, ebenda.

[58] BAB, DC 1/5073, Fechner, Der neue Kurs der Regierung und die Aufgaben der Justiz.

Infolge dieses sogenannten „Neuen Kurses“ sank auch der Wirkungsbereich der ZKK als Untersuchungsorgan in Wirtschaftsstrafsachen schrittweise bis zur Bedeutungslosigkeit herab. Die Zeit der großen, durch die Kommission betreuten Wirtschaftsstrafverfahren endete, Fritz Lange verließ die Kommission 1954 und wurde Minister für Volksbildung.

4. Resümee

Die Anwendungsweise des Wirtschaftsstrafrechts in der Gründungsphase der DDR zeigt, daß dieses neben dem Schutz der Wirtschaft auch der schrittweisen Transformation der Gesellschaft durch einen Angriff auf private Eigentumsverhältnisse und die vorhandene Institutionenordnung diente. Das Verfahren von Glauchau-Meerane ist insofern bemerkenswert, als sich hier zu einem sehr frühen Zeitpunkt, über ein Jahr vor Staatsgründung der DDR, der Wille der SED manifestierte, sowjetischen Vorbildern nachempfundene Schauprozesse zu einem Mittel ihrer Politikgestaltung zu machen.

Die Einsatzweise der ZKK als „Untersuchungsorgan“ ist Ausdruck des Spannungsverhältnisses zwischen den gesellschaftspolitischen Zielen der SED und den Hindernissen, die ihrer Durchsetzung im Wege standen. Die SED mußte im Jahre 1948 bei der Gestaltung ihrer Wirtschaftspolitik Kompromisse eingehen, die aufgrund des deutschlandpolitischen Kalküls der Sowjetführung und der Rücksichtnahme auf die Reaktionen der bürgerlichen Parteien notwendig wurden. Diese Konzessionen äußerten sich im Verzicht der Partei auf weitere umfassende Sozialisierungen ebenso wie in der Formulierung des Wirtschaftsstrafrechts, das wichtige Entscheidungsbefugnisse der Justiz überließ.

Die Einschaltung der ZKK zeigte nun, daß die SED diese Zugeständnisse in der Praxis nicht zu respektieren bereit war: Das Wirtschaftsstrafrecht wurde genutzt, um die Veränderung der Eigentumsverhältnisse, auf die man offiziell verzichtet hatte, zumindest eingeschränkt zu ermöglichen. Die ZKK wiederum hatte die der Justiz überlassenen Kompetenzen, die eine Lücke im Machtbereich der SED darstellten, durch formelle wie informelle Einflußnahme auf die Justizbehörden zu unterlaufen. In der Art ihrer Eingriffe hatte die ZKK seit 1948 bereits Methoden der Justizmanipulation erprobt, die in den kommenden Jahren vor allem für das Ministerium für Staatssicherheit charakteristisch werden sollten[59]. Stalin hatte der SED-Führung Ende des Jahres 1948 eine vorsichtige Politik verordnet, einen „Zickzack“ zum Sozialismus[60]. Mit Hilfe der ZKK wurde nun in der Tat eine Umwandlung der Gesellschaft auf Umwegen betrieben: Die Kontrollinstanz wirkte als praktisches Korrektiv der taktisch motivierten offiziellen Linie der SED. Die Grundlagen für diesen Zickzack-Kurs waren im Jahre 1948 gelegt worden – mit der Neuformulierung des Wirtschaftsstrafrechts ebenso wie mit der Bildung der ZKK.

[59] Zur Rolle des MfS als Untersuchungsorgan vgl. Werkentin, Strafjustiz, S. 275–277; zuletzt Fricke/Engelmann, „Schläge“, S. 107–118.

[60] Badstübner, Beratungen, S. 99–116.

Michael Schwartz

Umsiedlerpolitik in der Krise?

Das Vertriebenenproblem in der Gründungsphase der DDR 1948–1950

In den Jahren 1948/49 geriet die gezielt auf Flüchtlinge und Vertriebene ausgerichtete Politik der SBZ/DDR in mehrfacher Hinsicht in eine schwere Krise[1]. Sowjetzonale „Umsiedlerpolitik", die zwangsläufig in einer „Notstandsgesellschaft"[2] stattfand, drohte sich zu dieser Zeit zu einer eindimensionalen Politik der Zumutungen zu verengen. Diese spezielle Krise der Umsiedlerpolitik scheint mit dem konfliktreichen Prozeß der „Vollendung der Volksdemokratie" in der SBZ/DDR, der zwischen den Jahren 1948 und 1952 ablief[3], eng verbunden.

Bevor wir uns jedoch diesen Zusammenhängen zuwenden, scheint eine Bemerkung zur Terminologie angebracht. Sämtliche Begriffe unseres Problembereichs – ob „Flüchtlinge", ob „Vertriebene", ob „Umsiedler" – sind keine neutralen Vokabeln, sondern im klassischen begriffsgeschichtlichen Sinne soziopolitische Kampf- und Deutungsbegriffe. Doch anders als der Vertriebenenbegriff, der in der Bundesrepublik auf einem breiten gesellschaftlichen Konsens beruhte, war und blieb der „Umsiedler"-Begriff in der SBZ/DDR stets Resultat eines obrigkeitlichen Oktrois; gerade deshalb aber war und blieb dieses *Instrument totalitärer Sprachpolitik* innergesellschaftlich stark umstritten. Wo und soweit der ab 1945 laufende „umsiedlerpolitische" Diskurs sich durchsetzte – also insbesondere im politisch-administrativen Subsystem selbst –, wollte der sowjetisch verordnete „Umsiedler"-Begriff auch ein Beitrag zur einseitig „antifaschistisch" verstandenen Vergangenheitspolitik sein, indem er keinem Deutschen zubilligte, das Vertreibungshandeln der zuvor überfallenen und unterdrückten Nachbarvölker zu kritisieren. So verstandene „Umsiedlerpolitik" machte daher – anders als Vertriebenenpolitik im Westen[4] – den Betroffe-

[1] Mit Vierhaus, Zum Problem historischer Krisen, S. 328f., werden Krisen nicht als punktuelle Ereignisse, sondern als Prozesse verstanden, „die durch Störungen des vorherigen Funktionierens politisch-sozialer Systeme entstehen und dadurch gekennzeichnet sind, daß die systemspezifischen Steuerungskapazitäten nicht mehr ausreichen, sie zu überwinden".

[2] Vgl. Badstübner, Versuch, die DDR-Gründung gesellschaftsgeschichtlich zu „verorten", S. 73f.

[3] Vgl. Staritz, Die Gründung der DDR, S. 147.

[4] Die Politik der organisierten Vertriebenen in Westdeutschland basierte vielmehr auf der Prämisse, den „Kampf um unser gutes Recht" auf die bisherige Heimat mit den „Eingliederungsbestrebungen in der neuen Heimat" sinnvoll verbinden zu können; in der prägnanten Formulierung des CSU-Vertriebenenpolitikers Dr. Walter Rinke hieß das: „Man kann das eine tun und braucht das andere nicht zu lassen! Unser Nahziel ist die gleichberechtigte Eingliederung in die Bevölkerung der neuen Heimat, unser Fernziel aber heißt: *Wiedergewinn*

nen keinerlei Rückkehrhoffnungen mehr, sondern etablierte letztlich einen alternativlosen *Zwang zur Zukunft*[5]. Dieser Zwang konnte den Betroffenen als Unterdrückung, aber auch als Integrationshilfe begegnen. Die „Umsiedlerpolitik" der SBZ/DDR war insofern stets dreidimensional: Sie basierte auf den miteinander korrespondierenden Elementen der Grenzpolitik, der Repressionspolitik und der Sozialpolitik.

Solange in der SBZ/DDR hochoffiziell von „Umsiedlern" die Rede war, trieb man dort automatisch stets auch *Umsiedlerpolitik*. Die diskursive Verdichtung in signifikanten Begriffen ist symptomatisch für Ausdifferenzierung und Institutionalisierung eines neuen Politikbereichs. Wenn Jürgen Habermas' Diktum zutreffend ist, daß sich in der Politik nichts bewege „ohne ein Thema, an dem sich die Geister scheiden"[6], dann haben der „Umsiedler"-Begriff und eine darum zentrierte „Umsiedlerpolitik" zweifellos ein derartiges Konfliktfeld in der SBZ/DDR konstituiert. Wohlgemerkt: „*Umsiedler*politik", denn von „Vertriebenenpolitik" in der SBZ/DDR zu sprechen wäre ein Widerspruch in sich und deshalb höchstens in vergleichender Absicht zulässig[7].

Wurde „Umsiedlerpolitik" zwischen 1945 und 1953 zweifellos praktiziert, so blieb die ab 1946/47 beginnende Ausdifferenzierung eines entsprechenden Begriffs gleichwohl *rudimentär*. Erst ab Anfang 1947 versuchten SMAD, SED-Führung und die von ihnen kontrollierte Umsiedler-Sonderverwaltung ZVU ein *integrationspolitisches* Arbeitsprogramm zu konzipieren. Es war jedoch ausgerechnet die liberaldemokratische Blockpartei, die das Urheberrecht für den Begriff „Umsiedlerpolitik" für sich reklamieren durfte[8]. Indem die LDP auf künftig größere *Systematik* der Einzelmaßnahmen sowie auf *demokratische Partizipation* der Vertriebenen zielte[9], polemisierte sie unverkennbar gegen die dominante SED-Politik. Möglicherweise war dieser kritisch-oppositionelle Kontext der Grund, weshalb die SED den Terminus „Umsiedlerpolitik" eher zögernd und sporadisch aufgriff[10], um ihm schon bald

der alten Heimat!" Vgl. ThüHStA, Büro MP 1065, Bl. 67f., Abschrift einer Rede Dr. Walter Rinkes, München, „Wir glauben an das Recht", ca. Anfang 1948.

5 Vgl. hierzu ausführlich Schwartz, „Vom Umsiedler zum Staatsbürger".

6 Vgl. Interview mit Jürgen Habermas, in: Die Zeit, 8. 10. 1998.

7 Die Rede von einer „Vertriebenenpolitik" der SBZ/DDR wird in *komparativer* Hinsicht – im Vergleich mit Westdeutschland bzw. mit Polen – etwa bei Schwartz, Vertreibung und Vergangenheitspolitik, sowie bei Ther, Deutsche und polnische Vertriebene, genutzt; allerdings muß man sich stets dessen bewußt bleiben, daß es eine „Vertriebenenpolitik der Einheitspartei" (Wille, SED und „Umsiedler") im Grunde nicht gab und inhaltlich auch nicht geben konnte; hier ist der Sprachgebrauch der bisherigen Forschung – den Verfasser eingeschlossen – häufig viel zu unpräzise gewesen.

8 Kurz nach den Landtagswahlen des Herbstes 1946 verkündete ein Artikel im „Sächsischen Tageblatt", dem Landesorgan der dortigen LDP, nicht nur eine parteiinterne Wende von der Fürsorge- zur Integrationspolitik, sondern reklamierte mutig auch die wesentlichen in der Sowjetzone angelaufenen Vertriebenen-Hilfsprogramme des Jahres 1946 als „Erfolg zielbewußter Umsiedler-Politik der LDP"; vgl. BAB, DO 2/4, Bl. 113, Alfred Weiss, Lastenausgleich und Siedlungsprogramm. Die Stellung der LDP zu den Umsiedlern und Heimkehrern, in: Sächsisches Tageblatt vom 9. 11. 1946; gemeint waren das finanzielle Unterstützungsprogramm sowie ein Kreditprogramm für gewerbliche Existenzneugründungen.

9 Vgl. ADL, LDPD 907, LDPD, Parteileitung, Abt. Gewerkschafts- und Sozialpolitik, Ediger, Sozialpolitischer Brief Nr. 6, 15. 6. 1947, S. 1 und 4.

10 Vgl. SäHSTA, LRS, MdI 1017, Bl. 54ff., insb. Bl. 117, Landeskonferenz des SED-Landesvorstandes Sachsen, Abt. Arbeit und Sozialpolitik, in Dresden-Strehlen am 3. 5. 1947.

eine negative Konnotation zu geben. Der ZVU-Funktionär Georg Chwalczyk bezeichnete damit im Mai 1948 eine unzureichende, primär sozialfürsorgerische Politikvariante, die zu einer auf die Gesamtbevölkerung der SBZ zielenden Strukturpolitik – „zur Bevölkerungspolitik schlechthin" – umgeformt werden müsse[11]. Schon als im Frühjahr 1947 die ursprüngliche Aufgabe der ZVU, sich um die geographische „Verteilung und Neuansiedlung der übernommenen Umsiedler" zu kümmern, um die Zielstellung der „schnelle[n] Assimilierung" dieser Umsiedler „mit der altansässigen Bevölkerung auf der Grundlage der juristischen und tatsächlichen Gleichberechtigung" ergänzt worden war, hatten SMAD, SED-Führung und SED-geführte ZVU für diese eigentlich *integrationspolitische* Aufgabe nicht etwa eine Abteilung für „Umsiedlerpolitik" geschaffen, sondern es vorgezogen, dem neuen Kern- und Querschnittsressort der ZVU den eigentümlichen Namen einer „Abteilung [für] Bevölkerungspolitik und Ansiedlung" zu geben[12]. Der Terminus „Bevölkerungspolitik" entsprach im Russischen der „Demographie" und zielte folglich auf eine *Struktur-Politik* der Bevölkerung insgesamt[13], war jedoch im öffentlichen deutschen Sprachgebrauch bis 1945 ganz anders – und zwar problematisch – konnotiert und gelangte deshalb über verwaltungsinterne Nutzung kaum hinaus. Gleichwohl wurde diese „Bevölkerungspolitik" in der Krise von 1948/49 zum gezielten *Gegen*-Begriff von „Umsiedlerpolitik" hochstilisiert: Nicht zufällig sollten die bisherigen „Umsiedlerabteilungen" der Länder durch neue „Abteilungen für Bevölkerungspolitik" abgelöst werden[14].

Im November 1948 – unterdessen zum Hauptreferenten „für Umsiedler" im zentralen SED-Apparat aufgestiegen[15] – sicherte Chwalczyk den ausdrücklichen SED-Beschluß zur „Weiterführung des Assimilationsprozesses der Umsiedler" dadurch ab, daß er die „Fortsetzung einer besonderen Umsiedlerpolitik" ausdrücklich als „Gefahr" brandmarkte[16]. Betonte terminologische Diskontinuität sicherte somit partielle inhaltliche Kontinuität. Solche Wahrnehmungen heftiger SED-interner Konflikte lassen es geraten erscheinen, besser nicht allzu undifferenziert von der Vertriebenenpolitik *der* SED schlechthin zu sprechen, wie dies gleichwohl immer wieder geschieht[17]. Eine monolithische Vorstellung von politischen Aktionseinheiten ist nicht nur in der politologischen Theorie, sondern auch im vorliegenden Falle unangebracht; auch in der Umsiedlerpolitik der SBZ/DDR findet man statt dessen *„widersprüchliche Aktionseinheiten"* vor, deren Agieren selbst die Politik einer

[11] Vgl. BAB, DO 2/1, Bl. 131ff., insb. Bl. 132, ZVU, Abt. Organisation und Planung, Chwalczyk, Denkschrift, 10. 5. 1948.

[12] Vgl. BAB, DO 2/1, Bl. 70ff.; desgleichen Schwartz, Zwischen Zusammenbruch und Stalinisierung, S. 54f.

[13] Noch die DDR-Ausgabe von „Meyers Neues Lexikon" von 1961 (Bd. 1, S. 783) definierte „Bevölkerungspolitik" als „alle planmäßigen, die Entwicklung der Bevölkerung fördernden staatlichen Maßnahmen", wobei damals bereits – wenn auch keineswegs ausschließlich – die pronatalistische Politik der DDR im Vordergrund des Interesses stand.

[14] Vgl. Schwartz, Zwischen Zusammenbruch und Stalinisierung, S. 72.

[15] Vgl. Schwartz, Apparate und Kurswechsel, S. 122f.

[16] Vgl. SAPMO, DY 30/IV 2/5/243, Bl. 31, [SED, ZS, Abt. Landespolitik], Vorlage Chwalczyk betr. „Weiterführung des Assimilationsprozesses der Umsiedler", o.D. [November 1948].

[17] Vgl. insbesondere Ther, Vertriebenenpolitik in der SBZ/DDR und in Polen, ders., Deutsche und polnische Vertriebene, aber auch Wille, SED und „Umsiedler".

scheinbaren Einheitspartei „immer Koalitionsgeschehen" werden ließ[18]. Mit solchen Prämissen hat sich nicht nur die Eingliederungspolitik in Westdeutschland sinnvoll als vielschichtiges *„Politik-Netzwerk"* analysieren lassen[19], dasselbe gilt auch für die sowjetzonale Umsiedlerpolitik[20]. Waren 1949 die durch solche Netzwerke gesicherten politischen Kontinuitäten noch prekär und angefochten, setzten sie sich 1950 politisch durch: Mit dem im September 1950 verabschiedeten Gesetz „zur weiteren Verbesserung der Lage der ehemaligen Umsiedler" war in der DDR nicht etwa das „Ende der Vertriebenenpolitik" eingeläutet worden[21], vielmehr wurde es nach der insbesondere 1948 deutlichen „Krise" dieser Vertriebenenpolitik[22] für einige Zeit wieder möglich, sich auch innerhalb des SED-Regimes für Begriff und Inhalt einer „Umsiedlerpolitik" einzusetzen, wie dies Anton Plenikowski im September 1950 auf der Bühne der DDR-Volkskammer effektvoll demonstrierte[23].

Insofern erlebte das Politikfeld „Umsiedlerpolitik" in den Jahren 1948/49 eine schwere Krise – aber es *überlebte* sie auch. Man wird daher den Zäsurcharakter dieser Krise wahrnehmen, aber nicht überschätzen. Letzteres wäre jedoch unweigerlich der Fall, wenn man das 1948 erfolgte institutionelle Ende der Umsiedler-Sonderverwaltung regelrecht zur politischen Scheidelinie stilisieren wollte: Demnach wäre im Schicksalsjahr 1948 eine bis dahin vorherrschende „redistributive Vertriebenenpolitik" von einer „negativen Vertriebenenpolitik" abgelöst worden, welche die Vertriebenen zunehmend stigmatisiert und die bisherige Umverteilungspolitik „schrittweise abgebaut" habe[24]. Diese negative Entwicklung wird mit dem Kontext der „Stalinisierung" erklärt[25], die seit 1948 auch in der SBZ/DDR dazu geführt habe, daß die herrschende Politik „die Rechte und die Interessen der Vertriebenen immer weniger" berücksichtigt bzw. „sogar gegen diese" gehandelt habe[26]. Dazu wäre zu bemerken: So schlicht verlief die Entwicklung nicht. Bereits ein flüchtiger Blick nach Westdeutschland lehrt, daß Tendenzen „zur evasiven Problemausblendung" durch dekretierte Assimilation um 1948/49 nicht nur in der SBZ zu beobachten waren[27]; ganz ohne Stalinisierungskontext schaffte auch Bayern 1948 seine

[18] Dieser politikwissenschaftliche Ansatz bei v. Beyme, Theorie der Politik im 20. Jahrhundert, S. 347.

[19] Vgl. neuerdings Haerendel, Die Politik der „Eingliederung".

[20] Hierzu insbesondere Schwartz, Apparate und Kurswechsel.

[21] Vgl. demgegenüber die irreführende Zuordnung des Gesetzes bei Ther, Deutsche und polnische Vertriebene, S. 239.

[22] Zutreffend ebenda, S. 252.

[23] Vgl. BAB, DA 1/977, Bl. 38ff., hier 129, Protokoll der 20. Sitzung der Provisorischen Volkskammer der DDR am 8. 9. 1950.

[24] Vgl. Ther, Vertriebenenpolitik in der SBZ/DDR und in Polen, S. 160.

[25] Vgl. Ther, Deutsche und polnische Vertriebene, S. 227.

[26] Vgl. ebenda, S. 109.

[27] Vgl. Bauer, Flüchtlinge und Flüchtlingspolitik in Bayern, S. 322f.; demnach ist auch in der bayerischen Landespolitik bereits seit 1946/47 eine wachsende, „neue und eigenartige Tendenz" zu beobachten, die „– den mühseligen Prozeß der Eingliederung gleichsam überspringend –" nunmehr eine rückhaltlose „Assimilation der Flüchtlinge" nicht nur als Fernziel von Flüchtlingspolitik postuliert habe, sondern unverzüglich, „gewissermaßen per Dekret", habe „herbeizwingen" wollen; von der KPD über die SPD bis hin zur CSU sei plötzlich einmütig gefordert worden, der Flüchtlingsbegriff müsse so rasch wie möglich verschwinden. Diese Assimilationspolitik bewertet Bauer als ambivalent: Sie habe durchaus positive Effekte

Flüchtlings-Sonderverwaltung ab und integrierte sie in das Innenministerium[28]. Allerdings setzte sich diese den Interessen der Regel-Verwaltungen ebenso wie der einheimischen Mehrheitsbevölkerung dienliche Politik der Wieder-Einebnung von Flüchtlingspolitik in Westdeutschland nicht durch, wo sich vielmehr inhaltlich und institutionell eine längerfristige „Vertriebenenpolitik" behauptete, ja auf Zentralebene gar erst richtig etablierte[29]. Die gesamtdeutschen Tendenzen einer rigiden Assimilationspolitik blendet der auf „Stalinisierung" abhebende Erklärungsansatz folglich ebenso aus wie er die Tatsache erklärungsbedürftig läßt, daß ausgerechnet in der angeblichen stalinistischen Abbau-Phase von Umsiedlerpolitik mit dem DDR-Umsiedlergesetz *Ausbau statt Abbau* erfolgte[30]. Aus alledem folgt zweierlei: Zum einen ist der 1948 versuchte, aber erst 1952/53 gelingende Abbau vertriebenenspezifischer Sozialpolitik auch in der SBZ nicht monokausal mit politischer Repression zu erklären, sondern muß darüber hinaus mit – durchaus gesamtdeutschen – gesellschaftlichen Tendenzen zur Einebnung kostenintensiver Sonderpolitik in Verbindung gebracht werden, die von den eingesessenen Mehrheitsbevölkerungen ausgegangen sein dürften. Zum zweiten war die SED-Politik weder vor noch nach 1948 in sich konsistent, sondern von widerstreitenden Interessen und Zielen geprägt; da dieser Konflikt 1948/49 zwar erheblich verschärft, aber nicht entschieden wurde, blieb SED-Politik gegenüber den Umsiedlern in dieser Krisenphase zutiefst widersprüchlich und partiell eben auch kontinuierlich.

Schauen wir uns die drei zentralen Dimensionen von Umsiedlerpolitik – Grenzpolitik, Repressionspolitik und Sozialpolitik – genauer an, so zeigt sich: Sie waren keine Erfindung des Jahres 1948, sondern gehörten zur Umsiedlerpolitik, seit und solange es diese in der SBZ/DDR überhaupt gab. Zugleich erlebte jede dieser drei Dimensionen 1948/49 eine *eigene* Krise, die wiederum auf die übrigen zurückwirkte.

Die *grenzpolitische* Dimension sowjetzonaler Umsiedlerpolitik geriet zwischen 1948 und 1950 deshalb in die Krise, weil damals aus Sicht der Machthaber das Problem der Anerkennung der Oder-Neiße-Grenze dringend und entsprechend überhastet gelöst werden mußte. Dies verlangte der SED selbst schon enorme Anpassungsprozesse ab, während gleichzeitig die bürgerlichen Blockparteien zur Anpassung gezwungen und die Bevölkerung zumindest zur Hinnahme genötigt werden mußten. Die Lösung der Ostgrenzenfrage diente dabei in doppelter Hinsicht der *Systemstabilisierung* der SBZ/DDR: außenpolitisch im Sinne einer „Normalisierung" des Verhältnisses zu den osteuropäischen Nachbarn, insbesondere zu Polen und zur Tschechoslowakei, freilich eine prekäre Art der „Normalisierung",

beim Abbau rechtlicher Diskriminierungen zeitigen können, zugleich jedoch die Gefahr erzeugt, „in eine neuerliche, vielleicht weniger offen zutage liegende Diskriminierung umzuschlagen"; indem die Assimilationspolitik dazu tendierte, sich mit formalrechtlicher Gleichberechtigung zufriedenzugeben und „mit dem Begriff ‚Flüchtling' auch das Problem zu leugnen", sei sie Gefahr gelaufen, „die solchermaßen zu ‚Neubürgern' oder ‚Vollbürgern' nur Um-Etikettierten in ihrer unveränderten wirtschaftlichen und sozialen Randlage sich selbst zu überlassen".

28 Vgl. hierzu ausführlicher Wolff, Zwischen Elend, Politik und allen Stühlen.

29 Vgl. ausführlich Middelmann, Entstehung und Aufgaben der Flüchtlingsverwaltung.

30 Indem Ther, Deutsche und polnische Vertriebene, S. 228, konstatiert, „trotz dieser Zäsur" von 1948 habe es „in der Politik gegenüber den Vertriebenen ein Element der Kontinuität" gegeben, relativiert er immerhin holzschnittartige Zäsuren-Thesen früherer Arbeiten, bleibt freilich weiterhin eine Erklärung für dieses Kontinuitätselement schuldig.

die mehr die Systeme als die Bevölkerungen betraf und insbesondere auf Wirtschaftsbeziehungen zielte[31]. Neben diesem Einstieg in die *Ostintegration*[32] sollte die Grenzanerkennung jedoch auch die *innere Integration* der sowjetzonalen Gesellschaft vorantreiben. Unter Zeithistorikern kursiert längst die These, daß die frühzeitige Grenzanerkennung durch das SED-Regime den dorthin Vertriebenen „die Eingliederung im Vergleich zum Bundesgebiet insofern erleichtert" habe, als eben „keine Rückkehrillusionen" mehr möglich gewesen seien[33]. Das sah die zeitgenössische SED-Politik ebenso: In ihren Augen benötigte die Arbeitsgesellschaft keine Fremden auf gepackten Koffern, sondern dauerhaft Bleibewillige. Die SED feierte darum mit Blick auf die Ostgrenze die „Ehrlichkeit" der eigenen „Umsiedlerpolitik", die „die Umgesiedelten aus ihrer anfänglichen Abwartehaltung herausgerissen" habe, um den „Prozeß der Wiederseßhaftwerdung" aktiv mitzugestalten; sie feierte desgleichen, da sie für diesen Kurs recht wenig Zustimmung in der Bevölkerung erfuhr, den „Verzicht auf eine billige Popularität"[34]. Grotewohl beschwor Mitte 1949 auf internen Blockberatungen geradezu den „Mut zur Unpopularität", den die SED-Führung in der Grenzfrage auch gegenüber der eigenen Basis habe an den Tag legen müssen: „Man muß manche Dinge, selbst wenn sie schmerzlich sind, aussprechen. Je deutlicher man sie ausspricht, desto eher führt man die Klärung der Verhältnisse herbei und schafft stabile Verhältnisse." Entscheidend war für den SED-Führer die Sicherung der osteuropäischen Wirtschaftsverflechtung: „Wir müssen ja schließlich leben, und die Durchführung des Zweijahrplanes und die wirtschaftlichen und politischen Bindungen [...] setzen voraus, daß man zu A auch B sagt. Wo wollen wir denn Kohle und Stahl herbekommen, wenn wir in dieser Linie nicht einen klaren Standpunkt einnehmen?"[35] Während CDU-Generalsekretär Dertinger damals noch den Friedensvertragsvorbehalt verteidigte – nicht zuletzt mit der Befürchtung, eine frühzeitige „endgültige Entscheidung in der Grenzfrage" müsse, „wie die Verhältnisse stimmungsmäßig in Deutschland liegen, den Versuch zur Entwicklung einer deutsch-östlichen Freundschaft im Keime ersticken"[36] –, war die SED-Politik primär an der bald- und größtmöglichen Mobilisierung von wirtschaftlicher Produktivität interessiert. Eine rasche Anerkennung der Ostgrenzen sollte auch verhindern, „daß die Umsiedler ihre jetzige Lage irgendwie als vorübergehend ansehen und sich nicht richtig in den Arbeitsprozeß einordnen, daß sie ideologisch immer noch auf dem Köfferchen sitzen". Um die Arbeitsproduktivität der Vertriebenen zu steigern, müsse man in der Grenzfrage „eine ganz klare Sprache sprechen"[37].

[31] Vgl. zum Gesamtproblem: Lehmann, Der Oder-Neiße-Konflikt.

[32] Dazu auch Staritz, Die Gründung der DDR, S. 147ff.

[33] Vgl. Zank, Wirtschaft und Arbeit in Ostdeutschland, S. 145.

[34] Vgl. BAB, DO 2/93, Bl. 11, G. Chwalczyk, Mehr Aufmerksamkeit den Umsiedlern, in: Neues Deutschland, 15. 7. 1949.

[35] So Otto Grotewohl auf einer Blocksitzung im Juli 1949; zitiert nach Suckut, Blockpolitik in der SBZ/DDR, S. 486f.

[36] Zitiert nach ebenda, S. 488; Dertinger warnte ausdrücklich auf derselben Blocksitzung davor, „durch dieses brutale Ins-kalte-Wasser-Schmeißen diejenigen, die man gewinnen will, von vornherein abzuschrecken, daß sie sich auch nur in die Nähe des Ufers begeben"; ebenda, S. 491.

[37] So die SED/DFD-Politikerin Käthe Kern auf derselben Blocksitzung; zitiert nach ebenda, S. 490.

Diese Art von „Ehrlichkeit" in der Grenzpolitik hatte die SED freilich nicht immer an den Tag gelegt. Im Wahljahr 1946 hatte sie noch ganz anders geredet und selbst auf den Friedensvertragsvorbehalt der Potsdamer Beschlüsse gepocht[38]. Dies hatte die SED allerdings in deutlichen Gegensatz zur sowjetischen und zur polnischen Politik gebracht; Moskau erzwang bereits seit 1946/47 eine einheitliche Anerkennungspolitik in der SED-Führung, ein Kurs, der ab Mitte 1947 auch öffentlich immer deutlicher zutage trat. Zu diesem Zeitpunkt schien – als (gewiß dürftige) Alternative zum eben verkündeten US-amerikanischen „Marshall-Plan"[39] – die wirtschaftliche Ost-Integration der SBZ zwingend geworden zu sein und veranlaßte – „wie dies bereits unsere Freunde im Lande anstreben" – SED-Spitzenfunktionäre dazu, abweichende Meinungen in der eigenen Partei mit Bemerkungen der Art zu disziplinieren, „daß man die demokratische Entwicklung in der SBZ nicht für eine Tafel Schokolade verkaufen solle"[40]. Statt eines Linsengerichts benötigte man Kohle und Stahl aus den nun von Polen verwalteten Gebieten. Zugleich begann die SED, Grenzrevisionismus und Kriegstreiberei gleichzusetzen. Das „Neue Deutschland" verstärkte eine gezielte Berichterstattung über ehemalige deutsche Gebiete als nunmehr neubesiedelte polnische Gebiete – nach dem Motto „Aus Breslau wurde Wroclaw"[41]. Nachdem im Herbst 1948 eine SED-Wirtschaftsdelegation unter Führung Ulbrichts Polen zwecks „Anbahnung gutnachbarlicher Beziehungen" besucht hatte, begann die SED-Führung, die öffentliche Anerkennung der Oder-Neiße-Linie als „endgültige Friedensgrenze" zu propagieren[42]. Diesen „Mut zur Unpopularität" zwang die SED wenig später auch den massiv unter Druck gesetzten bürgerlichen Blockparteien auf – und tatsächlich stellte sich die erwartete breite Unpopularität dieser Grenzpolitik dann auch ein[43]. Schon im Sommer 1948 fand sich unter den „hauptsächlichsten Argumente[n]" der Bevölkerung gegen einen Beitritt zur „Russenpartei", die SED kämpfe „nicht für die Rückgabe der Ostgebiete", obwohl dies „Aufgabe jeder deutschen Partei sein" müßte[44]. Vor den Volkskongreßwahlen im Frühjahr 1949 kursierte unter Vertriebenen die bezeichnende Parole: „Ja bleibt da, nur bei Nein kommst Du heim..."[45]. Insbesondere „auf Walter Ulbricht" waren große Bevölkerungsgruppen damals „offen erzürnt", weil dieser öffentlich „kategorisch erklärt" hatte, „daß das deutsche Volk sich mit der *Oder-Neiße-Linie* abfinden" müsse[46]. Der natürlich unveröffentlichte Leserbrief eines West-Berliners an die im Ostteil erscheinende „Berliner Zeitung" erklärte nicht nur die „Oder-Neiße-Linie" provokativ zur „Selbstmordgrenze" statt zur

[38] Vgl. Wille, SED und „Umsiedler", S. 94.

[39] Vgl. dazu Heering, Der Marshall-Plan und die ökonomische Spaltung Europas.

[40] Vgl. die gegen den thüringischen SED-Neubürgeramtschef gerichtete Philippika des SED-Funktionärs und ZVU-Vizepräsidenten Daub, in: ThüHSTA, MdI 3672, Bl. 175–208, hier Bl. 202f., MdI Thüringen, AfN, Protokoll der erweiterten Direktorenkonferenz der ZVU auf der Wartburg in Eisenach am 16. und 17. 6. 1947.

[41] Vgl. etwa Neues Deutschland, 28. 4. 1948.

[42] Vgl. Ulbricht, Die Grundlagen der deutsch-polnischen Freundschaft, in: Neues Deutschland, 21. 11. 1948.

[43] Vgl. Suckut, Innenpolitische Aspekte der DDR-Gründung, S. 85.

[44] Vgl. SAPMO, DY30 /IV 2/9.02/44, Bl. 282ff., SED, ZS, Abt. Werbung, Bericht vom 24.7.48.

[45] Vgl. SAPMO, DY30 /IV 2/2.022/33, Bl. 207ff., insb. Bl. 211, SED, ZS, Abt. Massenagit., Allg. Information betr. Volkskongreßwahlen Mai 1949.

[46] Vgl. ebenda, Bl. 214.

„Friedensgrenze", sondern enthielt auch die interessante These, aufgrund dieser Grenzanerkennungspolitik sei die Chance der SED, große Teile der Vertriebenen zu ihrer Klientel zu machen, grundsätzlich gescheitert, dadurch sei die SED „für Millionen rechtloser und besitzloser Menschen, die zu formen sie in der Hand hatte, [...] die Mustersozialisten geworden wären und alles freudig getan hätten für den, der ihnen die Heimat wiedergegeben hätte, unmöglich geworden"[47]. Die im Juni 1950 geschlossenen Verträge mit Polen und der CSR verschärften die Unruhe in der DDR-Bevölkerung und trugen nicht wenig zur Enstehung des DDR-Umsiedlergesetzes bei: Das SED-Regime mußte der Masse der Unzufriedenen wenigstens ein sozialpolitisches Trostpflaster bieten.

Dieser Entstehungskontext des Umsiedlergesetzes zeigt, daß *repressive Politik* nicht die einzige Antwort der SED in Konflikten mit der eigenen Bevölkerung sein mußte. Dem widerspricht die Feststellung nicht, daß gerade 1948/49 die repressive Dimension von Umsiedlerpolitik verstärkt worden war. Durch die Umstrukturierung des Sonderverwaltungssystems geriet zunächst die Umsiedlerbürokratie in den Denk- und Handlungskontext der Polizeiministerien. Doch jede Integration hat – wenn auch meist ungleichgewichtig – zwei Seiten: Auch die Polizeiverwaltung wurde durch die Aufnahme des Fremdkörpers „Umsiedlerabteilung" eine lernende Verwaltung – ein zweifellos begrenztes und widerwilliges Lernen, das gleichwohl mit dialektischer Folgerichtigkeit dazu führte, daß ausgerechnet jene neuen „Abteilungen für Bevölkerungspolitik", die laut SED-Anweisung von 1948 gerade die Selbstorganisation von Vertriebenen unterdrücken sollten, ab Herbst 1950 zusätzlich für die Durchführung des DDR-Umsiedlergesetzes und damit für Sozialpolitik zuständig wurden. In der Langzeitperspektive obsiegte dennoch der Repressionsaspekt, der freilich seinerseits zur Verlustgeschichte wurde: Nach dem Umsiedlergesetz befaßten sich die Abteilungen für Bevölkerungspolitik ab 1952 primär mit „Republikflucht", an der nicht wenige Vertriebene teilhatten und die die SED-Repressionsorgane eher registrieren denn verhindern konnten[48].

Eine repressive Dimension erhielt Umsiedlerpolitik in der SBZ/DDR jedoch nicht erst im Zuge der „Stalinisierung" seit 1948. Dieses repressive Element war

[47] Vgl. ebenda, Bl. 240f., SED, ZS, Abt. Massenagit, Allg. Information zur ONG und den Volkskongreßwahlen, 9. 6. 49, Leserbrief des Albrecht B., Berlin-Wilmersdorf, an die „Berliner Zeitung", 19.5.49; in eine ähnliche Richtung zielte offenbar ein 1956 dem sowjetischen Botschafter in der DDR übergebenes Memorandum des SED-Dissidenten Wolfgang Harich, worin dieser eine Neuordnung der Grenzen „in echt sozialistischem Geist" zwischen der Sowjetunion und Polen einerseits, der Sowjetunion, Polen und der DDR andererseits mit dem Ziel einer weitgehenden Rückgabe der früheren deutschen Ostgebiete an die DDR vorschlug; dieses illusionäre Vorhaben begründete Harich unter anderem damit, „daß eine derartige Neuregelung der Grenzfrage im Osten nicht nur das Gebiet der DDR erheblich erweitern, sondern auch das gesamtdeutsche Schwergewicht der DDR auch insofern vergrößern würde, als in diesem Falle zahlreiche Umsiedler aus der Bundesrepublik in das Gebiet der DDR zurücksiedeln, das Menschenpotential des sozialistischen Teils von Deutschland – und somit des sozialistischen Lagers überhaupt – also anwachsen würde"; überdies erhoffte sich Harich von diesem Projekt eine „Initialzündung [...], die der sozialistischen Sache auch in Westdeutschland zum durchschlagenden Erfolg verhilft"; zitiert nach Prokop, Ich bin zu früh geboren, S. 272; bekanntlich lehnte Sowjetbotschafter Puschkin bei einem Zusammentreffen mit Harich im Oktober 1956 dessen sämtliche Reformvorschläge ab und informierte vermutlich die SED-Führung; vgl. ebenda, S. 89f.

[48] Vgl. ausführlicher Schwartz, Apparate und Kurswechsel, S. 134.

vielmehr seit 1945 integraler Bestandteil sowjetzonaler Umsiedlerpolitik, denn von Anfang an hatten Sowjets und deutsche Hilfsverwaltungen Selbstorganisationsbestrebungen Vertriebener mit allem Nachdruck bekämpft. Diese Repressionspolitik war zunächst eine gesamtdeutsche Gemeinsamkeit, denn in allen Besatzungszonen existierte bis etwa 1948 mit dem *Koalitionsverbot* ein repressives Sonderrecht für Vertriebene, das ihnen den Zusammenschluß zu gruppenspezifischen Organisationen untersagte. Möglicherweise wurde dieses Verbot von der SMAD konsequenter angewendet als von den westlichen Besatzungsmächten, doch grundsätzlich zielten alle Alliierten darauf, den Vertriebenen keine Irredenta-Organisationen zu gestatten, sondern sie vielmehr in eine assimilationsfördernde und kontrollierte Partizipation in den Lizenzparteien ihrer Zonen zu lenken[49]. Dies galt auch in der SBZ, wo die SED bereits 1946 ein parteiinternes System von Umsiedler-Sachbearbeitern schuf und die CDU 1947 mit parteiinternen Flüchtlings- bzw. Umsiedlerausschüssen nachzog. Das Stichwort „Umsiedlerausschüsse" verweist ferner auf das auch in der SBZ ab 1945 etablierte System beratender staatlicher Ausschüsse von der Gemeinde- bis zur Länderebene. Nachdem schon 1947 der ehrgeizige Versuch der ZVU am Einspruch der SED-Führung gescheitert war, dieses System mit einem „Zentralen Umsiedler-Beirat" für die gesamte Zone zu krönen, befürchtete die DVdI-Spitze im Oktober 1948, daß man auch die politische Eigendynamik vieler lokaler Umsiedlerausschüsse „nicht mehr in der Hand" behalten könne. Einem Beschluß des SED-Zentralsekretariats vom November 1948 folgend, wurden die Ausschüsse im Frühjahr 1949 aufgelöst[50]. Der Widerspruch des Umsiedlerausschusses der CDU verhallte wirkungslos, auch dieser Ausschuß sollte 1950 verschwinden[51]. Und im selben Sommer 1950, als die SED-Führung das DDR-Umsiedlergesetz konzipierte, fiel die bisherige Umsiedlerreferentenstelle im ZK ersatzlos weg[52]. In beiden Fällen – bei der Auflösung der Umsiedlerausschüsse und der Implementierung des Umsiedlergesetzes – monopolisierte die SED die politischen Entscheidungen rücksichtslos, ohne die Blockparteien noch im geringsten zu konsultieren.

Die ab 1948 *verstärkte* Repression in der SBZ ab 1948, die nunmehr auch Institutionen bisheriger Partizipation beseitigte, war eine zwangsläufige Reaktion auf Veränderungen in Westdeutschland: Dort wurde das bisherige Koalitionsverbot durch wachsende politische Pluralisierung relativiert und schließlich ersetzt. Die sich etablierende SED-Diktatur konnte jedoch organisierte Sonderinteressen um so weniger tolerieren, als sich diese über lokale Wirkungskreise hinaus zu entwickeln und insbesondere mit nunmehr möglichen landsmannschaftlichen Bestrebungen im Westen zu vernetzen drohten. Zudem artikulierten diese Plattformen in der Grenzfrage wie auch beim Lastenausgleich Forderungen, die mit der SED-Politik nicht mehr kompatibel waren. Die verstärkte Repressionspolitik der SED war daher zwangsläufig, aber keineswegs rundum erfolgreich. Es trifft nicht zu, daß die Vertriebenen in der SBZ mit den Sonderverwaltungen und Sonderausschüssen 1948/49 „die einzige verbliebene Lobby" verloren hätten[53]. Abgesehen von fortbestehenden Rest-

[49] Zur westdeutschen Entwicklung neuerdings: Holtmann, Politische Interessenvertretung von Vertriebenen.
[50] Vgl. ausführlich Schwartz, Kontrollierte Partizipation.
[51] Vgl. hierzu Schwartz, „Vom Umsiedler zum Staatsbürger".
[52] Vgl. Schwartz, Apparate und Kurswechsel, S. 130f.
[53] Vgl. Ther, Deutsche und polnische Vertriebene, S. 235.

institutionen, aber auch von noch weiterwirkenden Netzwerken in der SED und in den Blockparteien darf die institutionelle Ersatzfunktion der Kirchen nicht unterschätzt werden: Zwar kann ab 1948 eine Tendenz zur „Zurückdrängung der Kirchen aus dem öffentlichen Leben und damit auch aus der Vertriebenenpolitik" beobachtet werden[54]. Seit Herbst 1947 bereits hatte die SED-Führung offenbar eine Verdrängung der Kirchen aus den staatlichen Umsiedlerausschüssen angestrebt: In vielen Länderausschüssen arbeiteten Vertreter beider Großkirchen offiziell mit, auf lokaler Ebene waren Arbeitskontakte zwischen Ausschüssen und Geistlichen ohnehin alltäglich; deshalb fanden weder SED-Funktionäre der Landesregierungen noch der ZVU etwas dabei, im September 1947 den CDU-Antrag zu unterstützen, die Kirchen auch in den geplanten „Zentralen Umsiedler-Beirat" der SBZ aufzunehmen. Damit gerieten diese SED-Umsiedlerfunktionäre jedoch in offenen Dissens mit dem zentralen SED-Parteiapparat, der es daraufhin vorzog, das gesamte Beiratsprojekt scheitern zu lassen[55]. Doch kann die Tendenz einer Verdrängung der Kirchen aus dem politischen Raum nicht nur als Folge von Diktaturentwicklung in der SBZ betrachtet werden, war sie doch bis zu gewissem Grade ein zwangsläufiges – und gesamtdeutsches – Resultat der Wiederherstellung politischer Subsysteme überhaupt, wodurch die Kirchen ihre „temporäre Stellvertreterrolle"[56] bald wieder verloren[57]. Im übrigen bedeutete diese Zurückdrängung keineswegs, daß die Kirchen fortan unpolitisch geworden wären. Selbst wenn man von den seelsorgerischen Deutungsangeboten der Kirchen völlig absieht[58], bildeten allein schon in institutioneller Hinsicht besondere kirchliche Medien und Organisationsstrukturen für Vertriebene[59] noch lange nach Gründung der DDR ein unlösbares staatliches Kontrollproblem[60]. Im grimmigen Rückblick resümierte noch im Sommer 1989 ein MfS-Bericht, daß nach 1945 „der Klerus der einzige potentielle Hilfsapparat des geschlagenen deutschen Imperialismus" gewesen sei, „der intakt blieb und der wegen seines besonderen Status in der Gesellschaft [...] die besten Möglichkeiten hatte, die landsmannschaftlichen Organisationen gegen das Koalitionsverbot abzuschir-

[54] Vgl. ebenda, S. 151.

[55] Zum Kontext: Schwartz, Kontrollierte Partizipation.

[56] Vgl. Nowak, Christentum in politischer Verantwortung, S. 44.

[57] Auch in Westdeutschland wurden gegen Ende der vierziger Jahre die kirchlichen Handlungsspielräume in der Vertriebenenarbeit durch das Erstarken staatlicher Stellen, aber auch säkularer Vertriebenenorganisationen spürbar reduziert; teilweise hatten sich die Kirchen ohnehin nur als zeitlich begrenzter Nothelfer verstanden; vgl. Skorvan, Das Hilfswerk der Evangelischen Kirche.

[58] Vgl. zu Westdeutschland: Köhler/Bendel, Bewährte Rezepte oder unkonventionelle Experimente?; ein Fallbeispiel anhand der – bis 1968 auch durch ihren Namen provozierenden – auf Vorpommern verkürzten Pommerschen Evangelischen Kirche bietet: Raddatz, Kirchliche Bemühungen.

[59] Vgl. die Skizze bei Neubach, Die Rolle der beiden christlichen Kirchen; eine überzeugende, auf der Grundlage der nunmehr zugänglichen DDR-Quellen erarbeitete Gesamtdarstellung der Rolle der Kirchen in der Vertriebenenfrage steht jedoch nach wie vor aus.

[60] SED-Innen-Staatssekretär Warnke wandte sich deshalb im Februar 1951 an CDU-Chef Otto Nuschke, um diesen zu bitten, „auf die Kirchenleitung dahingehend einzuwirken", solche „organisationsähnliche" Strukturen zu unterbinden, „da dies im Widerspruch zum Gesetz zum Schutze des Friedens steht und geeignet ist, das freundschaftliche Verhältnis zu den Volksdemokratien und unseren Aufbau zu stören"; vgl. BAB, DO 1/11/887, Bl. 22, MdI, Warnke, an HVDVP, 14. 2. 1951; Bl. 23, Warnke an HA Verbindung zu den Kirchen beim StvMP Nuschke, Februar 1951.

men"[61]. Ein führender akademischer Vertriebenenvertreter der Bundesrepublik, Max Hildebert Boehm[62], habe „Jahre später" mit der Feststellung „die Katze aus dem Sack" gelassen, für die Selbstorganisation der Vertriebenen habe die Kirche seinerzeit „vielfach die Bedeutung einer schützenden und tarnenden Glocke" gewonnen[63].

Repressionspolitik in der SBZ/DDR führte somit keineswegs dazu, daß bereits „Ende 1950" der SED-Führung „die Zerschlagung der letzten Geheimtreffen von Vertriebenen" hätte gemeldet werden können[64]. In der DDR kam es noch in den fünfziger Jahren – etwa wiederholt 1950 bis 1953 im Hallenser Zoo – zu nichtkirchlichen, sondern landsmannschaftlich motivierten größeren Versammlungen mehrerer hundert Vertriebener[65], ohne daß die Polizei mehr als Bespitzelung dagegen hätte aufbieten können[66]. Die Repressionspolitik der SED-Diktatur stieß vielmehr noch lange danach auf eindeutige Grenzen, nicht zuletzt deshalb, weil die DDR über eindeutige Grenzen gerade nicht verfügte[67]. Was in der SBZ nicht möglich war, fand eben in Westberlin oder in Westdeutschland statt, um die Polizei-

[61] Vgl. BStU, Archiv der Zentralstelle, MfS HA XX ZMA Nr. 663, Bl. 5–112, insb. Bl. 12, MfS DDR, HVA, Abt. II, Objektauskunft zum revanchistischen Dachverband ‚Bund der Vertriebenen – Vereinigte Landsmannschaften und Landesverbände' e.V. (BdV). Stand: Juni 1989, 1. 7. 1989.

[62] Vgl. zu dessen Person: Gerhardt, Bilanz der soziologischen Literatur.

[63] Vgl. BStU, Archiv der Zentralstelle, MfS HA XX ZMA Nr. 663, Bl. 5–112, insb. Bl. 12, MfS DDR, HVA, Abt. II, Objektauskunft zum revanchistischen Dachverband ‚Bund der Vertriebenen – Vereinigte Landsmannschaften und Landesverbände' e.V. (BdV). Stand: Juni 1989, 1. 7. 1989.

[64] Diese realitätsferne Behauptung bei Ther, Deutsche und polnische Vertriebene, S. 238.

[65] Ein erstes Treffen von etwa 500 Sudetendeutschen scheint am 6. August 1950 – dem von bundesrepublikanischen Vertriebenenorganisationen ausgerufenen ‚Tag der Heimat' – im Leipziger Zoo stattgefunden zu haben; vgl. BAB, DO 1–11/886, Bl. 87, Landesbehörde der Volkspolizei Sachsen an MdI DDR, HVDVP, 24. 11. 1950; zwischen Mai und August 1951 fanden dann fünf größere Vertriebenentreffen im Hallenser Zoo statt, wobei die Polizeispitzel bezeichnenderweise „an der Kleidung vieler Menschen [...] zu erkennen" glaubten, „daß es sich hier um Neubürger handelte"; vgl. BAB, DO 1–11/887, Bl. 38, Landesbehörde der Volkspolizei Sachsen-Anhalt an MdI DDR, HVDVP, 28. 5. 1951, sowie Bl. 48, Landesbehörde der Volkspolizei Sachsen-Anhalt an MdI DDR, HVDVP, 16. 8. 1951; weitere Umsiedlertreffen im Hallenser Zoo sind für den Oktober 1952 und für den Mai 1953 dokumentiert; letzteres wurde dann durch einen massiven Polizeieinsatz unterbunden und könnte zur Aufgabe dieses beliebten Treffpunktes geführt haben; vgl. ebenda, Bl. 89, MdI DDR, Seifert an Stoph, o.D. [ca. Okt. 1952]. sowie Bl. 96–104, Bezirksbehörde der Volkspolizei Halle an MdI DDR, HVDVP, 1. 6. 1953.

[66] Die Polizei ermittelte etwa, daß sich im August 1950 im Leipziger Zoo etwa „500 ehem. Umsiedler aus der CSR" versammelt hätten, die auch aus den Räumen Dresden, Halle und Thüringen angereist seien; ansonsten ergaben „intensiv durchgeführte Ermittlungen durch das Referat VA 3 Leipzig" lediglich, „daß es sich bei dieser Zusammenkunft um einen Besuch des Zoologischen Gartens handelte"; nach der Besichtigung habe man sich zwanglos in ein Gartenlokal begeben, Ansprachen habe es ebensowenig gegeben wie „organisatorische Anhaltspunkte"; allerdings habe man festgestellt, daß beim „Organisator des Treffens", einem früheren Architekten, „sehr oft Umsiedler ein und aus gehen", weshalb hier intensive Überwachung angeordnet worden sei; vgl. BAB, DO 1–11/886, Bl. 87, Landesbehörde der Volkspolizei Sachsen an MdI DDR, HVDVP, 24. 11. 1950.

[67] Das schließt nicht aus, das Verhältnis von offener Grenze und Diktaturentwicklung in der DDR letztlich ambivalent aufzufassen, wie dies bei Bessel, Grenzen des Polizeistaates, S. 237, aufscheint.

organe des SED-Regimes hilflos registrieren zu lassen, daß auch Vertriebene aus der SBZ/DDR zu solchen Treffen angereist wären[68]. Vor dem Mauerbau war west-östliche Vertriebenenkommunikation daher höchstens zu beeinträchtigen, aber nicht zu unterbinden. Und vor wie nach dem Mauerbau durchkreuzten Rundfunk und Fernsehen die Totalitätsansprüche staatlicher Propaganda- und Repressionsapparate[69], hatte doch die DDR bereits von Anbeginn an „die Propagandaschlacht im Äther klar verloren"[70].

Weder in den Kirchen noch in den Köpfen der Vertriebenen konnte das SED-Regime mit Zwang allein Entscheidendes bewirken. Ihre größten Erfolge erzielte deshalb die Repressionspolitik der SED im ureigenen Bereich des Politischen selbst: Neben der vielzitierten Integration der Sonderverwaltungen in die Polizeiressorts war die 1948/49 massiv forcierte politisch-administrative *Zentralisierung* ausschlaggebend. Schon im Herbst 1948 wurde den Landesumsiedlerämtern von der DVdI offen erklärt, im Zuge der „zentralen Planung" verändere sich „der Charakter der Regierung", was konkret heiße: „Die bisherige Selbständigkeit der Länder wird mehr und mehr abgebaut werden." Die künftige Verwaltungsarbeit werde ebenso von „einer stärkeren Weisungsbefugnis von oben nach unten" geprägt sein wie von einer „stärkere[n] Mitarbeit von unten nach oben"[71]. Strukturwandel und Zentrali-

68 Vgl. BAB, DO 1–11/886 und 887.

69 Insbesondere der „Rundfunk im Amerikanischen Sektor" Berlins (RIAS) wurde zum Feindbild der SED-Potentaten; schon im März 1949 machte ZS-Abeilungsleiter Plenikowski den DVdI-Präsidenten Kurt Fischer auf in den Berliner Westsektoren laufende Bestrebungen zur Bildung von Umsiedlerorganisationen „im großen Stil" aufmerksam; nach westdeutschem Vorbild würden dort demnächst wohl Dutzende von Landsmannschaften von den Briten lizenziert werden; die Beobachtung der Gründungsversammlung eines „Heimattreuen Vereins" in Schöneberg habe gezeigt, „daß von den Inspiratoren weniger Wert auf eine Zusammenfassung der in Berlin lebenden Umsiedler gelegt wird" als „vor allem darauf [...], Einfluß auf die in der Zone lebenden Umsiedler zu gewinnen"; der SED-Funktionär mutmaßte, daß diese Organisation sehr bald „über genügend Geldmittel und Propagandamöglichkeiten (RIAS, NWDR usw.) verfügen" und „sicher auch gewisse Verbindungswege innerhalb der Zone" besitzen würde; vgl. BAB, DO 1–7/71, SED, ZS, Plenikowski, an DVdI, Fischer, 11. 3. 1949; das daraus folgende, fast wortidentische Rundschreiben Fischers an die Länder in: BAB, DO 1–11/886, Bl. 6, DVdI, Dr. Fischer, an die MdI der Länder, 21. 3. 1949. Immer wieder bemerkte man die Ausstrahlung der RIAS-Argumentation auf in der DDR lebende Vertriebene; so etwa im März 1952 während einer Schulungsveranstaltung im sächsischen Schönbrunn, auf der der Zirkelleiter – „früher Angestellter des Bannes der Hitlerjugend" – die Grenzfrage wie folgt zusammengefaßt habe: „Wir Deutschen und besonders die Umsiedler müssen ihre wichtigste Aufgabe darin sehen, an die Vernunft und das Bewußtsein des polnischen Volkes zu appellieren, um die Oder-Neiße-Grenze zu revidieren. Wir müssen immer wieder fordern, daß die Menschen in ihre alte Heimat zurückkehren können." Damit habe er auf der Schulung „allgemeine Zustimmung" gefunden; seine Argumente habe er eingestandenermaßen teilweise vom RIAS bezogen; vgl. SAPMO, DY 30/IV 2/9.02/72, Bl. 130, AfI DDR, IK, Inform-Mitteilung I/138/52, 29. 3. 1952, Sonderbericht; im September desselben Jahres wurde auch dem Pfarrer des brandenburgischen Ortes Hohenferchesar unterstellt, seine Predigten „auf der Grundlage von RIAS-Argumenten" zu halten: „Er redet ‚von der verlorenen Heimat, und betont des öfteren, ‚der Frieden muß uns geschenkt werden'." Vgl. SAPMO, DY 30/IV 2/9.02/77, Bl. 52ff., insb. Bl. 57, AfI DDR, IK, Inform-Mitteilung II/221/52 vom 23. 9. 1952.

70 Vgl. nunmehr Schildt, Zwei Staaten – eine Hörfunk und Fernsehnation, insb. S. 62.

71 So der DVdI-Hauptabteilungsleiter und enge Mitarbeiter Fischers, Alfred Malz, auf einer Direktorenkonferenz der HAU; vgl. BAB, DO 2/32, Bl. 85ff., insb. Bl. 91, DVdI, HAU, Protokoll der Direktorenkonferenz am 23. 8. 1948, 22. 9. 1948.

sierung unterschieden die administrative Entwicklung in der SBZ fortan deutlich von jener der Westzonen[72]. Diese Prozesse reduzierten nicht nur den Einfluß bürgerlicher Blockpolitik, der bislang durch die mehrheitlich christdemokratischen Sozialminister der Länder garantiert worden war[73], sondern setzten erst recht die zuständigen SED-Regierungsfunktionäre selbst unter Druck: Die Länder hatten der Zentrale zu gehorchen, alle Verwaltungen zusammen wiederum dem zentralen SED-Parteiapparat. So wurde im November 1948 der Leiter der DVdI-Umsiedlerabteilung wegen einer offenbar nicht genügend eilfertigen und ausführlichen Berichterstattung von der Parteizentrale darüber belehrt, daß er es fortan mit einer „Partei neuen Typs" zu tun hatte; deshalb dürften künftig „besonders die leitenden Genossen aus den Verwaltungen nicht losgelöst von der Partei ihre Verwaltungsarbeit erledigen", sondern hätten sich vielmehr „in jeder Beziehung als Parteifunktionäre [zu] fühlen"[74]. In den folgenden Jahren sollten massive personelle „Säuberungen" den verbleibenden oder nachrückenden SED-Funktionären die entscheidende Lehre vermitteln, daß man sich der eigenen Parteiführung nicht mehr ungestraft widersetzte. Nicht zuletzt diese Kollektiverfahrung war eine Voraussetzung dafür, daß 1952/53 jenes widerspruchslose Ende der sozialpolitischen Dimension von Umsiedlerpolitik möglich wurde, das 1948/49 SED-interne Widerstände noch hinausgezögert hatten[75].

Damit sind wir beim dritten Element von Umsiedlerpolitik in der SBZ/DDR – ihrer *sozialpolitischen Dimension*. Blieb die Bodenreform für die meisten Vertriebenen ein ebenso unspezifisches wie uneingelöstes Soforthilfeversprechen[76], so gerieten die wirklich umsiedlerpolitisch zugeschnittenen Soforthilfemaßnahmen der SBZ schon kurz nach ihrem Beginn im Winter 1946/47 im Laufe des Jahres 1947 in schwere Krisen, die ihre Weiterführung ernstlich gefährdeten. Im Falle der einmaligen Barunterstützung für bedürftige Umsiedler, die bereits im Oktober 1946 durch den SMAD-Befehl Nr. 304 eingeleitet worden war[77], war dies eine schwere Finanzkrise, welche die ganze Dynamik des Hilfsprogramms abwürgte, wenngleich dieses bis Mitte 1949 noch schleppend fortgeführt wurde. Der SED-Versuch einer gesetzlich forcierten Hausratumverteilung wiederum stieß auf heftige soziale Widerstände innerhalb der „Altbürgerschaft" und wurde auf sowjetischen Druck rasch revidiert; in Thüringen, wo ein Hausratgesetz bereits verabschiedet worden war, blieb dieses

[72] Allein schon die vielzitierte Umressortierung der Sonderverwaltungen der Länder der SBZ von den Sozial- in die Innenressorts führte – verbunden mit der Überführung einer herabgestuften Sonder-Zentralverwaltung in die DVdI bzw. das spätere DDR-Ministerium des Innern – zu einer bruchlosen *Strukturangleichung*, wie sie im pluralistischen und zudem föderalen politischen System der Bundesrepublik nie zustande kommen sollte.

[73] Vgl. hierzu Schwartz, Zwischen Zusammenbruch und Stalinisierung, S. 72ff.; ab Frühjahr 1949 unterstanden die Nachfolgebehörden der Landesumsiedlerabteilungen statt dessen ausschließlich zur SED gehörigen Innenministern.

[74] Vgl. BAB, DO 2/4, Bl. 180f., SED, ZS, Abt. AS, Weck/Gräf, an DVdI, HAU, Vogt, 13. 11. 1948.

[75] Vgl. hierzu auch Schwartz, Apparate und Kurswechsel, S. 129ff.

[76] Vgl. hierzu ausführlich Bauerkämper, Die vorgetäuschte Integration; demgegenüber erscheint die „vertriebenenpolitische" Einschätzung der Bodenreform bei Ther, Deutsche und polnische Vertriebene, S. 171ff., als Überbewertung eines lediglich begrenzt vertriebenenrelevanten Phänomens.

[77] Vgl. Wille, SED und „Umsiedler", S. 93; Schwartz, Vertreibung und Vergangenheitspolitik, S. 179.

zwar in Kraft, aber in der administrativen Alltagspraxis weitgehend kraftlos[78]. „Daß die Machthaber in der SBZ wenig Respekt vor bestehenden Eigentumsrechten" gehabt hätten, was „der angestrebten Gleichstellung der Vertriebenen mit den Einheimischen" umso stärker „zugute gekommen sei"[79], sollte folglich besser nicht verallgemeinernd unterstellt werden. Im Gegenteil stieß eine derart respektlose Transformationspolitik in der Besatzungsgesellschaft auch an effektive Grenzen: Wer enteignen wollte und auch faktisch enteignete, konnte nicht das Privateigentum *an sich* zur Disposition stellen und – wie in der Hausratfrage – die Bevölkerungsmehrheit gegen sich aufbringen. Auch auf unserer Untersuchungsebene entfaltet sich die SBZ-Entwicklung als durchaus „widersprüchlicher Prozeß", der neben machtpolitisch durchgesetzten sozialen Entdifferenzierungstendenzen zugleich gegenläufige Elemente einer „Restituierung der Zivilgesellschaft" aufwies[80], die zumindest retardierende Wirkung entfalteten. Wurde im Bereich von Landwirtschaft und Industrie ab 1945 rücksichtslos enteignet, erhielten aus taktischer Rücksichtnahme der Herrschenden die 1946/47 kodifizierten Verfassungsgarantien des Privateigentums in der Hausratfrage tatsächlich weitreichende Geltung. Gesamtgesellschaftliche Differenzierung und Elemente zivilgesellschaftlicher sowie lebensweltlicher Autonomie konnten unter bestimmten Bedingungen in der SBZ durchaus noch zur Grundlage effektiver gesellschaftlicher Abwehrmechanismen gegen Zumutungen der Politik werden.

Spätestens seit diesen Erfahrungen war die Umverteilung von Privatbesitz für SMAD und SED-Führung kein ernsthaftes politisches Thema mehr, was eine sowjetzonale Lastenausgleichsdiskussion nach kurzem Aufflackern im Sommer 1948 rasch wieder enden ließ. Dieser Mangel an externer politischer Konkurrenz trug wiederum zur internen Niederlage der Lastenausgleichsbefürworter in der Ost-CDU Anfang 1949 bei[81]. Weder Lastenausgleich noch sozialrevolutionäre Umverteilung nach dem Muster der Bodenreform standen fortan auf der Agenda der SED; diese begnügte sich statt dessen seit Herbst 1948 mit der Hoffnung auf die künftige „Erfüllung und Übererfüllung" der Wirtschaftspläne, um „einen sich ständig verbessernden Lebensstandard" aller Bürger durch Wirtschaftswachstum zu sichern[82]. Ausschlaggebend dürfte der neue Standpunkt der SMAD-Finanzverwaltung gewesen sein, daß man „unter den heutigen Umständen [...] nur in der Lage" sei, „den hereingekommenen Ostflüchtlingen und den Bombengeschädigten einen Arbeitsplatz zu sichern", für kostenintensive Integrationshilfen hingegen keine Spielräume mehr habe[83]. Daraufhin konnten auch solche SED-Umsiedlerfunktionäre, die sich zuvor für einen Lastenausgleich in der SBZ engagiert hatten, in derartigen Forderungen nur noch das irrelevante „Geschrei des Westens" erkennen[84].

[78] Vgl. hierzu auch Schwartz, Der verhinderte Lastenausgleich.
[79] Vgl. Ther, Vertriebenenpolitik in der SBZ/DDR am Beispiel des Kreises Calau-Senftenberg, S. 162.
[80] Vgl. Meuschel, Legitimation und Parteiherrschaft in der DDR, S. 10f.
[81] Vgl. hierzu auch Schwartz, Der verhinderte Lastenausgleich.
[82] Vgl. BAB, DO 2/83, Bl. 358, Georg Chwalczyk, Lastenausgleich – wer zahlt?, in: Neues Deutschland, 14. 10. 1948.
[83] Vgl. ebenda, Bl. 309, DWK, HVF, Dr. Kaiser, an ZVU [i.e. DVdI, HAU], 1. 11. 1948.
[84] Vgl. eine diesbezügliche Äußerung des thüringischen Neubürgeramtschefs Kalinke in: ADL, LDPD/23038, Protokoll der Abschlußbesprechung zur Kreisüberprüfung im Landkreis Weimar am 10. 12. 1948, 14. 12. 1948.

In der Phase von 1948/49 verschärfte sich die bereits seit 1947 schwelende Krise sozialpolitisch ausgerichteter Umsiedlerpolitik dadurch, daß sie in eine *generelle* Krise der bisherigen sowjetzonalen Sozialpolitik einmündete. In dieser Hinsicht markierten Mitte 1948 SBZ-Währungsreform und forcierte Wirtschaftsplanung eine doppelte Zäsur: In den folgenden Jahren fokussierte eine sowjetisch verordnete rigorose Sparpolitik die knappen finanziellen Ressourcen weitgehend auf den schwerindustriellen Wiederaufbau, ohne daß daraus das intendierte substantielle Wirtschaftswachstum entstanden wäre[85]. Vor diesem Hintergrund wurde Sozialpolitik in der SBZ drastisch umstrukturiert, indem die insbesondere 1947 bewirkte sozialfürsorgerische Ausrichtung bewußt durch eine Unterordnung unter das Ziel optimaler Arbeitskräftelenkung wieder aufgegeben wurde[86]. Die in der SBZ erst im Sommer 1947 vereinheitlichten – und zumindest nominell dadurch oft erheblich angehobenen – Sozialfürsorgesätze wurden im Herbst 1948 faktisch wieder zurückgefahren; entsprechend muß die zwischen Ende 1946 und Ende 1948 erfolgte Halbierung der Gesamtzahl der Sozialunterstützten in der SBZ als fiskalische Maßnahme und nicht etwa als Indiz für einen objektiven Rückgang der Hilfsbedürftigkeit gewertet werden[87]. Doch nicht nur sozialfürsorgerische Leistungen, sondern auch die 1947 inaugurierten wirtschaftlichen Aufbaukredite für Neubauern, Umsiedlergenossenschaften sowie Vertriebene in Handwerk und Gewerbe, die freilich ohnehin bis zur Währungsreform nur begrenzte Wirkungen gezeitigt hatten[88], gerieten in den Strudel dieser Sparpolitik. Die beiden letzteren wurden Mitte 1949 eingestellt, der Neubauernkredit bei formeller Beibehaltung 1949/50 zeitweilig durch drastische finanzielle Einschnitte und Änderungen der Kreditkonditionen funktionsunfähig gemacht. Ähnlich wie sich die SED 1948/49 in der Grenzpolitik in einen „Mut zur Unpopularität" hineinsteigerte, tat sie dies zur selben Zeit – wiederum von den Sowjets getrieben – auch auf dem Felde der Sozialpolitik. Auch deshalb eskalierte im Sommer 1948 ein scharfer öffentlicher Konflikt zwischen SED und Ost-CDU. Der führende CDU-Wirtschaftspolitiker und mecklenburgische Minister Siegfried Witte warf der SED ausdrücklich vor, die Wirtschaft „einseitig vom Standpunkt des Industriearbeiters aus den Großbetrieben der Grundstoffindustrie" zu betrachten, obwohl die deutsche Wirtschaft ebensowenig allein aus exportorientierter Großindustrie bestehe wie das deutsche Volk aus Arbeitsfähigen. Der Christdemokrat insistierte darauf, daß wirtschaftliche und soziale Probleme unlösbar miteinander verbunden seien, und forderte vor diesem Hintergrund nicht nur einen besseren volkswirtschaftlichen Einsatz der Vertriebenen, die oft noch qualifikationsfern beschäftigt seien, sondern auch deren mittelfristige sozialpoliti-

85 Vgl. zu letzterem: Adomeit, Imperial Overstretch, S. 64.

86 Vgl. Hoffmann, Sozialpolitische Neuordnung in der SBZ/DDR, S. 119f.

87 Vgl. Boldorf, Fürsorgeunterstützung in Deutschland, S. 239ff.; ausführlich: ders., Sozialfürsorge in der SBZ/DDR.

88 Zu den Neubauernkrediten: Meinicke, Die Bodenreform und die Vertriebenen, S. 148; zu den Umsiedler-Produktivkrediten: BAB, DO 2/49, Bl. 129–133, insb. Bl. 131ff., MdI DDR, „Material über die Einbürgerung der Umsiedler in der Deutschen Demokratischen Republik unter besonderer Berücksichtigung der Umsiedler aus der CSR", o.D. [ca. 1952]; im Vergleich zu den Neubauernbaukrediten, die zwischen 1947 und 1953 eine Gesamtkreditsumme von 924,8 Millionen DM (Ost) erreichten, war das Volumen der gewerblichen Produktivkredite zwischen 1947 und 1949 marginal (insgesamt 4,2 Millionen Mark, von denen 3,3 Millionen an Umsiedlergenossenschaften gingen).

sche Sonderförderung. Solange ein Lastenausgleich nicht durchführbar sei, müsse man „die Produktion von Kleidung, Wohnungseinrichtung und Lebensbedarf vorzugsweise den Neubürgern und Heimkehrern zur Verfügung stellen, damit sie nicht länger in Waschküchen, Dachkammern und Abseiten in geliehenen Möbeln sitzen müssen". Der Beifall der versammelten CDU-Führung war darüber hinaus dem sachsen-anhaltischen Landesvorsitzenden Professor Fascher sicher, als dieser gegen die gängigen SED-Wirtschaftsparolen polemisierte und erklärte, man müsse schon „aus Grundsätzen der Humanität gegen das Prinzip auftreten: ‚Produziert mehr, dann habt ihr mehr zu essen'", denn „wer vor Hunger nicht stehen kann, kann nicht mehr arbeiten. [...] Erst kommt der Mensch, dann kommt das Schlagwort."[89] Gegen diese christdemokratischen Attacken bestärkte das Presseorgan der Blockpartei NDPD die einheitssozialistische Hegemonialpartei der SBZ in ihrem Mut zu sozialer Kälte: „Echte Wirtschaftspläne" seien nun einmal meist unpopulär, doch „diese Unpopularität" müsse durchgehalten und „getragen werden, weil uns nur solche Maßnahmen weiterhelfen, die das Übel auch an seiner Wurzel packen"[90]. Tat sich die SED mit der öffentlichen Verteidigung ihrer weithin unpopulären (und ohnehin heteronomen) Wirtschaftspolitik zwangsläufig schwer, so fiel es ihr um so leichter, die CDU-Opposition in den politischen Gremien der DWK rasch zu ersticken. Diese Erfahrungen erzeugten Bitterkeit und wirkten lange nach; noch im Winter 1949/50 sollte der sächsische CDU-Vorsitzende Hugo Hickmann heftig gegen die eben vergangene „Diktatur der DWK" polemisieren und die hochaktuelle Diktatur der SED damit meinen[91].

Die einzige in der Krise 1948/49 gelingende sozialpolitische Hilfsmaßnahme für Vertriebene bestand in der SBZ in der verstärkten Umverteilung von Wohnraum. Gerade in den beiden letzten anderthalb Jahren vor Gründung der DDR ebbte der Zustrom weiterer Vertriebener allmählich ab; zugleich gelang den sowjetzonalen Zentralbehörden durch forcierte, oft gegen den Willen von Landes- und Lokalinstanzen durchgesetzte Wohnraumkontrollen eine zweite Umverteilungswelle, durch die sich zwischen Herbst 1947 und Frühjahr 1949 die den Vertriebenen zur Verfügung stehende Wohnfläche verdoppelte[92]. Dieser im Vergleich zu Westdeutschland nicht geringe Umverteilungserfolg[93] änderte freilich nichts daran, daß auch danach die Pro-Kopf-Fläche für Vertriebene noch immer nur 50% des durch-

[89] Vgl. ACDP, 07/010/2491, CDU, HV, Protokoll der Sitzung des erweiterten Hauptvorstands am 29. 7. 1948, Reden Wittes und Faschers.

[90] Es sei zweifellos leichter, eine bessere Lebensmittelversorgung der Bevölkerung zu fordern, „als dafür einzutreten, daß Walz- und Stahlwerke gebaut werden, die zuerst einmal Eggen und Pflüge und Ackerschlepper produzieren"; „und doch ist hier allein das Schwerere [...] das Produktive." Vgl. ACDP, 07/013/2066, Plan und Gegenplan, in: National-Zeitung vom 6. 8. 1948.

[91] Vgl. ACDP, 03/035/001, CDU, LV Sachsen, Protokoll der Sitzung am 10. 2. 1950; auf diese Weise wurde dort der Sturz des bisherigen Landesvorsitzenden Hickmann kommentiert; zu den Vorgängen um Hickmann ausführlich: Richter, Die Ost-CDU, S. 222ff.

[92] Vgl. Schwartz, Vertrieben in die Arbeiterschaft.

[93] Vgl. Ther, Deutsche und polnische Vertriebene, S. 210; erst im Wohnungsneubau sei die SED-Politik in den fünfziger Jahren an der überlegenen westlichen Systemkonkurrenz völlig gescheitert.

schnittlichen Wohnraums der Einheimischen betrug[94]. Abgesehen von solchen Teilerfolgen von „Wohnraumpolitik“ blieb die durchaus ernstgemeinte, Ende 1948 ausgegebene Parole der SED-Führung, die SED müsse auch in der Umsiedlerpolitik „beweisen, daß unsere Ordnung [...] die bessere ist“[95], eine nahezu uneingelöste Zielvorgabe. Die Umsiedlerpolitiker der SED, die durchaus sozialpolitische Hilfen planten und sogar entsprechende Beschlüsse der SED-Führung herbeizuführen vermochten[96], sahen sich bei Realisierungsversuchen ihrer sozialpolitischen Agenda das ganze Jahr 1949 hindurch durch das Veto der SED-Wirtschafts- und Finanzexperten weitgehend blockiert[97].

Erst die politische Krise der SED-Politik im Jahre 1950 löste diese interne Politikblockade auf. Dazu trug zum einen die bereits erwähnte unpopuläre SED-Grenzpolitik bei, die damals mit dem Görlitzer Vertrag ihrem umstrittenen Höhepunkt zueilte. Doch auch die deutsch-deutsche Systemkonkurrenz, in der die westdeutsche Seite mit dem Soforthilfegesetz vom August 1949 erstmals sozialpolitisch die Führung übernommen hatte[98], ließ eine Neubelebung vertriebenenspezifischer Sozialpolitik geboten erscheinen. Das DDR-Umsiedlergesetz vom September 1950 war denn auch in vielem eine (wenn auch systemspezifische) Antwort auf vorangegangene westdeutsche Maßnahmen. Insbesondere die „Hausrathilfe“ des westlichen Soforthilfegesetzes erhielt mit dem „Wohnbedarfskredit“ der DDR ein gezieltes Pendant, das inhaltlich auf einst verworfene SED-interne Lastenausgleichspläne von 1948 zurückging, aber eben ein Kredit blieb und keine Entschädigungszahlung wurde[99]. Außerdem wurde die längst kriselnde Neubauernpolitik der SBZ/DDR, die bis dahin wenig Anlaß gegeben hatte, als „Vertriebenenpolitik“ mißverstanden zu werden[100], endlich als bevorzugte Vertriebenenförderung angelegt[101]: Neubau-

[94] Vgl. hierzu Wille, SED und „Umsiedler“, S. 101, sowie ausführlicher Schwartz, Vertrieben

[95] So die programmatische Rede des ZS-Abteilungsleiters Plenikowski vor den SED-Umsiedlerfunktionären der staatlichen Verwaltungen; vgl. BAB, DO 2/1, Bl. 213, DVdI, HAU, Büttner, „Bericht über die Besprechung im ZS der SED im Beisein der Leiter der Umsiedler-Ämter und der Landesleitungen der SED, Abteilung Umsiedler, am 3. 12. 1948 in Berlin“, 6. 12. 1948.

[96] Vgl. zu entsprechenden Beschlüssen des Kleinen Sekretariats des SED-Politbüros vom Mai 1949 sowie des SED-Politbüros vom April 1950: Hoffmann, Vertriebenenintegration durch Arbeitsmarktlenkung?, S. 189 f., der zu Recht darauf verweist, daß das Fehlen fester terminlicher Vorgaben zur inhaltlichen Unverbindlichkeit dieser Beschlüsse geführt habe.

[97] Vgl. etwa hinsichtlich der Frage staatlicher Hausrat-Ausstattungskredite für Vertriebene den Einspruch der SED-Wirtschaftsabteilung: SAPMO, DY 30/IV 2/13/388, SED, ZS, Abt. Wirtschaftspolitik, Stoph und Ul[brieg], an Abt. Staatliche Verwaltung, 5. 9. 1949, nebst Anlage: Stellungnahme der Abt. Wirtschaftspolitik zu Umsiedlerkrediten, 5. 9. 1949.

[98] Vgl. ausführlich zum Soforthilfegesetz: Wiegand, Der Lastenausgleich, S. 55 ff.

[99] Vgl. Schwartz, Der verhinderte Lastenausgleich.

[100] So jedoch Ther, Deutsche und polnische Vertriebene, mit beinahe imponierender Hartnäckigkeit.

[101] Vgl. etwa zum seitdem auf Vertriebene konzentrierten Neubauernbauprogramm: Meinicke, Die Bodenreform und die Vertriebenen, S. 147 ff.

ernbaukredite, Anschaffungskredite für Milchvieh und Abgabeerleichterungen sollten die von massenhafter Abwanderung bedrohten Vertriebenenhöfe gezielt subventionieren. Hinzu trat ein neu aufgelegter Kredit für selbständige Umsiedler-Handwerker, der sehr viel größeren Zuspruch fand als sein oben erwähnter Vorläufer der Jahre 1947/49: Von immerhin 6500 Selbständigen in Anspruch genommen[102], dürfte er – da gesetzlich auf höchstens 5000 Mark begrenzt[103] – ein Gesamtvolumen von bis zu 32,5 Millionen Mark erreicht haben, was bescheiden genug ausfiel, dasjenige der früheren Produktivkredite aber fast um das Achtfache übertraf. Versuchte die DDR auf dem Gebiet der Wirtschaftsförderung mit der Bundesrepublik noch zu konkurrieren, erhielt jedoch die westdeutsche „Unterhaltshilfe" für alte und arbeitsunfähige Vertriebene[104] im DDR-Umsiedlergesetz bezeichnenderweise keinerlei Gegenstück mehr. Nach der sozialpolitischen Krise von 1948/49 war Vertriebenenförderung in der DDR nur noch als eindeutig *wirtschaftsorientierte Hilfe zur Selbsthilfe* praktikabel, während das sozialfürsorgerische Element kaum noch eine Rolle spielte.

Die sozialpolitische Dimension von Umsiedlerpolitik hatte in der SBZ/DDR somit eine weitaus wechselvollere Geschichte als deren systemintegrative oder repressive Elemente. Läßt sich bei letzteren 1948/49 nur eine geradlinige Intensivierung bereits zuvor angelegter Entwicklungstrends erkennen, war die vertriebenenrelevante Sozialpolitik nämlich von fortwährenden und schwerwiegenden Zielkonflikten geprägt, die zwischen 1948 und 1953 mehrfach zu drastischen politischen Kurswechseln führten. Letztlich bewegte sich die sozialpolitische Dimension von Umsiedlerpolitik stets im Spannungsfeld einer SED-Politik, die zwischen Sozialstaatsziel und Priorität einer Arbeits- und Leistungsgesellschaft heftig hin und her schwankte. Am Ende nahmen die Sowjets und die Finanzlage der SED die Entscheidung ab. Die Sozialpolitik hätte vielleicht bessere Chancen gehabt, wenn es in der SBZ/DDR eine klare Priorität gesamtdeutscher Systemkonkurrenz gegeben hätte. Doch weder in der Grenzfrage noch in der Sozialpolitik waren die gesamtdeutschen Auswirkungen der sowjetzonalen Umsiedlerpolitik für deren Protagonisten ab 1948/49 noch prioritär: Was wirklich zählte, war die politische und wirtschaftliche *Ost-Integration* der SBZ/DDR, die über forcierte Grenzanerkennung und Schwerindustrialisierung erreicht werden mußte und der sich alles übrige unterzuordnen hatte.

Zusammenfassend bleibt festzuhalten: 1948/49 geriet die Umsiedlerpolitik in der SBZ/DDR in eine grundlegende, mehrdimensionale Krise, weil zentrale Interessen der Vertriebenen mit zentralen politischen Zielen der Sowjets und der SED-Führung unvereinbar wurden und entsprechend vehement kollidierten. Im Gegensatz zu den meisten Betroffenen wünschten die Machthaber zu diesem Zeitpunkt eine rasche und endgültige Anerkennung der Oder-Neiße-Grenze. Sie zielten überdies auf eine Unterdrückung der wachsenden, zunehmend vernetzten und durch westliche Parallelentwicklungen beeinflußten Tendenzen zur Selbstorganisation und po-

102 Vgl. BAB, DO 2/49, Bl. 129–133, insb. Bl. 133, MdI DDR, „Material über die Einbürgerung der Umsiedler in der Deutschen Demokratischen Republik unter besonderer Berücksichtigung der Umsiedler aus der CSR", o.D. [ca. 1952].

103 Vgl. GBl. DDR 1950, S. 971 ff.

104 Vgl. ausführlicher: Wiegand, Der Lastenausgleich, S. 102 ff.

litischen Interessenartikulation, ja sogar des bislang akzeptierten Sonder-Bewußtseins der „Umsiedler"-Gruppe in der Bevölkerung überhaupt. Desgleichen wünschten starke Kräfte in der SMAD und der SED-Führung eine Einstellung der zwangsläufig stark konsumorientierten und kostenintensiven sozialpolitischen Hilfsmaßnahmen für Vertriebene, die mit den übergeordneten Prioritäten von Sparpolitik und Wirtschaftsplanung nicht mehr kompatibel schienen.

Wenn man den Krisen-Begriff historischen Prozessen vorbehalten will, „die durch Störungen des vorherigen Funktionierens politisch-sozialer Systeme entstehen und dadurch gekennzeichnet sind, daß die systemspezifischen Steuerungskapazitäten nicht mehr ausreichen, sie zu überwinden"[105], wird man abschließend der sowjetzonalen Umsiedlerpolitik im Vorfeld der DDR-Gründung 1948/49 erhebliche Krisensymptome attestieren, die auf solche Funktionsstörungen zurückgehen; zugleich verdichteten sich diese Krisensymptome für das sich etablierende SED-Regime jedoch nicht zu einer ernsthaften politischen Krise, da letzteres offensichtlich (mit sowjetischer Rückendeckung) über hinreichende Steuerungskapazitäten verfügte. Insofern war die 1948 eingeleitete umsiedlerpolitische Wende der sowjetzonalen Machthaber zum großen Teil, wenn auch nicht vollständig erfolgreich. Es gelang, die Anerkennung der Ostgrenzen durch das zunehmend gleichgeschaltete politische System der DDR 1950 durchzusetzen, wobei man in Kauf nehmen mußte, daß diese Anerkennung in großen Teilen der Bevölkerung zunächst nicht mitvollzogen wurde. Es gelang des weiteren, die bisherigen staatlichen Sonder-Institutionen von Umsiedlerpolitik (Sonderverwaltungen und beratende Ausschüsse) ersatzlos aufzulösen oder erheblich umzustrukturieren; eine gewisse Eigenwilligkeit der umsiedlerpolitischen Netzwerke blieb gleichwohl noch für gewisse Zeit erhalten und trug zur Widersprüchlichkeit der unmittelbar folgenden sozialpolitischen Entwicklung bei[106]. Es gelang schließlich auch, Ansätze eigenständiger Selbstorganisation der Vertriebenen in der SBZ/DDR wirksam zu unterdrücken; dies begrenzte dissidente Kommunikation und Aktion auf den kirchlichen Schutz- und Schonraum sowie auf informelle Gruppenzusammenhänge, wo sie allerdings mindestens bis zum Mauerbau nie völlig unterbunden werden konnten.

Setzte sich auf all diesen Feldern die ab 1948 forcierte politische Linie auch gegen heftige gesellschaftliche Reserven wenn nicht vollständig, so doch (aus Systemperspektive) hinreichend durch, so verlief die Entwicklung im Bereich der Vertriebenen-Sozialpolitik – und damit im Kern dessen, was die Zeitgenossen unter „Umsiedlerpolitik" verstanden – sehr viel widersprüchlicher. Auch hier war die bisherige Politik 1948/49 von maßgeblichen Gruppen in SMAD und SED grundsätzlich in Frage gestellt worden, doch im Unterschied zu den übrigen Politikfeldern setzte sich in der Frage einer vertriebenenspezifischen Sozialpolitik keine einheitliche politische Linie durch. Statt dessen entstand in zähen Konflikten, bei denen SED-Umsiedlerexperten, aber auch der parteipolitische *Rest-Pluralismus* in der SBZ kontinuitätssichernde Funktion hatten, seit Ende 1948 eine Pattsituation zwischen Befürwortern und Gegnern der „Weiterführung" sozialpolitischer Sonderhilfen. 1950 mündete dieser mühsame SED-interne Kompromiß unter sowjetischer Einflußnahme mit dem DDR-Umsiedlergesetz in ein neues sozialpolitisches Hilfs-

[105] Vgl. nochmals Vierhaus, Zum Problem historischer Krisen, S. 328f.
[106] Vgl. Schwartz, Apparate und Kurswechsel, vor allem S. 117ff.

programm für Vertriebene, das allerdings weitestgehend auf wirtschaftsfördernde Maßnahmen für bestimmte Berufsgruppen zugeschnitten war, für die Mehrheit der Vertriebenen lediglich einen konsumtiven Ausstattungskredit für Mobiliar und Hausrat anbot und auf besondere Hilfen für alte und arbeitsunfähige Menschen sogar gänzlich verzichtete. Vertriebenenrelevante Sozialfürsorge wurde nach der Zäsur von 1948/49 folglich ebensowenig fortgesetzt wie eine zuvor auch SED-intern diskutierte Lastenausgleichspolitik. Und auch die sozialpolitischen Sondermaßnahmen des Umsiedlergesetzes wurden bereits nach wenigen Jahren 1952/53 wieder eingestellt. Vielleicht ist dieses rasche Ende von Vertriebenenförderung in der DDR auch einer negativen Interessenkoalition zwischen SED-Herrschaft und alteingessener Mehrheitsgesellschaft zuzuschreiben. Letztlich jedoch bleibt für das vertriebenenspezifische *Politikdefizit* der DDR deren grundlegendes *Demokratiedefizit* entscheidend, das auch den Vertriebenen eine interessenpolitische Partizipation jenseits von Bitten und Eingaben an eine zunehmend abgehobene SED-Obrigkeit systematisch vorenthielt.

In allen drei Dimensionen von Umsiedlerpolitik erklärt somit die grundlegende Systemdifferenz zwischen Ost und West die seitherige Politikdifferenz. Gerade ab 1948/49 war die westdeutsche Vertriebenenpolitik auch aktiv mitbestimmte „Politik der Vertriebenen" selbst[107] geworden, während in der SBZ/DDR das umsiedlerpolitische Handeln oder Nichthandeln zum Dispositiv eines zunehmend kleineren Kreises sowjetischer und einheitssozialistischer Funktionäre geriet. Die inhaltlichen Unterschiede dieser Systemdifferenz sind erheblich: Das langfristige, letztlich bis 1990 reichende Offenhalten der Grenzfrage, erst recht aber die umverteilende Lastenausgleichspolitik in der Bundesrepublik sind – unbeschadet ihrer inhärenten Grenzen und Widersprüche – ohne die politische Partizipation organisierter Vertriebeneninteressen nicht plausibel zu machen. In der DDR-Diktatur hingegen wurde Politik zunehmend „autopoietisch", als sie auf Rückkoppelungen aus der Gesellschaft völlig verzichten zu können glaubte[108] und damit blindlings in die Krise des 17. Juni 1953 stolperte; vielleicht wurde diese Politik zugleich aber auch in gewisser Weise opportunistisch, als sie die Minderheitsinteressen der Vertriebenen nicht nur den eigenen politischen Prioritäten und Zwängen, sondern zugleich auch dem „Sozialneid" und Umverteilungsunwillen der DDR-Mehrheitsgesellschaft opferte. Im Ergebnis jedenfalls blendete die DDR-Politik – im krassen Unterschied zur Bundesrepublik – die grenzpolitische Dimension von Umsiedlerpolitik schon 1950, deren gruppenspezifische sozialpolitische Dimension nur wenig später aus. Während in der Bundesrepublik der fünfziger Jahre Vertriebenenpolitik einen erheblichen Beitrag zur sozialpolitischen Integration der dortigen Nachkriegsgesellschaft zu leisten vermochte[109], schrumpfte DDR-Umsiedlerpolitik, sofern von

[107] Bauer, Flüchtlinge und Flüchtlingspolitik in Bayern, S. 251, spricht von einer „Flüchtlingspolitik als Politik der Flüchtlinge".

[108] Vgl. die gegen Luhmanns systemtheoretischen Ansatz gerichtete polemische Feststellung bei Münch, Risikopolitik, S. 85f., die Frage, „ob moderne demokratische Systeme dem Modell der Autopoiesis entsprechen", sei „mit einem klaren Nein zu beantworten, soweit es sich um leistungsfähige Systeme handelt"; hingegen tendierten solche „Systeme, die zur reinen Machtpolitik degenerieren", zum „Modell der Autopoiesis", müßten dies jedoch „mit großen Defiziten bezahlen".

[109] Vgl. hierzu Hockerts, Integration der Gesellschaft.

einer solchen nach 1953 überhaupt noch sinnvoll die Rede sein kann, auf die Überwachungsperspektive der SED-Repressionsorgane zusammen. Deren autopoietische Betriebsblindheit tendierte bis zum Zusammenbruch des SED-Regimes zu einer grotesken Überschätzung der Bedrohlichkeit jener westdeutschen Vertriebenenverbände, die in der bundesrepublikanischen Politik längst entscheidend an Einfluß verloren hatten, denen jedoch die DDR-Staatssicherheit in jahrzehntelanger Bespitzelung unverdrossen die Treue hielt[110]. Noch unmittelbar vor dem vierzigsten Jahrestag seiner Gründung fühlte sich das politische System der DDR durch in West-Berlin angeblich „geplante Maßnahmen von Feindorganisationen" herausgefordert, die „aus Anlaß des sog. ‚40. Tages der Heimat' (10. 9. 89)", den die Vertriebenenverbände der Bundesrepublik regelmäßig begingen, „als Provokation gegen die DDR" inszeniert werden sollten. An diesem Tage befürchtete nämlich die „Hauptverwaltung Aufklärung" des DDR-Staatssicherheitsministeriums nicht nur einen Schweigemarsch von DDR-Kirchengruppen in Richtung Brandenburger Tor sowie ZDF-Fernsehinterviews mit DDR-Kirchenvertretern über „Probleme der ‚Fluchtwelle' aus der DDR", sondern ebenso die „Durchführung einer Demonstration des ‚Berliner Landesverbandes der Vertriebenen' in der Nähe der Staatsgrenze der DDR", wobei auf Plakaten Forderungen „nach Reformen in der DDR" erhoben werden sollten[111]. Die hier zum Ausdruck gelangende Abqualifizierung innergesellschaftlicher Konflikte als angebliche Umtriebe westlicher „Feindorganisationen" hatte im SED-Regime eine unheilvolle Tradition, konnte jedoch im Sommer 1989 nur noch schwer darüber hinwegtäuschen, daß die Legitimationskrise des SED-Regimes hausgemacht war und keiner Fremdsteuerung bedurfte. Uneinsichtige Repression innergesellschaftlicher Kritik und zunehmend isolationistische Ablehnung der sowjetischen „Perestroika" waren die selbstverschuldeten, verschärfenden Elemente der Krise von 1989. Nur einen Tag nach dem von der DDR-Staatssicherheit so gefürchteten West-Berliner „Tag der Heimat" brachen in Ungarn die Dämme zugunsten vieler ausreisewilliger DDR-„Republikflüchtiger", was „jedem Klarsichtigen" vor Augen führte, „daß das Honecker-Regime am Ende war"[112]. Nicht die Vertriebenenfrage spielte in der finalen Krise der SED-Herrschaft in der DDR eine Rolle, sehr wohl aber jenes grundlegende Demokratiedefizit, das dieses Regime von jeher gekennzeichnet und auch dessen kurzfristige Umsiedlerpolitik sehr bald erstickt hatte.

110 Vgl. etwa BStU, Archiv der Zentralstelle, MfS HA XX ZMA Nr. 663, Bl. 5–112, hier Bl. 12, MfS DDR, HVA, Abt. II, Objektauskunft zum revanchistischen Dachverband ‚Bund der Vertriebenen – Vereinigte Landsmannschaften und Landesverbände' e.V. (BdV). Stand: Juni 1989, 1. 7. 1989.

111 Vgl. ebenda, Bl. 290, MfS DDR, HVA, Abt. IX, Information über geplante Maßnahmen von Feindorganisationen gegen die staatliche Sicherheit der DDR, Sept. 1989.

112 Vgl. Jäger, Die Überwindung der Teilung, S. 16f.

Gert Geißler

Vom Zurückbleiben der Schulreform

Bemerkungen zum Bildungswesen im Umkreis der Staatsgründung der DDR

1. Bildungspolitische Ambivalenzen

Es ist schwer zu sagen, in welchem Maße die Gründung der Deutschen Demokratischen Republik in den Bildungsverwaltungen bereits am 7. Oktober 1949 wie später üblich etwa durch Feierstunden oder Festveranstaltungen gewürdigt worden ist. Obschon Schulpolitiker der SED seit Frühjahr 1948 vom Beginn einer „zweite[n] Phase der Verwirklichung der Schulreform" sprachen, die durch die Festigung deren Fundaments und „die Lösung der viel schwierigeren Probleme ihres Organisationsaufbaus und ihrer inneren Gestaltung"[1] gekennzeichnet sei, bestand keine Veranlassung, diese Phase mit dem Ereignis des 7. Oktober 1949 als erfolgreich abgeschlossen feiern zu können. Offizielle Verlautbarungen der provisorischen Regierung betonten demgemäß die Kontinuität bisheriger Bildungspolitik. Das entsprach der Verfassung der DDR und den in sie eingegangenen grundlegenden bildungspolitischen Bestimmungen der Länderverfassungen und des „Gesetzes zur Demokratisierung der deutschen Schule"[2] von 1946. Das Regierungsprogramm vom 12. Oktober 1949 kündigte an, vornehmste Aufgabe werde es sein, „die begonnene demokratische Schulreform fortzusetzen". In diesem Sinne äußerte sich auch der Minister für Volksbildung, Paul Wandel. Man werde die geistigen Grundlagen der Schulreform „weiter" klären, die Qualität der Lehrerbildung verbessern, die Leistungen der Schulen heben, „noch entschiedener" den Kindern des werktätigen Volkes den Weg zur Bildung freimachen, die Rückständigkeit der Landschule überwinden und die Neugestaltung des Berufsschulwesens weiterführen[3].

Keines der genannten bildungspolitischen Ziele war neu. Hier und da überspannten Erwartungen trat zudem Wolfgang Groth[4] als Vertreter des Referats Schulen in

[1] Deutsches Institut für Internationale Pädagogische Forschung/Bibliothek für Bildungsgeschichtliche Forschung/Archiv (DIPF/BBF/Arch), Siebert 74, Bl. 23, Entwurf der Leitsätze zur Schulpolitik, Hans Siebert, 12. 4. 1948.

[2] Dieses Gesetz erging in den Ländern und Provinzen der SBZ zwischen dem 22.5 und 12. 6. 1946 als Präsidialerlaß. Vgl. Gesetz zur Demokratisierung der deutschen Schule, in: Dokumente zur Geschichte des Schulwesens, S. 207–210.

[3] Interview mit Paul Wandel, in: die neue schule 4 (1949), S. 732.

[4] Groth, Wolfgang (10. 7. 1901–2. 12. 1977), geboren als Sohn eines Gerichtsassistenten in Neuruppin; Lehrer, 1920 USPD, dann SPD, Parteiredner, Redakteur der Volkszeitung in Wittenberge; 1933 aus dem Schuldienst entlassen, ein Jahr Gefängnis wegen Beleidigung eines Naziführers, Polizeiaufsicht, Arbeitslosigkeit, Dienstverpflichtung in der Rüstung;

der Abteilung Kultur und Erziehung des Zentralsekretariats der SED entgegen, indem er erklärte, „daß die demokratische Schulreform nicht einen Versuch darstellen" könne, „ein sozialistisches Schulwesen in einer nichtsozialistischen Gesellschaft zu konstruieren"[5]. Damit schien die 1945 von Fred Oelßner geäußerte Auffassung, daß es sich bei der Schulreform um eine „demokratische" Reform handele und es „unsinnig" sei, „mit dem Sozialismus bei der Schule anzufangen"[6], durchaus lebendig.

Tatsächlich war das Bildungswesen der gerade proklamierten DDR mit „sozialistischen" Verhältnissen, die deutsche Kommunisten gewöhnlich in der UdSSR als vorbildhaft gegeben ansahen, trotz mancher Annäherungen noch nicht im Wesenseinklang. Es stand in einer Gesellschaft, deren bisherige sozialökonomische Grundlagen zwar erschüttert, aber noch keineswegs im Sinne marxistisch-leninistischer Sozialismusvorstellungen umgewälzt waren. Vormalige milieu- und schichtenspezifische Sozialisationen und Bildungsaspirationen wirkten konfliktvoll im und auf ein Bildungswesen, dessen in manchem neue Zugänge bislang nur bedingt bestehende Verhältnisse hatten ändern können. Einflußnahmen auf die soziale und politische Zusammensetzung der Auszubildenden und Lehrenden fanden zwar statt, jedoch wuchs dem neuen Staat trotz Privilegierung der Lernenden und Studierenden aus bisher an den höheren Bildungseinrichtungen nur randständig vertretenen Bevölkerungsschichten über die auffällige Gruppe der politischen Aktivisten hinaus vorerst kaum mehr als eine bestenfalls loyale Dienstklasse zu. Die Beherrschung der Bildungseinrichtungen durch Leitungen der SED und ergänzend durch die der Massenorganisationen wie FDJ und FDGB stand trotz sprunghaft angestiegener Mitgliederzahlen in den Anfängen. Konturen eines solchen Systems begannen am ehesten im allgemeinbildenden Schulwesen und in den gesellschaftswissenschaftlichen Lehrbereichen der Universitäten hervorzutreten. Politisierung und Ideologisierung hatten an den meisten Bildungseinrichtungen für Lehrende und Lernende zwar mit allgemeinen Pflichtveranstaltungen und für politisch Organisierte mit verschiedenen Schulungen begonnen; eingreifende Veränderungen des Lehr- und Lernangebots und mehr als gelegentliche ideologisch-weltanschauliche Umkleidung herkömmlicher fachlicher Substanz waren damit aber nicht erreicht. Die staatlichen Verwaltungen befanden sich in der Umstrukturierung. Zentrale, regionale und kommunale Instanzen griffen nur lose ineinander. Auch die Integration der verschiedenen Bildungsbereiche in einem einheitlichen System stand trotz der Schaffung einer gemeinsamen achtjährigen Gundschule aus. Wenn auch durch die proklamierte Trennung von Schule und Kirche in ihren herkömmlichen Wirkungsmöglichkeiten radikal geschmälert, behielten die Kirchen Positionen im öffentlichen Bildungswesen vornehmlich durch das Theologiestudium, den in Räumen der Schulen von ihnen veranstalteten Religionsunterricht sowie die Trägerschaft von Kindergärten und von Heimen. Zugleich verfügten sie über ein eigenes Ausbildungswesen.

1945 KPD, Schulleiter, erster Kreisschulrat in Oelsnitz, Besuch der Landesparteischule der SED in Sachsen, April 1949 politischer Mitarbeiter beim ZK der SED, November 1950 Leiter der Hauptabteilung für Unterricht und Erziehung im MfV der DDR, Mai 1954 bis 1964 Leiter des Pädagogischen Instituts Berlin-Köpenick, danach des Hauses des Lehrers am Alexanderplatz in Berlin.

[5] Vgl. Wolfgang Groth, Klarheit in der Diskussion, in: die neue schule 4 (1949), S. 732.

[6] So Fred Oelßner am 16. 11. 1945, zitiert nach Keiderling, Wir sind die Staatspartei, S. 323.

Eine „neue“, der „demokratischen Schulreform“ einheitlich zuarbeitende Pädagogik war trotz mancher wissenschaftlicher Bemühungen und politischen Mahnungen nicht entstanden. In der Lehr- und Unterrichtspraxis blieb die offiziell weitgehend, aber nicht gänzlich verworfene Reformpädagogik ebenso wirkungsmächtig wie die traditionelle Schulpädagogik, auch wenn Rückbesinnung lediglich auf das progressive nationale Erbe des 19. Jahrhunderts erfolgen sollte. Auch mangels eigener Produktivität[7] wurden zunehmend neuere Werke sowjetischer Pädagogen bedeutsam. Obgleich vor allem damit erste Bilder von einem „neuen Menschen“ auftauchten, in der Folge hier und da bald auch Versuche zur Kollektiverziehung aufkamen, bestand alles andere als ein durchorganisierter Erziehungsraum, zu dem etwa auch die Verbindung von Schule und Betrieb und die Einbindung der Familie gehört hätte. Noch relativ leicht, gestützt auch auf einen Teil der neuen Lehrerschaft, ließen sich staatliche Erziehungsansprüche in den Grundschulen geltend machen. Das war aus verschiedenen Gründen weit weniger möglich in den Ober- und Berufsschulen. Kaum zu erreichen war die berufstätige Jugend, noch weniger jugendliche Arbeitslose. An einigen Hoch- und Fachschulen kam es zu offenen Konfrontationen, während etwa in Neulehrerkursen politische Vorkommnisse randständig blieben.

Die im Auftrag der SMAD für die Koordination des Bildungswesens der fünf Länder der SBZ tätige Deutsche Verwaltung für Volksbildung (DVV) erhielt von der Besatzungsmacht trotz wiederholter Nachfragen weder Statut noch Weisungsrecht. Angesichts des in den Westzonen gerade auf kulturpolitischem Gebiet betonten Föderalismus sollte sowjetischerseits offenbar der Eindruck politischer Strukturveränderungen, administrativer Vereinheitlichung und der Vorbereitung einer eigenständigen deutschen Staatsbildung in der SBZ zumindest im Bildungswesen vermieden werden. Damit blieb das Bildungswesen auch einer der Bezugspunkte für eine gegenüber dem Westen in Deutschland eher kooperationsbereite Richtung sowjetischer Nachkriegspolitik. Zwar konnte sich durch interne Regularien und die Einwirkung der SMAD die DVV gegenüber den Ländern mehr und mehr durchsetzen, jedoch vollzog sie die seit Februar 1948 allgemein einsetzende Zentralisierung des Verwaltungsapparats nur bedingt mit[8].

[7] Von sowjetischer Seite wurde schon 1946 das Fehlen eines Pädagogischen Lehrbuchs bedauert; es sei „höchste Zeit, ein solches zu verfassen“ (DIPF/BBF/Arch, Deiters 15, Ausführungen Herrn Schabalows von der SMA zum Pädagogischen Manifest, 25.10. 1946). Bereits seit Februar 1946 lag die Grobgliederung eines dreibändigen Handbuches der Lehrerbildung vor BAB, DR 2/179, Bl. 77, Handbuch der Lehrerbildung, 21. 2. 1946), und seit Juni 1946 bestand eine Kommission aus Vertretern der Schulabteilung der DVV und des Verlages Volk und Wissen, die sich mit der Fortführung des Projektes befassen sollte (BAB, DR 2/179, Bl. 76, Deiters an Marquardt, 4. 7. 1946). Ein solches deutsches Pädagogik-Lehrbuch kam trotz verschiedener Ansätze nicht zustande. Ein seit 1949 vom Verlag Volk und Wissen geplantes „Sachwörterbuch für Pädagogik“ (DIPF/BBF/Arch, Siebert 74, Bl. 63, Protokoll über die Pädagogische Arbeitstagung zu Leipzig am 31.3. und 1. 4. 1949) erschien als „Kleine Pädagogische Enzyklopädie“ erst 1960 im Deutschen Verlag der Wissenschaften; das gleichfalls geplante „Wörterbuch für Grundschulmethodik“ als „Didaktik“ im Jahre 1959 bei Volk und Wissen. Bis dahin wurden ausschließlich sowjetische Lehrbuchübersetzungen in der Lehrerausbildung eingesetzt.

[8] Nach eigener Einschätzung vom Februar 1949 war etwa die Schulabteilung der DVV noch immer nicht in der Lage, „eine zentrale schulpolitische Führung“ zu gewährleisten und hinreichend „die Interessen der gesamten Zone zu vertreten“. Geschuldet sei das „mangelnder

2. Selbstwahrnehmung

Hinsichtlich des Herrschaftsanspruchs der SED[9] zeigten sich vor allem für das Bildungswesen erhebliche Realisierungsprobleme. Im Juli 1948 konstatierte der stellvertretende SED-Vorsitzende, Walter Ulbricht, mit Blick auf die Gesamtpartei, „daß zwischen Partei und der Klasse fast kein Unterschied und keine Grenze" bestehe, daß – einschließlich der antisowjetischen – „alle Argumente, die in der Arbeiterklasse und bei den Werktätigen gang und gäbe" seien, auch in den „Parteimitglieder- und Funktionärsversammlungen auftreten". Das bedeute, daß die Partei „noch nicht die führende Partei der Arbeiterklasse" sei, daß „sie dieselben Schwankungen" zeige, „die innerhalb der Arbeiterklasse und den Werktätigen vorhanden" seien. Es gebe Genossen, „die, nachdem sie in der Verwaltung stehen, jede Verbindung mit der Partei verloren" hätten. Jedoch dürfe sich eine „Verbürgerlichung des sozialistischen Teils des Verwaltungsapparats" nicht – wie in der Weimarer Republik – „ein zweites Mal vollziehen"[10]. Vertreter einer offen parteipolitischen Ausrichtung der Schulpolitik artikulierten sich nun auch in der DVV. Sie bemängelten, daß insbesondere in deren Schulabteilung „die führende Rolle der SED nicht verwirklicht" sei und „keine einheitliche Auffassung über den Charakter der sozialistischen Taktik im Zeitalter der demokratischen Schulreform" bestehe. In der DVV herrsche eine „Gruppe von Opportunisten", die sich „im Schlepptau der Ereignisse bzw. der SMAD" befänden. Es gebe „keine Führung, keine Initiative, keine Klarheit"[11]. Auf einer Arbeitstagung der Abteilung Kultur und Erziehung des Zentralsekretariats vom 7. bis 9. September 1948 forderte Ulbricht insbesondere eine stärkere Durchsetzung der „führende[n] Rolle der Partei" in den Volksbildungsministerien. Er kennzeichnete die Lehrer als „weitgehend von feindlichen Auffassungen beeinflußt", besonders werde „die Rolle der Partei und der Sowjetunion nicht verstanden"[12].

Im engeren Kreis der für Bildungsfragen zuständigen SED-Funktionäre war es vor allem Hans Siebert[13], der bei nahezu jeder Gelegenheit den Führungsanspruch

Unterlagen", einer fehlenden „zentralen Planung und Statistik", dem mangelhaften Berichtswesen und „sehr unterschiedlicher Handhabung in Fragen der Durchführung der Schulreform in den Ländern". Die Sitzung der Schulabteilungsleiter der Länder müsse das Recht erhalten, Beschlüsse zu fassen, „die nach ihrer Bestätigung durch den Präsidenten und die Min.-Konferenz bindend für die ganze Zone sind" (SAPMO, DY 30, IV 2/905/74, Vorlage der DVV für die Sitzung der Leiter der Schulabteilungen der Länder am 17./18. 2. 1949, Richtlinien für die Verbesserung der Zusammenarbeit zwischen der DVV und den Volksbildungsministerien, 8. 2. 1949).

9 Siehe zu den nachfolgend skizzierten Entwicklungen ausführlich auch Geißler, Das schulpolitische System, S. 1–91.

10 SAPMO, DY 30, IV 2/1/50, Bl. 14, Stenographisches Protokoll der 12. (26.) Tagung des Parteivorstandes der SED vom 29. und 30. 7. 1948.

11 DIPF/BBF/Arch, Sothmann 35, Notizen zu einer Diskussionsrede (vorgesehen für den 3. Pädagogischen Kongreß, nicht gehalten), 9. 8.1948.

12 Vgl. Ulbricht, Zur Geschichte der deutschen Arbeiterbewegung, Bd. III, S. 571, 574 f.

13 Siebert, Hans (20. 7. 1910–7. 4. 1979); geboren in Niedervellmar bei Kassel; Volksschullehrer, 1931 KPD, April 1933 verhaftet, 1936 englische Emigration, September 1947 Rückkehr nach Deutschland; Hauptreferent für Schul- und Erziehungsfragen in der Abteilung Parteischulung, Kultur und Erziehung beim ZS der SED, Dezember 1948 Leiter der Schulabteilung in der DVV, 15. 9. 1949 Gründungsdirektor des Deutschen Pädagogischen Zentralinsti-

der SED proklamierte und besonders nachdrücklich für eine Revision der noch weithin von Reformpositionen aus der Weimarer Republik durchzogenen Pädagogik und Schulpolitik eintrat. Mit der Arbeit der Abteilung Kultur und Erziehung sei er, wie er im Mai 1948 an Wandel schrieb, „im allgemeinen äußerst unzufrieden". Seitens der Partei eine „wirkliche Unterstützung" der Schulverwaltung zu erreichen, sei „unter den gegenwärtigen Verhältnissen unmöglich". Es zeige sich, „daß es noch keine genügend klare Auffassung über unsere gegenwärtige Kulturpolitik" gebe[14].

Damit blieb Siebert darauf angewiesen, weitgehend im Alleingang, getrieben von „langjährigen Parteierfahrungen", „konkrete Vorschläge" zu entwickeln. Mit ihrer Diktion und Rigorosität unterschieden sich seine Vorschläge und Entwürfe deutlich von der noch relativ offenen Politik der SED in anderen Kulturbereichen. Im Februar 1949 verlangte er bereits, „das Erziehungsideal [zu] konkretisieren". Es bestehe darin, „unsere Kinder und Jugendlichen auf ein Leben vorzubereiten, in dem sie Hennecke-Aktivisten sind". Überhaupt müsse man sich „mit allen Paragraphen des Schulgesetzes auseinandersetzen" und über die Schule „sehr schnell Klarheit" schaffen. Gleiches gelte für die Rolle des Lehrers, auch für Didaktik und Methodik, die inzwischen weithin bestimmt seien von „den verrücktesten Auswüchsen amerikanischer Pädagogik". Mit „dem kapitalistischen Aufbau der sozialistischen Schule" müsse „von vornherein Schluß" gemacht werden; vielmehr sei es notwendig, „Übergangsformen von der kapitalistischen zur sozialistischen Schule" zu finden. Gute Beispiele dafür lägen in Polen und in der Tschechoslowakei vor, in jenen Ländern, „die die Erfahrungen der Sowjetunion zugrunde legen"[15].

Trotz aller vorangegangenen Durchsetzungsversuche stellte sich die bildungspolitische Situation der SED-Führung im unmittelbaren Vorfeld der Republikgründung zunehmend als alarmierend dar. In der ersten Jahreshälfte 1949 hatte sich offenbart, daß an den Pädagogischen Fakultäten, in der Kursausbildung der Lehrer[16] und an den Schulen der Einflußgewinn der SED relativ gering geblieben war. In der erst nach mehrmaliger Vertagung[17] vom Kleinen Sekretariat des Politbüros der SED am 26. Juni 1949 bestätigten „Vorlage zur weiteren Verbesserung des

tuts (DPZI); nach der Bildung des MfV der DDR vom 1. 1. 1950 bis 30. 11. 1950 Leiter der Hauptabteilung Unterricht und Erziehung; als „Westemigrant" verdächtigt und entlassen; freier Verlagsmitarbeiter; 1952 Professor für Pädagogik und 1953 Direktor der Pädagogischen Hochschule Dresden; 1960 bis zur Emeritierung 1975 mit Lehrauftrag für Berufspädagogik Professor an der TU Dresden (vgl. Geißler, Hans Siebert).

14 SAPMO, DY 30, IV 2/905/77, Bl. 65, Siebert an Wandel, 12. 5. 1948.

15 Vgl. Zur Konkretisierung des Erziehungsideals, in: Geißler u. a., Schule, S. 105 f.

16 Aus Sicht der SMAD wurden die Möglichkeiten zur politischen Schulung der Neulehrer durch die SED ungenügend genutzt. Auf der Sitzung des Rates beim Chef der Abteilung für Volksbildung der SMAD am 28. Mai 1949 hieß es: „Die politische Arbeit auf den seminaristischen Übungen mit den Lehrern ist nicht genügend entfaltet. Die Thematik der Vorträge trägt einen zu allgemeinen Charakter, es werden wenig konkrete Themen, die die materialistische Weltanschauung der jungen Lehrkräfte formt, aufgestellt und studiert. Die Gebiets- und Kreisorganisationen der SED nutzen nicht in gebührender Weise die Seminare für die politische Arbeit mit den Lehrern" (SAPMO, DY 30, IV 2/905/73, Bl. 191).

17 Seit Herbst 1948 vorliegende Entwürfe waren im Zentralsekretariat der SED nicht zur Beschlußfassung gekommen, da dieses den Tagesordnungspunkt „Schulfragen" immer wieder verschoben hatte.

Schulwesens"[18] wurde „die außerordentliche Vernachlässigung der materiellen und ideologischen Hilfe der Partei für Schule und Lehrer und die unbefriedigende Führung der Partei auf dem Gebiet der Erziehung" festgestellt[19]. Bei der Erläuterung dieses Beschlusses in der „Kommission Schule und Erziehung" am 29. Juni 1949 sprach der stellvertretende Leiter der Abteilung Parteischulung, Kultur und Erziehung des Zentralsekretariats, Stefan Heymann[20], von einer „Krise im Schulwesen". In der Diskussion wurde auf das Wirken „reaktionärer und opportunistischer Tendenzen" verwiesen, während es gleichzeitig an „Aktivität der Partei" und „Wachsamkeit" mangele. Es sei die „führende Rolle der Partei" zu sichern, es gehe um die „Beherrschung der Schule"[21].

Als die von der „Kommission" ausgearbeiteten „Schulpolitischen Richtlinien" am 23./24. August 1949 vom SED-Parteivorstand angenommen wurden, beschrieb Anton Ackermann nochmals die Lage. Schulpolitik habe in der Parteiarbeit „vollkommen am Rande" gestanden. Die Kulturabteilungen seien „von oben bis unten, von den Landesvorständen bis in die untersten Organisationseinheiten schwach, mit wenig qualifizierten Kräften besetzt" und erhielten von den Sekretariaten selten eine „wirkliche Hilfe". Zugleich habe in den Schulen „der Gegner noch feste Positionen inne". Stundenlang könne über krasse Fälle berichtet werden, in denen Lehrer die „Schuljugend gegen die neue demokratische Ordnung verhetzen". Auf dem Land stünden die Neulehrer unter dem Druck der Großbauern und Pfarrer. Landräte und Oberbürgermeister zeigten sehr oft „unmögliche bürokratische Kaltschnäuzigkeit" gegenüber den dringendsten Bedürfnissen der Lehrer. Auch die Elternschaft bereite den neuen Lehrern „ganz erhebliche Schwierigkeiten". Eine Stütze finde ideologische Rückständigkeit auch in der Lehrergewerkschaft, in der Vereinstraditionen fortlebten und die der Verwaltung ihre Zuständigkeiten streitig mache. Kein anderes Gebiet sei zu nennen, „wo so wirre Auffassungen und so zahlreiche schädliche und feindliche Theorien grassieren als auf dem Gebiet der Pädagogik". Die unzähligen und gefährlichen sektiererischen, opportunistischen und nationalistischen „Abweichungen" auf diesem Gebiet würden von der Mehrzahl der Parteiorgane und Parteileitungen aus Unkenntnis unterstützt[22]. Tatsächlich galten der Arbeiterschaft seit den zwanziger Jahren verbundene Schulreformer und Reformpädagogen noch immer weithin als fachlich maßgeblich.

[18] Vgl. Beschluß des Politbüros zur Verbesserung des Schulwesens vom 28. 6. 1949, in: Dietrich, Politik und Kultur, S. 412–418.

[19] SAPMO, DY 30, IV 2/905/73, Bl. 105, Vorlage, Beschluß des Kleinen Sekretariats zur weiteren Verbesserung des Schulwesens. Noch im Juni 1949 wurde dieser Beschluß in Richtlinien der DVV für die Vorbereitung des 4. Pädagogischen Kongresses Ende August 1949 adaptiert (SAPMO, DY 30, IV 2/905/73, Bl. 256ff., Maßnahmen zur weiteren Verbesserung des Schulwesens, Richtlinien der Deutschen Verwaltung für Volksbildung als Aufgabenstellung des 4. Pädagogischen Kongresses).

[20] Heymann, Stefan (14. 3. 1896–4. 2. 1967) geboren in Mannheim, Bankangestellter, 1919 KPD, seit 1934 in verschiedenen KZ, bis April 1945 Buchenwald, KPD- und SED-Parteifunktionen in Thüringen, 1948 bis 1950 stellvertretender Leiter der Abteilung Parteischulung, Kultur und Erziehung des ZS/ZK der SED, danach Botschafter.

[21] DIPF/BBF/Arch, Regener 102, Sitzung der Kommission Schule und Erziehung am 29. 6. 1949, Mitschrift Regener.

[22] Vgl. Über die neuen Aufgaben auf dem Gebiet der Grund- und Berufsschulen, in: Geißler u. a., Schule, S. 109f.

3. Anspruch und Wirklichkeit der führenden Rolle der SED im Bildungswesen bis Herbst 1949

Diese durch die Berichte der Länder- und Kreissekretariate gestützte Lageeinschätzung erfaßte das gegenüber dem machtpolitischen Anspruch insgesamt noch geringe reale Durchsetzungsvermögen der SED im Bildungswesen durchaus zutreffend. Gerade im Bildungswesen war die SED noch kaum in der Lage, den von ihr beanspruchten Herrschaftsraum[23] strukturell, personell und ideologisch zu besetzen.

Der für das Bildungswesen zuständige hauptamtliche Apparat blieb auf zentraler Ebene wie auf Landes- und erst recht auf Kreisebene chronisch schwach und fachlich weitgehend hilflos. Personelle Kontinuität war die Ausnahme, und nicht selten blieb in den SED-Kreissekretariaten die Funktion des Kultursekretärs überhaupt unbesetzt. Auch das Schulressort in der Abteilung Kultur und Erziehung des Zentralsekretariats der SED blieb zeitweise, so von November 1948 bis April 1949, verwaist. Zugunsten anderer, für vorrangig gehaltener Politikfelder wurden Kultur und Bildungsfragen in den Sekretariaten der SED kaum mehr als ein- oder zweimal jährlich beraten. Direkte Anleitung und Kontrolle der im Bildungswesen vielerorts inaktiven Parteiorganisationen war kaum herzustellen. Während die Bildung von SED-Schulbetriebsgruppen in den Städten wenigstens zögerlich vorankam[24], blieb sie auf dem Lande bei den gegebenen Personalverhältnissen weitgehend aus[25].

Zentrum des bildungspolitischen Herrschaftssystems in der SBZ blieben die zuständigen Instanzen der sowjetischen Besatzungsmacht. Diese stützte sich seit 1945 auf eine ausgebaute deutsche Bildungsadministration, in die sie seit 1948 zur politisch-ideologischen Absicherung stärker die zunehmender Disziplinierung unterzogene SED einzubinden begonnen hatte. Während regelmäßige, intensive und direkte Verbindungen der SMAD zu den zentralen deutschen Einrichtungen der Bildungsadministration bis zum Herbst 1949 belegt sind, können nach Aktenlage vergleichbare Kontakte zwischen SMAD und SED kaum nachgewiesen werden. Gemessen an ihren Konsultationen mit der SMAD, entstanden zwischen den Vertretern der deutschen Bildungsadministration und den zuständigen Führungsinstanzen der SED nur ausgesprochen lose Beziehungen. Konnte die SMAD jeden

[23] Vgl. u. a. Hans Siebert, Die Aufgaben auf dem Gebiet der Schule und Erziehung in Verbindung mit der Auswertung des Pädagogischen Kongresses und dem Befehl 234 (18. 11. 1947), in: Geißler, Dokumente, S. 33 ff., 46 ff.

[24] Bis weit in das Jahr 1948 hinein waren noch etwa zwei Drittel aller SED-Mitglieder nach dem Wohngruppenprinzip organisiert (vgl. Malycha, Partei von Stalins Gnaden?, S. 79). Es kann angenommen werden, daß die SED-Lehrerschaft zu diesem Zeitpunkt noch weit mehr diesem Organisationsprinzip unterlag.

[25] An etwa der Hälfte der 10 580 Grundschulen in der SBZ waren nach dem Stand vom 1. März 1947 nicht mehr als zwei Lehrkräfte tätig. Nach den Organisationsstatuten der SED konnte jedoch eine Betriebsgruppe nur dann gegründet werden, wenn mindestens fünf SED-Mitglieder vorhanden waren. Damit konnten SED-Schulparteiorganisationen weitgehend nur an städtischen Schulen gebildet werden. Oft war das nur möglich durch Einbeziehung des technischen Schulpersonals, an den Oberschulen auch durch der SED angehörende Schülerinnen und Schüler über 16 Jahre. Noch nach der Zählung von 1964 bestand an nahezu jeder zweiten Schule keine Schulparteiorganisation (SAPMO, DY 30, IV B2/904/42, ZK-Abteilung Volksbildung, Zur Kaderentwicklung im Bereich des Volksbildungswesens, 3. 3. 1980).

Leiter der Fachabteilungen in den Verwaltungen jederzeit einbestellen und anweisen, blieben die Zugriffsmöglichkeiten der SED gegenüber den im Auftrag der Militäradministration tätigen Verwaltungen gering. Die Maßnahmen der Verwaltung waren in aller Regel und zuerst mit der SMAD, und nur teilweise mit der SED abgesprochen. Es kam anfangs vor, daß leitenden Mitarbeitern der Verwaltung zur Lösung ihrer Aufgaben von den sowjetischen Bildungsoffizieren die „Aktivierung der SED" aufgetragen wurde[26].

Die meisten Mitarbeiter der Schulverwaltung versuchten ihre Aufgaben als Staatsbeauftragte noch immer im überparteilichen Sinne zu lösen. Ihr Handlungsauftrag ergab sich aus den Anweisungen der sowjetischen Bildungsoffiziere, während Beschlüsse der SED nur für deren Mitglieder galten und von diesen gegenüber den Aufträgen der SMAD als nachrangig behandelt wurden. Viele der SED-Verwaltungsangestellten fühlten sich kaum kommunistischer Parteidisziplin verpflichtet. Letztere ließ sich bei dem gerade im Schulwesen sozialdemokratisch geprägten Mitgliederbestand der Partei erst allmählich einfordern und war nur wenigen Altkommunisten geläufig. Während ehemalige KPD-Mitglieder ausnahmslos die Spitzenpositionen der Schuladministration innehatten, bildeten überwiegend ehemalige Sozialdemokraten den Verwaltungskörper – ein Umstand, der nach Gründung der SED statistisch und öffentlich kaum mehr in Erscheinung trat. Zwar gehörte in der SBZ nach der Zählung im Dezember 1948 von zehn Schulräten nur einer nicht der SED an, aber etwa nur jeder zehnte Schulrat war „Altkommunist" aus der Zeit von vor 1933, hingegen etwa jeder dritte ein ehemaliger Sozialdemokrat. Zumeist waren diese Schulräte 1933 entlassen oder dienstlich zurückgestuft worden. Keinen altkommunistischen Schulrat gab es in Sachsen-Anhalt, zwei in Mecklenburg, je fünf in Brandenburg und Sachsen, sieben in Thüringen[27].

Leistungsfähige Strukturen der SED bestanden im Bereich des Bildungswesens gemeinhin nicht, jedoch wurde seit dem Spätsommer 1948 versucht, den Behördenapparat stärker als politische Eingriffsverwaltung zu profilieren. Den Beschlüssen der Konferenz der Volksbildungsminister der Länder vom 12. August 1948 zufolge sollte „eine politische, zweckmäßig gegliederte, unbürokratische und straff geleitete, rationell und demokratisch arbeitende Verwaltung für Volksbildung" geschaffen und eine „allgemein engere Verbindung mit den demokratischen Organisationen" hergestellt werden. Vorgesehen war die Überprüfung des gesamten Personalbestandes, unbrauchbare, „passive, an alten Vorstellungen hängende und die Arbeit hemmende Personen" sollten entschlossen „durch neue Kräfte" ersetzt werden[28].

[26] BAB, DR 2/416, Bl. 22, Vermerk über die Unterredung in Karlshorst am 31. 10. 1947.

[27] BAB, DR 2/995, Bl. 1, Statistische Übersichten über den politischen Werdegang der Schulräte in den Ländern der SBZ; siehe exemplarisch zu Sachsen das Faksimile in: Geißler u. a., Schule, S. 101.

[28] BAB, DR 2/30, Bl. 6ff., Beschluß der Konferenz der Volksbildungsminister vom 12. 8. 1948 über die Beteiligung der Volksbildung an der Durchführung des Zweijahresplanes. Dieser Beschluß entsprach den SED-Richtlinien „Stellung der SED zur Personalpolitik in der Verwaltung" vom September 1948. „Feinde der Demokratie", „Agenten", „Schumacherleute", „Bürokraten", „bestechliche und korrupte Elemente" waren demgemäß zu entlarven und zu entlassen (BAB, DR 2/1291, Bl. 61f.). Bei 100 Neueinstellungen schieden aus der Deutschen Verwaltung für Volksbildung im Jahre 1948 110 Mitarbeiter zumeist auf eigenen Wunsch aus. Einer kleinen Gruppe wurde mangels fachlicher Eignung oder wegen Disziplinarverstößen gekündigt. Einige wenige Mitarbeiter verstarben. Unter den bis Mitte 1949 ausgespro-

Dieses Vorhaben bekräftigte unter anderem die SED-Lehrertagung vom 15. bis 17. November 1948 in Leipzig. Hinsichtlich des Zustandes der Parteiorganisationen im Bereich der Volksbildung wurde als Hauptmangel der bisherigen Arbeit „die fehlende Zusammenarbeit der auf dem Erziehungsgebiet tätigen Genossen in Partei, Verwaltung, Gewerkschaft und demokratischen Organisationen und die ungenügende Heranziehung von Genossen aus der Schulpraxis" konstatiert. Man benötige in den Verwaltungen und Schulen nicht „diskutierende und beratende Organe", sondern solche, die „die führende Rolle der Partei auf dem Erziehungsgebiet verwirklichen"[29]. Leitsätze[30] zur künftigen Arbeit der Verwaltung verlangten von allen SED-Mitgliedern, vor allem von solchen in Führungspositionen, „auf dem Boden des Marxismus" zu stehen und „das durch ihre Praxis" zu beweisen. Die bei allen Verwaltungsstellen zu bildenden SED-Betriebsgruppen wurden aufgefordert, „die gesamte Arbeit sorgfältig zu beobachten und durch offene Kritik zu ihrer Verbesserung beizutragen". Das „an sich richtige Kollektivitätsprinzip in den Verwaltungen und Schulkollegien" dürfe „nicht zur Verantwortungslosigkeit" führen. Zwar seien die Menschen zu gewinnen, und es dürfe „kein mechanischer Personenabbau" erfolgen, jedoch müßten „Sabotage, aktive und passive Resistenz rücksichtslos entlarvt und beseitigt werden".

Durchaus unzufrieden mit Arbeitsstil und politisch-ideologischem Durchsetzungsvermögen der DVV zeigte sich auf der Leipziger Tagung der Spitzenvertreter der Schulabteilung der SMAD, E. W. Mitropolski: „Der Genosse Wandel und seine Verwaltung haben bislang noch keine klare Linie in den einzelnen Fragen der Pädagogik ausgearbeitet, und die Leute schwimmen nur so dahin, wie sie es für richtig halten. Jeder, wo man hinsieht, ist ein Professor der Pädagogik. Jeder versucht, irgendwelche neuen Dinge auszudenken. Der eine plant eine 12jährige Schule, der andere 8 und 4 Jahre, der dritte 4 und 8 Jahre. Das alles sind Probleme, aber eine politische Linie der Pädagogik zu geben, das ist noch nicht erreicht worden". Entsprechend der etwa seit Ende 1947 offiziellen Linie der SMAD-Informationsverwaltung sprach Mitropolskij erstmals von einem „sozialistischen Umbau der Schule", bei dem die SED-Lehrer nicht allein seien[31].

Allerdings widersprach diese konfrontative, in den nachfolgenden Monaten sowjetischerseits nicht bekräftigte Linie internen Anweisungen der Moskauer Parteiführung und einer Betrachtungsweise, mit der die Rede vom „Aufbau einer sozialistischen Republik" als einer der „pseudoradikalen Fehler in der Beurteilung der Perspektiven der politischen Entwicklung der Sowjetischen Besatzungszone" zurückgewiesen wurde[32]. Im Laufe des Jahre 1948 hatten die durch die Informations-

chenen Kündigungen erfolgten 15 „zur demokratischen Festigung der Verwaltung". Sie waren offenkundig politisch bedingt und betrafen bis auf ein SED-Mitglied Personen, die der CDU oder der LDP angehörten, dazu einige Parteilose (BAB, DR 2/911, Bl. 81).

29 DIPF/BBF/Arch, Siebert 74, Die Aufgaben des Arbeitsgebiets Schule und Erziehung zur Durchführung des Zweijahrplanes, verabschiedet von der SED-Lehrertagung in Leipzig vom 15. bis 17. 11. 1948.

30 DIPF/BBF/Arch, Arbeitskreis Berliner Schulgeschichte, 11. SED-Lehrertagung in Leipzig, Kommission Verwaltung, Leitsätze.

31 SAPMO, DY 30, IV 2/905/53, Bl. 88 ff.; Protokoll der SED-Lehrertagung vom 15–17. November Beitrag von Mitropolskij; vgl. auch die Darstellung bei Petzold, Ideale und Idole, S. 206–208.

32 Vgl. Memorandum Oberstleutnant G. Konstantinovskijs für I. Šikin über das Ergebnis der

abteilung instruierten Mitarbeiter der SMAD-Volksbildungsabteilung jedoch mehrfach Vorstöße im Sinne Mitropolskijs unternommen, die allerdings von der DVV-Schulabteilung abgewiesen worden waren. So hatte die SMAD einen von der DVV angeforderten Beschlußentwurf zur Schülerselbstverwaltung[33] in dem Sinne umformuliert, daß das im Schulgesetz festgelegte Erziehungsziel auf eine „volksdemokratische deutsche Republik" bezogen war. Auch zur „Enthüllung reaktionärer Einflüsse jeder Art" hatte der von der Schulabteilung der DVV als „politisch und psychologisch verfehlt" abgelehnte SMAD-Entwurf aufgefordert[34].

Trotz des politischen Klimawechsels, der sich in den internen Erörterungen, mit den verschiedenen Veröffentlichungen, Tagungen und Beschlüssen, mit einsetzendem Personalaustausch[35] und im Frühjahr und Sommer 1949 seitens der DVV und der Länderministerien erstmals mit einer tiefgehenden Inspektionstätigkeit in allen Bereichen des Bildungswesens ankündigte, war bis zum Herbst 1949 die parteipolitischen Instrumentalisierung der Bildungsverwaltungen noch nicht vollzogen. Der Gedanke einer überparteilichen, rechtsgebundenen Interessenvertretung war aus dem Verwaltungshandeln noch keineswegs zugunsten des Primats parteipolitischer Beschlußbindung verdrängt. Während Hardliner wie Siebert die Schulverwaltung „als staatliches Instrument zur Durchführung der schulpolitischen Aufgaben" der SED betrachteten[36], sprachen selbst die vom SED-Parteivorstand am 24. August 1949 beschlossenen „Schulpolitischen Richtlinien" der SED davon, daß die staatlichen Verwaltungsorgane „Beauftragte der demokratischen Öffentlichkeit seien"[37]. Gleichwohl stehen die „Richtlinien", die ebenfalls vom zeitgleich tagenden 4. Pädagogischen Kongreß angenommen worden, für den bis dahin deutlichsten Versuch der SED, auch im Bildungswesen ihren Herrschaftsanspruch durchzusetzen. Politische Aufgaben, die bislang vornehmlich an die SED-Lehrer herangetragen worden waren, wurden nun allen Pädagogen auferlegt. Diese sollten sich bei „der entschiedene[n] Fortführung der demokratischen Schulreform" als „Kämpfer für die Festigung der antifaschistisch-demokratischen Ordnung" erweisen, „objektive Kenntnis des Marxismus-Leninismus" erwerben und die Freundschaft zur Sowjetunion entwickeln helfen.

Überprüfung der Informationsverwaltung der SMAD, in: Bonwetsch u.a, Sowjetische Politik in der SBZ, S. 284.

33 DIPF/BBF/Arch, Sothmann V/2, Ausführungsbestimmungen zu § 6f des Gesetzes zur Demokratisierung der deutschen Schule, Vorlage für die Sitzung der Leiter der Schulabteilungen der Länder am 17./18. 2. 1948.

34 BAB, DR 2/418, Bl. 21f., Hadermann an Wandel, 8. 4. 1948. Die Schulabteilung legte im April 1948 ihrerseits „Richtlinien zur Förderung der Selbsterziehung der Schüler" vor. Das Drängen der SMAD auf Beschlußfassung wies Schulabteilungsleiter Hadermann ab, da entsprechend der DVV-Geschäftsordnung den Ministern erst „die notwendige Zeit zum Prüfen der Vorlage" eingeräumt werden müsse.

35 Mitte 1951 befanden sich unter den 373 Angestellten des Ministeriums für Volksbildung einschließlich der technischen Kräfte und Arbeiter nur noch zehn, die bis Mitte 1947 in der DVV eingestellt worden waren (BAB, DR 2/1264, Bl. 76ff., Stellenübersicht).

36 DIPF/BBF/Arch, Siebert 26, Bl. 49, Resolution zur Verbesserung der Arbeit in den Schulverwaltungen, 3. 10. 1949.

37 Schulpolitische Richtlinien für die deutsche demokratische Schule. Beschluß des Parteivorstandes der SED, in: Dokumente zur Geschichte des Schulwesens, S. 342.

4. Machtverhältnisse in der frühen DDR

Mit der Gründung der DDR ergaben sich im aus der SBZ überkommenen, im Ganzen noch instabilen, spannungsgeladenen bildungspolitischen System bei erheblichen Kontinuitäten auch wesentliche Veränderungen. Durch die deutsche Zweistaatlichkeit lagen die im Bildungswesen zu treffenden Entscheidungen in einer sicherer gewordenen politischen Entwicklungsperspektive. Seit 1948/49 auch wegen noch unklarer politischer Rahmenbedingungen vertagte Entscheidungen, Gesetzes- und Verordnungsprojekte wurden unter den neuen Bedingungen rasch realisiert. Die seit August 1945 im Bildungs- und Kulturbereich bestehenden makrozentralen Verwaltungsstrukturen wurden aufgehoben. An die Stelle der DVV traten einzelne Fachministerien und Staatssekretariate. Bereiche wie Universitäten, Hoch- und Fachschulen, ebenso Kultur und Verlagswesen, schließlich auch die Berufsausbildung gingen damit nicht in das neue Ministerium für Volksbildung (MfV) der DDR ein.

Zentralistische Durchsetzungsbemühungen des Ministeriums für Volksbildung der DDR, das wie vormals die DVV ohne Statut arbeitete[38], stießen zumal bei Fortbestehen der Länderministerien nach wie vor auf Grenzen[39]. Eine unmittelbare Kontrolle der Arbeit in den Ländern und Kreisen konnte kaum erreicht werden, auch wenn die Kontrolldichte allmählich zunahm. Verordnungen, Anweisungen und Richtlinien des Ministeriums waren zudem noch keineswegs durchgehend als verbindliche Arbeitsgrundlagen anerkannt[40]. Zwischen den Ländern und noch mehr zwischen den Kreisen der DDR hielten sich in Schulfragen erhebliche Unterschiede. Eine koordinierte schulpolitische Schwerpunktsetzung seitens des MfV bestand kaum. Bei der relativen Schwäche der staatlichen Verwaltung auf Republik- und Länderebene besaß der Schulrat vor Ort noch immer erheblichen Handlungsspielraum. Zumal die Dinge in den übrigen administrativen Bereichen nicht wesentlich anders lagen, konnten ausgeprägt lokalspezifische Schulverhältnisse bestehen, mit denen auch Schulkonflikte ganz unterschiedlich ausgingen.

Mit alledem bestanden die vormaligen Mängelbefunde hinsichtlich der Funktionalität der Verwaltung fort[41]. Gleichwohl war bereits 1950 mit der Vereinheit-

[38] Arbeiten zum Statut wurden erst nach Erlaß des Gesetzes vom 23. Mai 1952 über die Regierung der Deutschen Demokratischen Republik aufgenommen.

[39] Das neue Ministerium war insbesondere angewiesen auf notwendige Zustimmungen des Ministeriums der Finanzen, gebunden an die Verfügungen des Innenministeriums und der Abteilung Staatliche Verwaltung beim ZK der SED, in seiner Rechtsetzungskompetenz angewiesen auf das Benehmen mit dem Justizministerium und dem Justizsektor innerhalb der Abteilung Staatliche Verwaltung, ebenso auf die Abstimmung mit weiteren Zentralinstanzen des Staates und der Partei, vor allem auch mit den SED-Abteilungen für Jugend und für Kirchenfragen. Sein Unterstellungsbereich, in den kurzzeitig auch Zoologische Gärten fielen, war erst seit dem Jahre 1952 weitgehend stabil. Mit Rückwirkung auf die Funktionalität seiner „Organe" erlangte das Ministerium im staatlichen und parteilichen System zunächst kaum mehr als eine nachrangige Stellung.

[40] Vgl. Wolfgang Groth, Durch bessere Arbeitsmethoden zu neuen Erfolgen, in: Die neue schule 7 (1952), S. 124–125.

[41] Das MfV bemängelte „schlechte und unsystematische Berichterstattung", vermißte „Staatsbewußtsein", traf statt dessen auf „Partikularismus" und „Lokalpatriotismus" (DIPF/BBF/Arch, Siebert 30, Bl. 5, Maßnahmen zur Verbesserung der Kulturarbeit, 4. 8. 1950). Gehemmt werde die schulpolitische Arbeit durch die „mangelhafte Durchführung der Verord-

lichung des allgemeinen Verordnungswesens begonnen worden, indem die schulischen Vorschriften der einzelnen Länder allmählich aufgehoben und durch zentrale Anweisungen ersetzt wurden[42]. Klagen aus Schulen und Schulverwaltungen über ein anwachsendes Verordnungswesen ergaben sich jedoch weniger aus einer tatsächlichen Zunahme der Vorschriften[43], sondern eher aus der spürbarer werdenden dienstaufsichtlichen Kontrolle und dem Umstand, daß durch Druck und Verteilung die einzelnen Anweisungen nun auch mehr und mehr die Ämter und Schulen erreichten. Zwar noch kaum zu realisieren, aber bereits als Anspruch erhoben war die Zentralisierung der pädagogischen Forschung, die durch das dem Ministerium nachgeordnete Deutsche Pädagogische Zentralinstitut erfolgen sollte.

Eingreifender als die Veränderungen im Verwaltungsaufbau war die sich etwa von Herbst 1949 bis Frühjahr 1950 vollziehende Auflösung des auch im Bildungsbereich weitgefächerten Apparats der SMAD. Die bisherigen sowjetischen Einflußnahmen und intensiven sowjetisch-deutschen Arbeitsbeziehungen liefen damit aus. Als Nachfolgeeinrichtung der SMAD beschränkte sich die Sowjetischen Kontrollkommission im wesentlichen darauf, im Routineverfahren Berichte vornehmlich statistischen Inhalts einzuholen[44]. Für die durch die SED definierte Bildungspolitik

nungen und Anweisungen des Ministeriums der DDR durch die Länderministerien und Schulräte". Der Hauptmangel der Arbeit bestehe darin, „daß zwar gute Beschlüsse gefaßt und auch gute Arbeitsanweisungen gegeben wurden, aber die Kontrolle der Menschen und die Organisation der Kontrolle in der Durchführung von Beschlüssen nicht genügend systematisch entwickelt" sei. Eine „radikale Änderung" müsse die personalpolitische Arbeit in den Volksbildungsministerien erfahren (DIPF/BBF/Arch, Siebert 30, Bl. 55, Verbesserungsvorschläge der Hauptabteilung Unterricht und Erziehung, 22. 9. 1950).

[42] Die Lehrer erhielten seit 1950/51 mit den Anweisungen für das jeweils neue Schuljahr eingehende Instruktionen. Die Bekanntgabe der Verordnungen erfolgte nicht mehr über die Länderministerien, sondern durch direkte Übersendung der Mitteilungsblätter an alle Schulen. Schulpflichtgesetz (15. 12. 1950) und Schulordnung (24. 5. 1951) schufen neue Rechtsrahmen.

[43] Nach Feststellungen im MfV waren in Preußen von 1920 bis 1927 mindestens 1391 Schulverordnungen erschienen, im Jahresdurchschnitt 174. Im Jahr 1951 seien vom MfV der DDR nach Beginn einer sorgfältigen Sammlung und Numerierung 119 Verordnungen herausgegeben worden. Für das Jahr 1950 war keine Zusammenfassung aller Verordnungen vorhanden, schätzungsweise waren 200 zentrale Verordnungen ergangen. Zugleich hatte allein das Land Sachsen 290 Verordnungen erlassen, die zumeist auf die zentralen Verordnungen zurückgingen. Für das Jahr 1949 „fehlten alle Grundlagen zu einer Zählung", da keinerlei Zusammenstellung vorhanden sei. Für 1948 wurden von 1. März bis 31. August 31 Richtlinien festgestellt, während sich die Zahl der kleineren Verordnungen nicht abschätzen ließ (BAB, DR 2/4451, Bericht Heilmanns an Groth über die Zahl der vom Ministerium für Volksbildung der DDR herausgegebenen, das Schulwesen betreffenden Verordnungen, Richtlinien usw., 3. 1. 1952). Aufgrund der Verordnung vom 19. 12. 1952 über die Verkündung von Gesetzen und die Veröffentlichung von anderen Bestimmungen (GBl. 1952, S. 1336) wurde die bis dahin praktizierte Veröffentlichung in Form von Beilagen zu den Fachzeitschriften eingestellt. Gesetzliche Bestimmungen und Mitteilungen auf dem Gebiet der Volksbildung mit übergeordneter Rechtswirksamkeit wurden fortan im Gesetzblatt oder im Zentralblatt veröffentlicht, alle übrigen in den Verfügungen und Mitteilungen des Ministeriums für Volksbildung.

[44] Als Nachfolgeeinrichtung der SMAD wurde am 5. November 1949 offiziell die Sowjetische Kontrollkommission (SKK) gebildet und die bisherigen Einrichtungen der SMAD bis etwa zum Frühjahr 1950 aufgelöst oder umstrukturiert. Am 30. Juli 1950 verließ Schulabteilungsleiter Mitropolskij die DDR. Im Gegensatz zur SMAD verfügte die personell drastisch verringerte SKK über keine genau fixierte Zuständigkeit für die Bildungseinrichtungen. Kontrollaufgaben hinsichtlich Bildung und Kultur wurden in der Informationsabteilung der

der DDR ergab sich damit deutlich größerer Handungsspielaum. Allerdings sollten sich gerade unter diesen Bedingungen Versuche durchsetzen, bildungspolitische Entscheidungen in direkter Anlehnung an sowjetische Gegebenheiten zu treffen.

Die vormaligen Entscheidungsbefugnisse der SMAD waren formal an die Verfassungsorgane und den Staatsapparat der DDR übergegangen, tatsächlich hatte sich jedoch die SED-Führung die Entscheidungsgewalt[45] gesichert. Für die gesamte Bildungsverwaltung wurde in diesem Sinne die Abteilung Kultur und Erziehung beim Parteivorstand der SED zuständig. Entgegen der in der SED bis zu Beginn 1949 üblichen Praxis, daß auch in den Abteilungen des SED-Zentralsekretariats wichtige Entscheidungen getroffen werden konnten, wurden die entsprechenden Beschlüsse nunmehr im Politbüro und im Kleinen Sekretariat gefaßt. Die einzelnen ZK-Abteilungen hatten nunmehr lediglich die „Initiative in der Ausarbeitung von Vorschlägen", und sie waren für die Durchführung der Politbürobeschlüsse verantwortlich.

Dieser extreme Führungsanspruch der SED-Spitze blockierte zunehmend staatliche Verwaltungsarbeit. Die über die jeweiligen ZK-Abteilungen eingereichten Beschlußanträge konnten im Politbüro immer weniger abgearbeitet werden[46], zumal auch Nebensächlichkeiten beraten wurden[47]. Die Beschlußfassung zog sich in einer Weise hin, daß die unter Handlungszwang stehende Verwaltung zu vorgreifenden und eigenständigen Entscheidungen genötigt war. Unter diesen Bedingungen blieb die Administration weiterhin ein relativ eigenständiger politischer Faktor. Sie war mehr als nur ausführende Instanz, zumal die Schwächen des Parteiapparats im Bildungswesen im wesentlichen bestehen blieben.

SKK zunächst von A. D. Danilow, dem letzten Leiter der Abteilung Volksbildung der SMAD, wahrgenommen (vgl. Nikitin, Zwischen Dogma, S. 214f.; Das SKK-Statut, S. 21 ff.). Über die Verbindung des Ministeriums für Volksbildung zur SKK sind Aussagen nach deutscher Archivlage gegenwärtig kaum zu treffen. Schriftverkehr zwischen Ministerium und SKK kann nur insofern nachgewiesen werden, als das Ministerium bzw. die Länderministerien der sowjetischen Kontrollinstanz gemäß dem SKK-Statut monatlich oder zusätzlich auf deren Anforderung Informationen über Statistik, Verwaltungsstruktur und Arbeitsplanung bereitstellte. Regelmäßig informiert wurde die Informationsabteilung jedoch über die Maßnahmen zur Reorganisation der allgemeinbildenden Schule einschließlich der damit einhergehenden politischen Säuberung unter den Oberschülern und Lehrern im Mai und Juni 1953.

45 Alle „Gesetze und Verordnungen von Bedeutung, einschließlich Materialien sonstiger Art, über die Regierungsbeschlüsse herbeigeführt werden sollten, weiterhin Vorschläge zum Erlaß von Gesetzen und Verordnungen" mußten nun „vor ihrer Verabschiedung durch die Volkskammer oder die Regierung dem Polit-Büro bzw. Sekretariat des Polit-Büros zur Beschlußfassung übermittelt werden (SAPMO, DY 30, IV 2/905/73, Bl. 320, Richtlinien über die Fertigstellung von Vorlagen und wichtigen Materialien für die Regierung und Regierungsstellen zur Entscheidung durch die zuständigen Organe des Parteivorstandes sowie über die Kontrolle der Durchführung dieser Entscheidungen, 17. 10. 1949).

46 Vgl. auch Die SED. Geschichte, Organisation, Politik, S. 173.

47 Diese Vorgehensweise traf auch auf die Kritik des Volksbildungsministers, der konstatierte, daß das Politbüro zwar einen Beschluß über die Zimmerverteilung des Ministeriums gefaßt aber nicht einmal in den zurückliegenden Jahren zum Geschichtsunterricht und zur Lehrbuchfrage, ebensowenig zur Deutschen Akademie der Wissenschaften zu Berlin beraten habe. Bei der Vorbereitung von Entscheidungen in den ZK-Abteilungen würden die Vertreter der Staatsorgane in „vielen Fällen schon nicht mehr beteiligt". Die anstehenden Fragen müßten aber „gemeinsam mit den verantwortlichen Genossen des Staatsapparats" entschieden werden (SAPMO, DY 30, IV 2/1/101, Bl. 112f., Stenographische Niederschrift der 8. Tagung des ZK der SED, 21.–23. 2. 1952).

Die Zusammenarbeit zwischen MfV und der Kulturabteilung des ZK der SED erwies sich, gemessen an den von der SED beanspruchten Führungsaufgaben, als unzureichend. In vielen Fällen erfolgte sie nur indirekt. Oft wurde die verabredete schulpolitische Linie sprunghaft, „ohne vorherige Verständigung zwischen allen Beteiligten geändert", dadurch wiederum die „Verzögerung wichtiger Beschlüsse" und „starke Hemmungen in der Verwaltung" herbeigeführt[48]. Auch auf das Ganze gesehen war eine durchdringende politische Führung des Bildungswesens durch den SED-Parteiapparat noch nicht gewährleistet. Die für die führende Rolle der SED auf dem Schulgebiet eigentlich zuständigen Funktionäre und Sekretariate des SED-Parteiapparats konnten sich gegenüber den schulisch weit informierteren, politisch ebenfalls „bewährten" Genossen Staatsfunktionären – ca. 95 Prozent aller Mitarbeiter der Schulverwaltungen gehörten der SED an[49] – insgesamt kaum profilieren.

Insgesamt verliehen die mit der Gründung der DDR verbundenen Veränderungen der Bildungspolitik eine neue Dynamik, mit der stalinistische Komponenten klar und dominierend hervortraten. Gleichwohl bestanden aus den Verhältnissen der SBZ überkommene konfliktvolle Abstimmungsprobleme bis zum Ende der fünfziger Jahre, als schließlich die für das Bildungswesen bis zum Ende der DDR maßgeblichen personellen, ideologischen und politisch-administrativen Entscheidungen fielen bzw. sich anbahnten.

[48] BAB, DR 2/3995, Bl. 159, HA Unterricht und Erziehung an Wandel betr. Unterstützung der Schularbeit durch die Partei, 8. 1. 1951.

[49] SAPMO, DY 30, IV/2/091, Bl.95, 4. Sitzung des ZK, 17. 1. 1951, Beitrag Wandel.

Rüdiger Schmidt[1]

Vom „autoritären Korporatismus" zur Planökonomie: Der gewerbliche Mittelstand in der Sowjetischen Besatzungszone Deutschlands

Rund 9300 Industrieunternehmen, Gewerbe- und Handwerks- sowie andere selbständig geführte Betriebe sind zwischen 1946 und 1948 in der Sowjetischen Besatzungszone Deutschlands enteignet worden[2]. Dabei schien nach dem Kriegsende jedenfalls auf den ersten Blick der politisch-gesellschaftliche Handlungsspielraum für den gewerblichen Mittelstand, dem zwischen den zeitgenössisch handlungsleitenden Paradigmen von Bodenreform und Konzernenteignung zunächst keine vergleichbare Aufmerksamkeit zuteil wurde, größer zu sein; doch handelte es sich dabei in diesem Wirtschaftssektor, der 1946 in der Sowjetischen Besatzungszone etwa 280000 Handwerksbetriebe mit rund 873000 Beschäftigten umfaßte, um einen ökonomischen Bereich, der im Gegensatz zur Industrie (1186500 Beschäftigte) eher still sowie ohne propagandistisch deklamatorische Effekte Maßnahmen einer technokratischen Gesellschaftssteuerung zum Opfer fiel[3].

Im Grunde konnten die maßgeblichen politischen Akteure im Zuge der angestrebten weitgehenden Ausschaltung der ökonomischen Selbständigkeit von Industrieunternehmen, Handelsgeschäften oder größeren Handwerksbetrieben – anders als bei der Bodenreform, deren Geltung nicht zuletzt auf spezifischen Eigengesetzlichkeiten beruhte – auf konventionelle Instrumentarien zurückgreifen, die zunächst auf die Ausschaltung derjenigen Institutionen zielte, die als politisch-organisatorische Kerne und Planungsinstanzen der privatkapitalistischen Wirtschaft galten. Mit dem Ziel der Einschränkung der ökonomischen und politischen Handlungsmöglichkeiten des selbständigen Mittelstands wurde darum bereits wenige Monate nach Kriegsende, nämlich im Dezember 1945, auf einer von der Deutschen

[1] Der folgende Beitrag ist im Rahmen des Forschungsprojekts „Transformationsgesellschaft und Stalinisierung in der Sowjetischen Besatzungszone (SBZ) 1945–1948/49: Politische und soziostrukturelle Transformationsprozesse zwischen zwei Diktaturen" entstanden. Den Projektleitern Prof. Hans-Ulrich Thamer (Münster) und Prof. Jochen-Christoph Kaiser (Marburg) sowie den Mitarbeiterinnen und Mitarbeitern des Projekts danke ich für weiterführende Hinweise und Kritik, der Volkswagen-Stiftung danke ich zudem für die Gewährung einer großzügigen Sach- und Reisekostenbeihilfe. Zu dem im Titel verwendeten Begriff des „autoritären Korporatismus" siehe Abelshauser, Korea, die Ruhr und Erhards Marktwirtschaft, S. 316.

[2] Vgl. BAB, DO 3, Nr. 14, Schreiben der ZDK an die Abteilung Presse und Information der DWK, 4. 9. 1948.

[3] Vgl. BAB, DG 2, 1308, Beschäftigte in Industrie und Handwerk. Im Jahr 1939 befanden sich auf dem Boden der Sowjetischen Besatzungszone rund 321000 Handwerksbetriebe mit 980000 Beschäftigten.

Zentralverwaltung der Industrie (DZVI) einberufenen Konferenz seitens der geladenen Vertreter der Wirtschaftsabteilungen der fünf Länder und Provinzen „vereinbart, alle [in der SBZ] noch bestehenden Unternehmer-Vereinigungen und -verbände grundsätzlich aufzulösen“[4]. Tatsächlich hatten die wirtschaftlich Selbständigen 1945 nur in Ausnahmefällen – etwa mit der Konstituierung des Fachverbandes des Deutschen Braunkohlenbergbaus – an die Gründung der traditionell mit der Wahrnehmung branchenspezifisch koordinierender Funktionen betrauten Wirtschaftsverbände gedacht[5]. Dementsprechend waren von der zäsurstiftenden Entscheidung der Deutschen Zentralverwaltung der Industrie, die nach Notizen Ulbrichts auf eine Weisung der Sowjetischen Militäradministration vom 16. September 1945 zurückzuführen[6], von der DZVI jedoch im Rekurs auf den Befehl Nr. 2 der SMAD vom 10. Juni 1945 begründet worden war[7], mehrheitlich jene Unternehmerorganisationen betroffen, die vor dem 8. Mai 1945 gegründet worden waren und als „illegale Reichs-Vereinigungen“ aufgelöst werden sollten[8]. Ein „formelles Liquidationsverfahren“, so hatte es die Deutsche Zentralverwaltung der Industrie dem brandenburgischen Industrie- und Gewerbeausschuß mitgeteilt, sei indessen nicht für notwendig erachtet worden, zumal sich die Wirtschaftsverbände bis dahin augenscheinlich nur unzulänglich oder gar nicht reorganisiert hatten und diese in Folge des „nationalsozialistischen Zusammenbruch[s] [...] zwangsläufig [...]stillzulegen“ seien[9]. Dessen ungeachtet war es nicht ohne Evidenz, wie geräuschlos und unspektakulär schließlich die Auflösung der noch bestehenden Wirtschaftsverbände, deren Vermögen zugunsten der Länder und Provinzen be-

[4] LHA Magdeburg, Rep. K, Nr. 10707, Schreiben des sachsen-anhaltischen Wirtschaftsministers Dieker an Vizepräsident Thape, 2. 1. 1946. Vgl. auch den Aktenvermerk über eine Besprechung bei der Deutschen Zentralverwaltung der Industrie in der Sowjetischen Besatzungszone am 14./15. 12. 1945, ebenda. Vereinzelt waren Wirtschaftsverbände, so beispielsweise die Wirtschaftsgruppe Steine und Erden Bezirk Mitteldeutschland, jedoch auch schon im Sommer 1945 aufgelöst worden. Vgl. Nr. 7366, Schreiben der IHK Sachsen-Anhalt an die Wirtschaftsgruppe Steine und Erden Bezirk Mitteldeutschland, 30. 8. 1945, ebenda.

[5] Vgl. zur Gründung des Fachverbandes des Deutschen Braunkohlenbergbaus das Schreiben von Dieker an Thape, 2. 1. 1946, ebenda.

[6] In einer formlos gehaltenen Notiz vom 17. 9. 1945 an den Chef der Wirtschaftsverwaltung der SMAD, Generalmajor Schabalin, hatte Ulbricht eine an anderer Stelle nicht überlieferte „Verordnung der SMA vom 16.9. über die Liquidierung der Wirtschaftsgruppen“ erwähnt. SAPMO, NY 4182, Nr. 1181, Ulbricht an Schabalin, 17. 9. 1945. Auch Wilhelm Pieck erwähnt in undatierten, jedoch vermutlich aus dem Jahr 1945 stammenden handschriftlichen Notizen die beabsichtigte „Liquidierung der Interessenvertretungen der Unternehmer“. SAPMO, NY 4036, Nr. 686, handschriftliche Notizen Wilhelm Piecks, ohne Datum [1945].

[7] „Der Befehl des Marschalls Shukow Nr. 2 vom 10. 6. 1945 gestattet lediglich die Gründung der antifaschistischen Parteien und Gewerkschaften. Da die Errichtung von Arbeitnehmerorganisationen, den Gewerkschaften, erst mit dem Befehl erlaubt worden ist, ergibt sich zwangsläufig, daß Arbeitgeber- und Unternehmerorganisationen nicht gestattet sind.“ LHA Potsdam, Rep. 206, Nr. 331, Schreiben der DZVI an den brandenburgischen Ministerpräsidenten Steinhoff, 2. 3. 1946.

[8] Ebenda.

[9] BAB, DG 2, Nr. 1202, Schreiben der DZVI an Dr. Klein, brandenburgischer Industrie- und Gewerbeausschuß Glas, 24. 5. 1946. Vgl. dagegen die von Bruno Leuschner erstellte Denkschrift: Monopole, Konzerne, Syndikate und andere Unternehmervereinigungen sammeln ihre Kräfte, 25. 2. 1946, in: SAPMO, NY 4182, Nr. 948.

schlagnahmt wurde[10], im ersten Quartal des Jahres 1946 erfolgte[11]. In Brandenburg hatte sich das Wirtschaftsministerium der Provinz die Liquidation der Unternehmerorganisationen kreisweise bestätigen lassen[12]; in Sachsen-Anhalt fungierten diese nur noch kurzfristig als verlängerter Arm der Provinzialverwaltung, um die angeschlossenen Verbandsmitglieder über die ergangenen Auflösungsdekrete zu unterrichten und die administrative sowie finanzielle Abwicklung der Fachverbände zu vollziehen[13]. Mit der Auflösung der unternehmerischen Interessenverbände Anfang des Jahres 1946 hatte die DZVI im Auftrag der Sowjetischen Militäradministration damit jene Vertretungsorgane der Wirtschaft beseitigt, die im Geflecht institutionalisierter autonomer Handlungsträger jedenfalls noch bedingt eine operative Instanz des privaten Gewerbes und der Industrie verkörperten und demzufolge am ehesten einer Politik entgegenwirken konnten, die auf die Reduktion von eigendynamischen Elementen einerseits und ökonomisch-bürokratische Zentralisierung andererseits zielte.

Als scheinbares Äquivalent wurde den Unternehmern die Vertretung in einem drittelparitätisch besetzten Gremium der Industrie- und Handelskammern (IHK) angeboten, das sich aus Mitgliedern der jeweiligen Landes- und Provinzialverwaltungen, des Freien Deutschen Gewerkschaftsbundes (FDGB) und der Privatwirtschaft zusammensetzte und organisatorisch einen kategorialen Rahmen bot, der die formale Partizipation bei gleichzeitiger Majorisierung dieser Klientel durch eine Zwei-Drittel-Mehrheit bezweckte[14]. Dieses Modell war in der SED von Walter Ulbricht bereits im September 1945 favorisiert worden und hatte ohne wesentliche Änderungen auch die Zustimmung der Sowjetischen Militäradministration gefunden[15].

[10] Vgl. zur Vermögenseinziehung LHA Magdeburg, Rep. K, Nr. 7305, Bekanntmachung über die Auflösung wirtschaftlicher Verbände, 11. 2. 1946.

[11] Vgl. für Brandenburg LHA Potsdam, Rep. 280, Nr. 11/12, Niederschrift über die 5. Sitzung des Gesamtvorstandes der Industrie- und Handelskammer Mark Brandenburg, 26. 7. 1946; für Sachsen-Anhalt LHA Magdeburg, Rep. K, Nr. 4664, Stellungnahme zu der Frage der Wirtschaftsorganisationen, Wirtschaftsgruppen, Wirtschaftsverbände, 1. 3. 1946. Vgl. auch Fol. 97, Aufgelöste Wirtschaftsverbände, ebenda.

[12] Vgl. LHA Potsdam, Wirtschaftsministerium, Rep. 206, Nr. 331, Schreiben des Magistrats der Gemeinde Forst (Lausitz) an die Bezirksverwaltung Cottbus, 27. 6. 1946, des Landratsamtes Luckenwalde an die Treuhandverwaltung der Provinzialverwaltung Brandenburg, 10. 7. 1946, und des Oberbürgermeisteramts der Gemeinde Guben an die Bezirksverwaltung Cottbus, 12. 7. 1946.

[13] Vgl. hier nur LHA Magdeburg, Rep. K, Ministerium für Wirtschaft und Verkehr, Nr. 6187, Schreiben der Abwicklungsstelle des Verbandes der Bauindustrie für Mitteldeutschland e.V. an alle Verbandsmitglieder, 15. 2. 1946.

[14] Vgl. zur drittelparitätischen Gliederung des Kammerwesens, die in allen Ländern und Provinzen der SBZ eingeführt wurde, LHA Magdeburg, Rep. K, Nr. 4664, Verordnung über die Organisation der Wirtschaft, 7. 11. 1945 sowie auch den entsprechenden Vermerk der Abteilung Wirtschaft, 8. 2. 1946. Vgl. auch Nr. 7379, § 5 der Verordnung über die Bildung von Industrie- und Handelskammern in der Provinz Sachsen, 20. 4. 1946, ebenda, sowie SAPMO, DY 30/IV 2/6.02/61, Richtlinien für die Angleichung der Struktur und Arbeitsweise der Industrie- und Handelskammern in der Sowjetischen Besatzungszone, 31. 7. 1947.

[15] Vgl. SAPMO, NY 4182, Nr. 959, Vorschlag für die Neubildung und Demokratisierung der Handwerkskammer, 12. 9. 1945 [gemeint war hier jedoch die Organisation des gesamten Kammerwesens, also auch die Industrie- und Handelskammern]. Vgl. auch den Entwurf der Abteilung Wirtschaft der SED, 6. 11. 1945, der bereits die Drittelregelung vorsieht. Siehe dazu auch NY 4036, Nr. 686, handschriftliche Notizen Wilhelm Piecks, ohne Datum [1945]. Ulbricht hatte im September 1945 bei Schabalin angefragt, ob sich die SMAD mit der

Über diesen Organisationsmodus des Kammerwesens – erinnert sich Fritz Selbmann – hatte sich die Einheitspartei „ein zuverlässiges Organ [geschaffen], in dem sowohl Vertreter der Gewerkschaften als auch des Staatsapparates dafür sorgten, daß unsere Politik auch in den Industrie- und Handelskammern durchgeführt wurde“[16]. Analog wurde schließlich auch bei der Organisation der IHK in Brandenburg verfahren, wobei die Gremienvertreter der Privatwirtschaft hier durch die Provinzialverwaltung ausgewählt wurden und insofern eine zusätzliche Selektionsbarriere für die Artikulation unternehmerischer Interessen eingebaut worden war[17]; überdies hatte man abweichend von Regelungen in anderen Ländern der SBZ in Brandenburg die Bildung eines volkswirtschaftlichen Ausschusses zugelassen, der für die (Klein)unternehmer unter Teilnahme von Regierungs- und Parteivertretern als informelles Kontaktforum fungieren sollte, welches jedoch über keinerlei Kompetenzen verfügte[18]. So sehr nach außen auch die Funktion der Industrie- und Handelskammern als einer „Plattform“ hervorgehoben worden war, „auf der sich die Interessen der Werktätigen, der Unternehmen und der öffentlichen Verwaltung treffen und [...] zum Ausgleich gebracht werden“ sollten, so sehr hatte die SED-Führung jedenfalls in ihrem engsten Zirkel keinerlei Zweifel über deren Rolle in der Wirtschaft aufkommen lassen[19]. Den „Industrie- u.[nd] Handelskammer[n] als Unternehmerorg.[anisationen]“, hatte sich Wilhelm Pieck für die am 18. Dezember 1948 geplante Zusammenkunft mit Stalin notiert, käme primär die Funktion zu, die „wichtigsten priv.[at]-kap.[italistischen] Betriebe [zu] lenken u.[nd] [zu] kontrollieren, um Sabotage zu verhindern“[20].

Demgegenüber waren die Handwerkskammern in der Sowjetischen Besatzungszone erst in Folge des Befehls Nr. 161 der SMAD vom 27. Mai 1946 gegründet worden[21]. Zum einen hatte die Sowjetische Militäradministration, deren Augenmerk ohnehin primär dem industriellen Sektor galt[22], zunächst kaum Interesse an einer

Drittelparität einverstanden zeigen würde. Vgl. SAPMO, NY 4182, Nr. 959, Ulbricht an Schabalin, 17. 9. 1945.

16 SAPMO, Sg Y 30, 1098, Erinnerungen, S. 65.

17 Vgl. LHA Potsdam, Rep. 280, Nr. 3, Verordnung über die Bildung der Industrie- und Handelskammer in der Provinz Mark Brandenburg, 24. 10. 1945, sowie die Verordnung zur Ergänzung der Verordnung über die Bildung der Industrie- und Handelskammer in der Provinz Mark Brandenburg, 8. 4. 1946.

18 Vgl. LHA Potsdam, Rep. 280, Nr. 13, Niederschrift über die Sitzung des volkswirtschaftlichen Ausschusses bei der Hauptgeschäftsstelle der Industrie- und Handelskammer Land Brandenburg in Potsdam am 24. 5. 1948.

19 BAB, DC 15, Nr. 266, Bericht über eine interne Besprechung der Präsidenten der Industrie- und Handelskammern der Zone am Freitag, den 21. 11. 1947 in Eisenach/Thüringen, 26. 11. 1947.

20 SAPMO, NY 4036, Nr. 695, Notizen für die Besprechung in Moskau. Handschriftliche Notizen Piecks über die geplante Besprechung von Wilhelm Pieck, Otto Grotewohl, Walter Ulbricht und Fred Oelßner am 18. 12. 1948 bei Stalin.

21 Vgl. LHA Magdeburg, Rep. K, Nr. 6188, Befehl Nr. 161 der SMAD, 27. 5. 1946 über die Organisation der Handwerkskammern in der Sowjetischen Besatzungszone Deutschlands. Vgl. zum Befehl Nr. 161 auch SAPMO, DY 30/IV 2/6.02/64, HWK-Präsident Jungmann an Ulbricht, 13. 1. 1947.

22 Vgl. zur tendenziell ablehnenden Haltung der SMAD gegenüber dem Handwerk – auch nach Gründung der Handwerkskammern – noch LHA Potsdam, Rep. 332, L IV/2/6/538: Bericht von der Sitzung des Ausschusses für Handwerksfragen beim Zentralsekretariat am 10. 11. 1947.

kammerintegrierten Organisation der verschiedenen Handwerkszweige gezeigt, die in einigen Kreisen und Städten der SBZ immerhin in einer Größenordnung von bis zu 80% ausschließlich für die Rote Armee Produktions- bzw. Reparaturaufträge ausführten[23]; zum anderen wurden auch von der Deutschen Zentralverwaltung der Industrie, die im August 1945 definitionsgemäß „zur Leitung der Wiederherstellung und Inbetriebnahme sämtlicher Industriebetriebe gebildet worden war", Handwerksfragen eher residual bewertet[24].

Indessen erschien der Sowjetischen Militäradministration und der DZVI die im Frühjahr 1946 jedenfalls partiell vollzogene Hinwendung zum Handwerk, die nicht zuletzt auch mit dem SMAD-Befehl Nr. 160 über die Zulassung der Handwerksgenossenschaften in der SBZ zum Ausdruck gebracht worden war[25], wohl auch deswegen sinnvoll und notwendig zu sein, weil eine effizientere ökonomische Einplanung dieser für die „Nahversorgung" als wichtig erkannten Kleinbetriebe ebenso vordringlich erschien wie die politische Einflußnahme auf eine Erwerbs- und Besitzklasse, deren angebliche Affinität zum „Dritten Reich" ein weitverbreitetes Mißtrauen unter den Kommunisten hervorgerufen hatte[26]. Hinzu kam, daß mittels einer organisatorisch formalen Trennung der Privatwirtschaft in Industrie- und Handwerksbetriebe, die nach Art der primär maschinell oder manuell betriebenen Produktion sowie der Anzahl der Beschäftigten vorgenommen werden sollte[27], jener ideologische Kontext in der politischen Praxis stabilisiert wurde, der mit Blick auf die seit dem März des Jahres 1946 und damit beinahe zeitgleich forcierten Sequesterpolitik eine Unterscheidung des kapitalistischen Unternehmens vom kleinbetrieblichen Besitz zu ermöglichen schien[28].

[23] Vgl. LHA Potsdam, Rep. 206, Nr. 1561, Wirtschaftsbericht der Handwerkskammer Brandenburg für Juli 1946, 12. 8. 1946. Dabei lag das Schwergewicht der Aufträge beim sogenannten reparierenden Handwerk, denn nur etwas mehr als zwanzig Pozent der Betriebe in der SBZ gehörten zum produzierenden Handwerk. Vgl. LHA Magdeburg, Rep. K, Nr. 2659, Vermerk über die Arbeitstagung der Deutschen Zentralverwaltung der Industrie mit den Landes- und Provinzialverwaltungen der Sowjetischen Besatzungszone am 7. 2. 1946 in Berlin, 12. 2. 1946.

[24] BAB, DG 2, Nr. 1298, Aufbau und Aufgaben der Deutschen Zentralverwaltung der Industrie, 10. 11. 1945. Vgl. auch LHA Potsdam, Rep. 332, SED-Landesvorstand Brandenburg, L IV/2/6/538, Bericht von der Sitzung des Ausschusses für Handwerksfragen beim Zentralsekretariat am Montag, den 18. und Dienstag, den 19. 8. 1947 sowie das Protokoll über die Sitzung des Ausschusses für Handwerksfragen am 10. 11. 1947 im Zentralhaus, 15. 11. 1947, ebenda.

[25] Vgl. LHA Magdeburg, Rep. K, Nr. 6188, SMAD-Befehl Nr. 160 über die Zulassung der Handwerksgenossenschaften in der Sowjetischen Besatzungszone Deutschlands, 27. 5. 1946. Mit dem Befehl Nr. 160 wurde die Gründung von Handwerksgenossenschaften indessen nicht befohlen, sondern lediglich deren Zulassung in der Weise geregelt, daß es zu ihrer Konstituierung keiner besonderen Gewerbegenehmigung mehr bedurfte.

[26] Zur Bedeutung der Handwerksbetriebe für die „Nahversorgung" – der Begriff fand vielfache Verwendung – vgl. hier nur BAB, DC 15, Nr. 533, Richtlinien für die Kreise zur verstärkten Heranziehung des Handwerks, 28. 10. 1947.

[27] Nicht ohne Bedeutung war in diesem Zusammenhang darüber hinaus der bislang erwirtschaftete und der zu erwartende jährliche Betriebsumsatz, der bei den Handwerksbetrieben RM 100000 nicht übersteigen sollte.

[28] Vgl. dazu hier nur LHA Potsdam, Rep. 280, Nr. 10, Besprechung mit der Abteilung II der Provinzialverwaltung Mark Brandenburg am 4. 5. 1946 sowie den Aktenvermerk über eine Besprechung bei der Zentralverwaltung der Industrie über Abgrenzung zum Handwerk, 4. 7. 1946.

In diesem Kontext war bereits seit dem Herbst des Jahres 1945 durch Maßnahmen der Gewerbelenkung mit Nachdruck versucht worden, mißliebigen Unternehmern, Kaufleuten oder Handwerkern die Erlaubnis zur Führung eines Betriebes zu entziehen[29], das Unternehmen entweder befristet stillzulegen oder über den Umweg einer sogenannten „kalten“ Enteignung „eine gründliche Bereinigung der gewerblichen Wirtschaft“ auch für diejenigen Selbständigen durchzuführen, für die wegen anerkannter politischer Unbedenklichkeit eine Anwendung des Befehls Nr. 124 der SMAD nicht in Frage gekommen war[30]. Zwar fehlte sogar noch 1948 eine zoneneinheitliche Gewerbelenkungsverordnung, doch schien dieser Mangel an Rechtsvereinheitlichung von einigen Ländern unter dem doppelten Gesichtspunkt des juristischen Defizits und der praktischen Möglichkeit zur durchgreifenden Chancenwahrnehmung bewertet worden zu sein, wenn etwa ungeachtet bereits erfolgter Überprüfungen in Brandenburg im Sommer 1946 noch einmal die Revision aller Gewerbekonzessionen angeordnet worden war[31].

Die eigentlich maßgebliche Zäsur für den gewerblich-industriellen Mittelstand in der SBZ wurde hingegen im März 1946 mit der Gründung der Zentralen Deutschen Kommission für Sequestrierung und Beschlagnahme (ZDK) eingeleitet, deren Zuständigkeit sich unter Mithilfe der Landes- und Provinzialbehörden auf die Behandlung derjenigen betrieblichen und anderweitigen Vermögen erstreckte, die im Zuge der Befehle Nr. 124/126 der SMAD bereits unter Sequester gestellt worden waren oder künftig noch sequestriert werden sollten[32]. Noch im gleichen Jahr waren von der ZDK 7254 Vermögen in der Sowjetischen Besatzungszone enteignet worden[33]; deren Zahl hatte sich bis zum März 1948 auf 9283 Enteignungsfälle erhöht[34]. Dabei waren von der ZDK nach Weisung der SMAD mehrheitlich jene

29 Vgl. LHA Magdeburg, Rep. K, Nr. 660, Verordnung über die Eröffnung und Stillegung von Gewerbebetrieben, 3. 11. 1945 sowie auch Nr. 108, Runderlaß 5/47, 5. 12. 1947. Zur sogenannten Bereinigung des Handels siehe vor allem LHA Magdeburg, Rep. K, Nr. 3165, Aktenvermerk betr. Länderbesprechung am 20. 5. 1947 bei der Deutschen Verwaltung für Handel und Versorgung, 23. 5. 1947, sowie Richtlinien über die Bereinigung der Handelsbetriebe, 31. 12. 1946.

30 Vgl. hierzu sowie zu den Beschwerden der betroffenen Betriebsinhaber etwa LHA Potsdam, Rep. 206, Nr. 336, Schreiben des Oberlandratsamtes Brandenburg a.d. Havel an die Treuhandverwaltung, 2. 10. 1946. Zitat: LHA Magdeburg, Rep. K, Nr. 10637, Schreiben des Antifaschistischen Ausschusses für den Einzelhandelsverband Halle-Merseburg an Innenminister Siewert, 5. 11. 1945.

31 Vgl. zum Fehlen einer zoneneinheitlichen Gewerbelenkungsverordnung LHA Magdeburg, Rep. K, Nr. 13, Schreiben von Justizminister Damerow an Dieker, 17. 12. 1948. Zur Überprüfung der Gewerbekonzessionen in Brandenburg vgl. LHA Potsdam, Rep. 280, Nr. 14, Niederschrift über die am 3. 7. 1946 in der Hauptgeschäftsstelle der Industrie- und Handelskammer Brandenburg mit den Geschäftsführern der Bezirks- und Kreisgeschäftsstellen der Kammer stattgefundenen Besprechung.

32 Vgl. BAB, DO 3, Nr. 110, Ausführungsbestimmungen zu Befehl Nr. 97 über die Deutsche Zentralkommission für Beschlagnahme und Sequestrierung in der Sowjetischen Okkupationszone Deutschlands.

33 In diesen Zahlen, so hatte der ZDK-Vorsitzende Lange die Kontrollkommission für Beschlagnahme und Sequestrierung bei der SMAD informiert, seien hingegen noch „kein[e] Privatvermögen (Grundstücke, Landbesitz usw.) enthalten“. BAB, DO 3, Nr. 5, Lange an die Kontrollkommission für Beschlagnahme und Sequestrierung bei der SMAD, 12. 8. 1946.

34 Vgl. BAB, DO 3, Nr. 14, Schreiben der ZDK an die Abteilung Presse und Information der DWK, 4. 9. 1948. Abweichend hiervon das Schreiben des ZDK-Vorsitzenden Lange an die

Betriebe zugunsten des volkseigenen Sektors beschlagnahmt worden, die über eine hinreichend hohe technologische und anderweitige betriebliche Infrastruktur sowie darüber hinaus über eine quantitativ starke und nach Möglichkeit beruflich überdurchschnittlich qualifizierte Belegschaft verfügten[35]. Nicht zuletzt deshalb befanden sich zu diesem Zeitpunkt zwar erst acht Prozent aller Industriebetriebe in den Händen des volkseigenen Sektors, der damit jedoch schon über 40 Prozent der industriellen Produktionskapazitäten in der Sowjetischen Besatzungszone verfügte[36].

Als ungefähre Richtgröße für diejenigen Betriebe, die selbst bei fehlender politischer Belastung des Unternehmers als enteignungswürdig bewertet wurden, galt ein jährlicher Umsatz von 100000 RM (Stichjahr 1944)[37]; hierbei handelte es sich um einen Grenzwert, von der sich die ZDK einen ungefähren Rückschluß auf die ökonomische Leistungsfähigkeit eines Betriebes erhoffte[38]. Die in diesem Zusammenhang jedenfalls partiell zur Geltung gebrachte Priorität des Unternehmens*wertes* vor der Unternehmer*belastung* fand hingegen keine Anwendung auf diejenigen „1–5 Mann Betriebe", die – so hatte es Walter Ulbricht im Mai 1946 zum Ausdruck gebracht – den volkseigenen Sektor im Grunde „nur belasten würden"[39]. „Wir dürfen [noch] keine Kampagne einer *offenen* Differenzierung führen" und „in dem Moment, wo die Frage Sozialismus gestellt wird", hatte der SED-Politiker die Landesleitung der Einheitspartei in Sachsen-Anhalt instruiert, „verbiegt ihr uns die Linie oder ihr nehmt es ernst und der Mittelstand nimmt es auch ernst"[40].

Dementsprechend war bis zum Frühjahr 1948, das den Abschluß der Sequesteraktion in der Sowjetischen Besatzungszone markierte[41], die Enteignung der „gro-

Kontrollkommission für Sequestrierung und Konfiskation bei der SMAD, das 9281 Enteignungen nennt, und zwar nach Ländern aufgeschlüsselt: Land Brandenburg: 1428, Land Mecklenburg: 883, Land Sachsen: 2297, Land Sachsen-Anhalt: 2064, Land Thüringen: 2609. Vgl. BAB, DC 15, Nr. 720, Schreiben von Lange an die Kontrollkommission für Sequestrierung und Beschlagnahme bei der SMAD, 11. 3. 1948.

35 Die leistungsfähigsten Unternehmen wurden hingegen in Sowjetische Aktiengesellschaften (SAG) umgewandelt, die etwa 20% der Industrieproduktion erstellten. Vgl. Zank, Wirtschaftsplanung und Bewirtschaftung, S. 489.

36 Vgl. Buck, Privatwirtschaft in der SBZ/DDR, S. 1106

37 Vgl. zur partiellen „Entpolitisierung" der Enteignungsfrage zugunsten ökonomischer Erwägungen SAPMO, DY 30/IV/2/13/2, Schreiben des ZDK-Vorsitzenden Lange in der Anweisung Nr. 2, 18. 4. 1946, an die Präsidenten der Landesverwaltungen in Sachsen, Thüringen und Mecklenburg und der Provinzialverwaltungen in den Provinzen Sachsen und Brandenburg. Vgl. auch SAPMO, NY 4036, Nr. 718, Schreiben der Abteilung Wirtschaft des Bezirkspräsidiums Magdeburg an die Wirtschaftsbeauftragten der Landräte und Oberbürgermeister des Bezirkes betreffend die Sequesteraktion im Bezirk Magdeburg, 20. 6. 1946.

38 Vgl. LHA Magdeburg, Rep. K, Nr. 6543, Protokoll der Länderbesprechung bei der Zentralen Deutschen Kommission für Sequestrierung und Beschlagnahme betreffend den Befehl Nr. 97 über die sequestrierten Vermögen, 13. 4. 1946. Vgl. auch BAB, DO 3, Nr. 1, Aktenvermerk über eine Besprechung bei der für Beschlagnahme und Sequestrierungen zuständigen Stelle der Provinzialverwaltung Sachsen, 15. 4. 1946, sowie SAPMO, DY 30/IV/2/13/2, Aktenvermerk von Lange über die ZDK-Sitzung am 11. 6. 1946.

39 LA Merseburg, SED-Landesleitung, IV/L 2/602/102, Besprechung mit Gen.[osse] Walter Ulbricht, Berlin. Protokoll; Halle/Saale, 10. 5. 1946.

40 Ebenda. Hervorhebung des Verfassers.

41 Vgl. LHA Magdeburg, Rep. K, Nr. 3217, Beschluß S 9/48 der DWK betreffend Beendigung der Tätigkeit der Sequesterkommissionen, 31. 3. 1948.

ße[n] Brocken", so der ZDK-Vorsitzende Lange, „mit Händen und Füßen" verteidigt worden[42]. Die relativ geringfügigere Bedeutung, die den Handwerks- und anderen Kleinbetrieben in der auf die produktionsintensiven und personalstarken Unternehmen focussierten ökonomischen Zukunftsplanung der Besatzungsmacht und der Einheitspartei zuteil geworden war, hatte ihren quantitativen Ausdruck schließlich auch in den abschließenden Sequesterlisten der ZDK gefunden. So waren etwa in Sachsen-Anhalt – analoge Zahlen dürften in vergleichbarer Größenordnung wohl auch für die anderen Länder der SBZ gelten – auf der Liste A, welche die Aufstellung der enteigneten Betriebe enthielt, von insgesamt 2067 Unternehmen aller Branchen 319 (= 15 Prozent) endgültig beschlagnahmte Handwerksbetriebe verzeichnet[43].

Demgegenüber waren im Land in unterschiedlicher Größenordnung eine Vielzahl von Maschinenfabriken und metallverarbeitenden Industrien, chemische Betriebe und Kohlengruben, Nahrungs- und Genußmittelfabriken sowie neben größeren Textil- und Schuhwarenherstellern auch eine Reihe von Groß- und Einzelhandelsunternehmen, schließlich auch Hotels und Gastwirtschaften enteignet worden[44]. Nach wie vor verfügte die privat geführte Industrie in Sachsen-Anhalt jedoch noch über beträchtliche Kapazitäten, die ihr im Jahr 1948 die Erzeugung von Produktionswerten in Höhe von 498 Millionen Mark ermöglichten; der Produktionswert der volkseigenen Industrie war dagegen auf 542 Millionen Mark beziffert worden, so daß dieser Sektor drei Jahre nach Kriegsende die eigentumsrechtlich noch nicht transformierten Unternehmen zwar absolut, dennoch wertmäßig nur vergleichsweise knapp überflügelt hatte[45]. Nicht zuletzt wohl auch deswegen hatte der ZDK-Vorsitzende Lange gegenüber Fritz Selbmann nachdrücklich zum Ausdruck gebracht, „daß es über kurz oder lang zu einer Entscheidung [...] kommen" müsse, „daß Volkseigentum neben Privateigentum nur schwerlich existieren" könne „und eine derartige Parallelität in den Besitzverhältnissen [doch] immer zu Unzuträglichkeiten führen" werde[46].

Einen entscheidenden Versuch, die Beziehungen zwischen dem volkseigenen Sektor und den Privatbetrieben in der Sowjetischen Besatzungszone unter einem prinzipiell veränderten Strukturmodus zu differenzieren und auf eine neue Grundlage zu heben, stellte darum der DWK-Beschluß S 151 vom 18. Mai 1949 dar, in welchem die Relationen der Produktionsbindung zwischen beiden Eigentumsfor-

[42] BAB, DO 3, Nr. 616, Protokoll der vorbereitende[n] Sitzung der Sequester-Kommission am 12. 2. 1948, 13. 2. 1948.

[43] Vgl. BAB, DO 3, Nr. 617, Übersicht über die in Sachsen-Anhalt auf der Liste A befindlichen Objekte, ohne Datum [März 1948]. Mit einer geringfügig abweichenden Zahl für Sachsen-Anhalt (2064 Objekte) dagegen das Schreiben von Lange an die Kontrollkommission für Sequestrierung und Konfiskation bei der SMAD, 11. 3. 1948 in: BAB, DC 15, Nr. 720.

[44] Vgl. ebenda. Die Aufstellung ist lediglich nach Branchen klassifiziert und enthält keine Angaben über die Größenordnung der Betriebe.

[45] Vgl. LHA Magdeburg, Rep. K, Nr. 6542, Referat von Wirtschaftsminister Dieker über die Wirtschaftsentwicklung im Jahre 1948 und unsere Aufgaben im Jahre 1949, ohne Datum. Im Jahr 1949 erzeugte der volkseigene Sektor in der SBZ bereits 68,5% der industriellen Bruttoproduktion. Vgl. Roesler, Die Rolle der Planung und Leitung bei der Umgestaltung der privaten Industrie und des Handwerks in der Übergangsperiode, S. 215.

[46] BAB, DO 3, Nr. 10, Lange an Selbmann, 3. 6. 1949.

men auf der Ebene sogenannter Vertragsbeziehungen geregelt wurden[47]. Entsprechend der einschlägigen Bestimmung der Deutschen Wirtschaftskommission, deren endgültige Fassung im Mai 1949 zwischen dem SMAD-Wirtschaftsexperten Konstantin J. Kowal sowie Walter Ulbricht und Bruno Leuschner vereinbart worden war[48], sollten die Privatbetriebe beginnend mit dem 1. Juli 1949 von einer zentral erteilten Produktionsauflage freigestellt, gleichzeitig aber auch von der Materialzuteilung in Form von Roh- und Brennstoffen sowie Halbfabrikaten ausgeschlossen werden[49]. Produktionsauflagen wurden somit seit der Mitte dieses Jahres ausnahmslos an volkseigene Betriebe erteilt[50]; die Privatbetriebe waren indessen ihrerseits ermächtigt, mit den VEB und den Betrieben der Sowjetischen Aktiengesellschaften, aber auch mit den landwirtschaftlichen Genossenschaften und Maschinenausleihstationen, schließlich auch mit den neu zu errichtenden staatlichen Vertragskontoren Herstellungs- und Lieferverträge über im Einzelfall zu vereinbarende Kontingente abzuschließen[51].

Im Grunde waren die Privatbetriebe über diesen Verfahrensmodus damit aus der zentralen Planung ausdifferenziert und in mediatisierter Form den volkseigenen Betrieben zugeordnet worden, die entsprechend ihrer Produktionsauflagen den selbständigen Sektor vertraglich und zeitlich begrenzt zur Erfüllung ihrer Aufgaben – etwa der Zulieferung von Halbfabrikaten – heranziehen konnten[52]. Dabei ergab sich aus der funktionalen Zuordnung zu den VEB, mit der letztlich eine tendenzielle Dezentralisierung der Machtausübung verbunden war, für den privaten Sektor eine doppelte Abhängigkeit; nämlich einmal im Hinblick auf die Produktionsziele, die an die ökonomischen Bedürfnisse der zonalen oder landeseigenen Betriebe adäquat anschließen mußten, sodann aber auch in bezug auf die Produktionsressourcen, die mit der Zuteilung von Rohstoffen und anderen Waren zwar aus den Plankontingenten der Länder sowie aus den örtlichen Materialreserven bezogen werden sollten, im Prinzip aber auf den Bedarf der volkseigenen Betriebe – gegebenenfalls auch in Konkurrenz zu ihnen – abgestimmt werden mußten[53].

[47] Vgl. ACDP, VII-012, A 0925, Anordnungen der DWK 1949 und Betr. Anordnung S 151/49.
[48] Vgl. SAPMO, NY 4182, Nr. 958, Schreiben von Ulbricht an Rau, 17. 5. 1949.
[49] Vgl. LHA Magdeburg, Rep. K., Nr. 4620, Denkschrift des Ministeriums für Industrie und Aufbau, Vertragsabteilung, über die Grundlagen, die Entwicklung und die Mängel des Vertragswesens, 18. 7. 1950.
[50] Vgl. LA Merseburg, SED-Landesleitung, IV/L2/602/102, Bericht über die SED-Handelskonferenz am 21. 4. 1949 in Berlin.
[51] Vgl. die Ausführungen in LHA Potsdam, Rep. 280, Nr. 11/12, Niederschrift über die am 28. 6. 1949 stattgefundene 26. Sitzung der Kammer. Von dem Vertragsverfahren war jedoch „nicht die industrielle oder handwerkliche Ausführung von Reparaturen erfaßt".
[52] Ausgeschlossen vom Vertragsverfahren waren Betriebe der Nahrungs- und Genußmittelindustrie, die kurzfristig auch weiterhin eine Produktionsauflage erhielten und erst mit Beginn des IV. Quartals in den neuen Verfahrensmodus einbezogen wurden. Vgl. LHA Potsdam, Rep. 280, Nr. 113, Rundschreiben Nr. 165 der IHK an alle Außenstellen/Abt. II, 15. 7. 1949 sowie Nr. 363, Verträge statt Produktionsaufgaben. Das neue Vertragsverfahren. Merkblatt der Industrie- und Handelskammer Land Brandenburg/Hauptabteilung Industrie, 3. 8. 1940, ebenda. Vgl. dazu auch LHA Magdeburg, Rep. K., Nr. 5520, Schreiben der Hauptabteilung Wirtschaftsplanung an die Hauptabteilung Industrie, 1. 11. 1951.
[53] Vgl. LHA Potsdam, Rep. 280, Nr. 13, Anordnung über die Regelung der Vertragsbeziehungen zwischen privaten Betrieben und volkseigenen sowie genossenschaftlichen Betrieben und Organisationen, 18. 5. 1949. Vgl. auch die Durchführungsbestimmungen zur Anord-

Die passive Rolle, die den Privatbetrieben im Rahmen der einschlägigen Bestimmungen der DWK als Vertragspartner auferlegt worden war, hatte überdies Willi Stoph in einem am 19. Mai 1949 unter der Überschrift „Unternehmertum und Wirtschaftsplan" veröffentlichten Beitrag im Neuen Deutschland bekräftigt[54]. Mit der Kernaussage „Keine Kapitalisten als Planer" hatte der Leiter der Abteilung Wirtschaft und Finanzen im Zentralsekretariat der SED in diesem Artikel die allenfalls sekundär unterstützende Funktion des Privatsektors für die Wirtschaftspolitik der Einheitspartei hervorgehoben und gleichzeitig den künftigen Handlungsspielraum der volkseigenen Betriebe insofern einschränkend definiert, als diese lediglich als beauftragte Instanzen der Länderverwaltungen zum Vertragsabschluß befugt sein würden[55]. Zu diesem Zweck waren in den fünf Ländern der SBZ Vertragskontore eingerichtet worden, die unter der Aufsicht der jeweiligen Wirtschaftsministerien vermittelnd zwischen den volkseigenen und den Privatbetrieben tätig wurden, steuernd die praktische Durchführung des Verfahrens regulierten oder – offenbar in treuhänderischer und gegebenenfalls bedarfsbestimmender Funktion für die VEB – auch selbst Verträge abschlossen[56]. Nicht zuletzt fungierten die Vertragskontore damit – jedenfalls normativ – auch als ökonomisch absichernde und rentabilitätsprüfende Instanz eines Verfahrens, welches – so war es auf der am 21. April 1949 in Berlin tagenden SED-Handelskonferenz zielbestimmend hervorgehoben worden – die wirtschaftliche Überlegenheit des volkseigenen Sektors gegenüber den Privatbetrieben demonstrieren sollte[57]. Zwar waren den Selbständigen dabei die Handlungsbedingungen ebenso wie die Möglichkeitsspielräume von der Deutschen Wirtschaftskommission diktiert worden, aber in diesem geschlossenen Kontext – so hatten es die Teilnehmer der Konferenz nicht ohne einen Schuß Zynismus zum Ausdruck gebracht – könnten „die Staatsapparate [...] keine Verantwortung für die Rentabilität der privaten Betriebe" mehr übernehmen[58].

Ungeachtet aller Fährnisse, Einschränkungen und widrigen Hemmungen, die aus selbständiger Perspektive mit den Bedingungen des Vertragssystems assoziiert wurden, lag der prinzipiell und in zweifacher Hinsicht zäsurstiftende Charakter des Verfahrens doch primär in der Bestimmung, daß ein unmittelbar existenzbedrohendes Produktionsverbot für diejenigen Betriebe vorgesehen worden war, denen es bis zum 1. Juli 1949 nicht gelungen war, in ein Vertragsverhältnis einzutreten[59]; mittel-

nung über die Regelung der Vertragsbeziehungen zwischen privaten Betrieben und volkseigenen sowie genossenschaftlichen Betrieben, ebenda.

54 Willi Stoph, Unternehmertum und Wirtschaftsplan. Die Stellung der Privatbetriebe im Wirtschaftsaufbau, in: Neues Deutschland, Nr. 116, 19. 5. 1949.

55 Ebenda.

56 Vgl. ACDP, VII-013, A 1738, Schreiben der DWK, Sekretariat Handke, an Otto Nuschke, 28. 7. 1949 sowie die Richtlinien für die Struktur und die Aufgaben der Vertragsabteilungen und Vertragskontore in den Ländern, 12. 7. 1949. Vgl. auch LHA Magdeburg, Rep. K., Ministerium für Wirtschaft und Verkehr, Nr. 7171, Niederschrift über die Abteilungsleitersitzung vom 23. 5. 1949.

57 Vgl. LA Merseburg, SED-Landesleitung, IV/L2/602/102, Bericht über die SED-Handelskonferenz am 21. 4. 1949 in Berlin.

58 Ebenda.

59 Vgl. LHA Potsdam, Rep. 280, Nr. 113, Rundschreiben Nr. 165 der IHK an alle Außenstellen/Abt. II, 15. 7. 1949. Vom Vertragsverfahren zunächst ausgeschlossen waren hingegen die Betriebe der Nahrungs- und Genußmittelindustrie, die vorläufig auch weiterhin eine Produktionsauflage erhielten.

fristig schwerer wogen jedoch wohl die subtilen Konsequenzen, die sich aus dem Verbot ergaben, welches den Abschluß von Produktionsverträgen zwischen den privaten Betrieben untersagte[60].

Mit der Institutionalisierung des Vertragssystems und der entsprechend einschränkenden Rollenzuweisung an die mittelständischen Privatbetriebe waren die Gewerbetreibenden in den Sog einer bürokratisch mediatisierten Umklammerung geraten, die das Angebot einer Entlastung vom unternehmerischen Risiko – etwa in bezug auf die Rohstoffzuweisung, die Produktionsentscheidungen oder die Güterdistribution – mit der Kappung der unternehmerischen Marktbeziehungen verband. So sehr die Regeln des Kontraktprinzips den Vertretern des wirtschaftlichen Mittelstands vordergründig die Setzung einer positiven Integration der Privatwirtschaft in die Planwirtschaft suggerierten, so sehr war der in dem Vertragssystem aufgehobene politische Impuls doch darauf angelegt, die Gewerbetreibenden aus der Vielfalt ihrer marktintegrativen Beziehungen zu lösen.

Die auf „Marktrationalität und Risiko" beruhende Vergesellschaftung von Eigentümern beruhte historisch und normativ auf der zwanglosen Verknüpfung von Tauschchancen und ihrer wettbewerbsrealisierten Durchsetzung[61]; kommerzielle Beziehungen, der Austausch von Geld- und Warenströmen, die Optionenwahrnehmung und die Abwägung von Kosten und Nutzen, kurz: Die Definition von investitions-, produktions- und distributionsrelevanten Interessen, Plänen und Präferenzen oblag der Entscheidungsautonomie der Marktteilnehmer, deren ökonomischer Erfolg und Mißerfolg getätigte Kalkulationen schließlich verifizierte oder falsifizierte. Märkte bilden insofern also „eine Form der Verhaltenssteuerung durch positive und negative Sanktionen – d.h. [...] durch Belohnung und Bestrafung in Form von Gewinn und Verlust, finanziellem Erfolg und Mißerfolg, durch Verdienstchancen oder der Gefahr der Unversorgtheit"[62]. Der funktionierende Kontext marktrelevanter Austauschbeziehungen war dabei ebenso an ökonomische Vorgaben geknüpft wie er – vor allem in dem für die kleingewerbliche Produktion relevantem lokalem und regionalem Raum – von der Binnenverflechtung sozialer Verbindungen lebte, die auf Tradition, Wertschätzung und Vertrauen oder rationalem Kalkül beruhten und damit den Zugang zum Markt eröffneten oder gegebenenfalls erschwerten. Insofern beruhte der stabile Zusammenhang des ökonomisch prinzipiell neutralen Tauschs unter den Teilnehmern nicht zuletzt *auch* auf Elementen der Kommunikation, mithin einem Flechtwerk der Kooperation und Verständigung, eingespielten Verhaltensnormen und Hintergrundannahmen, in dessen Rahmen das wirtschaftliche Handeln gleichsam in soziale Gültigkeitskriterien eingelagert war. Es war im Grunde erst diese kommunikativ sekundäre Instanz der Ökonomie, die das soziale Selbstbewußtsein der Gewerbetreibenden formte und stabilisierte, ihre Handlungsorientierungen prägte und einen – gegebenenfalls lokal begrenzten – Erfahrungszusammenhang stiftete.

[60] Vgl. LHA Potsdam, Rep. 280, Nr. 363, Verträge statt Produktionsaufgaben. Das neue Vertragsverfahren. Merkblatt der Industrie- und Handelskammer Land Brandenburg/Hauptabteilung Industrie, 3. 8. 1949, sowie Rep. 280, Nr. 11/12, Niederschrift über die am 28. 6. 1949 stattgefundene 26. Sitzung des Gesamtvorstandes der Kammer.

[61] Kraemer, Der Markt der Gesellschaft, S. 216.

[62] Heinemann, Elemente einer Soziologie des Marktes, S. 55.

Und es war eben dieser historische Modus horizontaler Vergesellschaftung, der mit der Einführung des Vertragssystems im Jahr 1949 in die etatistische Vertikale verlegt worden war; es war dieser regionale und lokale Raum marktbedingter sozialer Wechselwirkungen, der mit der Etablierung des neuen Prinzips in eine bürokratische Hierarchierelation überführt worden war und dort fortan einer isolierten Steuerung oblag. Zwar waren die Privatbetriebe auch schon ein Jahr zuvor – wenn auch im Ganzen wohl noch konzeptionell unbestimmt – in die ökonomisch administrative Steuerung des Zweijahresplans integriert worden; schon seit 1945 waren sie kategorial der Deutschen Zentralverwaltung der Industrie subordiniert worden und auch bereits vor 1949 waren sie von Rohstoffzuteilungen abhängig und den Sanktionsmechanismen der Länderverwaltungen ausgesetzt gewesen. Aber der orientierungs- und handlungsleitende Impuls, der von der Institutionalisierung des Vertragssystems ausging, hatte die Gewerbetreibenden schließlich *systematisch* und jedenfalls administrativ – politisch effizienzsteigernd aus dem eigentümlichen und bis dahin nicht widerspruchsfreiem Kontext „doppelter Vergesellschaftung“ herausgelöst und insofern die Inhaber der Privatbetriebe von der Wahrnehmung marktadäquater Reaktionsalternativen abgespalten[63]. Reflektiert man die Mittelstandspolitik der SED in den Jahren 1946 bis 1949 ungeachtet der in diesem Zeitraum zu beobachtenden vielfältigen Spannungslinien, Fragmentierungen und Zäsuren darum einmal aus der Perspektive der Kohärenz, dann folgte auf die zwischen 1946 und 1948 vollzogene sozialstrukturelle Trennung der Unternehmer vom Besitz für die im Jahr 1949 noch in privater Hand verbliebenen Betriebe die sozialstrukturelle Trennung vom Markt.

Der im Vertragssystem angelegte Impuls, die Reste horizontal koordinierter Dispositionsräume gleichsam vertikal abzuschließen und den selbständig geführten Unternehmen nurmehr eine Ergänzungs- und Entlastungsfunktion für die volkseigene Wirtschaft zuzuweisen, war entgegen beschönigenden Versicherungen der Industrie- und Handelskammern übrigens umstandslos auch von der DWK selbst eingeräumt worden, die Otto Nuschke auf dessen Anfrage ganz unverklausuliert darüber informiert hatte, daß die Privatbetriebe künftig als „verlängerte Werkbank“ der Staatsbetriebe fungieren würden[64].

Schließlich waren auch in der Praxis die Konsequenzen dieser residualen Funktionszuweisung rasch erkannt worden, wenn etwa der Arbeitskreis Wirtschaft des CDU-Ortsverbandes Chemnitz im Januar 1950 im Rückblick auf die vergangenen sechs Monate illusionslos urteilte, daß die auf „unmittelbaren Gedanken- und Erfahrungsaustausch“ beruhende „Entfaltung privatwirtschaftlicher Initiative“ durch „das Vertragssystem nicht oder [doch] nur ungenügend gewährleistet“ sei[65]. Dabei

[63] Der Begriff „doppelte Vergesellschaftung“ wird in der historiographischen und sozialwissenschaftlichen Debatte inzwischen in unterschiedlichen inhaltlichen Kontexten verwendet und ist nicht mehr eindeutig zurechenbar. Vgl. in einem anderem Zusammenhang etwa auch Kreckel, Doppelte Vergesellschaftung, S. 51.

[64] ACDP, VII-013, A 1738, Schreiben der DWK, Sekretariat Handke, an Otto Nuschke, 28. 7. 1949. Vgl. zum Urteil der Handelskammern hier nur LHA Potsdam, Rep. 280, Nr. 113, Industrie-Rundschreiben Nr. 8/II/49 der IHK an alle Betriebe der Holzbe- und Verarbeitungsindustrie, 26. 7. 1949.

[65] ACDP, VII-013, A 1232/1, Anlage des Arbeitskreises Wirtschaft der CDU Chemnitz zur Zonen Wirtschaftstagung, 21. 1. 1950.

reflektierte diese Wahrnehmung im wesentlichen eine Erfahrung, die auch in Brandenburg den Unmut der Selbständigen herausgefordert hatte, zumal Vertragsbindungen zwischen privaten und volkseigenen Betrieben im Sommer 1949 aufgrund äußerst knapp bemessener Fristen vielfach erst gar nicht zustande gekommen waren, so daß es in einer – allerdings nicht näher zu quantifizierenden – Reihe selbständig geführter Unternehmen zu hohen Produktions- und damit auch zu Verdienstausfällen gekommen war. Die vertragliche Abdeckung in Brandenburg betrug im dritten Quartal des Jahres 1949 demzufolge nur 40,7 Prozent und im vierten Quartal 66,2 Prozent der verfügbaren Kapazitäten[66]. So sehr der die zweite Jahreshälfte 1949 einleitende Übergang zum Vertragsprinzip auch noch von einer Phase der Improvisation und des Übergangs, von mangelnder Kooperation und bürokratischen Hemmnissen geprägt sein mochte, so sehr scheint die für die Privatunternehmen als Vertragsnehmer auf den 15. Juli des Jahres datierte Ausschlußfrist für eine entsprechende Bindung an die volkseigenen Betriebe doch darauf hinzuweisen, daß die Selbständigen ebenso zügig wie zielgerichtet an eine Rentabilitätsgrenze herangeführt werden sollten, die bei einem fälligen Produktionsausfall gegebenenfalls auch den Konkurs des gesamten Unternehmens zur Folge haben würde[67].

Ungeachtet dessen sorgte eine Vielzahl einander zum Teil überschneidender institutioneller Kompetenzen und Zuständigkeiten, ressortegoistischer Einflußnahmen und Rationalitätsdefizite für Effizienzverluste, die nicht zuletzt auf das Fehlen einer zentralen Vertragsabteilung in Berlin zurückzuführen waren[68]. Vor allem die Zuteilung von Produktions- und Rohstoffen wurde in den Ländern der SBZ unterschiedlich geregelt, wobei etwa in Sachsen-Anhalt die Materialdistribution über die Hauptabteilung Industrie geregelt wurde, während in Sachsen die Vertragskontore unmittelbar mit deren Verteilung betraut waren[69]; darüber hinaus war mit der Ausnahme Mecklenburgs die bestimmungsgemäße Einbindung der Kreise in das Verfahren nur unzureichend befolgt worden, so daß in Sachsen-Anhalt im Ministerium für Industrie und Aufbau bereits 1950 Klage darüber geführt wurde, daß als Ergebnis von Improvisation, bürokratischen Defiziten und Mängelverwaltung „15–20

[66] Vgl. LHA Potsdam, Rep. 280, Nr. 11/12, Niederschrift über die am 16. 9. 1949 stattgefundene 27. Sitzung des Gesamtvorstandes der Kammer. Entsprechende Auslastungsdefizite wurden auch in Sachsen-Anhalt – dort aber überwiegend aufgrund von Materialmangel – registriert, wo die Handwerksbetriebe im III. Quartal des Jahres 1949 selbst ihre vertragsgebundenen Kapazitäten nur zu 68,8% und im IV. Quartal zu 69,9% ausgefüllt hatten. Vgl. LHA Magdeburg, Rep. K., Nr. 4473, Protokoll über die 21. Vorstandssitzung der Landeshandwerkskammer Sachsen-Anhalt am 29. 6. 1950.

[67] Vgl. LHA Potsdam, Rep. 280, Nr. 11/12, Niederschrift über die am 28. 6. 1949 stattgefundene 26. Sitzung des Gesamtvorstandes der Kammer. Vgl. etwa zur angespannten Vermögenslage der Handwerksbetriebe hier nur LHA Magdeburg, Rep. K., Nr. 5320, Bericht über die Lage des Handwerks der Hauptabteilung Industrie, Referat Handwerk, 24. 5. 1950.

[68] Vgl. LHA Magdeburg, Rep. K., Nr. 4620, Ministerium für Industrie und Aufbau/Vertragsabteilung, gez. Merkel, an das ZK der SED, z.Hd. Genossen Arlt, 14. 9. 1950, sowie die Denkschrift des Ministeriums für Industrie und Aufbau, Vertragsabteilung, über die Grundlagen, die Entwicklung und die Mängel des Vertragswesens, 18. 7. 1950.

[69] Vgl. LHA Magdeburg, Rep. K., Nr. 4620, Ministerium für Industrie und Aufbau/Vertragsabteilung, gez. Merkel, an das ZK der SED, z.Hd. Genossen Arlt, 14. 9. 1950. In Brandenburg, Sachsen und Sachsen-Anhalt waren die Vertragsabteilungen unmittelbar den Ministerien für Industrie und Aufbau bzw. Wirtschaft unterstellt worden, während man die Vertragsabteilung in Mecklenburg in die Hauptabteilung Industrie eingegliedert hatte.

Prozent aus der zur Verfügung stehenden Kontrollziffer ohne Vertragsbindung und damit unkontrollierbar verarbeitet werden" würden[70]. Erschwerend kam hinzu, daß vertraglich geregelte Kontakte zwischen selbständig geführten und volkseigenen Betrieben lediglich quartalsweise abzuschließen waren und die Vertragskontore, die ihrerseits nicht befugt waren, Produktionsverpflichtungen auszusprechen, demzufolge nur in Ausnahmefällen längerfristige Bindungen zwischen den jeweils beteiligten Branchen des privaten und des staatlichen Sektors zu vermitteln im Stande waren[71]. Aber bei diesen organisations- und handlungspraktischen Defiziten handelte es sich im Grunde doch um die nichtintendierten Handlungsfolgen eines Prozesses[72], der prinzipiell durch Tendenzen einer bürokratischen Dezentralisierung geprägt war, in dem darüber hinaus die privaten Unternehmen im betrieblichen Hierarchiegefüge dem volkseigenen Sektor nachgeordnet und in dem schließlich durch eine Entkoppelung vom Markt die Außengrenzen der Selbständigkeit neu definiert worden waren.

Flankierend zu ihrem Beschluß S 151/49, in dem die vertragliche Bindung der Privatbetriebe geregelt worden war, hatte die DWK nur wenige Wochen später, nämlich am 10. Juni 1949, mit Erlaß der „Anordnung über die Förderung der Initiative des Handwerks zur Entwicklung der Friedenswirtschaft und zur Verbesserung der Versorgung der Bevölkerung mit Massenbedarfsgütern" eine Entschließung verabschiedet, mit der sich die Berliner Behörde erneut einen Eingriff in die Ökonomie der selbständig Gewerbetreibenden zum Ziel gesetzt hatte[73]. Der in die Irre führende Titel der Verordnung war indessen kaum geeignet, darüber hinwegzutäuschen, daß hier weniger die eingehend thematisierte Rohstoff- und Materialversorgung der Klein- und Mittelbetriebe das zentrale Anliegen des DWK-Beschlusses bildete, sondern primär die Struktur der Handwerksbetriebe zum Gegenstand einer Differenzbestimmung gewählt worden war, die künftig sämtliche über zehn Beschäftigte zählenden Gewerbeunternehmen von der Definition als Handwerksbetrieb ausschloß[74]. Die personalstärkeren Betriebe sollten demzufolge organisatorisch in die Obhut der Industrie- und Handelskammern überführt werden. Was dem ersten Anschein nach nur als institutionell asymmetrische Teilung von Betriebsgrößen identifiziert worden war, hatte sich indessen rasch als dichotome Klassifizierung sozialer Zuschreibungen entpuppt. „Eine Trennung der Betriebe

[70] Ebenda. Im Handwerk waren in Sachsen-Anhalt im September 1950 schließlich nur noch etwa „1/5 der Produktionskapazität des Handwerks durch das Vertragssystem für die Erfüllung der Pläne ausgenutzt" worden. LHA Magdeburg, Rep. K., Nr. 5731, Entwurf zum Bericht der Hauptabteilung Industrie für die am 2. 10. 1950 stattfindende Landtagssitzung, 29. 9. 1950. Vgl. zu den mit dem Vertragssystem verbundenen bürokratischen Defiziten auch Nr. 4620, Protokoll der Besprechung am 21. August 1950 mit Vertretern der DHZ, der staatl.[ichen] Vertragskontore, des Statistischen Zentralamtes Abt. III und der Materialversorgung Abt. I.

[71] Vgl. LHA Magdeburg, Rep. K., Nr. 5168, Allgemeine Betrachtung über die Industrieproduktion, 28. 7. 1950.

[72] Vgl. zum Begriff Peters, Die Integration moderner Gesellschaften, S. 289.

[73] Vgl. BAB, DC 15, Deutsche Wirtschaftskommission, Nr. II/1–30, DWK-Beschluß S 170/49 betr. Anordnung über die Förderung der Initiative des Handwerks zur Entwicklung der Friedenswirtschaft und zur Verbesserung der Versorgung der Bevölkerung mit Massenbedarfsgütern, 10. 6. 1949. In § 1 (1) der Bestimmung war in Ergänzung zum DWK-Beschluß S 151/49 die Vertragsbindung der Handwerksbetriebe hervorgehoben worden.

[74] Vgl. § 1 (2) des DWK-Beschlusses S 170/49, ebenda.

unter und über zehn Beschäftigte" sei allein schon deshalb für erforderlich gehalten worden, erinnerte sich der sachsen-anhaltische Minister Paul Lähne 1950 im Rekurs auf die DWK-Verordnung vom Sommer 1949, „um die Demokratisierung des Handwerks durchzuführen"[75]. Andernfalls, so hatte der Wirtschaftsminister hinzugefügt, hätten die „großen Betriebe durch ihre wirtschaftliche Stärke auch ihre politische Ansicht in der Handwerkerschaft zur Geltung bringen" können[76].

Jedenfalls war mit dieser Maßnahme segmentärer Differenzierung einer ideologischen Disposition Rechnung getragen worden, die auf die normbildende Kraft institutionell lenkender Vergesellschaftung vertraute und damit die komplementäre Erwartung verband, die „Klassenlage [des Handwerks] als schwankende[r] Mittelschicht" polarisierend aufzulösen[77]. Es war demzufolge bezeichnend, daß mit Wirkung vom 1. April 1949 auch die volkseigenen Betriebe gegenüber den Industrie- und Handelskammern beitragsfrei gestellt und die staatlichen Unternehmen auf Weisung der Deutschen Wirtschaftskommission zudem angewiesen worden waren, ihre Mitarbeit in den Kammerorganen einzustellen[78]. Darüber hinaus waren bis zum Herbst des Jahres sämtliche Konsumgenossenschaftsbetriebe aus der Betreuung der IHK ausgeschieden, so daß die Kammern ihre – wenn auch keineswegs autonome, beschränkte und immer wieder zur Einflußlosigkeit verurteilte – Funktion als beratende und unterstützende Vertretungsorgane der Gesamtwirtschaft verloren hatten und künftig ausschließlich als fördernde Unternehmensausschüsse der *definitionsgemäß* mittleren und größeren Privatbetriebe fungierten[79]. Nicht zuletzt dieser Kontext der Ausdifferenzierung und Einschränkung institutioneller Zustän-

[75] LHA Magdeburg, Rep. K., Nr. 4473, Protokoll über die 21. Vorstandssitzung der Landeshandwerkskammer Sachsen-Anhalt am 29. 6. 1950. Vgl. auch die Retrospektive in Nr. 4475, Bericht über die getroffenen Abgrenzungsmaßnahmen der Betriebe, die der Industrie- und Handelskammer und Landeshandwerkskammer angehören, 7. 11. 1951.

[76] LHA Magdeburg, Rep. K., Nr. 4473, Protokoll über die 21. Vorstandssitzung der Landeshandwerkskammer Sachsen-Anhalt am 29. 6. 1950. Im Zonenmaßstab wurde der Anteil derjenigen Betriebe, in denen mehr als zehn Beschäftigte tätig waren, auf 5% taxiert. Als politisch schädlich wurde es demzufolge aus der Perspektive der SED bewertet, daß diese Kleinunternehmen 21% der Obermeister und 39% der Landesobermeister stellten. Vgl. LHA Potsdam, Rep. 332, L IV/2/6/420, Bericht für das kleine Sekretariat betr. Tagung des Ausschusses für Handwerksfragen beim Parteivorstand der SED am 26.–27. 4. 1949 in der Meisterschule Altenstein Thüringen.

[77] Für entsprechend stereotype Einschätzungen des Handwerks findet sich in den Quellen eine Fülle von Belegstellen. Hier noch 1952 in LHA Magdeburg, Rep. K., Nr. 4475, Bericht über die Entwicklung des Handwerks in Sachsen-Anhalt auf der Grundlage des Gesetzes zur Förderung des Handwerks vom 9. 8. 1950 und insbesondere der dazu ergangenen zweiten Durchführungsbestimmung, 6. 2. 1952.

[78] Die Durchführung dieser Maßnahmen geht bereits auf Überlegungen Ulbrichts vom September 1948 zurück. Vgl. SAPMO, DY 30/IV/2/6.02/63, Extrakt einer mit Walter Ulbricht geführten Diskussion und daraus abgeleitete Grundgedanken zur Reorganisation der Industrie- und Handelskammern und ihren Aufgaben zur Erfüllung des 2-Jahresplans, 27. 9. 1948. Vgl. auch LHA Magdeburg, Rep. K., Nr. 6451, Ministerialdirektor Brundert an Ministerpräsident Hübener sowie gleichlautend an Ministerialdirektor Dr. Fritze, Amt für Wirtschaftsplanung, 30. 3. 1949.

[79] Vgl. ebenda sowie zum Ausscheiden der Konsumgenossenschaften aus der Kammerbetreuung Chemnitz an Lähne, 7. 11. 1949 und LHA Potsdam, Rep. 280, Nr. 9, Niederschrift über die Sitzung des engeren Vorstands der Industrie- und Handelskammer Land Brandenburg, 12. 7. 1949. Vgl. auch die kritische Stellungnahme der CDU in ACDP, VII-011, A 0794, Rundschreiben Nr. 28/1949 der CDU-Hauptgeschäftsstelle, 23. 7. 1949.

digkeiten, ja die Regression organisationsintegrierter Wirkungsbereiche bis hin zum Kompetenzverlust war darauf angelegt, das Kleinhandwerk einem Formierungsdruck auszusetzen, der in spezifischer Weise sozial-ökonomisch kanalisierend wirken sollte. In gegenläufiger Richtung waren die sogenannten größeren Privatunternehmen 1949 endgültig aus dem „Integral" einer strukturdifferenten Wirtschaft herausgelöst und der institutionellen Isolation überlassen worden.

Als Mittel zur Durchsetzung einer handlungsregulierenden Politik reichten diese einander verstärkenden Organisations- und Maßnahmenimpulse indessen kaum aus; ihre für den Privatsektor und dessen soziale Trägerschaft erwartete dispositionshemmende Wirkung beruhte darum auch auf der Kombination flankierender politischer Schritte, die den Spielraum der Selbständigen zusehends einengten oder diese unter Umständen sogar zur Aufgabe des Betriebes nötigten. Dabei schloß der prinzipiell auf eine Stärkung des staatlich gelenkten ökonomischen Sektors gerichtete Funktionskreis der Politik auf der einen Seite eine dem Zentralsekretariat der SED von der DWK im Juli 1949 vorgeschlagene finanzielle Ablösung nach wie vor existierender „private[r] Anteile am mehrheitlich volkseigenem Vermögen [...] in eigentumsrechtlichen Mischbetrieben" ebenso ein[80], wie auf der anderen Seite die privaten Handwerksbetriebe durch die Einrichtung von Kommunalwirtschaftsunternehmen (KWU) einem verstärkten Konkurrenzdruck ausgesetzt wurden[81].

Denn mit dem Beschluß der Deutschen Wirtschaftskommission vom 24. November 1948, vor allem die gewerblichen, aber auch die land- und forstwirtschaftlichen Einrichtungen, schließlich sämtliche übrigen „wirtschaftlichen Einrichtungen der Gemeinden und Kreise sowie [...] Beteiligungen und Anteilsrechte an solchen Betrieben" zu Kommunalwirtschaftsunternehmen zusammenzufassen, hatte die Berliner Behörde für die volkseigenen Unternehmen des lokalen Sektors einen qualitativ veränderten Integrationsmodus entworfen, der die Relationen zwischen privaten und volkseigenen Betrieben noch einmal kategorial verschärfte[82]. Dabei war die Gründung von Kommunalwirtschaftsunternehmen für diejenigen Gemeinden, die mehr als fünftausend Einwohner zählten, sowie für jeden Kreis bindend vorgeschrieben worden[83]; mit den städtischen Betrieben wurde hingegen nicht nur der

[80] BAB, DO 3, Nr. 21, Schreiben von Friedrich Lange, Leiter der Hauptverwaltung Ausschuß zum Schutze des Volkseigentums in der DWK, an das Zentralsekretariat der SED, 20. 7. 1949. Für die Ablösung der privaten Eigentumstitel war von Lange ein „Betrag von 60–70 Millionen Mark im Zonenmaßstab" veranschlagt worden.

[81] Die Kommunalisierung kleiner und mittlerer Handwerksbetriebe war bereits seit 1946 angestrebt worden. Vgl. LHA Magdeburg, Rep. K, Nr. 10690, Aktennotiz von Wirtschaftsminister Dieker über eine Besprechung mit dem Genossen Ulbricht, 5. 4. 1946. Vgl. auch Nr. 7228, Aktennotiz über eine Besprechung bei der DWK, Herrn Selbmann, mit HV der Länder und HV der volkseigenen Betriebe der Länder, 15. 5. 1948.

[82] BAB, DC 15, Deutsche Wirtschaftskommission, Nr. II/2–5, Protokoll der siebten und achten Vollsitzung der DWK vom 23. 9. und 24. 11. 1948. Beschluß S 299/48 der DWK Kommunalwirtschaftsverordnung über die wirtschaftliche Betätigung der Gemeinden und Kreise. In § 2 der Verordnung waren die Kommunalwirtschaftsunternehmen zu Volkseigentum erklärt worden. Vgl. dazu auch BAB, DO 3, Nr. 10, Schreiben von Lange an Rau, 20. 11. 1948 sowie LHA Potsdam, Rep. 203, Nr. 1669, Protokoll über die Tagung der KWU der kreisfreien Städte am 8. 2. 1950.

[83] Vgl. LHA Potsdam, Rep. 203, Nr. 1663, Vortrag von Minister Rücker vor den Gemeindeabteilungen der Stadt- und Landkreise vom 20. 11. 1949 über die Einrichtung von KWU. Eine offenbar längere Zeit debattierte Bildung von Vereinigungen der KWU in der Form der

traditionelle Sektor kommunaler Leistungsverwaltung und Daseinsvorsorge in die KWU einbezogen, sondern darüber hinaus auch bereits enteignete Baubetriebe, Schweinemästereien oder Saatzuchtbetriebe, Mühlen, Markthallen und Wäschereien, Betriebe der Lebensmittelverarbeitung, schließlich auch Gastwirtschaften und Hotels in die Gemeindeunternehmen integriert[84]. Insofern waren den als Bestandteil „der öffentlichen Produktion" fungierenden Kommunalwirtschaftsbetrieben auch Handlungsfelder übertragen worden[85], die den im 19. und frühen 20. Jahrhundert stark expandierten Katalog städtischer Tätigkeiten und gemeindlicher Vorsorge noch deutlich überstieg[86], wobei den KWU zur Erfüllung übertragener Aufgaben, vor allem aber auch zum Zweck der Ausschaltung der selbständigen Konkurrenz „private Handwerksbetriebe in ständig steigendem Umfang eingegliedert" wurden[87]. So waren allein in Halle und im Saalekreis von den Kommunalwirtschaftsunternehmen 24 private Betriebe übernommen worden; das KWU der Stadt Magdeburg hatte sich 13 vormals selbständige Handwerksbetriebe des Elektromaschinenbaus und des Bau- und Baunebengewerbes eingegliedert[88].

Indessen galten die übernommenen Kleinunternehmen offenbar in einer Vielzahl der Fälle nicht als rentabel, so daß jedenfalls teilweise etwa die in Sachsen-Anhalt in die Gemeindeunternehmen integrierten „privaten Handwerksbetriebe an das Handwerk zurückzugeben [waren], wobei Umsiedler, Antifaschisten [und] Angehörige der VVN" als Empfänger berücksichtigt werden sollten[89]. Tatsächlich handelte es sich dabei nicht selten um ein Danaergeschenk, wenn beispielsweise den mehrheitlich wohl ohnehin sozial schwach situierten Flüchtlingen und Vertriebenen die als ökonomisch minderwertig evaluierten und demzfolge ausgegliederten Handwerksbetriebe überantwortet wurden[90]. Dabei war die disjunktive Funktion der KWU wiederholt hervorgehoben und etwa auch auf der am 12. Januar 1949 in Potsdam tagenden Sitzung des brandenburgischen SED-Landesvorstandes zum Ausdruck gebracht worden, daß „durch die Steigerung des kommunalwirtschaftlichen Sektors [...] der privatwirtschaftliche Sektor geschwächt" und auf diesem Wege „eine be-

VVB wurde abgelehnt, „da dies der natürlichen Verbindung zwischen KWU und Gemeinde entgegenstehen würde". BAB, DO 3, Nr. 1486, Aktenvermerk über die KWU-Ausschuß-Tagung des Ministeriums der Finanzen am 3. 5. 1950: Schwebende KWU-Fragen anhand der Diskussionsunterlage des Ministeriums der Finanzen, 6. 5. 1950.

84 Vgl. die erste Durchführungsverordnung zur Verordnung über die wirtschaftliche Betätigung der Gemeinden und Kreise, 4. 5. 1949, in: BAB, DO 3, Nr. 1486.

85 Boelcke, Rechtsformen und Organisationsstruktur, S. 63.

86 Nicht zuletzt deswegen war in manchen Kommunen eine intensive Personalvermischung von städtischen Angestellten und Angestellten der KWU zu beobachten. Vgl. LHA Potsdam, Rep. 203, Nr. 1669, Protokoll über die Tagung der KWU der kreisfreien Städte am 8. 2. 1950.

87 Vgl. dazu die von der Landeshandwerkskammer Sachsen-Anhalt an das Ministerium des Innern gerichtete Retrospektive, 18. 7. 1950 in: LHA Magdeburg, Rep. K., Nr. 1411 sowie BAB, DO 3, Nr. 69, Arbeitsbericht der Hauptabteilung zum Schutze des Volkseigentums im Ministerium des Innern für das Jahr 1950, 14. 2. 1951.

88 Vgl. ebenda.

89 Ebenda.

90 Eine konsequente Regelung, „sämtliche Handwerksbetriebe, die aus irgendeinem Grunde frei werden und pachtbar oder käuflich sind, nur durch Umsiedlerhandwerksmeister zu besetzen", hatte man in der SBZ indessen nur im Land Mecklenburg getroffen. Vgl. LHA Magdeburg, Rep. K, Nr. 7240, Schreiben der DZVI, Lange, an die Handwerkskammern in der SBZ, nachrichtlich an die Landesregierungen, 2. 4. 1947.

wußte Klassenpolitik [...] betrieben werden" müsse[91]. Nachhaltige Unterstützung war diesem politischen Kalkül schließlich auch durch die Sowjetische Militäradministration zuteil geworden, die bereits im Herbst 1948 verfügt hatte, daß den KWU im Zuge der Verwertung enteigneter Vermögen eine unbestimmte Zahl von Liegenschaften, gegebenenfalls auch Kapital, zu übertragen seien[92]. Hinzu kam schließlich, daß die Gemeindeunternehmen – wenn auch nicht bestimmungsgemäß – de facto eine bevorzugte Materialzuteilung erhielten und nicht zuletzt auch deswegen bei öffentlichen Bauaufträgen, zumal der kommunalen Hand, gegenüber den Privatbetrieben über einen nicht unmaßgeblichen Bewerbungsvorteil verfügten[93].

Bis zum November 1949, also ein Jahr nach der Bekanntgabe des DWK-Beschlusses über die Gründung und den Aufbau der Kommunalwirtschaftsunternehmen, waren in der SBZ und in der gerade gegründeten DDR mehrere Tausend Betriebe zu 539 Wirtschaftsvereinigungen dieses Typs zusammengefaßt worden, wobei eine im Vergleich stärker urban geprägte Region – etwa Sachsen – mit 202 KWU die Mehrzahl der Gründungen zu verzeichnen hatte, während die durchweg ländlich geprägten Räume Brandenburgs und Mecklenburgs demgegenüber mit 62 bzw. 71 Gemeindebetrieben zurückblieben[94]. Zusammen verfügte diese Agglomeration kommunal integrierter Wirtschaftszweige über mehr als 116 000 Beschäftigte[95].

Mit einer deutlich größeren Ambivalenz war in diesem Kontext seit 1949 hingegen auch die Tätigkeit des genossenschaftlich assoziierten Privathandwerks reflektiert worden, wobei sich für die DWK insofern ein gewisser Zielkonflikt ergeben hatte, als zum einen primär die in Einkaufs- und Liefergenossenschaften miteinander verbundenen selbständigen Betriebe einigermaßen rasch und zuverlässig die Prärogativen der Vertragsbindung zum Nutzen der volkseigenen Betriebe umzusetzen in der Lage waren[96], zum anderen jedoch gerade das genossenschaftlich integrierte Handwerk die letzte Konkurrenz für die KWU darstellte[97]. Zwar sei es

[91] LHA Potsdam, Rep. 332, L IV/2/6/429, Protokoll über die Sitzung betr. landeseigene Betriebe in Potsdam am 12. 1. 1949.

[92] Vgl. LHA Potsdam, Rep. 204 A, Nr. 1597, Arbeitserläuterung zu den Richtlinien Nr. 4 zur Ausführung des SMAD-Befehls Nr. 64/1948 Verwertung sonstiger Vermögen der Landesregierung Brandenburg, 1. 10. 1949.

[93] Vgl. LHA Magdeburg, Rep. K., Nr. 1411, Schreiben der Landeshandwerkskammer Sachsen-Anhalt an das Ministerium des Innern, 18. 7. 1950 sowie Nr. 4473, Protokoll über die 21. Vorstandssitzung der Landeshandwerkskammer Sachsen-Anhalt am 29. 6. 1950, ebenda. Vgl. auch ACDP, VII-013, A 1232/2, Protokoll über die Sitzung des wirtschaftspolitischen Ausschusses der Union am 28. 4. 1950 und VII-010, A 2038, Protokoll über die Sitzung des Unterausschusses für Handwerkerfragen am 17. 2. 1950 in Berlin.

[94] Vgl. BAB, DO 3, Nr. 1486, Aufstellung: Der Bestand an KWU, 26. 11. 1949. Die Einzelwerte dieser Zählung für Mecklenburg, Sachsen-Anhalt und Thüringen beruhen auf dem Stichtag 20. 9. 1949, die Werte für Brandenburg auf dem 15. 11. 1949 sowie für Sachsen auf dem 20. 11. 1949. Bis zu den angegebenen Stichtagen wurden errichtet in Brandenburg: 62, Mecklenburg: 71, Sachsen: 202, Sachsen-Anhalt: 128, Thüringen: 76 KWU.

[95] Vgl. BAB, DO 3, Nr. 1486, KWU. Anzahl der angegliederten Betriebe (A), Anzahl der Beschäftigten (B) nach dem Stand vom 20. 9. 1949. Zusammengestellt aus Meldungen der Landesregierungen an die Deutsche Verwaltung des Innern.

[96] Vgl. dazu etwa LA Merseburg, SED-Landesleitung, IV/L 2/602/14, Bericht des Genossen Weigel über die Erfüllung des Volkswirtschaftsplanes 1949, I. Halbjahr im Landes Sachsen-Anhalt [ohne Datum].

[97] So war etwa im Oktober 1950 dem Ministerium des Innern der DDR mitgeteilt worden, daß „den Genossenschaften des Fleischerhandwerks in steigendem Maße die Benutzung der

„notwendig", so hatte es der sachsen-anhaltische Wirtschaftsminister Willi Dieker in einem Referat über die Aufgaben im Jahre 1949 betont, „die Zusammenfassung des Handwerks in Wirtschaftsgenossenschaften mit größerer Energie" zu betreiben, „weil nur so die Eingliederung der handwerklichen Produktionskapazität in unsere Planaufgaben möglich" sei[98]; doch wurde gleichzeitig von der Landeshandwerkskammer mit Nachdruck darauf hingewiesen, daß neben der erwünschten Bildung von Einkaufs-, Liefer- und Verwertungsgenossenschaften die Gründung von Produktivgenossenschaften vermieden werden müsse, zumal diese mit „genossenschaftseigene[n] Werkstätten größeren Stils" gegebenenfalls eine quasi-industrielle, jedenfalls umfangreichere und auf höherem personellem und technischem Niveau integrierte Produktion betreiben würden[99].

Für das nicht genossenschaftlich gebundene Handwerk wurde die mehr und mehr von der Sorge um die wirtschaftliche Existenz geprägte Situation hingegen zusehends aussichtsloser. „Die Handwerker", klagte der Besitzer eines holzverarbeitenden Betriebes aus Merseburg auf der im Oktober 1949 in Bad Lauchstädt durchgeführten Handwerkstagung, „wissen nicht, wo sie noch Material herbekommen können. Wer nicht in der Genossenschaft ist, kann auf keine Zuteilung rechnen und muß seinen Betrieb schließen."[100] Wer hingegen noch keinen Betrieb besaß und dennoch das Risiko einer selbständigen Existenz unter schwierigen Bedingungen einzugehen bereit war, verfügte indessen kaum noch über realistische Chancen, diese Absicht zu verwirklichen. Denn im Juni 1949 hatte die SED den nachgeordneten Kreisvorständen der Einheitspartei noch einmal eindringlich nahegelegt, bei den zuständigen Landratsämtern darauf hinzuwirken, bereits auf Kreisebene die Entgegennahme neuer Gewerbeanträge abzuweisen und gegebenenfalls dafür zu sorgen, „daß von vornherein eine Ablehnung erfolgt"[101]. Diejenigen Betriebe schließlich, deren Inhaber in den Westen geflüchtet waren, waren hernach von einer Gewerbezulassung ohnehin ausgenommen und wurden entweder geschlossen oder dem

Schlachthöfe durch einzelne Kommunalwirtschaftsunternehmen versagt" werde. LHA Potsdam, Rep. 203, Nr. 1690, Rundverfügung Nr. 63/50 des Innenministeriums, 5. 10. 1950 [im Entwurf]. Vgl. zum Genossenschaftswesen auch Büter, Das Handwerk in der wirtschaftlichen Entwicklung, S. 34–38.

98 LHA Magdeburg, Rep. K., Nr. 6542, Referat von Wirtschaftsminister Dieker über die Wirtschaftsentwicklung im Jahre 1948 und unsere Aufgaben im Jahre 1949, ohne Datum. Vgl. zur Rollenzuweisung an die Produktionsgenossenschaften auch LA Merseburg, SED-Landesleitung, IV/L 2/602/102, Besprechung mit Gen.[ossen] Walter Ulbricht, Berlin. Protokoll: Halle (Saale) 10. 5. 1946.

99 LHA Magdeburg, Rep. K., Nr. 4527, Rundschreiben Nr. 13/49 der Landeshandwerkskammer an alle Kreishaupt- und Kreisgeschäftsstellen der Landeshandwerkskammer Sachsen-Anhalt, 25. 4. 1949. Vgl. auch LA Merseburg, SED-Landesleitung, IV/L 2/602/52, Schreiben des SED-Landesvorstandes Sachsen-Anhalt/Abt. Wirtschaftspolitik an alle Kreisvorstände, 10. 6. 1949 sowie LHA Potsdam, Rep. 332, L IV/2/6/538, Protokoll über die Sitzung des Ausschusses für Handwerksfragen beim Zentralsekretariat am 18. und 19. 8. 1948, 23. 8. 1948.

100 SAPMO, DY 34, A 528, Protokoll über die Aussprachen des Referats Handwerk im Forum der öffentlichen Meinung anläßlich der Tagung am 25. 10. 1949 in Bad Lauchstädt.

101 LA Merseburg, SED-Landesleitung, IV/L 2/602/52, Schreiben des SED-Landesvorstandes Sachsen-Anhalt/Abt. Wirtschaftspolitik an alle Kreisvorstände der SED, 10. 6. 1949.

volkseigenen Sektor oder gegebenenfalls auch den Konsumgenossenschaften zur Nutzung überwiesen[102].

Sieht man davon jedoch einmal ab, so waren etwa individuell vorhandene Restmotivationen zur Eröffnung oder Übernahme eines selbständig geführten Betriebs nicht zuletzt durch die Steuergesetzgebung der SED einer harten Belastung ausgesetzt worden. Denn mit der am 1. Dezember 1948 verabschiedeten und zum 1. April 1949 in Kraft tretenden Steuerverordnung, in der eine Besteuerung der Unternehmen differenziert nach Eigentumsformen vorgesehen war, wurden beispielsweise die Gewinne von Kapitalgesellschaften einer Körperschaftssteuer unterworfen, deren steil ansteigende Progression bereits Jahresgewinne von 250000 Mark einem Tarif von 95 Prozent unterwarf[103]; eine doppelte Belastung ergab sich aus der Veranschlagung des verbleibenden Gewinns zur Einkommenssteuer[104]. Mit der veranlagten Einkommenssteuer „wurden die Einkünfte privater Unternehmer und Kapitaleigner aus Gewerbebetrieben, aus der Land- und Forstwirtschaft, aus selbständiger Tätigkeit, aus Vermietungen und Verpachtungen sowie aus Kapitalvermögen besteuert“[105]. Ihre beinahe in die Vertikale verlegte Progression belegte bereits Bruttoeinkünfte in Höhe von 2000 Mark mit einem Tarif von 52,4 Prozent, so daß eine intensivierte und einkommenssteigernde, gleichzeitig aber auch nach Kapital fragende unternehmerische Tätigkeit – etwa die Vergrößerung des Betriebs oder die Einleitung anderer investiver Maßnahmen – im Grunde nicht mehr lohnend erschien und darüber hinaus in der Regel am Liquiditätsengpaß des Inhabers scheitern mußte[106]. Dispositionshemmend wirkten sich zudem der Verlust vielfältiger Abschreibungsmöglichkeiten sowie eine von der Privatwirtschaft erhobene Gewerbe- und Vermögenssteuer aus, von deren Zahlung die volkseigenen Betrieben hingegen befreit waren. Zwar waren mit der Inkraftsetzung der neuen Steuergesetzgebung am 1. April 1949 auch die Einkünfte von Eigentümern privater Handwerks-

[102] Vgl. LHA Magdeburg, Rep. K., Nr. 5942, Schreiben der Abteilung Gewerbelenkung des Wirtschaftsministeriums an Minister Dieker, 22. 1. 1949. Zum Verlust der Gewerbeerlaubnis für westflüchtige Betriebsinhaber siehe Nr. 2763, Schreiben des Ministeriums für Wirtschaft an das Amt für Gewerbelenkung in Naumburg, 12. 6. 1948.

[103] Vgl. Kaiser, Steuerreform, S. 145–151.

[104] Vgl. hier und im folgenden Buck, Privatwirtschaft in der SBZ/DDR, S. 1145–1168. Für die volkseigenen Betriebe galt ein ermäßigter Tarif, der bei einem Höchstsatz von 65 Prozent des steuerpflichtigen Gewinns endete. Dieser Höchstsatz wurde bei einem Unternehmensgewinn von 600000 Mark erreicht. Vgl. ebenda, S. 1146.

[105] Ebenda, S. 1146.

[106] Die ungemein hohe Anzahl von Betriebsaufgaben unter den privaten Handwerksbetrieben, die nicht zuletzt auf die Steuerpolitik der Einheitspartei zurückzuführen war, wurde vom brandenburgischen Wirtschaftsministerium schließlich auch kritisch resümiert, wenn im Juli 1952 geurteilt wurde, daß es „trotz eingeleiteter Maßnahmen bis jetzt noch nicht möglich gewesen [sei], die Gewerbeabmeldungen im Handwerk auf ein Mindestmaß herabzusetzen. Es melden noch sehr viele Betriebe auf Grund von Material- und Steuerschwierigkeiten ihr Gewerbe ab. Insbesondere fallen darunter die kleinen Betriebe“. LHA Potsdam, Rep. 206, Nr. 1560, Analyse über das Handwerk des Landes Brandenburg, 28. 7. 1952. Erschwerend wirkte sich auch die restriktive Kreditvergabe an Selbständige aus. Vgl. LHA Magdeburg, Rep. K, Ministerium für Wirtschaft und Verkehr, Nr. 11103, Schreiben des sachsen-anhaltischen Wirtschaftsministers Opitz an die staatliche Plankommission Steine und Erden, 10. 5. 1952 sowie zur angespannten Vermögenslage im Handwerk auch Nr. 5320, Bericht über die Lage des Handwerks der Hauptabteilung Industrie, Referat Handwerk, 24. 5. 1950.

betriebe dem „Kapitalisten-Tarif" der Einkommenssteuer unterworfen worden; jedoch wurden schon 1950 für diejenigen Betriebe, deren Belegschaft nicht mehr als zehn Beschäftigte umfaßte, mit dem Gesetz über die Steuer des Handwerks einer Vereinfachung des Rechts insofern Rechnung getragen, als die Gewerbe-, Einkommens-, Umsatz- und Betriebsvermögenssteuer durch eine sogenannte Normativsteuer ersetzt wurden, die sich nach einem zuschlagsfähigen Grundbetrag sowie nach Branchen und Ortsklassen gestaffelten Beträgen bemaß[107]. Mit dem auf der Sitzung des Politbüros am 8. August 1950 erfolgten Beschluß, Handwerksbetrieben mit zehn oder weniger Beschäftigten die gegebenenfalls bis zum 31. Dezember 1949 aufgelaufene Steuerschuld zu erlassen, hatte die SED hingegen erneut unterstrichen, daß sie das Handwerk entsprechend ihres ideologischen Verständnisses stereotyp entlang einer dichotomen Klassenarithmetik beurteilte, in der die pauschale Ausdifferenzierung nach Betriebsgrößen zur Grundlage einer Bewertung erhoben wurde, die den in der Produktion überwiegend familiär integrierten Arbeiterhandwerker vom Kleinkapitalisten schied[108].

Die eher traditional geformte und von Standesbewußtsein geprägte Mentalität der Handwerker, die soziale Abgrenzung zur Industriearbeiterschaft, die Betonung der Selbständigkeit sowie das Streben nach Aufstieg, Anerkennung und Bürgerlichkeit – kurz: Der partielle Zusammenfall von Selbstbild und Fremdbild, schließlich auch die Steigerung und Verdichtung dieses Bildes von *der* Handwerkerschaft zum Vorurteil und zum Klischee hatten das tiefe Mißtrauen der Kommunisten gegenüber dieser sozialen Erwerbs- und Besitzklasse geweckt. Die politischen Zuschreibungen, in denen die Vertreter des Handwerks als rückständig und reaktionär, als eine gleichsam aus der Moderne ausgelagerte und dem zeitgenössischen Verständnis der „sozialen Welt" uneinholbar entrückte soziale Zwischenklasse identifiziert wurden, koexistierte auf ganz eigentümliche Weise mit der demonstrativen Aneignung des kulturell-symbolischen Vorrats der Handwerkertradition. Dabei wurden in Anknüpfung an überlieferte Bilder handwerklichen Brauchtums die positiv konnotierten Bedeutungsinhalte des ehrbaren „alten Handwerks" für die Gegenwart aufgeschlossen und aktualisiert. Verhaltensmaximen untadeliger und bescheidener Lebensführung fanden – idealistisch überhöht – ebenso Hervorhebung wie das Tugendideal von Tüchtigkeit und Fleiß oder der sorgfältigen Qualitätsarbeit und gleichsam stoffveredelnden Tätigkeit, die der Handwerksarbeit zugeschrieben wurden[109].

Aus dieser Perspektive hatten die Handwerksgewerbetreibenden zwar aus dem überlebten und geschlossenen „Bezugsfeld von traditioneller Ökonomik" und angeblich defizitärer Bewußtseinsbildung noch nicht herausgefunden[110]. Aber die seltsam musealisierte und unreflektierte Wahrnehmung des rezipierten kulturellen

107 Der Zuschlag war progressiv an die Zahl der Beschäftigten und damit an die Lohnsumme gekoppelt. Vgl. Plönies/Schönwälder, Die Sowjetisierung des mitteldeutschen Handwerks, S. 41.

108 Vgl. SAPMO, DY 30/IV/2/2/103, Protokoll der Sitzung des Politbüros, 8. 8. 1950.

109 Der Darstellung der Wertschätzung handwerklicher Tätigkeit diente etwa auch die Überreichung kunstvoll gefertigter Schmuckmappen durch Vertreter des Handwerks an Mitglieder des Politbüros auf dem dritten Parteitag der SED. Vgl. SAPMO, DY 30/IV/1/III/13, Handwerkerverpflichtungen zum III. Parteitag 20.–24. 7. 1950.

110 Hölscher, Artikel Industrie, Gewerbe, S. 249.

Vorbilds sollte nicht zuletzt einen Beitrag zur Integration eines Gegenwartsverständnisses leisten, bei der die Tradition als Instrument der Verteidigung gegen eine dezidiert anders verstandene Modernität und Zukunft fungierte; nämlich als Instrument gegen die so interpretierte kalte Effizienz und seelenlose Betriebsamkeit einer amerikanischen Kultur, die Alexander Abusch auf der ersten Parteikonferenz der SED im Januar 1949 als „geistige Offensive" entlarvt hatte, „die praktisch für uns in Deutschland die zynische Spaltung der deutschen Kultur bis zum letzten Exzeß" bedeute[111]. Gegen die, so Abusch, „Überschwemmung mit den Erzeugnissen der sogenannten atlantischen Kultur", gegen den Atomismus und Individualismus der bürgerlichen Gesellschaft, ihren Elementen der Anonymität und gesteigerten Mobilmachung wurde – gleichsam politisch gereinigt- einer epochal altständischen Figur des Bürgertums die Beweislast gegen das moderne Bürgertum aufgetragen[112].

Auf der Grundlage des rollendifferenzierenden Doppelcharakters, mit dem hier die scheinbar positiven wie negativen Werthorizonte unterschiedlich vergesellschafteter Bürgertumssegmente gegeneinander in Stellung gebracht worden waren, war zugleich ein äußerer Gegensatz bekräftigt worden: der Widerspruch zwischen Ost und West, in dem komplementär zur politischen Polarität die jeweiligen normativen Potentiale und ihre zum Teil paradox gewählten Rückbezüge miteinander konkurrierten. Zudem enthielt der deutschtümelnde Nexus der Argumentation bereits Elemente, die etwas von dem scheinbar amalgamierendem Kontext der „Nationalen Front" vorwegnahmen, einen Blickwinkel, in dem auch die Denkfigur klassendifferenzierender Beweisführung vordergründig relativiert und in das Weichbild der Tradition zurückgenommen worden war. Im Grunde hatte die Einheitspartei mit dieser Vergangenheitskonstruktion den gesellschaftlichen Utopieentwurf in veränderter Form partiell auf ein zeitnahes Maß zurückgesetzt; eingeholt in der Klassenindifferenz einer homogenisierten, scheinbar mit sich selbst versöhnten Gesellschaft, in der Solidaritäten verstärkt und Gegensätze zugunsten der gemeinsamen Parteinahme gegen den äußeren Feind eingeschmolzen werden sollten.

So sehr die Einheitspartei im Rahmen eines taktisch flexiblen Verhaltensrepertoires Traditionsüberhänge instrumentalisierte, so sehr beruhte aber auch der von Anton Ackermann und anderen diagnostizierte Befund, daß der zum Teil ausdrucklose, zum Teil überschießende, jedenfalls aber politisch weitgehend unkonkrete „Antikapitalismus [im Mittelstand], der sich jedoch seiner selbst nicht bewußt sei"[113], auf der Annahme, daß im wesentlichen nur die Aktualisierung und politische Kanalisierung, die zielgerichtete Zuspitzung und strategische Inbesitznahme entsprechender Ressentiments schließlich entscheidungsdeterminierend zugunsten einer Parteinahme für die SED wirken würde. Es müsse „den Handwerkern [doch eigentlich nur] erklärt werden, daß die Enteignung der Betriebe der Konzernherren und Kriegsverbrecher die Voraussetzung" gewesen sei, „um die alte Abhängigkeit

111 SAPMO, DY 30/IV 1/2, Stenografische Niederschrift über die Parteikonferenz der Sozialistischen Einheitspartei Deutschlands vom 25. bis 28. 1. 1949 im Hause der Deutschen Wirtschaftskommission zu Berlin.

112 Ebenda. Vgl. zur Rezeption der Vereinigten Staaten in der DDR der fünfziger Jahre auch Merkel, Eine andere Welt, S. 245–254.

113 Dazu existiert eine Vielzahl von Belegen. Vgl. hier nur SAPMO, DY 30/IV 2/9.06/59, Niederschrift über die SED-Kulturkonferenz am 28/29. 1. 1947 zu Berlin, Wortbeitrag Ackermann.

der Handwerker zu beseitigen", hatte Walter Ulbricht die Abteilung Wirtschaft der SED entsprechend zu instruieren versucht, um dort nur neue Nachdenklichkeit über die Enteignung der Handwerker selbst auszulösen[114].

Dabei war es jedoch nicht ohne Evidenz, daß vielfach enttäuschte Konformitätserwartungen, zugleich die Annahme, daß die auf Selbständigkeit bezogene Identität der Handwerker über kurz oder lang ohnehin an den dichotom interpretierten Schnittstellen des sozialen Systems aus der Balance geraten und schließlich zerbrechen würde, den widerspruchsvollen Zusammenhang von Annäherung *und* Distanz begründeten, mit der die Einheitspartei den kleinen Selbständigen begegnete[115].

Für den gewerblichen Mittelstand ergab sich die formative Relevanz des letzten Jahres der Sowjetischen Besatzungszone aus dem Zäsur- und Übergangscharakter, der die politische Entwicklung dieser Monate gleichermaßen bestimmte. Im Zeitkontinuum vom Ende des Zweiten Weltkriegs bis zur Staatsgründung der DDR bildeten die administrativ mittelstandsbezogenen Organisations- und Rekonstruktionsmaßnahmen des Jahres 1949 nach der Phase der Sequestrierungen und Enteignungen zwischen 1946 und 1948 den zweiten Knotenpunkt einer Entwicklung, in der die Privatwirtschaft zunächst vom Besitz getrennt und sodann von ihren Marktbeziehungen entkoppelt worden war. Zwar entsprach der über den Markt vermittelte freie Austausch von Gütern vor dem Hintergrund von Planung, allgemeiner Rohstoff- und Materialknappheit schon seit einiger Zeit nicht mehr dem idealtypischen Organisationsprinzip einer freien Wettbewerbswirtschaft; aber mit der Einführung des Vertragssystems und der Inkraftsetzung der neuen Steuergesetzgebung im Jahr 1949 waren im Grunde darüber hinaus die normativ gültigen Elemente einer besitz- und leistungsintegrierten Gesellschaft beseitigt worden, die sich über den Warenverkehr auch in ihren sozial-kommunikativen Beziehungen reproduziert hatte. Alles in allem waren mit der systematischen Anbindung der Privatwirtschaft an die volkseigene Industrie damit die Außengrenzen der Selbständigkeit neu definiert worden.

Jedenfalls im Vergleich zu der bemerkenswerten Radikalität, die in den Sequestrierungs- und Enteignungsmaßnahmen der Jahre 1946–1948 zum Ausdruck gekommen war, beruhte die Vorgehensweise der DWK gegenüber der im Jahr der Staatsgründung bereits substantiell erschütterten Privatwirtschaft überwiegend auf der administrativen Implementierung dissoziativ wirkender Elemente; und zwar mit dem Ziel der Behinderung und Eingrenzung selbständiger Tätigkeit durch ein Netzwerk handlungsregulierender Verordnungen. Die Privatwirtschaft wurde zwar nicht beseitigt, aber in ihren Handlungsoptionen auf systemkonforme Reaktions-

[114] SAPMO, NY 4182, Nr. 959, Aktennotiz Ulbrichts für die Genossen Hockenholz, Kling und Lange, 4. 11. 1947.

[115] Eine gezielte ideologische Beeinflussung des Handwerks sollte etwa durch die Zeitschrift Das Handwerk erfolgen, die beispielsweise in Sachsen-Anhalt – in den anderen Ländern der SBZ bzw. DDR zum Teil bereits früher – seit dem 1. 1. 1950 allen Mitgliedern der Landeshandwerkskammer zugestellt wurde. „Wie schwer das [jedoch] ist, diese Zeitung unter den Handwerkern zu verteilen", klagte die SED-Kreisleitung im brandenburgischen Guben, „kann sich niemand denken". Vgl. LHA Magdeburg, Rep. K., Nr. 427, Überprüfung der Landeshandwerkskammer durch das Ministerium der Finanzen. Prüfungsbericht, 24. 6. 1950, und LHA Potsdam, Rep. 330, KPD-Bezirksleitung Provinz Brandenburg, Nr. L IV/2/6/426, Protokoll der außerordentlichen Kreisvorstandssitzung der SED-Kreisleitung Guben, 13. 7. 1949.

möglichkeiten eingeschränkt. Das selbständige Gewerbe konnte produzieren, doch es wurde auf den volkseigenen Sektor focussiert. Die Steuergesetzgebung wirkte nicht unmittelbar reglementierend auf die investitionsfördernde Kapitalbildung ein, machte sie aber dennoch praktisch unmöglich.

So sehr den Maßnahmen des Jahres 1949 ein zäsurstiftender Charakter zu eigen war, so sehr wiesen sie im Grunde auch schon über die Staatsgründung hinaus und leiteten den Übergang in die fünfziger Jahre ein. Denn die zu Beginn des neuen Jahrzehnts fortgesetzte Reduktion privatwirtschaftlicher Handlungsmöglichkeiten lag im Grunde in der Kontinuität des Jahres 1949, dessen soial-ökonomisch beherrschende Tendenz zur Fragmentierung des gewerblichen Mittelstands und zur dispositionshemmenden Einflußnahme auf dessen Entfaltungsmöglichkeiten der betrieblichen Mobilität kaum noch eine Chance ließen. Keinesfalls immer, jedoch häufig reagierten die Unternehmer auf die betriebliche Immobilität mit individueller Mobilität und flüchteten darum – wie jüngst in einer Studie über die „Verlagerung von Industrie- und Dienstleistungsunternehmen aus der SBZ/DDR" nachgewiesen wurde – „nach Westdeutschland"[116].

[116] Dazu jetzt Hefele, Die Verlagerung von Industrie- und Dienstleistungsunternehmen.

Arnd Bauerkämper

Auf dem Wege zum „Sozialismus auf dem Lande"

Die Politik der SED 1948/49 und die Reaktionen in dörflich-agrarischen Milieus*

1. Zäsuren und das Jahr vor der Staatsgründung der DDR

Zäsuren sind Rekonstruktionen. Untersuchungen zu dem Verhältnis von Umbrüchen und Kontinuitäten zwingen Historiker zur Reflexion über Weichenstellungen und Phasen beschleunigten Wandels. Der Frage nach historischen Umbrüchen liegt dabei die Überlegung zugrunde, „daß nicht jedes Jahr der Geschichte gleich zu Gott ist, daß es dicht beschriebene, aber auch ziemlich leere Blätter der Geschichte gibt."[1] Wenn Zäsuren herausgearbeitet werden sollen, müssen politische, wirtschaftliche und gesellschaftliche Entwicklungen eng aufeinander bezogen werden. Darüber hinaus ist zu beachten, daß der Erfahrungshorizont der Zeitgenossen und die Perspektive des Historikers beträchtlich divergieren können. Zäsuren werden von Historikern aus ihrer spezifischen, jeweils zeitgebundenen Sicht ermittelt. Den Rückblick beeinflussen theoretisch-methodologische Präferenzen und der jeweils gewählte Untersuchungsansatz ebenso wie gegenwärtige Erfahrungen und vorwissenschaftliche Überzeugungen. Dabei ist „jenes Betroffensein [...] Gefahr, aber zugleich eine durch Mitleben aufschließende Hebelkraft der Erkenntnis, eines Verstehens für die Lage der Handelnden wie der Leidenden". Der Nestor der Zeitgeschichtsforschung in der frühen Bundesrepublik, Hans Rothfels, hat „Zeitgeschichte" 1953 deshalb als „Epoche der ‚Mitlebenden'" definiert und ihren Beginn auf das Jahr 1917 festgelegt[2]. Nachdem in den achtziger Jahren die Distanz zum Ende des Zweiten Weltkriegs gewachsen war und die historische Forschung zur Bundesrepublik zugenommen hatte, wurde zwischen der Epoche von 1917 und 1945 und dem Wandel seit dem Zusammenbruch der NS-Diktatur unterschieden. In dieser Sicht hatte sich eine „doppelte Zeitgeschichte" herausgebildet[3]. Nach dem

* Für hilfreiche Hinweise zum Manuskript dieses Aufsatzes danke ich Frau Dr. Elke Scherstjanoi (Berlin).

1 Broszat, Einleitung, in: ders., Zäsuren, S. 10.

2 Zit. nach (in dieser Reihenfolge): Rothfels, Betrachtungen, S. 15, 10. Vgl. auch ders., Zeitgeschichte, S. 3–8. Zum Einfluß der zeitgenössischen Perspektive auf die geschichtswissenschaftliche Diskussion über Zäsuren: Faulenbach, Zäsuren, S. 15–33, besonders S. 23, 32f.

3 Bracher, Zeitgeschichte, S. 53–71, besonders S. 57.

Zerfall der DDR ist die Geschichte des zweiten deutschen Staates schließlich zu einer dritten Schicht der zeithistorischen Forschung geworden[4].

Die Periodisierung der deutschen Geschichte seit dem Ersten Weltkrieg ist in der Bundesrepublik bis zu den achtziger Jahren – explizit oder implizit – lange von der Interpretation des Kriegsendes 1945 als einschneidender Zäsur geprägt worden. Die Deutung als weitreichender und wirkungsmächtiger Einschnitt wurde jedoch erheblich eingeschränkt, als sich die sozial- und alltagsgeschichtliche Forschung zum westdeutschen Staat in den achtziger Jahren intensivierte. Dabei trat hervor, daß Umbruchs- und Entwurzelungserfahrungen die Jahre von 1942/43 bis 1948 prägten. Dieser Zeitraum stellte sich demnach als eine „Episode" dar, die „lebensgeschichtlich ein Kapitel mit sehr dicht beschriebenen Blättern wurde"[5]. Zudem ist betont worden, daß die gesellschaftliche Neuformierung, die wirtschaftliche Rekonstruktion und die politische Konsolidierung in Westdeutschland zwar 1949 einsetzten, aber erst Anfang der fünfziger Jahren entscheidend voranschritten[6]. Darüber hinaus haben sozialgeschichtliche Studien die Kontinuität gesellschaftlicher Modernisierung von den zwanziger bis zu den fünfziger Jahren akzentuiert[7]. In wirtschaftshistorischer Perspektive wird schließlich die Phase von 1949 bis 1973 als Phase des Booms in der Bundesrepublik zu untersuchen sein[8].

Gegenüber der Relativierung politikgeschichtlicher Zäsuren durch ihre Einordnung in den langfristigen gesellschaftlichen Modernisierungsprozeß und durch soziokulturelle Beharrungskräfte ist nach der Wiedervereinigung Deutschlands aber erneut der Stellenwert des Kriegsendes als Zäsur hervorgehoben worden. Obwohl der totale Zusammenbruch des „Dritten Reiches" keine „Stunde Null" darstellte, war das Ende des Zweiten Weltkrieges ein Umbruch, der nicht nur einen politischen Neuanfang herbeiführte, sondern auch die gesellschaftliche Entwicklung nachhaltig beeinflußte und tief in das Alltagsleben eingriff. Demgegenüber ist die Zeit von 1945 bis 1949 aus einer anderen Perspektive weitgehend als Vorgeschichte des westdeutschen Teilstaates interpretiert worden. Das Kriegsende und der Beginn der Besatzungsherrschaft ist aus dieser Sicht lediglich als „Zwischenstation für die globale Neuordnung" bezeichnet worden, so daß dem Jahr 1945 allenfalls „transitorische Bedeutung" zukomme[9]. Damit weitgehend übereinstimmend, ist die Nachkriegszeit auch als „Inkubationsphase" mit „Schwellencharakter" eingestuft worden[10]. Allerdings hat sich die historische Forschung bislang weitgehend auf Westdeutschland konzentriert; dementsprechend liegen zur Sowjetischen Besatzungszone (SBZ) nur wenige Studien vor. Deutlich ist aber, daß die sowjetische Herr-

[4] Hockerts, Zeitgeschichte, S. 7,19; Zur Diskussion auch: Doering-Manteuffel, Zeitgeschichte, S. 1f., 27; Bauerkämper/Sabrow/Stöver, Zeitgeschichte, S. 13f.

[5] Broszat/Henke/Woller, Einleitung, S. XXVI. Dazu der Überblick in: Doering-Manteuffel, Zeitgeschichte, S. 20f.; Erker, Zeitgeschichte, S. 218.

[6] Frei, Besatzungsherrschaft, S. 779–788, besonders S. 788.

[7] Sywottek, Wege, S. 13–39; Prinz, Stabilisierung, S. 655–675; Prinz/Frese, Wandel, S. 2f., 29f.; Frese u. a., Gesellschaft, S. 444–467. Zusammenfassend: Schildt, Möglichkeiten, S. 575–577; Doering-Manteuffel, Zeitgeschichte, S. 10f., 21–27; Erker, Zeitgeschichte, S. 214–221; Hockerts, Zeitgeschichte, S. 15f.

[8] Hierzu als Forschungsskizze: Schlemmer, Gesellschaft, S. 311–325, besonders S. 312.

[9] Zit. nach: Möller, Relativität, S. 9. Kritisch dazu: Hettling, Umschreiben, S. 394f.; Erker, Zeitgeschichte, S. 217f.

[10] Teppe, Trümmergesellschaft, S. 33.

schaft in Ostdeutschland einen tiefgreifenden Prozeß der Destruktion und Konstruktion gesellschaftlicher Strukturen auslöste, der allerdings nicht unmittelbar zu einem Wandel der Werte, Mentalitäten, Milieus und Lebensbezüge führte[11].

In der historischen Forschung und – noch markanter – in der politischen Bildung wird die Besatzungszeit in Westdeutschland noch heute weithin als Transitionsphase interpretiert. So gilt 1948 als „Jahr der Anfänge und Anstöße“ und 1949 als „Gründerjahr“[12]. In dieser Hinsicht ähnlich, hat auch die DDR-Historiographie – der Selbstdarstellung der SED-Führung folgend – die Entwicklung, die sich 1948/49 vollzog, vage als „Übergang“ bezeichnet, dem in der SBZ von 1945 bis 1948 die „antifaschistisch-demokratische Umwälzung“ vorangegangen sei[13]. Nach dem politischen Umbruch von 1989/90 sind jedoch differenziertere Studien zur Staatsgründung der DDR vorgelegt worden. Diese Untersuchungen sind – zumindest programmatisch – mit einer methodologisch-theoretischen Neuorientierung der Historiographie zugunsten der Sozialgeschichte einhergegangen[14]. Vor diesem Hintergrund wird im folgenden untersucht, ob und inwiefern die Agrarwirtschaft und die ländliche Gesellschaft in der SBZ 1948/49 von einem Mobilisierungs-, Radikalisierungs- und Zentralisierungsschub erfaßt wurden. Dabei ist besonders der Stellenwert der Landwirtschaftspolitik für die Stalinisierung der SED und die Gründung der DDR zu beachten. Nach einem Überblick über die Folgen der Bodenreform wird zunächst die Agrarpolitik dargestellt, die von der zur Staatspartei mutierenden SED 1948/49 durchgesetzt wurde, vor allem gegenüber den landwirtschaftlichen Organisationen. Anschließend werden die Auswirkungen auf die Gesellschaftsstruktur und die sozialen Beziehungen auf dem Lande dargelegt.

2. Landwirtschaft und ländliche Gesellschaft in der Sowjetischen Besatzungszone 1945–1948

Am 22. August 1945 beschloß das Zentralkomitee (ZK) der KPD, die als „Junker“ bezeichneten Großgrundbesitzer mit jeweils über hundert Hektar (ha) Land ebenso zu enteignen wie die führenden Nationalsozialisten, Kriegsverbrecher und einflußreichen Trägergruppen des „Dritten Reiches“. Das Land sollte „als Privateigentum an landlose oder landarme Bauern, an Landarbeiter, kleine Pächter und teilweise auch an solche bäuerlichen Flüchtlinge aufgeteilt werden, die angesiedelt wurden und die nicht aktive Mitglieder der Nazipartei und ihrer Gliederungen waren.“[15] Die Bodenreform war von KPD-Politikern, darunter besonders dem Agrarexperten Edwin Hoernle, im Moskauer Exil vorbereitet, mit Stalin am 4. Juni 1945 abgesprochen und sieben Tage später in dem Gründungsaufruf der Partei angekündigt wor-

[11] Vergleichend und abwägend: Kocka, Bedeutung, S. 599–608, besonders S. 601, 603, 607; Winkler, Umbruch, S. 409; Herbert, Weltkrieg, S. 205–209; Bauerkämper, Zäsur, S. 11–23. Zur SBZ: Funke, Spurensicherung, S. 532; Scherstjanoi, 1945, S. 60–65.

[12] Zit. nach (in dieser Reihenfolge): Weber: Bauplan, S. 5; ders., Jahr, S. 5.

[13] Badstübner u. a., Geschichte, Bd. 9. Ergänzend: Benser, Jahr, S. 311, 315–320; Heitzer, Erneuerung, S. 56. Kritisch-distanzierend: Scherstjanoi, 1945, S. 56.

[14] Vgl. Scherstjanoi, „Provisorium für längstens ein Jahr“, S. 14; Cerny, Brüche, S. 10f.

[15] Benser/Krusch, Dokumente, Bd. 2, S. 16.

den. In den dreißiger Jahren hatte sich die KPD schrittweise von dem Ziel der Kollektivierung oder Verstaatlichung des Bodens abgewandt, und in der Nachkriegszeit traten die Spitzenfunktionäre Kollektivierungsabsichten und -gerüchten nachdrücklich entgegen. So verbot die Parteiführung im August 1945 „die Organisierung landwirtschaftlicher Genossenschaften, die als Übergang zu Methoden der Kollektivisierung [sic] gelten"[16].

Deshalb wurden Forderungen von Mitgliedern und örtlichen Funktionären der KPD, auf den enteigneten Gütern unmittelbar zur Kollektivwirtschaft überzugehen, kategorisch zurückgewiesen. Die Parteiführung konnte aber nicht verhindern, daß „einige unserer Genossen für spätere Verstaatlichung der Güter und Bauernwirtschaften eintreten, sich dabei auf Marx berufen und von Revolution und Kollektivisierung [sic] sprechen."[17] Auch führende Politiker der SPD traten in der SBZ für die Verstaatlichung des Bodens ein oder forderten, Kollektivbetriebe zu bilden. Dagegen verurteilten KPD-Spitzenfunktionäre wie Walter Ulbricht in der Nachkriegszeit die gemeinsame Bewirtschaftung des Landes durch Bauern, denen das erforderliche Inventar und die Gebäude für eine selbständige Betriebsführung fehlten, als „verbrecherische Sabotage". Auch die sowjetischen Kommandanten ließen 1946 die bäuerliche „Gemeinwirtschaft" rigoros unterdrücken, so daß sich die Wirtschaftsgemeinschaften bis Anfang 1947 auflösten[18].

Die Bodenreform wurde im Zentralen Einheitsfrontausschuß auf Druck der KPD beschlossen – die Resolution vom 13. September 1945 ließ allerdings die Entschädigungsfrage ebenso offen wie die Enteignungsgrenze – und in den Landesblockausschüssen gegen den Widerstand von Politikern der CDU und der Liberal-Demokratischen Partei Deutschlands (LDP) durchgesetzt. Daraufhin erließen die Landes- bzw. Provinzialverwaltungen in der SBZ entsprechende Verordnungen, nach denen Gemeindebodenkommissionen die Gutsbesitzer enteigneten, ihren Besitz beschlagnahmten und Land, Vieh und Geräte überwiegend an die landlosen Bauern, Landarbeiter und Flüchtlinge verteilten. Die Maschinen gingen allerdings an „Komitees der gegenseitigen Bauernhilfe" über, die im Herbst 1945 gebildet wurden und als „Stützpunkte der Partei in jedem Dorfe" den Einfluß der KPD auf dem Lande erhöhen sollten[19]. Da die Parteiführung den anhaltenden Einfluß der Großgrundbesitzer in den dörflichen Milieus fürchtete, wurden diese vielerorts schon im Herbst 1945 aus ihren Gemeinden ausgewiesen. Nur wenigen „antifaschistischen" Gutsbesitzern, die sich Widerstandsgruppen gegen den Nationalsozialis-

[16] Benser/Krusch, Dokumente, Bd. 1, S. 68. Zur Vorbereitung der Bodenreform: Laufer, UdSSR und Bodenreform, S. 21–35; ders., „Genossen, wie ist das Gesamtbild?", S. 357. Dazu auch die Dokumente in: Badstübner/Loth, Pieck-Aufzeichnungen. S. 55–59.

[17] SAPMO-BArch, DY 30/IV 2/7/227, Bl. 64. Hinweise auch in: Nehrig/Piskol, Rolle, S. 327–331.

[18] Zit. nach einer Anweisung Ulbrichts an die Bezirkssekretäre der KPD vom 16. 1. 1946, in: SAPMO, NY 4182, Nr. 1059, Bl. 24. Umfassende Darstellung in: Kuntsche, „Gemeinwirtschaft", hier S. 196–242. Zu den Positionen von SPD-Politikern gegenüber der Bodenreform: Malycha, Landwirtschaft, S. 38–44; ders., Zentralausschuß, S. 583, 589–592.

[19] Zit. nach: Wernet-Tietz, Bauernverband, S. 50. Zu den Komitees auch: Staritz, Vereinigung, S. 760. Zur Durchsetzung der KPD-Konzeption zur Bodenreform: Suckut, Konflikt, S. 1080–1095; ders., LDP(D), S. 31 f.; Fischer, Anfänge, S. 13 f. Resolution des Zentralen Einheitsfrontausschusses abgedruckt in: Suckut, Blockpolitik, S. 89 f. Als instruktive Regionalstudie: Wille, Verabschiedung, S. 92–99.

mus angeschlossen hatten, wurden „Restgüter“ oder die Möglichkeit gewährt, selber Neubauernstellen zu beantragen. So erhielt im brandenburgischen Kreis Westhavelland Henning von Ribbeck, dessen Vater schon im April 1944 von der Geheimen Staatspolizei Potsdam verhaftet und Anfang 1945 im Konzentrationslager Sachsenhausen getötet worden war, ein „Restgut“ von 25 ha. Im Herbst 1947 verloren jedoch auch die noch verbliebenen Gutsbesitzer ihr Land, als sie von sowjetischen Militärkommandanten und SED-Funktionären gegen den Widerstand vieler alteingesessener Dorfbewohner aus ihren Heimatkreisen verwiesen wurden. Numerisch bedeutender als die Zuweisung von „Restgütern“ war aber die Zurücknahme der Enteignung von Bauern, die von aktionistisch vorgehenden Gemeindebodenkommissionen ohne eingehende Prüfung als „aktive Nationalsozialisten“ eingestuft worden waren. Im Spätherbst 1945 deckten Kontrollen der Kreisbodenkommissionen auf, daß in Dörfern vielfach Land spontan beschlagnahmt worden war. Die Enteignung der betreffenden Bauern mußte daraufhin revidiert werden[20].

Die Bodenreform wurde von den Ende 1946 gebildeten Provinzial- bzw. Landesregierungen der SBZ bestätigt und in Artikel 24 der Gründungsverfassung der DDR vom 7. Oktober 1949 kodifiziert. Schon bis zum 1. Oktober 1947 beschlagnahmten die Gemeindebodenkommissionen, die von Kreis- und Provinzial- bzw. Landeskommissionen zur Durchführung der Bodenreform überwacht wurden, insgesamt 7049 Güter mit jeweils mehr als hundert Hektar; zudem waren 3430 kleinere Objekte ihren Besitzern – überwiegend „aktiven“ Nationalsozialisten – entzogen worden. Die Bodenreform hatte in der SBZ 32 Prozent der landwirtschaftlichen Nutzfläche (LN) erfaßt, in dem traditionell gutsherrschaftlich geprägten Land Mecklenburg sogar 49 Prozent. Mehr als 67 Prozent des konfiszierten Landes war in Privatbesitz übergeben worden. Von der Fläche, die Individualempfängern zugeteilt worden war, hatten landlose Bauern, Flüchtlinge und Landarbeiter nahezu 77 Prozent übernommen. Insgesamt fast 207000 Neubauern erhielten ihr Land, das durchschnittlich 7,8 ha umfaßte, als gebundenes Eigentum, das nicht verkauft, verpachtet, verpfändet oder belastet werden durfte. Auch die Fläche im Umfang von insgesamt rund 106000 ha, die etwa 144200 Arbeiter und Handwerker erhielten, sowie die Wald- und Landzulagen an alteingesessene Bauern und Kleinpächter waren dem Zivilrechtsverkehr entzogen. Alle Parzellen, die Individualempfängern bei der Bodenreform zugeteilt worden waren, wurden im DDR-Agrarrecht als „Arbeitseigentum“ eingestuft, das vererbt werden konnte. 28,6 Prozent des Bodenfonds waren öffentlichen Körperschaften übertragen worden, überwiegend den Landes- und Provinzialverwaltungen, die enteignete Betriebe als Versuchs- und Mustergüter weiterführten. Vier Prozent des Bodenfonds waren im Oktober 1947 noch nicht aufgeteilt, und fast 40000 ha (1,3 Prozent) hatte sich die sowjetische Armee zu ihrer Versorgung gesichert[21].

[20] Vgl. Spix, Bodenreform, S. 37–54; Bauerkämper, Antifaschismus, S. 629–631. Zu von Ribbeck: Finker, Familie, S. 219–237, besonders S. 223f., 230–234. Erlebnisberichte in: v. Kruse, Weißbuch.

[21] BAB, DK-1, Nr. 7375, Bl. 46–48. Zur Rechtsform des „Arbeitseigentums“: Steding, Agrarrecht, S. 78. Zur Vererblichkeit des Bodenreformeigentums: Grün, Geltung. Zur rechtlichen Sicherung der Bodenreform: Arlt, DDR, Sp. 436; Steding, Agrarrecht, S. 77. Dazu jetzt auch detailliert: Bauerkämper, Kontinuität.

Obgleich die KPD, die im April 1946 mit der SPD zur SED zusammengeschlossen wurde, auch auf eine Integration der seit Herbst 1945 offiziell als „Umsiedler" bezeichneten Flüchtlinge und Vertriebene auf dem Lande abzielte, war die Bodenreform vor allem von dem herrschaftspolitischen Konzept geprägt, eine neue Gruppe bäuerlicher Produzenten zu konstituieren. Die SED-Führung betrachtete die Neubauern dabei als loyale Klientelgruppe, die der Partei in dörflich-agrarischen Milieus Einfluß verleihen und das anvisierte „Bündnis" von Arbeitern und „werktätigen" Bauern herbeiführen sollte. So hatte schon die ZK-Direktive an die Bezirks- und Kreisleitungen der Partei vom 22. August 1945 festgestellt: „Die Bodenreform gibt der Partei große Möglichkeiten der Ausdehnung ihres Einflusses auf die bäuerliche Bevölkerung und der Schaffung einer festen Zusammenarbeit zwischen den Arbeitern und Bauern". Auf einer erweiterten Sitzung des Sekretariats des ZK wies der Parteivorsitzende Wilhelm Pieck am 7. Januar 1946 noch deutlicher auf den Stellenwert der „Aufteilung des Bodens" hin, „mit der wir die großen Massen der armen Bauernschaft und der Landarbeiter für uns gewinnen müssen, indem wir ihnen durch die Zuteilung von Boden eine Existenzbasis geben."[22]

Die Bindungen der Neubauern an die SED blieben jedoch fragil. Die Partei erhielt zwar in mecklenburgischen Dörfern bei den Gemeindewahlen, die im September 1946 durchgeführt wurden, überdurchschnittliche Stimmenanteile, konnte die Bauern aber nicht dauerhaft an sich binden. So stellten Landwirte im Mai 1947 in der SBZ nur 5,8 Prozent der SED-Mitglieder, in Mecklenburg und Brandenburg allerdings 15,8 bzw. 9,8 Prozent[23]. Besonders die unzureichende Ausstattung der Neubauern mit Vieh, Maschinen, Geräten und Gebäuden erschütterte vielfach das Vertrauen in die Politik der Partei. So mußten allein in Mecklenburg im Januar 1948 rund 24600 Neubauern ihr Land ohne Anspannung bearbeiten, und in der SBZ entfielen auf etwa 209000 Neubauern noch am 1. Januar 1949 nur 104300 Arbeitspferde, 194000 Milchkühe, 364700 Schweine und 131100 Schafe. Zudem standen den Neubauern lediglich rund 102300 Pferdepflüge, 73700 eiserne Eggen und 97900 Wagen und Anhänger zur Verfügung. Auch die Maschinenhöfe der Komitees der gegenseitigen Bauernhilfe, die sich 1946/47 auf Anordnung der SED-Führung in die Vereinigung der gegenseitigen Bauernhilfe (VdgB) umbildeten, blieben bis 1948/49 unzulänglich, so daß die Arbeit der neuen Landwirte kaum wirksam unterstützt werden konnte. Das Neubauernbauprogramm, das die Sowjetische Militäradministration in Deutschland (SMAD) in ihrem Befehl Nr. 209 am 9. September 1947 angeordnet hatte, erwies sich schließlich als teurer Fehlschlag. Die Errichtung von Wohn- und Wirtschaftsgebäuden band zwar wertvolle Baustoffe und knappe Arbeitskräfte, konnte den Bedarf der Neubauern aber nicht erfüllen. Besonders der anhaltende Mangel an Baumaterialien und -arbeitern, Finanz- und Transportmitteln sowie gravierende Planungsfehler verhinderten, daß die oft als „Siedler" bezeichneten neuen Bauern ihre Betriebe festigen konnten. So mußten in der SBZ Anfang 1949 noch fast 108000 Wohnhäuser, rund 127600 Ställe und 149800 Scheunen

[22] Zit. nach (in dieser Reihenfolge): Benser/Krusch, Dokumente, Bd. 2, S. 18, 553 (Orthographie korrigiert). Pointiert zur Interpretation der Bodenreform als Prozeß der Klientelbildung: Kaiser, Klientelbildung, S. 120–131, besonders S. 129. Vgl. auch: Merz, Bodenreform, S. 1162, 1165.

[23] Müller, Einheitspartei, S. 489, 510f.; Bauerkämper, Neubauern, S. 119f.

gebaut werden[24]. Da die Gemeindebodenkommissionen alteingesessene Landempfänger bei der Verteilung des auf den Gütern vorhandenen Viehs und Inventars bevorzugten, waren fast 78000 „Umsiedler", die bis Ende 1946 Boden erhalten hatten, besonders unzureichend ausgestattet. Deshalb konnten nur rund 15 Prozent der Flüchtlingsneubauern ihre Höfe nachhaltig konsolidieren[25].

Besonders wegen ihrer mangelhaften Ausstattung mit unabdingbaren Betriebsmitteln blieben die Neubauern ökonomisch von den alteingesessenen Landwirten abhängig. Viele Altbauern, die ebenfalls unter dem Mangel der unmittelbaren Nachkriegszeit litten, opponierten aber dagegen, daß ihre neuen Berufskollegen bei der Verteilung von Vieh, Maschinen und Geräten durch staatliche Verwaltungen, Parteidienststellen und gesellschaftliche Organisationen bevorzugt wurden. Da die fachlichen Fähigkeiten der Bewerber bei der Vergabe der Landparzellen kaum berücksichtigt worden waren, bildete sich außerdem ein deutliches Qualifikationsgefälle heraus, das den Gegensatz von Neu- und Altbauern vertiefte. Eine Annäherung der beiden Gruppen verhinderten auch die unterschiedlichen Werte, Normen, Lebensgewohnheiten und Mentalitäten, die maßgeblich zur Isolierung vor allem der Flüchtlingsneubauern in den dörflichen Milieus beitrugen. Viele alteingesessene Landwirte, die über mehr als 20 ha verfügten und in der amtlichen Statistik der DDR – ebenso wie im Deutschen Reich – als „Großbauern" eingestuft wurden, befürchteten zudem, in einer „zweiten Bodenreform" enteignet zu werden oder ihr Land bei einer Kollektivierung zu verlieren. So blieb die wirtschaftliche Unterstützung der Alteingesessenen für die Neubauern begrenzt; in Mecklenburg wurden 1947 rund 93000 ha Bodenreformland in Gespannhilfe unter Neubauern, aber nur etwa 6000 ha mit Zugtieren oder –maschinen von Altbauern bearbeitet. Angesichts der wechselseitigen Abgrenzung stellte ein stellvertretender Hauptabteilungsleiter der Deutschen Verwaltung für Land- und Forstwirtschaft (DVLF) auf einer Zonenkonferenz Ende Juli 1947 nüchtern fest: „Das Verhältnis zwischen Alt- und Neubauern ist ein wirtschaftliches Problem." Ein Referent der Zentralverwaltung für deutsche Umsiedler beklagte darüber hinaus, „daß die Altbauern sich oft ablehnend gegen die Neubauern stellen, auch wenn es keine Umsiedler sind"[26]. Viele alteingesessene Landwirte ignorierten deshalb die Anordnungen von SED-Funktionären und staatlichen Behörden zur Neubauernhilfe. So kritisierte der Leiter der Abteilung Landwirtschaft im ZK der SED, Fritz Scholz, im August 1947: „Sehr oft sind die Altbauern zu Hilfeleistungen für Neubauern gezwungen, die persönlich ungeeignet sind und ihrerseits eine abgeltende Arbeitsleistung ablehnen. Auch gibt es Altbauern, die aus Egoismus versuchen, sich den Anforderungen der gegenseitigen Hilfe zu entziehen."[27]

[24] Angaben nach: Bauerkämper, Problemdruck, S. 304f., 307, 309f.

[25] Meinicke, Bodenreform und Vertriebene in der Sowjetischen Besatzungszone, S. 133–151 (Angabe S. 139); ders., Bodenreform und die Vertriebenen in der SBZ, S. 55–88; Vergleichend: Ther, Vertriebene, S. 175–204; Bauerkämper, Integration, S. 196–204. Angabe nach: Seraphim, Die Heimatvertriebenen, S. 17.

[26] Mecklenburgisches Landeshauptarchiv, Schwerin (MLHA), Ministerium für Land- und Forstwirtschaft (MLF), Nr. 2827, S. 170f. Zur Furcht vor einer „zweiten Bodenreform" oder Kollektivierung: Bonwetsch/Bordjugov/Naimark, Politik, S. 168. Zur statistischen Kategorie der „Großbauern": Piskol, Entwicklung, S. 419 (Anm. 2). Angabe für Mecklenburg nach: Kuntsche, Situation, S. 160.

[27] SAPMO, DY 30/IV 2/2022/55, Bl. 71. Zusammenfassend: Bauerkämper, Neubauern, S. 125f.

Da sie die Rentabilität ihrer Betriebe nicht bedeutend steigern und die geschlossenen Milieus der alteingesessenen Dorfbewohner in vielen Landgemeinden nicht aufbrechen konnten, nahm 1947/48 die Zahl der Neubauern zu, die ihr Land aufgaben. Schon im Mai 1947 hatten in der SBZ insgesamt mehr als 10000 Landempfänger (2,2 Prozent der bei der Bodenreform Begünstigten) Flächen im Umfang von rund 67000 ha verlassen. Bis zum August 1948 wurden sogar fast 16000 Landrückgaben (5,5 Prozent der Empfänger) verzeichnet. Außer hohem Alter, Krankheit und Tod veranlaßte ihr Defizit an Fachwissen viele Neubauern, ihre Betriebe aufzugeben und andere Erwerbstätigkeiten aufzunehmen. Zudem resignierten oft alleinstehende Frauen, die in der Nachkriegszeit Land in der Hoffnung auf die Rückkehr ihrer kriegsgefangenen oder vermißten Männer übernommen hatten, mit der Bewirtschaftung aber überfordert waren[28].

Obwohl die zur Monopolpartei transformierte SED die Rekonstruktion der Industriewirtschaft und den Wiederaufbau der Städte erst mit dem Zweijahrplan 1949/50 forcierte, setzte in der SBZ schon 1947/48 eine Abwanderung aus der Agrarwirtschaft und vom Lande ein, die dem Herrschaftsanspruch des Regimes entgegenwirkte. Viele Neubauern waren zudem so desillusioniert, daß sie sich von der Partei distanzierten. Nachdem die SED bis Mitte 1947 mehr als 103000 Landwirte – darunter überwiegend Neubauern – gewonnen und besonders in Mecklenburg und Brandenburg ihre Mitgliederzahl erheblich gesteigert hatte, schrumpfte ihre bäuerliche Klientel in den späten vierziger Jahren. Insgesamt war es der SED bis Ende 1947 nicht gelungen, in der ländlichen Bevölkerung eine breite Mitgliederbasis zu gewinnen. Demgegenüber hatte die LDP, die im März 1946 über rund 110000 Mitglieder verfügte, in diesem Monat einen Bauernanteil von 13,1 Prozent aufgewiesen; Ende 1948 waren noch zwölf Prozent der insgesamt knapp 200000 Parteimitglieder Landwirte. Auch die CDU hielt trotz der zunehmenden Anpassung an die SED-Politik ihre bäuerliche Klientel. Die Mitgliederzahl der CDU stieg von Dezember 1945 bis Dezember 1947 von 68000 auf 218000, und Bauern stellten auch 1948 noch 14,5 Prozent der Parteimitglieder[29]. Die Staatspartei und die SMAD hatten auf den Rückgang der Unterstützung auf dem Lande im April 1948 reagiert, indem sie die Gründung der Demokratischen Bauernpartei Deutschlands (DBD) vorbereiteten. Die neue Partei sollte vor allem parteilose Bauern und enttäuschte SED-Mitglieder gewinnen, daneben auch der CDU Mitglieder entziehen und die ländliche Bevölkerung insgesamt an die sich herausbildende staatssozialistische Gesellschaftsordnung binden. Zwischen der DBD, die am 28. Mai 1948 offiziell konstituiert wurde, und der SED bildete sich aber vorübergehend ein Konkurrenzverhältnis heraus, da die herrschende Partei viele bäuerliche Mitglieder verlor[30].

[28] SAPMO, DY 30/IV 2/2022/52, Bl. 137; DY 30/IV 2/7/229, Bl. 135. Angaben für Mai 1947 nach: BAB, DO-2, Nr. 62, Bl. 80; DK-1, Nr. 829, Bl. 13.

[29] Vgl. Dähn, Liberal-Demokratische Partei, S. 570; Kuntsche, Bauern, S. 234f.; ders., Bodenreform, S. 23; Benser, Struktur, S. 20, 22f. Zum Anteil der Kleinbauern und Landarbeiter an den SED-Mitgliedern auch die Berechnungen in: Schultz, Funktionär, S. 244, 247, 249. Zur LDP: Papke, Liberal-Demokratische Partei, S. 33f. Zur CDU: Richter, Rolle, 2602f.; Bonwetsch/Bordjugov/Naimark, Politik, S. 81.

[30] Wernet-Tietz, Demokratische Bauernpartei Deutschlands, S. 584f.; ders., Bauernverband, S. 99–106; Bonwetsch/Bordjugov/Naimark, Politik, S. 160f., 188f., 205; Henkel, Staatspartei, S. 191; siehe auch den Beitrag von Theresia Bauer in diesem Band.

3. Agrarpolitik: Zentralisierung und Verstaatlichung, Agitation gegen „Großbauern“ und Ansätze zur Kollektivierung

Die Anziehungskraft der SED auf die Bauern ging 1947/48 weiter zurück. Die Stalinisierung der SED, die Zentralisierung der Verwaltungskompetenzen und – damit verbunden – der Aufbau der zentralen Wirtschaftsplanung ermöglichten der Parteiführung eine Radikalisierung der Agrarpolitik. Dieser Prozeß vollzog sich jedoch nicht linear, sondern wurde wiederholt durch pragmatische Erwägungen und Eingriffe der SMAD retardiert. Auf dem II. Parteitag der SED, der vom 20. bis 24. September 1947 in Berlin stattfand, glorifizierte der Parteivorsitzende Pieck den Marxismus-Leninismus als „zuverlässigen Kompaß“ der Politik und stilisierte die KPdSU zum Vorbild der ostdeutschen Kommunisten. In der SED wurde daraufhin das Prinzip des „demokratischen Zentralismus“ durchgesetzt, so daß sich eine hierarchische Parteiorganisation herausbildete. Auch die „Kaderpolitik“ und „Kaderarbeit“ wurden 1947/48 intensiviert, besonders durch die Bildung „Personalpolitischer Abteilungen“. Im Herbst 1948 richtete die SED-Führung zudem eine Parteikontrollkommission ein, die von dem jeweiligen Kurs abweichende Meinungen und deviantes Verhalten rigoros unterdrückte. Die 2. Parteikonferenz schloß die Stalinisierung ab, indem die SED sich zur „Partei neuen Typs“ erklärte[31].

Nachdem die SMAD der DVLF schon im Juli 1946 die Weisungsbefugnis gegenüber den Landes- und Provinzialverwaltungen erteilt hatte, wurde die zentrale Landwirtschaftsverwaltung ab Juni 1947 in die neugebildete Deutsche Wirtschaftskommission (DWK) integriert. Die DVLF übernahm damit die Gesamtplanung für die Landwirtschaft der SBZ, war zuständig für die Plankontrolle und erteilte den Landwirtschaftsministerien der Länder entsprechende Anweisungen. Schon 1947 arbeitete die Behörde den zentralen Landwirtschaftsplan aus, der Einzelpläne zum Anbau, für die Neulandgewinnung und den Aufbau der Viehbestände sowie für die Versorgung der Landwirtschaft mit Betriebsmitteln umfaßte. Der Ablieferungsplan mußte zugleich in der Deutschen Verwaltung für Handel und Versorgung erarbeitet werden. Die Landesregierungen teilten den Anbau- und Ablieferungsplan auf die Kreise auf, wo die Räte als staatliche Verwaltungsorgane die Vorgaben auf die Gemeinden aufschlüsselten und den Bürgermeistern das jeweilige Anbau- und Ablieferungssoll übermittelten. Die Bauern erhielten Anbau- und Viehhaltebescheide, konnten aber zunehmend auch Angebote unterbreiten, so daß „Wunschanbaupläne“ aufgestellt wurden. Mit der Bildung der Hauptverwaltung Land- und Forstwirtschaft (HVLF) im April 1948 wurde der Planungsapparat noch weiter hierarchisiert und zentralisiert[32].

Nach der Sicherung ihrer Herrschaft in der Landwirtschaftsadministration konnte die SED-Führung ihre Agrarpolitik radikalisieren. Dieser Prozeß vollzog sich weitgehend als Zentralisierung der Verfügungsgewalt, Verstaatlichung von

[31] Vgl. Weber, Geschichte der DDR, S. 173–185. Dazu auch die Dokumente in: Weber, DDR, S. 124f., 131–135. Zur „Kaderpolitik“ und „Kaderarbeit“ in der SED bis 1949: Schultz, Funktionär, S. 211–225. Allgemein: Voigt/Mertens, Kader, S. 322–324.

[32] Piskol/Nehrig/Trixa, Umwälzung, S. 103–105, 112, 117f. ; Steiner, Länderpartikularismus, S. 38; Niedbalski, Zentralverwaltungen, S. 245f., 468, 472; Zank, Gesellschaftspolitik, S. 58–60.

Betrieben und Entmachtung von Gesellschaftsgruppen und Organisationen, die das Leben und die Arbeit auf dem Lande bestimmt hatten. Seit Ende 1948 verstaatlichte die SED Betriebe, die an der Agrarproduktion beteiligt waren, und die Hegemonialpartei unterwarf die landwirtschaftlichen Verbände zusehends ihrer zentralen Kontrolle. Damit einhergehend, deuteten Hinweise von Staats- und Parteifunktionären verstärkt auf eine Kollektivierung als programmatisches Ziel hin. Zunächst jedoch richtete sich die Agrarpolitik der SED besonders gegen die als „Großbauern" bezeichneten Landwirte mit jeweils über 20 ha. Die Radikalisierung der SED-Agrarpolitik, die in den späten vierziger Jahren zunehmend von der „Klassenkampf"-Doktrin beherrscht wurde, manifestierte sich deutlich in der Bedeutungsverschiebung, die sich in der Parteipropaganda gegenüber den „Großbauern" – analog zu der Stigmatisierung als „Kulak" in der Sowjetunion in den späten zwanziger und frühen dreißiger Jahren – von einer statistischen Kategorie zu einem universell instrumentalisierbaren Kampfbegriff vollzog. Schon 1949 wurden die „Großbauern" bei der Zuteilung von Betriebsmitteln ebenso benachteiligt wie bei der Steuerprogression und bei der Differenzierung des Ablieferungssolls. Zugleich vollzog sich die Erfassung und Ablieferung der landwirtschaftlichen Erzeugnisse immer rigoroser. Zudem wurden 1948/49 „bürgerliche" Agrarexperten aus den staatlichen Landwirtschaftsverwaltungen verdrängt[33].

Die „Großbauern" verfügten 1947/48 in vielen ländlichen Gemeinden noch über einen beträchtlichen Einfluß. Sie waren weitaus besser mit Betriebsmitteln ausgestattet als die Neubauern, die von VdgB und SED kaum wirksam unterstützt werden konnten. Deshalb waren die neuen Betriebsinhaber weiterhin auf die ökonomische Hilfe der alteingesessenen Landwirte angewiesen, die oft Lohnarbeitskräfte beschäftigten und deshalb nicht dem politischen Vorbild des „werktätigen" Bauern entsprachen. Die „Großbauern" beeinflußten vielerorts auch die konkrete Durchführung der SED-Agrarpolitik, wie der Generalsekretär der VdgB, Kurt Vieweg, im September nach einer Besprechung mit Offizieren der SMAD hervorhob: „Die Neubauern bekommen nicht von den Komitees, sondern von den Großbauern eine Hilfe. [...] In einer ganzen Reihe von Gemeinden haben die Komitees ihre Maschinen in Pacht an Großbauern auf lange Termine gegeben."[34]

1948/49 baute die SED daher die Maschinen-Ausleih-Stationen (MAS) schnell zu „Stützpunkten der Arbeiterklasse auf dem Lande" aus, die als Staatsbetriebe konzipiert waren. Die Stationen wurden aus den Maschinenhöfen der VdgB gebildet, auf denen in den ersten Nachkriegsjahren die bei der Bodenreform beschlagnahmten Maschinen untergebracht worden waren und den Neubauern zur Verfügung standen. Die Verstaatlichung der MAS orientierte sich an der Entwicklung in der UdSSR in den zwanziger Jahren und bereitete funktional die Kollektivierung vor, die im Juli 1952 auf der 2. Parteikonferenz der SED verkündet wurde. So notierte Pieck bei einer Besprechung, die Stalin am 18. Dezember 1948 mit ihm und den SED-Spitzenfunktionären Grotewohl, Ulbricht und (als Dolmetscher) Oelßner führte:

[33] Horz, Kollektivierung, S. 94. Zu dem Gebrauch des Begriffs „Kulak" als Repressionsinstrument in der UdSSR: Merl, System, S. 298; ders., Agrarpolitik, S. 127f.; Hildermeier, Geschichte, S. 395f.

[34] SAPMO, DY 19/136, Niederschrift über die Verhandlung bei der SMA am 9. September 1948, S. 3, zitiert nach: Bauerkämper, Führungsgruppen, S. 86.

„Gesetz Masch. Stationen staatlich
von VdgB abkaufen
Keine Enteignung, noch zu früh
in SU [Sowjetunion] 1925/27
Vorstufe zu Kollektivisierung [...]
Maschinen-Stationen verstaatlichen
zu pol. Zentren machen – wie SU 1926/27“[35].

Bereits am 1. November 1948 hatte das ZK die DWK beauftragt, „ein System von Maschinenausleihstationen in den fünf Ländern der Zone zu organisieren [...], damit die Neu-, Klein- und Mittelbauern aller Kreise und Bezirke möglichst gleichmäßig mit maschineller Zugkraft und mit der Benutzung landwirtschaftlicher Maschinen versorgt werden können.“[36] Zehn Tage später beschloß die DWK nach Absprachen mit der SMAD und dem ZK, eine „Verwaltung der Maschinen-Ausleih-Stationen“ (VMAS) einzurichten. Die VMAS wurde als Anstalt öffentlichen Rechts gebildet, die – im Gegensatz zu der Absichtserklärung Piecks – halbstaatlich blieb. An der VMAS war die DWK mit 51 Prozent, die Zentralvereinigung der gegenseitigen Bauernhilfe mit 29 Prozent und die Raiffeisengenossenschaften mit 20 Prozent des Kapitals beteiligt. Am 17. Februar 1949 ordnete das ZK der SED außerdem an, bei dem Sekretariat der DWK eine Zentrale für Landtechnik zu bilden, die das technische Inventar der MAS im Rahmen des Zweijahrplans 1949/50 erfassen und verteilen sollte. In seiner Rede auf der 1. Parteikonferenz der SED (25.–28. Januar 1949) verlangte Ulbricht schließlich, die MAS nachhaltig zu stärken und zu ökonomischen, politischen und kulturellen Zentren zu erweitern. Mit der „Anordnung über die Verbesserung der Arbeit der Maschinen-Ausleih-Stationen und Erweiterung der Hilfe für die Bauern mit Traktoren und landwirtschaftlichen Maschinen“ faßte die DWK die MAS daraufhin am 9. März 1949 in der „Verwaltung der MAS“ zusammen und unterstellte sie ihrer Hauptverwaltung für Land- und Forstwirtschaft[37].

Auch die Landes- und Provinzialgüter, die nach der Bodenreform eingerichtet worden waren, der Agrarhandel, die Erfassungsorgane und die Raiffeisengenossenschaften büßten 1949 ihre institutionelle Restautonomie weitgehend ein, indem sie in die staatliche Verwaltung integriert wurden. Bis 1948 hatten sich nur wenige Landesgüter – wie vorgesehen – zu Musterbetrieben entwickelt, obwohl sie in der SBZ 10 Prozent der landwirtschaftlichen Bruttoproduktion auf 3,6 Prozent der Landwirtschaftliche Nutzfläche (LN) aufbrachten. Die technische Ausstattung der Güter war aber völlig unzureichend, und die Arbeitsproduktivität blieb gering, nicht zuletzt wegen der schwierigen Umstellung auf die Brigadearbeit. Im Oktober 1948 forderte die SMAD schließlich ultimativ, die Landesgüter bis Anfang 1949 in Volkseigene Güter (VEGs) umzubilden. Aber erst im Juni 1949 wurde eine entsprechende Verordnung erlassen, nach der das Land und das Inventar, das nach der Bodenreform Anstalten des öffentlichen Rechts zugeteilt worden war – darunter den

[35] Badstübner/Loth, Pieck-Aufzeichnungen, S. 260f. (Unterstreichung im Original).
[36] SAPMO, DY 30/IV 2/7/324, Bl. 3f.
[37] SAPMO, DY 30/IV 2/7/321, Bl. 53f., 73f., 118, 200f.; 247–252, 273f. Dazu auch: Tümmler, Agrarpolitik, S. 38f.; Klemm u.a., Agrargeschichte, S. 192f.; Wernet-Tietz, Bauernverband, S. 87f. Zu Ulbrichts Forderung: Protokoll der Ersten Parteikonferenz, S. 218f.

Landesgütern –, als „Volkseigentum" in die Verfügungsgewalt der Zentralverwaltung überführt wurden. Die VEGs galten demnach ebenso wie die MAS in den frühen fünfziger Jahren parteioffiziell als „Keime des Sozialismus" auf dem Lande[38]. Schon im März 1949 waren die „Volkseigenen Erfassungs- und Aufkaufbetriebe" (VEAB) eingerichtet worden, die den Raiffeisengenossenschaften und Privatbetrieben den Landhandel entzogen. Die VEAB erhielten das Eigentumsrecht an allen erfaßten und aufgekauften Waren; ab Juni 1949 mußten die Bauern auch „freie Spitzen", die sie über das Ablieferungssoll hinaus erzeugten, an die staatlichen Erfassungsstellen verkaufen[39].

Die Raiffeisengenossenschaften wurden durch den Aufbau der MAS und VEAB ihrer traditionellen Funktionen als Handelsorgane und Austauschstellen für die Agrarproduzenten beraubt. Die SMAD hatte in ihrem Befehl Nr. 146 am 20. November 1945 den Genossenschaften erlaubt, ihre Arbeit wieder aufzunehmen. Entsprechende Musterstatuten bestätigte die sowjetische Militärverwaltung mit ihrem Befehl Nr. 37 im Februar 1946. Im August 1948 legte die Hauptverwaltung für Land- und Forstwirtschaft der DWK jedoch ein Konzept vor, nach dem die genossenschaftlichen Grundorganisationen in den Dörfern zu Universalgenossenschaften vereinigt und ein „Zentralverband der ländlichen Genossenschaften" gebildet werden sollten. Im Anschluß an eine sorgfältig geplante und systematisch inszenierte Propagandakampagne gegen die Genossenschaften setzten SED-Spitzenfunktionäre den organisatorisch-administrativen Umbau der Raiffeisengenossenschaften auf einem Kongreß durch, der vom 15. bis 17. März 1949 in Berlin stattfand. Allerdings kam das radikale Konzept der Universalgenossenschaft nur eingeschränkt zum Tragen. Die von der Staats- und Parteiführung erzwungene Transformation der Genossenschaften unterwarf diese dem SED-Regime und zielte darauf ab, die „Großbauern" in diesem tief in den ländlichen Regionen verwurzelten landwirtschaftlichen Wirtschafts- und Kreditverband zu entmachten. So hatte Pieck als Antwort auf die Frage „Durch welche Maßnahmen können die kapitalistischen Kräfte eingeschränkt werden?" in der Besprechung mit Stalin am 18. Dezember 1948 festgehalten: „Stärkung der führenden Rolle der VdgB im Verhältnis zu den landwirtschaftlichen Genossenschaften. Entfernung der Großbauern aus den Leitungen der landwirtschaftlichen Genossenschaften."[40] Die Beschlüsse des Genossenschaftskongresses vom März 1949 entsprachen diesen politischen Zielen und bereiteten den Zusammenschluß der VdgB und der Genossenschaften zur „Vereinigung der gegenseitigen Bauernhilfe (Bäuerliche Handels-Genossenschaft)" im November 1950 vor[41]. Die SED entmachtete 1948/49 auch andere landwirtschaftliche Organisationen wie die im Frühjahr 1947 gegründete „Deutsche Landwirtschafts-Gesellschaft", das „Kuratorium für Technik in der Landwirtschaft" und die

[38] SAPMO, DY 30/IV 2/7/550, Bl. 63f. Allgemein: Scherstjanoi, „Friedenshektarerträge", S. 324; Tümmler, Agrarpolitik, S. 30f.; Klemm u.a., Agrargeschichte, S. 194. Zur Lage auf den Gütern 1947/48: Nehrig/Piskol, Dialektik, S. 19, 21; Piskol/Nehrig/Trixa, Umwälzung, S. 118–121.

[39] Buchsteiner, Bodenreform, S. 25; Klemm u.a., Agrargeschichte, S. 195.

[40] Badstübner/Loth, Pieck-Aufzeichnungen, S. 249f. (Orthographie korrigiert).

[41] Buss, Struktur, S. 38–76; Schöne, Raiffeisengenossenschaften, S. 181–183; Wernet-Tietz, Bauernverband, S. 90–92. Daneben: Barthelmann, Umwandlung, S. 123–125; ders., Bedeutung, S. 396–398; Klemm u.a., Agrargeschichte, S. 191f.

„Deutsche Saatzuchtgesellschaft". Darüber hinaus wurde die landwirtschaftliche Presse zu einem Instrument der Agrarpropaganda degradiert[42].

Die Verstaatlichung landwirtschaftlicher Organisationen, die damit vollends von der SED kontrolliert wurden, richtete sich vor allem gegen die CDU und die als „Großbauern" bezeichneten Inhaber von Höfen mit jeweils mehr als 20 ha. So betonte die von Sergej Tjul'panov befehligte Informationsverwaltung der SMAD in einem Bericht vom 29. November 1948: „Auf keinen Fall darf das Eindringen von CDU-Mitgliedern in die Führungsorgane der VdgB, der Genossenschaften und der Raiffeisenvereine zugelassen werden"[43]. Die SED-Führung hatte auch ihre Aversionen gegen die „Großbauern", die sie als „Kapitalisten" und „Reaktionäre" betrachtete, von 1945 bis 1947 offenbar nur zurückgestellt, um zunächst die Enteignung der Gutsbesitzer durchzusetzen und die Bodenreform abzuschließen. Noch Anfang 1948 proklamierte die SED keineswegs einen verschärften „Klassenkampf" – ein Dogma, das zugleich eine politisierte Zustandsbeschreibung, Selbstsuggestion und ein universell gebrauchtes Mobilisierungsinstrument der Machthaber war[44]. Ende 1948 trat der Parteivorsitzende Pieck jedoch schon nachdrücklich für die Entmachtung der „Großbauern" in den Genossenschaften und in der VdgB ein. Auch Hoernle erklärte: „Unsere Politik muß in der gegenwärtigen Periode sein: Gewinnung der Klein- und Mittelbauern und Isolierung der Großbauern"[45]. Das ZK der SED ordnete deshalb an, im Frühjahr 1949 Neuwahlen zu den Orts-, Kreis- und Landesausschüssen der VdgB durchzuführen. Die Organisation wurde damit endgültig zu einem Instrument der großbauernfeindlichen SED-Politik. Die radikale Agitation gegen die „Großbauern" und der zunehmende politische Druck beraubte diese weitgehend ihres Einflusses in der VdgB, ohne diese Gruppe 1949 vollständig aus der Organisation auszuschließen. Auch in den Raiffeisengenossenschaften verfügten sie noch über Führungspositionen, bevor sie nach spektakulären Schauprozessen in Güstrow (10.–15. Juli 1950) und Erfurt (17.–23. Januar 1951) ihre Macht verloren[46].

Ökonomische Restriktionen ergänzten die politischen Maßnahmen gegen die „Großbauern", denen Ulbricht in seinem Referat auf der 1. Parteikonferenz der SED Ausbeutung der Landarbeiter und Neubauern, Spekulation und Wucher vorwarf. So trat am 1. Januar 1949 die Hektarveranlagung für tierische Erzeugnisse in Kraft, nach der die Pflichtablieferung landwirtschaftlicher Betriebe auf der Basis ihrer Nutzfläche festgelegt werden mußte. Diese Regelung sollte zwar vor allem den Übergang zur Intensivproduktion fördern und das staatliche Aufkommen aus der Viehwirtschaft steigern, benachteiligte dabei aber „Großbauern". Belastend wirkten ebenfalls die zunehmende Differenzierung der Ablieferungsnormen für

42 Kramer, Bolschewisierung, S. 111–113, 116f.; ders., Sowjetisierung, S. 15f., 18f. Zum Pressewesen: Weber, Umgestaltung, S. 2852f.

43 Bonwetsch/Bordjugov/Naimark, Politik, S. 189.

44 Dazu die Stellungnahmen Ulbrichts und Piecks im November 1945 bzw. Januar 1946 in: Benser/Krusch, Dokumente, Bd. 2, S. 346f., 556. Zu Piecks Position seine Notizen vom Dezember 1948, in: Badstübner/Loth, Pieck-Aufzeichnungen, S. 250, 255f.

45 Zit. nach: Bauerkämper, Führungsgruppen, S. 86.

46 Schöne, Raiffeisengenossenschaften, S. 184; Bauerkämper, Führungsgruppen, S. 86–88. Andere Interpretation in: Barthelmann, Umwandlung, S. 124–126; ders., Bedeutung, S. 396. Zur Verschmelzung der VdgB mit den Genossenschaften: Buss, Struktur, S. 112–145.

pflanzliche und tierische Erzeugnisse und eine von der DWK erlassene Steuerreform. Darüber hinaus begrenzte das „Gesetz zum Schutze der Arbeitskraft der in der Landwirtschaft Beschäftigten", das die Volkskammer der DDR am 7. Dezember 1949 einstimmig verabschiedete, die Verfügung der Bauern über ihre Arbeitskräfte. Das Landarbeiterschutzgesetz, das Anfang 1950 in Kraft trat, ordnete unter anderem den Abschluß schriftlicher Arbeitsverträge an, begrenzte die Arbeitszeit – bei über achtzehnjährigen Beschäftigten auf täglich acht Stunden – und legte einen Anspruch auf Jahresurlaub sowie Lohnausgleich bei Krankheit fest. Obgleich es in den dörflichen Milieus nicht unmittelbar und bruchlos durchgesetzt werden konnte, minderte auch dieses Gesetz die Wirtschaftskraft der großen Bauernbetriebe, auf denen in den späten vierziger Jahren noch viele Landarbeiter beschäftigt waren. So gaben bis 1949 außer rund 4000 „Großbauern", die schon bei der Bodenreform enteignet worden waren, rund 5600 Landwirte ihre großen Höfe auf; die Zahl der Betriebe in der Größenkategorie von 20 bis 100 ha war in der SBZ damit gegenüber 1939 um 17,8 Prozent zurückgegangen. Bis 1953 steigerte die SED ihren Druck auf die „Großbauern" noch, von denen viele 1952/53 enteignet wurden und nach Westdeutschland flohen[47].

Die Radikalisierung der SED-Agrarpolitik spiegelte sich auch in der Entlassung „bürgerlicher" Agrarwissenschaftler und Verwaltungskräfte wider. Nach der staatspolitischen Konferenz vom 23./24. Juli 1948 in Werder/Havel intensivierte die SED-Führung ihre „Kaderpolitik" und band sie eng an die Wirtschaftsplanung an. In der Hauptverwaltung Land- und Forstwirtschaft der DWK war der Anteil von Landarbeitern und „werktätigen" Bauern sowie SED-Mitgliedern unter den Beschäftigten im Sommer 1948 aber noch relativ gering. Deshalb mobilisierte das ZK der SED im Herbst 1948 die Betriebsgruppe der Partei in der Hauptverwaltung gegen „bürgerliche" Verwaltungsangestellte, denen „Sabotage" der Agrarpolitik vorgeworfen wurde. SED-Funktionäre postulierten einen verschärften „Klassenkampf auf dem Lande" und beschuldigten Beschäftigte der Landwirtschaftsverwaltung und Agrarwissenschaftler gleichermaßen, „Großbauern" zu unterstützen, das Neubauernbauprogramm zu behindern und das Planungssystem zu boykottieren[48]. So verurteilte die SED-Betriebsgruppe am 26. Oktober 1948 eine Äußerung des stellvertretenden Leiters der HVLF, Dr. Matthias Kramer, der die Arbeit mit den Kontrollzahlen für den Zweijahrplan als „Spiel mit Zahlen" kritisiert hatte[49]. Nachdem aus der Forstabteilung schon zuvor viele Fachkräfte ausgeschlossen worden waren, mußten 1949 auch – oft hochqualifizierte – Angestellte, die für die Landwirtschaft zuständig waren, aus dem Verwaltungsdienst ausscheiden. Der Anteil der aus der Arbeiterschaft rekrutierten Mitarbeiter wuchs in der Hauptverwaltung bzw. im Ministerium für Land- und Forstwirtschaft von Februar 1949 bis September 1950 von

[47] Angabe nach: Krebs, Weg, S. 87. Detailliertere Darstellung auch in: Piskol, Entwicklung, S. 423–426; Bauerkämper, Bodenreform, S. 130, 133f. Zu den Maßnahmen in den frühen fünfziger Jahren: Bell, Enteignungen, S. 14–36. Ulbrichts Angriffe auf die „Großbauern" in: Protokoll der Ersten Parteikonferenz, S. 212f. Zu den Problemen der Agrarproduktion in den späten vierziger Jahren: Scherstjanoi, „Friedenshektarerträge", S. 325–330, 334–337.

[48] SAPMO, DY 30/IV 2/7/261, Bl. 4, 6f., 21, 35–37.

[49] Ebenda, Bl. 35.

29 auf 36 Prozent. Aber noch Ende 1951 waren in dem Ministerium nur 5 Prozent der Beschäftigten ehemalige Bauern[50].

Die Angriffe des ZK der SED und der Betriebsgruppe der Partei erfaßten im Herbst 1948 auch leitende Mitarbeiter der Hauptverwaltung. So wurde dem Präsidenten der HVLF, Edwin Hoernle, der 1947 noch auf eine überparteiliche Ausrichtung der VdgB gedrängt hatte, fehlende Kontrolle über seine Mitarbeiter und Verweigerung gegenüber einer engeren Kooperation mit der SED-Betriebsgruppe vorgeworfen. Hoernle mußte am 22. Oktober 1948 vor Mitgliedern der Betriebsgruppe „Selbstkritik“ äußern und büßte damit seine Macht im SED-Parteiapparat weitgehend ein[51]. Er trat deshalb 1949 als Präsident der HVLF zurück. Die Vorbereitung einer Biographie und die Herausgabe von Dokumenten aus seinem Nachlaß mußten von 1952 bis zu den frühen sechziger Jahren wiederholt verschoben werden, nicht zuletzt wegen ideologischer Bedenken von Parteifunktionären[52].

Während Hoernle vorerst seine Position bewahren konnte, fiel Ernst Busse, der nach 1937 im Konzentrationslager Buchenwald als Block- und Lagerältester sowie anschließend als kommunistischer Kapo an der „Selektion“ von Häftlingen mitgewirkt und nach seiner Tätigkeit als thüringischer Innenminister im August 1947 in der DVLF die Leitung der Hauptabteilung II (Planung) sowie die Aufsicht über die Abteilung X (Bodenordnung) übernommen hatte, bei der SED-Führung endgültig in Ungnade[53]. Die Wendung gegen Busse in den späten vierziger Jahren ist zwar vorrangig auf sowjetische Interessen und parteiinterne Machtkämpfe in der SED zurückzuführen; die Radikalisierung der „Kaderpolitik“ in den Landwirtschaftsverwaltungen bildete aber einen wichtigen Bedingungsrahmen. Ulbricht hatte schon im Oktober 1946 eine Untersuchung zum Verhalten kommunistischer Funktionshäftlinge im Konzentrationslager Buchenwald ausgelöst; das Parteiverfahren gegen Busse wurde aber einen Monat später zunächst eingestellt. In der HVLF trat Busse für ein rigoroses Vorgehen gegen alle Altbauern ein, traf mit seinem Konzept einer Ausweitung des „Klassenkampfes“ auf dem Lande im Januar 1948 aber sogar bei dem Leiter der Abteilung Landwirtschaft im ZK, Rudolf Reutter, noch auf Widerspruch. Im September 1948 mußte Busse zudem eingestehen, daß er die ihm in der HVLF zugewiesene Rolle, die Verbindung zwischen SED-Betriebsgruppe und der Verwaltungsleitung zu stärken, nicht erfüllt hatte[54]. Ein enger Mitarbeiter Hoernles denunzierte Busse schließlich bei Hermann Matern, dem Vorsitzenden der Zentralen Parteikontrollkommission. Busse wurde daraufhin vom sowjetischen Nachrichtendienst über die Ermordung von Russen im Krankenbau des KZ Bu-

[50] Ebenda, Bl. 7. Angaben nach: Boyer, „Die Kader entscheiden alles ...“, S. 26, 43, 48f. Zur Sozialstruktur des brandenburgischen Ministeriums für Land- und Forstwirtschaft: Hoffmann, „Umsiedler“, S. 238–248.

[51] SAPMO, DY 30/IV 2/7/261, Bl. 4f., 6, 16, 21. Hoernles Plädoyer für die VdgB als „überparteiliche Organisation der breiten Massen der bäuerlichen Bevölkerung“ in seinem Schreiben vom 24. Juni 1947, in: SAPMO, DY 30/IV 2/7/276, Bl. 219.

[52] Dazu die umfangreiche Korrespondenz in: SAPMO, DY 30/IV 2/9.07/130. Für den Hinweis auf diesen Bestand danke ich meinem Kollegen Siegfried Lokatis.

[53] Zu Busses Ernennung, die Hoernle am 23. August 1947 auf Befehl der SMAD vollzogen hatte: BAB, DK-1, Nr. 8138, Bl. 235. Zusammenfassend: Niethammer, Antifaschismus, S. 99–103; ders., „In der Angelegenheit des Ernst Busse“, S. 12.

[54] SAPMO, DY 30/IV 2/7/261, Bl. 6. Schreiben Reutters vom 7. Januar 1948 in: SAPMO, DY 30/IV 2/7/277, Bl. 1f.

chenwald vernommen, aber anschließend noch als Präsident der Raiffeisengenossenschaften eingesetzt, um deren Einfluß auf die Bauern zu brechen. Im März 1950 verhaftetete die Sowjetische Kontrollkommission Busse jedoch in Berlin-Karlshorst. Nachdem er im Frühjahr 1951 in die UdSSR deportiert worden war, starb er im August 1952 im Lager Workuta[55].

Einer unbegrenzten Politisierung und der Unterwerfung unter eine „ideologisierte Realitätswahrnehmung"[56] entsprang in der SED-Agrarpolitik 1948/49 ebenso die undifferenzierte und als Modelltransfer vollzogene Übernahme wissenschaftlicher Entwicklungen aus der Sowjetunion. So wurde ein Vortrag des Pflanzenzüchters Trofim D. Lyssenko, in dem er im Sommer 1948 eine „sowjetische biologische Wissenschaft" proklamiert und dadurch mit massiver Protektion Stalins die „Agrobiologie" begründet hatte, in der SBZ als Broschüre gedruckt und weit verbreitet[57]. Nach der Stadienlehre Lyssenkos, die auch in Ostdeutschland die westliche Molekularbiologie und -genetik verdrängte, sollten Samenkeimlinge von Getreide einem Kälteschock ausgesetzt werden, um ihr Wachstum und die Resistenz zu fördern („Jarowisation"). Das von V.R. Williams entwickelte Fruchtwechselsystem mit Fruchtgrasfolge zielte ergänzend auf eine Erhöhung der Bodenfruchtbarkeit ab, indem die Felder in einer festgelegten Anbaurotation bestellt wurden („Trawopolnaja-System"). Die neuen Ackerbaumethoden, die auch das Aussaatverfahren in „Quadratnestern" einschlossen, propagierte besonders die 1947 gegründete „Gesellschaft zum Studium der Kultur der Sowjetunion" (1949 umbenannt in „Gesellschaft für Deutsch-Sowjetische Freundschaft"). Daneben wurden „Mitschurin-Zirkel" gegründet, die Musterfelder einrichteten, um so die Vorteile der sowjetischen Landbauverfahren zu demonstrieren. Bekannte Biologen und Genetiker wie der Direktor des Instituts für Kulturpflanzenforschung in Gatensleben, Hans Stubbe, wandten sich aber gegen die Lehre Lyssenkos. Auch andere Agrarwissenschaftler und die Bauern blieben gegenüber den neuen Verfahren skeptisch, so daß die Adaption sowjetischer Vorbilder in der SBZ begrenzt blieb. In den späten fünfziger Jahren vollzog sich in der DDR aber ein weiterer Transferschub, als ein umfassendes Maisanbauprogramm und der Bau von „Rinderoffenställen" oktroyiert wurden[58].

1948/49 trat auch die Kollektivierung als Option in den Überlegungen und Äußerungen der Machthaber deutlicher hervor. Schon unmittelbar nach der Bodenreform hatten einzelne KPD-Funktionäre ihre Kollektivierungspläne aufscheinen lassen. So erklärte der 1. Sekretär der KPD-Bezirksleitung in Thüringen, Georg Schneider, dem ZK in seinem Bericht über die Durchführung der Bodenreform am 21. September 1945: „Wir sollen heute nicht den Mittelbauer auf die Gegenseite stoßen. Man sollte sagen: Du behältst Dein Pachtland, es soll nicht aufgeteilt werden. Damit tun wir niemandem weh, und wir haben diese Mittelbauern auf unserer Seite.

[55] Niethammer, Antifaschismus, S. 103f.; ders., „In der Angelegenheit des Ernst Busse", S. 12.
[56] Beyrau, Bildungsschichten, S. 40.
[57] Zit. nach: Beyrau, Intelligenz, S. 111.
[58] Hartmann/Eggeling, Präsenz, S. 130f.; dies., „Das zweitrangige Deutschland", S. 191, 193–195; Bauerkämper, Amerikanisierung, S. 203f.; Beyrau, Intelligenz, S. 104f., 108f.; ders., Bildungsschichten, S. 50, 54. Allgemein: Schönknecht, Gesellschaft für Deutsch-Sowjetische Freundschaft, S. 734–747; Henkel, Staatspartei, S. 329–346. Zur Distanzierung führender Agrarwissenschaftler vom Lyssenkoismus: Jessen, Elitenwechsel, S. 40f.

Wenn wir dann in 2 bis 3 Jahren politisch stark genug sind, dann können wir sie in der einen oder anderen Form in die Genossenschaften überführen.“[59] Auch Hoernle hatte schon in den ersten Nachkriegsjahren auf die Verdrängung der „Großbauern“ als weiteres Ziel der kommunistischen Agrarpolitik, die im Leninismus verwurzelt war, hingewiesen und in seinen „Richtlinien zur Ernte- und Herbstarbeit“ am 3. Juli 1945 empfohlen, „jeden Ansatz einer *freiwilligen* Gemeinschaftsarbeit in den Dörfern und auf den Gütern nach Kräften zu fördern“. Allerdings war „jeder Versuch, den Bauern oder Landarbeitern die Bildung von Kollektivwirtschaften nach dem Muster der Kolchosen in der Sowjetunion vorzuschreiben, [...] entschieden zu bekämpfen“[60]. Im Februar 1946 forderte der Präsident der DVLF Reutter auf, die Werbung für einen Kleinstschlepper einzustellen, der die Neubauern entlasten sollte. Die Stellungnahmen zur Kollektivierung blieben jedoch unpräzise und widersprüchlich. 1947 erklärte Hoernle in einem Referat vieldeutig: „Eine Kollektivisierung [sic] muß ihre materiellen und ideologischen Voraussetzungen haben. Man kann nichts mit Gewalt erzwingen. Wir haben in Deutschland augenblicklich eine Übergangsphase.“ In einem Leserbrief an die VdgB-Wochenzeitung „Der freie Bauer“ wies er jedoch Gerüchte über eine bevorstehende Kollektivierung kategorisch zurück[61]. Der Zusammenschluß zu Produktionsgenossenschaften wurde 1947/48 aber zur wichtigsten Perspektive der SED-Agrarpolitik, die dazu beitragen sollte, „die demokratische Neuordnung in Deutschland zu sichern und den Weg zu ebnen für die kommende sozialistische Gesellschaftsordnung“. Obgleich damit noch nicht die Kollektivierung vorentschieden war, beeinflußte die in der UdSSR bestehende Agrarstruktur als Perspektive und Erwartungshorizont zunehmend die Agrarprogrammatik der SED-Führung[62].

4. Ländliche Gesellschaft: die Beharrungskraft dörflich-agrarischer Milieus

Das SED-Regime konnte seine Agrar- und Gesellschaftspolitik in der SBZ nicht unmittelbar und bruchlos durchsetzen. Auch die ländliche Gesellschaft war keineswegs „stillgestellt“[63]. Vielmehr begrenzten informelle Strukturen in gefestigten Traditionsmilieus[64] die Auswirkungen der von dem SED-Regime durchgesetzten Politik gesellschaftlicher Destruktion und Konstruktion. Der militärische und politische Zusammenbruch des „Dritten Reiches“ 1945 hatte keineswegs unmittelbar und durchweg festgefügte sozioökonomische Strukturen beseitigt, und auch über-

[59] Benser/Krusch, Dokumente, Bd. 2, S. 46 (Orthographie und Interpunktion korrigiert).

[60] SAPMO, NY 4182, Nr. 1059, Bl. 4 (Unterstreichung im Original). Hierzu auch die Notizen in: BAB, DK-107, A 421–22; DK-107, A 421–42; SAPMO, NY 4030, Nr. 21, Bl. 252. Hinweis Hoernles zur „Zusammenlegung der Flächen zwecks gemeinsamer Bewirtschaftung mit modernen Maschinen“ in: MLHA, MLF, Nr. 2827, Bl. 84. Zur programmatischen Basis besonders: Lenin, Entwurf, S. 140–152.

[61] SAPMO, DY 30/IV 2/7/211, Bl. 175–178. Das Zitat ebenda, Bl. 380.

[62] Zit. nach: Reutter, S. 32.

[63] Meuschel, Überlegungen, S. 6.

[64] „Milieus“ zeichnen sich durch die „partielle Gemeinsamkeit von Existenzformen und erhöhte Binnenkommunikation“ aus. Vgl. Schulze, Erlebnisgesellschaft, S. 174.

kommene Mentalitäten[65] wiesen eine beträchtliche Beharrungskraft auf. Darüber hinaus beeinflußten das wirtschaftliche Chaos, die gesellschaftliche Dynamik und die Not der Bevölkerung in der Nachkriegszeit tiefgreifend den politischen Neuaufbau in der SBZ. Zudem überforderte der umfassende Anspruch der Machtzentrale, durch gezielte Impulse und zentrale Koordination eine neue „sozialistische" Gesellschaft herbeizuführen, die Problemlösungs- und Steuerungskapazität des SED-Regimes, so daß sich Klientel- und Patronatsbeziehungen herausbildeten. Insofern mußte die Staats- und Parteiführung die Beharrungskraft traditionaler Milieus berücksichtigten. Schließlich zwangen die nicht intendierten, aber durch die Politik gesellschaftlicher Intervention ausgelösten Problemlagen die Machtelite zu pragmatischen Entscheidungen und wiederholt zu improvisierten, nicht programmatisch determinierten Krisenlösungen. Insgesamt ist damit von einer relativen Autonomie sozialer Strukturen und Beziehungen auch in der ostdeutschen Nachkriegsgeschichte auszugehen. Die sozialhistorische Forschung zur SBZ und DDR eröffnet daher „die wesentliche Chance, in sehr differenzierter Weise die Brechung der politischen Entscheidungen in der individuellen und kollektiven Verarbeitung und in diesem Zusammenhang auch die Bildung von ‚Widerstandspotentialen' gegen die Unterdrückungspolitik der Herrschenden zu zeigen."[66]

Die MAS und VEGs erwiesen sich trotz der Reorganisation und Integration in die staatliche Verwaltung als unzulängliche Instrumente der SED-Agrarpolitik. 1949 fehlten besonders Gebäude zur Unterbringung der Maschinen und Anhängegeräte. Viele der Maschinen, die an die Bauern verliehen wurden, waren außerdem veraltet und fielen wiederholt aus, so daß die Arbeitsleistung gering blieb. Der anhaltende Mangel an Ersatzteilen und Betriebsmitteln wie Öl und Treibstoff reduzierte die Einsatzbereitschaft der Maschinen noch weiter. Hoernle forderte deshalb in einen Interview im Parteiorgan „Neues Deutschland", private Maschinen den MAS zu unterstellen. Deshalb erließ die DWK am 10. März 1949 eine Verordnung, nach der Traktoren, die sich im Privatbesitz befanden, für die Frühjahrsbestellung requiriert werden konnten. Entgegen dem Entwurf, den die DWK schon im November 1948 vorgelegt hatte, wurden die Privatschlepper allerdings nicht der VMAS unterstellt[67].

Obwohl die UdSSR im April 1949 rund 1000 Traktoren und 540 Lastkraftwagen in die SBZ lieferte, konnten die MAS die Anforderungen der Bauern nicht erfüllen. Viele der sowjetischen Maschinen wiesen Materialfehler auf, und passende Ersatzteile standen in der SBZ kaum zur Verfügung. Auch deshalb waren im Juli 1949 nur rund 72 Prozent der Traktoren, 59 Prozent der Mähbinder und Getreidemäher, 68 Prozent der Traktorenpflüge und 71 Prozent der Kultivatoren einsatzbereit. Auch

[65] Begriffsgeschichtliche Definition in: Sellin, Mentalität, S. 571, 576 f., 589; ders., Mentalitäten, S. 102 f.

[66] Dehne, Leben, S. 23. Zur staatssozialistischen Gesellschaft in der DDR allgemein: Bessel/Jessen, Einleitung, S. 9–16; Jessen, Gesellschaft, S. 98 f., 101–110; Kocka, Geschichte, S. 11, 21, 24, 26; ders., Sonderweg, S. 38 f.; ders., Gesellschaft, S. 550 f. Zur Beharrungskraft von Traditionsmilieus und zum Problem der gesellschaftlichen Kontinuität: Kleßmann, „Das Haus wurde gebaut aus Steinen, die vorhanden waren", S. 161, 166 f., 170–176; ders., Beharrungskraft, S. 149–153; Schönhoven, Drittes Reich, S. 191, 199.

[67] SAPMO, DY 30/IV 2/7/324, Bl. 6 f., 10, 72; DY 30/IV 2/7/327, Bl. 114; DY 30/IV 2/2022/72, Bl. 17, 21 f.

die unzulängliche Arbeitsorganisation – besonders beim Übergang zur Schichtarbeit der Traktoristen – begrenzte die Produktivität und Attraktivität der MAS. Zudem wuchsen die Außenstände bei den Bauern, so daß für die unabdingbaren Investitionen hohe Staatszuschüsse aufgebracht werden mußten. Insgesamt standen den rund 11 000 Traktoren der MAS noch 1950 fast 25 000 Schlepper gegenüber, die sich im Besitz von Bauern befanden. Das Verhältnis der Maschinenbestände, die den Traktorenstationen und den privaten Landwirten zur Verfügung standen, war bei Mähbindern und Dreschmaschinen mit 1:26 bzw. 1:31 für die MAS noch ungünstiger[68].

Die private Ausleihe von Maschinen übertraf die Leistungen der MAS daher 1949 deutlich. Die Neubauern blieben wirtschaftlich von den alteingesessenen Landwirten abhängig, auch wenn Hoernles Klage gegenüber dem ZK-Sekretär Paul Merker in einem Schreiben vom 24. Januar 1949 von der Rechtfertigung seines Requirierungskonzepts geprägt ist: „Viele private Treckerbesitzer haben die von der DWK verfügte Arbeitsverpflichtung ihrer Zugmaschinen dadurch illusorisch gemacht, daß sie zunächst einmal in aller Gemütsruhe den Trecker für ihre eigene Feldbestellung verwendeten, um dann den Trecker in Reparatur zu geben, wo er blieb, bis das Frühjahr vorüber war. Andere private Treckerbesitzer haben die Kleinbauern und insbesondere die Neubauern sehr deutlich fühlen lassen, daß sie die Herren sind und daß sie die Trecker zur Verfügung stellen, wann sie wollen und wie sie wollen. [...] In anderen Fällen haben die privaten Treckerbesitzer der Arbeitsverpflichtung dadurch formell genügt, daß sie ihre Trecker ihren Freunden und Bekannten, ob sie diese dringend brauchten oder nicht dringend brauchten, zur Verfügung stellten, also formell die Trecker im Einsatz hatten."[69]

Im März 1949 ordnete die DWK auch an, die Tarife der MAS zugunsten der Kleinbauern zu differenzieren. Diese Restriktion setzten „Großbauern" zumindest vereinzelt außer Kraft, indem die Neubauern offiziell die Arbeitsaufträge an die MAS erteilten, die ihre Maschinen anschließend aber auf den Feldern der größeren Landwirte einsetzten. So konnten die politische Präferenz und die niedrigen Tarife für die „werktätigen" Bauern ausgenutzt werden. Als Gegenleistung stellten die „Großbauern" den neubäuerlichen Betriebsinhabern dringend benötigtes Inventar zur Verfügung, das in den MAS nicht bereitstand. Traktoristen wurden dabei oft bestochen. Noch im September 1953 stellte die Bezirksleitung der SED in Potsdam fest, daß Beschäftigte der MAS „bei Großbauern arbeiteten und unsere Genossenschafts- und werktätigen Einzelbauern warten ließen. Teilweise ließen sich die Traktoristen durch materielle Zuweisungen [sic] wie Eß-, Rauch- und Trinkwaren von Großbauern beeinflussen."[70]

[68] Schulz, Probleme, S. 18; ders., Entwicklung, S. 213. Angaben zur Einsatzbereitschaft berechnet nach: SAPMO, DY 30/IV 2/7/324, Bl. 138. Anweisung zur Beschlagnahme von Maschinen durch Landräte in Mecklenburg in: SAPMO, DY 30/IV 2/7/324, Bl. 72. Zu den von der UdSSR bereitgestellten Maschinen die Berichte und Aufstellungen in: SAPMO, DY 30/IV 2/2022/24, Bl. 69; DY 30/IV/2/2022/72, Bl. 34–36, 38f., 76; DY 30/IV 2/7/327, Bl. 157.

[69] SAPMO, DY 30/IV 2/7/319, Bl. 7 (Interpunktion und Grammatik korrigiert). Allgemein: Schulz, Probleme, S. 26.

[70] BLHA, Bez. Pdm. Rep. 530, Nr. 730, Bl. 195 (Orthographie und Interpunktion korrigiert). Anordnung der DWK vom 9. 3. 1949 in: SAPMO, DY 30/IV 2/7/321, Bl. 297f.

Diese Arrangements spiegelten aber keineswegs den „Klassenkampf" auf dem Lande wider und dürfen nicht auf Abhängigkeitsverhältnisse reduziert werden. Vielmehr waren in dörflichen Milieus vielfältige Arrangements vorherrschend, die allen Beteiligten einen Interessenausgleich nach dem Prinzip des do-ut-des ermöglichten und wirtschaftliche Vorteile eröffneten. Interessenkoalitionen und soziokulturelle Nähe schlossen dörfliche Milieus 1948/49 partiell auch gegenüber den Erfassungs- und Kontrollkommissionen ab, die von den Parteileitungen der SED gebildet wurden und besonders die wirtschaftliche Aktivität der „Großbauern" überwachen sollten. Viele Dorfbewohner lehnten die Zwangsmaßnahmen gegen die „Großbauern" ab, die in den Gemeinden oft noch einflußreich waren und über rentable Betriebe verfügten. So konnten „Großbauern" in den Dörfern landwirtschaftliche Erzeugnisse verstecken, ohne daß die Kreisverwaltungen oder Funktionäre der SED darüber informiert wurden. Besonders Kartoffeln wurden vielfach der staatlichen Erfassung entzogen. Sogar einzelne Bürgermeister, Vorsitzende der VdgB-Ortsausschüsse und lokale SED-Funktionäre unterstützten Bauern, die sich weigerten, ihre Produkte nach den hohen staatlichen Vorgaben abzuliefern. Der Bürgermeister der Gemeinde Kaplitz, Kreis Zossen (Bezirk Potsdam), trat sogar noch im November 1953 dafür ein, „daß die Bauern nicht mehr als 60 % abzuliefern brauchen, und [er] führte aus, daß andernfalls die Bauern ihr Vieh abschaffen müssen."[71] Auch die neuen Tarifverträge, die Bauern im April 1949 mit den auf ihren Höfen beschäftigten Landarbeitern abschließen mußten, wurden vielerorts nicht eingehalten. Die Verträge sahen höhere Löhne, eine bessere soziale Sicherheit und eine geringere Arbeitszeit für Jugendliche vor. Außerdem sollten die Landarbeiterlöhne dem in der Industrie erreichten Niveau angeglichen werden. Nach Kontrollen, die Kommissionen des Freien Deutschen Gewerkschaftsbundes im Herbst 1949 durchführten, wurde aber „in 70 bis 90 % der Fälle der Landarbeitertarif nicht eingehalten", weil „ca. 80 Prozent der Bauern, die fremde Arbeitskräfte beschäftigen, gegen den Tarif eingestellt sind. Auch ein großer Teil der Landarbeiter haben gegen die Anwendung des Tarifes Bedenken."[72]

Die Agrarpolitik der SED-Führung zugunsten der „werktätigen" Bauern traf 1948/49 auch in der VdgB noch auf beträchtliche Barrieren. Bei den Neuwahlen der Ausschüsse der Organisation von Februar bis April 1949 fungierte die VdgB zwar als Instrument der radikalen Agitation gegen die „Großbauern", konnte aber damit die von der SED gewünschte Entmachtung dieser Gruppe in der Organisation nicht erreichen. Vielmehr wurden im Frühjahr 1949 weiterhin „Großbauern" in die Ortsausschüsse gewählt, in Brandenburg allein 170 Landwirte mit einem Besitz von jeweils 50 bis 100 ha. In diesem Land wurden auch nach den Wahlen 293 der insgesamt 2251 Ortsverbände der VdgB von „Großbauern" geleitet. In der Organisation stellte diese Gesellschaftsgruppe Anfang April noch 9,7 Prozent der Ausschußmitglieder (1948: 11,5 Prozent) und 10,6 Prozent der Vorsitzenden (1948: 14,6 Prozent). Der Anteil der Parteigenossen ging unter den neugewählten Ausschußmitgliedern sogar zurück, wie Merker Ulbricht am 22. März 1949 mitteilen mußte. Nach der Auszählung in 6900 Gemeinden war der Anteil der SED-Mitglieder in der

[71] BLHA, Bez. Pdm. Rep. 530, Nr. 803, Bl. 35 (Orthographie und Interpunktion korrigiert).
[72] Zit. nach (in dieser Reihenfolge): SAPMO, DY 30/IV/2/7/258, Bl. 262, 265. Zur Lage der Landarbeiter Bauerkämper, Aufwertung, S. 255.

VdgB von 44,2 auf 37,9 Prozent geschrumpft, im bäuerlich strukturierten Sachsen sogar auf rund 30 Prozent. Die VdgB-Wahlen hatten damit insgesamt die Grenzen des Herrschaftsanspruches der Monopolpartei aufgezeigt. Deshalb kritisierte die Informationsverwaltung der SMAD am 9. März 1949 den „systematischen Rückgang des Einflusses der Sozialistischen Einheitspartei zugunsten der Zunahme der Parteilosen“. Indem sie scharf gegen die „Großbauern“ Stellung nahm, konstatierte die Informationsverwaltung im März 1949 einen „Klassenkampf“ auf dem Lande, „der die Kulaken und antisowjetisch gesinnten Elemente veranlaßt, aus der Christlich-Demokratischen Union auszutreten und sich die Maske des Parteilosen aufzusetzen“. Im Dezember 1949 gehörten insgesamt 41,0 Prozent der Ortsausschußmitglieder der SED an; dagegen waren 51,1 Prozent an keine Partei gebunden. Die Ergebnisse der VdgB-Wahlen spiegeln aber nicht nur die Beharrungskraft traditionaler Beziehungsnetze in den dörflichen Milieus wider, sondern sind offenbar auch auf den zeitlich variierenden Druck und widersprüchliche Vorgaben übergeordneter Machtorgane zurückzuführen[73].

Ebenso wie die VdgB-Ortsausschüsse waren auch die Ortsverbände der DBD nicht ausschließlich Vollzugsorgane der antibäuerlichen SED-Politik. Die DBD sollte „diejenigen Elemente stärken und unter ihren Einfluß bringen, die aufgrund einer ganzen Reihe von Bedingungen für die Sozialistische Einheitspartei noch nicht reif sind.“[74] Traditionale gesellschaftliche Beziehungsnetze sicherten „Großbauern“ 1948/49 in den Orts- und Kreisverbänden der DBD einflußreiche Positionen. Trotz der zunehmenden Repression durch das SED-Regime stellten Landwirte mit jeweils über 20 ha in den Ortsvorständen der DBD noch 1952 4,6 Prozent der Mitglieder. Die Parteiführung erklärte die DBD zur Partei aller Bauern, besonders der neuen Landwirte. Nach offiziellen Angaben waren 1949 etwa 45 Prozent der Mitglieder Neubauern, 33 Prozent Altbauern und fünf Prozent Landarbeiter. Die Mitgliederzahl der DBD stieg zwar von 1949 bis 1952 sprunghaft von 41700 auf rund 85200; in Brandenburg waren aber noch im Juni 1954 rund 28 Prozent der Mitglieder alteingesessene Landwirte und nur 23 Prozent Neubauern. Obgleich sich die DBD-Spitzenpolitiker dem Führungsanspruch der SED uneingeschränkt unterwarfen, mußte die Bauernpartei doch auch Forderungen der Landwirte aufnehmen, die z.B. auf einer Partizipation an der Aufstellung der Anbau- und Viehhaltepläne bestanden[75]. „Großbauern“ nahmen in den späten vierziger Jahren auch in den landwirtschaftlichen Genossenschaften vereinzelt noch Führungspositionen ein. Darüber hinaus blieb das genossenschaftliche Konzept der gegenseitigen Hilfe auf dem Lande einflußreich, wirkte herrschaftspolitisch allerdings ambivalent, denn es konnte auch leicht für die Kollektivierungspolitik der SED genutzt werden[76].

[73] Zit. nach: Bonwetsch/Bordjugov/Naimark, Politik, S. 205. Angaben in: SAPMO, DY 30/IV 2/7/279, Bl. 151. Detaillierte Darstellung in: Bauerkämper, Führungsgruppen, S. 86f.; Wernet-Tietz, Bauernverband, S. 71; Piskol/Nehrig/Trixa, Umwälzung, S. 164f.

[74] Zit. nach einem Bericht der Informationsverwaltung der SMAD vom 9. März 1949, in: Bonwetsch/Bordjugov/Naimark, Politik, S. 205.

[75] Angaben nach: Kotsch, Karrierewege, S. 168f.; Nehrig, Rolle, S. 2379, 2397; Wernet-Tietz, Bauernverband, S. 128. Zur Funktion der DBD auch Hinweise in: Wernet-Tietz, Demokratische Bauernpartei Deutschlands, S. 588–590.

[76] Angaben in: Barthelmann, Umwandlung, S. 124; ders., Bedeutung, S. 396. Zum Einfluß des Genossenschaftsgedankens: Schöne, Raiffeisengenossenschaften, S. 185.

5. 1948/49 als „Etappenzäsur"? Die Entwicklung der Agrarwirtschaft und ländlichen Gesellschaft in der DDR zwischen SED-Programmatik und Restriktionen

Die Radikalisierung der SED-Agrarpolitik, die Zentralisierung der administrativ-organisatorischen Strukturen und die Ausweitung des Staatseigentums 1948/49 sind in der Agrargeschichtsschreibung bislang überwiegend als Etappe einer langfristig angelegten Kollektivierungspolitik interpretiert worden. Die Eingriffe in die ländliche Gesellschaft und der Beginn der als „zweite Bodenreform" bezeichneten Verdrängung und Enteignung der „Großbauern" sollten nach dieser Deutung die Kollektivierung vorbereiten, die wiederum weithin als Ausgangsbasis der Herausbildung einer agro-industriellen Produktion in der DDR in den späten sechziger und in den siebziger Jahren gilt. Damit verknüpft, sind die Agrarpolitik der SED, die Entwicklung der Agrarwirtschaft und der Strukturwandel der ländlichen Gesellschaft in Ostdeutschland einlinig auf eine gezielte „Sowjetisierung" oder sogar „Bolschewisierung" – verstanden als weitgehend direkten Modelltransfer – zurückgeführt worden[77].

Der Übergang zur Kollektivierung war 1948/49 aber noch keineswegs entschieden. Vielmehr begrenzte die Resistenzkraft von Milieus – wie gezeigt – die Auswirkungen der Radikalisierung, die sich im letzten Jahr der SBZ in der SED-Agrarpolitik vollzog. Die Politik der Parteiführung selber veränderte sich gelegentlich zudem kurzfristig. So weckte eine vorübergehende Zurücknahme des Wandlungsdrucks auf dem Lande Erwartungen, die bei einer erneuten Radikalisierung enttäuscht wurden und dadurch Nonkonformität, Verweigerung, Protest und Widerstand verstärkten oder sogar erst auslösten. 1951 weitete die SED schließlich den staatlichen Sektor in der Landwirtschaft mit der Gründung von „Staatlichen Kreiskontoren für landwirtschaftlichen Bedarf" und der Bildung von fünf „Vereinigungen volkseigener Maschinen-Ausleih-Stationen" erheblich aus; die „werktätigen" Bauern und Landarbeiter wurden aber erst auf der 2. Parteikonferenz (9.–12. Juli 1952) aufgerufen, sich „auf völlig freiwilliger Grundlage" in Landwirtschaftlichen Produktionsgenossenschaften zusammenzuschließen. Die SED konnte die Kollektivierung in der DDR auslösen, nachdem die Westmächte im März/April 1952 die diplomatischen Noten der Sowjetunion („Stalin-Noten") abgelehnt und damit die gesamtdeutsche Politik der UdSSR blockiert hatten[78].

Die „Schaffung von „Produktiv-Genossenschaften im Dorfe" wurde deshalb erstmals in einer Besprechung erwähnt, zu der Stalin am 1. April 1952 in Moskau den Vorsitzenden der SED und (seit 1949) Präsidenten der DDR, Wilhelm Pieck, den SED-Generalsekretär Ulbricht und Ministerpräsident Otto Grotewohl emp-

[77] Teleologische Deutung der SED-Agrarpolitik von der Bodenreform zur Kollektivierung z. B. in: Weber, Umgestaltung, S. 2827, 2836, 2841, 2843, 2845, 2856; Krebs, Weg, S. 53–58, 78 f., 84, 93 f., 97 f., 131–133. Kritischer Rückblick in: Bauerkämper, Legitimation, S. 48 f.

[78] Otto, Deutschlandnote, S. 374–389 (dort auch Hinweise auf die umfassende Literatur über die „Stalin-Noten"). Zitiert nach: Spittmann/Helwig, DDR-Lesebuch, S. 155. Zur Ausweitung des staatlichen Sektors: Tümmler, S. 32, 35, 39 f. Zu „Nonkonformität", „Verweigerung", „Protest" und „Widerstand" als Kategorien abweichenden Verhaltens in Diktaturen: Peukert, Volksgenossen, S. 97 f.

fing. Im Mai 1952 führte die Sowjetische Kontrollkommission (SKK) in Deutschland Inspektionsreisen in der DDR durch; dabei erregte besonders eine Liefergemeinschaft, die 22 Neubauern 1950 in Merxleben (Thüringen) gebildet hatten, aber 1951 auf Druck des ZK der SED aufgelöst worden war, das Interesse der sowjetischen Berichterstatter. Die SKK beeinflußte den weiteren Entscheidungsprozeß der SED-Spitzenpolitiker aber offenbar nur indirekt. Am 3. Juni 1952 beschloß das Politbüro nach einer Vorlage Ulbrichts schließlich, in der DDR LPGs zu bilden, besonders in Gebieten, aus denen „Großbauern" geflohen waren. Die Kollektivierung stellt sich in dieser Perspektive nicht nur als Konzept einer gezielten „Sowjetisierung", sondern auch als Ergebnis eines kumulativen Radikalisierungsprozesses dar, der von der SED-Führung vorangetrieben wurde, aber nicht vollständig kontrolliert werden konnte. Das ambivalente „Klassenkampf"-Konzept verdeutlicht die Überlagerung von Subjekt- und Objektrolle. Mit der Radikalisierung der Agrarpolitik 1948/49 führten die kommunistischen Spitzenfunktionäre in der SBZ nach der Bodenreform einen neuen Krisenzyklus herbei. Die Kollektivierung war mit der Verdrängung der „Großbauern" in der DDR deshalb insgesamt weniger intentional und direkt – wie in der UdSSR in den späten zwanziger und frühen dreißiger Jahren –, sondern funktional verbunden[79].

Der „Aufbau des Sozialismus" auf dem Lande, den die SED-Führung im Sommer 1952 verkündete und mit der Gründung der ersten LPGs einleitete, bildete zweifellos die ideologische Zielperspektive der Spitzenfunktionäre des Regimes. Die Eingriffe in die Agrarwirtschaft – besonders ihre institutionell-organisatorische Grundlage – und in die ländliche Gesellschaft sind aber weniger als Vorbereitung einer langfristig herbeigeführten Kollektivierung zu interpretieren und auf eine Strategie der gezielten „Sowjetisierung" zurückzuführen, sondern waren vorrangig Maßnahmen einer umfassenden Zentralisierungs- und Entmachtungspolitik. Damit sollten an der landwirtschaftlichen Erzeugung beteiligte Betriebe, die bereits Eigentum öffentlicher Körperschaften waren, in das sich festigende Lenkungssystem integriert werden. Die Ausweitung des staatlichen Sektors setzte aber erhebliche Investitionen voraus, so daß die Radikalisierung der Agrarpolitik die wirtschaftlichen Beziehungen und die Agrarproduktion nur langsam transformierte. Zugleich zielte das sich herausbildende SED-Regime 1948/49 auf die Entmachtung der „Großbauern", deren ökonomische Stärke und gesellschaftlicher Einfluß in den dörflichen Milieus gebrochen werden sollten. Diese Verdrängungspolitik traf jedoch auf dem Lande – wie dargelegt – auf ein breites Spektrum nonkonformen Verhaltens, in dem sich Interessenkoalitionen ebenso auswirkten wie Traditionen dörflicher Solidarität. Zudem ging die Verdrängungspolitik erst 1952/53 in eine rigorose Repression der „Großbauern" über, die mit der beginnenden Kollektivierung einherging. So konn-

[79] Scherstjanoi, DDR, S. 354–363 (Zitat: S. 354); dies., SKK-Statut, S. 62; Piskol, Beginn, S. 19–26; Bauerkämper, Amerikanisierung, S. 202f. Zur Liefergemeinschaft in Merxleben: Schier, Alltagsleben, S. 40; dies., Rolle, S. 191. Andere Interpretation der Kollektivierung z.B. in: Tümmler, Agrarpolitik, S. 30; Weber, Umgestaltung, S. 2827, 2836, 2841, 2843, 2845, 2856; Merz, Bodenreform, S. 1170; Hermes, Christlich-Demokratische Union, S. 37f., 79. Zur Diskussion der Überblick in: Weber, DDR 1945–1990, S. 148. Zu dem engen Nexus von Kollektivierung und Kulakenverfolgung in der UdSSR 1928/29–1933 umfassend: Merl, Bauern, S. 72, 74, 92f., 192; Wädekin, Agrarpolitik, S. 23, 45–69; Hildermeier, Geschichte, S. 381.

ten LPGs nach einer am 19. Februar 1953 erlassenen Verordnung auch Flächen zugewiesen werden, die „Großbauern“ entzogen und in staatliche Zwangsverwaltung überführt worden waren. Diese Unterdrückungspolitik führte in der DDR – im Gegensatz zur Sowjetunion, wo von 1930 bis 1934 530000 bis 600000 der in Lager deportierten „Kulaken“ starben – zwar nicht zur physischen Vernichtung; 1952 flohen aber 14000 und 1953 nahezu 40000 Bauern aus der DDR[80].

Erst im Rückblick hebt sich das letzte Jahr vor der Staatsgründung der DDR als „Etappe“ in der Politik der SED-Machthaber gegenüber der Agrarwirtschaft und der ländlichen Gesellschaft ab. Zäsuren sind in der Historiographie unabdingbare heuristische Mittel, die den Forschungsprozeß leiten und strukturieren. Wie die Analyse des Verhältnisses zwischen der Agrarpolitik, dem Wandel der Landwirtschaft und der Transformation der dörflichen Milieus in der SBZ 1948/49 aber verdeutlicht, sind Zäsuren klar im Hinblick auf spezifische Fragestellungen zu spezifizieren. Zudem dürfen langfristige Kontinuitätslinien auch in der historischen Forschung zu dem sich herausbildenden SED-Regime und der von ihm induzierten staatssozialistischen Gesellschaft nicht unterbelichtet werden. Zäsuren sind insofern weniger eindeutige, tiefgreifende und allumfassende Einschnitte, sondern „Scharnierbegriffe“[81], die Verdichtungs- und Bündelungszonen historischer Prozesse bezeichnen, leitende Perspektiven der Analyse zusammenhalten und Bezüge zwischen unterschiedlichen Untersuchungsansätzen herstellen können. Konzeptionell so gefaßt, eröffnet die Debatte über den Stellenwert des Wandels im letzten Jahr vor der Staatsgründung der DDR wichtige Einsichten zu den Kohäsionskräften und Integrationsfaktoren, die das SED-Regime stabilisierten, weist aber auch auf das Implosionspotential hin, das in der staatssozialistischen Diktatur angelegt war und schließlich maßgeblich zu ihrem Zerfall beitrug.

80 Heidemeyer, Flucht, S. 52. Zur SED-Agrarpolitik und ihren Auswirkungen 1952/53: Mitter, „Am 17. 6. 1953 haben die Arbeiter gestreikt, jetzt aber streiken wir Bauern“, S. 79–82, 88–92, 96f.; Bell, Enteignungen, S. 46–60; Piskol, Entwicklung, S. 427–429; Krebs, Weg, S. 151–160. Apologetisch: Griebenow/Meyer, Einbeziehung, S. 381f. Zusammenfassend: Bauerkämper, Agrarwirtschaft, S. 32; Weber, Umgestaltung, S. 2863. Zur Verfolgung der „Kulaken“ und zur Zahl der Opfer in der UdSSR: Merl, System, S. 277–305 (Zahlenangabe: S. 289).

81 Prinz, Stabilisierung, S. 657.

Literaturverzeichnis

Abelshauser, Werner: Korea, die Ruhr und Erhards Marktwirtschaft: Energiekrise 1950/51, in: Rheinische Vierteljahresblätter 45 (1981), S. 287–361

Adenauer, Konrad: Erinnerungen 1945–1953, Stuttgart ³1976

Adomeit, Hannes: Imperial Overstretch: Germany in Soviet Policy from Stalin to Gorbachev, Baden-Baden 1998

Agethen, Manfred: Die CDU in der SBZ/DDR 1945–1953, in: Frölich, „Bürgerliche“ Parteien in der SBZ/DDR, S. 47–72

Akten zur Vorgeschichte der Bundesrepublik Deutschland 1945–1949, Bd. 3: Juni–Dezember 1947, bearb. von Günter Plum, München 1982; Bd. 4: Januar–Dezember 1948, bearb. von Christoph Weisz, Hans-Dieter Kreikamp und Bernd Steger, München 1983

Amos, Heike: Justizverwaltung in der SBZ/DDR. Personalpolitik bis Anfang der 50er Jahre, Köln 1996

Amtsblatt des Alliierten Kontrollrats in Deutschland, Berlin 1945–1948

Arbeit und Sozialfürsorge, Berlin (Ost) 1946ff.

Arlt, Reiner: DDR, in: Götz, Volkmar/Kroeschell, Karl/Winkler, Wolfgang (Hrsg.): Handwörterbuch des Agrarrechts, Bd. 1, Berlin (West) 1981, Sp. 431–447

Badstübner, Rolf: „Beratungen“ bei J. W. Stalin. Neue Dokumente, in: Utopie kreativ 1991, H.7, S. 99–116

Badstübner, Rolf u.a.: Deutsche Geschichte, Bd. 9: Die antifaschistisch-demokratische Umwälzung, der Kampf gegen die Spaltung Deutschlands und die Entstehung der DDR von 1945 bis 1949, Berlin (Ost) 1989

Badstübner, Rolf: Zum Problem historischer Alternativen im ersten Nachkriegsjahrzehnt. Neue Quellen zur Deutschlandpolitik der KPdSU und SED, in: BzG 33 (1991), S. 579–592

Badstübner, Rolf: Sowjetische Deutschlandpolitik im Lichte neuer Quellen, in: Loth, Wilfried (Hrsg.): Die deutsche Frage in der Nachkriegszeit, Berlin 1994, S. 102–135

Badstübner, Rolf: Versuch, die DDR-Gründung gesellschaftsgeschichtlich zu ‚verorten‘, in: Scherstjanoi, „Provisorium für längstens ein Jahr“, S. 69–84

Badstübner, Rolf/Loth, Wilfried (Hrsg.): Wilhelm Pieck – Aufzeichnungen zur Deutschlandpolitik 1945–1953, Berlin 1994

Bailes, Kendall E.: Technology and Society under Lenin and Stalin. Origins of the Soviet Technical Intelligentsia, 1917–1941, Princeton N.J. 1978

Bailey, George/Kondraschow, Sergej A./Murphy, David E.: Die unsichtbare Front. Der Krieg der Geheimdienste im geteilten Berlin, Berlin 1997

Barth, Bernd Rainer u. a. (Hrsg.): DDR: Wer war wer? Ein elektronisches Lexikon unter Windows, Berlin 1994

Barthel, Horst: Die wirtschaftlichen Ausgangsbedingungen der DDR. Zur Wirtschaftsentwicklung auf dem Gebiet der DDR 1945–1949/50, Berlin (Ost) 1979

Barthelmann, Robert: Die Bedeutung der Bodenreform für die Entwicklung der landwirtschaftlichen Genossenschaften zur demokratischen Bauernorganisation, in: Wissenschaftliche Zeitschrift der Universität Jena 9 (1959/60), Gesellschafts- und sprachwissenschaftliche Reihe, S. 393–398

Barthelmann, Robert: Die revolutionär-demokratische Umwandlung der landwirtschaftlichen Genossenschaften des Kapitalismus und ihre Mitwirkung bei der Entwicklung des sozialistischen Genossenschaftsgedankens in der Landwirtschaft der DDR, in: Wissenschaftliche Zeitschrift der Universität Jena 12 (1963), Gesellschafts- und sprachwissenschaftliche Reihe, S. 117–128

Bauer, Franz Josef: Flüchtlinge und Flüchtlingspolitik in Bayern 1945–1950, Stuttgart 1982

Bauer, Theresia: Die Gründung der Demokratischen Bauernpartei Deutschlands 1948 in Mecklenburg und die Entwicklung des Landesverbandes bis 1952, in: van Melis, Sozialismus auf dem platten Land, S. 281–319
Bauer, Theresia: Politik für die Bauern? Geschichte der Demokratischen Bauernpartei Deutschlands 1948 bis 1963, Diss.phil. Universität München 1998
Bauerkämper, Arnd: Agrarwirtschaft und ländliche Gesellschaft in der Bundesrepublik Deutschland und der DDR, in: APZ, B 38/97, 12. 9. 1997, S. 25–37
Bauerkämper, Arnd: Amerikanisierung und Sowjetisierung in der Landwirtschaft. Zum Einfluß der Hegemonialmächte auf die deutsche Agrarpolitik von 1945 bis zu den frühen sechziger Jahren, in: Jarausch, Konrad/Siegrist, Hannes (Hrsg.): Amerikanisierung und Sowjetisierung in Deutschland 1945–1970, Frankfurt/M. 1997, S. 195–215
Bauerkämper, Arnd: Aufwertung und Nivellierung. Landarbeiter und Agrarpolitik in der SBZ/DDR 1945–1960, in: Hübner, Peter/Tenfelde, Klaus (Hrsg.): Arbeiter in der SBZ/DDR, Essen 1998, S. 245–267
Bauerkämper, Arnd: Von der Bodenreform zur Kollektivierung. Zum Wandel der ländlichen Gesellschaft in der Sowjetischen Besatzungszone und DDR 1945–1952, in: Kaelble, Hartmut/Kocka, Jürgen/Zwahr, Hartmut (Hrsg.): Sozialgeschichte der DDR, Stuttgart 1994, S. 119–143
Bauerkämper, Arnd (Hrsg.): „Junkerland in Bauernhand"? Durchführung, Auswirkungen und Stellenwert der Bodenreform in der Sowjetischen Besatzungszone, Stuttgart 1996
Bauerkämper, Arnd: Kontinuität und Auflösung der bürgerlichen Rechtsordnung. Landwirtschaftliches Bodeneigentum in Ost- und Westdeutschland 1945–1990, in: Siegrist, Hannes/Sugarman, David (Hrsg.): Eigentumskulturen im Vergleich. Eigentums-, Persönlichkeits- und Bürgerrechte im 19. und 20. Jahrhundert, Göttingen 1999, S. 109–134
Bauerkämper, Arnd: Legitimation durch Abgrenzung. Interpretationen der Bodenreform und Kollektivierung im Kontext der deutschen Teilung und Vereinigung, in: BzG 38 (1996), H. 4, S. 36–69
Bauerkämper, Arnd: Der 8. Mai 1945 als historische Zäsur. Einleitung, in: ders./Kleßmann, Christoph/Misselwitz, Hans (Hrsg.): Der 8. Mai 1945 als historische Zäsur. Strukturen, Erfahrungen, Deutungen, Potsdam 1995, S. 11–23
Bauerkämper, Arnd: Die Neubauern in der SBZ/DDR 1945–1952. Bodenreform und politisch induzierter Wandel der ländlichen Gesellschaft, in: Bessel/Jessen, Grenzen der Diktatur, S. 108–136
Bauerkämper, Arnd: Neue und traditionale Führungsgruppen auf dem Lande. Politische Herrschaft und Gesellschaft in der Sowjetischen Besatzungszone, in: Berliner Debatte Initial, 1995, H. 4/5, S. 79–92
Bauerkämper, Arnd: Problemdruck und Ressourcenverbrauch. Wirtschaftliche Auswirkungen der Bodenreform in der SBZ/DDR 1945–1952, in: Buchheim, Wirtschaftliche Folgelasten des Krieges, S. 295–322
Bauerkämper, Arnd: Der verlorene Antifaschismus. Die Enteignung der Gutsbesitzer und der Umgang mit dem 20. Juli 1944 bei der Bodenreform in der Sowjetischen Besatzungszone, in: ZfG 42 (1994), S. 623–634
Bauerkämper, Arnd: Die vorgetäuschte Integration. Die Auswirkungen der Bodenreform und Flüchtlingssiedlung auf die berufliche Eingliederung von Vertriebenen in die Landwirtschaft in Deutschland 1945–1960, in: Hoffmann/Schwartz, Geglückte Integration?, S. 193–214
Bauerkämper, Arnd/Sabrow, Martin/Stöver, Bernd: (Hrsg.): Doppelte Zeitgeschichte. Deutsch-deutsche Beziehungen 1945–1990, Bonn 1998
Becker, Winfried (Hrsg.): Die Kapitulation von 1945 und der Neubeginn in Deutschland, Köln 1987
Bell, Wolfgang: Enteignungen in der Landwirtschaft der DDR nach 1949 und deren politische Hintergründe. Analyse und Dokumentation, Münster-Hiltrup 1992
Bender, Klaus: Deutschland, einig Vaterland? Die Volkskongreßbewegung für deutsche Einheit und einen gerechten Frieden in der Deutschlandpolitik der Sozialistischen Einheitspartei Deutschlands, Frankfurt/M. 1992
Benjamin, Hilde u. a.: Zur Geschichte der Rechtspflege der DDR 1945–1949, Berlin (Ost) 1976
Benjamin, Hilde: Deutsche Juristen in der Sowjetunion, in: NJ 6 (1952), S. 345–348

Benser, Günter: Die Anfänge der demokratischen Blockpolitik. Bildung und erste Aktivitäten des zentralen Ausschusses des Blocks der antifaschistisch-demokratischen Parteien, in: ZfG 7 (1975), S. 755–768

Benser, Günter/Krusch, Hans-Joachim (Hrsg.): Dokumente zur Geschichte der kommunistischen Bewegung in Deutschland. Reihe 1945/46, Bd. 1: Protokolle des Sekretariats des Zentralkomitees der KPD Juli 1945 bis 1946; Bd. 2: Protokoll der erweiterten Sitzungen des Sekretariats des Zentralkomitees der KPD Juli 1945 bis Februar 1946; Bd. 3: Protokoll der Reichsberatung der KPD 8./9. Januar 1946, München 1993, 1994, 1995

Benser, Günter: Das Jahr 1945. Vom antifaschistischen Widerstand zur antifaschistisch-demokratischen Umwälzung, in: ZfG (1980), S. 311–323

Benser, Günter: Zur sozialen und politischen Struktur der KPD und ihres Kaders (1945/46), in: BzG 39 (1997), H. 4, S. 17–40

Bessel, Richard/Jessen, Ralph (Hrsg.): Die Grenzen der Diktatur. Staat und Gesellschaft in der DDR, Göttingen 1996

Bessel, Richard/Jessen, Ralph: Einleitung. Die Grenzen der Diktatur, in: Bessel/Jessen, Grenzen der Diktatur, S. 7–23

Bessel, Richard: Grenzen des Polizeistaates. Polizei und Gesellschaft in der SBZ und frühen DDR, 1945–1953, in: Bessel/Jessen, Grenzen der Diktatur, S. 224–252

Bessel, Richard: Polizei zwischen Krieg und Sozialismus. Die Anfänge der Volkspolizei nach dem Zweiten Weltkrieg, in: Von der Aufgabe der Freiheit, S. 517–531

Beyme, Klaus von: Theorie der Politik im 20. Jahrhundert. Von der Moderne zur Postmoderne, Frankfurt/M. 1991

Beyrau, Dietrich: Bildungsschichten unter totalitären Bedingungen. Überlegungen zu einem Vergleich zwischen NS-Deutschland und der Sowjetunion unter Stalin, in: AfS 34 (1994), S. 35–54

Beyrau, Dietrich: Intelligenz und Dissens. Die russischen Bildungsschichten in der Sowjetunion 1917 bis 1985, Göttingen 1993

Bode, Bernard: Liberal-Demokraten und „deutsche Frage". Zum politischen Wandel einer Partei in der Sowjetischen Besatzungszone und in der DDR zwischen 1945 und 1961, Frankfurt/M. 1997

Boelcke, Willi A.: Rechtsformen und Organisationsstruktur kommunaler Unternehmen, in: Pohl, Hans/Treue, Wilhelm (Hrsg.): Kommunale Unternehmen. Geschichte und Gegenwart, Stuttgart 1987, S. 63–80

Boldorf, Marcel: Fürsorgeunterstützung in Deutschland unter dem Einfluß der Zwangsmigrationen der Nachkriegszeit (1945–1952), in: Hoffmann/Schwartz, Geglückte Integration?, S. 233–246

Boldorf, Marcel: Sozialfürsorge in der SBZ/DDR 1945–1953. Ursachen, Ausmaß und Bewältigung der Nachkriegsarmut, Stuttgart 1998

Bonwetsch, Bernd/Bordjugov, Gennadij: Stalin und die SBZ. Ein Besuch der SED-Führung in Moskau vom 30. Januar–7. Februar 1947, in: VfZ 42 (1994), S. 279–303

Bonwetsch, Bernd/Bordjugov, Gennadij/Naimark, Norman N.: Sowjetische Politik in der SBZ. Dokumente zur Tätigkeit der Propagandaverwaltung (Informationsabteilung) der SMAD unter Sergej Tjul'panov, Bonn 1998

Boyer, Christoph: „Die Kader entscheiden alles ..." Kaderpolitik und Kaderentwicklung in der zentralen Staatsverwaltung der SBZ und frühen DDR (1945–1952), Dresden 1996

Bouvier, Beatrix: Ausgeschaltet! Sozialdemokraten in der Sowjetischen Besatzungszone und in der DDR 1945–1953, Bonn 1996

Bracher, Karl Dietrich: Doppelte Zeitgeschichte im Spannungsfeld politischer Generationen, in: Hey, Bernd/Steinbach, Peter (Hrsg.): Zeitgeschichte und politisches Bewußtsein, Köln 1986, S. 53–71

Braun, Jutta: Die Zentrale Kommission für Staatliche Kontrolle 1948–1953. Wirtschaftsstrafrecht und Enteignungspolitik, in: Braun, Jutta/Klawitter, Nils/Werkentin,Falco: Die Hinterbühne politischer Strafjustiz in den frühen Jahren der SBZ/DDR, Berlin 1997, S. 6–23

Broszat, Martin/Henke, Klaus-Dietmar/Woller, Hans: Einleitung, in: dies. (Hrsg.): Von Stalingrad zur Währungsreform. Zur Sozialgeschichte des Umbruchs in Deutschland, München [3]1990, S. XXV–XLIX

Broszat, Martin (Hrsg.): Zäsuren nach 1945. Essays zur Periodisierung der deutschen Nachkriegsgeschichte, München 1989
Brundert, Willi: Es begann im Theater. „Volksjustiz" hinter dem Eisernen Vorhang, Hannover 1958
Buchheim, Christoph: Die Währungsreform 1948 in Westdeutschland, in: VfZ 36 (1988), S. 189–231
Buchheim, Christoph (Hrsg.): Wirtschaftliche Folgelasten des Krieges in der SBZ/DDR, Baden-Baden 1995
Buchheim, Hans: Deutschlandpolitik 1949–1972. Der politisch-diplomatische Prozeß, Stuttgart 1984
Buchsteiner, Ilona: Bodenreform und Agrarwirtschaft der DDR. Forschungsstudie, in: Leben in der DDR, Leben nach 1989 – Aufarbeitung und Versöhnung. Zur Arbeit der Enquete-Kommission, hrsg. vom Landtag Mecklenburg-Vorpommern, Bd. 5, Schwerin 1997, S. 9–61
Buss, Franz: Die Struktur und Funktion der landwirtschaftlichen Genossenschaften im Gesellschafts- und Wirtschaftssystem der sowjetischen Besatzungszone Deutschlands, Marburg 1965
Buttlar, Walrab von: Ziele und Zielkonflikte der sowjetischen Deutschlandpolitik 1945–1947, Stuttgart 1980
Büter, Clemens: Das Handwerk in der wirtschaftlichen Entwicklung der DDR und im Übergang zur sozialen Marktwirtschaft, Frankfurt/M. 1997
Černy, Jochen (Hrsg.): Brüche, Krisen, Wendepunkte. Neubefragung von DDR-Geschichte, Leipzig 1990
Conze, Werner: Jakob Kaiser. Politiker zwischen Ost und West 1945–1949, Stuttgart 1969
Creuzberger, Stefan: Opportunismus oder Taktik? Ernst Lemmer, die sowjetische Besatzungsmacht und der Umgang mit neuen „Schlüsseldokumenten", in: Richter/Rißmann, Die Ost-CDU, S. 37–46
Creuzberger, Stefan: Die sowjetische Besatzungsmacht und das politische System der SBZ, Weimar 1996
Dähn, Horst: Liberal-Demokratische Partei Deutschlands (LDP), in: SBZ-Handbuch, S. 544–573
Das SKK-Statut. Zur Geschichte der Sowjetischen Kontrollkommission in Deutschland 1949 bis 1953. Eine Dokumentation im Auftrag des Instituts für Zeitgeschichte zusammengestellt und bearbeitet von Elke Scherstjanoi, München 1998
Dehne, Harald: Aller Tage Leben. Zu neuen Forschungsansätzen im Beziehungsfeld von Alltag, Lebensweise und Kultur der Arbeiterklasse, in: Jahrbuch für Volkskunde und Kulturgeschichte 28 (1985), S. 9–48
Die Deutschlandfrage und die Anfänge des Ost-West-Konflikts 1945–1949, Berlin (West) 1984
Diedrich, Torsten/Ehlert, Hans/Wenzke, Rüdiger (Hrsg.): Im Dienste der Partei. Handbuch der bewaffneten Organe der DDR, Berlin 1998
Die Juristenkonferenzen in der sowjetischen Besatzungszone Deutschlands – Juni–August 1948, in: NJ 2 (1948), S. 121–140
die neue schule. Blätter für demokratische Erneuerung in Unterricht und Erziehung, 1(1946)ff.
Die neuen Aufgaben der demokratischen Verwaltung, Berlin 1948
Die SED. Geschichte, Organisation, Politik. Ein Handbuch, hrsg. von Andreas Herbst, Gerd-Rüdiger Stephan und Jürgen Winkler, Berlin 1997
Die zweite Juristenkonferenz der Deutschen Justizverwaltung, in: NJ 2 (1948), S. 265–267
Dietrich, Gerd: Politik und Kultur in der Sowjetischen Besatzungszone 1945–1949. Mit einem Dokumentenanhang, Bern 1993
Djilas, Milovan: Gespräche mit Stalin, Frankfurt/M. 1962
Doering-Manteuffel, Anselm: Deutsche Zeitgeschichte nach 1945. Entwicklung und Problemlagen der historischen Forschung zur Nachkriegszeit, in: VfZ 41 (1993), S. 1–29
Dokumente zur Deutschlandpolitik II. Reihe, Bd. 2: Die Konstituierung der Bundesrepublik Deutschland und der Deutschen Demokratischen Republik 7. September 1949 bis 31. Dezember 1949. Unveröffentlichte Dokumente, bearb. v. Hanns Jürgen Küsters unter Mitarbeit von Daniel Hofmann, München 1996

Dokumente zur Geschichte des Schulwesens in der Deutschen Demokratischen Republik. Teil 1: 1945–1955, ausgewählt von Gottfried Uhlig, eingeleitet von Karl-Heinz Günther, Berlin (Ost) 1970

Dowidat, Christel: Zur Entwicklung der politischen und sozialen Strukturen der Mitglieder von Landtagen, Volksrat und Volkskammern in der SBZ/DDR zwischen 1946 und 1950/54, Diss. phil. Mannheim 1986

Dowidat, Christel: Personalpolitik als Mittel der Transformation des Parteiensystems der SBZ/DDR (1945–1952), in: Weber, Parteiensystem zwischen Demokratie und Volksdemokratie, S. 463–496

Dowidat, Christel: Zur Veränderung der Mitgliederstrukturen von Parteien und Massenorganisationen in der SBZ/DDR 1945–1952, in: Weber, Parteiensystem zwischen Demokratie und Volksdemokratie, S. 497–543

Ehlert, Hans: Die Hauptverwaltung für Ausbildung (1949–1952), in: Diedrich/Ehlert/Wenzke, Im Dienste der Partei, S. 253–280

Engelmann, Roger: Diener zweier Herren. Das Verhältnis der Staatssicherheit zur SED und den sowjetischen Beratern 1950–1959, in: Suckut/Süß, Staatspartei und Staatssicherheit, S. 51–72

Erker, Paul: Ernährungskrise und Nachkriegsgesellschaft. Bauern und Arbeiterschaft in Bayern 1943–1953, Stuttgart 1990

Erker, Paul: Zeitgeschichte als Sozialgeschichte. Forschungsstand und Forschungsdefizite, in: GG 19 (1993), S. 202–238

Erler, Peter/Laude, Horst/Wilke, Manfred (Hrsg.): „Nach Hitler kommen wir“: Dokumente zur Programmatik der Moskauer KPD-Führung 1944/45 für Nachkriegsdeutschland, Berlin 1994

Faulenbach, Bernd: Zäsuren deutscher Geschichte? Der Einschnitt von 1918 und 1945, in: TAJB 25 (1996), S. 15–33

Fechner, Max: Über die Schwerpunkte der Rechtsprechung in Strafsachen, in: NJ 7 (1953) S. 225–228

Filitov, Alexej: Germanskij vopros: ot raskola k ob' 'edineniju. Novoe pročtenie [Die deutsche Frage: von der Spaltung zur Vereinigung. Neue Lesart], Moskau 1993

Finker, Kurt: Eine adlige Familie in Umbruchzeiten. Das Schicksal der Familie von Ribbeck im Havelland (1933–1947), in: Adamy, Kurt/Hübener, Kristina (Hrsg.): Adel und Staatsverwaltung in Brandenburg im 19. und 20. Jahrhundert: Ein historischer Vergleich, Berlin 1996, S. 219–237

Fischer, Alexander: Andreas Hermes und die gesamtdeutschen Anfänge der Union, in: Richter/Rißmann, Die Ost-CDU, S. 9–23

Flocken, Jan von/Scholz, Michael, Ernst Wollweber. Saboteur – Minister – Unperson, Berlin 1994

Foitzik, Jan: Die Bildung des Kominform-Büros 1947 im Lichte neuer Quellen, in: ZfG 40 (1992), S. 1109–1126

Foitzik, Jan: Einleitung, in: Inventar der Befehle, S. 7–57

Foitzik, Jan: Fragen der sowjetischen Außenpolitik nach dem zweiten Weltkrieg. Aus dem Referat von Ždanov, in: ZfG 41 (1993), S. 329–335

Foitzik, Jan: Organisationseinheiten und Kompetenzstruktur des Sicherheitsapparates der Sowjetischen Militäradministration in Deutschland (SMAD), in: Sowjetische Speziallager in Deutschland, Bd. 1, S. 117–131

Foitzik, Jan: Sowjetische Militäradministration in Deutschland (SMAD) 1945–1949. Struktur und Funktion, Berlin 1999

Foitzik, Jan, Der sowjetische Terrorapparat in Deutschland. Wirkung und Wirklichkeit, in: Schriftenreihe des Berliner LStU, Bd. 7, Berlin 1998, S. 4–28

Foreign Relations of the United States 1947, Volume II: Council of Foreign Ministers; Germany and Austria, Washington 1972

Foreign Relations of the United States 1948, Volume II: Germany and Austria, Washington 1973

Foschepoth, Josef (Hrsg.): Kalter Krieg und Deutsche Frage. Deutschland im Widerstreit der Mächte 1945–1955, Göttingen 1985

Frei, Norbert: Die Besatzungsherrschaft als Zäsur?, in: Frese, Matthias/Prinz, Michael (Hrsg.): Politische Zäsuren und gesellschaftlicher Wandel im 20. Jahrhundert. Regionale und vergleichende Perspektiven, Paderborn 1996, S. 779–788

Frese, Matthias, u. a.: Gesellschaft in Westfalen. Kontinuität und Wandel 1930–1960. Ein Forschungsprojekt des Westfälischen Instituts für Regionalgeschichte, in: Westfälische Forschungen 41 (1991), S. 444–467
Fricke, Karl Wilhelm/Engelmann, Roger: „Konzentrierte Schläge“. Staatssicherheitsaktionen und politische Prozesse in der DDR 1953–1956, Berlin 1998
Friedrich, Thomas u. a. (Hrsg.): Entscheidungen der SED 1948. Aus den Stenographischen Niederschriften der 10. bis 15. Tagung des Parteivorstandes der SED, Berlin 1995
Frölich, Jürgen (Hrsg.): „Bürgerliche“ Parteien in der SBZ/DDR. Zur Geschichte von CDU, LDP(D), DBD und NDPD, Köln 1994
Frölich, Jürgen: Transmissionsriemen, Interessenvertretung des Handwerks oder Nischenpartei? Zu Rolle, Bedeutung und Wirkungsmöglichkeiten der NDPD, in: Materialien der Enquete-Kommission, Bd. II/2, S. 1542–1578
Funke, Manfred: Spurensicherung. Kriegsende 1945: Davor und Danach, in: Bracher, Karl Dietrich/Funke, Manfred/Jacobsen, Hans-Adolf (Hrsg.): Deutschland 1933–1945. Neue Studien zur nationalsozialistischen Herrschaft, Bonn 1992, S. 532–541
Garner, Curt: Schlußfolgerungen aus der Vergangenheit? Die Auseinandersetzungen um die Zukunft des deutschen Berufsbeamtentums nach dem Ende des Zweiten Weltkrieges, in: Volkmann, Hans-Erich (Hrsg.): Ende des Dritten Reiches – Ende des Zweiten Weltkriegs. Eine perspektivische Rückschau, München 1995, S. 607–674
Geißler, Gert: Dokumente zur bildungspolitischen Konzeptionsbildung der SED bis 1948, in: Forschungsberichte der „Arbeitsgruppe Berlin“, Teil 1: Grundfragen zur Bildungsgeschichte der DDR und zur Entwicklung in den ostdeutschen Bundesländern 1990/91. Deutsches Institut für Internationale Pädagogische Forschung, Frankfurt/M. 1992
Geißler, Gert: Hans Siebert – Zur erziehungsgeschichtlichen Spur eines emigrierten politischen Pädagogen, in: Zeitschrift für Pädagogik 40 (1994), S. 781–799
Geißler, Gert/Blask, Falk/Scholze, Thomas: Schule: Streng vertraulich! Die Volksbildung der DDR in Dokumenten. Eine Publikation des Ministerium für Bildung, Jugend und Sport des Landes Brandenburg, Berlin 1996
Geißler, Gert: Das schulpolitische System der SBZ/DDR, in: ders./Wiegmann, Ulrich: Pädagogik und Herrschaft in der DDR. Die parteilichen, geheimdienstlichen und vormilitärischen Erziehungsverhältnisse, Frankfurt/M. 1996, S. 1–160
Gerhardt, Ute: Bilanz der soziologischen Literatur zur Integration der Flüchtlinge und Vertriebenen nach 1945, in: Hoffmann/Krauss/Schwartz, Vertriebene in Deutschland [im Druck]
Geschichte der deutschen Volkspolizei, Bd. 1, 1945–1961, hrsg. vom Ministerium des Innern der DDR, Berlin (Ost) 1987
Geschichte des Staates und des Rechts der DDR. Dokumente 1945–1949, Berlin (Ost) 1984
Gesetzblatt der Deutschen Demokratischen Republik, hrsg. von der Regierungskanzlei der Deutschen Demokratischen Republik, Berlin (Ost) 1949–1990
Gieseke, Jens: Erst braun, dann rot. Zur Frage der Beschäftigung von ehemaligen Nationalsozialisten als hauptamtliche Mitarbeiter des Ministeriums für Staatssicherheit, in: Suckut/Süß, Staatspartei und Staatssicherheit, S. 129–149
Gieseke, Jens: Die hauptamtlichen Mitarbeiter des Ministeriums für Staatssicherheit (MfS-Handbuch IV/1), Berlin 1995
Gieseke, Jens: Das Ministerium für Staatssicherheit (1950–1989/90), in: Diedrich/Ehlert/Wenzke, Im Dienste der Partei, S. 371–422
Gieseke, Jens (Hrsg.): Wer war wer im Ministerium für Staatssicherheit. Kurzbiographien des MfS-Leitungspersonals 1950–1989 (MfS-Handbuch V/4), Berlin 1998
Gniffke, Erich W.: Jahre mit Ulbricht. Mit einem Vorwort von Herbert Wehner, Köln 1966, ND 1990
Gottberg, Bernd: Die Gründung und die ersten Jahre der NDPD 1948–1954, in: Frölich, „Bürgerliche“ Parteien in der SBZ/DDR, S. 73–87
Graml, Hermann: Die Alliierten und die Teilung Deutschlands. Konflikte und Entscheidungen 1941–1948, Frankfurt /M. 1985
Grasemann, Hans-Jürgen: Das Blocksystem und die Nationale Front im Verfassungsrecht der DDR, Göttingen 1973

Griebenow, Helmut/Meyer, Kurt, Die Einbeziehung der Großbauern in die sozialistische Umgestaltung der Landwirtschaft in der DDR, in: Jahrbuch für Geschichte 6 (1972), S. 371–396
Grossmann, Dietrich: Strafverfolgung in der Ostzone, in: Frankfurter Hefte 4 (1949), S. 434–441
Grün, Beate: Die Geltung des Erbrechts beim Neubauerneigentum in der SBZ/DDR – verkannte Rechtslage mit schweren Folgen, in: VIZ. Zeitschrift für Vermögens- und Immobilienrecht 8 (1998), S. 537–547
Hacke, Christian (Hrsg.): Jakob Kaiser, Wir haben Brücke zu sein. Reden, Äußerungen und Aufsätze zur Deutschlandpolitik, Köln 1988
Haerendel, Ulrike: Die Politik der ‚Eingliederung' in den Westzonen und der Bundesrepublik Deutschland. Das Flüchtlingsproblem zwischen Grundsatzentscheidungen und Verwaltungspraxis, in: Hoffmann/Krauss/Schwartz, Vertriebene in Deutschland [im Druck]
Haritonow, Alexandr: Sowjetische Hochschulpolitik in Sachsen 1945–1959, Weimar 1995
Hartmann, Anne/Eggeling, Wolfram: Sowjetische Präsenz im kulturellen Leben der SBZ und frühen DDR 1945–1953, Berlin 1998
Hartmann, Anne/Eggeling, Wolfram: „Das zweitrangige Deutschland" – Folgen des sowjetischen Technik- und Wissenschaftsmonopols für die SBZ und die frühe DDR, in: Emmerich, Wolfgang/Wege, Carl (Hrsg.): Der Technikdiskurs in der Hitler-Stalin-Ära, Stuttgart 1995, S. 189–202
Heering, Walter: Der Marshall-Plan und die ökonomische Spaltung Europas, in: APZ B 22–23/97, 23. 5. 1997, S. 30–38
Hefele, Peter: Die Verlagerung von Industrie- und Dienstleistungsunternehmen aus der SBZ/DDR nach Westdeutschland. Unter besonderer Berücksichtigung Bayerns (1945–1961), Stuttgart 1998
Heidemeyer, Helge: Flucht und Zuwanderung aus der SBZ/DDR 1945/1949–1961. Die Flüchtlingspolitik der Bundesrepublik Deutschland bis zum Bau der Berliner Mauer, Düsseldorf 1994
Heil, Thomas: Die Verwaltungsgerichtsbarkeit in Thüringen 1945–1952. Ein Kampf um den Rechtsstaat, Tübingen 1996
Heinemann, Klaus: Elemente einer Soziologie des Marktes, in: Kölner Zeitschrift für Soziologie und Sozialpsychologie 28 (1976), S. 48–69
Heinze, Hildegard: Glauchau-Meerane, in: NJ 3 (1949), S. 5–7
Heitzer, Heinz: Für eine radikale Erneuerung der Geschichtsschreibung über die DDR, in: ZfG 38 (1991), S. 498–509
Henkel, Rüdiger: Im Dienste der Staatspartei. Über Parteien und Organisationen der DDR, Baden-Baden 1994
Herbert, Ulrich: Der Zweite Weltkrieg, in: Wehler, Hans-Ulrich (Hrsg.): Scheidewege der deutschen Geschichte. Von der Reformation bis zur Wende 1517–1989, München 1995, S. 198–210
Hermes, Peter: Die Christlich-Demokratische Union und die Bodenreform in der Sowjetischen Besatzungszone Deutschlands im Jahre 1945, Saarbrücken 1963
Hettling, Manfred: Umschreiben notwendig? Die Historiker und das Jahr 1989, in: Bauerkämper/Sabrow/Stöver, Doppelte Zeitgeschichte, S. 391–403
Hildermeier, Manfred: Geschichte der Sowjetunion 1917–1991. Entstehung und Niedergang des ersten sozialistischen Staates, München 1998
Hillgruber, Andreas: Alliierte Pläne für eine Neutralisierung Deutschlands 1945–1955, Opladen 1987
Hockerts, Hans Günter: Integration der Gesellschaft: Gründungskrise und Sozialpolitik in der frühen Bundesrepublik, in: Zeitschrift für Sozialreform 32 (1986), S. 25–41
Hockerts, Hans Günter: Zeitgeschichte in Deutschland. Begriff, Methoden, Themenfelder, in: APZ, B 29–30, 16. 7. 1993, S. 3–19
Hoffmann, Dierk/Schmidt, Karl-Heinz/Skyba, Peter (Hrsg.): Die DDR vor dem Mauerbau. Dokumente zur Geschichte des anderen deutschen Staates 1949–1961, München 1993
Hoffmann, Dierk/Schwartz, Michael (Hrsg.): Geglückte Integration? Spezifika und Vergleichbarkeiten der Vertriebenen-Integration in der SBZ/DDR, München 1999
Hoffmann, Dierk: Die Lenkung des Arbeitsmarktes in der SBZ/DDR 1945–1961. Phasen, Konzepte und Instrumente, in Hübner/Tenfelde, Arbeiter in der SBZ/DDR, S. 41–80

Hoffmann, Dierk: Sozialpolitische Neuordnung in der SBZ/DDR. Der Umbau der Sozialversicherung 1945–1956, München 1996
Hoffmann, Dierk: „Umsiedler" in den Funktionseliten Brandenburgs 1945–1952. Erste Ergebnisse am Beispiel des Ministeriums für Land- und Forstwirtschaft, in: Wille, 50 Jahre Flucht und Vertreibung. S. 238–248
Hoffmann, Dierk/Krauss, Marita/Schwartz, Michael (Hrsg.): Vertriebene in Deutschland. Interdisziplinäre Ergebnisse und Forschungsperspektiven, München 2000 [im Druck]
Hoffmann, Dierk: Vertriebenenintegration durch Arbeitsmarktlenkung? Zur Beschäftigungspolitik der SBZ/DDR (1945–1950), in: Hoffmann/Schwartz, Geglückte Integration?, S. 173–192
Hölscher, Lucian: Artikel: Industrie, Gewerbe, in: Brunner, Otto/Conze, Werner/Koselleck, Reinhart (Hrsg.), Geschichtliche Grundbegriffe. Historisches Lexikon zur politisch-sozialen Sprache in Deutschland, Bd. 3, S. 237–304
Holtmann, Everhard: Politische Interessenvertretung von Vertriebenen. Handlungsmuster, Organisationsvarianten und Folgen für das politische System der Bundesrepublik, in: Hoffmann/Krauss/Schwartz, Vertriebene in der Ankunftsgesellschaft [im Druck]
Holzwarth, Klaus: Die Anfänge der zentralen Wirtschaftsplanung in der SBZ, in: Buchheim, Wirtschaftliche Folgelasten des Krieges, S. 247–269
Horz, Gerhard: Die Kollektivierung der Landwirtschaft in der Sowjetischen Besatzungszone Deutschlands unter besonderer Berücksichtigung des sowjetischen Vorbildes. Ziele – Methoden – Wirkungen, Diss. phil., Freie Universität Berlin 1961
Hübner, Peter/Tenfelde, Klaus (Hrsg.): Arbeiter in der SBZ/DDR, Essen 1999
Hurwitz, Harold: Die Stalinisierung der SED. Zum Verlust von Freiräumen und sozialdemokratischer Identität in den Vorständen 1946–1949, Opladen 1997
Im Namen des Volkes? Über die Justiz im Staat der SED. Katalog zur Ausstellung des Bundesministeriums der Justiz, Leipzig 1994
Interview mit Jürgen Habermas, in: Die Zeit vom 8. 10. 1998
Inventar der Befehle des Obersten Chefs der Sowjetischen Militäradministration in Deutschland (SMAD) 1945–1949. Im Auftrag des Instituts für Zeitgeschichte zusammengestellt und bearbeitet von Jan Foitzik, München 1994
Jäger, Wolfgang: Die Überwindung der Teilung. Der innerdeutsche Prozeß der Vereinigung 1989/90, Stuttgart 1998
Janke, Gerd: Zur Gründung des Obersten Gerichts der DDR. Ein historischer Rückblick, in: NJ 49 (1995), S. 564–568
Jessen, Ralph: Diktatorischer Elitenwechsel und universitäre Milieus. Hochschullehrer in der SBZ/DDR (1945–1967), in: GG 24 (1998), S. 24–54
Jessen, Ralph: Die Gesellschaft des Staatssozialismus. Probleme einer Sozialgeschichte der DDR, in: GG 21 (1995), S. 96–110
Kaiser, Jochen-Christoph/Doering-Manteuffel, Anselm (Hrsg.): Christentum und politische Verantwortung. Kirchen im Nachkriegsdeutschland, Stuttgart 1990
Kaiser, Jochen-Christoph: Klientelbildung und Formierung einer neuen politischen Kultur. Überlegungen zur Geschichte der Bodenreform in Thüringen, in: Bauerkämper, „Junkerland in Bauernhand"?, S. 119–131
Kaiser, Karl: Die demokratische Steuerreform in der sowjetischen Besatzungszone, in: Deutsche Finanzwirtschaft 1949, H. 4/5, S. 145–151
Kaiser, Monika: Wechsel von sowjetischer Besatzungspolitik zu sowjetischer Kontrolle? Sowjetische Einflußnahme und ostdeutsche Handlungsspielräume im Übergangsjahr von der SBZ zur DDR, in: Lemke Michael (Hrsg.): Sowjetisierung und Eigenständigkeit in der SBZ/DDR (1945–1953), Köln 1999, S. 187–231
Kaiser, Monika: Die Zentrale der Diktatur – organisatorische Weichenstellungen, Strukturen und Kompetenzen der SED-Führung in der SBZ/DDR 1946–1952, in: Kocka, Historische DDR-Forschung, S. 57–86
Keiderling, Gerhard (Hrsg.): „Gruppe Ulbricht" in Berlin, April bis Juni 1945. Von den Vorbereitungen im Sommer 1944 bis zur Wiedergründung der KPD im Juni 1945. Eine Dokumentation, Berlin 1993
Keiderling, Gerhard: Wir sind die Staatspartei. Die KPD-Bezirksorganisation Groß-Berlin April 1945–April 1946, Berlin 1997

Keiderling, Gerhard: Die Vehikel-Funktion der Berliner Krise in der „doppelten Staatsgründung“, in: Scherstjanoi: Provisorium für längstens ein Jahr, S. 48–59

Kießling, Wolfgang: Leistner ist Mielke. Schatten einer gefälschten Biographie, Berlin 1998

Klawitter Nils: Die Rolle der ZKK bei der Inszenierung von Schauprozessen in der SBZ/DDR. Die Verfahren gegen die „Textilschieber“ von Glauchau-Meerane und die „Wirtschaftssaboteure“ der Deutschen Continental-Gas-AG, in: Braun, Jutta/Klawitter, Nils/Werkentin, Falco: Die Hinterbühne politischer Strafjustiz in den frühen Jahren der SBZ/DDR, Berlin 1997, S. 24–57

Klemm, Volker, u. a.: Agrargeschichte. Von den bürgerlichen Agrarreformen zur sozialistischen Landwirtschaft in der DDR, Berlin (Ost) [2]1985

Kleßmann, Christoph: Die Beharrungskraft traditioneller Milieus in der DDR, in: Hettling, Manfred u. a. (Hrsg.): Was ist Gesellschaftsgeschichte? Positionen, Themen, Analysen, München 1991, S. 146–154

Kleßmann, Christoph: Die doppelte Staatsgründung. Deutsche Geschichte 1945–1955, Bonn 1982

Kleßmann, Christoph: „Das Haus wurde gebaut aus Steinen, die vorhanden waren“ – Zur kulturgeschichtlichen Kontinuitätsdiskussion nach 1945, in: TAJB 19 (1990), S. 159–177

Kluge, Ulrich: „Die Bodenreform ist in erster Linie eine politische Angelegenheit.“ Agrarstruktureller Wandel in Sachsen 1945/46, in: Bauerkämper, „Junkerland in Bauernhand?“, S. 103–117

Kluttig, Thekla: Parteischulung und Kaderauslese in der Sozialistischen Einheitspartei Deutschlands 1946–1961, Berlin 1997

Koch, Manfred: Blockpolitik und Parteiensystem in der SBZ/DDR 1945–1950, in: APZ, B 37/84, S. 3–14

Koch, Manfred: Der Demokratische Block, in: Weber, Parteiensystem zwischen Demokratie und Volksdemokratie, S. 281–292

Koch, Manfred/Müller, Werner/Suckut, Siegfried: Versuch und Scheitern gesamtdeutscher Parteibildungen 1945–1948, in: Die beiden deutschen Staaten im Ost-West-Verhältnis. Fünfzehnte Tagung zum Stand der DDR-Forschung in der Bundesrepublik Deutschland, 1. bis 4. Juni 1982, Köln 1982, S. 90–107

Koch, Manfred: Volkskongreßbewegung und Volksrat, in: SBZ-Handbuch, S. 345–357

Kocka, Jürgen: Die Geschichte der DDR als Forschungsproblem. Einleitung, in: Kocka, Historische DDR-Forschung, S. 9–26

Kocka, Jürgen (Hrsg.): Historische DDR-Forschung. Aufsätze und Studien, Berlin 1993

Kocka, Jürgen: 1945 nach 1989/90. Zur sich wandelnden Bedeutung des Endes von NS-Diktatur und Krieg, in: Von der Aufgabe der Freiheit, S. 599–608

Köhler, Joachim/Bendel, Rainer: Bewährte Rezepte oder unkonventionelle Experimente? Zur Seelsorge an Flüchtlingen und Heimatvertriebenen, in: Köhler/van Melis, Siegerin in Trümmern, S. 199–228

Köhler, Joachim/Melis, Damian van (Hrsg.): Siegerin in Trümmern. Die Rolle der katholischen Kirche in der deutschen Nachkriegsgesellschaft, Stuttgart 1998

Kondraschew, Sergei A.: Stärken und Schwächen der sowjetischen Nachrichtendienste, insbesondere in bezug auf Deutschland in der Nachkriegszeit, in: Krieger, Wolfgang/Weber, Jürgen (Hrsg.): Spionage für den Frieden? Nachrichtendienste in Deutschland während des Kalten Krieges, Landsberg am Lech 1997, S. 145–153

Konrad Adenauer und die CDU der britischen Besatzungszone 1946–1949. Dokumente zur Gründungsgeschichte der CDU Deutschlands, bearb. von Helmuth Pütz, Bonn 1975

Kotsch, Detlef: Karrierewege in Brandenburg nach dem Zweiten Weltkrieg. Entstehung und Etablierung der neuen Eliten in den Jahren 1945–1960, in: Jahrbuch für brandenburgische Landesgeschichte 47 (1996), S. 149–191

Kowalczuk, Ilko-Sascha/Mitter, Armin/Wolle, Stefan (Hrsg.): Der Tag X – 17. Juni 1953. Die „Innere Staatsgründung“ der DDR als Ergebnis der Krise 1952/54, Berlin 1995

Kraemer, Klaus: Der Markt der Gesellschaft. Zu einer soziologischen Theorie der Marktvergesellschaftung, Opladen 1997

Kramer, Matthias: Die Bolschewisierung der Landwirtschaft in Sowjetrußland, in den Satellitenstaaten und in der Sowjetzone, Köln 1951

Kramer, Matthias: Die Sowjetisierung der Landwirtschaft in der Sowjetzone, Hamburg 1951

Kraus, Elisabeth: Ministerien für das ganze Deutschland? Der Alliierte Kontrollrat und die Frage gesamtdeutscher Zentralverwaltungen, München 1990

Krause, Werner: Die Entstehung des Volkseigentums in der Industrie der DDR, Berlin (Ost) 1958

Krebs, Christian: Der Weg zur industriemäßigen Organisation der Agrarproduktion in der DDR. Die Agrarpolitik der SED 1945–1960, Bonn 1989

Kreckel, Rainer: Doppelte Vergesellschaftung und geschlechtsspezifische Arbeitsmarktstrukturierung, in: Frerichs, Petra/Steinrücke, Margareta (Hrsg.): Soziale Ungleichheit und Geschlechterverhältnisse, Opladen 1993, S. 51–63

Krippendorff, Ekkehart: Die Gründung der Liberal-Demokratischen Partei in der Sowjetischen Besatzungszone 1945, in: VfZ 8 (1960), S. 290–309

Krippendorff, Ekkehart: Die Liberal-Demokratische Partei Deutschlands in der Sowjetischen Besatzungszone 1945/48 – Entstehung, Struktur, Politik, Düsseldorf 1961

Kruse, Joachim von (Hrsg.): Weißbuch über die „Demokratische Bodenreform" in der Sowjetischen Besatzungszone Deutschlands. Dokumente und Berichte, München [2]1988

Kubina, Michael: „In einer solchen Form, die nicht erkennen läßt, worum es sich handelt ...". Zu den Anfängen der parteieigenen Geheim- und Sicherheitsapparate der KPD/SED nach dem Zweiten Weltkrieg, in: IWK 32 (1996), S. 340–374

Kubina, Michael: „Was in dem einen Teil verwirklicht werden kann mit Hilfe der Roten Armee, wird im anderen Teil Kampffrage sein." Zum Aufbau des zentralen Westapparates der KPD/SED 1945–1949, in: Wilke, Anatomie der Parteizentrale, S. 413–500

Kuntsche, Siegfried: Bauern im Interessenkonflikt. Die Situation vor der Staatsgründung 1949, in: Scherstjanoi, „Provisorium für längstens ein Jahr", S. 231–235

Kuntsche, Siegfried: Demokratische Bodenreform in Mecklenburg-Vorpommern. Versuch einer Neubefragung der Geschichte, in: ders. u.a.: Bodenreform in Mecklenburg-Vorpommern. Geschichte und Gegenwart, Rostock 1995, S. 5–39

Kuntsche, Siegfried: Die „Gemeinwirtschaft" der Neubauern. Probleme der Auflösung des Gutsbetriebes und des Aufbaus der Neubauernwirtschaften bei der demokratischen Bodenreform in Mecklenburg, Diss. phil. Universität Rostock 1970

Kuntsche, Siegfried: Zur wirtschaftlichen Situation des werdenden Neubauerndorfes in Mecklenburg-Vorpommern. Das Zugkraftproblem, in: Wissenschaftliche Zeitschrift der Universität Rostock 21 (1972), Gesellschafts- und sprachwissenschaftliche Reihe, S. 149–165

Lang, Jochen von: Erich Mielke. Eine deutsche Karriere, Berlin 1991

Laude, Horst: KPD in Frankreich. Zu Fakten, Zusammenhängen und Hintergründen einiger Dokumente von 1942/43, in: Zeitschrift des Forschungsverbundes SED-Staat, 1996, Heft 1, S. 5–12

Laufer, Jochen: „Genossen, wie ist das Gesamtbild?" Ackermann, Ulbricht und Sobottka in Moskau im Juni 1945, in: DA 29 (1996), S. 355–371

Laufer, Jochen: Konfrontation oder Kooperation? Zur sowjetischen Politik in Deutschland und im Alliierten Kontrollrat 1945–1948, in: Fischer, Alexander (Hrsg.): Studien zur Geschichte der SBZ/DDR, Berlin 1993, S. 57–80

Laufer, Jochen: Die UdSSR und die Einleitung der Bodenreform in der Sowjetischen Besatzungszone, in: Bauerkämper: „Junkerland in Bauernhand"?, S. 21–35

Laufer, Jochen: Die UdSSR und die Ursprünge der Berlin-Blockade 1944–1948, in: DA 31 (1998), S. 564–579

Laufer, Jochen: Die UdSSR und die deutsche Währungsfrage 1944–1948, in: VfZ 46 (1998), S. 455–485

Laufer, Jochen: Die Ursprünge des Überwachungsstaates in Ostdeutschland. Zur Bildung der Deutschen Verwaltung des Innern in der Sowjetischen Besatzungszone (1946), in: Bernd Florath u.a. (Hrsg.): Die Ohnmacht der Allmächtigen, Berlin 1992, S. 146–168

Lehmann, Hans Georg: Der Oder-Neiße-Konflikt, München 1979

Lemberg, Hans (Hrsg.): Sowjetisches Modell und nationale Prägung. Kontinuität und Wandel in Ostmitteleuropa nach dem Zweiten Weltkrieg, Marburg 1991

Lenin, Wladimir I.: Ursprünglicher Entwurf der Thesen zur Agrarfrage, in: ders., Werke, Bd. 31: April – Dezember 1920, Berlin (Ost) 1959, S. 140–152

Lewek, Peter: Arbeitslosigkeit und Arbeitslosenversicherung in der Weimarer Republik 1918–1927, Stuttgart 1992
Lih, Lars T./Naumow, Oleg/Chlewnjuk, Oleg (Hrsg.): Stalin – Briefe an Molotow, 1925–1936, Berlin 1996
Lindenberger, Thomas: Die Deutsche Volkspolizei (1945–1990), in: Diedrich/Ehlert/Wenzke, Im Dienste der Partei, S. 97–152
Lochen, Hans Herrmann: Grundlagen der Enteignungen zwischen 1945 und 1949, in: DA 24 (1991), S. 1025–1038
Lorenz, Thomas: Die Deutsche Zentralverwaltung der Justiz (DJV) und die SMAD in der sowjetischen Besatzungszone 1945 bis 1949, in: Rottleuthner u.a., Steuerung der Justiz, S. 135–166
Loth, Wilfried: Stalins ungeliebtes Kind. Warum Moskau die DDR nicht wollte, Berlin 1994
Loth, Wilfried: Die Teilung der Welt. Geschichte des Kalten Krieges 1941–1955, München [8]1990
Louis, Jürgen: Die Liberal-Demokratische Partei in Thüringen 1945–1952, Weimar 1996
Mai, Gunther: Der Alliierte Kontrollrat in Deutschland 1945–1948. Alliierte Einheit – deutsche Teilung?, München 1995
Malycha, Andreas: Die Geschichte der SED. Von der Gründung 1945/46 bis zum Mauerbau 1961, in: Die SED. Geschichte, Organisation, Politik, S. 1–55
Malycha, Andreas. Partei von Stalins Gnaden? Die Entwicklung der SED zur Partei neuen Typs in den Jahren 1946 bis 1950, Berlin 1996
Malycha, Andreas: Privatbäuerliche oder staatliche Landwirtschaft? Die Auseinandersetzungen über die Bodenreform zwischen SPD und KPD in der Sowjetischen Besatzungszone im Sommer/Herbst 1945, in: Bauerkämper, „Junkerland in Bauernhand"?, S. 37–49
Malycha, Andreas: Der Zentralausschuß der SPD und der gesellschaftspolitische Neubeginn im Nachkriegsdeutschland, in: ZfG 38 (1990), S. 581–595
Mampel, Siegfried: Die Entwicklung der Verfassungsordnung in der sowjetisch besetzten Zone Deutschlands von 1945 bis 1963, Tübingen 1964
Mastny, Vojtech: Moskaus Weg zum Kalten Krieg. Von der Kriegsallianz zur sowjetischen Vormachtstellung in Europa, München 1981
Materialien der Enquete-Kommission „Aufarbeitung von Geschichte und Folgen der SED-Diktatur in Deutschland", hrsg. vom Deutschen Bundestag, 9 Bde. in 18 Teilbänden, Baden-Baden 1995
Matschke, Werner: Die industrielle Entwicklung in der Sowjetischen Besatzungszone Deutschlands (SBZ) von 1945 bis 1948, Berlin (West) 1988
Meinicke, Wolfgang: Die Bodenreform und die Vertriebenen in der Sowjetischen Besatzungszone, in: Bauerkämper, „Junkerland in Bauernhand"?, S. 133–151
Meinicke, Wolfgang: Die Bodenreform und die Vertriebenen in der SBZ und in den Anfangsjahren der DDR, in: Wille, Manfred/Hoffmann, Johannes/Meinicke, Wolfgang (Hrsg.): Sie hatten alles verloren. Flüchtlinge und Vertriebene in der sowjetischen Besatzungszone Deutschlands, Wiesbaden 1993, S. 55–85
Melis, Damian van: Entnazifizierung in Mecklenburg-Vorpommern. Herrschaft und Verwaltung 1945–1948, München 1999
Melis, Damian van (Hrsg.): Sozialismus auf dem platten Land. Tradition und Transformation in Mecklenburg-Vorpommern von 1945 bis 1952, Schwerin 1999
Merkel, Ina: Eine andere Welt. Vorstellungen von Nordamerika in der DDR der fünfziger Jahre, in: Lüdtke, Alf/Marßolek, Inge/Saldern, Adelheid v. (Hrsg.): Amerikanisierung. Traum und Alptraum im Deutschland des 20. Jahrhunderts, Stuttgart 1996, S. 245–254
Merl, Stephan: Agrarpolitik und Bauernschaft im Nationalsozialismus und im Stalinismus, in: Vetter, Matthias (Hrsg.): Terroristische Diktaturen des 20. Jahrhunderts. Strukturelemente der nationalsozialistischen und stalinistischen Herrschaft, Opladen 1996, S. 118–156
Merl, Stephan: Bauern unter Stalin. Die Formierung des sowjetischen Kolchossystems 1930–1941, Berlin 1990
Merl, Stephan: Das System der Zwangsarbeit und die Opferzahl im Stalinismus, in: GWU 46 (1995), S. 277–305
Merz, Hans-Georg: Bodenreform in der SBZ. Ein Bericht aus dem Jahre 1946, in: DA 24 (1991), S. 1159–1170

Meuschel, Sigrid: Legitimation und Parteiherrschaft. Zum Paradox von Stabilität und Revolution in der DDR 1945–1989, Frankfurt/M. 1992
Meuschel, Sigrid: Überlegungen zu einer Herrschafts- und Gesellschaftsgeschichte der DDR, in: GG 19 (1993), S. 5–14
Meyers Neues Lexikon in acht Bänden, Leipzig 1961–1964
Meyer-Seitz, Christian, Die Verfolgung von NS-Straftaten in der Sowjetischen Besatzungszone, Berlin 1998
Middelmann, Werner: Entstehung und Aufgaben der Flüchtlingsverwaltung, in: Lemberg, Eugen/Edding, Friedrich (Hrsg.): Die Vertriebenen in Westdeutschland. Ihre Eingliederung und ihr Einfluß auf Gesellschaft, Wirtschaft, Politik und Geistesleben, Bd. 1, Kiel 1959, S. 276–299
Mielke, Henning: Die Auflösung der Länder in der SBZ/DDR. Von der deutschen Selbstverwaltung zum sozialistisch-zentralistischen Einheitsstaat nach sowjetischem Modell 1945–1952, Stuttgart 1995
Ministerialblatt der Deutschen Demokratischen Republik, hrsg. von der Regierungskanzlei der Deutschen Demokratischen Republik, Berlin (Ost) 1949–1976
Mitter, Armin: „Am 17. 6. 1953 haben die Arbeiter gestreikt, jetzt aber streiken wir Bauern". Die Bauern und der Sozialismus, in: Kowalczuk/Mitter/Wolle, Der Tag X – 17. Juni 1953, S. 75–128
Möller, Horst: Die Relativität historischer Epochen: Das Jahr 1945 in der Perspektive des Jahres 1989, in: APZ, B 18–19/95, 28.4.95, S. 3–9
Morsey, Rudolf: Der politische Aufstieg Konrad Adenauers 1945–1949, in: Adenauer-Studien, hrsg. von Rudolf Morsey und Konrad Repgen, Mainz 1971, S. 20–57
Morsey, Rudolf: Konrad Adenauer und der Weg zur Bundesrepublik Deutschland 1946–1949, in: Morsey, Rudolf (Hrsg.): Konrad Adenauer und die Gründung der Bundesrepublik Deutschland, Stuttgart 1979, S. 9–39
Mühlfriedel, Wolfgang/Wießner, Klaus: Die Geschichte der Industrie der DDR bis 1965, Berlin (Ost) 1989
Mühlfriedel, Wolfgang: Der Produktionsplan der Deutschen Wirtschaftskommission für das zweite Halbjahr 1948, in: Jahrbuch für Wirtschaftsgeschichte 1987/1, S. 31–59
Mühlfriedel, Wolfgang: Der Wirtschaftsplan 1948. Der erste Versuch eines einheitlichen Planes der Deutschen Wirtschaftskommission zur ökonomischen Entwicklung der sowjetischen Besatzungszone, in: Jahrbuch für Wirtschaftsgeschichte 1985/3, S. 9–26
Müller, Hans-Peter: Die Ersetzung des Berufsbeamtentums durch die Gesinnungsverwaltung. Ein Aspekt beim Aufbau der deutschen Volksdemokratie in der SBZ im Lichte der Akten des zentralen Parteiapparates der SED 1945–1948, in: Timmermann, Heinz (Hrsg.): Diktaturen in Europa im 20. Jahrhundert – der Fall DDR, Berlin 1996, S. 133–150
Müller, Hans-Peter: „Parteiministerien" als Modell politisch zuverlässiger Verwaltungsapparate. Eine Analyse der Protokolle der SED-Innenministerkonferenzen 1946–1948, in: Wilke, Anatomie der Parteizentrale, S. 337–411
Müller, Werner: Sozialistische Einheitspartei Deutschlands, in: SBZ-Handbuch, S. 481–514
Müller, Werner: Noch einmal: Stalin und die Demokratie im Nachkriegsdeutschland, in: Jahrbuch für historische Kommunismusforschung 1998, S. 203–216
Münch, Richard: Risikopolitik, Frankfurt/M. 1996
Naimark, Norman M.: Die Russen in Deutschland. Die sowjetische Besatzungszone 1945 bis 1949, Berlin 1997
Naimark, Norman: The Russians in Germany. A History of the Soviet Zone of Occupation, 1945–1949, Cambridge/Mass. 1995
Narinskij, Mikhail: Soviet Policy and Berlin Blockade 1948. Vortrag auf der Konferenz: Soviet Union, Germany, and the Cold War 1945–1962, New Evidence from Eastern Archives, Essen, Juni 1994, Manuskript
Nehrig, Christel/Piskol, Joachim: Zur Dialektik von antifaschistisch-demokratischer Umwälzung und sozialistischer Revolution in der Agrarpolitik von KPD und SED 1945–1949, in: Historiker-Gesellschaft der Deutschen Demokratischen Republik. Wissenschaftliche Mitteilungen, 1982/I, S. 11–28
Nehrig, Christel/Piskol, Joachim: Zur führenden Rolle der KPD in der demokratischen Bodenreform, in: ZfG 28 (1980), S. 324–339

Nehrig, Christel: Rolle, Bedeutung und Wirkungsmöglichkeiten der Blockparteien. Die DBD, in: Materialien der Enquete-Kommission, Bd. II/4, S. 2375–2398

Neubach, Helmut: Die Rolle der beiden christlichen Kirchen bei der Eingliederung der Vertriebenen in der Bundesrepublik Deutschland, in: Wille, 50 Jahre Flucht und Vertreibung, S. 202–213

Niclauß, Karlheinz: Politische Kontroversen im Parlamentarischen Rat, in: APZ, B 32–33/98, 31. 7. 1998, S. 20–28

Niedbalski, Bernd: Deutsche Zentralverwaltungen und Deutsche Wirtschaftskommission (DWK). Ansätze zur zentralen Wirtschaftsplanung in der SBZ 1945–1948, in: VfZ 33 (1985), S. 456–477

Niedbalski, Bernd: Die kaderpolitischen und staatsorganisatorischen Voraussetzungen für die Bildung der DDR-Regierung 1949, in: Scherstjanoi, „Provisorium für längstens ein Jahr", S. 305–313

Niethammer, Lutz: „In der Angelegenheit des Ernst Busse". Zwei Dokumente aus einer SED-Untersuchung von 1946 betr. Beschuldigungen gegen führende deutsche Kommunisten im KZ Buchenwald, in: BIOS. Zeitschrift für Biographieforschung und Oral History 7 (1994), S. 1–45

Niethammer, Lutz (Hrsg.): Der „gesäuberte" Antifaschismus. Die SED und die roten Kapos von Buchenwald. Dokumente, Berlin 1994

Nikitin, Pjotr I.: Zwischen Dogma und gesundem Menschenverstand. Wie ich die Universitäten der deutschen Besatzungszone „sowjetisierte", Berlin 1997

Nowak, Kurt: Christentum in politischer Verantwortung. Zum Protestantismus in der Sowjetischen Besatzungszone (1945–1949), in: Kaiser/Doering-Manteuffel, Christentum und politische Verantwortung, S. 42–62

Otto, Wilfriede: Zur Biographie von Erich Mielke. Legende und Wirklichkeit, Berlin 1994

Otto, Wilfriede: Sowjetische Deutschlandnote 1952. Stalin und die DDR. Bisher unveröffentlichte handschriftliche Notizen Wilhelm Piecks, in: BzG 33 (1991), S. 374–389

Papke, Gerhard: Die Liberal-Demokratische Partei Deutschlands in der Sowjetischen Besatzungszone und DDR 1945–1952, in: Frölich, „Bürgerliche" Parteien, S. 25–45

Der Parlamentarische Rat 1948–1949. Akten und Protokolle. Bd. 1: Vorgeschichte, bearb. von Johannes Volker Wagner, Boppard am Rhein 1975; Bd. 9: Plenum, bearb. von Wolfram Werner, München 1996

Peters, Bernhard: Die Integration moderner Gesellschaften, Frankfurt/M. 1993

Petrov, Nikita: Die Apparate des NKVD/MVD und des MGB in Deutschland (1945–1953). Eine historische Skizze, in: Sowjetische Speziallager, Bd. 1, S. 143–157

Petzold, Joachim: Ideale und Idole im Schatten Hitlers und Stalins. Dresdner Oberschüler auf dem Wege aus dem Dritten Reich in die DDR, Potsdam 1997

Peukert, Detlev J.K.: Volksgenossen und Gemeinschaftsfremde. Anpassung, Ausmerze und Aufbegehren unter dem Nationalsozialismus, Köln 1982

Pfeiler, Wolfgang: Deutschlandpolitische Optionen der Sowjetunion, Melle 1987

Piskol, Joachim/Nehrig, Christel/Trixa, Paul: Antifaschistisch-demokratische Umwälzung auf dem Lande (1945–1949), Berlin (Ost) 1984

Piskol, Joachim: Zum Beginn der Kollektivierung der Landwirtschaft der DDR im Sommer 1952, in: BzG 37 (1995), S. 19–26

Piskol, Joachim: Zur sozialökonomischen Entwicklung der Großbauern in der DDR 1945 bis 1960, in: ZfG 39 (1991), S. 419–433

Plönies, Bartho/Schönwalder, Otto: Die Sowjetisierung des mitteldeutschen Handwerks, Bonn 1953

Potsdam 1945. Quellen zur Konferenz der „Großen Drei", hrsg. von Ernst Deuerlein, München 1963

Prinz, Michael: Demokratische Stabilisierung, Problemlagen von Modernisierung im Selbstbezug und historische Kontinuität – Leitbegriffe einer Zeitsozialgeschichte, in: Westfälische Forschungen 43 (1993), S. 655–675

Prinz, Michael/Frese, Matthias: Sozialer Wandel und politische Zäsuren seit der Zwischenkriegszeit. Methodische Probleme und Ergebnisse, in: dies. (Hrsg.): Politische Zäsuren und gesellschaftlicher Wandel im 20. Jahrhundert. Regionale und vergleichende Perspektiven, Paderborn 1996, S. 1–31

Prokop, Siegfried: Ich bin zu früh geboren. Auf den Spuren Wolfgang Harichs, Berlin 1997
Protokoll der Ersten Parteikonferenz der Sozialistischen Einheitspartei Deutschlands, 25. bis 28. Januar 1949 im Hause der Deutschen Wirtschaftskommission zu Berlin, Berlin 1949
Protokoll der Verhandlungen des 2. Parteitages der Sozialistischen Einheitspartei Deutschlands. 20. bis 24. September 1947 in der Deutschen Staatsoper zu Berlin, Berlin 1947
Protokolle des Landesblockausschusses der antifaschistisch-demokratischen Parteien Brandenburgs, 1945–1950. Eingeleitet und bearbeitet von Fritz Reinert, Weimar 1994
Provisorische Volkskammer der Deutschen Demokratischen Republik, Protokoll der 10. Sitzung, 8. 2. 1950, Berlin 1950
Raddatz, Carlies Maria: Kirchliche Bemühungen um Aufnahme und Integration der Vertriebenen im Konflikt zum Staat am Beispiel der Pommerschen Evangelischen Kirche, in: Wille, 50 Jahre Flucht und Vertreibung, S. 214–223
Ramm, Joachim: Eugen Schiffer und die Reform der deutschen Justiz, Neuwied 1987
Rees, E.A.: State Control in Soviet Russia. The Rise and Fall of the Workers and Peasants Inspectorate, 1920–1934, New York 1987
Reichelt, Hans: Blockflöte, oder was? Zur Geschichte der Demokratischen Bauernpartei Deutschlands (DBD) 1948 bis 1990, Berlin 1997
Reimann, Michal, „Sowjetisierung" und nationale Eigenart in Ostmittel- und Südosteuropa. Zu Problem und Forschungsstand, in: Lemberg, Sowjetisches Modell und nationale Prägung, S. 3–9
Reinert, Fritz: Brandenburgs Parteien (1945–1950). Möglichkeiten und Grenzen kooperativer Politik, Potsdam 1996
Reutter, Rudolf: Die Bauernpolitik der SED, Berlin 1947
Richter, Michael/Schmeitzner, Mike: „Einer von beiden muß so bald wie möglich entfernt werden." Der Tod des sächsischen Ministerpräsidenten Rudolf Friedrichs vor dem Hintergrund des Konflikts mit Innenminister Kurt Fischer 1947, Leipzig 1999
Richter, Michael: Entstehung und Transformation des Parteiensystems in der SBZ und Berlin 1945–1950, in: Materialien der Enquete-Kommission, Bd. II/4, S. 2509–2586
Richter, Michael/Rißmann, Martin (Hrsg.): Die Ost-CDU. Beiträge zu ihrer Entstehung und Entwicklung, Weimar 1995
Richter, Michael: Die Ost-CDU 1948–1952. Zwischen Widerstand und Gleichschaltung, Düsseldorf [2]1991
Richter, Michael: Rolle, Bedeutung und Wirkungsmöglichkeiten der Blockparteien – die CDU, in: Materialien der Enquete-Kommission, S. 2587–2638
Robel, Gert: Die deutschen Kriegsgefangenen in der Sowjetunion. Antifa, München 1974
Roesler, Jörg: Die Haltung der ostdeutschen Parteien zur Planwirtschaft und Marktwirtschaft 1945–1949, in: Deutsche Studien 28 (1990), S. 360–377
Roesler, Jörg: Die Rolle der Planung und Leitung bei der Umgestaltung der privaten Industrie und des Handwerks in der Übergangsperiode, in: Jahrbuch für Wirtschaftsgeschichte 1972, S. 213–227
Rößler, Ruth-Kristin (Hrsg.): Die Entnazifizierungspolitik der KPD/SED 1945–1948. Dokumente und Materialien, Goldbach 1994
Rosenthal, Walther u. a.: Die Justiz in der Sowjetzone. Aufgaben, Methoden und Aufbau, Bonn 1962
Rothfels, Hans: Einleitung: Sinn und Aufgabe der Zeitgeschichte, in: ders. (Hrsg.): Zeitgeschichtliche Betrachtungen, Göttingen [2]1963, S. 9–16
Rothfels, Hans: Zeitgeschichte als Aufgabe, in: VfZ 1 (1953), S. 3–8
Rottleuthner, Hubert u. a.: Steuerung der Justiz in der DDR. Einflußnahme der Politik auf Richter, Staatsanwälte und Rechtsanwälte, Köln 1994
Ruck, Michael: Beharrung im Wandel. Neuere Forschungen zur deutschen Verwaltung im 20. Jahrhundert (II), in: Neue Politische Literatur 43 (1998), S. 67–112
Sacharov, Vladimir Vladimirovič/Filippovič, Dmitrij Nikolaevič/Kubina, Michael, Tschekisten in Deutschland. Organisation, Aufgaben und Aspekte der Tätigkeit der sowjetischen Sicherheitsapparate in der Sowjetischen Besatzungszone Deutschlands (1945–1949), in: Wilke, Die Anatomie der Parteizentrale, S. 293–335

SBZ-Handbuch. Staatliche Verwaltungen, Parteien, gesellschaftliche Organisationen und ihre Führungskräfte in der Sowjetischen Besatzungszone Deutschlands 1945–1949, im Auftrag des Arbeitsbereiches Geschichte und Politik der DDR an der Universität Mannheim und des Instituts für Zeitgeschichte München, hrsg. von Martin Broszat und Hermann Weber, München ²1993

Scherstjanoi, Elke: Die Berlin-Blockade 1948/49 im sowjetischen Kalkül, in: ZfG 46 (1998), S. 495–504

Scherstjanoi, Elke: Die DDR im Frühjahr 1952. Sozialismuslosung und Kollektivierungsbeschluß in sowjetischer Perspektive, in: DA 27 (1994), S. 354–363

Scherstjanoi, Elke: „Friedenshektarerträge" auf Vorkriegsanbauflächen. Zur Bewältigung von Kriegslasten in der ostdeutschen Landwirtschaft (1950), in: Buchheim, Wirtschaftliche Folgelasten des Krieges, S. 323–340

Scherstjanoi, Elke (Hrsg.): „Provisorium für längstens ein Jahr". Protokoll des Kolloquiums Die Gründung der DDR, Berlin 1993

Scherstjanoi, Elke: „In 14 Tagen werden Sie vielleicht schon keinen Staat mehr haben". Vladimir Semenov und der 17. Juni 1953 in der DDR, in: DA 31 (1998), S. 907–937

Scherstjanoi, Elke: 1945 – Überlegungen zum Jahr der Befreiung, ein halbes Jahrhundert danach, in: ZfG 43 (1995), S. 55–65

Scherstjanoi, Elke: Volkskontrolle und zentrale staatliche Kontrolle im Land Brandenburg 1947–1949, Berlin, Akademie der Wissenschaften der DDR, Diss. A, 1988

Schier, Barbara: Alltagsleben und Agrarpolitik im „sozialistischen Dorf". Eine Regionalstudie zum Wandel eines thüringischen Dorfes während der Jahre 1945–1990, in: APZ, B 38/97, 12. 9. 1997, S. 38–47

Schier, Barbara: Die Rolle von Landwirtschaftlichen Produktionsgenossenschaften für Strukturwandel und Alltag in einem thüringischen Dorf vor und nach der „Wende", in: Sowi 27 (1998), S. 190–198

Schiffer, Eugen: Die deutsche Justiz. Grundzüge einer durchgreifenden Reform, Berlin 1928, München ²1949

Schildt, Axel: Möglichkeiten und Probleme einer Periodisierung der westdeutschen Geschichte nach dem Zweiten Weltkrieg und ihrer Einordnung in die deutsche Geschichte des 20. Jahrhunderts, in: GWU 44 (1993), S. 567–584

Schildt, Axel: Zwei Staaten – eine Hörfunk- und Fernsehnation. Überlegungen zur Bedeutung der elektronischen Massenmedien in der Geschichte der Kommunikation zwischen der Bundesrepublik und der DDR, in: Bauerkämper/Sabrow/Stöver, Doppelte Zeitgeschichte, S. 58–71

Schlemmer, Thomas: Gesellschaft und Politik in Bayern 1949–1973. Ein neues Projekt des Instituts für Zeitgeschichte, in: VfZ 46 (1998), S. 311–325

Schmidt, Eberhard: Rechtsnot im Wirtschaftsstrafrecht und ihre Überwindung. Zum Entwurf eines Gesetzes zur Vereinfachung des Wirtschaftsstrafrechts, in: Süddeutsche Juristen-Zeitung 3 (1948), S. 569–579

Schneider, Dieter Marc: Deutsche Verwaltung des Innern, in: SBZ-Handbuch, S. 207–217

Schollwer, Wolfgang: Potsdamer Tagebuch 1948–1950. Liberale Politik unter sowjetischer Besatzung, hrsg. von Monika Faßbender, München 1988

Scholz, Michael F.: Bauernopfer der deutschen Frage. Der Kommunist Kurt Vieweg im Dschungel der Geheimdienste, Berlin 1997

Schöne, Jens: Die Raiffeisengenossenschaften in der SBZ/DDR 1945–1954, in: Zeitschrift für das gesamte Genossenschaftswesen 47 (1997), S. 180–186

Schönhoven, Klaus: Drittes Reich und DDR. Probleme einer vergleichenden Analyse von Diktaturerfahrungen, in: Jahrbuch für Historische Kommunismusforschung 1995, S. 189–200

Schönknecht, Thomas: Gesellschaft für Deutsch-Sowjetische Freundschaft (DSF), in: SBZ-Handbuch, S. 734–747

Schuller, Wolfgang: Geschichte und Struktur des politische Strafrechts der DDR bis 1968, Ebelsbach 1980

Schultz, Joachim: Der Funktionär in der Einheitspartei. Kaderpolitik und Bürokratisierung in der SED, Stuttgart 1956

Schulz, Dieter: Probleme der sozialen und politischen Entwicklung der Bauern und Landarbeiter in der DDR von 1949 bis 1955, Diss. A, Humboldt-Universität Berlin 1984

Schulz, Dieter: Zur sozialen Entwicklung auf dem Lande in der ersten Hälfte der fünfziger Jahre, in: ZfG 34 (1986), S. 210–222

Schulze, Gerhard: Die Erlebnisgesellschaft. Kultursoziologie der Gegenwart, Frankfurt/M. ²1992

Schwan, Heribert: Erich Mielke. Der Mann, der die Stasi war, München 1997

Schwartz, Michael: ‚Apparate' und Kurswechsel: Zur institutionellen und personellen Dynamik von ‚Umsiedler'-Integrationspolitik in der SBZ/DDR 1945–1953, in: Hoffmann/Schwartz, Geglückte Integration?, S. 105–135

Schwartz, Michael: Integration und Transformation: ‚Umsiedler'-Politik und regionaler Strukturwandel in Mecklenburg-Vorpommern 1945–1953, in: van Melis, Sozialismus auf dem platten Land, S. 135–194

Schwartz, Michael: Kontrollierte Partizipation. Die ‚Umsiedler-Ausschüsse' der Sowjetischen Besatzungszone Deutschlands im Spannungsfeld von Sonderverwaltung, Parteipolitik und sozialen Interessen 1945–1949, in: Schraut, Sylvia/Grosser, Thomas (Hrsg.): Die Flüchtlingsfrage in der deutschen Nachkriegsgesellschaft, Mannheim 1996, S. 161–191

Schwartz, Michael: „Vom Umsiedler zum Staatsbürger". Assimilationspolitik in der SBZ/DDR zwischen Sprachpolitik und Tabuisierung, in: Hoffmann/Krauss/Schwartz, Vertriebene in Deutschland [im Druck]

Schwartz, Michael: Der verhinderte Lastenausgleich in der SBZ/DDR, in: DA 32 (1999), S. 397–409

Schwartz, Michael: Vertreibung und Vergangenheitspolitik. Ein Versuch über geteilte deutsche Nachkriegsidentitäten, in: DA 30 (1997), S. 177–195

Schwartz, Michael: Vertrieben in die Arbeiterschaft: ‚Umsiedler' als ‚Arbeiter' in der SBZ/DDR 1945–1952, in: Hübner/Tenfelde, Arbeiter in der SBZ/DDR, S. 79–127

Schwartz, Michael: Zwischen Zusammenbruch und Stalinisierung. Zur Ortsbestimmung der Zentralverwaltung für deutsche Umsiedler (ZVU) im politisch-administrativen System der SBZ, in: Mehringer, Hartmut (Hrsg.): Von der SBZ zur DDR. Studien zum Herrschaftssystem in der Sowjetischen Besatzungszone Deutschlands und in der Deutschen Demokratischen Republik, München 1995, S. 43–96

Schwarz, Hans-Peter: Die außenpolitischen Grundlagen des westdeutschen Staates, in: Löwenthal, Richard/Schwarz, Hans-Peter (Hrsg.): Die zweite Republik. 25 Jahre Bundesrepublik Deutschland – eine Bilanz, Stuttgart 1974, S. 27–63

Schwarz, Hans-Peter: Vom Reich zur Bundesrepublik. Deutschland im Widerstreit der außenpolitischen Konzeptionen in den Jahren der Besatzungsherrschaft 1945–1949, Stuttgart 1980

Sellin, Volker: Mentalität und Mentalitätsgeschichte, in: HZ 241 (1985), S. 555–598

Sellin, Volker: Mentalitäten und Sozialgeschichte, in: ders./Schieder, Wolfgang (Hrsg.): Sozialgeschichte in Deutschland, Bd. 3: Soziales Verhalten und soziale Aktionsformen in der Geschichte, Göttingen 1987, S. 101–121

Semiryaga, Michail, Wie Berijas Leute in Ostdeutschland die „Demokratie" errichteten, in: DA 29 (1996), S. 741–752

Semjonow, Wladimir S.: Von Stalin bis Gorbatschow. Ein halbes Jahrhundert in diplomatischer Mission 1939–1991, Berlin 1995

Seraphim, Peter-Heinz: Die Heimatvertriebenen in der Sowjetischen Besatzungszone, Bonn 1954

Skorvan, Martina: Das Hilfswerk der Evangelischen Kirche und seine Flüchtlingsarbeit in Hessen 1945–1955, Wiesbaden 1995

Sommer, Ulf: Die Liberal-Demokratische Partei Deutschlands. Eine Blockpartei unter Führung der SED, Münster 1996

Sowjetische Speziallager in Deutschland 1945 bis 1950, hrsg. von Sergej Mironenko, Lutz Niethammer und Alexander von Plato in Verbindung mit Volkhard Knigge und Günter Morsch, Bd. 1: Studien und Berichte, hrsg. und eingel. von Alexander von Plato; Bd. 2: Sowjetische Dokumente zur Lagerpolitik, eingel. und bearb. von Ralf Possekel, Berlin 1998

Spittmann, Ilse/Helwig, Gisela (Hrsg.): DDR-Lesebuch. Stalinisierung 1949–1955, Köln 1991

Spix, Boris: Die Bodenreform in Brandenburg 1945–47. Konstruktion einer Gesellschaft am Beispiel der Kreise West- und Ostprignitz, Münster 1997

Staritz, Dietrich, Einheits- und Machtkalküle der SED (1946–1948), in: Scherstjanoi, „Provisorium für längstens ein Jahr", S. 15–31

Staritz, Dietrich: Geschichte der DDR. Erweiterte Neuausgabe, Frankfurt/M. 1996
Staritz, Dietrich: Die Gründung der DDR. Von der sowjetischen Besatzungsherrschaft zum sozialistischen Staat, München ³1995
Staritz, Dietrich: Die National-Demokratische Partei Deutschlands, in: Weber, Parteiensystem zwischen Demokratie und Volksdemokratie, S. 215–239
Staritz, Dietrich: National-Demokratische Partei Deutschlands (NDPD), in: SBZ-Handbuch, S. 574–583
Staritz, Dietrich: Die National-Demokratische Partei Deutschlands 1948–1953. Ein Beitrag zur Untersuchung des Parteiensystems der DDR, Diss. rer. pol. Freie Universität Berlin 1968
Staritz, Dietrich: Sozialismus in einem halben Lande. Zur Programmatik und Politik der KPD/SED in der Phase der antifaschistisch-demokraischen Umwälzung in der DDR, Berlin (West) 1976
Staritz, Dietrich: Die SED, Stalin und der „Aufbau des Sozialismus" in der DDR. Aus den Akten des Zentralen Parteiarchivs, in: DA 24 (1991), S. 686–700
Staritz, Dietrich: Die SED, Stalin und die Gründung der DDR, in: APZ B 5/91, 25. 1. 1991 S. 3–16
Staritz, Dietrich: Vereinigung der gegenseitigen Bauernhilfe (VdgB), in: SBZ-Handbuch, S. 760–766
Steding, Rolf: Agrarrecht/LPG-Recht, in: Heuer, Uwe-Jens (Hrsg.): Die Rechtsordnung der DDR. Anspruch und Wirklichkeit, Baden-Baden 1995, S. 75–94
Steiner, André: Die DDR-Wirtschaftsreform der sechziger Jahre. Konflikt zwischen Effizienz- und Machtkalkül, Berlin 1999
Steiner, André: Zwischen Länderpartikularismus und Zentralismus. Zur Wirtschaftslenkung in der SBZ bis zur Bildung der Deutschen Wirtschaftskommission im Juni 1947, in: APZ, B 49–50/93, 3. 12. 1993, S. 32–39
Streit, Josef: Die landwirtschaftlichen Genossenschaften Mecklenburgs in den Händen von Bauernfeinden, in: NJ 4 (1950), S. 252–253
Suckut, Siegfried: Block-Ausschüsse, in: SBZ-Handbuch, S. 595–618
Suckut, Siegfried: Blockpolitik in der SBZ/DDR 1945–1949. Die Sitzungsprotokolle des zentralen Einheitsfront-Ausschusses. Quellenedition, Köln 1986
Suckut, Siegfried: Christlich Demokratische Union Deutschlands CDU(D), in: SBZ-Handbuch, S. 515–543
Suckut, Siegfried: In Erwartung besserer Zeiten. DDR-CDU und LDPD zwischen Halbstaats-Raison und gesamtdeutschen Hoffnungen 1949–1961, in: Schönhoven, Klaus/Staritz, Dietrich (Hrsg.): Sozialismus und Kommunismus im Wandel. Hermann Weber zum 65. Geburtstag, Köln 1993, S. 415–435
Suckut, Siegfried: Innenpolitische Aspekte der DDR-Gründung, in: Scherstjanoi, „Provisorium für längstens ein Jahr", S. 84–101
Suckut, Siegfried: Der Konflikt um die Bodenreformpolitik in der Ost-CDU 1945. Versuch einer Neubewertung der ersten Führungskrise der Union, in: DA 15 (1982), S. 1080–1095
Suckut, Siegfried: Zu Krise und Funktionswandel der Blockpolitik in der Sowjetischen Besatzungszone Deutschland um die Mitte des Jahres 1948, in: VfZ 31 (1983), S. 647–718
Suckut, Siegfried: Die LDP(D) in der DDR. Eine zeitgeschichtliche Skizze, in: APZ, B 16–17/96, 12. 4. 1996, S. 31–38
Suckut, Siegfried/Süß, Walter (Hrsg): Staatspartei und Staatssicherheit. Zum Verhältnis von SED und MfS, Berlin 1997
Sywottek, Arnold, Wege in die 50er Jahre, in: Schildt, Axel/Sywottek, Arnold (Hrsg.): Modernisierung im Wiederaufbau. Die westdeutsche Gesellschaft der 50er Jahre, Bonn 1993, S. 13–39
Tantzscher, Monika: „In der Ostzone wird ein neuer Apparat aufgebaut". Die Gründung des DDR-Staatssicherheitsdienstes, in: DA 31 (1998), S. 48–56
Tantzscher, Monika, Die Vorläufer des Staatssicherheitsdienstes in der Polizei der Sowjetischen Besatzungszone – Ursprung und Entwicklung der K 5 –, in: Jahrbuch für Historische Kommunismusforschung 1998, S. 125–156
Teppe, Karl: Trümmergesellschaft im Wiederaufbau, in: APZ, B 18–19/95, 28. 4. 1995, S. 22–33
Ther, Philipp: Deutsche und polnische Vertriebene. Gesellschaft und Vertriebenenpolitik in der SBZ/DDR und in Polen 1945–1956, Göttingen 1998

Ther, Philipp: Die Vertriebenenpolitik in der SBZ/DDR 1945–1953 am Beispiel des Kreises Calau-Senftenberg, in: Jahrbuch für brandenburgische Landesgeschichte 46 (1995), S. 159–168

Ther, Philipp: Vertriebenenpolitik in der SBZ/DDR und in Polen 1945–1950, in: Hoffmann/Schwartz, Geglückte Integration?, S. 137–159

Thoß, Bruno (Hrsg.): Volksarmee schaffen – ohne Geschrei! Studien zu den Anfängen einer „verdeckten Aufrüstung" in der SBZ/DDR 1947–1952, München 1994

Tümmler, Edgar: Die Agrarpolitik in Mitteldeutschland – Historische Entwicklung der Landwirtschaft in Mitteldeutschland und ihre agrarpolitische Konzeption, in: ders./Merkel, Konrad/Blohm, Georg: Die Agrarpolitik in Mitteldeutschland und ihre Auswirkung auf Produktion und Verbrauch landwirtschaftlicher Erzeugnisse, Berlin (West) 1969, S. 3–167

Türke, Joachim, Demokratischer Zentralismus und kommunale Selbstverwaltung in der sowjetischen Besatzungszone Deutschlands, Göttingen 1960

Ulbricht, Walter: Zur Geschichte der deutschen Arbeiterbewegung. Aus Reden und Aufsätzen. Bd. III: 1946–1950 (Zusatzband), Berlin (Ost) 1971

Um ein antifaschistisch-demokratisches Deutschland. Dokumente aus den Jahren 1945–1949, hrsg. vom Ministerium für Auswärtige Angelegenheiten der DDR und vom Ministerium für Auswärtige Angelegenheiten der UdSSR, Berlin (Ost) 1968

Die Unionsparteien 1946–1950. Protokolle der Arbeitsgemeinschaft der CDU/CSU Deutschlands und der Konferenzen der Landesvorsitzenden, bearb. von Brigitte Kaff, Düsseldorf 1991

Vierhaus, Rudolf: Zum Problem historischer Krisen, in: Faber, Karl Georg/Meier, Christian (Hrsg.): Historische Prozesse, München 1978, S. 313–329

Voigt, Dieter/Mertens, Lothar: Kader und Kaderpolitik, in: Eppelmann, Rainer, u.a. (Hrsg.): Lexikon des DDR-Sozialismus. Das Staats- und Gesellschaftssystem der Deutschen Demokratischen Republik, Paderborn 1996, S. 322–324

Von der Aufgabe der Freiheit. Politische Verantwortung und bürgerliche Gesellschaft im 19. und 20. Jahrhundert. Festschrift für Hans Mommsen zum 5. November 1994, hrsg. von Christian Jansen, Lutz Niethammer und Bernd Weisbrod, Berlin 1995

Wädekin, Karl-Eugen: Sozialistische Agrarpolitik in Osteuropa, Bd. 1: Von Marx bis zur Vollkollektivierung, Berlin (West) 1974

Weber, Adolf: Umgestaltung der Eigentumsverhältnisse und der Produktionsstruktur in der Landwirtschaft der DDR, in: Materialien der Enqute-Kommission, Bd. II/4, S. 2809–2888

Weber, Hermann: Die deutschen Kommunisten 1945 in der SBZ. Probleme bei der kommunistischen Kaderbildung vor der SED-Gründung, in: APZ B 31/78, S. 24–31

Weber, Hermann: Die DDR 1945–1990, München ²1993

Weber, Hermann (Hrsg.): DDR. Dokumente zur Geschichte der Deutschen Demokratischen Republik 1945–1985, München 1986

Weber, Hermann: Geschichte der DDR, München ³1989

Weber, Hermann (Hrsg.): Parteiensystem zwischen Demokratie und Volksdemokratie. Dokumente und Materialien zum Funktionswandel der Parteien und Massenorganisationen in der SBZ/DDR 1945–1950, Köln 1982

Weber, Hermann: Die Sowjetische Militäradministration in Deutschland und das Parteiensystem der SBZ/DDR, in: Müller, Werner (Hrsg.): Kommunistische Bewegung und realsozialistischer Staat: Beiträge zum deutschen und internationalen Kommunimus von Hermann Weber, Köln 1988, S. 275–300.

Weber, Hermann: Die Wandlung der SED und ihre Rolle im Parteiensystem 1945 bis 1950, in: Parteien in der SBZ/DDR. Anhörung der Enquete-Kommission, in: DA 26 (1993), S. 255–265.

Weber, Jürgen (Hrsg.): Der Bauplan für die Republik. Das Jahr 1948 in der deutschen Nachkriegsgeschichte, Landsberg 1996

Weber, Jürgen (Hrsg.): Das Jahr 1949 in der deutschen Geschichte. Die doppelte Staatsgründung, Landsberg 1997

Weiß, Wolfgang: Arbeitstagung bei der Deutschen Justizverwaltung, in: NJ 3 (1949), S. 89–91

Weiß, Wolfgang: Wesen und Bedeutung des Wirtschaftsstrafrechts, in: NJ 3 (1949), S. 53–57

Wentker, Hermann (Hrsg.): Volksrichter in der SBZ/DDR 1945 bis 1952. Eine Dokumentation, München 1997

Werkentin, Falco: Politische Strafjustiz in der Ära Ulbricht, Berlin 1995
Wernet-Tietz, Bernhard: Bauernverband und Bauernpartei in der DDR. Die VdgB und die DBD 1945–1952. Ein Beitrag zum Wandlungsprozeß des Parteiensystems der SBZ/DDR, Köln 1984
Wernet, Bernhard: Demokratische Bauernpartei Deutschlands (DBD), in: SBZ-Handbuch, S. 584–594
Wernet, Bernhard: Zur Rolle und Funktion der Vereinigung der gegenseitigen Bauernhilfe (VdgB) und Demokratischen Bauernpartei Deutschlands (DBD) im Parteiensystem der SBZ/DDR (1945–1952), Einleitung und Dokumente, in: Weber, Parteiensystem zwischen Demokratie und Volksdemokratie, S. 241–280
Wettig, Gerhard: Kontrastprogramm antifaschistische Ordnung: Sowjetische Ziele und Konzepte, in: Oberreuter, Heinrich/Weber, Jürgen (Hrsg.): Freundliche Feinde? Die Alliierten und die Demokratiegründung in Deutschland, München/Landsberg am Lech 1996, S. 101–126
Wiegand, Lutz: Der Lastenausgleich in der Bundesrepublik Deutschland 1949–1985, Frankfurt/M. 1992
Wilke, Manfred (Hrsg.): Anatomie der Parteizentrale. Die KPD/SED auf dem Weg zur Macht, Berlin 1998
Wille, Manfred (Hrsg.): 50 Jahre Flucht und Vertreibung. Gemeinsamkeiten und Unterschiede bei der Aufnahme und Integration der Vertriebenen in die Gesellschaften der Westzonen/Bundesrepublik und der SBZ/DDR, Magdeburg 1997
Wille, Manfred: SED und ‚Umsiedler' – Vertriebenenpolitik der Einheitspartei im ersten Nachkriegsjahrzehnt, in: Hoffmann/Schwartz, Geglückte Integration?, S. 91–104
Wille, Manfred: Die Verabschiedung der Verordnung über die Bodenreform in der Provinz Sachsen, in: Bauerkämper: „Junkerland in Bauernhand"?, S. 87–102
Winkler, Heinrich August: Sozialer Umbruch zwischen Stalingrad und Währungsreform?, in: GG 16 (1990), S. 403–409
Wörtliche Berichte und Drucksachen des Wirtschaftsrates des Vereinigten Wirtschaftsgebietes 1947–1949, hrsg. vom Institut für Zeitgeschichte und dem Deutschen Bundestag, bearb. von Christoph Weisz und Hans Woller, München 1977
Wolff, Klaus-Dieter: „Zwischen Elend, Politik und allen Stühlen". Die bayerische Flüchtlingsverwaltung in der Nachkriegszeit (1945–1962), in: Endres, Rudolf (Hrsg.): Bayerns vierter Stamm. Die Integration der Flüchtlinge und Heimatvertriebenen nach 1945, Köln 1998, S. 5–20
Woller, Hans: Gesellschaft und Politik in der amerikanischen Besatzungszone. Die Region Ansbach und Fürth, München 1986
Wortmann, John A.: The Minor Parties of the Soviet Zone of Germany: The Communist Preparation and the Use of „Transmission Belts" to East German Middle Class, Diss. phil. Minnesota 1958
Wunderlich, Rudolf: Konzentrationslager Sachsenhausen bei Oranienburg 1939 bis 1944: Die Aufzeichnungen des KZ-Häftlings Rudolf Wunderlich, hrsg. und erläutert von Joachim S. Hohmann und Günter Wieland, Frankfurt/M. 1997
Zank, Wolfgang: Die Gesellschaftspolitik der KPD/SED 1945–1949, in: APZ, B 11/90, 9. 3. 1990, S. 52–62
Zank, Wolfgang: Wirtschaft und Arbeit in Ostdeutschland 1945–1949. Probleme des Wiederaufbaus in der Sowjetischen Besatzungszone Deutschlands, München 1987
Zank, Wolfgang: Wirtschaftliche Zentralverwaltungen und Deutsche Wirtschaftskommission (DWK), in: SBZ-Handbuch, S. 253–290
Zank, Wolfgang: Wirtschaftsplanung und Bewirtschaftung in der Sowjetischen Besatzungszone – Besonderheiten und Parallelen im Vergleich zum westlichen Besatzungsgebiet 1945–1949, in: Vierteljahrschrift für Sozial- und Wirtschaftsgeschichte 71 (1984), S. 485–504
Zentralverordnungsblatt, hrsg. von der Deutschen Justizverwaltung namens aller Zentralverwaltungen der sowjetischen Besatzungszone in Deutschland, Berlin 1947–1949 (ab 1948: Amtliches Organ der Deutschen Wirtschaftskommission und ihrer Hauptveraltungen sowie der Deutschen Verwaltung für Inneres, Justiz und Volksbildung)
Zschaler, Frank: Die vergessene Währungsreform. Vorgeschichte, Durchführung und Ergebnisse der Geldumstellung in der SBZ 1948, in: VfZ 45 (1997), S. 191–223

Abkürzungsverzeichnis

ABI	Arbeiter- und Bauerninspektion
Abt.	Abteilung
ACDP	Archiv für Christlich-Demokratische Politik, St. Augustin
AfS	Archiv für Sozialgeschichte
APZ	Aus Politik und Zeitgeschichte
Arch.	Archiv
AVBD	Akten zur Vorgeschichte der Bundesrepublik Deutschland
AWP RF	Archiw wneschnei politiki Rossijskoi Federazii (Archiv für Außenpolitik der Russischen Föderation, Moskau)
BAB	Bundesarchiv Berlin
BBF	Bibliothek für Bildungsgeschichtliche Forschung
BL	Bezirksleitung
Bl.	Blatt
BLHA	Brandenburgisches Landeshauptarchiv, Potsdam
BStU	Bundesbeauftragter für die Unterlagen des ehemaligen Staatssicherheitsdienstes der Deutschen Demokratischen Republik
BzG	Beiträge zur Geschichte der Arbeiterbewegung
CDU (D)	Christlich-Demokratische Union (Deutschlands)
ČSR	Tschechoslowakische Republik
CSU	Christlich-Soziale Union
DA	Deutschland Archiv
DBD	Demokratische Bauernpartei Deutschlands
DDR	Deutsche Demokratische Republik
DFD	Demokratischer Frauenbund Deutschlands
DHZ	Deutsche Handelszentrale
DIPF	Deutsches Institut für Internationale Pädagogische Forschung
DJV	Deutsche Zentralverwaltung für Justiz
Dok.	Dokument
DP	Deutsche Partei
DPZI	Deutsches Pädagogisches Zentralinstitut
DVAS	Deutsche Verwaltung für Arbeit und Sozialfürsorge
DVdI	Deutsche Verwaltung des Innern
DVLF	Deutsche Verwaltung für Land- und Forstwirtschaft
DVV	Deutsche Zentralverwaltung für Volksbildung
DWK	Deutsche Wirtschaftskommission
DZVI	Deutsche Zentralverwaltung der Industrie
ERP	European Recovery Program
FDGB	Freier Deutscher Gewerkschaftsbund
FDJ	Freie Deutsche Jugend
FDP	Freie Demokratische Partei
FRUS	Foreign Relations of the United States
GBl.	Gesetzblatt der DDR
GG	Geschichte und Gesellschaft
GWU	Geschichte in Wissenschaft und Unterricht
HA	Hauptabteilung
HV	Hauptverwaltung
HVAS	Hauptverwaltung für Arbeit und Sozialfürsorge
HVLF	Hauptverwaltung Land- und Forstwirtschaft
HWK	Handwerkskammer

HZ	Historische Zeitschrift
IHK	Industrie- und Handelskammer
IWK	Internationale Wissenschaftliche Korrespondenz zur Geschichte der Arbeiterbewegung
K 5	Kriminalpolizei, Abteilung/Dezernat/Kommissariat 5
KKB	Kreiskontrollbeauftragter
KL	Kreisleitung
KPČ	Kommunistische Partei der Tscheschoslowakei
KPD	Kommunistische Partei Deutschlands
KPdSU (B)	Kommunistische Partei der Sowjetunion (Bolschewiki)
KWU	Kommunalwirtschaftsunternehmen
KWV	Kriegswirtschaftsverordnung
KZ	Konzentrationslager
LA	Landesarchiv
LDP	Liberal-Demokratische Partei Deutschlands
LHA	Landeshauptarchiv
LKK	Landeskontrollkommission
LN	Landwirtschaftliche Nutzfläche
LPG	Landwirtschaftliche Produktionsgenossenschaft
LStU	Landesbeauftragter für die Unterlagen des ehemaligen Statssicherheitsdienstes der Deutschen Demokratischen Republik
MAS	Maschinen-Ausleih-Station
MdI	Ministerium des Innern
MfS	Ministerium für Staatssicherheit
MfV	Ministerium für Volksbildung
MGB	Ministerstwo gosudarstwennoi besopastnosti (Ministerium für Staatssicherheit)
MLF	Ministerium für Land- und Forstwirtschaft
MLHA	Mecklenburgisches Landeshauptarchiv, Schwerin
Ms.	Maschinenschrift
MWD	Ministerstwo wnutrennich del (Ministerium für innere Angelegenheiten)
NDPD	Nationaldemokratische Partei Deutschlands
NJ	Neue Justiz
NKGB	Narodny kommissariat gosudarstwennoi besopastnosti (Volkskommissariat für Staatssicherheit)
NKWD	Narodny kommissariat wnutrennich del (Volkskommisariat für innere Angelegenheiten)
NÖP	Neue Ökonomische Politik
NSDAP	Nationalsozialistische Deutsche Arbeiterpartei
NWDR	Nordwestdeutscher Rundfunk
PH	Pädagogische Hochschule
RIAS	Rundfunk im amerikanischen Sektor
RM	Reichsmark
RZChiIDNI	Rossijski Zentr Chranenija i Isutschenija Dokumentow Noweischei Istorii (Russisches Zentrum für die Aufbewahrung und Erforschung von Dokumenten der neuesten Geschichte, Moskau)
SAG	Sowjetische Aktiengesellschaft
SAPMO	Stiftung Archiv der Parteien und Massenorganisationen der ehemaligen DDR im Bundesarchiv
SBZ	Sowjetische Besatzungszone
SED	Sozialistische Einheitspartei Deutschlands
SHg	Soforthilfegesetz
SKK	Sowjetische Kontrollkommision
SMA(D)	Sowjetische Militäradministration (in Deutschland)
SPD	Sozialdemokratische Partei Deutschlands
StA Dresden	Staatsarchiv Dresden

SWRA	Sluschba Wneschnei Raswedki Archiw (Archiv des Auslandsnachrichtendienstes der Russischen Föderation, Moskau)
TAJB	Tel Aviver Jahrbuch für deutsche Geschichte
ThüHSTA	Thüringisches Hauptstaatsarchiv, Weimar
TOP	Tagesordnungspunkt
TU	Technische Universität
UdSSR	Union der Sozialistischen Sowjetrepubliken
USA	United States of America
USPD	Unabhängige Sozialdemokratische Partei Deutschlands
VdgB	Vereinigung der gegenseitigen Bauernhilfe
VEAB	Volkseigener Erfassungs- und Aufkaufbetrieb
VEB	Volkseigener Betrieb
VEG	Volkseigenes Gut
VfZ	Vierteljahrshefte für Zeitgeschichte
VMAS	Verwaltung der Maschinen-Ausleih-Station
VVB	Vereinigung Volkseigener Betriebe
WF	Westfälische Forschungen
WKP (B)	Wsessojusnaja Kommunistitscheskaja Partija (Bolschewiki) = All-Unions-Kommunistische Partei (Bolschewiki), ab 1952 KPdSU
WStVO	Wirtschaftsstrafverordnung
ZDF	Zweites Deutsches Fernsehen
ZDK	Zentrale Deutsche Kommission für Sequestrierung und Beschlagnahme
ZfG	Zeitschrift für Geschichtswissenschaft
ZK	Zentralkomitee
ZKK	Zentrale Kommission für staatliche Kontrolle
ZS	Zentralsekretariat
ZVAS	Zentralverwaltung für Arbeit und Sozialfürsorge
ZVU	Zentralverwaltung für deutsche Umsiedler

Die Autoren

Theresia Bauer, Dr. phil., wissenschaftliche Angestellte am Institut für Neuere Geschichte an der Universität München

Arnd Bauerkämper, Dr. phil., wissenschaftlicher Mitarbeiter am Zentrum für Zeithistorische Forschung Potsdam

Jutta Braun, Dr. phil., wissenschaftliche Mitarbeiterin, Universität Potsdam

Jan Foitzik, Dr. phil., wissenschaftlicher Mitarbeiter am Institut für Zeitgeschichte, Außenstelle Berlin

Gert Geißler, Dr. phil. habil., Deutsches Institut für Internationale Pädagogische Forschung Berlin

Jens Gieseke, M.A., wissenschaftlicher Mitarbeiter in der Abteilung Bildung und Forschung des Bundesbeauftragten für die Unterlagen des ehemaligen Staatssicherheitsdienstes der DDR

Dierk Hoffmann, Dr. phil., wissenschaftlicher Mitarbeiter am Institut für Zeitgeschichte, Außenstelle Berlin

Wolfgang Mischnick, Bundesminister a.D., Kronberg/Ts.

Elke Scherstjanoi, Dr. phil., wissenschaftliche Mitarbeiterin am Institut für Zeitgeschichte, Außenstelle Berlin

Rüdiger Schmidt, Dr. phil., Münster

Michael Schwartz, Dr. phil., wissenschaftlicher Mitarbeiter am Institut für Zeitgeschichte, Außenstelle Berlin

André Steiner, Dr. oec. habil., 1998/99 Vertretung der Professur für Sozial- und Wirtschaftsgeschichte an der Ruhr-Universität Bochum

Udo Wengst, Prof. Dr. phil., stellvertretender Direktor des Instituts für Zeitgeschichte München und Honorarprofessor an der Universität Regensburg

Hermann Wentker, Dr. phil., wissenschaftlicher Mitarbeiter und Leiter der Außenstelle Berlin des Instituts für Zeitgeschichte

Personenregister